LUSHUI YEARBOOK 2018

泸水年鉴

（2018）

泸水市地方志编纂委员会办公室　编

方志出版社
Publishing House of Local Records

图书在版编目（CIP）数据

泸水年鉴 . 2018 / 泸水市地方志编纂委员会办公室编 .—北京 : 方志出版社 , 2020.12

ISBN 978-7-5144-4694-4

Ⅰ . ①泸… Ⅱ . ①泸… Ⅲ . ①泸水－ 2018 －年鉴 Ⅳ . ① Z527.44

中国版本图书馆 CIP 数据核字（2022）第 090165 号

责任编辑：李静
责任校对：刘玉霞
责任印制：赵楚
出 版 者：方志出版社
地　　址：北京市朝阳区潘家园东里 9 号（国家方志馆 4 层）
邮　　编：100021
网　　址：http://www.zgfzcb.cn
发　　行：方志出版社图书营销中心（010-67110500）
印　　刷：北京中科印刷有限公司
开　　本：889 毫米 ×1194 毫米　1/16
印　　张：23
字　　数：726 千字
版　　次：2020 年 12 月第 1 版
印　　次：2020 年 12 月第 1 次印刷
定　　价：268.00 元

序

贫困问题一直是困扰人类社会发展的重大问题。中国作为世界上最大的发展中国家，为解决贫困问题进行了长期不懈的努力。改革开放以来，特别是党的十八大以来，以习近平同志为核心的党中央把脱贫攻坚作为全面建成小康社会的底线任务和标志性指标，纳入“五位一体”总体布局和“四个全面”战略布局，以前所未有的力度推进精准扶贫、精准脱贫，扶贫开发成就举世瞩目，显著改善了贫困地区和贫困群众生产生活条件，具有重大的现实意义和深远的历史意义。身处中华民族几千年发展历史上将首次整体消除绝对贫困现象的伟大时代，如何更好地发挥地方志的存史、育人、资政的作用，是新时代全国地方志系统必须深入研究和着力解决的重大课题。

党的十八大以来，在党中央国务院的正确领导下，全国地方志系统深入学习贯彻习近平新时代中国特色社会主义思想，紧紧围绕党和国家事业发展需要，深入推进地方志改革创新发展，凝心聚力，稳扎稳打，勇于担当，主动作为，全国地方志形势和地方志工作者的精神面貌发生了深刻变化，取得了优异成绩。其中，为贯彻落实《全国地方志事业发展规划纲要（2015—2020 年）》，经中国地方志指导小组领导批准，中国地方志指导小组办公室于 2015 年、2017 年先后启动民族地区与贫困地区志书、年鉴出版资助工程（以下简称“志鉴出版资助工程”），对国家级贫困县（区、旗、县级市），中西部地区、少数民族边疆地区面临出版经费困难的志书和综合年鉴给予出版资助。实施志鉴出版资助工程是紧扣时代脉搏、坚持创新发展、传承弘扬中华优秀传统文化的一项创举，不仅有力推动了“两全目标”的实现，而且数十部资助出版的志书、年鉴及时记述了民族地区与贫困地区在全面建成小康社会伟大征程中取得的新成绩和新经验、出现的新情况和新问题、涌现的优秀人物和典型事迹，留住地方文化的“根”和“魂”，为这些地区的经济社会发展、地域文化传播、爱国主义教育、精神文明建设等提供了历史借鉴和智力支持，对全面提升民族地区与贫困地区文化建设水平、确保民族地区与贫困地区和全国其他地区同步全面建成小康社会具有重要意义。

尤为可喜的是，志鉴出版资助工程促成了一批扶贫志书的编纂出版，在文化脱贫攻坚中发挥了独特的作用。例如，《贵州省减贫志》全面系统客观记述了从 1978

年至2015年贵州省扶贫、减贫工作的历程及取得的经验，为贵州省实施大扶贫战略提供了有力的资政辅治参考，集中体现了地方志工作因时而动、顺势而为的新作为。前不久，由福建省地方志编委会和人民网共同编纂的《闽宁扶贫协作图志》，是全国首部扶贫协作图志，图文并茂、直观立体、全方位地展现闽宁扶贫协作波澜壮阔的历程，弘扬“闽宁一家亲”“携手奔小康”的深厚情谊和滴水穿石、久久为功的精神，是贯彻落实习近平总书记扶贫工作重要论述精神，服务国家精准扶贫、精准脱贫战略的有力举措。希望各地以此为鉴，编纂出版更多、更好的扶贫志书、年鉴，助力国家精准扶贫、精准脱贫战略的实施，充分展现地方志的独特价值和作用。

当前，我国脱贫攻坚已进入全面决战决胜的关键时期，尚未脱贫的贫困地区集中分布在中西部深山区、极端干旱山区、高寒阴湿地区等，文化建设还比较薄弱，文化产品还不够丰富，文化精品更是少之甚少。同时，这些地区往往是民族文化、历史文化、红色文化、生态文化富集区，具有发展文化旅游、推进文化扶贫的巨大潜在优势，也是繁荣发展地方志事业的巨大文化宝库。要发挥好文化扶贫凝聚人心的优势，善于利用方志文化优势为贫困地区“赋能”，在脱贫攻坚中做出方志人应有的贡献。要发挥好中国名镇志文化工程、中国名村志文化工程的引领作用，大力加强乡镇村志编纂，让百姓记得起乡情、记得住乡愁，凝聚贫困乡镇村庄的强大民心，补齐贫困乡镇村庄的文化短板，以“扶智”的方式“扶志”，践行习近平总书记强调的“扶贫先扶志，扶贫必扶智”的重要理念。

求木之长者，必固其根本；欲流之远者，必浚其泉源。扶贫扶起的是志气骨气，传承的是家国情怀，守护的是绿水青山。扶贫既要富口袋，也要富脑袋。必须坚持文化脱贫和物质脱贫两手抓，筑牢贫困地区文化之基，补足信仰精神之钙，引领脱贫发展之舵。全国地方志系统要围绕中心、服务大局，坚决投入脱贫攻坚这场必须打赢的硬仗，积极参与脱贫攻坚战，发挥优势和特长，深入挖掘文化资源，着力补齐文化短板，努力帮助民族地区与贫困地区的文化建设实现较大的发展提升，在全面建成小康社会、实现中华民族伟大复兴中国梦的征程中贡献方志人的力量。

是为序。

中国社会科学院院长
中国地方志指导小组组长
谢伏瞻

民族地区与贫困地区年鉴出版资助工程领导小组

组　　长：高　翔

常务副组长：冀祥德

副 组 长：高京斋　邱新立

民族地区与贫困地区年鉴出版资助工程领导小组办公室

主　　任：冀祥德

副 主 任：邱新立

成　　员：于伟平　刘永强　冷晓玲　李　静

编 辑 说 明

一、《泸水年鉴（2018）》是泸水市地方志编纂委员会办公室编纂出版的综合资料性文献。年鉴编纂以马克思列宁主义、毛泽东思想、邓小平理论、“三个代表”重要思想、科学发展观、习近平新时代中国特色社会主义思想为指导，坚持辩证唯物主义和历史唯物主义的立场、观点和方法。记载2017年泸水市人民在市委、市政府的领导下，以经济建设为中心，全面推进社会主义现代化建设的成就，内容涵盖政治、经济、文化、社会、生态文明各个领域，反映泸水市各部门、各行业、各条战线工作的新进展、新经验以及出现的新问题，旨在为各级领导科学决策提供参考资料，为国内外读者了解泸水提供最新信息，为编修泸水市志积累资料。

二、《泸水年鉴（2018）》采用分类编辑法，设类目、分目、条目，条目标题加【 】。全书记录时限为2017年1月1日至12月31日。

三、《泸水年鉴（2018）》采用“分散组稿，集中总纂”的编写方法，各单位编写初稿，各单位撰稿人括注在条目后。

四、《泸水年鉴（2018）》引用的统计数据，凡国家有统一规定范围、口径和计算方法的，均按国家统一规定统计，由统计部门提供；部门统计资料，由各有关部门提供。由于统计来源、口径、方式不同，因此数据可能不尽一致。

五、《泸水年鉴（2018）》所采用资料均由各部门提供年鉴资料稿，经单位领导进行审查核定，由年鉴编辑部编辑定稿。

1月8日上午，中国共产党泸水市第一届委员会第三次全体（扩大）会议召开

1月10日上午，泸水市第一届人民代表大会第一次会议召开

1月9日上午，中国人民政治协商会议泸水市第一届委员会第一次会议召开

3 月 15 日，中共泸水市委农村工作会议召开

2 月 13 日，泸水市 2017 年度安全生产工作会议召开

4 月 10 日，泸水市创建“担当型”政府机关动员大会召开

4 月 1 日，第一届泸水市人民政府第一次廉政工作视频会议召开

6 月 21 日，泸水市贫困对象动态管理工作部署及培训视频会议召开

10 月 24 日，泸水市脱贫攻坚年度目标任务工作推进会召开

3 月 15 日，泸水市扶贫开发工作会议召开

3 月 9 日，泸水市旅游产业发展规划初评会议召开

4 月 7 日，泸水市国土资源工作暨农村宅基地管理工作推进会召开

2 月 27 日，泸水市关心下一代工作暨未成年人司法项目工作会议召开

6月15日，怒江州人大代表视察泸水市教育扶贫、健康扶贫和村集体经济发展情况座谈会召开

9月11日，泸水市稳增长暨重大项目推进会召开

12月10日，云南省委第六巡视组机动巡视泸水市工作动员会召开

12月19日，泸水市残疾人联合会第一次代表大会召开

领导视察

11 月 3 日，国务院国资委到泸水市调研央企帮扶脱贫攻坚成效及深度贫困状况

11 月 18—19 日，民政部调研组到泸水市调研基层政权和社区建设工作情况

4 月 15—18 日，农业部副部长张桃林（左三）到上江镇调研

11 月 19 日，民政部社会事务司副巡视员杨宗涛（右一）一行 2 人，到泸水市调研深度贫困地区农村留守儿童和困境儿童保障工作情况

12 月 15 日，中交集团调研组到泸水市调研扶贫开发工作

9 月 28—30 日，副省长、民建云南省委主委高峰（中）率省级有关部门负责人到扶贫挂钩联系点泸水市，调研脱贫攻坚推进及民主党派监督地方党委政府脱贫攻坚工作情况

8 月 11 日，省民族宗教委主任李四明（右三）率队到泸水市就民族团结示范项目建设情况进行调研

12月23日，省水利厅到泸水调研水利扶贫工作，视察六库镇新寨村小水窖取水情况

10月13—15日，省脱贫攻坚工作第四督查组到泸水市督查脱贫攻坚工作

10月26日，省关工委到上江调研种养殖业发展情况

中国民族医药开发委员会专家考察组到泸水市考察调研

4 月 12—13 日，怒江州委书记童志云（右二）到称杆乡、古登乡、洛本卓乡调研脱贫攻坚及产业发展工作

8 月 6 日，州委书记纳云德（前排左二）到洛本卓乡俄嘎村调研贫困户动态管理工作

10 月 24 日，州委书记纳云德（左三），州委常委、州委宣传部部长景绚（左二），州委常委、州委组织部部长王刚（左四）到泸水市六库镇新寨村西浪村民小组，与市镇村干部群众交流

6 月 15 日，州人大常委会主任迪友堆（前排右一）率领部分州人大代表到老窝镇，就泸水市教育扶贫、健康扶贫和村集体经济发展情况进行视察

8 月 21 日，州委副书记、代州长李文辉（前排左三）率队到泸水市调研怒江美丽公路和部分民生项目征地拆迁工作

4月10日，州人大常委会工作组就农业供给侧结构性改革和《中华人民共和国专利法》执法情况到泸水开展调研

9月12日，州委书记纳云德（前排左一）率队深入泸水市就基层党建、宗教工作和怒江美丽公路建设情况进行实地调研

10月11日，州委组织部部长王刚（右三）率队调研泸水市易地扶贫搬迁工作

11月4日，州委书记纳云德（前排左二），州委副书记、代理州长李文辉（前排左三）调研泸水易地扶贫搬迁安置点建设情况

10月26日，市长和桂莲（中）到上江镇调研保泸高速公路建设情况

10月28日，市长和桂莲（左二）调研泸水市棚改工作推进情况

11月4日，市长和桂莲（中）深入洛本卓乡俄嘎河开展河长制工作巡查

7月18日，泸水市委副书记杨绍红（前排左一）率市交通、教育部门到古登乡，调研脱贫攻坚贫困对象动态管理及产业发展、道路基础设施建设等工作

重要活动

12 月 4 日，泸水市开展国家工作人员宪法宣誓活动

10 月 23 日，泸水市委理论学习中心组举行第六次（扩大）集中学习活动

10 月 9 日，泸水市 2017 年棚户区改造签约仪式

10 月 30 日，怒江州首家普惠金融服务站在上江镇蛮英村建成

10 月 31 日，泸水市 2017 年棚户区（城中村）改造项目开工仪式

第二届云旅四季论坛暨泸水旅游推介活动

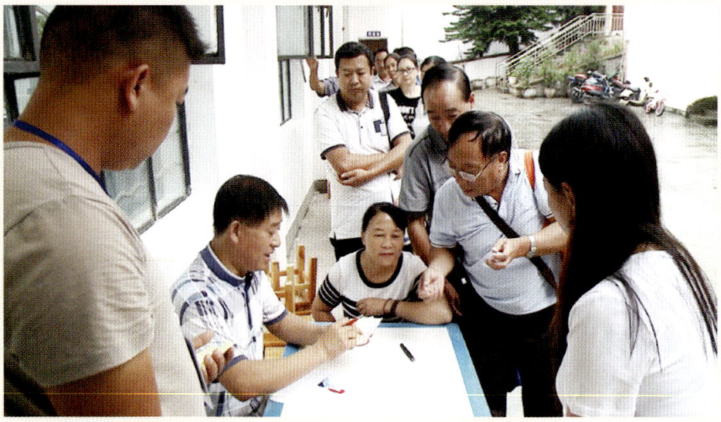

10 月 9 日，泸水市首批棚户区改造房屋征收签约

4 月 18 日，泸水市农村房地一体不动产权首发仪式

11 月 8 日，泸水市国家税务局成功开具第一份移动终端增值税电子普通发票

10 月 20 日，泸水市组团赴保山市隆阳区考察学习棚户区改造工作

10 月 16 日，泸水市在市行政中心举行“扶贫日”捐赠活动

10 月 20 日，泸水市集中开工 2017 年易地扶贫搬迁建设项目

11 月 16 日，泸水市举行第一批脱贫攻坚和基层党建实战队出征仪式

农业技术培训

共青团泸水市委开展“直过民族”脱贫攻坚国家通用语言文字普及推广培训

11月7日，上江镇蛮英村13户建档立卡贫困户喜迁新居

泸水共青团助力脱贫攻坚——希望工程助学项目服务站

六库镇瓦姑水库

六库镇瓦姑水库溢流坝

目　录

特　载

专　文

大事记

县情概况

红十字会

法 治

政法委及综治

法治政府建设

公 安

检　察

法　院

司法行政

军 事

武 装

边防大队

经济管理

发展和改革

统 计

统计调查

财 政

市场监督管理

安全生产监督管理

国　税

地　税

审　计

国土资源管理

城市管理综合行政执法

环境保护

农 业

综 述

林 业

文化 传媒 旅游

文体广电和新闻出版

全媒体中心

旅 游

保密 档案 史志

保 密

档 案

党史研究

地方志工作

卫 生

卫生计生

泸水市第一人民医院

社会生活

民 政

人力资源和社会保障

附 录

特 载

深入学习贯彻党的十九大精神　坚决打好泸水深度贫困精准脱贫攻坚战

——在中共泸水市委一届四次全体（扩大）会议上的报告

（2018 年 1 月 14 日）

一、克难攻坚，锐意进取，全面打响深度贫困脱贫攻坚战

一年来，面对前所未有的历史性机遇和超常规支持，面对艰巨繁重的攻坚任务和精准严实的工作要求，在党中央、国务院和省委省政府、州委州政府的坚强领导下，市委常委会团结带领全市各族干部群众，坚决贯彻党中央、省委和州委决策部署，全面贯彻落实党的十八大和十八届历次全会精神，深入学习宣传贯彻党的十九大精神和习近平新时代中国特色社会主义思想，认真贯彻落实省委十届二次、三次全会、州委八届二次、三次全会和省委主要领导怒江调研重要指示精神，按照市委一届三次全会工作部署，聚焦脱贫攻坚中心任务，统筹推进了经济、政治、文化、社会、生态文明和党的建设，较好地完成了年初确定各项目标任务，全面打响了深度贫困脱贫攻坚战。

（一）深入学习宣传贯彻党的十九大精神，坚持用新时代新思想新征程凝心聚力。市委常委班子率先垂范，以常委会、专题会议、理论学习中心组、理论宣讲、集中研讨等形式，开展专题学习 8 场次。全面部署并启动了党的十九大精神进机关、进学校、进企业、进军营、进社区、进农村、进教堂“七进”活动，充分调动挂钩领导、挂联单位、驻村工作力量，深入开展“送党的十九大精神进边寨”活动，全市各级党组织共开展学习宣讲 355 场次 21457 人次。电视广播、“两微一端”、网站、农村“大喇叭”等媒介同向发力，迅速将党的十九大精神和习近平新时代中国特色社会主义思想传递到各行各业、村村寨寨。

（二）抓调配强保障，经济保持平稳发展。坚持保运转、保脱贫攻坚、保重大项目和重点工作，开源节流、强化调配，全力保持了经济总体平稳健康发展。全市预计实现生产总值 51.45 亿元，同比增长 7%；规模以上固定资产投资完成 57.5 亿元，同比增长 11.8%；地方公共财政收入完成 2.58 亿元，同比增长 1.2%；城镇常住居民人均可支配收入达 23389 元，同比增长 11.2%；农村常住居民人均可支配收入达 6055 元，同比增长 12.4%。

（三）抓责任聚合力，脱贫攻坚精准推进。脱贫攻坚领导机制和作战指挥体系不断完善，逐级严肃约谈，巩固和树牢了“抓脱贫攻坚就是抓发展、抓民生”的理念。从严开展“找问题、补短板、促攻坚”专项行动和贫困对象动态管理工作，贫困底数更清，贫困对象更准。科学制定了《深度贫困地区脱贫攻坚实施规划（2018—2020年）》、行业脱贫攻坚规划和年度财政涉农资金整合方案。“六个一批”精准推进，全面推广“211211”短平快增收措施，推广种植蔬菜7万亩、饲料作物3万亩。13个易地扶贫搬迁安置点建设加快推进，城镇化集中安置工作推进有力。“双线”“六长”负责控辍保学机制全面落实，“两后生”接受中职教育工作扎实推进。“健康扶贫30条措施”深入实施，建档立卡贫困人口家庭医生签约服务率实现100%，城乡居民医疗保险和养老保险实现“应保尽保”，累计输出转移就业建档立卡贫困劳动力5914人次。“挂包帮”“转走访”工作持续扎实开展，与珠海市香洲区、万山区扶贫协作全面深化，帮扶援建项目推进有序。顺利召开省级以上挂联单位第2次联席会议，定点挂联帮扶成效突显。扎实开展“百日行动计划”，预计脱贫出列6个村8627人建档立卡贫困人口。

（四）抓调整促转型，特色产业加快发展。积极探索实践，认真考察学习，走峡谷特色生态农业发展路子的信心更加坚定。传统种植业结构调整迈出坚实步伐，10万亩试点工程成效显著。坚持以工业化理念谋划峡谷特色生态农业，大力实施“六个一”产业扶贫工程，核桃、草果提质增效步伐加快，优质中药材种植面积不断扩大，特色养殖业迅速发展，阿赤依堵退耕还林等示范样板建设走出产业扶贫新模式。硅工业安全措施切实改进，全面限制和禁止小水电开发，片马边境经济合作区规划建设稳步推进。深入贯彻全域旅游发展理念，编制完成《泸水市旅游发展总体规划》。百花岭旅游特色村（二期）、登埂温泉特色小镇（一期）等项目加快推进。成功举办首届怒江大峡谷老窝火腿文化旅游节、第二届云旅四季论坛暨泸水旅游推介活动。乡（镇）村两级农（集）贸市场改扩建步伐加快，农村电商快速发展。

（五）抓建设重提升，城乡面貌焕然一新。全面完成怒江六库民用机场专用公路试验段建设、俄嘎边防公路改建工程、行政村道路通畅工程、怒江六库段防洪堤三期工程建设。跃片红色旅游公路改建工程主体完工，怒江美丽公路泸水段顺利启动、推进有力，保泸高速公路泸水段、六丙二级公路一期工程、南坝大桥与通达桥连接线、板瓦水库、农网改造升级、城市地下综合管廊建设等工程全面提速。大力实施了一批兴边富民工程、美丽宜居乡村建设、农村危房改造省级示范村、少数民族特色村寨、民族团结进步示范村和环境整治等项目。城乡人居环境提升行动全面推进，城乡环境卫生整治和监督机制不断健全。《泸水市城乡总体规划（2016—2030年）》修编工作有序开展，新老城区提质扩容步伐加快。“两违”整治依法依规强力推进，专业市场整治有序开展，“电子警察”全面启用，城市管理更加规范有序。省级园林城市、省级卫生城市创建工作扎实开展。

（六）抓统筹惠民生，社会事业蒸蒸日上。深入推进《泸水市全面推进教育精准扶贫行动计划（2016—2020年）》，14年免费教育全面实施，健全完善了教育教学质量提升激励机制。学前教育快速发展，全市幼儿园达82所，提前实现一村一幼，学前三年毛入园率达到65.48%。义务教育阶段学校达到基本均衡标准，在全省率先运用法治思维和法治方式探索实施依法控辍保学举措，控辍保学取得巨大成效。普通高中办学规模继续扩大，毛入学率提高到57.69%，中等职业教育全覆盖格局基本形成。市妇幼保健院综合楼、古登乡中心卫生院门诊楼全面完工，村级卫生室标准化建设改造步伐加快。顺利启动家庭医生签约服务工作，妇女儿童保健水平不断提升，人口计生工作不断加强。棚户区改造全面启动，农村危房改造加快实施。城乡居民医疗保险和养老保险参保率不断提高，医疗保险基本实现“即医即报”。全面加大农村实用技术培训力度，输出转移就业农村劳动力22286人次。社会救助有力有效，老龄委、残疾人事业健康发展。

（七）抓治理重保护，生态环境大为改善。“怒江大峡谷国家公园”“怒江花谷”泸水段生态建设加快推进，州、市、乡（镇）、村四级示范样板林建设大力推进，完成新一轮退耕还林还草任务17.6万亩。生态修复、陡坡地治理成效明显，边境森林火灾联防机制不断健全，全面禁止怒江两岸面山开山采石整治等专项行动依法开展。土地开发整治、地质灾害防治项目有序推进，非煤矿山转型升级步伐加快。全面落实河长制，“千人大行动、保护母亲河”河道环境整治活动深入开展。农产品质量安全监管有力，实现主要农药使用量零增长。环境保护大检查大练兵活动持续开展，生态文明创建申报工作扎实开展。

（八）抓改革扩开放，发展动力明显增强。行政审批制度改革、投融资体制改革、“放管服”改革进一步深化，投资项目联审视频系统建成投用，顺利实现省、州、市三级投资审批实时联审会商。公务用车制度改革成果进一步巩固，不动产统一登记制度改革、多证合一试点改革启动实施，顺利颁发全州首批农村房地一体不动产权证，首张“多证合一”营业执照。供销联社改革扎实推进，医疗卫生体制改革成果普惠群众。村（社区）组干部补贴结构改革加快推进，村（社区）干部待遇正常增长机制和医疗、养老保障机制不断健全。司法体制改革稳步推进，监察体制改革有力推进，群团组织改革集中推进，殡葬改革、水资源管理体制改革积极推进。处级干部与市域民营企业结对挂联制度不断完善。参加“江海情·携手行”怒江旅游文化宣传和招商推介活动、南亚东南亚国家商品展暨投资贸易洽谈会成果丰硕。

（九）抓宣传重引领，文化事业蓬勃发展。意识形态工作制度不断完善，始终坚持正确的政治方向和舆论导向。新媒体全面建设推广，媒体融合发展步伐加快。舆情处置、新闻宣传、党员干部网络行为不断规范化、制度化。网上思想文化阵地建设有力加强，网络空间治理能力明显提升。“峡谷红旗飘”活动、“唱国歌、升国旗”活动、“自强、诚信、感恩”主题实践活动扎实开展，“中华魂”（辉煌与梦想）主题教育活动深入开展，“四城同创”、志愿服务、农村文明素质提升行动等文明创建工作广泛开展。鲁掌镇子克村顺利通过“全国文明村”复查。成功承办“中华一家亲”2017海峡两岸各民族欢度怒江傈僳“阔时”文化旅游节，启动并深入开展“文化艺术进乡村·精准扶贫为群众”活动。圆满承办交建杯·2017中国怒江皮划艇野水国际公开赛，全民健身长效化、制度化、生活化进程加快。

（十）抓防范重管控，和谐稳定持续巩固。依法选举产生市、乡（镇）第一届人大、政府，依章程选举产生一届市政协、市侨联、市残联。完成上江镇大墩子社区组建工作，顺利选举产生“两委”班子。统一战线优势充分发挥，工青妇、老干部、外事、侨务、工商联、档案、史志、机要、保密、政研、红十字会、关心下一代工作不断加强。全面贯彻党的民族政策和宗教工作基本方针，依法管理宗教事务，建立完善了民族宗教工作网络和宗教工作“三项制度”，“教堂变学堂”等宗教领域思想教育引领活动持续深入开展。法治宣教不断深入，依法治市进程加快。党管武装有力加强，双拥工作扎实开展。非政府组织活动监管有力，“数字边境”建设加快推进。社会治安防控体系日趋完善，打违治非治暴等专项行动震慑有力，“省级先进平安县”创建成效明显，群众安全感、满意度大幅提升。

（十一）抓基层打基础，党的建设全面加强。一年来，市委认真履行党要管党、从严治党主责，扎实推进“两学一做”学习教育常态化制度化，广大党员“四个意识”更加牢靠，理想信念更加坚定，宗旨意识不断强化，党员意识切实增强。严肃召开巡视整改专题民主生活会，彻底肃清白恩培、仇和等余毒影响。扎实推进“基层党建提升年”各项工作，从严落实全面从严治党各项部署要求，为全市打好深度贫困脱贫攻坚战提供了坚强保障。采取“1+1+1”的方式，整顿软弱涣散基层党组织34个，全面完成“两新”组织党员隶属关系转化，扎实开展党小组设置优化提升工程，实现“应设尽设”。“听党话、跟党走、感党恩”主题教育实践活动深入开展，“两联系一共建双推进”工作和“一先双带”工程扎实推进。建成村民小组活动场所59个，配套设施不断完善，全市村民小组活动场所达470个，初步构建起“连点成线、连线拓面、辐射全市”的边疆党建长廊。“网上党支部”建设试点工作推进有力，党建信息化程度不断提高。坚持新时期“好干部标准”，严格按程序，选拔任用干部2批69人次。“解放思想、争先进位、推动落实”专题研讨深入开展，各级干部队伍学风明显转变、思想加快解放、落实更加有力。坚持标准、严格程序发展党员185名，全面摸清并建立流动党员工作台账，认真开展信教党员处置复核处理工作。选派驻村扶贫工作队员429名、村党组织第一书记71名、脱贫攻坚和基层党建实战队员561名，大学生村官实行“连排班”管理，基层一线力量有力加强。制定出台《中共泸水市第一届委员会巡察工作五年规划（2016—2020年）》，建立健全巡察工作制度，全面完成常规巡察3轮，启动脱贫攻坚专项巡察1轮。认真贯彻中央八项规定实施细则精神和省委、州委实施办法，围绕脱贫攻坚，紧扣“四风”问题，约谈提醒176人次、执纪问责47起。始终保持查办腐败案件高压态势，坚决遏制腐败蔓延势头，立案查处34件35人，给予党政违纪处分35人、双重处分13人。

奋斗充满艰辛，成绩源自合力。这些成绩的取得，深刻凝聚了党中央、国务院的亲切关怀和殷切期望，全面倾注了省委省政府和州委州政府的智慧心血和大力支持，广泛汇集了社会各界、各级各部门的倾力帮扶和积极参与，充分饱含了全市各族干部群众的艰辛努力和勤劳智慧，集中展现了全市各级党员、干部的强烈使命担当和顽强拼搏精神。

发展有目共睹，问题不容忽视，在总结成绩的同时，我们必须清醒地认识到，全市发展不平衡不充分的困难问题仍然突出：一是脱贫攻坚任务艰巨，贫困程度深，贫困面广，脱贫措施精准不够，行业扶贫推进不平衡；二是产业结构不尽合理，传统种植占比过大，融合发展程度不高；三是发展动力活力不足，改革联动协调不够，开放层次水平不高，招商思路方法不活；四是社会事业短板突出，公共服务覆盖不全，教育卫生力量不足；五是群众素质普遍偏低，积累计划意识不强，扩大生产能力较弱；六是干部能力亟待提升，队伍思想解放不够，工作作风不够严实，谋实抓细仍有差距；七是堡垒作用发挥不够，部分基层党组织宣传发动和引领服务群众的能力不强、办法不多；八是反腐倡廉任重道远，极少数党员、干部宗旨意识不强、纪律意识淡薄，违纪违规问题时有发生。这些困难问题，是我们打好深度贫困精准脱贫攻坚战避不开、绕不过的，全市上下必须认真加以研究，合力逐一攻破。

二、领会新思想，贯彻新理念，精准把握打好泸水深度贫困精准脱贫攻坚战的根本遵循

党的十九大举旗定向、擘画蓝图、开新图强，作出了中国特色社会主义进入新时代的重大政治论断，确立了习近平新时代中国特色社会主义思想的历史地位，提出了决胜全面建成小康社会、开启全面建设社会主义现代化国家新征程的目标，在我们党和国家事业发展进程中具有划时代的里程碑意义。省委十届四次全会深入贯彻党的十九大精神，坚持新发展理念，结合全省实际，作出了促进云南跨越式发展的总体安排。州委八届四次全会全面贯彻了党的十九大精神和省委十届四次全会精神，把握大势、谋划大局，科学确定了“怒江2020”奋斗目标，全面描绘了建设新怒江的发展蓝图，系统安排部署了2018年全州工作，向全州上下发出了走进新时代、抢抓新机遇，以习近平新时代中国特色社会主义思想为指导，奋力开启“怒江2020”新征程的总动员。这些新思想、新部署、新目标，为我们决战脱贫攻坚、决胜全面小康、实现赶超跨越明确了目标，提供了遵循，理清了思路，是全市上下打好深度贫困精准脱贫攻坚战的根本遵循和行动指南。当前和今后一段时期，全市上下必须全面深刻领会、认真深入贯彻，重点要准确把握“怒江2020”六个方面的总体布局，切实做到始终坚持、一以贯之。

第一，要全力实现脱贫摘帽与全面小康两大目标。深度贫困精准脱贫攻坚战是新时代全市必须打好的第一场硬仗。必须坚持以脱贫攻坚统揽经济社会发展全局，坚持精准扶贫精准脱贫基本方略，坚持生态脱贫，围绕“两不愁、三保障”标准，认真按照“12343”脱贫攻坚总体工作思路，即：构建一个决战决胜脱贫攻坚的指挥作战体系大格局，补齐教育、健康扶贫“两大短板”，提升基层党组织服务保障、各级干部抓扶贫工作、群众综合素质“三大能力”，攻克易地扶贫搬迁、住房安全保障、基础设施、产业就业扶贫“四大堡垒”，强化行业监督、纪律监督、社会监督“三项监督”，确保到2020年现行标准下，贫困人口全部实现脱贫、贫困村全部出列、全市如期摘帽。在打好深度贫困精准脱贫攻坚战的同时，还要对标对表全面建成小康目标，更加注重打基础利长远惠民生，突出抓重点、补短板、强弱项，统筹推进各项目标任务，与全国、全省、全州同步全面建成小康社会。

第二，要正确处理加快发展与生态保护两大关系。加快发展是最大的任务。必须始终坚持发展第一要务，千方百计加快发展，用发展的办法解决发展中的问题。加快发展绝不能以牺牲环境为代价，始终坚持绿色发展、生态优先，牢固树立社会主义生态文明观，树立和践行绿水青山就是金山银山的绿色发展理念，坚持节约资源和保护环境的基本国策，像保护生命一样保护生态环境。加快推进绿色循环低碳发展，形成绿色发展方式和生活方式。大力实施生态系统保护和修复工程，全力推进退耕还林还草，加快“怒江花谷”生态建设。全面实施碧水、净土、蓝天、绿化行动，强化大气、水、土壤污染防治。加大生态环境执法监管力度，坚决制止和严肃惩处破坏生态环境行为。

第三，要着力破解基础设施与产业发展两大难题。产业是脱贫致富的基石，基础设施是产业发展的先决条件。必须狠抓基础设施建设，加快推进骨干路网、干线公路建设，建好管好护好运营好农村公路，基本形成内外联通的公路网，水利、能源、信息等基础设施全面改善，建立起支撑全市产业发展的基础设施体系。要以基础设施的大改善，推动产业大发展，以产业提质增效、转型升级为重点，提质增效核桃、草果等特色农业产业，培育发展生物医药和大健康产业，加快发展旅游文化、电子商务、物流等现代服务业，加快传统硅矿产业转型升级，大力发展劳务经济，加快形成具有泸水特色的产业体系。

第四，要突出抓好城镇建设与乡村振兴两大关键。新型城镇化建设是乡村振兴的助推器。必须将新型城镇化建设作为实施乡村振兴战略的重要抓手，以规划为引领，坚持产城融合、城乡融合发展，优化城镇布局，全力支持和服务怒江新城建设，全力推进中心城市和片马边城提质扩容，规范推进特色小镇建设，形成中心城镇与小城镇协调发展的城镇化格局。要强化城镇化对乡村振兴的支撑推动作用，按照“产业兴旺、生态宜居、乡风文明、治理有效、生活富裕”的总体要求，科学制定乡村振兴规划，发展农村优势特色产业，巩固和完善农村基本经营制度，深化农村土地制度和集体产权制度改革，完善承包地“三权”分置制度，加强村庄生态修复、环境卫生整治、特色民居建设，健全自治、法治、德治相结合的乡村治理体系，培养造就一支懂农业、爱农村、爱农民的“三农”工作队伍，推进农业强、农民富、农村美。

第五，要切实补齐民生事业与人才队伍两大短板。增进民生福祉是发展的根本目的。必须多谋民生之利、多解民生之忧，不断增进民生福祉，让人民群众有更多的获得感。要以普惠制、保基本、均等化、可持续为重点，加大公共资源投入保障，统筹运用各领域公共资源，全面提升全民整体素质，着力提升教育、就业创业、医疗卫生、社会保障、住房保障、公共文化服务等基本公共服务水平。要坚持把人才工作放到更加重要的位置，实行更加积极、更加开放、更加有效的人才政策，健全完善人才管理、培养引进、评价激励和服务保障等机制，着力实施培养重点人才、引进特殊人才、使用专业人才、关心关爱人才“四大工程”，在全市上下营造有利于识才、育才、引才、留才的良好环境。

第六，要持续筑牢边境稳固与民族团结两大保障。没有和谐稳定就不能赶超跨越。必须牢固树立稳定是第一责任的思想，加大对沿边村寨的交通、水利、用电、通信等基础设施的投入，改善边境群众生产生活条件，提升稳边固边守边能力。持续加大对缅工作力度，主动服务和自觉融入“一带一路”倡议及孟中印缅经济战略，积极推进通缅达印通道项目。加强边境管控，健全完善党政军警民“五位一体”控边固边机制；完善安全生产责任制，坚决遏制重特大安全事故，提升防灾减灾救灾能力；加强食品药品安全监管体系建设，保障人民群众“舌尖上的安全”和医疗用药安全；加快法治泸水、平安泸水建设，构建社会治安防控体系，依法打击和惩治违法犯罪活动。要牢牢把握“各民族共同团结奋斗、共同繁荣发展”的民族工作主题，巩固平等、团结、互助、和谐的社会主义民族关系；全面贯彻落实党的宗教政策，依法加强对宗教事务及宗教活动的管理，积极引导宗教与社会主义社会相适应、与全市赶超跨越相适应，着力构建边境安宁、民族团结、社会和谐的良好局面。

当前，泸水的发展机遇和发展形势好于历史上的任何一个时期，正处于决战脱贫攻坚的集中发力攻坚期、决胜全面小康的重大战略机遇期。跨越发展的目标更加明确，加快发展的主题更加鲜明。因此，奋力赶超的节奏不能变，克难攻坚的意志不能减。全市各级各部门和广大党员干部必须按照州委的要求，从思想上、行动上做到“五个必须”，即必须解放思想、转变观念，必须抢抓机遇、勇于担当，必须坚定信心、提振精神，必须鼓足干劲、苦干实干，必须争创一流、实现跨越。始终坚持用“怒江 2020”谋划工作、推动发展，抢抓机遇，真抓实干，全力打好精准脱贫攻坚战、五网建设攻坚战、产业发展攻坚战、城乡建设攻坚战、民生保障攻坚战、生态保护攻坚战、招商引资攻坚战、改革开放攻坚战、文化发展攻坚战、风险防控攻坚战“十大攻坚战”，全面打好泸水深度贫困精准脱贫攻坚战，与全国、全省、全州同步全面建设小康社会。

三、迎难而上，精准发力，纵深推进深度贫困精准脱贫攻坚战

2018 年是全面贯彻落实党的十九大精神的开局之年，是改革开放 40 周年，是“怒江 2020”新征程的开启之年，是打好深度贫困精准脱贫攻坚战的作风建设年，是决胜全面小康、实施

“十三五”规划承上启下的关键一年，做好今年工作至关重要、意义重大。要始终高举中国特色社会主义伟大旗帜，以习近平新时代中国特色社会主义思想为指导，深入学习贯彻党的十九大精神，按照中央经济工作会议、中央农村工作会议、全国扶贫开发工作会议的部署要求，全面贯彻落实省委十届四次全会和州委八届四次全会精神，牢牢把握“稳中求进”工作总基调，以脱贫攻坚为统领，以“调整结构、转变方式、提升质量、加快发展”为主线，以改革创新为动力，以改善民生为目标，以生态建设为前提，以党的建设为保障，全面贯彻新发展理念，深入实施民生安市、生态立市、产业强市、科教兴市、开放活市、和谐稳市“六大战略”，全力打好“十大攻坚战”，统筹经济、政治、文化、社会、生态文明和党的建设伟大工程，纵深推进泸水深度贫困精准脱贫攻坚战。

2018 年经济社会发展的主要预期目标建议为：全市生产总值同比增长 10% 以上，规模以上固定资产投资同比增长 21% 以上，地方公共财政预算收入同比增长 4% 以上，城镇常住居民人均可支配收入同比增长 10% 以上，农村常住居民人均可支配收入同比增长 11% 以上。

为实现上述总体要求和主要目标，必须合力重点抓好以下十一个方面的工作：

（一）持续深入学习宣传贯彻党的十九大精神，始终坚持以习近平新时代中国特色社会主义思想为指导。将深入学习宣传贯彻党的十九大精神和习近平新时代中国特色社会主义思想作为首要政治任务，按照学懂、弄通、做实的要求，坚持读原著、学原文、悟原理，全面把握新时代新目标新征程，深入学习贯穿其中的新理念新思想新战略，切实用习近平新时代中国特色社会主义思想武装头脑、凝心聚力。一是抓实学习培训。合力安排、精心组织，分层次、分类别，对全市科级干部（含非领导职务）、村级党组织书记、驻村扶贫工作队、脱贫攻坚和基层党建实战队、非党干部、退休老干部、党外民族宗教人士进行专题培训和集中轮训。二是抓实“七进”活动。组建市、乡（镇）宣讲团，统筹各方面力量，深入开展党的十九大精神“七进”活动，厚植坚定不移听党话、跟党走、感党恩的思想基础和行动自觉。三是抓实宣传引领。精心策划，统筹各类媒介，全方位、广视角、多渠道深入宣传党的十九大精神，持续报道全市各级各部门学习贯彻的具体行动和生动实践，广泛凝聚感谢党、感谢制度、感谢时代的思想共识。

（二）坚持脱贫攻坚统领，全力打好精准脱贫攻坚战。紧扣“两不愁三保障”标准，认真落实“12343”脱贫攻坚总体工作思路，确保年度脱贫出列任务如期完成。一是坚持把压实责任作为根本保障。突出目标导向，强化行业监督、纪律监督和社会监督，严肃约谈提醒，严格执纪问责，扎实推进脱贫攻坚作风建设年各项工作，全面压实挂联领导、分管领导、乡（镇）村两级、行业部门、挂联单位的脱贫责任，确保全市各级各部门主要负责人 100% 精力投入到脱贫攻坚主战场。二是坚持把资金整合作为生命线。严格落实“四到县”要求，切实做到财政涉农资金“应整尽整”。强化有效支出，加强资金监管，以支出倒逼进度、以审计确保安全。三是坚持把“六个一批”作为有效途径。切实把易地扶贫搬迁作为标志性工程抓实，全面完成 2017 年、2018 年易地扶贫搬迁安置点建设任务。扎实推进城镇化集中安置各项工作，全面加快推进片马抵边安置建设任务。切实把产业扶贫作为根本出路抓实，坚持“以短养长、长短结合”的产业扶持思路，大力推广“211211”短平快增收措施，有序推进蔬菜核心示范点建设，全面加快孵化脱温室建设，积极探索“村校、校社”菜禽合作供销模式。切实把教育健康扶贫作为治本之策抓实，严格落实控辍保学机制。广泛宣传、深入动员，持续抓好"两后生"接受中职教育工作。全面落实"健康扶贫30条措施"，扎实推进大病集中救治、慢病签约服务、重病兜底保障"三个一批"覆盖工程。认真做好建档立卡生态护林员、河道管理员、地质灾害监测员选聘培训管理工作。强化资金统筹，全力保障建档立卡贫困人口参加城乡居民医疗保险和养老保险参保率继续保持"双百"。四是坚持以构建大扶贫格局凝聚攻坚合力。切实将扶贫与扶智、扶志相结合，强化学习培训，补齐干部抓脱贫攻坚能力短板、方法短板，进一步增强干部扶贫意识。提升乡（镇）、村两级的群众组织力，充分调动群众内生动力。建立健全村际"南北互动、东西带动、先富带后富"结对发展机制。深化与珠海香洲区、万山区的扶贫协作，定期召开省级以上挂联单位联席会议，充分发挥定点挂钩帮扶和社会帮扶效益。

（三）坚持基础设施先行，全力打好五网建设攻坚战。始终把基础设施建设作为全市脱贫攻坚的先决条件，作为市域经济发展的支撑"命脉"，全力以赴抓牢、抓紧、抓实。一是加大储备力度。加强项目库滚动管理，深入研究、准确把握国家、省投资政策和投资导向，策划储备一批新的重大项目，争取更多项目纳入国家、省级和州级规划计划，切实解决重大项目储备不足的问题。二是加快建设进度。扎实推进怒江美丽公路泸水段、保泸高速公路、怒江六库民用机场建设征地拆迁工作，力争实现保泸高速公路泸水段年内建成通车，启动六库渡口怒江大桥建设。全面加快六丙二级公路一期工程、南坝大桥与通达桥连接线、六库至蛮英上江半山经济环线、板瓦水库等项目建设。积极配合做好保泸铁路前期工作。加快推动农村水、电、路、网络等基础设施建设。三是提升服务管理。建立重大项目推进联席会议制度，继续实行处级领导挂联重大项目制度，"一个项目一套班子"高位合力推动。强化资金调配，加大重大项目保障力度，确保项目建设推进有力，前期工作推进扎实。加大项目督查，倒排工期，倒逼任务，坚决杜绝开工不动工，严格按时间进度完成各项任务。

（四）坚持调结构转方式，全力打好产业发展攻坚战。全市上下必须以更加坚定的信心、更加坚决的态度、更加有力的措施，坚定不移调结构转方式，扎实推进产业提质增效、融合发展。按照"种花养蜂、种草养畜、种树摘果、种菜自给"的复合型、立体式生态产业发展思路，巩固和扩大10万亩传统种植业结构调整成果，重点调整沿江一线、城镇周边、公路沿线种植结构。深入实施"六个一"产业扶贫工程，加快推进以草果、核桃、漆树为主的特色林产业提质增效步伐，全面推广花椒产业，重点发展以"云木香、天麻、楤木"为重点的中药材产业，以"高黎贡山猪、腺鸡、中蜂、黑山羊"为重点的特色养殖业，积极推广"芒果、火龙果、大樱桃"等水果产业。切实加大重点龙头企业扶持力度，大力推广"公司＋专业合作组织＋农户"为骨架的多种发展经营模式。全力做好中电电气、10万吨多晶硅新材料扶贫项目引进落地工作，全面加快工业园区转型升级步伐。积极配合，加快推进产业园区规划建设。以工业化理念谋划峡谷特色生态农业，大力引进优势产业深加工企业，拉长产业链、提高附加值，推动特色生态农业与新型工业融合发展。按照一切为全域旅游打基础、作支撑的思路，积极探索实践"旅游＋生态农业"发展模式，加快推动乡村旅游发展。加快电商、冷链、物流业发展。

（五）坚持协调融合发展，全力打好城乡建设攻坚战。加快完成《泸水市城乡总体规划（2016—2030年）》修编工作，进一步完善村庄发展规划。全力支持和服务怒江新城、州中医院、州中心血站、州疾控中心、州养老服务中心等城市公共服务设施建设。加快推进城市地下综合管廊工程、新城区6号路、8号路、怒江一级汽车客运站、瓦姑水库输水干管、乡镇一水两污、新城区幼儿园等城乡公共基础设施建设，积极推进赖茂河片区、大南茂片区、丙舍坝片区开发，全面加快中心城市提质扩容。统筹考虑村庄生态建设、环境卫生整治、基础设施建设、特色民居建设，着力打造一批美丽宜居乡村、特色旅游村镇。实施怒江美丽公路泸水段视线范围内村庄、集镇“穿衣戴帽”工程。依法依规，坚决整治“两违”，依法打击非法交易土地等行为。坚持以“四治三改一拆一增”和“七改三清”为重点，深入开展城乡人居环境提升行动，实行“路长制”、“街长制”，认真执行六库城区环境卫生双覆盖和周一环境卫生清理整治活动日制度，全面整治城乡环境卫生。深入开展环境卫生示范乡镇、村庄创建活动，扎实推进省级卫生城市、省级园林城市创建工作。

（六）坚持以人民为中心，全力打好民生保障攻坚战。一是坚持教育优先发展。进一步完善“一村一幼”学前教育办学格局，补齐学前师资短板。继续强化义务教育均衡发展，迎接并通过义务教育均衡发展国家督导验收。继续巩固依法控辍保学成果，确保义务教育阶段学生“一个都不能少”。优化结构，继续扩大普通高中办学规模，巩固中职全覆盖，做到“应读尽读”。优化教师配置，强化教师培训。全面推行教育教学质量提升激励机制，提升教育教学质量。二是加快医卫事业发展。持续深化医药卫生体制改革，健全基本公共卫生服务体系。全面加快村级卫生室标准化建设、改造和配套步伐，加强医疗卫生队伍建设。切实提高家庭医生签约覆盖率，不断提升妇幼保健水平，认真做好重大疾病防控。三是提升社会保障水平。强化政策宣传，扎实推进棚户区改造，全面加快农村危房改造步伐。多措并举，巩固提高城乡居民医疗保险和养老保险参保率。大力开展实用技术培训，力争转移输出农村劳动力2.3万人。认真做好社会救助管理、老龄委、人口计生、残联、红十字会工作。

（七）坚持绿色发展理念，全力打好生态保护攻坚战。紧扣产业发展思路，定地块、定树种、定标准、定人员，以建档立卡的方式推进退耕还林还草工程，全力推动怒江峡谷两岸、公路两侧25度以上耕地全部退耕还林还草，全面禁止在退耕还林还草地套种高杆作物。大力实施示范样板林建设，持续推动“怒江花谷”建设，实施城镇面山、公路沿线绿化美化工程，植树造林，栽花种草。依法开展环保专项整治，持续开展打击破坏森林资源违法犯罪专项行动。加大生态修复、陡坡地治理、土地开发整治、地质灾害防治力度，大力推广农村清洁能源，全面实施“以电代柴”工程。全面落实河长制，定期开展“千人大行动、保护母亲河”河道环境整治活动。扎实推进生态文明创建工作。全面禁止使用高毒、高残留农药。

（八）坚持互利互惠互赢，全力打好招商引资攻坚战。把招商引资作为加快发展的重要抓手。提升招商引资服务质量，不断优化招商引资环境，真正做到亲商、和商、爱商、敬商、安商。紧紧围绕脱贫攻坚、市政基础设施、特色产业、文化旅游等领域，精心策划包装项目，加大宣传推介力度，在招好商、招强商、招优商上下功夫，积极引进质效双优、科技环保型项目。建立市级领导挂钩联系重点招商引资项目制度，加强对签约项目跟踪问效，加大协调服务力度，推动“借商宣传，以商招商”，形成招商引资聚集效应。着力构建亲清新型政商关系，认真落实处级干部与市域民营企业结对挂联制度，定期走访调研，定期汇总问题，及时研究解决，全力促进市域非公有制经济健康发展。

（九）坚持改革开放破题，全力打好改革开放攻坚战。深入推进简政放权、商事制度、财税金融、投资价格等经济体制改革。加快完成农村土地确权颁证，深入推进农村土地制度改革。完善监察体制试点改革，支持和配合好司法管理体制改革。完善农村基本经营制度，推进集体产权制度、农业农村“放管服”改革。扎实推进教育综合改革，有序加快推进不动产登记，加快水资源管理体制改革，加大殡葬改革宣传和推进力度。深入推进工青妇、科协、侨联改革，始终保持群团组织的“政治性、先进性、群众性”。深化行政审批制度改革，加快政府职能转变，简化办事程序，优化发展环境。加快推进片马边境经济合作区建设，以实际成效纪念改革开放40周年。

（十）坚持正确发展道路，全力打好文化发展攻坚战。始终坚持中国特色社会主义文化发展道路，全面落实意识形态工作责任制，牢牢掌握意识形态工作领导权和主导权。始终坚持正确的政治方向和舆论导向，旗帜鲜明反对和抵制各种错误观点。加强宣传思想文化阵地建设和管理，切实提升新兴媒体管理能力。持续深入开展“峡谷红旗飘”“唱国歌、升国旗”活动和“自强、诚信、感恩”主题实践活动。坚持全民行动，干部带头，从家庭做起，从娃娃抓起，强化舆论宣传、教育引导、文化熏陶、实践养成、制度保障，把社会主义核心价值观融入社会生活各方面。以创建全国文明城市为契机，广泛开展精神文明创建活动，持续推进“改陋习、讲文明、树新风”为主题的农村文明素质提升行动和“中华魂”主题教育活动。深入实施公民道德建设工程，推进社会公德、职业道德、家庭美德、个人品德建设。坚持以人民为中心的文艺创作导向，努力创作富有时代气息、具有民族特色、反映人民心声的优秀作品，传递泸水声音，讲好泸水故事。

（十一）坚持共建共治共享，全力打好风险防控攻坚战。加强市委的集中统一领导，积极支持人大、政府、政协和法院、检察院依法依章程履行职能、开展工作、发挥作用。建立党委法律顾问制度，实行国家机关“谁执法、谁普法”的普法责任制。建设法治政府，推进依法行政，严格规范公正文明执法。强化法制宣传教育，加快依法治市进程。巩固和发展最广泛的爱国统一战线。全面督查《村规民约》规范完善、宣传执行情况，制定农村理事会规范化发展的意见。扎实做好工青妇、老干部、外事、侨务、工商联、科协、档案、史志、政研、机要、保密、关心下一代工作。全面贯彻党的民族政策，深化民族团结进步教育，加快民族团结示范区建设。全面贯彻党的宗教工作基本方针，牢牢把握宗教的中国化方向，依法管理宗教事务，严格落实“三项制度”，规范宗教活动场所布局。深入贯彻新时代党的强军思想，扎实开展双拥共建活动，推动国防动员和后备力量建设科学发展。完善重大项目、重大决策社会风险评估机制，从源头上减少不稳定因素。完善矛盾纠纷排查调处机制，畅通和规范群众诉求表达渠道。加快社会治安防控体系建设，强化社会公共安全管理。树牢安全发展理念，认真落实安全生产责任制。加强非政府组织活动的管理，强化情报信息收集、研判，加强边境管控，坚决维护边境安宁。

四、扎实推进新时代党的建设伟大工程，为坚决打好深度贫困精准脱贫攻坚战提供坚强政治保证

坚持党要管党、全面从严治党，要以先进性和纯洁性为主线，以“不忘初心、牢记使命”主题教育为契机，全面推进党的政治建设、思想建设、组织建设、作风建设、纪律建设，把制度建设贯穿其中，深入推进反腐败斗争，不断提升党的执政能力和领导水平，为坚决打好深度贫困精准脱贫攻坚战提供坚强政治保证。

（一）强化政治思想建设，始终保持信念坚定、方向正确。坚持把政治建设作为根本性建设，摆在首位。必须旗帜鲜明讲政治，牢固树立“四个意识”，坚定不移执行党的政治路线，严格遵守政治纪律和政治规矩，坚决在政治立场、政

治方向、政治原则、政治道路上同以习近平同志为核心的党中央保持高度一致，坚决维护党中央权威和集中统一领导。维护党章权威、自觉尊崇党章，严格执行新形势下党内政治生活若干准则，增强党内政治生活的政治性、时代性、原则性、战斗性。大力弘扬忠诚老实、公道正派、实事求是、清正廉洁等价值观，坚决反对山头主义、宗派主义、圈子文化，形成清清爽爽的同志关系、规规矩矩的上下级关系。坚持把思想建设作为基础性建设，以坚定理想信念宗旨为思想建设的首要任务。扎实推进“两学一做”学习教育常态化制度化，开展“不忘初心、牢记使命”主题教育，坚持用习近平新时代中国特色社会主义思想武装全体党员，教育广大党员干部牢记党的宗旨，挺起共产党人的精神脊梁。全市各级领导干部特别是市级领导干部要发挥表率作用，以实际行动彰显理想信念的强大力量。

（二）强化基层组织建设，始终保持先进纯洁、作用发挥。严格分类定级，高位推动整改提升，全面提升基层党组织建设规范化水平。进一步明确和督促党支部认真履行直接教育党员、管理党员、监督党员和组织群众、宣传群众、凝聚群众、服务群众的职责。强化整合配套，全面推广“10项基本活动”，认真落实“三会一课”“党员活动日”制度，切实把村民小组活动场所建成党员培训、政策宣传、党群议事、文体娱乐、村务公开等多功能的党群活动中心。全面加快市、乡（镇）、村、组四级新时代农民讲习所建设步伐，扎实推进“云岭先锋”网上党支部试点建设工作，加快提升党建信息化水平。加强村（社区）干部后备人选培养，加大农村致富带头人培训力度。强化驻村扶贫工作队、村党组织第一书记、脱贫攻坚和基层党建实战队的选派、培训、管理工作。持续深入开展“听党话、跟党走、感党恩”主题教育实践活动，深入推进“两联系一共建双推进”和“一先双带”工程。建立完善村级“三资”管理制度，全面加快村级集体经济发展。全面加强市直机关、教育系统、卫生系统和各中小学校、公立医院党建工作。狠抓非公企业和社会组织党建工作，切实推动有形覆盖向有效覆盖转变。认真落实党内激励关怀帮扶，深化村（社区）组干部补贴结构改革，全面落实待遇正常增长机制和医疗、养老保障制度。

（三）强化纪律作风建设，始终保持纪律严明、心系群众。组织专题学习，以案明纪，全面重申和严明党的“六大纪律”。坚持把政治纪律作为根本，深入实施《中共泸水市第一届委员会巡察工作五年规划（2016—2020年）》，坚持问题导向，强化政治巡察，加强党的全面领导。持续深入贯彻落实中央八项规定实施细则精神和省委、州委实施办法，坚决防止“四风”问题反弹回潮，坚决整治发生在基层和群众身边的不正之风。健全完善村级挂钩联系制度，坚持以上率下，始终保持同广大人民群众想在一起、苦在一起、干在一起。加强和改进新形势下督查工作，充分发挥“利剑”作用，推动政令畅通、执行有力、落实有效。把责任担当贯穿于干部队伍管理监督全过程，正确运用监督执纪“四种形态”，严肃执纪问责，强化纪律执行，教育和引导干部队伍知敬畏、存戒惧、守底线，习惯在受监督和约束的环境中工作生活。

（四）强化反腐倡廉建设，始终保持压倒态势、标本兼治。健全完善监督体系，加强权力运行制约监督。认真贯彻《中国共产党党务公开条例（试行）》，执行党务公开。切实提升党风廉政建设考核实效，坚持执行“一票否决制”，推动“两个责任”“一岗双责”落到实处。坚持干部提拔调整“四个必谈”“四个交清”，严格执行廉政提醒、述责述廉、个人有关事项报告、外出报备等制度。健全村级财务监督管理制度，高度重视和切实加强村级党组织党风廉政建设。坚持无禁区、全覆盖、零容忍，坚持重遏制、强高压、长震慑，保持案件查办高压态势，坚决查处脱贫攻坚、社会民生、工程建设等领域损害群众利益的腐败问题。强化警示教育，推动标本兼治，努力构建“不敢腐、不能腐、不想腐”的环境。认真整改省委第六巡视组机动巡视反馈问题，立行立改，确保整改落实到位。

（五）强化干部能力提升，切实增强五种思维、八项本领。端正选人用人导向，突出政治标准，注重从脱贫攻坚、基层一线、急难险重任务中培养锻炼、考察识别和选拔任用干部，树立鲜明的实干实绩和基层导向。强化非领导职务干部、非党干部管理，注重培养和选拔优秀年轻干部。提高针对性、注重实效性，创新干部培训方式。深入开展“解放思想、推动落实、争先进位”专题研讨，着力解决干部队伍学风不正、思路不活、能力不足、方法不多、办法不灵、作风不实、“慢怕推拖”等问题，切实增强战略思维、创新思维、辩证思维、法治思维、底线思维，不断提升干部的学习本领、政治领导本领、改革创新本领、科学发展本领、依法执政本领、群众工作本领、狠抓落实本领和驾驭风险本领等八项本领，提振精气神，锤炼好作风，牢牢把握工作主动权。

政府工作报告

——在泸水市第一届人民代表大会第二次会议上

（2018 年 1 月 17 日）

市人民政府市长　和桂莲

一、2017 年工作回顾

过去的一年，面对错综复杂的形势和艰巨繁重的改革发展稳定任务，市人民政府在州委、州政府和市委的坚强领导下，在市人大、市政协的监督支持下，团结和依靠全市各族人民，紧紧围绕“赶超跨越”主题，主动适应新常态，把握稳中求进总基调，全面实施“六大战略”，大力发展“五大产业”，统筹推进“五大建设”，深入开展“四城同创”，较好的完成了市一届人大一次会议确定的经济社会发展目标任务，实现了第一届市人民政府的良好开局。2017 年，全市生产总值完成 51.95 亿元、同比增长 7.5%，农业总产值完成 11.55 亿元、同比增长 5.4%，规模以上工业增加值完成 19.22 亿元、同比增长 9.96%，规模以上固定资产投资完成 57.53 亿元、同比增长 11.88%，社会消费品零售总额完成 16.76 亿元、同比增长 12%，地方公共财政预算收入实现 2.58 亿元、同比增长 1.18%，城镇和农村常住居民人均可支配收入分别达 23116 元和 5953 元、同比增长 9.9% 和 10.5%。

一年来，我们致力于攻脱贫、摘穷帽，脱贫攻坚成效明显。

贫困退出更加精准。扎实开展脱贫攻坚“找问题、补短板、促攻坚”专项行动和动态管理，精准锁定全市建档立卡贫困人口 12963 户 47753 人。认真开展易地扶贫搬迁整改、审计反馈意见整改，重点实施“六大工程”91 个项目，整合涉农资金 4.31 亿元、整合率达 95.78%。深入开展“挂包帮、转走访”，全市 71 支驻村扶贫工作队定点驻村帮扶，4571 名干部职工结对帮扶建档立卡户，第一批 561 名脱贫攻坚和基层党建实战队员深入基层一线助力脱贫攻坚。认真开展“百日行动”，狠抓精准脱贫，6 个村实现脱贫出列，减少贫困人口 8627 人。

脱贫基础更加坚实。深入实施“211211”增收措施和“六个一”扶贫产业工程，发展“三树一草一花”，年内脱贫的建档立卡贫困人口人均纯收入基本达到国家规定标准。农村公路里程达 2400 多千米，71 个行政村公路通达率、硬化率均达 100%，50 户以上自然村公路通达率 95.8%、硬化率达 18%。实施安全饮水工程 94 件，解决了 50715 人饮水困难问题，农村安全饮水覆盖率达 98%，供水保障率达 95%。生产生活用电实现“户户通”，互联网已实现行政村“村村通”，移动信号基本实现全覆盖。2016 年保留 7 个易地扶贫搬迁安置点全部建成，2017 年 5 个安置点启动开工建设，完成易地扶贫搬迁 405 户 1618 人，宣传动员 6130 户 21092 人城镇化集中安置。大力实施“雨露计划”和“三个一批”全覆盖工程，培训农村劳动力 20736 人次，输出转移就业农村劳动力 22286 人次，安排生态护林员 1474 名。市、乡（镇）、村新时代农民讲习所挂牌成立，全市 27645 人享受了免费教育，向省内职业院校输送“两后生”1082 人。行政村村卫生室建有率达 100%，建档立卡贫困人口基本医疗保险参保率为 100%，城乡居民养老保险参保人数达 99417 人。

帮扶协作更加有力。东西部扶贫协作力度加大，与珠海香洲、万山区签订了帮扶合作框架协议，落实帮扶协作资金 1.09 亿元，到位资金 2664.5 万元。深入开展社会帮扶行动，争取到央企、省级等 6 家单位帮扶项目 50 个，通过大唐集团帮扶资金注入申请获得贷款 1.5 亿元。坚持在解“精神之贫”上持续发力，引导困难群众突破贫困重围，努力转变“等、靠、要”思想，纠正只想“躺”着接受扶持的消极思想，群众内生动力不断加强。

一年来，我们致力于抓转型、促升级，产业结构优化调整。

农业发展稳中有进。大力培育特色生态农业，粮食总产量达 6.32 万吨，完成核桃、草果等特色林产业提质增效 3 万亩，新增特色经作物种植 3.66 万亩，新增种植云木香、云黄连、重楼等中草药 2.49 万亩，种植漆树、油茶等木本油料 8.25 万亩，完成农业产业结构调整 10 万亩。推进“菜篮子”工程建设，新增蔬菜种植 7200 亩。发展黑山羊、高黎贡山猪、土鸡等特色畜禽养殖 98.56 万头（只），完成畜牧业总产值 5.28 亿元，肉类总产量达 1.8 万吨。支持农业实体经济发展，引进和培育省级龙头企业 1 家、州级 4 家，发展壮大农民专业合作社 508 个。

工业经济提质增效。融合电矿发展，大力发展硅矿产业，完成工业硅生产 11 万吨，实现水泥生产 64 万吨，电力行业年发电量达 14.5 亿千瓦时，实现产值 2.6 亿元。企业升规纳限深入开展，完成怒江昆钢水泥有限公司、泸水兴达水电开发有限公司申报纳规入统工作。宏盛锦盟余热发电加快推进，10 万吨多晶硅新材料项目、云计算中心项目前期工作加快推进。

第三产业欣欣向荣。全力发展壮大非公经济，民营企业达 1669 户，实现增加值 19.16 亿元。大力实施乡村市场工程，大兴地镇、古登乡、上江镇蛮英村农（集）贸市场改扩建项目竣工投用，社会消费品零售总额预计实现 16.97 亿元。积极推进电商“全覆盖”，建立县级电商运营中心 1 个，乡级电商服务站 9 个，村级电商服务点 45 个。特色旅游加快发展，百花岭旅游特色村一期建成投用，悬崖小镇、怒江傈僳风情小镇、登埂温泉小镇、百花岭旅游特色村二期等重点旅游项目加快推进，全年接待国内外游客 146.15 万人次，实现旅游综合收入 18.73 亿元。

一年来，我们致力于抓项目、增投资，发展基础不断夯实。

投资持续拉动增长。年初确定的重点项目新

开工15个，在建9个，预计完成规模以上固定资产投资57.5亿元。做实、做细项目前期工作，安排了前期工作经费1900万元，六兰二级公路、六丙二级公路、泸腾二级公路、第二座六库生活垃圾处理场建设工程、小沙坝至大南茂段航运基础设施综合建设、新城区9号路网等61个项目前期工作加快推进。

五网建设成效明显。亚碧罗、色德、刮然公路、机场公路试验段、跃片红色旅游公路改造工程全面完工，俄嘎边防公路改建工程建成投入使用，建成易地扶贫搬迁安置点通达通畅公路13条82.377千米，怒江美丽公路泸水段全面开工，保泸高速公路、六丙一期公路、南坝大桥与通达桥左岸连接线、上江半山经济环线等重点交通项目有序推进，全市公路里程达2650千米。2017年中央水利发展资金项目、怒江干流大南茂至冷水沟段治理工程职教中心段实施完成，板瓦水库改扩建工程、志奔河水库、水系连通、界河治理、维拉坝易地扶贫搬迁生态江堤建设等工程加快推进，完成干支渠防渗45.09千米，改善灌溉面积25370亩，新增有效灌溉面积1600亩，农田水利化程度达38%。福贡至泸水输变电线工程、六库城区强电入地工程等电力工程全面完成，完成农网升级改造6884户，农村通电率达100%。全市71个村委会、6个社区实现宽带“全覆盖”，自然村互联网络扩展覆盖率达30%。4G网络实现乡（镇）驻地“全覆盖”。

财税金融运行有力。地方公共财政预算收入预计达2.58亿元，实现税收收入1.93亿元、非税收入6500万元，完成地方财政支出23.57亿元。银行各类存、贷款余额分别达108.26亿元、58亿元，增长19.41%、4.36%。高度重视政府性债务化解工作，通过置换债券化解地方政府其他一般债务还本支出调增达7600万元。

一年来，我们致力于抓建管、提品位，城乡面貌焕然一新。

宜居城市有品有味。泸水市城乡总体规划完成修编，启动了怒江新城规划工作，大墩子社区顺利完成组建。江东农贸市场升级改造全面完成，六库江东渡口大桥、污水桥改造工程前期工作取得实质性进展，新城区8号路、11号路、城市地下综合管廊、雨污分离等项目加快建设。财富中心、怒江西岸、金榕佳苑二期、世纪佳苑等房地产开发项目基本完工，傈都半岛二期、怒江明珠三期实现开工建设。建立“两违”零报告制度，依法拆除“两违”183宗10.43万平方米，3000套棚户区改造项目开工建设。持续加大闲置土地清理力度，启动了土地非法交易专项整治工作。“电子警察”系统全面启用，三轮摩托车城区限行专项整治全面完成。“四城同创”扎实推进，“四化”工程稳步实施，城市宜居宜业宜游水平进一步提升。

秀美乡村有容有貌。扎实推进新农村建设，完成7个民族团结进步示范村、5个美丽乡村示范点建设。完成农村保障性安居工程900户、“农危改”602户。上江供水厂竣工投产，鲁掌、片马供水厂实现通水试运营，大兴地、称杆无害化处理场和上江垃圾中转站建成投入使用。736个自然村建立了村庄保洁员制度，自然村生活垃圾得到有效治理。建成镇区公厕23座，建制村公厕111座，镇区公厕覆盖率100%，村庄公厕覆盖率96.61%。农村宅基地“一户一宅”审批颁证工作有序推进，71个建制村全部配备村庄土地规划建设专管员、建立了村规民约。

生态文明有声有色。实施怒江流域生态修复工程，完成营造林17.97万亩，森林覆盖率达74.06%。重点地区泥石流灾害治理和地质灾害防治得到加强。全面推动落实“河长制”，组织开展“千人大行动、保护母亲河”活动。强力开展怒江干支流及面山采砂（石）专项整治，完成矿山升级改造22家，淘汰关闭12家，依法取缔18家。认真整改中央、省委省政府环境保护督察反馈意见。完成退耕还林还草17.6万亩、陡坡生态治理5000亩前期规划。“怒江花谷”生态建设“面上拓展、点上见效”取得初步成效，种植各类花卉林木67251株。推进全民节能行为，完成省柴节煤炉灶项目2431口，安装太阳能热水器1800套。单位GDP能耗控制在上级下达指标内。

一年来，我们致力于抓改革、扩开放，发展活力不断增强。

改革步伐日益加快。深入推进简政放权，取消行政审批事项18项，对55项行政审批中介服务事项进行了清理规范。全面深化收费清理改革，“多证合一”“证照分离”改革加快推进。完成全省自然资源资产负债表试编试点工作。积极推进“互联网+监管”和社会信用体系建设，建立健全市、乡（镇）、村（社区）三级政务服务平台。圆满完成供销社综合改革试点工作，不动产登记制度改革全面推开，县级公立医院综合改革稳步推进。农村、教育、旅游、供销、金融、殡葬等综合改革有序推进。

开放水平日渐提升。岗房、湾草坪边民互市点和片马边境金索朗检查室前移工程项目加快推进，片马新城启动规划。“一关两检”加快建设，口岸通关便利化程度不断提高。对缅和边境管控工作不断加强，口岸企业加快转型升级，对外贸易进出口总额达950万美元。不断创新招商方式，制定了招商引资奖励办法，成功签约项目12个。积极参加“江海情·携手行”怒江州招商推介、南亚东南亚国家商品展暨投资贸易洽谈会等活动，累计对外推介项目28个，实现招商引资实际到位资金19.8亿元。

发展环境日趋优化。认真贯彻落实稳增长各项政策措施，全力支持企业申报享受稳增长各类奖励补助和优惠政策扶持。加快推进供给侧结构性改革，深入开展“降成本、优环境”专项行动，认真贯彻落实停征、减免、降标、取消等涉企收费优惠政策。以“双向承诺”为抓手，大力开展“一企一策”重点帮扶服务，加大企业协调服务力度。严厉打击制假售假、非法融资行为，维护了良好的市场经济秩序。

一年来，我们致力于抓统筹、惠民生，人民生活更加幸福。

社会事业明显进步。14年免费教育全面落实，新建幼儿园24所，新城区幼儿园、新城区完小主体工程基本完工，职教中心建成投入使用。全市高考上线率再创佳绩，上线率达91.3%。发放义务教育贫困家庭寄宿生生活补助2103.67万元，国家助学金115.45万元。全面完成第三次全国农业普查工作。成功举办首届怒江大峡谷老窝火腿文化旅游节、2017年中国怒江皮划艇野水国际公开赛、“中华一家亲”2017海峡两岸各民族欢度怒江傈僳阔时节等活动，“猎人组合”进入星光大道总决赛，广播、电视综合覆盖率达96.4%。完成了14个村卫生室标准化建设，古登乡中心卫生院门诊楼、市保健院综合业务楼全面完工，市疾病预防控制中心已具备开工条件，市第一人民医院二期项目前期工作取得实质性进展，完成家庭医生签约居民10.2万人。

社会民生明显改善。持续扩大就业再就业，新增城镇就业2087人，开发公益性岗位136个，提供创业小额贷款1981万元。公开摇号分配公租房330套，建成城镇保障性安居房599套，发放租赁补贴145万元。支付养老金1.17亿元，医疗保险7799.44万元。发放城乡低保金1.15亿元，医疗救助金2148.79万元，古登敬老院、老窝敬老院等项目加快推进，金满村居家养老服务中心和付坝村、丙奉村、蛮英村互助服务站投入使用。全面推行绿色殡葬，建成公益性、经营性公墓3个。年初承诺的“十件为民实事”基本完成。

社会管治明显规范。大力推进“天网工程”社会治安防控体系建设，严厉打击各类扰乱社会治安和市场秩序行为，妥善处置泸水市“11·23”阻碍“两违”整治事件等突发事件。实行领导干部定期接访制度，及时回应和解决群众诉求，集体访、越级访、非正常访现象明显减少。严格落实安全生产“党政同责、一岗双责、失职追责”责任制，狠抓企业生产、道路交通、高危行业等领域安全生产工作，安全生产形势稳中向好。

国防动员、双拥共建、民族宗教、档案、科技、史志、统计、移民、外侨、新闻、气象、地震、残联、红十字会等工作都取得了新进步。

一年来，我们致力于抓服务、转作风，自身建设得到加强。

全面推进依法行政。“七五”普法工作扎实推进，法治宣传成效明显，干部群众法治意识不断增强。深入推进行政检查“双随机、一公开”工作，共梳理出随机抽查事项405项，有效维护了社会公平正义。严格执行“三重一大”决策制度，修改完善政府工作规则、重大事项集体决策制度，推进科学民主依法决策，全年共召开政府常务会议16次，研究议定事项183项。全面加强规范性文件备案审查工作，确保了出台的各类规范性文件合法合规。扎实开展行政执法案卷评审和执法监督活动，进一步规范了执法行为。

依法接受各方监督。全年办理人大代表建议139件、政协委员提案73件，办复率、满意或基本满意率达100%。市长信箱、市长热线办理群众意见、建议、诉求85件，办结率100%。大力推进政府信息公开，全年公开政府信息1.5万条，向社会公示政府权责清单6690项，责任事项45916项，追责情形40117项，自觉接受社会监督，完成了“清权”“晒权”，做到了“清单之外无权力”。

切实转变政府作风。持续推动“两学一做”常态化制度化，扎实开展中央巡视组巡视整改工作，深入创建“担当型”政府机关，下大力气整治精神不振、“怕慢推拖”等作风问题，坚决惩戒干部不作为、不履责、不担当的行为，干部作风明显好转。严格贯彻落实中央“八项规定”，持之以恒纠正“四风”，政治意识、大局意识、核心意识、看齐意识不断强化。坚持督查问效，对10项重点督查重大事项进行跟踪督查。加大执纪问责力度，坚决整治和查处基层侵害群众利益不正之风和腐败问题，全年查处违纪违规案件34起35人。

总体来讲，过去的一年是泸水市经济结构深入调整、综合实力快速提升、发展成果非常显著的一年，是重大项目大建设、基础瓶颈大突破、城乡面貌大变化的一年，是产业发展快速转型、生态建设成果丰硕、绿色富民成效明显的一年，是脱贫攻坚深入推进、社会事业全面发展、人民生活大幅改善的一年。这些成绩的取得，是党中央、国务院高度重视、特殊关怀的结果，是省委、省政府和州委、州政府正确领导、科学决策的结果，是历届市委、市政府励精图治、接力奋斗的结果，也是四套班子勠力同心、和衷共济的结果，更是全市上下凝心聚力、务实求进的结果。

在肯定成绩的同时，我们也清醒看到经济社会发展中存在的困难和不足：农村贫困面大、贫困程度深，脱贫攻坚和民生改善任务依然艰巨；经济总量小，产业结构单一，赶超跨越形势严峻；基础设施薄弱，社会事业发展不足，项目前期工作滞后，实现“两大目标”短板亟须补齐；实体经济弱，企业规模小，财源建设还需进一步加强；对外贸易形势严峻，不确定不稳定因素增多，外贸下行压力加大；部分群众“等、靠、要”的思想严重，自我发展的内生动力不足；一些干部能力素质与脱贫攻坚、“赶超跨越”的要求不适应，精神不振、怕、慢、推、拖现象不同程度存在，政府自身建设尚需加强。这些问题，我们必须高度重视，切实加以解决，努力把政府工作做得更好，不辜负全市人民的期望和重托。

二、2018年工作重点

2018年是全面落实党的十九大精神的开局之年，是打好深度贫困精准脱贫攻坚战的作风建设年，是决战全面建成小康社会、实现“十三五”规划承上启下的关键一年，也是开启“怒江2020”

新征程的起步之年，做好今年工作意义重大。

“怒江 2020”是州委、州政府深入贯彻党的十九大精神的具体行动，是全面落实党中央、国务院和省委、省政府一系列脱贫攻坚重要决策部署的总体安排，更是实现怒江人民幸福美好生活精心绘就的一幅令人遐想、让人憧憬的美好蓝图。这些新思想、新部署、新目标，为我们决战脱贫攻坚、决胜全面小康、实现赶超跨越理清了思路、确定了目标、指明了方向，是当前和今后一段时期全市上下打好深度贫困精准脱贫攻坚战的根本遵循和行动指南，全市上下必须解放思想、转变观念，必须抢抓机遇、勇于担当，必须坚定信心、提振精神，必须鼓足干劲、苦干实干，必须争创一流、实现跨越，全力实现脱贫摘帽与全面小康两大目标，正确处理加快发展与生态保护两大关系，着力破解基础设施与产业发展两大难题，突出抓好城镇建设与乡村振兴两大关键，切实补齐民生事业与人才队伍两大短板，持续筑牢边境稳固与民族团结两大保障，始终坚持用“怒江 2020”谋划工作，全力推动脱贫攻坚取得新成效、产业培育取得新进展、重大项目实现新突破、生态保护得到新加强、城乡建设发生新变化、和谐稳定取得新成绩、民生事业得到新改善、招商引资展现新作为、改革创新迈出新步伐、“软实力”取得新进步，坚决打好打赢泸水深度贫困精准脱贫攻坚战。

2018 年政府工作的总体要求是：以习近平新时代中国特色社会主义思想为指导，全面贯彻党的十九大精神，认真落实中央、省委经济工作会议和州委八届四次全会部署，按照市委一届四次全会要求，准确把握建设“怒江 2020”六个方面总体布局，围绕“12343”脱贫攻坚总体思路，以脱贫攻坚统揽经济社会发展全局，深入实施“六大战略”，认真落实“十大攻坚战”总体安排，坚持“攻脱贫、强基础、兴产业、护生态、惠民生、保稳定、奔小康”的工作主线，更加注重稳中求进，更加注重补齐短板，更加注重结构调整，更加注重普惠民生，更加注重改革创新，更加注重统筹兼顾，推动全市经济、政治、文化、社会和生态文明建设全面发展，奋力谱写好“怒江 2020”新征程泸水篇章。

2018 年主要预期目标是：地区生产总值增长 10% 以上，固定资产投资增长 21% 以上，地方公共财政预算收入增长 4% 以上，社会消费品零售总额增长 12% 以上，城镇常住居民人均可支配收入均增长 10% 以上，农村常住居民人均可支配收入均增长 11% 以上。城镇登记失业率控制在 4.5% 以内。GDP 能耗控制在上级下达指标内。

各位代表，这些目标不是轻而易举就能实现的，但是我们有信心、有决心，以“十大攻坚战”为指引，认真实施“五大行动”，努力向全市人民交出一份满意的答卷。

——坚持民生安市，贯彻“12343”思路，深入开展“脱贫攻坚决战行动”

“构建一个格局”，着力构建一个决战决胜脱贫攻坚的指挥作战体系格局。充分发挥好市扶贫开发领导小组统筹协调和指挥作战体系作用。加大脱贫攻坚工作力量，认真落实“领导挂点、部门包村、干部帮户”定点挂钩扶贫机制，切实发挥脱贫攻坚和基层党建实战队生力军作用，扎实开展“双联系一共建双推进”活动。加强驻村工作队选派管理，严格执行工作纪律和召回制度，着力解决驻村帮扶中选人不优、管理不严、作风不实、保障不力等问题。加强与定点挂包帮扶泸水的中央和省级机关、企事业单位的汇报对接，落实好资金，做好规划，做细、做实帮扶项目。继续深化与珠海香洲区、万山区东西部扶贫协作，落实好帮扶协议协定事项和项目。

“补齐两大短板”，着力补齐教育、健康两大扶贫短板。深入实施教育精准扶贫，阻断贫困代际传递，继续落实好 14 年免费教育政策，完成 6 个学校标准化建设，实施“一村一幼”、义务教育均衡发展、普通高中扩容提质和现代职业教育建设工程，加大“控辍保学”力度，继续实施“两后生”职业教育计划。全面落实健康扶贫30条措施，逐步实现每个乡（镇）卫生院配备1名以上全科医生，完成5个村卫生室标准化建设。

“提升三大能力”，着力提升基层党组织保障、各级干部扶贫工作、群众素质三大能力。继续深入开展“自强、诚信、感恩”和“听党话、跟党走、感党恩”主题教育活动。办好新时代农民讲习所，加大党的理论、方针、政策和法律法规宣传教育，提升群众素质能力。关心关爱基层一线扶贫干部，培养贫困村创业致富带头人，建立激发群众内生动力的“正向激励机制”和“反向约束机制”，发挥贫困群众主体作用，推动贫困群众从“要我脱贫”向“我要脱贫”转变。

“攻克四大堡垒”，着力攻克易地扶贫搬迁、住房安全、产业扶贫、基础设施四大堡垒。将易地扶贫搬迁作为重中之重来推动，紧盯易地扶贫搬迁28454人建档立卡贫困人口，全面完成2016年、2017年和2018年度13个易地扶贫搬迁安置点建设并搬迁入住，扎实开展进城入镇、抵边安置前期准备工作，协调服务好怒江新城建设，加快推进片马新城规划，确保6月底前全面开工建设。采取易地扶贫搬迁、原址修缮加固改造或就近就地拆除重建改造等方式解决好建档立卡贫困户住房安全问题，2018年底基本完成全市5600户4类重点对象C、D级农村危房改造。把产业扶贫作为带动贫困户稳定脱贫、贫困村持续发展的重要途径，全面推行“211211”短平快增收措施，实施好“六个一”扶贫产业工程，继续发展一批“四小庭院”经济、培育一批“六小专业户”、培养一批“七种人”，引进和培育一批龙头企业带领群众脱贫致富，支持村集体经济发展，增加贫困村集体经济收入，积极发展农村电商扶贫，促进农副产品流通销售。大力发展劳务经济，培训农村劳动力2.1万人次，输出转移就业农村劳动力2.3万人次，实现劳务经济收入2.72亿元。突出抓好水、电、路、网等基础设施建设，突破制约贫困村发展的瓶颈，实现行政村硬化路、安全饮水、农村电网、网络通信“四个全覆盖”。全力推动土地增减挂钩助推脱贫攻坚，力争完成1500亩。

“强化三项监督”，着力强化行业、纪律、社会三项监督。严格扶贫资金监管使用，加大资金整合力度，确保涉农资金整合率达95%以上。完善脱贫攻坚督查工作机制，建立脱贫攻坚工作逐级督查制度，抓好县乡扶贫开发成效考核和实绩考核，特别要抓实省对贫困县扶贫开发成效考核和第三方评估各项基础工作。加强对已脱贫农户的动态跟踪帮扶，防止返贫。力争年内减少贫困人口14000人、脱贫出列18个村。

——坚持强基固市，突出“三大重点”，深入开展“基础设施建设行动”

（一）重点抓好“五网建设”。全面启动六兰二级公路建设，力争保泸高速公路泸水段、南坝大桥与通达桥左岸连接线建成通车，实现笔峰山隧道开工建设，加快推进怒江美丽公路泸水段、机场进场公路、六丙一期公路、上江半山经济环线等重点交通项目，协调服务好保山至六库铁路、怒江轨道交通等项目前期工作。建设一批重点水源、城乡供水、农田灌溉、“五小”水利等项目，加快推进板瓦水库、志奔河水库、水系连通、界河治理、瓦姑水库输水干管等重点水利工程建设。加快全市骨干电网和配电网建设，继续实施好农网改造项目，加快110千伏大南茂变电站、称杆变电站改扩建建设，推广光伏发电2000户，确保71个行政村通动力电。加快建设共享高效的互联网，推动“光网”建设，实现“全光市”，实施“宽带乡村”工程，建成覆盖全市的4G网络，让广大农村群众都能上宽带网络、用上Wi-Fi。

（二）重点做好“项目工作”。做好项目谋划。紧紧围绕全省“十三五”规划、“五网规划”和省级“四个一百”、州级“六个一百”项目规划，牢牢抓住“三区三州”产业政策、投资导向和扶持重点释放的“政策红利”，认真研究策划，谋划一批、上报一批、落实一批、储备一批项目，力争完成规模以上固定资产投资69.58亿元。

做好项目前期。多渠道、多层次、多方式筹集落实项目前期工作经费，以项目前期工作的大突破，带动项目建设的大发展，加快推进泸腾二级公路、7个乡（镇）污水处理厂、地下综合管廊二期、智慧城市、海棠坪水库、青少年法治宣传教育基地等项目前期工作，协调服务好兰坪至泸水、泸水至片马、泸水至腾冲高速公路选线论证、六库至丙中洛旅游轨道交通项目等各项前期，推动20个前期项目取得实质性突破。

做好项目服务。继续实行领导挂联重大项目负责制，推行项目建设“月督查、季公示、年通报”制度，开通项目并联审批“绿色通道”，实行部门跟踪服务制，继续推行“双向承诺、一企一策”帮扶政策，为项目落地建设创造良好服务环境。

（三）重点增强“发展活力”。全面深化改革。深刻把握深化改革“关键一招”重要地位，坚定不移推动深化改革，深入推进“放管服”，巩固政府权力清单、责任清单成果，加快供给侧结构性改革，深化投融资体制改革，通过PPP、企业债、项目收益债等方式全方位加大融资力度，稳步提升政府购买公共服务在财政支出中的比重，巩固和完善农村基本经营制度，深化农村集体产权制度改革，深入推进公立医院和供销社综合改革步伐，继续推进国有企业、教育、卫生、文化、工商登记、财税、科技、司法、户籍、殡葬等改革。

扩大对外开放。以建设片马新城为契机，加快推动片马口岸修编扩容，积极推进片马一类口岸申报，加快岗房、湾草坪边民互市点建设，进一步发展巩固与缅甸友谊和交流合作，加快口岸基础设施建设，做好“一关两检”服务工作，提高口岸通关便利化综合能力。积极引导口岸外贸企业转型升级，坚决遏制外贸持续低迷态势，力争对外贸易进出口总额增长13%以上。

加大招商力度。认真落实招商引资奖励办法，继续完善招商引资优惠政策和各项配套措施，积极营造亲商、爱商、安商的良好发展环境，紧紧围绕“五网建设”“五大产业”、脱贫攻坚等重要领域投资招商，突出泸水矿产、水电、生物等优势招商，坚持以商招商、项目招商、产业招商、园区招商、网络招商，瞄准东西部扶贫协作扩大招商，主动寻求各方战略合作，力争包装推介项目20个以上，招商引资到位资金达20亿元以上。

强化运行保障。持续深化财税体制改革，优化财政支出结构，不断壮大骨干财源、培植新兴财源，加强税收征管，严控“三公经费”和一般性支出，持续加大对“三农”、民生、项目和脱贫攻坚等重点领域的财政投入，把钱用在“刀刃”上，力争地方公共财政预算收入达2.68亿元以上。加大政企、银企、政银合作，多渠道筹措建设资金，积极争取债券资金，引导社会资本参与建设，推动投资增长。

——坚持产业强市，实施“三大工程”，深入开展“特色产业发展行动”

（一）大力实施“产业升级工程”。提升传统产业档次。加快传统硅矿产业转型升级，协调服务好10万吨多晶硅新材料扶贫项目、云计算项目实现开工建设，年内完成工业硅生产12万吨，实现产值13亿元。巩固提升水电清洁能源优势，完成年发电量15亿千瓦时，实现产值2.7亿元。积极引导昆钢水泥厂加大技改投入，完成水泥生产80万吨，实现产值2.5亿元。发展一批非电工业项目。加快石材加工产业发展，培育新型混凝土免烧砖开发、钢门窗加工、石材木材加工为主的建材产业体系。加快灵芝、草果、核桃、油桐、罗芙木等特色农产品综合加工，延长产业链条，增加附加值。力争规模以上工业增加值增长10%以上。

壮大五大产业规模。做强生态特色农业，推动农业种植结构调整10万亩，做好怒江沿岸种植结构调整工作，粮食总产量实现5.79万吨以上，新增种植经济作物3.5万亩、中药材2万亩、木本油料1万亩、经济林果1万亩以上，完成核桃、草果提质增效11.5万亩，力争实现林业增加值4亿元；继续实施“菜篮子”工程，新增蔬菜种植1万亩；大力发展特色生态养殖业，力争肉类总产量达1.86万吨以上，实现畜牧业产值5.72亿元以上。做优旅游文化产业，加快推进“一部手机游云南”智慧旅游建设，积极推动大南茂旅游综合服务区、大南茂旅游创客园区、片马边境红色生态旅游区建设，重点抓好百花岭旅游特色村二期、傈僳部落、上江国际农旅PPP等旅游文化项目，实施“百万乡村旅游创客行动”，建设3个特色旅游村，培育40个乡村旅游经营户，力争年内接待国内外游客157.84万人次，实现旅游综合收入19.96亿元。做大生物医药和大健康产业，加快发展云黄连、重楼、云木香等优质中药材和核桃、漆树、草果等健康产品原料基地，推进上江生物产业园区建设，努力发展医疗健康服务业，构建集健康、养老、养生、医疗、康体等为一体的大健康产业体系，实现生物医药和大健康产业总收入达3.7亿元以上。做好生态食品及消费品制造产业，推进茶、酒、油、核桃、咖啡、食用菌等特色食品加工业发展，大力发展林板、家具、林木工艺品、羊脂玉等石材工艺品、观赏石材以及民族服装服饰。做快现代物流产业，统筹农村集贸市场、城镇农贸市场、专业市场建设，加快上江大宗物流园区、上江冷链物流、老窝农副产品集散地等项目建设，发展网上交易、仓储物流、终端配送一体化经营，建成村级电商服务点26个，实现村级电商全覆盖。

激发第三产业活力。优化城乡居民消费结构，积极培育新的消费增长点，实现居民消费价格指数涨幅2.5%，力争实现社会消费品零售总额19.01亿元以上。持续发展餐饮、商贸、酒店住宿等传统服务业，加快发展金融、保险、信贷等现代服务业，力争实现三产增加值30.59亿元以上。

（二）大力实施“企业培育工程”。助推企业成长。实施实体经济振兴计划，贯彻落实好国家、省州有关扶持中小企业政策措施，实施好“两个10万元”微型企业培育工作，重点扶持2—3家年产值1000万元以上的龙头企业，发展特色种植大户20户以上，新建家庭农场5个以上，新建农民专业合作社示范社8个，成立脱贫攻坚造林扶贫专业合作社5个，培育州级龙头企业3家、省级重点龙头企业1家。

力促企业升规。抢抓国家鼓励多层次资本市场发展的机遇，大力推进中小企业“达规”培育工作，支持宏盛锦盟上市挂牌。大力开展“中小企业上规模”“规上企业上台阶”行动，加大企业升规力度，做好怒江国贸硅业、江钨浩源升规工作。

培育企业品牌。实施“质量兴市”发展战略，围绕“一县一品”“三品一标”，引导企业增强品牌意识，发扬“工匠精神”，力争打造一批影响力大的“品牌店铺”，增强产品竞争力，提升品牌价值，今年力争创建驰名商标1个，著名商标5个，知名商标7个。

（三）大力实施“平台拓展工程”。加快园区建设，增强园区承载力。重点抓好上江生物加工园区规划建设，推进片马口岸边境经济合作区建设，推动泸水电子商务、物流园区建设。加快修编扩规工业园区，不断完善工业园区基础设施，加大服务力度，全力破解园区用电、用地和融资难题，保障园区生产要素，加大园区土地报批力度，力争报批新增建设用地2500亩。

突出生态集约，增强园区竞争力。依托丰富

的水能、矿产、生物资源，把泸水“两园一区五片”建设成滇西北重要的新兴清洁能源产业基地、绿色工业基地、全州生物资源集中加工销售中心。加快工业园区转型升级，重点抓好泸水绿色硅工业基地升级改造，提高环保准入门槛，对不符合环保要求的项目实行一票否决；重点抓好园区“两污”建设，提高工业污水入网率和处理率。强化对污染企业的监督力度，从源头和过程上控制污染物排放；积极探索园区停产、倒闭企业的退出机制，不断加快闲置土地和厂房“腾笼换鸟”，为园区拓展增容让出空间，实现园区土地和厂房的集约利用。

提升服务水平，增强园区吸引力。继续深化“降成本、优环境”专项行动，切实抓好企业减负各项政策，加快制定企业入园优惠政策和配套措施。坚持硅电联动工业用电政策，降低企业用电成本。继续实行领导挂钩联系企业制度，主动服务企业，帮助企业解决困难问题，坚决扭转园区经济下行趋势。

——坚持生态立市，打响“三张名片”，深入开展“城乡环境提升行动”

（一）建设“生态城市”。综合治理江河，让水灵秀起来。全面推动落实“河长制”，建立完善11项配套措施，加强巡河力度，确保河畅、水清、岸美。重视水资源保护，加强水土保持治理、小流域综合治理、重点流域水污染防治和重点水源地保护，坚决停止小水电开发。加快推进六库城区雨污分离改造工程，加强供水管网和污水管道排查检修。力争老窝河流域治理工程竣工验收，实现大南茂至冷水沟段防洪堤项目开工建设，打造河清水畅、碧水润城的美丽泸水。

构筑内外循环，让路顺畅起来。秉持内外衔接、循环互通的原则，加快新城区6号、8号、9号、10号、11号路建设，推动中交援建六库渡口大桥实现开工建设，加快怒江大道延长线、污水桥改造工程、泸水市轨道交通、怒江水上航运、城南加油站大桥、大南茂大桥、立体停车场等项目前期工作，完善城市智能交通系统建设，打通断头路，畅通微循环，着力打造四通八达的路网，让群众出行更加方便、快捷、安全。

全面植绿造景，让绿生动起来。牢固树立“绿水青山就是金山银山”理念，巩固和提升国家重点生态功能区生态环境质量，继续抓好天然林保护、荒山造林、陡坡生态治理、封山育林等重点工程，完成营造林5.308万亩。持续开展打击破坏森林资源违法犯罪专项行动。按照“应退尽退、应调尽调”的原则，确保25度以上陡坡耕地全部退下来，25度以下能退则退。持续推进“怒江花谷”生态建设。大力实施泸水生态系统保护和修复工程，研究建立生态系统保护区区长制、片长制、点长制。严格落实自然资源资产离任审计制度。全面推进公路沿线、城镇面山、城市美化绿化，营造城区有绿肺、环城有绿带、沿路有绿脉、沿江有绿廊的绿色满目宜人风光。

强化城市治理，让城文明起来。深入创建“生态文明城市”，抓好城乡“四治三改一拆两增”整治工作，强势推进“两违”清理整治，持续做好棚户区改造工作，加快推进“四城同创”，实施“四化”工程，深入开展10个专业市场整治，深入开展土地非法交易专项整治，加大闲置土地清理力度，加快城市地下综合管廊建设，启动城市综合体前期工作。积极推进赖茂河以北片区、大南茂片区、丙腮坝片区开发，加快傈都半岛二期、怒江明珠三期、怒江西岸等房地产项目建设。完善城区停车收费管理系统，加快“智慧城市”建设。加强交通秩序长效管理，打击非法营运行为。引导广大群众增强文明意识、摒除遗风陋习、弘扬新风正气，为创建省级生态文明城市打下坚实基础。

（二）谋划“特色城镇”。打造功能城镇。持续建设“一个中心、四个门户、四个特色”功能城镇发展体系，将六库镇打造成州市政治、经济、文化“中心城市”。“东大门”老窝打造成为产业集聚、项目集群的工业发展重镇，“西大门”片马打造成集外贸、工艺品加工和红色旅游为一体的“片马新城”，“南大门”上江按照“扶贫之城、生态之城、产业之城、文化之城”的定位建成城乡一体、产城融合、生态农业、民族旅游的“怒江新城”，“北大门”洛本卓积极发展中药材和农特产品。称杆建成活畜交易、水电清洁能源产业为主的特色城镇，鲁掌建成生态产业、生物加工为一体的特色城镇，大兴地建成劳动密集型加工特色城镇，古登建成漆树产品交易为主的特色城镇。

建设特色小镇。按照规模适度、功能完善、环境优美的要求，打造一批产业特而强、功能聚而合、形态精而美的集“山、水、田、园、草、林、城”于一体的具有浓郁民族文化的特色小镇，合理规划建设怒江美丽公路沿途特色小镇、功能服务区，重点加快上江傈僳风情小镇、悬崖小镇、登埂温泉小镇，下片马民族特色小镇建设。

（三）营造“秀美乡村”。强化惠农富农，实现农民“生活美”。继续实施“贷免扶补”政策，认真抓好惠农工作，落实好种粮、良种、农机、农资等补贴政策，增加农民转移性收入。抓好劳务经济，做好劳动力转移培训工作，增加农民工资性收入。加强农村综合改革，扎实推进农村土地承包经营权确权登记颁证工作，规范土地经营权流转，第二轮土地承包到期后再延长30年，加快农村宅基地“一户一宅”审批颁证工作，巩固集体林权制度改革成果，切实让农民享受改革带来的实惠。稳步推进“两个倍增”计划，力争农村常住居民人均可支配收入达6721元以上。

强化基础建设，实现农村“布局美”。牢牢抓住国家实施“乡村振兴”机遇，加大农村水电路气、通讯、广播电视等基础设施建设，改善农村生活环境。建好管好护好农村公路，实施饮水安全巩固提升工程129件，完成农网改造升级153户。实施示范村农房新建、旧房改造和村容村貌整治，建设宜居家园、美丽农村。扎实推进新农村建设，建成美丽乡村4个、民族团结示范村16个和民族特色村寨2个。

强化环境治理，实现村庄“形象美”。深入开展村庄“七改三清”环境综合整治，实施怒江美丽公路视线范围内村庄、集镇“穿衣戴帽”工程，全面提升农村人居环境。建立农村环境卫生整治长效机制，改造建制村公厕71座，实现建制村垃圾焚烧池“全覆盖”。重点完成老窝镇、片马镇、古登乡和洛本卓乡“一水两污”项目建设。大力推广农村清洁能源，全面实施“以电代柴”工程。

——坚持和谐稳市，提升“三项指数”，深入开展“人民生活改善行动”

（一）提升民生“幸福指数”。实施更加积极的就业政策，稳步扩大就业，新增就业2100人，解决公益性岗位100人。做好劳动维权保障，加大农民工欠薪打击力度，切实维护农民工合法权益。扩大社会保险覆盖面，城乡居民养老、医疗保险覆盖率分别达到98%和100%。不断完善社会救助体系，进一步规范低保管理，精准认定低保对象，启动实施泸水老年护理院综合楼、社会福利中心、儿童福利院、鲁掌镇敬老院拆除重建和20个城乡居家养老服务中心项目，加快推进新建村、赖茂村农村互助站建设。加快棚户区改造步伐，完成城镇保障性住房信息录入工作，完成“农危改”7694户，发放困难家庭租赁补贴130万元以上，让困难群众享受到更好的住房条件。实施好2018年“十件为民实事”。

（二）提升群众“满意指数”。大力实施“科教兴市”战略，深入推进教育精准扶贫行动计划，认真落实14年免费教育，推动教育精准扶贫示范市建设再上新台阶。推进义务教育均衡发展，并顺利通过义务教育均衡验收。加快办学条件改善，重点抓好新城区小学、市幼儿园建设，重点实施“全面改薄”“义务教育标准化”“学前教育”工程建设，全面实施“互联网＋教育”行动计划。做好“控辍保学”“两后生”工作。提高高考上线率，推进中职教育“三个一批全覆盖”工程。加大教师招聘补充和城乡教师交流轮岗力度，努力解决“择校热”和“大班额”问题，全力办好人民满意教育。认真贯彻落实健康扶贫30条措施，稳步推进州、市、乡（镇）三级医院一体化管理试点工作，深入推进医药卫生体制改革和县级公立医院改革，协调服务好州中医院、州中心血站、州疾控中心等项目，加快推进市医院二期、市疾控中心项目建设，实施好乡（镇）卫生院和村卫生所标准化建设。继续实施妇幼健康计划，巩固“国优”成果，扎实推进人口信息化建设，加快市妇幼保健院综合楼建设。深入实施“文化惠民工程”，扎实推进农家书屋、乡（镇）综合文化站和村（社区）综合服务中心建设，加快边疆文化长廊文化馆、市档案馆建设，做好非物质文化和民族文化传承和保护。继续巩固广播电视“村村通”成果，加快“户户通”工程实施。继续实施“七彩云南全民健身工程”，积极举办群众喜闻乐见的文体活动。

（三）提升社会“安全指数”。深入开展社会治安严打整治行动，严防黄赌毒等违法犯罪活动滋生蔓延，不断提升公众安全感。进一步完善各类矛盾纠纷调处机制，畅通信访渠道，积极引导群众依法理性表达诉求，千方百计解决群众合理诉求。深入开展国防动员和双拥工作，促进军民融合发展。完善应急管理体系，进一步加强对突发公共事件的检测、预报、预警能力建设。严格落实安全生产党政领导责任、部门监管责任和企业主体责任，扎实开展隐患排查整治，规范企业的各类安全生产行为，有效化解各类安全生产风险。加大治超执法力度，确保道路安全畅通。加强食品药品和农产品质量安全监管，保障群众“舌尖上的安全”。

三、加强政府自身建设

适应新形势，谋求新发展，实现新跨越，对政府工作提出了更新、更高、更严的要求。我们将严格落实“四个表率”“四个从简”要求，深入推进简政放权、放管结合、优化服务改革工作，全力打造依法行政、勤政务实、廉洁高效、群众满意的服务型政府。

我们将更好执行法治内涵。深入推进“七五”普法和“法治泸水”建设，普遍建立政府法律顾问制度，持续加强法治宣传教育，努力营造崇尚法治的良好氛围。严格遵守法律法规，积极运用法治思维和法治方式推进政府各项工作，决不允许越法而治、违法而行。严格按照法定权限和程序履行职能，把公众参与、专家论证、风险评估、合法性审查、集体讨论决定作为重大决策的必经程序，切实提高决策民主化、科学化、法治化。依法接受人大及其常委会的法律监督，自觉接受政协的民主监督，广泛接受社会公众和新闻舆论监督，让权力在阳光下运行。严格规范执法行为，完善执法程序，落实执法责任制，对执法不严、执法不公等行为进行严肃追责，切实推进法治政府建设。

我们将更加强化责任担当。持续巩固和提升创建“担当型”政府机关成果，强化责任意识，牢固树立有权必有责，有责必担当的意识，要求广大干部特别是领导干部要敢于面对矛盾不回避，敢抓敢管；敢于面对困难不退缩，敢闯敢试；敢于面对责任不推诿，敢作敢当。进一步健全干部考核体系，严格考核标准，对不担当、不作为、乱作为、慢作为的领导干部动真碰硬，该批评的批评教育，该问责的严肃问责。进一步完善和落实“容错机制”，旗帜鲜明地支持担当者、鼓励担当者、保护担当者，涵养良好政治生态，真正让干部心无旁骛谋改革、甩开膀子干事业。

我们将更广推行实干作风。大力倡导真抓实干和求真务实的工作精神和作风，在推进工作、狠抓项目中鼓实劲、出实招、求实效，努力营造激情干事业、务实谋发展的良好氛围。大力践行“一线工作法”，真正走出去、靠上去、沉下去，以“钉钉子”的精神，一件一件抓进度、一项一项求突破。大力强化督查督办，健全完善目标责任考核体系，实行重点工作、重大项目挂钩承诺、通报公示、绩效考核、行政问责及首问责任制、限时办结制和责任追究制，确保政府的每一项重大决策部署和重大项目都能推进有力、落到实处、取得实效。

我们将更严落实廉政要求。始终坚持把纪律和规矩挺在前面，认真落实中央八项规定精神，持续纠正“四风”，把党的群众路线教育实践活动、“三严三实”专题教育和“两学一做”学习教育的成果，内化于心，外化于行，不断规范领导干部廉洁从政行为。加强行政监察、审计监督和财政监督，强化政府采购、工程招投标、公共资源交易等领域的监管，严控行政支出，降低行政成本，从源头上遏制腐败。认真落实党风廉洁建设责任制，认真履行“一岗双责”，深入推进廉政风险防控管理。严肃查处各类违纪违法案件，深入开展扶贫领域腐败和作风问题专项整治行动，持续纠正损害群众利益突出问题，强化政风行风建设，努力营造部门清正、政府清廉、干部清白的办事环境。

注释：

十件实事

2017 年市人民政府承诺的 10 件为民实事落实情况：①已开通大墩子—黄土坡、大墩子—大山坪子、大墩子—丙奉村、大墩子—付坝村、老窝—荣华村、老窝—煤矿（崇仁）6 条农村客运线。② 2017 年 12 月初已完成重阳桥改造工作，投入资金 15.0832 万元。③ 2016 年 11 个安置点可容纳 1660 户 6425 人，目前已全部开工建设；2017 年 4 个安置点可容纳 541 户 2320 人，项目已全面启动建设。④完成转移就业农村劳动力 22286 人次，新增就业再就业 2022 人，开发公益性岗位 136 个。⑤实施农村危房改造及抗震安居工程 1043 户，竣工 560 户，城镇保障性住房已分配入住 2257 套，累计保障人数 7899 人。⑥上江镇供水厂已竣工投产，大兴地镇、鲁掌镇、片马镇供水厂已竣工验收投入试运营；片马镇污水厂主体工程全面完成，已进入设备安装阶段；古登乡两污项目前期工作有序推进。⑦实施完成了上江镇、大兴地镇、古登乡农贸市场建设。⑧洛本卓乡俄嘎村小学避险搬迁工程预计 2018 年 9 月可全面投入使用。⑨实施完成了六库镇、鲁掌镇、老窝镇、上江镇、称杆乡幼儿园建设项目。⑩ 1474 名生态护林员全部上岗从事森林资源管护工作。

2018 年市人民政府承诺的 10 件为民实事：①实施好 2018 年 129 件农村饮水安全巩固提升工程，解决 79410 人饮水安全巩固提升问题。②加快保障性住房建设，完成 2018 年棚改 500 套开工建设任务，基本完成 5600 户 4 类重点对象 C、D 级农村危房改造。③拟对原没有确定公交线路和建设公共汽车站牌的路段新增建设公共汽车站牌 26 个（其中新城区新增建设 14 个、通达桥至老窝河口新增建设 4 个、向阳桥至麻布河新增建设 8 个）。④加快老窝敬老院、古登敬老院建设，2018 年完成建设并投入使用。⑤加大对六库城市“绿化、亮化、净化、智慧化”的建设投入，全面改造六库城区的路灯，做好标志性建筑的灯光装饰，完成行道树、绿化带的“增花添绿”工作，加快改造六库老城区雨污分流步伐，新建城区截污干管建设，增设垃圾收集处理设施。加大高清监控等设施投入，建设平安六库，提升六库市民的居住质量和安全感。⑥解决好群众看病难问题，完成称杆乡的自把村、阿赤依堵，古登乡的念坪、季加和洛本卓的色德 5 个村卫生室标准化建设。⑦畅通城市内外循环，启动建设怒江渡口大桥，实现南坝大桥至通达桥连接线全线通车。⑧不断改善办学条件，完成新城区幼儿园、新城区完小建设，完成民族中学学生宿舍及运动场地、称杆乡中心完小运动场地、洛本卓乡中心完小教学楼及女生宿舍建设。⑨建成新城区临时农贸市场，解决新城区群众买菜难问题。⑩完成转移就业农村劳动力2.3万人次，新增就业再就业2100人，开发公益性岗位100个。

“六大战略”：民生安市、生态立市、产业强市、科教兴市、开放活市、和谐稳市。

“五大产业”：旅游文化、峡谷生态农业、生物医药和大健康、生态食品及消费品制造、现代物流。

“五大建设”：政治建设、经济建设、文化建设、社会建设、生态建设。

“四城同创”：创建“全国文明城市、省级先进平安市、省级卫生城市、省级园林城市”。

“六大工程”：实施基础设施、产业发展、美丽宜居乡村和安居建设、社会事业、生态保护、民族团结等六大工程。

“211211”增收措施：实施户均种植2棚洋丝瓜、1亩饲料地、1亩蔬菜，出栏2头商品猪、输出1名劳务工、养殖100只腺鸡。

“六个一”扶贫产业工程：养殖10万只腺鸡、养殖10万头高黎贡山猪、种植10万亩林下中草药、种植10万亩楤木青花椒、种植10万亩饲草饲料地、种植1万亩食用菌。

“三树一草一花”：“三树”即核桃、楤木、花椒树；“一草”即草果；“一花”即叶子花。

“雨露计划”：是指以提高扶贫对象自我发展能力、促进就业为核心，以政府财政扶贫资金扶持为主、动员社会力量参与，扶持和帮助贫困人口增加就业发展机会和提高劳动收入的专项扶贫措施。

“三个一批”全覆盖工程：泸水职业学校招收一批、向州职教中心输送一批、州外职业学校输送一批。

“两后生”：即初、高中毕业未能继续升学的学生。

“四化”工程：美化、亮化、绿化、净化。

农村宅基地“一户一宅”：根据土地管理法的规定，宅基地使用权的主体只能是农村集体经济组织的成员，农村村民一户只能拥有一处宅基地。

“河长制”：即由各级党政主要负责人担任“河长”，负责组织领导相应河湖的管理和保护工作。

“多证合一”：是指证照整合改革，目的是实现企业“一照一码”。

“双随机、一公开”：即在监管过程中随机抽取检查对象，随机选派执法检查人员，抽查情况及查处结果及时向社会公开。

“一关两检”：“一关”即指海关，“两检”即出入境边防检查和国家出入境检验检疫。

“三重一大”决策制度：即重大事项决策、重要干部任免、重要项目安排、大额资金的使用，必须经集体讨论做出决定的制度。

“五网”建设：云南省政府提出要加快建设云南省与周边省（区、市）和周边国家互联互通的五大基础网络，在路网、水网、航空网、能源保障网、互联网建设方面更好地服务和支撑国家战略。

供给侧结构性改革：从供给、生产端入手，通过解放生产力，提升竞争力，促进经济发展。

“12343”脱贫攻坚思路：“1”即构建一个决战决胜脱贫攻坚的指挥作战体系大格局；“2”即补齐教育、健康扶贫“两大短板”；“3”即提升基层党组织服务保障、各级干部抓扶贫工作、群众综合素质“三大能力”；“4”即攻克易地扶贫搬迁、住房安全保障、基础设施、产业扶贫“四大堡垒”；“3”即强化行业监督、纪律监督、社会监督“三项监督”。

“三区三州”：“三区”是指西藏自治区和青海、四川、甘肃、云南四省藏区及南疆的和田地区、阿克苏地区、喀什地区、克孜勒苏柯尔克孜自治州四地；“三州”是指甘肃临夏州、四川凉山州和云南怒江州。

发展“四小庭院”经济：发展一批小果园、小菜园、小药园、小养殖园等庭院经济。

培育“六小专业户”：培育一批小加工、小餐饮、小运输、小制作、小工程、小买卖等专业户。

培养“七种人”：培养一批建筑工人、汽修人员、农村经纪人、农技指导员、看山护林员、种植养殖专业人员、服务业从业人员等就业人员。

“正向激励机制”和“反向约束机制”：“正向激励机制”是指扶贫政策对脱贫意愿强烈的贫困农户优先倾斜，扶持项目对勤奋劳动的贫困农民优先安排，易地搬迁对积极参与的贫困农户优先实施。“反向约束机制”是指对“等、靠、要”思想严重，拒不执行国家扶贫政策、只想“躺”着接受扶持，不愿苦干实干的群众，采取有效措施促其脱贫。

“五小水利”：即小水窖、小水池、小泵站、小塘坝、小水渠的总称。

“PPP”项目：是指政府与私人组织之间，为了合作建设城市基础设施项目，或是为了提供某种公共物品和服务，以特许权协议为基础，彼此之间形成一种伙伴式的合作关系，并通过签署合同来明确双方的权利和义务，以确保合作的顺利完成，最终使合作各方达到比预期单独行动更为有利的结果。

“放管服”：是简政放权、放管结合、优化服务的简称。“放”即简政放权，降低准入门槛。“管”即公正监管，促进公平竞争。“服”即高效服务，营造便利环境。

“万村千乡”工程：通过安排财政资金，以补助或贴息的方式，引导城市连锁店和超市等流通企业向农村延伸发展“农家店”，形成以城区店为龙头、乡镇店为骨干、村级店为基础的农村消费经营网络，逐步缩小城乡消费差距。

“两个10万元”微型企业培育：是一项惠及广大创业者和小微企业的民生工程、富民工程。“第一个10万元”是指企业投资规模达到10万元以上且实际货币投资达到7万元后，政府给予3万元的财政资金补助。补助资金由省、州（市）、县（市、区）财政按5∶3∶2的比例承担。“第二个10万元”是指有贷款需求的微型企业，可获得不超过10万元的银行贷款支持。

“一水两污”工程：即建设乡镇供水处理工程、污水处理工程和生活垃圾处理工程。

“四治三改一拆两增”：“四治”即治乱、治脏、治堵、治污；“三改”即改造旧住宅区、改造旧厂区、改造城中村；“一拆”即拆除违法违章建筑；“两增”即增加城市绿化、增加公共服务设施。

“七改三清”：“七改”即改路、改房、改水、改电、改圈、改厕、改灶，“三清”即清洁水源、清洁田园、清洁家园。

“四个表率”：即绝对忠诚的表率、履职尽职的表率、团结共事的表率、廉洁自律的表率。

“四个从简”：即出行从简、生活从简、会议从简、发文从简。

“两园一区五片”：“两园”即上江生物加工园区、老窝工业园区；“一区”即片马口岸边境经济合作区；“五片”即大兴地铁核桃加工片区、称杆活畜交易片区、古登和洛本卓中药材种植加工片区、鲁掌石材木材加工片区建设。

“10个专业市场”：即规范和建设六库现有的农产品市场、水果市场、烧烤排档市场、餐饮市场、建材市场、服装市场、家具市场、废旧物资回收市场、电器市场、汽车销售市场等10个专业交易市场。

“三品一标”：即无公害农产品、绿色食品、有机农产品和农产品地理标志。

专 文

坚决调整结构　注重融合发展
以工业化和全域旅游理念谋划峡谷特色生态农业

中共泸水市委书记

必须立足“突出特色、形成规模、打造品牌、提高效益”的基本要求，突出特色、全面提升，全力加快怒江峡谷特色生态农业步伐。这是州委州政府对全州农业发展的科学定位和准确把握，是全州上下抓农业发展的目标要求和基本遵循。为深入贯彻落实州委州政府决策部署，充分学习借鉴周边省、市、县（区）的先进经验和成功模式，全面加快推进泸水峡谷特色生态农业发展，助推全市脱贫摘帽、全面小康进程。我市先后赴四川省雅安市汉源县、攀枝花市仁和区和楚雄州大姚县、姚安县，保山市隆阳区、高黎贡山度假区管委会等2省6个县（区）进行了考察学习。在切身感受到各县（区）在产业发展上的深层次调整、大手笔规划、强力度推进、严标准要求和精细化管理，感到强烈震撼，同时学到了许多先进的发展理念、推进模式、管理经验和营销策略。对照各县（区）的实践探索、磨砺阵痛和成功经验，解除了困扰，坚定了路子，找准了差距短板和薄弱环节，进一步理清了发展思路。

一、不动摇、不折腾、不懈怠，坚定不移走“两条路子”

通过实践探索和考察印证，雄辩证明：

（一）“全域旅游”发展理念，完全符合怒江实际，必须坚定不移走生态文化旅游发展路子。汉源县地处两河（大渡河、流沙河）交汇地，同属河谷地带，山高坡陡、土壤贫瘠、气候干热，但汉源县委、县政府矢志不渝打造“花海果乡、阳光汉源”，想方设法，依托立体气候，种花种果、造景造势，实现了农旅融合发展。相较汉源，怒江风光自然天成、雄奇险峻，民族文化浓郁独有，动植物物种丰富多样，抗战史诗悠久壮烈，发展旅游产业，具有不可复制的自然禀赋、历史人文资源。省委、省政府站位全国、类比周边、审时度势对怒江提出“全域旅游”的发展理念，完全符合怒江实际，只要科学规划，扎实推进，加以时日，是完全可以实现的。必须提升认识，坚定信心，坚决摒弃“等待观望、消极懈怠”的思想，高水平规划、高标准推进。

（二）峡谷特色生态农业发展路子，完全符合怒江实际，必须坚定不移走下去。长期以来，泸水坚持“希望在山、出路在林”的发展共识，坚决贯彻落实州委州政府决策部署，大力发展“八林经济”，实现了生态效益和经济效益双赢双推进。截至2016年，全市共发展核桃、漆树等林果89.6万亩，草果、云木香等优质中药材22.2万亩，养殖生猪、牛、羊、鸡、蜜蜂等165.2万头（只、羽、箱），实现农村居民人均可支配收入5387元，是2010年（2268元）的2.38倍，实现了从“荒山荒坡”变“绿水青山”，正向“金山银山”转变。我们必须坚定不移走峡谷特色生态农业发展路子，加快提档升级步伐，推动绿水青山真正转变为“金山银山”、转变为老百姓的“绿色银行”。

二、深刻认识“五大差距”，坚决打通“两大梗阻”

在找准发展路子的同时，通过对比，我市峡谷特色生态农业还存在诸多问题梗阻和差距短板，导致一直处于较低层次，尚未完全发力。

（一）深刻认识“五大差距”。一是传统种植业比重过大。产业结构调整决心不够大、力度不够强、步伐不够快。大春种植普遍还是以玉米、水稻为主，小春种植普遍以荞、麦为主，部分区域还存在“冬季撂荒”的情况，传统种植业占比过大，种植周期长、土地复种指数低、投入产出比低。二是特点不鲜明。集中表现为“小而全、多而散”，就泸水而言，沿江热区有“甘蔗、芒果”等不少于15种；半山和高寒地带有“核桃、草果、花椒”等不少于8种；中草药有“天麻、云木香、云黄连”等不少于10种；特色养殖方面有“高黎贡山猪、独龙牛、腺鸡、黑山羊、竹鼠、中蜂”等不少于10种，重点不突出、特点不鲜明，最终结果是“每种都有，每种都走不出去、叫不响”。三是组织化、规模化程度不高。目前，全市虽然有各类专业合作组织近500个，但发展参差不齐，多数合作组织闯市场、跑销路的能力不足，扩大再生产意识薄弱；部分组织创建动机不纯、“合而不作”；区域合作机制尚未建立，土地流转激励机制不活，加之群众“恋地情结”严重，致使产业发展组织化、规模化程度不高。四是推进模式单一。招商引资力度不大、质量不高，至今没有1个深加工企业，导致产品加工以家庭小作坊为主，缺乏深加工、产业链条短，没有形成品牌，主导不了市场；普遍存在“你发苗木、我补助”的“一锤子买卖”，导致种植成活率低、标准不高、统计不实；没有形成合理的收益分配模式，产业吸引力、带动力不强。五是管理不到位。“应付种植放弃管理”现象突出，管理技术培训不到位，大部分乡镇干部职工不识农事、不懂林业，绝大多数老百姓管理意识不强、缺乏管护技术。

（二）坚决打通“两大梗阻”。为推动全市峡谷特色生态农业往更高层次、更大空间迈进，必须打通“两大梗阻”。一是必须坚决调整传统种植结构。不论是汉源县，还是仁和区，在推进产业发展的同时，都坚决对传统种植结构进行了调整，在2个县（区），没有见到一株玉米。大姚县、姚安县、隆阳区、高黎贡山度假区管委会也在大力调整、逐步退出。这是泸水乃至整个怒江实现持续发展的必然选择，也是群众脱贫致富的唯一出路，必须形成思想共识，注重引导、强化措施、坚决调整。二是必须坚决推动融合发展。当前，一、二、三产业界限正逐步被打破，呈融合发展之势。从各县（区）发展实践可以定论：融合发展是山区农业综合开发提档升级的必然选择。必须以工业化和全域旅游理念谋划峡谷特色生态农业，延长产业链、提高附加值，推动一产、二产、三产融合发展，实现“生态改善、农业升级、工业转型、旅游发展、农民增收”，富民与强市同推进。

三、坚决调整结构，注重融合发展，以工业化和全域旅游理念谋划峡谷特色生态农业

当前和今后一段时期，全市要坚持以工业化和全域旅游理念谋划峡谷特色生态农业，按照“结构特色化、布局科学化、发展规模化、经营市场化、管理精细化、提升复合度”的思路，坚决调整结构，突出重点特色，注重融合发展。

（一）突出重点特色，推动结构特色化。一是充分运用政策引导、市场分析，算清经济账、算好生态账等方式，全面推广“211211”短平快增收措施，大力实施“六个一”产业扶贫工程，进一步巩固和扩大小春种植结构调整成果，坚决推进大春农业结构颠覆性调整。二是全力抓紧抓实现有核桃、草果的提质增效，大力发展桤木、花椒、叶子花，着力打造以“三树一草一花”为代表的泸水特色“八林经济”产业基地。结合土壤、光热、温差、湿度等客观条件，积极引进、试验试种“早熟芒果、晚熟芒果、大樱桃”，推动花谷建设“有花有果”。三是重点对“芒果、火龙果、大樱桃”等水果产业，“云木香、天麻、桤木”等中药材产业，“核桃、花椒、草果”等干果产业，“高黎贡山猪、腺鸡、黑山羊”等特色养殖业，进行导向性和针对性扶持，逐步形成“结构合理、重点突出、特点鲜明”的产业结构。

（二）强化规划引领，推动布局科学化。结合峡谷立体气候明显的实际，因地制宜，科学规划纵向产业布局；充分认识产业带际分布规模不大的短板，强化横向跨区域合作、避免恶性竞争、合力做大做强，形成纵向带际分明、横向协调统一的产业格局。种植业上，按照“沿江热区重点发展蔬菜、水果，半山温带重点发展核桃、草果、青花椒，高山寒带重点发展贡椒、中药材”和“北部大力发展干果、桤木，南部大力发展水果、蔬菜”的思路进行科学规划布局。区域发展上，在片马、大兴地、称杆、古登、洛本卓5个乡（镇）重点推广“花椒、桤木、云木香、天麻”；在上江、六库2个乡镇大力推“蔬菜、芒果、火龙果”；在老窝、鲁掌2个乡镇因地制宜推广核桃、草果、花椒、大樱桃。进一步提升全市农业产业发展的结构、规模和层次，为怒江峡谷披上产业发展的“独龙毯”。

（三）采取多元模式，推动发展规模化。按照“依法有序、自愿有偿”的原则，把土地“三权分置”（所有权、承包权、经营权）的政策讲透彻，把经济账给群众算清楚，把市场风险转移降低的优势向群众讲明白，大力推广“公司（专业合作组织）+村党组织+农户”模式，建立租金递增机制，与公司、专业合作组织签订转租协议及用工合同，打消经营主体顾虑，保护承包人的利益，壮大村集体经济。结合脱贫攻坚，积极探索将产业扶贫项目资金按比例作为建档立卡贫困户资产入股龙头企业、专业合作社，通过股权量化，让农民变股民、农民变股东，增加贫困户资产性收益，就近务工增加工资性收入，形成“政府推动、企业拉动、能人参与、专业合作社组织、建档立卡户参加”的泸水产业扶贫新模式，实现贫困户投入零成本、经营零风险、就业零距离，确保持续增收、稳步脱贫。

（四）适应经济规律，推动经营市场化。一是大力实施“两个一批”战略，培育壮大经营主体。围绕产业结构调整方向，针对性加大招商引资力度，积极引进一批“产、研、销”龙头企业和现代观光农业发展公司。特别是针对全市23.8万亩核桃、8万亩草果即将进入丰果期的实际，尽快引进核桃、草果加工企业，防止“果贱伤农”，丰产不丰收。建立健全专业合作组织组织机构，规范和完善运行机制，全面清理整顿、去莠存良，着力发展一批产业基础牢、经营规模大、带动能力强、质量安全优、品牌效益高的农民专业合作示范社。二是大力实施品牌战略，提升市场竞争力。打好“怒江”这一原生态品牌名片。积极引导和鼓励商标注册，地理标识、原产地、生态有机认证，质量、食品安全、环境、职业健康安全管理体系认证，逐步建立产品可追溯系统，推动以质量取胜、以信誉取胜、以品牌取胜。积极参加农博会、昆交会、南博会等各类大型推介节会，客观总结“怒江傈僳阔时文化旅游节”、“首届怒江大峡谷老窝火腿文化旅游节”等举节经验，积极办节办会，不断提升产品知名度、美誉度和影响力，推动特色农产品走出峡谷、走出怒江。三是大力推进“互联网＋生态农业”工程，推动线上线下融合发展。全面加快农村电商行政村全覆盖工程。重点加强对村级服务点管理人员、外出务工返乡人员、回乡创业大学生、农民专业合作社负责人的培训、帮教力度，积极培育电商经营主体，探索农村物流配送模式，拓宽特色农产品销售渠道，推动线上线下融合发展。

（五）强化科学管护，推动管理精细化。一是实施科技兴农战略。强化与省农科院、农业大学、热作所的合作，重点对早熟芒果、晚熟芒果、大樱桃、青花椒、贡椒等产业的试验试种工作进行深入分析、充分论证、选准品种、科学布局；深入研究草果、楤木等特色产业的产品品质、物理药性和发展方向。强化宣传，加大扶持，大力推广“水肥一体化”、测土配方、喷灌、滴灌等现代农业科学技术，提高峡谷特色生态农业科技含量，提升抵抗自然灾害的能力。二是强化培训指导。按照“处级领导带头学，市直各部门主要负责人亲自学，农林部门和乡镇干部职工全员学”的思路，综合采取“请进来”和“走出去”的方式，大力开展实地培训，切实提升全市各级领导干部了解农业、指导农业的能力和水平。分批次将农林部门的专业技术人才送出去，到农业院校、到周边县（区）跟班学习，全过程精准掌握产业发展的种植标准和管护技术。三是实行挂钩联系。在坚持脱贫攻坚挂钩联系制度的同时，实行农林部门专业技术人员挂钩联系乡镇制度，建立严格的绩效评价办法。通过专业技术人员示范指导和实地培训，引导乡镇干部职工、专业合作组织、广大群众养成尊重科学、注重管理的种养殖习惯，全面掌握种植施肥、修剪定型、病虫害防治等实用技术，不断提升种植标准化、管理精细化。

（六）注重融合发展，提升产业复合度。一是积极配合，全力加快上江生物产业园区建设规划、选址、建设步伐，发挥园区聚集效应和技术优势，深度研发泸水的优质中药材、特有畜种，有效拉长产业链，增加产品附加值，提高市场竞争力，打造产业集群。二是重点围绕上江半山经济环线，打造特色产业发展示范基地。结合旅游基础和易地扶贫搬迁、美丽乡村建设，在六库镇瓦姑水库、上江镇板瓦水库、片马镇片马村、鲁掌镇三河村、老窝镇崇仁村、大兴地镇维拉坝和洛本卓乡拖托村打造一批农旅结合的示范点。

大事记

1月

1日 州公安局党委委员、纪委书记周学良带领督察支队支队长陈建林、州公安局政治部副主任王智海深入泸水市花桥坝边境检查站、六库派出所、华天商贸城岗亭、西城派出所、巡特警大队、交警路面执勤巡逻组、市公安局值班室、市公安局指挥中心等部门对领导带班、民警执班在岗在位和履行职责等情况进行了督导检查。

2日 州委副书记、州长纳云德专题调研泸水新型城镇化规划建设工作。

5日 泸水市各乡（镇）陆续召开第一届人民代表大会第一次会议，听取和审议各乡镇《政府工作报告》和《人大主席团工作报告》，选举产生新一届人大、政府领导班子，并确立未来五年的发展目标。

是日 州委副书记、州长纳云德到洛本卓乡、古登乡调研易地扶贫搬迁工作。

6日 召开泸水市2016年怒江傈僳"阔时"文化旅游节暨泸水撤县设市活动情况汇报会。

是日 中国共产党泸水市第一届委员会第二次全体会议在六库召开。

8日 中国共产党泸水市第一届委员会第三次全体（扩大）会议召开。

9—13日 中国人民政治协商会议泸水市第一届委员会第一次会议在六库举行。

10—13日 泸水市第一届人民代表大会第一次会议在六库举行，大会由市人大主任主持，和桂莲代表县人民政府向大会作《泸水县第十二届人民政府工作报告》。

11—12日 云南省公安厅督导检查组一行3人到泸水西城派出所、怒江州民族中学、交警执法服务站、客运站、城南加油站等地督导检查社会维稳和治安管控工作。

15—16日 泸水农产品在珠海农产品展销推介会上平均单日直接销售额突破万元，2天直接销售额共计201180元，委托代销产品金额178846元，达成投资意向并签订协议的企业3家，是全州唯一达成投资意向协议的县级市。

17日 由州委常委、州委秘书长张杰带队的州第二考核组，深入泸水市各乡（镇），全面检查考核泸水市2016年度扶贫开发成效。

是日 由中共怒江州委宣传部、州文明办、中共泸水市委宣传部、市文明办联合举办的2017年文化、科技、卫生"三下乡"集中示范活动在古登乡正式启动。

18日 泸水市2017年棚户区改造项目开工。

是日 市委常委、市委政法委书记茶跃辉带领市委政法委领导班子代表各级党委、政府，对泸水市1995年以来受省级、州级表彰的见义勇为先进个人进行慰问。为8名见义勇为先进个人发放了春节慰问金，共计8000元。

18—22日 云南省住建厅、审计厅组成的省级验收组，深入泸水市各乡（镇），抽查边境贫困地区村民小组活动场所建设工作。

19日 云南省公安厅经侦总队副总队长李毅一行到泸水市看望慰问市公安局经侦大队牺牲民警余江伟家属。

是日 州委统战部常务副部长、台办主任杨周群一行4人组成的怒江州2017年春节慰问第三组到泸水市看望和慰问台胞台属和宗教界代表人士。

是日 泸水市首次启用“农民工工资保障金”为农民工支付工资，为20名农民工发放拖欠了3个月的工资124550元。

19—20日 中纪委驻农业部纪检组组长宋建朝、国务院扶贫办副主任陈志刚一行到泸水实地调研怒江州的脱贫攻坚工作开展情况，并看望慰问部分贫困农户。

27—28日 中缅边界23至24号界桩内发生“1·27”火灾，出动扑火人数760人次，调动车辆92台次，共投入扑火经费32万元。

29—31日 成功举办市委、市人民政府主办，市文体广电局与泸水市旅游发展局承办的“2017年度澡堂盛会”。

2月

5—7日 称杆乡赤耐乃村发生“2·5”火灾，出动扑火人数1294人次，调动车辆84台次，共投入扑火经费31万元；片马镇岗房村发生“2·5”火灾，出动扑火人数948人次，调动车辆96台次，共投入扑火经费24万元。

8—9日 云南省残联副理事长马自荣、省残联教育就业处副处长冯江红等组成的省人民政府督查组到泸水市督查残疾人“两项补贴”制度的落实情况。

15日 省委检查考核第六组组长、省纪委常委杨军一行到泸水市延伸检查考核党风廉政建设责任制工作落实情况。

16日 在珠海市香洲区的对口帮扶下，全市各乡（镇）的165名务工人员启程赴香洲务工。

17日 州委常委、副州长、珠海对口怒江工作组组长张松，州政协副主席张何仁，民革珠海市委会主委潘明一行到泸水市大兴地镇维拉坝安置点，调研农村人居环境及易地扶贫搬迁示范点规划建设情况。

是日 启动为期10天的“直过民族”地区少数民族双语教师普通话培训活动。对150名普通话等级相关规定不达标的双语教师进行普通话培训。

是日 举行全国妇联“贫困母亲两癌救助”中央专项彩票公益金发放仪式，全市8名宫颈癌患者得到了每人1万元的医疗补助金。

18日 市委副书记、市长和桂莲先后深入上江镇公路沿线、六库镇小沙坝村委会、爱得木业，就墓石加工企业的规范整治及六库城区汽车、摩托车、钢门窗加工等行业的整顿规范经营情况进行调研。

18—20日 中缅边界10至11号界桩内发生“2·18”火灾，出动扑火人数1136人次，调动车辆186台次，共投入扑火经费95万元。

21日 中央督查组国务院扶贫办政策法规司副司长王光才一行到泸水市督查2016年第三季度贯彻落实国家重大政策措施跟踪审计发现问题整改落实工作。

是日 共青团泸水市委举行“一元钱圆梦行动”，把2016年募集到的助学金4.4万元，发放给17名2016年应届毕业成绩优异的贫困大学生。

22日 市民政局组织工作人员到上江镇，开展“殡葬、老龄、社会救助、优抚安置暨森林防火”宣讲活动，拉开了民政政策宣传月的序幕。

是日 云南省安全生产监督管理局、省环境保护厅、省道路运输管理局组成的第四督查组到泸水市开展危险道路货物运输电子运单使用专项督查。

28日 州人民政府副州长、州公安局党委书记、局长王伟到泸水调研指导维稳工作。

3月

1日 市公安局西城派出所举行六库客运站警务室揭牌仪式。

1—3日 国家教育部教师工作司司长王定华率国家教育部教师工作司综合处、云南省教育厅等相关人员组成的调研组到泸水市洛本卓乡子竹完小、泸水市民族中学、大兴地镇中心完小进行调研。

3日 市委副书记、市长和桂莲深入上江镇，就退耕还林及毛毛山面山“花谷建设”的打造进行调研。

是日 怒江州粮食安全行政首长责任制考核组，对泸水市2016年度粮食安全行政首长负责制工作落实情况进行了考核。

6—7日 珠海市香洲正方控股有限公司董事长陈根洪一行4人到泸水市就涉农企业的发展情况进行考察。

6—9日 州人民政府教育督导委员会办公室主任蒲作军率州教育督导评估复查组，到泸水市核实和印证泸水市依法履行教育管理职能职责情况，详细复查泸水市教育工作督导评估自查自评工作。

7日 市人民政府副市长、公安局长杨智到花桥坝边境检查站、六库派出所、六库派出所华天岗亭警务室检查督导两会安保维稳工作措施落实情况，并随机对六库城区屯警街面、动中备勤工作进行了检查。

8—9日 云南省人大常委会办公厅巡视员杨云昆为组长的调研组到泸水市调研加强和改进乡（镇）人大工作和建设情况。

9日 泸水市成立农村土地承包经营纠纷调解仲裁委员会，标志着泸水市农村土地承包经营纠纷调解仲裁工作步入制度化、法制化新阶段。

是日 高黎贡山片马镇风雪丫口段、瓦片线K153至K178路段出现积雪，积雪超过20厘米，市公安局交警大队片马中队、片马边防派出所及时启动应急预案，派出民警在瓦片线K186处设立临时交通服务站开展劝返和道路巡查工作。共救助被困车辆4辆，人员10人，劝返车辆15辆次，人员52人次。

10日 市委书记普记颜到称杆乡，就排把村财政资金建设四位一体16个子项目建设推进情况，农业产业结构调整和基层党建等情况进行调研。

11日 泸水市巴尼学会组织学会会员、在六库地区的巴尼人和部分民间艺人，在六库举行了2017年巴尼人传统节日——“尚旺节”庆祝活动。

14日 市委常委、政法委书记茶跃辉，副市长、公安局长杨智到花桥坝边境检查站、蛮云边境检查站对维稳工作进行督导检查，市公安局副局长、边防大队长杨云峰，市公安局副局长杨衡山陪同督导检查。

是日 召开第六次常委会议，传达学习省长阮成发在怒江调研时的讲话精神，研究通过了“四城同创”工作等实施方案。

是日 以省粮食局副巡视员张春为组长的省粮食安全行政首长责任制考核组到泸水市，就粮食安全行政首长责任制工作进行考核检查。

15日 泸水市人民政府副市长、公安局长杨智到市行政拘留所、片马交警中队、片马边防派出所等基层部门督导检查两会维稳工作。

是日 省发改委第八督查组到泸水市就易地扶贫搬迁工作的搬迁对象精准识别、项目建设、建房面积标准、资金到位使用、搬迁群众后续产业发展等情况进行督查。

是日 泸水市举行第四批赴珠海农村劳动力转移就业专场招聘会。

是日 泸水市召开农村工作会议，全面贯彻落实中央、省委、州委农村工作会议和中央1号文件精神，研究解决全市农村工作中的主要问题和薄弱环节，安排部署农业农村工作。

16日　市委副书记、市长和桂莲代表市人民政府与云南省建设投资控股集团有限公司相关负责人，签署了项目意向合作框架协议，标志着泸水市与云南建设集团的合作进入实质性阶段。

是日　泸水市召开调整六库城市出租汽车运营价格听证会，六库城市出租汽车运营价格在3月内出台调整。

17—19日　泸水市依法拆除老窝河口和上江镇片区违章建筑77栋，"两违"整治工作初见成效。

20日　市委副书记、市长和桂莲召集市发改委、国土资源局等相关单位与云南能投怒江州产业开发投资有限公司负责人，就旅游特色小镇建设的相关事宜进行座谈。

21日　省政协文史委原主任、云南省滇西抗战历史文化研究会会长傅仕敏率调研组到泸水市，就抗战遗址保护利用情况开展专题调研。

27—28日　由州工信委、州财政局、水务局、住建局相关负责人组成的州考核组一行5人，到泸水市考核2016年度实行最严格水资源管理制度工作。

29—30日　州公安局党委委员、副局长和向东带领工作组深入泸水市就无户籍人员落户工作进行调研指导。

4月

1日　州委常委、常务副州长邹松率领州人民政府副秘书长赵虎、州交通局、发改委、工信局、财政局等部门负责人到泸水市调研州长、市长项目推进情况。

6日　市人民法院首次使用微信视频开庭审理案件，成功调解了一起夫妻相隔千里的离婚纠纷，方便了诉讼当事人，节约了诉讼成本。

是日　市公安局军警联合快速反应分队（快反分队）正式成立。

是日　举办国家公园步道调查培训会，旨在有效推进国家公园步道本底调查工作和怒江大峡谷国家公园的总体规划。

7日　怒江州首个省级农村文明集市授牌仪式在老窝镇举行，标志着怒江州从此结束了没有"省级农村文明集市"的历史。

7—10日　市委常委、市驻村扶贫工作队副总队长罗建国陪同州委政研室副主任周彦良为组长的州"挂包帮"定点帮扶工作考核组一行，深入泸水市就州级挂联单位2016年"挂包帮"定点帮扶工作进行考核。

8日　召开农村土地承包经营权确权登记颁证工作推进会。

10日　由福贡县委常委、县委政法委书记史勤林带队的"两违"工作考察组到泸水市，就如何进一步打击"两违"行为，做好"两违"清理整治工作交流考察。

是日　以州人大常委会副主任熊元德为组长的农业供给侧结构性改革调研组，以副主任高翰星为组长的执法检查组到泸水市，就农业供给侧结构性改革和《中华人民共和国专利法》执法情况进行调研检查。

10—12日　珠海市香洲区委副书记、区长刘齐英率领的香洲区农业、水务、教育、卫计、人力资源和供销联社负责人到泸水市就东西部扶贫协作工作进行实地调研考察。

11日　州委组织部副部长、州"两新"组织党工委书记李雪涛带领怒江州其他县党工委书记到泸水市光大医院、市场监督管理局及市场监督管理局六库工商所观摩学习非公企业（"小个专"党委）"两新"组织党建工作情况。

12日　省公安厅督察总队副总队长孟坚率领省旅游市场治安秩序专项整治现场督导检查组到市公安局现场督导检查旅游市场治安秩序专

项整治工作。

是日 召开易地搬迁规划方案评审会，对《泸水市大兴地镇维拉坝小学及幼儿园》《泸水市2017年易地扶贫搬迁规划》《六库镇棚户区改造项目》三个规划方案进行初步评审。

15—18日 农业部副部长张桃林率领的调研组一行6人到怒江对位于上江镇的怒江州瑞佳农林科技发展有限公司进行实地调查。

16日 怒江州、泸水市反恐办在怒江州民族中等专业学院举行"《反恐怖主义法》'六进'宣传暨'进校园'"主题活动举行仪式。州委常委、州政法委书记、州反恐怖工作领导小组组长李文辉，州反恐怖工作领导小组副组长、州公安局党委委员、副局长桑树运，副市长、市反恐怖工作领导小组副组长、公安局局长杨智、市反恐怖工作领导小组副组长、市政法委副书记杨海春，市公安局政委段杰出席启动仪式。全州反恐怖领导小组成员单位领导及州市公安民警代表、怒江州民族中等专业学院师生代表共计1500余人参加了启动仪式。

18日 在泸水市国土资源局不动产办证大厅举行不动产权证书颁发仪式，市委常委、常务副市长杨秀兴为杨桥保等12位农民颁发了首批不动产权证书，标志着不动产登记制度在泸水市正式落地实施，市国土资源局不动产登记中心全面受理全市本级群众和企业不动产登记。

19日 市人民政府副市长何贵军在称杆乡主持召开泸水市北部"一镇三乡"脱贫攻坚"找问题、补短板、促攻坚"专项行动工作会。

20日 由省档案局相关负责人组成的认定工作组到鲁掌镇实地查看泸水市档案工作管理情况。

25日 中缅边境地区疟疾、登革热联防联控宣传活动暨2017年消除疟疾行动计划合作项目协调交流会在片马镇举行。

26日 四川省盐边市政协主席肖方敏率领相关协会及企业负责人组成的考察团到泸水市，就傈僳族民俗文化旅游开发取得的经验成果、发挥傈僳族跨境而居的优势、融入"一带一路"倡议、在跨境商业贸易方面的做法和傈僳族聚居地精准脱贫取得的经验等进行考察学习。

5月

1—15日 新华社记者和云南网记者一行2人，在州委宣传部、市委宣传部带领下，分别到老窝、古登、片马等乡（镇）的10多个贫困村开展采访活动，聚焦精准扶贫、精准脱贫。泸水市全媒体中心陆续对中宣部"双百三同"记者蹲点采访调研活动进行系列报道。

4—5日 以市人大常委会副主任田玉芝为组长的执法检查组对泸水市贯彻执行《中华人民共和国环境保护法》情况进行执法检查。

15—19日 举办为期5天的健身气功三级社会体育指导员暨两种健身气功功法培训。

17日 泸水市人民政府副市长、市公安局局长杨智带领市公安局党委委员、副局长杨衡山，党委委员、国保大队大队长孙胜品深入上江镇蛮云村协调处理蛮云村百家寨、石头寨组与怒丰科技有限公司之间的土地租金矛盾纠纷。

19日 市委副书记、市长和桂莲，副市长杨仕林带领市旅游发展局、市农业局、市天运农业有限公司、市建丰农牧产业发展有限公司、怒江天灵生物开发有限公司负责人参加珠海商务扶贫暨怒江州招商引资推介会。

是日 州技术监督局、州质量技术监督综合检测中心及泸水市市场监督局联合开展"5·20世界计量日"宣传活动暨计量器具专项检查。

是日 在六库镇江东社区举行泸水市家庭医生签约服务启动仪式。标志着家庭医生签约服务工作在全市全面启动。

19—20日 在珠海举办"江海情·携手行"怒江旅游文化宣传与招商推介活动期间，泸水市成功向珠海地区转移输送了第六批劳动力，先后六批次向该地区输送劳动力总人数达501人。

21日　是全国第27个助残日，州、市残联在六库举行主题为“携手助残脱贫、健康成就小康”宣传服务活动。

30日至6月2日　“七彩云南　全国媒体走进怒江采风团”在泸水开展了为期三天的采访活动，对脱贫攻坚、生态保护、基层党建、旅游开发等工作进行全方位的采访。

6月

2日　召开泸水市推进“两学一做”学习教育常态化制度化动员部署会。

5—6日　以省综治办专职副主任郭品为组长的省委、省人民政府缉枪治爆专项行动督导检查组一行3人深入泸水市开展督导检查工作。

5—8日　市委统战部、市民宗局在大兴地镇联合举办教牧人员培训班，为全市各乡（镇）教牧人员进行脱贫攻坚、宗教政策法规、财务监督管理等政策和知识培训。

7日　在州交通运政管理处、州交警中队、泸水市运政所、泸水市公安消防大队等相关部门指导下，怒江泸水康辉旅游汽车有限公司组织开展安全生产管理事故处理应急演练活动。

8日　省检察院刑事执行检察局副局长刘天鸣等一行4人到对泸水市检察院驻泸水市看守所检察室进行第五届派驻监管场所检察室规范化等级考核。

12日　省妇联副主席方志鸣一行3人到泸水市就妇联工作和开展关爱留守儿童工作情况进行调研。

14—19日　市委常委、政法委书记茶跃辉，市人民政府副市长、公安局长杨智带领市公安局指挥中心、国保（反恐怖）大队民警组成的涉边反恐维稳工作组，深入泸水市涉边乡镇村寨、边境通道、便道调研指导反潜入潜出防控工作，并进一步部署边境地区维护稳定工作。

16日　珠海市委副书记、市长李泽中到泸水市，就开展对口扶贫协作相关工作进行调研，出席维拉坝格力小学及格力幼儿园开工仪式。

是日　泸水市道路交通事故快处快赔服务中心在泸水市公安局交警大队挂牌成立。

19日　市人社局向珠海艾派克科技公司转移输送了第七批劳动力。泸水市已向珠海地区输送务工人员七批次，输送总人数达508人。

20日　市委副书记、市长和桂莲召集市发改委、交通运输局等单位负责人，召开市长办公会议，研究《泸水市关于违法占地违法建筑处置方案》等事项。

21—22日　由保山市人社局和保山市农业银行一行22人组成的考察团到泸水市，就城乡居民养老保险和基本医疗保险联网代扣代缴工作进行实地考察学习。

23—24日　市委书记普记颜先后到称杆乡排把村，鲁掌镇鲁祖村和洛玛村，深入基层一线调研贫困对象动态管理工作。

24日　国家统计局住户办主任王萍萍、国家统计局住户办综合处处长王琦到泸水实地调研直过民族聚居村深度贫困现状。

28日　州人民政府副州长娜阿塔和州级相关部门主要负责人到泸水，专题听取泸水市棚户区改造和提升城乡人居环境工作进展情况汇报，并就加快推进棚改工作提出要求，市委常委、常务副市长杨秀兴就泸水市棚户区改造和全市提升城乡人居环境工作推进落实情况进行专题汇报。

30日　市人大常委会副主任、市总工会主席密大华到泸水市供电局，为荣获“全国工人先锋号”的配电部进行授牌。

7月

4日　由省森林防火指挥部办公室副主任刘家

富等组成的省人民政府考核工作组到泸水市，考核2017年度森林防火目标责任状完成和落实情况。

5—6日 省扶贫办规划处副处长潘正忠带领云南省贫困对象动态管理指导组，到泸水市调研指导贫困对象动态管理工作。

6日 州委副书记卢文祥到泸水市大兴地镇维拉坝移民搬迁安置点、鲁掌镇鲁祖村委会和子克村民小组，实地调研易地扶贫搬迁安置和贫困对象动态管理工作推进情况。

6—8日 省人民政府教育督导团对泸水进行督导评估。

7日 怒江州妇联主席颜福琼、副主席李颂雯、泸水市妇联主席李勤英代表全国妇联授予泸水市人民法院“全国维护妇女儿童权益先进集体”荣誉称号。

10日 由省人民政府督察室副厅级督查专员彭耀民等组成的省委、省人民政府督导组，到怒江金盛医疗废物处置有限公司和六库污水处理厂，专项督导检查泸水市贯彻落实中央环境保护督察反馈意见整改工作。

11日 举行“平安社区”建设工作推进培训会，邀请了公安、司法等相关单位负责人就社会治安、人民调解、防灾减灾、卫生健康等内容进行培训。社区工作人员及居民代表100余人参加培训。

12日 召开易地扶贫搬迁安置点规划方案评审会，对古登乡马俄电站、佑雅新村二期、称杆乡恩感思落易地扶贫搬迁安置点规划方案进行评审，并提出修改意见。

12—13日 州人大常委会副主任和玉花，州人民政府副州长娜阿塔，带领海关、边防和州商务局、片马边境经济合作区管理委员会等部门主要负责人，到片马实地调研边境口岸发展和边民互市点规划建设工作。

13日 市委常委、常务副市长杨秀兴出席泸水市“先照后证”改革后加强事中事后监管第一次联席会议。专题研究部署推进企业信用信息归集共享工作。

是日 召开市城乡规划委员会第五次会议，审查讨论“泸水市上江傈僳族特色小镇叶子花创业园”等拟建项目规划情况。

14日 大兴地镇维拉坝旅游特色小镇建设推进会召开，对安置点近期建设作了新的部署要求。

16—21日 2017年“直过民族”地区少数民族双语教师普通话培训在称杆乡举行，来自称杆、大兴地、古登、洛本卓四乡（镇）的140名小学教师参加了培训。

18日 州人民政府副州长王仕平带领州人民政府办、州扶贫办、财政局、发改委等部门到泸水市，就财政涉农资金整合、财政专项扶贫资金整改和易地扶贫搬迁等方面的工作进行调研。

20日 举行地税杯“红土地之歌”演讲比赛。来自泸水市各单位的10名参赛选手展开角逐。

是日 泸水市人民法院法律援助工作站揭牌成立。站长由市法院相关负责人员担任，成员由市司法局派驻的7名律师及法律工作者组成。

21日 鲁掌镇登埂村腊黑玛堵安置点一期建设的25套安居房顺利通过验收。

22日 州、市人社局共同举办“助力脱贫攻坚、携手共奔小康”为主题的台州市—怒江州“农村劳动力转移就业”泸水专场招聘会。10家台州企业共提供1623个就业岗位。

25—27日 由昆明赛莱旅游规划设计有限公司牵头的泸水市旅游解说系统暨旅游项目招商考察活动顺利开展，考察组一行对滴水河阴阳瀑布、上刀山下火海、傈僳族三大调三大主题线路进行了实地考察。27日，举行泸水市旅游文化产业考察及旅游解说系统规划设计思路汇报座谈会。

26日 州人民政府副州长娜阿塔召集州市相关部门，召开泸水棚户区改造工作座谈会，全面分析2017年泸水市棚户区改造工作面临的形势，安排部署泸水棚户区改造工作。

是日 省纪委法规室主任曹渭海为组长的省纪委检查组一行4人到泸水市就全面从严治党落实“两个责任”和开展脱贫攻坚等相关情况进行检查。

27日 省社科联巡视员江克为组长的省委督查组一行3人，到泸水市督促检查2017年贯彻落实中央《党委（党组）意识形态工作责任制实施办法和实施细则》有关情况，并专题听取泸水市工作情况汇报。

是日 2017年“文艺助力脱贫攻坚”活动在鲁掌镇启动，活动以文艺演出的形式、宣传脱贫攻坚政策，助推泸水脱贫攻坚工作。

是日 召开易地搬迁集中安置建设项目总承包框架协议专题座谈会。协商易地搬迁项目合作协议。

31日 泸水市对《怒江傈僳风情小镇总体规划》进行初审。云能投怒江州产业开发投资有限公司、北京绿维创景规划设计院等企业负责人对《怒江傈僳风情小镇总体规划》项目概况、发展定位、功能分区、项目策划等方面进行介绍。上江镇人民政府、市发改委、旅游局、住建局、规划局等部门负责人和相关企业负责人参加会议。

是日 开展公共资源电子化平台应用培训，强化对公共资源交易电子化平台的应用，全市45名招投标公司工作人员和潜在投标人参加业务培训。

8月

3日 省第八督查组到泸水市督查考核食品安全工作。先后到干齐王酒厂、晨晨农业、亨福瑞超市3家生产经营单位进行实地督查。

8日 举行泸水市人民政府与太平洋建设集团地下综合管廊工程（一期）PPP项目特许经营协议签约仪式，该项目为泸水市首次与社会资本合作的项目。

9—11日 国家卫生计生委副主任王培安一行到泸水市上江镇付坝村上片村卫生室、洛本卓乡卫生院、古登乡季加村卫生室实地调研健康扶贫工作。

12日 召开一届泸水市委第十一次常委（扩大）会议，传达学习省委书记陈豪怒江调研重要指示精神和八届州委二十三次常委会议精神，对扎实开展全市动态管理“回头看”，精准推进全市脱贫攻坚进程等各项工作进行全面的安排和部署。

13日 市人民政府与中国水利水电第十四工程局有限公司签订泸水市易地搬迁集中安置点建设项目工程总承包框架协议。

14日 组织召开第三季度消防联席会议暨高层建筑消防安全综合治理工作集中约谈会。市消防安全委员会成员单位、9个乡（镇）分管消防安全工作的主要负责人、筑有高层建筑的业主或部门管理人等近60余人参加会议，同时签订责任书。

是日 市委书记普记颜对怒江美丽公路（六丙一期工程）和怒江二桥连接线等重大项目建设推进情况进行专题调研。

是日 开展“门前三包”责任书签定工作，旨在切实改善城乡人居环境面貌，扎实推进“四城同创”工作，进一步增强社会公众的环境卫生责任意识和参与意识，建立专业管理与群众自治相结合的城乡环境管理模式。

14—16日 由市林业局、发改委、财政局、审计局4个部门组成的验收组，就泸水市2011—2015年度各林业建设项目进行市级验收。

15日 州人民政府副州长娜阿塔到片马镇、鲁掌镇就“爱民固边示范村”“少数民族特色村寨”项目建设情况进行调研。

16日 举办科学养鸡技术培训活动，70余名乡（镇）畜牧兽医、村组干部和养鸡专业户参加培训。

18日 市委书记普记颜率队到云龙县就征地

拆迁、“两违”整治及城乡人居环境提升工作进行考察学习。

21日　州委副书记、代州长李文辉率队到泸水市调研怒江美丽公路和部分民生项目征地拆迁工作。

22日　市委常委、市委统战部部长姬林二深入市基督教培训中心，为全市教职人员宣讲省委主要领导调研怒江重要讲话精神，以及州委书记纳云德关于落实陈豪书记调研怒江重要讲话精神会议的讲话精神。

24—26日　由中宣部组织的中央媒体采访团赴泸水市开展“中央媒体深度贫困地区采访行”活动，来自人民日报社、中央电视台、解放军报社、光明日报社等12家中央媒体近20名记者走进泸水市，对深度贫困地区进行集中采访。

28日　市人民法院首次通过淘宝网司法拍卖平台，把一套房产以900697.6元的价格成功拍卖，是泸水法院利用淘宝网司法拍卖平台首次成交的拍卖。标志着泸水法院步入“互联网+”的司法拍卖。

29日　省公安厅党委书记、厅长任军号率厅警令部、国保总队、刑侦总队、督察总队等部门主要领导深入泸水市公安局调研，检查指导公安工作及“十九大”安保维稳工作。

是日　泸水市工商联联合怒江民通商贸有限责任公司在鲁掌镇浪坝寨村开展“智力扶贫.手牵手”捐资助学活动。

9月

1日　市委副书记、市长和桂莲，市委常委、常务副市长杨秀兴参加市城乡规划委员会第六次会议。对泸水市上江傈僳特色小镇叶子花创业园规划设计方案、泸水市邮政生产业务用房等13个项目进行了审查。

8日　举行共青团“能投圆梦·照亮人生”希望工程助学活动发放仪式。全市共有110名贫困高中应届毕业生获得该希望工程助学金，是泸水市第三批贫困高中应届毕业生获得爱心企业云南省能源投资集团公司的捐助，共受助金额44万元。

9—11日　由华中科技大学同济医学院附属协和医院、东直门医院、北京中医药大学东方医院、北京中医药大学第三附属医院的20多名医疗专家组成的国家医疗队，到泸水市开展为期3天的“服务百姓健康行动”全国大型义诊活动。

10日　太平洋建设集团向泸水市捐赠100万元，助力泸水市教育脱贫攻坚。

11—12日　由州人大常委会副主任熊元德为组长、州人民政府、州委宣传部、怒江报社、怒江广播电视台等相关人员组成的集中采访活动组到泸水市，开展环保世纪行集中采访活动。

11—12日　由州人大常委会副主任熊元德为组长的执法检查组到泸水市，就贯彻落实《中华人民共和国农产品质量安全法》的情况进行执法检查。

12—14日　全国工商联扶贫与社会服务部副部长刘薇率全国工商联、国家林业局、中央统战部光彩事业指导中心、省工商联社会扶贫办等相关负责人，到泸水市调研深度贫困地区涉林民营企业参与精准扶贫情况。

13日　召开棚改征迁工作推进会。对2017年棚户区改造项目第一阶段国有土地上房屋征收工作进行安排部署。

15日　称杆乡王玛基村怒以扒易地扶贫搬迁工程通过验收。

18日　召开计划生育协会第五次会员代表大会。会议听取了市计划生育协会第四届理事会工作汇报，选举产生了泸水市计划生育协会第五届理事会理事、常务理事、领导班子和秘书长，李海珍当选为市计划生育协会第五届理事会会长。

18—22日　珠海市万山区委副书记、区扶贫领导小组常务副组长张波率队赴泸水市，就泸水市经济社会发展和脱贫攻坚工作开展情况进行调研，对接做实珠海万山区与怒江泸水东西扶贫协作结对帮扶工作。

22—25日 “2017第十一届中华老字号博览会”在上海展览中心举行，泸水市企业怒江滇西明珠旅游产品研发中心参展。

23—25日 在2017中国体育文化·体育旅游博览会上，“怒江大峡谷漂流”项目被评为“中国十佳体育旅游精品线路”。

25日 召开2017年棚户区（城中村）改造项目安置点规划设计方案州、市规划委员会办公室及专家论证审查会议，进一步优化棚改空间结构，补充整体规划细节。

26日 省林业厅专项督查、检查组到泸水市，通过实地检查、查看资料及听取相关情况汇报，详细了解新一轮退耕还林工作情况，并召开泸水市新一轮退耕还林工作反馈会。

是日 市城市管理综合行政执法局和市住建局组织部分市域的建筑企业到六库新城区6号路综合管廊的工地出入口，参观太平洋建设集团的车辆冲洗装置，全市工地物料运输车辆车轮带泥上路污染专项整治工作全面启动。

26—30日 怒江州第二届残疾人运动会暨第二届特殊奥林匹克运动会在兰坪县举行。泸水代表团共筛选出35名运动员参加田径、自行车、举重、乒乓球、羽毛球、射弩和聋人篮球7个比赛项目。

27日 “香洲·泸水”远程互动协同教学第一课在香洲区十一小和古登完小进行，两所小学通过互联网实现无缝对接。泸水市通过互联网可以共享到珠海的优质教育资源。珠海市教育局、泸水市教育局和各乡（镇）完小负责人进行观摩，并参加了教研活动。

29日 泸水市颁发首张“多证合一”营业执照，是怒江州颁发的首张“多证合一”营业执照，标志着怒江州“多证合一”改革全面启动。

10月

1日 洛本卓乡巴尼旅游小镇入住仪式在位于乡政府驻地的巴尼旅游小镇易地扶贫搬迁安置点举行，首批来自金满村付昂、念昌、门机和万俄小组的40户160名建档立卡贫困户正式入住。

9日 举行棚户区改造房屋征收签约仪式。

10—11日 外交部边海司副处长第伟成一行4人组成的调研组到边境口岸片马镇，就小江界河改道治理相关事宜进行实地调研。

13日 召开农业产业结构调整创新驱动发展三年行动计划（2017—2020年）商讨会，就泸水市农业产业结构调整创新驱动发展三年行动计划进行具体商讨。

是日 市委副书记、市驻村扶贫工作队总队长李光洪主持泸水市2017年医疗养老保障及就学保障年度扶贫目标任务安排部署视频会。

16日 市第一人民医院在昆明医科大学第二附属医院专家赵静、雒海波医师的帮扶下，成功实施腹腔镜下胆囊切除术，标志着市第一人民医院的综合诊疗水平步入了新台阶。

是日 10月17日是全国第四个“扶贫日”，也是第25个国际消除贫困日，泸水市在市行政中心隆重举行“扶贫日”捐赠活动。市四套班子领导、市委和市级国家机关各部委办局、各人民团体、各企事业单位、省州驻泸水各单位等共57个单位2407人参加了捐赠活动，共收到爱心捐款258490元。

是日 召开老龄工作联席会议。会议通报了云南省第八届“云岭十大孝星”评选结果，总结了全市2016年老龄工作，对2017年的老龄工作进行了安排。各乡（镇）、市直相关单位负责人参加会议。

20日 在六库镇双米地村举行泸水市2017年

易地扶贫搬迁五个建设项目集中开工仪式。

22日 2017年泸水市“喜迎十九大召开、边疆学子感党恩”在京大学生座谈会在中国青年政治学院召开，20名在京大学生及市委政研室、团市委主要负责人参加座谈会。

29日 泸水市城市管理综合行政执法局制式服装换装暨规范化建设启动仪式在泸水市行政中心广场举行。

是日 泸水市棚户区改造项目江东片区签约工作正式启动。截至30日，江东片区三个地块共签约84户，预约签约发放号140户。

是日 怒江州首家普惠金融服务站在上江镇蛮英村建成并投入使用。

11月

2日 市城乡规划委员会召开第七次会议，对怒江鼎业怒江广场1号地、10号地、上江傈僳族特色小镇叶子花创业园等拟建项目规划设计方案进行审查。

3日 国务院国资委综合局副局长王黎率队到泸水市就国家电投云南国际、中交集团等央企帮扶泸水脱贫攻坚成效及深度贫困状况进行调研。

7日 泸水张荣肉牛养殖农民专业合作社引进的首批43头西门塔尔牛，正式运进泸水市大兴地镇自扁王基村，是中交集团援建实施大兴地镇的项目。

8日 上午10点整，泸水味道怒江民族特色餐厅开具出怒江州第一份移动终端开具的发票，标志着移动终端开具电子普通发票业务在泸水市正式上线运行。

9日 由省食品药品监督管理局副局长、党组成员杨柱任组长的省人民政府食品安全专项整治第二督查组到泸水市进行专项整治督查。

是日 洛本卓乡刮然村村务监督委员会主任和益波，在参加脱贫攻坚动态管理工作部署会议的路上，发生普通二轮摩托车道路交通事故，不幸因公殉职。

13日 以“新时代、新气象、新作为——坚决打赢脱贫攻坚战”为主题的云南省级新闻媒体采访团进驻怒江边寨进行蹲点采访。采访团由云南日报、云南广播电视台、《云岭先锋》杂志社、云南网、《云南信息报》、《云南法制报》等多家省级新闻媒体组成，采访持续至12月9日，累计时长近一个月。怒江广播电视台、怒江报社、泸水全媒体中心媒体记者全程随同采访。

16日 举行脱贫攻坚和基层党建实战队誓师大会，欢送即将奔赴一线的实战队队员。

19日 民政部社会事务司副巡视员杨宗涛一行2人，到泸水市调研深度贫困地区农村留守儿童和困境儿童保障工作情况。

21日 泸水市洛本卓乡金满村亮创希望小学竣工落成，并举行竣工典礼仪式。

21—24日 由珠海市香洲区委书记颜洪、万山区委书记叶真率队的调研组到泸水市，就扶贫协作工作开展实地调研，集中调研泸水市铁皮石斛和火龙果种植情况，参观怒江人文地理主题馆，并在教育、劳务输出、产业培育等方面与泸水市达成帮扶共识。

25—27日 市委书记普记颜先后到称杆、古登、洛本卓、大兴地、鲁掌五个乡（镇），共计七个行政村，走近35户群众就易地扶贫搬迁城镇化集中安置政策向广大群众进行宣传动员，并就各乡（镇）各村宣传动员工作进行督导。

28日 泸水天运农业有限公司发放首次分红，老窝镇中元村39户建档立卡贫困户领到入股后的分红资金。

28—30日 由云南省委高校工委书记、省教育厅厅长周荣率领的省教育厅调研组一行5人到泸水市，就教育均衡发展和控辍保学工作进行调研。在30日的座谈会上，市委副书记、市长和桂莲就泸水市义务教育均衡发展和控辍保学工作情况向调研组作了汇报。

29日 怒江州委书记纳云德到泸水市调研易地扶贫搬迁城镇化集中安置宣传动员工作，并参加在古登乡召开的泸水市“北四乡”易地扶贫搬迁城镇化集中安置情况座谈会，市委书记普记颜接着召集“北四乡”党政主要负责人和“北四乡”实战队大队长召开易地扶贫搬迁城镇化集中安置任务部署会。

是日 鲁掌镇鲁掌村的滇橄榄正式上线中国邮政“优帮帮”“邮乐购”及中国邮政微信公众号上销售，通过邮政电商平台，鲁掌村旱坝四村民采摘的野生滇橄榄销售有了保障。

12月

4日 是全国第四个“宪法日”，泸水市在市行政中心举行主题为“贯彻落实十九大精神，维护宪法权威”的宣誓活动。

5—6日 市委副书记杨绍红参加国务院扶贫开发领导小组办公室开展《中共中央国务院关于打赢脱贫攻坚战的决定》政策落实第三方评估组（清研智库）到泸水市进行实地调研后的座谈会。

7日 怒江州中级人民法院和泸水市人民法院举行执行案款集中发放仪式，共向76件执行案件申请执行人发放执行案款2750万元。

8日 召开个体私营经济协会第六届代表大会。全面回顾了协会四年来的工作，肯定了个体私营经济协会在泸水经济社会率先发展中所取得成就，探讨个体私营经济发展的措施和办法。

11日 受云南省副省长高峰委托，省人民政府副秘书长赵瑞君带队的督导组到泸水市，就脱贫攻坚工作进行督导。先后视察称杆乡排把村榅木产业基地和村级幼儿园，听取了排把村产业发展情况和排把村幼儿园及全市“一村一幼”建设等情况。

13日 全市建档立卡贫困户九类十五种大病集中救治活动在泸水市第一人民医院正式启动，即日起，符合九类十五种疾病患者得到免费集中救治。

13—15日 广东省珠海市香洲区《南方日报》《珠海特区报》、珠海电视台、珠海电台等媒体记者一行12人到泸水市对东西部扶贫协作工作和风土人情等进行采访报道，重点对产业对接、基础设施建设、智力帮扶、就业帮扶等方面进行专题采访。

14日 珠海市香洲区驻站媒体采访团到泸水市大兴地镇维拉坝的格力小学、格力幼儿园、泸水市民族中学、大兴地镇中心完小、双米地村委会、怒江珠海对口帮扶职业技能培训基地、泸水市人民医院，深度了解教育智力帮扶、产业对接帮扶、医疗基础设施帮扶、就业帮扶等情况。

15日 泸水市人民政府与云南省建设投资控股集团有限公司举行《泸水市人民政府、云南省建设投资控股集团有限公司怒江干流泸水市大南茂至冷水沟段治理工程合作框架协议》签约仪式。

15—16日 “2017年中国怒江皮划艇野水国际公开赛”在泸水市称杆老虎跳及六库老干村举行比赛及表演赛。

21日上午 由云南省新闻出版广电局事业发展中心副主任张汝林率队，德宏州、保山市文体广电和新闻出版局等相关领导组成的验收组，到丙奉村委会对上江镇的百县万村广播示范点工程进行州级初验并通过验收。

22日 召开国家、省、州对泸水脱贫攻坚工作各项考核事宜交办会议，就国家层面组织的省际交叉考核、东西部扶贫协作考核、贫困退出第三方评估和省、州级层面对泸水市党委和政府扶贫开发工作成效考核等工作作安排部署。

26日 “七彩云南”2017年怒江州民族射弩邀请赛暨第四届弩王争霸赛在六库江西民族体育场举行。

28日 第二届云旅四季论坛暨泸水旅游推介活动在怒江傈僳族自治州泸水市六库镇举行。来自省内外旅游、交通、规划、研究等相关业界专家学者、部门负责人、企业代表、旅游玩家等100余人齐聚泸水，为泸水脱贫攻坚、旅游扶贫、全域旅游合作建言献策。

县情概况

区位　环境

【地理环境】 泸水市位于云南省西北部，怒江傈僳族自治州南部，介于北纬25°33′—26°25′，东经98°34′—99°09′之间，东靠碧罗雪山与兰坪县、云龙县接壤，西依高黎贡山同缅甸毗邻，西南与腾冲市相连，南接保山市隆阳区，北与福贡县交界。市域面积3203.04平方千米，其中山区面积占99.96%，国境线长136.24千米，是中国西南边陲的重要边防屏障。泸水地处横断山脉南端纵谷区，东部碧罗雪山与西部高黎贡山夹怒江由北向南纵贯全境，地势北高南低，境内最高点为称杆乡的丫扁山峰，海拔4161.6米，最低点为上江镇的石头寨，海拔738米，相对高差3423.6米，形成了典型的“V”字形高山峡谷地貌景观。属亚热带山地季风气候，全境气候按海拔差异呈垂直分布，有明显的立体气候特征。市境河流分属怒江水系和伊洛瓦底江水系，全境共有大小河流54条，水量丰沛，水能资源丰富。市人民政府所在地及州府驻地距昆明569千米。泸水拥有怒江州唯一的国家二类开放口岸片马口岸，陆路连接缅甸、印度等东南亚、南亚各国。随着国家“一带一路”倡议、沿边开放战略、云南省桥头堡建设战略的实施，泸水主动融入和服务于“一带一路”倡议、“孟中印缅经济走廊”建设和云南建设，面向南亚、东南亚辐射中心的战略布局，积极打通对外连接的开放道路。随着片马口岸和片马边境经济合作区的健康发展，泸水的区位优势日趋突显。

【资　源】 泸水有极为丰富的矿产、水能、生物和旅游资源。境内主要矿产有锡、铅、锌、铁、铜、铝、锌、锑、铍、银、大理石、花岩石、水晶、硅等，已探获金属矿储量17万吨，非金属矿储量498.36万吨。境内分属怒江和伊洛瓦底江水系的源流有54条，水资源及水能资源丰富，水资源总量41.978亿立方米。市境岭谷相间的特殊地貌和垂直气候带谱，为多种生物的生长繁衍提供了良好的条件，动植物资源丰富，是名副其实的“特种基因库”。林地面积398.68万亩，森林覆盖率74.03%。有植物180余科、600多属，1300多种；有兽类103种，鸟类528种，两栖动物22种，爬行动物27种，昆虫2400种。保存有秃杉、大树杜鹃、十齿花、水青树、白菊木、长喙厚朴、云南红豆杉等58种国家珍稀濒危保护植物、云南重点保护野生植物和怒江金丝猴、羚牛、孟加拉虎、云豹、白眉长臂猿、白尾梢红雉等81种国家重点保护野生动物。泸水市地处横断山脉纵谷地带，境内雄奇险秀的峡谷山川，是“三江并流”世界自然遗产和中国香格里拉生态旅游区、怒江大峡谷国家公园的重要组成部分，旅游资源丰富。有滴水河阴阳瀑布、听命湖、红海、腊玛窟、领袖山、腊玛登（老虎跳）等自然景观景点，有片马抗英纪念碑、片马抗英纪念馆、驼峰航线纪念馆、栗柴坝惨案遗址，以及小横沟、冷水沟、灰坡、观音寺、片马垭口等抗战遗址等国防教育基地和爱国主义教育基地。溜索，无伴奏多声部合唱，傈僳三大调“摆时、优叶、木刮”，登埂澡塘会，上刀山下火海，傈僳阔时节，白族支系勒墨人的“尚旺节”，景颇支系茶山人的新米节等民风民俗及独特的民居、服饰、宗教信仰、祭祀仪式，处处弥漫着古朴浓郁的民族气息，吸引着无数中外游客。

气　候

【概　况】 2017年全市降水量略多，气温持平，大部地区雨季开始正常，雨季结束正常，年内除2月下旬至4月降水偏多，灾害较重外，全年光、温、水搭配较好，气象灾害总体较常年偏轻，对全市工农业生产和人民生活较为有利，综合气候条件对经济、社会、生态各方面的影响分析，属中等偏上年景。

【气　温】 年平均气温20.2℃（六库观测点），与多年平均值持平，乡镇年平均气温在14.3℃—20.4℃，各个乡镇年平均气温均略高于2016年，年平均气温高于20℃的有上江、六库、称杆、大兴地4个乡镇。冬季（2016年12月至2017年2月）平均气温14.9℃，较多年平均值偏高0.5℃。春季（3—5月）平均气温19.5℃，较多年平均值偏低1.5℃。夏季（6—8月）平均气温24.8℃，与多年平均值持平。秋季（9—11月）平均气温21.5℃，较多年平均值偏高1℃。6月5—10日，泸水沿江一线出现持续炎热高温天气，部分乡镇出现最高气温超过35℃、37℃持续高温天气。

【降　水】 年降水量1062.9毫米，较多年平均值偏多85.6毫米。

时间分布不均：1—2月、8月，全市大部降水量略多至偏多。全市各乡镇除鲁掌镇外降水均比2016年偏少，年降水量最多的片马镇（年降水量1990.2毫米）较2016年偏少70.2毫米。春汛期（2—4月）降水量为287.6毫米，较多年平均值高141.3%。雨季于5月16日开始。主汛期（6—8月）降水量492.7毫米，较多年平均值高3.8%。9—10月降水量196.5毫米，较多年平均值少17.4%。雨季于10月下旬结束，11月上旬全市进入旱季，旱季11—12月降水量偏少。

【日　照】 年日照时数1931.4小时，较多年平均值高4.1%。

【气象灾害及其衍生灾害】 6月，境内出现连续降雨，局部大雨、暴雨，怒江江水暴涨，导致9个乡镇不同程度受灾，经济损失548.6万元。8月8—13日，全市出现持续强降水，六库、片马、鲁掌、老窝等乡镇大雨，局部暴雨，河水暴涨，多处发生泥石流、山洪、风雹等灾害，农作物不同程度受灾，经济损失815.7万元。9月11日，部分乡镇出现大雨，局部暴雨，并伴有风雹、雷电，河水暴涨，多处发生泥石流等灾害，农作物不同程度受灾，经济损失332万元。

2月18日17时30分，片马镇、鲁掌镇10至11号界桩内发生森林火灾，2月19日18时30分，林火蔓延至高黎贡山国家级自然保护区姚家坪段，火场内有2处火点，火线有2条，火线方向都为东西向，火线约长1.5千米，过火面积约为20公顷。至2月20日14时，入境火全部扑灭。

区划　人口

【行政区划】 3月21日，市人民政府批准成立上江镇大墩子社区，2017年内完成大墩子社区的组建工作。2017年末，全市辖六库镇、片马镇、鲁掌镇、上江镇、老窝镇、大兴地镇、称杆乡、古登乡、洛本卓白族乡6个镇3个乡，下设71个村民委员会和江西、向阳、重阳、新城、景朗、大敦子6个社区居民委员会，共77个群众自治组织，833 个自然村，1136 个村民小组和 45 个居民小组。

【人口与民族】 2017 年末，全市常住人口 189216 人，比 2016 年增加 1038 人，常住人口城镇化率 40.49%。2017 年出生人口 2747 人，出生率 14.52‰；死亡人口 1258 人，死亡率 6.56‰；自然增长率 7.96‰。

全市户籍人口 183592 人，其中乡村人口 126549 人，共有 25 个民族。傈僳族、白族、彝族、怒族、纳西族、景颇族、傣族等为主要少数民族。少数民族人口 163439 人，占总人口的 89%。傈僳族人口 113362 人，占总人口的 61.75%；白族人口 41995 人，占总人口的 22.87%；彝族人口 3607 人，占总人口的 1.96%；怒族人口 1677 人，占总人口的 0.91%；纳西族人口 920 人，占总人口的 0.5%；景颇族人口 289 人，占总人口的 0.01%；傣族人口 378 人，占总人口的 0.02%。

经　济

【综　述】 2017 年，生产总值 51.95 亿元，同比增长 7.5%，其中，第一产业增加值 72752 万元，同比增长 5.4%；第二产业增加值 174094 万元，同比增长 4.3%；第三产业增加值 272657 万元，同比增长 10.4%。三产业结构比为 14∶34∶52。全市人均地区生产总值 27531 元，同比增长 10.2%。农业总产值 11.55 亿元，同比增长 5.4%。工业总产值 27.5 亿元，同比下降 2.8%。规模以上工业增加值 19.22 亿元，同比增长 9.96%。规模以上固定资产投资完成 57.53 亿元，同比增长 11.88%。社会消费品零售总额 16.76 亿元，同比增长 12%。全年财政总收入 53236 万元，同比增长 10.45%。地方公共财政预算收入 25777 万元，同比增长 1.18%；地方公共财政预算支出 235727 万元，同比下降 0.95%。城镇和农村常住居民人均可支配收入分别达 23116 元和 5953 元，同比增长 9.9% 和 10.5%。税收收入 1.93 亿元，非税收入 6500 万元，地方财政支出 23.57 亿元。银行各类存贷款余额分别达 108.26 亿元、58 亿元，同比增长 19.41%、4.36%。外贸进出口总额 950 万美元，同比下降 46.7%。物价总涨幅控制在 1.8% 以内，城镇登记失业率 4.12%，单位生产总值能耗下降 1.4%。

【农　业】 2017 年完成农业产业结构调整 10 万亩，粮经饲比例为 72∶23∶5。农村经济总收入 92918 万元，同比增长 5.16%。培育特色生态农业，完成核桃、草果等特色林产业提质增效 3 万亩，新增特色经济作物种植 3.66 万亩，新增种植草果、云木香、云黄连、重楼等中草药 2.49 万亩，新增种植核桃、漆树、油茶等特色经济林果 17.67 万亩。推进“菜篮子”工程建设，新增蔬菜种植 7200 亩，核心示范区 1 万亩，实现总产值 5600 万元。畜牧业健康稳步发展，发展黑山羊、高黎贡山猪、土鸡等特色畜禽养殖 98.56 万头（只），支持农业实体经济发展，引进和培育省级龙头企业 1 家、州级 4 家，发展壮大农民专业合作社 508 个。落实强农惠农政策，发放农业支持保护补贴 2450 万元，补贴面积 40.497 万亩。

全市农林牧渔业总产值 115476 万元，比 2016 年同期增长 5.4%。其中，农业产值 44688 万元，比 2016 年同期下降 3.2%；林业产值 17413 万元，比 2016 年同期增长 38.5%；牧业产值 50040 万元，比 2016 年同期增长 5.1%；渔业产值 285 万元，比 2016 年同期增长 9.6%；农林牧渔服务业产值 3050 万元，比 2016 年同期增长 4.4%。

2017 年，农作物总播种面积 31418 公顷，比 2016 年减少 2678 公顷；其中，粮食作物种植面积 24789 公顷，比 2016 年减少 2209 公顷；油料种植面积 508 公顷，比 2016 年减少 52 公顷；甘蔗种植面积 503 公顷，比 2016 年减少 205 公顷。全年粮食总产量 63275 吨，比 2016 年减少 4646 吨；油料产量 348 吨，比 2016 年减少 51.6 吨；甘蔗产量31597吨，比2016年减少18013吨。

畜牧经济稳步发展，2017年末牛存栏61350头，生猪存栏249661头，羊存栏186410只，家禽存栏1058859只；牛出栏14906头，生猪出栏194883头，羊出栏97376只，家禽出栏1171636只。全年肉类总产量17971吨，比2016年同期增长1963吨。畜牧业收入28942万元。

【工　业】 2017年，逐步完善工业基础，启动工业园区规划修编、云南怒江云计算中心项目前期工作；启动实施太阳能分布式光伏发电，大南茂、称杆变电站开工建设；推进宏盛锦盟余热发电、10万吨多晶硅新材料项目工程；完成怒江昆钢水泥有限公司、泸水兴达水电开发有限公司申报纳规入统工作。完成工业硅生产11万吨，生产水泥64万吨，年发电量14.5亿千瓦时、实现产值2.6亿元。

发展壮大非公有制经济，有民营企业1669户，从业人员3.3万人。实现增加值19.16亿元。大力实施乡村市场工程，大兴地镇、古登乡、上江镇蛮英村农（集）贸市场改扩建项目竣工投入使用。积极推进电商“全覆盖”，建立县级电商运营中心1个，乡级电商服务站9个，村级电商服务点45个。特色旅游加快发展，百花岭旅游特色村一期建成投用，悬崖小镇、怒江傈僳风情小镇、登埂温泉小镇、百花岭旅游特色村二期等重点旅游项目加快推进，全年接待国内外游客146.15万人次，实现旅游综合收入18.73亿元。

【地方名特产品】 按照“特色、生态、优质、高效”的定位，加快推进特色生态农业发展模式，广泛种植甘蔗、香料烟等经济作物，核桃、漆树等特色经济林果，草果、重楼、云黄连、云木香等中药材。以三河草果、古炭河重楼、称杆云黄连、古登云木香为主的中药材基地，鲁掌高黎贡山猪、段家寨生态土鸡、片马黑山羊等为代表的特色畜禽养殖，以老窝崇仁原生态油菜为代表的油菜种植基地，老窝分水岭脱毒马铃薯高产创建示范基地，以古登、洛本卓为主的青稞、荞麦种植示范基地的建设取得实效。特产有傈僳族民族服饰、瓦姑茶、老窝火腿、漆油、咖啡、草果、布汁酒、高黎贡山猪、黑山羊、楤木等。

政治建设

【综　述】 扎实推进“七五”普法工作，法治宣传成效明显，干部群众法治意识不断增强。深入推进行政检查“双随机、一公开”工作，共梳理出随机抽查事项405项，有效维护了社会公平正义。严格执行“三重一大”决策制度，修改完善政府工作规则、重大事项集体决策制度。推进科学民主依法决策，2017年共召开政府常务会议16次，研究议定事项183项。加强规范性文件备案审查工作，确保了出台的各类规范性文件合法合规。扎实开展行政执法案卷评审和执法监督活动，进一步规范执法行为。2017年办理人大代表建议139件、政协委员提案73件，办复率、满意或基本满意率100%。市长信箱、市长热线办理群众意见、建议、诉求85件，办结率100%。推进政府信息公开，全年公开政府信息1.5万条，向社会公示政府权责清单6690项，责任事项45916项，追责情形40117项，自觉接受社会监督，完成了“清权”“晒权”，做到“清单之外无权力”。

【党的建设】 持续推动“两学一做”学习教育常态化制度化，扎实开展中央巡视组巡视整改工作，深入创建“担当型”政府机关，下大力气整治精神不振、“怕慢推拖”等作风问题，坚决惩戒干部不作为、不履责、不担当的行为，干部作风明显好转。严格贯彻落实中央“八项规定”，持之以恒纠正“四风”，政治意识、大局意识、核心意识、看齐意识不断强化。坚持督查问效，对10项重点督查重大事项进行跟踪督查。加大执纪问责力度，坚决整治和查处基层侵害群众利益不正之风和腐败问题，全年查处违纪违规案件34起35人。

文化建设

【综　述】2017年，组织开展丰富多彩的文化活动，完成年度性澡塘歌会、尚旺节、刀杆节、阔时节等传统节日的文艺演出和民族体育竞赛活动；协助完成“首届怒江大峡谷老窝火腿文化旅游节”“中国交建杯2017中国怒江皮划艇野水国际公开赛”等活动；协助完成“怒江州2017年第二十七次全国助残日残疾人文艺晚会”“喜迎十九大　颂歌献给党”“文化助推扶贫——感党恩 促攻坚”“巴尼小镇”建成入户仪式文艺演出等文艺演出20多场；深入泸水各乡镇、社区、军营、企业、学校开展惠民演出85场，观众达5万人以上；完成2017年三下乡文艺演出9场，观众达1万人以上；组织开展了为期3天的“喜迎十九大　唱民族歌　跳民族舞”狂欢活动。

【文艺活动】注重挖掘保护和传承本土文化，6—8月，推送猎人组合参加星光大道深圳赛区比赛，晋级前十强；9月，出版发行猎人组合首张专辑《猎》。年内，选送舞蹈《风雨无阻》、怒萨尔组合歌曲《它叫怒江》、山虎组合歌曲《一拉雄》参加“建设者之歌——云南省第四届农民工文化节”才艺大赛，《风雨无阻》《它叫怒江》获三等奖，《一拉雄》获优秀奖。

【传承非物质文化遗产】2017年，收集整理了传统造纸选材、舂竹、打槽等工艺的文字、图片、视频资料和傈僳族刮克舞视频材料；编撰《傈僳族刀杆节》丛书初稿；年末，全市有非物质文化遗产普查项目87项，传承人3110名。傈僳族民歌和傈僳族刀杆节列入国家级非物质文化遗产保护名录；傈僳族“刮克”舞、上江新建村傈僳族民歌之乡、阔时节、澡塘歌会、尚旺节列入省级非物质文化遗产保护名录。国家级非物质文化遗产项目代表性传承人有王利、李学祥、李学华3名；省级非物质文化遗产项目代表性传承人有6名。列入州级非物质文化遗产保护名录59项、传承人11人；列入县级非物质文化遗产保护名录21项、传承人38人。

【提升图书馆服务】5月26日，完成“国家数字图书馆推广工程”虚拟网建设工作，实现跨地区、跨图书馆之间数字图书馆资源共享访问，泸水市图书馆可直接访问国家数字图书馆、云南省图书馆等馆藏资源；4月23日启动“世界读书日”全民阅读活动，开展以“全民阅读·书香泸水”为主题的系列全民读书活动，倡导全民阅读，营造“爱读书、会读书、读好书”的社会风尚，服务泸水“四城同创”工作，先后在9个乡镇、6个社区、市检察院、市机关事务局、鲁掌拘役所、市老干部局第五干休党支部、中国海关驻怒江办事处设“流动图书服务点”，开展全民阅读推广活动20场次。年末，图书馆馆藏总量达229283册，有图书51502册、电子图书158000册、期刊14402册、报纸5379册。

社会建设

【教　育】2017年，落实14年免费教育政策，新建幼儿园24所，新城区幼儿园、新城区完小主体工程基本完工，职教中心建成投入使用。全市高考上线率91.3%。发放义务教育贫困家庭寄宿生生活补助2103.67万元、国家助学金115.45万元。年末，全市有学校145所，其中幼儿园82所、小学52所、初中6所、高中3所、职业学校1所、特殊教育学校1所。有在校学生33627人，其中幼儿园4978人、小学17048人、初中7552人、高中3594人、职业学校326人、特殊教育学校129人。共招生10427人，其中幼儿园3138人、小学3109人、初中2706人、高中1332人、职业学校119人、特殊教育学校23人。共毕业7901人，其中幼儿园1943人、小学2712人、初中2101人、高中1074人、职业学校61人、特殊教育学校10人。全市有教职工2646人，其中幼儿园319人、小学

1333人、初中651人、高中287人、职业学校36人、特殊教育学校20人。专任教师2373人，其中幼儿园254人、小学1263人、初中527人、高中281人、职业学校32人、特殊教育学校16人。小学学龄儿童入学率99.57%，巩固率95.38%；初中毛入学率99.09%，巩固率101.14%；高中毛入学率57.69%，巩固率90.24%。

【卫　生】 完成14个村卫生室标准化建设，71个行政村全部配备卫生室，古登乡中心卫生院门诊楼、市保健院综合业务楼建设完工，市疾病预防控制中心已具备开工条件，市第一人民医院二期项目前期工作取得实质性进展，10.2万居民签约家庭医生。2017年末，城镇职工基本养老保险参保9090人，城乡居民基本养老保险参保100574人，城镇离退休人员基本养老保险参保2262人；城镇职工基本医疗保险参保9515人，城镇居民基本医疗保险参保153112人，新型农村合作医疗参合率99.8%；失业保险登记人数5111人，城镇登记失业人数503人，城镇失业登记率4.12%。全市有3476人享受城市居民最低生活保障，56884人享受农村居民最低生活保障。支付养老金1.17亿元、医疗保险金7799.44万元。发放城乡低保金1.15亿元、医疗救助金2148.79万元。10.2万居民签约家庭医生。

【社会保障】 扩大就业再就业，新增城镇就业2087人，开发公益性岗位136个，提供创业小额贷款1981万元，农村劳动力转移就业22286人。公开摇号分配公租房330套，建成城镇保障性安居房599套，发放租赁补贴145万元。支付养老金1.17亿元、医疗保险金7799.44万元。发放城乡低保金1.15亿元、医疗救助金2148.79万元，加快推进古登敬老院、老窝敬老院等项目建设，金满村居家养老服务中心和付坝村、丙奉村、蛮英村互助服务站投入使用。推行绿色殡葬，建成公益性、经营性公墓3个。

【综合治理】 推进“天网工程”社会治安防控体系建设，严厉打击各类扰乱社会治安和市场秩序行为。实行领导干部定期接访制度，及时回应和解决群众诉求，集体访、越级访、非正常访现象明显减少。严格落实安全生产“党政同责、一岗双责、失职追责”责任制，狠抓企业生产、道路交通、高危行业等领域安全生产工作，安全生产形势稳中向好。不断规范社会管治，社会和谐稳定。

【生态文明建设】 认真整改中央、省委省人民政府环境保护督察反馈意见，加强生态环境治理和保护。荒山造林、天然林保护、陡坡地生态治理等工程稳步实施，完成退耕还林还草17.6万亩、营造林17.97万亩，全市森林覆盖率74.06%。落实“河长制”，开展怒江干支流及面山采砂（石）、矿山环境专项整治，完成矿山升级改造22家，淘汰关闭12家，依法取缔18家。年内，修编《泸水市城乡总体规划》（2016—2030年），编制《泸水市绿地系统专项规划》，启动泸水中心城市省级园林城市创建工作。“怒江花谷”生态建设“面上拓展、点上见效”取得初步成效，种植各类花卉林木67251株，在百花岭片区景点种植15亩叶子花，六库城市公共绿化率15.3%。推进全民节能行为，完成省柴节煤炉灶项目2431口，安装太阳能热水器1800套。推进“两违”专项整治，依法拆除“两违”183宗10.41万平方米，实施棚户区改造，完成棚改征收1699户。城乡环境面貌逐步改善提升。

基础设施建设

【推进重点项目】 2017年初确定的重点项目新开工15个，在建9个，做实、做细项目前期工作，安排了前期工作经费1900万元，六兰二级公路、六丙二级公路、泸腾二级公路、第二座六库生活垃圾处理场建设工程、小沙坝至大南茂段航运基础设施综合建设、新城区9号路网等61个项目前期工作加快推进。

【五网建设】2017年，亚碧罗、色德、刮然公路，机场公路试验段，跃片红色旅游公路改造工程，俄嘎边防公路改建工程建成投入使用；建成易地扶贫搬迁安置点通达通畅公路13条82.38千米；怒江美丽公路泸水段全面开工，保泸高速公路、六丙一期公路、南坝大桥与通达桥东岸连接线、上江半山经济环线等重点交通项目有序推进，年末全市公路里程达2650千米，行政村公路通达率100%、通畅率95.7%、硬化率93%。完成2017年中央水利发展资金项目、怒江干流大南茂至冷水沟段治理工程职教中心段工程建设，加快推进板瓦水库改扩建工程、志奔河水库、水系连通、界河治理、维拉坝易地扶贫搬迁生态江堤等工程建设，完成干支渠防渗45.09千米，改善灌溉面积25370亩，新增有效灌溉面积1600亩，农田水利化程度达38%。完成福贡至泸水输变电线工程、六库城区强电入地工程建设，农网升级改造6884户，农村通电率达100%。全市71个村委会、6个社区实现宽带“全覆盖”，自然村互联网络覆盖率达30%。4G网络实现乡（镇）驻地“全覆盖”。

【市政建设】完成《泸水市城乡总体规划》修编工作，启动怒江新城规划工作，组建上江镇大墩子社区。完成江东农贸市场升级改造。推进六库江东渡口大桥、污水桥改造工程前期工作，新城区8号路、11号路、城市地下综合管廊、雨污分离等项目建设。财富中心、怒江西岸、金榕佳苑二期、世纪佳苑等房地产开发项目基本完工，傈都半岛二期、怒江明珠三期、3000套棚户区改造项目开工建设。建立违法用地、违规建设（“两违”）零报告制度，依法拆除“两违”183宗10.43万平方米。清理闲置土地，启动土地非法交易专项整治工作。启用“电子警察”系统，完成三轮摩托车城区限行专项整治工作。推进“四城同创”工作，提升城镇宜居、宜业、宜游水平。

脱贫攻坚

【综　述】2017年，编制《泸水市脱贫攻坚全面建设小康2017年度建设项目实施方案》《中国大唐集团对口帮扶怒江泸水直过民族精准脱贫过桥贷款建设项目实施方案》《泸水市2017年脱贫攻坚方案》《泸水市2017年贫困退出实施方案》《2017年度统筹整合使用财政涉农资金方案》等专项规划和方案相关规划方案。通过“找问题、补短板、促攻坚”专项行动和动态管理，精准锁定全市建档立卡贫困人口12963户47753人。认真开展易地扶贫搬迁整改、审计反馈意见整改，重点实施“六大工程”91个项目，整合涉农资金4.31亿元、整合率达95.78%。继续开展“挂包帮、转走访”，全市71支驻村扶贫工作队定点驻村帮扶，4571名干部职工结对帮扶建档立卡户，第一批561名脱贫攻坚和基层党建实战队员深入基层一线助力脱贫攻坚。年内，鲁掌镇鲁掌村、鲁祖村，六库镇瓦姑村，老窝镇老窝村、中元村、银坡村6个村2317户脱贫户出列，脱贫人口8627人。

建成2016年7个易地扶贫搬迁安置点，搬迁405户1618人；启动2017年5个易地扶贫搬迁安置点建设，动员6130户21092人贫困人口城镇化集中安置。培训农村劳动力20736人次，输出转移就业农村劳动力22286人次，安排建档立卡户生态护林员1474名。建档立卡贫困人口基本医疗保险参保率、城乡居民养老保险参保率均达100%。加大东西部扶贫协作力度，与珠海香洲、万山区签订帮扶合作框架协议，落实帮扶协作资金1.09亿元，已到位2664.5万元。拓展社会帮扶行动，争取到央企、省级6家单位帮扶项目50个，通过大唐集团帮扶资金注入申请获得贷款1.5亿元。

【建设美丽乡村】实施乡村振兴战略，2017年，完成7个民族团结进步示范村、5个美丽乡村示范点建设，完成农村保障性安居工程 900 户、农村危房改造 602 户。上江供水厂竣工投产，鲁掌、片马供水厂通水试运营，大兴地镇、称杆乡无害化处理场和上江垃圾中转站建成投入使用。736 个自然村建立村庄保洁员制度，自然村生活垃圾得到有效治理。建成乡镇区公厕 23 座，村公厕 111 座，乡镇区公厕覆盖率 100%，建制村公厕覆盖率 96.61%。有序推进农村宅基地“一户一宅”审批颁证工作，71 个建制村配备村庄土地规划建设专管员、建立了村规民约。

体制改革

【综　述】 继续推进“多证合一”、“证照分离”、行政审批、商事制度等“放管服”改革，稳步推进机构改革。年内，系统梳理了十八届三中全会以来各专项领域改革工作，按照州委全面深化改革领导小组安排部署和相关会议的要求，起草《泸水市近三年来全面深化改革工作汇报》，总结取得的成效和存在的不足，为全面深化改革工作积累经验；及时充实调整泸水市深化改革领导小组和专项小组成员，加强组织领导并完善相关痕迹材料，认真应对各级各部门的每一次考评和检查工作；对 7 个专项小组改革事项推进落实情况进行跟踪、监督管理，确保各项改革工作顺利有序推进；通过了省委改革工作考核组对怒江州泸水片区的延伸考核；筹备并顺利召开泸水市全面深化改革领导小组第三次、第四次会议，认真梳理制定 2017 年《市委全面深化改革领导小组工作台账》《市委全面深化改革领导小组工作要点》，审议通过《泸水市总工会改革实施方案》《共青团泸水市委改革实施方案》《泸水市妇联改革实施方案》《泸水市科协系统深化改革实施方案》《泸水市侨联改革实施方案》《泸水市关于深化供销合作社综合改革实施意见》。

【改革宣传】 配合州委联合督察组做好全市全面深化改革工作调研督查，按照要求建立健全全面深化改革工作台账、制度，并根据督查反馈认真做了整改，编印《泸水改革简报》《泸水改革动态》《工作简讯》等宣传泸水改革工作。

中国共产党泸水市委员会

综　述

【概　况】 2017年，面对前所未有的历史性机遇和超常规支持，面对艰巨繁重的攻坚任务和精准严实的工作要求，在党中央、国务院和省委省人民政府、州委州人民政府的坚强领导下，市委常委会团结带领全市各族干部群众，坚决贯彻党中央、省委和州委决策部署，全面贯彻落实党的十八大和十八届历次全会精神，深入学习宣传贯彻党的十九大精神和习近平新时代中国特色社会主义思想，认真贯彻落实省委十届二次全会、州委八届二次、三次全会和省委主要领导怒江调研重要指示精神，按照市委一届三次全会工作部署，聚焦脱贫攻坚中心任务，统筹推进经济、政治、文化、社会、生态文明和党的建设等工作。

【学习贯彻党的十九大精神】 市委常委班子率先垂范，以常委会、专题会议、理论学习中心组、理论宣讲、集中研讨等形式，开展专题学习8场次。制定下发《关于认真学习宣传贯彻党的十九大精神的实施意见》，全面部署并启动了党的十九大精神进机关、进学校、进企业、进军营、进社区、进农村、进教堂“七进”活动，充分调动挂钩领导、挂联单位、驻村工作力量，深入开展“送党的十九大精神进边寨”活动，全市各级党组织开展学习宣讲355场次21457人次。统筹电视广播、“两微一端”、网站、农村“大喇叭”等媒介同向发力，营造浓厚氛围，迅速掀起学习宣传贯彻党的十九大精神热潮。坚持抓住“两个关键”，抓实“学、改、做”三个重点环节，扎实推进学习教育常态化制度化。市委常委班子成员以普通党员身份参加所在支部集中学习102次，全市458个党支部开展集中学习2130次、专题研讨491次、上党课1385次，先后召开了“两学一做”学习教育专题组织生活会和党员不准信仰任何宗教专题组织生活会，共查改问题1231条。广大党员干部“四个意识”更加牢靠，理想信念更加坚定，宗旨意识不断增强，党员意识切实增强。坚持把习近平总书记考察云南重要讲话精神作为推动全市改革发展稳定各项工作的前进方向和根本遵循，持续深入学习把握“三个定位”“五个着力”“一个跨越”的新定位新坐标新要求。深入学习和专题部署省委书记陈豪怒江调研重要指示精神和具体工作要求，定期督查，扎实推进，上报推进阶段性落实情况4次。深入开展“解放思想、争先进位、推动落实”专题研讨。

【“两学一做”学习教育】 抓住“两个关键”，抓实“学、改、做”三个重点环节，扎实推进“两学一做”学习教育常态化制度化。市委常委班子成员以普通党员身份参加所在支部集中学习102次，全市458个党支部开展集中学习2130次、专题研讨491次、上党课1385次，先后召开“两学一做”学习教育专题组织生活会，共查改问题

1231条。严肃召开巡视整改专题民主生活会，坚决拥护和支持党中央决定。

【党的建设】 坚持以“四个意识”为标杆，坚定“四个自信”，坚决执行党的政治路线，严格遵守党的政治纪律和政治规矩，坚决在政治立场、政治方向、政治原则、政治道路上，同以习近平同志为核心的党中央保持高度一致，坚决维护党中央权威和集中统一领导。坚持和完善民主集中制、市委全会、市委常委会会议等工作制度，坚持党的理论、路线、方针不动摇，不折不扣执行党中央、省委和州委决策部署，先后召开1次全会、16次常委会会议、8次理论学习中心组集中学习活动，确保市委对全市工作的领导，充分发挥统揽全局、协调各方的作用。扎实推进“基层党建提升年”各项工作，制定常委抓基层党建责任清单，严格落实市委常委农村基层党建联系点制度，建立基层党建监督检查工作制度。组建上江镇大墩子社区，顺利选举产生“三委”班子。采取“1+1+1”（1个软弱涣散基层党组织由1名市委常委挂钩联系、1名乡镇领导具体指导）的方式，把101名乡镇党政党员班子成员组织关系转入农村支部，高位推动软弱涣散基层党组织整顿提升34个。全面完成“两新”组织党员隶属关系转化，扎实开展党小组设置优化提升工程，全市有党小组791个，实现“应设尽设”。坚持标准、严格程序发展党员185名，全面摸清并建立153名流动党员工作台账，认真开展信教党员处置复核处理工作。全面推进村（社区）组干部补贴结构改革，不断健全村（社区）干部待遇正常增长机制和医疗、养老保障机制。开展基层党组织书记和村组干部培训16期426人次，选派434人次参加上级部门举办的各类培训。年内建成村民小组活动场所59个，全市村民小组活动场所达470个，有效辐射全市833个自然村、1136个村民小组，初步构建起“连点成线、连线拓面、辐射全市”的边疆党建长廊。全面完成行政村网络“村村通”工程，建成云岭先锋综合服务站点87个，“网上党支部”建设试点工作有力推进，党建信息化程度不断提高。扎实推进“峡谷红旗飘”活动，深入开展“自强、诚信、感恩”主题实践活动和“听党话、跟党走、感党恩”主题教育实践活动。制定下发《基层党组织定期听取宗教工作情况制度（试行）》。大力实施“两联系一共建双推进”工作、“一先双带”工程和“党建扶贫双推进”工作，188名建档立卡贫困党员率先脱贫，培养致富带头人134人。选派驻村扶贫工作队员429名、村党组织第一书记71名、脱贫攻坚和基层党建实战队员561名，实行“大学生村官”“连排班”管理，基层一线力量有力加强。按照“一村一方案”原则，因地制宜，制定71个行政村集体经济初步发展规划，整合投入1200万元，全力推动村集体经济发展。制定出台《中共泸水市第一届委员会巡察工作五年规划（2016—2020年）》，建立健全巡察工作制度，全面完成常规巡察3轮，启动脱贫攻坚专项巡察1轮。认真贯彻中央八项规定实施细则精神和省委、州委实施办法，围绕脱贫攻坚，紧扣“四风”问题，约谈提醒176人次、执纪问责47起。始终保持查办腐败案件高压态势，坚决遏制腐败蔓延势头，立案查处34件35人，给予党政违纪处分35人、双重处分13人。

【脱贫攻坚】 坚持以脱贫攻坚统领经济社会发展大局，一切工作服从和服务于脱贫攻坚。把握运用监督执纪“四种形态”，围绕脱贫攻坚，市委主要领导约谈同级党政班子成员、乡镇及市直各部门主要负责人66人次，市纪委约谈乡镇和市直各部门主要负责人60人次，9个乡镇主要负责人约谈班子成员90人次。在原有“双组长”“一办十组”的领导机制和工作班子基础上，及时成立脱贫攻坚前线指挥部，完善作战指挥体系。科学制定《深度贫困地区脱贫攻坚实施规划（2018—2020年）》《泸水市2017年统筹整合使用财政涉农资金方案》，共整合部门资金4.3亿元，整合率为95.62%。扎实推进脱贫攻坚“找问题、补短板、促攻坚”专项行动，梳理查找并整改6大类33个突出问题。瞄准“四个为零”目标，开展4轮动态管理工作，摸清贫困底数，精准锁定贫困对象。以推广“211211”短平快增收措施和实施“六个一”产业扶贫工程为突破口，推广种植蔬菜6万亩、饲料作物3万亩；养殖生态鸡35.44万羽；新增草果种植面积1.8万亩，新增云黄连、云木香、重楼、续断等优质中草药种植面积11.55万亩。始终把易地扶贫搬迁作为脱贫攻坚标志性工程，全面加快推进12个易地扶贫搬迁集中安置点建设，扎实推进城镇化集中安置工作，深入开展城镇化集中安置宣传发动工作，并编制完成实施方案。全年，开展农村实用技术培训171期，共培训农村劳动力19897人次，输出转移就业农村劳动力22286人次。建档立卡贫困人口参加城镇居民医疗保险和养老保险参保率实现“双百”，建档立卡贫困人口家庭医生签约率实现100%。瞄准年度脱贫目标任务，对标对表列出问题清单，逐项逐条销号，全面补齐基础设施、住房保障、社会保障短板，扎实推进脱贫攻坚“百日行动计划”。加强基层力量，深化社会帮扶。选派驻村扶贫工作队员429人、脱贫攻坚和基层党建实战队员561人（州级160人、市级401人）驻村开展脱贫攻坚工作；设立乡（镇）扶贫工作中心，共增加编制46名，加强乡（镇）脱贫攻坚工作力量。及时调整《泸水市脱贫攻坚挂联方案》，持续深入开展“挂包帮”“转走访”工作；广泛开展“10·17”全国扶贫日活动；深化与珠海市香洲区、万山区扶贫协作，帮扶援建项目有序推进；召开省级以上挂联单位第2次联席会议，定点挂联帮扶成效突显。脱贫出列6个村8627人。

【基础设施建设】 全面完成怒江六库民用机场专用公路试验段建设、俄嘎边防公路改建工程、行政村道路通畅工程、怒江六库段防洪堤三期工程建设。跃片红色旅游公路改建工程主体完工，怒江美丽公路泸水段顺利启动、推进有力，保泸高速公路泸水段、六丙二级公路一期工程、南坝大桥与通达桥连接线、板瓦水库、农网改造升级、城市地下综合管廊建设等工程全面提速。扎实推进新农村建设，完成7个民族团结进步示范村、5个美丽乡村示范点建设。上江供水厂竣工投产，鲁掌、片马供水厂实现通水试运营，大兴地、称杆无害化处理场和上江垃圾中转站建成投入使用。

【城乡人居环境】《泸水市城乡总体规划（2016—2030年）》修编工作有序开展，新老城区提质扩容步伐加快。“两违”整治依法依规强力推进，专业市场整治有序开展，“电子警察”全面启用，城市管理更加规范有序。制定出台《泸水市六库城区环境卫生双覆盖整治实施方案》，确定每周一为环境卫生清理整治活动日。建立村庄保洁员制度、村庄土地规划建设专管员制度。省级园林城市、省级卫生城市创建工作扎实开展。

【民生事业】 深入推进《泸水市全面推进教育精准扶贫行动计划（2016—2020年）》，14年免费教育全面实施，健全完善教育教学质量提升激励机制。学前教育快速发展，全市幼儿园达82所，提前实现“一村一幼”，学前三年毛入园率达到65.48%。义务教育阶段学校达到基本均衡标准，在全省率先运用法治思维和法治方式探索实施依法控辍保学举措，控辍保学取得巨大成效。普通高中办学规模继续扩大，毛入学率提高到57.69%，中等职业教育全覆盖格局基本形成。制定下发《泸水市健康扶贫行动计划（2016—2020年）》，“大病集中救治、慢病签约服务、重病兜底保障”“三个一批”覆盖工程扎实推进，因病致贫、因病返贫得到有效遏制。市妇幼保健院综合楼、古登乡中心卫生院门诊楼全面完工，建设改造村级标准化卫生室14所。顺利启动家庭医生签约服务工作，妇女儿童保健水平不断提升，人口计生工作不断加强。编制完成《泸水市棚户区改造安置点规划设计方案》，全面启动棚户区改造，农村危房改造加快实施。城乡居民医疗保险和养老保险参保率不断提高，医疗保险基本实现“即医即报”。

【全面深化改革】 坚持把深化改革作为经济社会发展的根本动力。行政审批制度改革、投融资体制改革、“放管服”改革进一步深化，投资项目联审视频系统建成投用，顺利实现省、州、市三级投资审批实时联审会商。公务用车制度改革成果进一步巩固，不动产统一登记制度改革、多证合一试点改革启动实施，顺利颁发全州首批农村房地一体不动产权证，首张“多证合一”营业执照。供销联社改革扎实推进，医疗卫生体制改革成果普惠群众。村（社区）组干部补贴结构改革加快推进，村（社区）干部待遇正常增长机制和医疗、养老保障机制不断健全。司法体制改革稳步推进，监察体制改革有力推进，群团组织改革集中推进，殡葬改革、水资源管理体制改革积极推进。处级干部与市域民营企业结对挂联制度不断完善。

【宣传文化】 认真贯彻习近平总书记对新闻舆论工作“48字”职责使命要求，始终坚持正确的政治方向和舆论导向，广泛深入宣传贯彻党的十八大，十八届三中、四中、五中、六中全会和党的十九大精神。高位推动，成立市委意识形态工作领导小组，制定下发《泸水市贯彻落实党委（党组）意识形态工作责任制实施细则》《泸水市党委（党组）意识形态工作责任制考核办法》《泸水市新闻宣传工作管理制度》《泸水市新闻发言人制度》《泸水市新闻发布工作管理办法》等制度，建立了意识形态工作联席会议制度。以市级主流媒体微信公众号、微博和新闻客户端为重点的建设和推广应用有力推进，媒体融合发展全面加快。“四城同创”“讲文明树新风　十提倡十反对”和志愿服务广泛开展，以“改陋习、讲文明、树新风”为主题的农村文明素质提升行动深入开展。鲁掌镇子克村顺利通过“全国文明村”复查。“中华魂”“两史”等主题教育实践活动在广大校园持续广泛开展。制定下发《泸水市舆情处置办法》《泸水市党员干部网络行为规范》等制度办法，应对新媒体的能力和水平有效提升。成功承办“中华一家亲”2017海峡两岸各民族欢度怒江傈僳“阔时”文化旅游节，启动并深入开展“文化艺术进乡村·精准扶贫为群众”活动。圆满承办交建杯·2017中国怒江皮划艇野水国际公开赛，全民健身长效化、制度化、生活化进程加快。

【民主法治】 坚持党的领导、人民当家作主与依法治市有机统一。依法选举产生市乡（镇）第一届人大、政府，依章程选举产生一届市政协、市侨联。法治宣教深入开展，依法治市扎实推进，各级人民调解纠纷1234件，成功率97%。“平安泸水”创建深入推动，社会治安防控体系日趋完善，打违治非治暴等专项行动震慑有力，“省级先进平安县”创建成效明显。

【生态建设】 深入贯彻“绿水青山就是金山银山”的绿色发展理念，“怒江花谷”泸水段生态建设加快推进，州、市、乡（镇）、村四级示范样板林建设大力推进，完成新一轮退耕还林还草任务17.6万亩，全市森林覆盖率达74.06%。生态修复、陡坡地治理成效明显，边境森林火灾联防机制不断健全，全面禁止怒江两岸面山开山采石整治等专项行动依法开展。土地开发整治、地质灾害防治项目有序推进，非煤矿山转型升级步伐加快，完成矿山升级改造22家，淘汰关闭12家，依法取缔18家。认真整改中央、省委省人民政府环境保护督察反馈意见。全面落实河长制，划分责任河流38条，深入开展“千人大行动、保护母亲河”河道环境整治活动。环境保护大检查大练兵活动持续开展，上江镇、大兴地镇、称杆乡3个省级生态文明乡镇申报工作扎实推进。农产品质量安全监管有力，实现主要农药使用量零增长。

【市委办公室】 办公室班子坚决贯彻落实中央、省委和州委的决策部署，坚持以脱贫攻坚统领，统筹兼顾，克难进取，团结带领全体干部职工（含机要、保密、政研、督查、关工委），扎实推进“两学一做”学习教育常态化制度化，认真履行“三服务”职能，扎实推进定点挂钩扶贫，全面加强机关党的建设和精神文明建设，较好完成各项任务。全年共拟办各级各部门来文2686份，共核发文件640份。精心筹备、协同配合完成一届市委三次全会、市委农村工作会议各项会务工作，认真筹备市委常委会18次，市扶贫开发领导小组会议3次，市委常委班子巡视整改专题民主生活会、年度民主生活会等，配合市直部门顺利完成了市委组织和老干工作会议、宣传思想文化工作会议、政法工作会议等。及时准确上报紧急事件114起，紧扣脱贫攻坚，结合全市工作，累计上报省委办公厅各类信息356条，累计采用21条，得分227分；上报州委办信息123条，其中案件事故类信息114条，完成省委办公厅信息约稿累计31次。落实市委主要领导批示精神、会议纪要等各项工作，回复率100%。共办理市级领导批示交办件13件，办结13件，年度到期办结率100%，做到个个有着落，事事有答复，件件有回音。推进基层党建提升年各项工作，全面加强机关党建工作。

落实脱贫攻坚各项决策部署，选派驻村工作队队员2名、脱贫攻坚和基层党建实战队员7名，驻称杆乡排把村开展脱贫攻坚“找问题、补短板、促攻坚”专项行动和“回头看”工作，再次精准摸清全村贫困户底数。4—11月，先后共组织干部职工92人次完成建档立卡贫困户、边缘贫困户家庭基本情况核查及易地扶贫搬迁政策宣传、动态管理工作，逐户签订三个协议书（搬迁协议书、建档立卡户脱贫协议书、劳务输出协议书），动员226户600人易地搬迁；年内，脱贫2户4人，剔除1户1人，新识别11户27人，返贫2户7人，年末全村有建档立卡贫困户517户1373人。

实施“211211”短平快增收措施，先后开展了刺笼苞种植技术培训5期，发放刺龙苞苗4.1万棵，种植516亩；开展核桃改良嫁接技术培训3期，改良嫁接核桃3500亩，捐款1.795万元用于嫁接改良后续管护；开展香椽种植技术培训2期，发放香椽苗3500株；发放皇竹草籽种8吨、芭蕉芋籽种3吨、蓝莓苗800株、石榴苗160棵；协调市水务局水利修复资金30万元，使腊肯火普组750亩恢复灌溉；组织100名村民开展了为期10天的厨艺技能培训，动员组织12名青壮年劳动力到珠海务工，为6人（次）贫困大学生提供1.2万元助学金。劝返49名辍学儿童。

【中共泸水市委一届三次全体（扩大）会议】 1月7—8日，中国共产党泸水市第一届委员会第三次全体（扩大）会议在六库召开。全会认真学习贯彻党的十八届六中全会、省第十次党代会、州第八次党代会精神，听取和讨论市委书记普记颜所作的工作报告，审议《2016年度市委常委会抓基层党建工作报告》，市委副书记、市长和桂莲对2017年经济工作作了安排部署。

全会充分肯定泸水市委常委会2016年的工作。客观分析泸水经济社会发展中存在的困难和问题。全会提出2017年全市经济社会发展的主要预期目标建议为：生产总值同比增长7%以上，规模以上固定资产投资同比增长20%以上，地方公共财政预算收入同比增长1.18%以上，农业总产值同比增长10%以上，工业总产值同比增长10%以上，社会消费品零售总额同比增长12%以上，城镇居民人均可支配收入同比增长11%以上，农村常住居民人均可支配收入同比增长12%以上，城镇登记失业率控制在4.2%以内，单位GDP能耗控制在上级下达指标内。

【中共泸水市委常委会会议】1月6日，召开一届市委第2次常委会会议。会议审议中国共产党泸水市第一届委员会第二次全体会议议程、中国共产党泸水市第一届委员会第三次全体会议议程、《市委工作报告（送审稿）》、《2016年度泸水市委常委会抓基层党建工作报告（送审稿）》、《泸水市提名云南省出席党的十九大代表候选人初步人选推荐名单》。

1月16日，召开一届市委第3次常委会会议。会议传达学习州委八届二次全会精神，审议《中共泸水市委关于加强和改进新形势下党外代表人士队伍建设的意见（送审稿）》《中共泸水市委关于加强和改进机关党的建设的实施意见（送审稿）》《泸水市2017年春节慰问方案（送审稿）》。

2月3日，召开一届市委第4次常委会（扩大）会议。会议传达学习州委书记童志云在州委八届二次全会结束时的讲话，专题部署2017年重点工作。

2月15日，召开一届市委会第5次常委（扩大）会议。会议听取了12个党（工）委书记作基层党建工作述职。

3月14日，召开一届市委会第6次会议。会议传达学习省长阮成发在怒江调研工作座谈会上的讲话，学习中共中央办公厅关于印发《中国共产党党委（党组）理论学习中心组学习规则》的通知，中央、省委、州委政法工作会议精神和《党政主要负责人履行推进法治建设第一责任人职责规定》《健全落实社会治安综合治理领导责任制规定》，审议《泸水市教育教学质量提升激励方案（试行）（送审稿）》、《泸水市深入开展违法占地违法建设综合整治行动实施方案（送审稿）》、《“四城同创”工作实施方案（送审稿）》、《中共泸水市委听取巡察情况汇报制度（试行）（送审稿）》、《中共泸水市委巡察工作联席会议制度（送审稿）》、《中共泸水市第一届委员会巡察工作五年规划（2016—2020）（送审稿）》、市纪委一届一次全会筹备方案及《市纪委全会工作报告》，研究《关于给予杨紫军党内严重警告、行政记过处分的请示》，审议《泸水市2016年党委工作目标责任综合考核结果（送审稿）》，研究《泸水市政务服务管理局成立党组的请示》、有关人事事宜。

5月4日，召开一届市委会第7次会议。会议传达学习《州委副书记、州长纳云德同志在全州创建“担当型”政府机关动员大会上的讲话》，审议《关于加强国际传播能力建设的实施意见（送审稿）》《关于进一步加强宣传思想文化工作的实施意见（送审稿）》《关于深化人才发展体制机制改革的实施方案（送审稿）》《泸水市人才扶贫行动计划实施方案（送审稿）》《泸水市法治创建活动实施方案（送审稿）》，传达学习《关于对八起巡视发现全面从严治党主体责任不落实、管党治党不力、党内政治生活不严肃典型问题的通报》《关于对曲靖师范学院等七所高校党委进行责任追究的通报》，研究干部违纪处理有关事宜。

5月18日，召开一届市委常委会第8次会议。会议研究讨论党（工）委基层党建责任清单和有关党建工作的制度性文件，传达学习《全省基层党建工作重点任务推进会精神》，听取泸水市2017年上半年宣传思想文化工作情况汇报，传达学习《关于六起金融机构领导干部违反中央八项规定精神问题的通报》及《关于省供销合作社联合社全面从严治党不力违反中央八项规定精神等问题的通报》。

6月1日，召开一届市委常委会第9次会议。会议专题听取2017年一季度经济运行分析情况汇报，研究《中共泸水市人民政府党组关于请求将泸水市2017年棚户区改造项目政府购买服务资金分年度列入财政预算的请示》《中共泸水市人民政府党组关于给予审定〈泸水市2017年棚户区改造国有土地上房屋征收补偿安置实施方案〉

和〈泸水市2017年棚户区（城中村）改造项目征收补偿安置实施方案〉的请示》《中共泸水市人民政府党组关于请求将泸水市农村人居环境治理项目政府购买服务资金分年度列入财政预算的请示》《中共泸水市人民政府党组关于请求调整六库镇机场征地拆迁及项目前期经费用途的请示》，审议《关于加强和改进新形势下宗教工作的实施意见（送审稿）》。

7月13日，召开一届市委常委会第10次会议。会议研究《中共泸水市人民政府党组关于给予审定省道S232线六库段改建工程等两个项目结余资金用途调整情况的请示》《中共泸水市人民政府党组关于给予审定2017年泸水市地方政府债务限额调整和地方一般公共预算调整情况的请示》，审议《泸水市人才扶贫行动计划（送审稿）》《中共泸水市委　泸水市人民政府关于深化人才发展体制机制改革的实施方案（送审稿）》，传达学习《中共云南省纪律检查委员会关于7起违反中央八项规定精神典型问题的通报》《中共云南省委办公厅关于印发徐令义、姜信治、陈豪同志在中央第十一巡视组对云南省巡视“回头看”情况反馈会议上讲话的通知》《中共中央办公厅国务院办公厅关于甘肃祁连山国家级自然保护区生态环境问题督查处理情况及其教训的通报》《省委书记陈豪同志在2017年省委理论学习中心组第六次集中学习时的讲话》精神。

8月12日，召开一届市委常委会第11次（扩大）会议。会议传达省委陈豪书记怒江调研重要指示精神、州扶贫开发领导小组《关于进一步核实核准全州贫困对象动态管理工作存在的问题和完善相关工作的通知》，通报并安排全市动态管理“回头看”工作。

8月29日，召开一届市委常委会第12次会议。会议传达学习州委八届三次全会精神，听取2016年度及2017年上半年市委全面深化改革工作情况汇报、“基层党建推进年”和“基层党建提升年”工作情况汇报、2017年上半年党风廉政建设和反腐败工作情况汇报，审议《关于进一步加强对形势报告会、论坛和哲学社会科学报告会、研讨会、讲座管理的实施意见（送审稿）》，传达学习《党委（党组）网络意识形态工作责任制实施细则》，研究《关于召开泸水市归国华侨联合会第一次归侨侨眷代表大会的请示》、《关于将中共泸水市委政法委内设机构办公室升格为副科级的请示》《关于将泸水市医疗保险管理局升格为副科级事业单位的请示》、《关于开展贫困对象动态管理数据录入一线工作单位慰问活动的请示》、干部违纪处理相关事宜、干部人事相关事宜，安排部署近期工作。

11月6日，召开一届市委常委会第13次会议，会议审议《关于进一步贯彻落实中央八项规定精神改进和规范领导活动及会议新闻报道的意见（送审稿）》《泸水市贯彻落实党委（党组）意识形态工作责任制考核办法（送审稿）》《泸水市新闻发言人制度（送审稿）》《泸水市新闻发布工作管理办法（送审稿）》，听取全市脱贫攻坚工作推进情况汇报、全市提升城乡人居环境行动推进情况汇报、全市“五网”建设推进情况汇报、全市“基层党建提升年”工作情况和“两学一做”学习教育开展情况汇报，传达州委务虚工作会议精神，研究干部违纪处理有关事宜，听取全市1—10月经济运行情况汇报，研究《泸水市机构编制委员会关于请求设立泸水市河长制办公室的请示》《泸水市机构编制委员会关于请求设立综合行政执法稽查队的请示》，审议《关于2017年度全市党风廉政建设责任制检查考核有关事项的通知（送审稿）》，听取全市不稳定因素排查化解情况和党的十九大安保信访工作情况汇报，传达学习《关于五年来中央政治局贯彻执行中央八项规定并以此带动全党加强作风建设情况的报告》。第二阶段审议《关于做好民间信仰工作的实施意见（送审稿）》，研究《关于批准实施〈泸水市教育教学质量提升激励办法（试行）〉的请示》，审议《关于纪委书记向上一级纪委报告同级党委班子成员履行主体责任及廉洁从政情况的实施办法（试行）（送审稿）》《乡镇纪委书记、副书记提名考察办法（试行）（送审稿）》《市纪委派驻纪检组长、副组长提名考察办法（试行）（送审稿）》，传达学习《各级党委、政府及有关部门环境保护工作责任规定（试行）》，审议《关于乡科级以上离退休干部逝世后丧事办理有关问题的规定（送审稿）》，传达学习全省中小学校党的建设工作现场推进会、全省城市基层党建工作经验交流座谈会和全省深度贫困地区抓党建促脱贫攻坚工作经验交流座谈会精神、《云南省县以上党和国家机关党员领导干部民主生活会实施办法》、《中共怒江州纪委关于对州、县（市）委宣传部开展张贴“图说我们的价值观”招贴画工作落实不力问题的通报》，审议《关于加强和改进保密工作的实施意见（送审稿）》，研究《关于建设民兵常态备勤分队的报告》，传达学习《打黑除恶工作机制规定》《中共云南省委关于中央巡视“回头看”整改情况的通报》全州脱贫攻坚工作约谈会精神。

11 月 30 日，召开一届市委常委会第 14 次会议。传达学习《中共中央关于认真学习宣传贯彻党的十九大精神的决定》《中共云南省委关于贯彻〈中共中央关于认真学习宣传贯彻党的十九大精神的决定〉的实施意见》，研究《中共泸水市人民政府党组关于请求审定泸水市易地扶贫搬迁城镇化集中安置方案的请示》《中共泸水市人民政府党组关于请求将泸水市地下综合管廊工程（一期）PPP 项目政府可行性缺口补助资金分年度列入市级财政预算的请示》，审议《泸水市驻村扶贫工作队及工作队员管理办法（送审稿）》，听取 2017 年意识形态、宣传思想文化工作暨精神文明建设和文联工作情况汇报、2017 年全市统一战线工作和工商联、侨联工作情况汇报、2017 年党风廉政建设和反腐败工作情况汇报，传达学习《中共云南省委云南省人民政府关于推进安全生产领域改革发展的实施意见》《中共云南省委办公厅云南省人民政府办公厅印发〈关于食品药品安全党政同责的意见〉的通知》，审议《泸水市深化国家监察体制改革试点工作实施方案（送审稿）》《泸水市监察委员会转隶组建工作方案（送审稿）》《中共泸水市纪律检查委员会泸水市监察委员会内设机构设置初步建议方案（送审稿）》，研究人事有关事宜。

12 月 2 日，召开一届市委第 15 次常委会会议，会议研究了人事有关事宜。

12 月 5 日，召开一届市委巡视准备专题常委会议。传达学习《中共中央办公厅关于印发〈党的十八大以来中央巡视工作总结〉的通知》、省委常委、省纪委书记、省委巡视工作领导小组组长陆俊华在十届省委第三轮巡视工作动员部署会上的讲话精神，对全面配合好省委第六巡视组机动巡视工作作安排部署。

12 月 8 日，召开一届市委常委会第 16 次会议。传达学习《州委组织部关于对州管干部进行提醒、函询和诫勉的实施办法》，审议《2017 年怒江傈僳“阔时”文化旅游节系列活动方案（送审稿）》，研究人事有关事宜。

12 月 18 日，召开一届市委常委会第 17 次会议。研究《中共泸水市人大常委会党组关于召开泸水市第一届人民代表大会第二次会议的请示》、《政协泸水市委员会党组关于召开政协泸水市第一届委员会第二次会议的请示》、《中共泸水市人民政府党组关于调整泸水市国民经济和社会发展主要指标的请示》、《中共泸水市人民政府党组关于调整城中村房屋征收补偿标准的请示》、人事有关事宜。

12 月 28 日，召开一届市委常委会第 18 次会议。听取全市 2017 年东西部扶贫协作工作情况汇报，审议《关于认真学习贯彻〈党委（党组）网络意识形态工作责任制实施细则〉的通知（送审稿）》《泸水市学习宣传贯彻党的十九大精神“七进”活动实施方案（送审稿）》，传达学习《中共云南省委办公厅云南省人民政府办公厅关于国务院第三次大督查涉及我省有关问题责任追究情况的通报》《中共怒江州纪委关于五起扶贫领域典型违规违纪问题的通报》，研究成立中共泸水市委离退休干部工作委员会相关事宜、《泸水市机构编制委员会关于中共泸水市纪律检查委员会全面落实泸水市纪委向市一级党和国家机关派驻纪检机构方案的请示》、干部违纪处理有关事宜、人事有关事宜。

组织工作

【概　况】 2017年，在市委的正确领导和上级组织部门的精心指导下，市委组织部深入贯彻落实党的十八届五中、六中全会精神以及十九大精神，深入学习习近平总书记系列重要讲话精神，突出以五大发展理念引领赶超发展主题，贯穿全面从严治党主线，以“两学一做”学习教育为龙头，以“基层党建提升年”为重点，抓主业、补短板，抓关键、强统筹，着力培养选拔好干部、夯实基层基础、集聚各类人才，为加快全市赶超跨越发展，脱贫攻坚、全面建成小康社会提供了坚实的组织保障和人才支撑。

【“两学一做”学习教育】 深化“两学一做”学习教育，把全面从严治党要求融入基层生活。坚持“三个带头”，层层示范带动。市委常委班子成员、党员领导干部、各级党组织书记带头学习、带头讲党课，带头落实领导干部双重组织生活制度，以普通党员身份参加支部学习讨论，发挥了“关键少数”的示范引领作用。市委常委参加理论学习中心组学习12次，以普通党员身份参加所在支部集中学习95次，到所在支部或挂联村讲党课9次；全市45名党委（党组）书记到所在支部或挂联村讲党课217次，参加所在支部集中学习385次，开展理论学习中心组学习207次。

充分利用泸水市委网站、泸水广播电视台等新闻媒体进行广泛宣传、及时报道党的十九大有关信息。开展“送党的十九大精神进边寨”活动4场次，邀请省州宣讲团到泸水市开展党的十九大精神宣讲活动3场次，发放新《党章》及《党的十九大报告》1960册。不断创新学习方法，实施交流促学、培训促学、以书促学、活动促学“四个促学”活动。全市458个党支部召开党员大会1141次，开展专题研讨478次，上党课1189次。为全市农村党员编印并免费发放《习近平总书记系列重要讲话简明手册》4200册、《发展党员程序范本》500册、《泸水市基层党建典型案例选编》400册、《蛮召党群活动中心宣传手册》1000册，方便广大党员学习。

组织全市党员深入开展“严纪律、树形象、干实事”主题教育实践活动，选树了一批学习教育先进典型事例，引导广大党员自觉尊崇党章、履行义务，立足岗位、争创一流。以建党96周年为契机，开展“千堂党课进基层”、党员“活动日”、双联系一共建双推进、党员关爱等活动，进一步增强了党组织在党员、群众中的感召力和凝聚力，密切了干群关系。

认真贯彻落实州委“解放思想、推动落实、争先进位”专题研讨班会议精神，深刻查摆单位和个人正反两方面最具代表性的典型经验教训，列出问题清单、整改清单，做到见人见事见思想，切实找准问题根源。突出熔炉作用，严肃党内生活。全市共开展了1轮年度民主生活会，1轮巡视整改专题民主生活会，1轮“两学一做”学习教育专题组织生活会，1轮党员不准信仰任何宗教专题组织生活会，征求各类意见建议4900余条，查摆问题1231条。

【干部队伍选配】 深化干部人事制度改革，始终坚持党管干部原则，紧紧围绕脱贫攻坚和全市经济社会发展大局配班子、选干部，始终坚持落实党要管党、从严治党的要求，不断深化干部人事制度改革，积极拓宽干部选拔任用视野和渠道，努力破解事业人员、村干部进入公务员队伍难障碍，全方位延伸选人用人视野。以乡（镇）党委、政府、人大换届为契机，择优选拔“三方面人员”13人，其中，事业干部7人、村（社区）干部5人，大学生村官1人；突出基层一线培养选拔干部导向，注重把基层工作经历作为选拔任用干部的重要依据，在干部提拔使用时，重点向基层一线倾斜，坚持优先提拔一线干部，年内，新提拔科级干部27人，其中，乡镇提拔2人，市直部门提拔到乡镇12人，乡镇交流到市直部门5人，乡镇之间交流3人。建立健全科学的干部考核体系，强化领导班子和领导干部日常考核工作，采取日常检查、随机抽查、专项督察、明察暗访等方式，对全市各市直部门、各乡镇党委落实工作情况进行督察，坚持从关心爱护和促进干部健康成长出发，对干部思想、工作和生活情况进行全面了解，加强对干部谈心谈话，强化中央改进工作作风“八项”规定的落实，进一步细化具体措施和规定，做到贯彻落实有硬性约束，有责任制度，有监督检查，有惩戒举措。

【干部教育培训】 紧紧围绕全市脱贫攻坚任务目标，全面贯彻落实中共十八届五中、六中全会、十九大精神和习近平系列重要讲话精神，努力创新培训内容，改进培训方法，整合培训资源，提高培训质量。年内，各级各部门共完成各级各类培训6064人次。开展多渠道、多形式、多层次培训，突出抓好主体班次培训，全年，共举办科级干部、扶贫工作队、基层党组织书记、村（社区）书记主体班次培训7期，培训干部891人次；选派434人次参加了上级部门举办的各类培训。推动培训资源优化组合，围绕“互联网+特色生态农业”、“一带一路”、党的民族宗教理论和政策等方面开展“送教下乡”活动，全市4个乡（镇）基层干部、村（社区）书记（主任）、共计280多人参加培训。

【干部日常监督管理】 加强分析研判，制定下发《中共泸水市委组织部领导班子成员联系服务干部制度》，定期开展全市市管领导班子和干部队伍的联系服务工作，突出联系成果运用，切实解决联系服务干部“最后一公里”问题。全面做好领导干部兼职“再回头”，认真开展党政领导干部在企业和社会组织兼职（任职）再回头工作，全面清理规范全市副科级以上领导干部在社会团体、企业兼职工作，经查，泸水市直部门、乡镇、村（社区）共成立社会组织、协会92家，全市领导科级以上干部在社会组织兼职30人，在企业兼职4人。强化领导干部出国（境）证件管理，制定下发《中共泸水市委组织部关于开展持有出国（境）证件专项治理工作的通知》，集中保管领导干部出国（境）证件，进一步强化对持有护照的领导干部的监督管理。强化干部提醒、函询和诫勉工作力度，注意抓早抓小、抓苗头抓预防，根据信访举报、个人有关事项报告查核、巡察、审计等工作中发现的苗头性倾向性问题，强化与纪检监察、市委市人民政府督查室、巡察办、审计局等部门的情况沟通，整合监督资源，形成工作合力，开展对领导干部提醒、函询和诫勉工作。

【“基层党建提升年”建设】 实行基层党建工作项目化管理，制定下发《泸水市“基层党建提升年”实施方案》《2017年度市委书记抓基层党建工作责任清单任务分解》，细化各党（工）委书记抓基层党建目标责任书和工作责任清单，量化考核项目，传导“书记抓、抓书记”责任压力，督促基层党组织书记主动担当、严抓严管，推动管党治党责任深入落实。落实常委抓党建责任，制定《市委常委抓基层党建工作责任清单》，明确市委常委抓基层党建工作职责，与党（工）委“一对一”推动基层党建工作，形成了一级抓一级，层层抓落实，齐抓共管的工作格局。落实党建联考联评机制，组织召开2016年度党（工）委书记抓基层党建述职评议会议，完成各党（工）委书记向市委书记述职，督促各党（工）委完成党（总）支书记述职评议工作。

建强基层组织，深入开展基层组织分类定级和晋位升级，完成34个软弱涣散基层党组织整顿提升。理顺全市组织层级体系，组建上江镇大墩子社区1个，新设立党组织708个，实现党小组全覆盖；制定下发《农村等9类党支部规范化建设试行标准》《推进农村基层党组织标准化建设的通知》，完成1轮基层党组织规范化建设督查，督促1个党支部完成换届工作，开展1轮党费收缴管理“回头看”。全面提升“两新”组织基层党建规范化、科学化水平，共组建49个非公企业党组织，41个社会组织党组织，9个小个专（小微企业、个体工商户、专业市场）党组织，工业园区2个党组织，实现对列入党建基数的非公企业和社会组织100%覆盖；努力实现“15311”补助标准，深入开展“双强六好双亮”活动，统筹推进“两新”党建示范带建设，着重打造了5个有实际作用、有影响力、能辐射带动周边的“两新”党建工作示范点。全面完成“两新”党组织至少有3名以上党员组织隶属关系，逐步使党组织从有形覆盖向有效覆盖转变。

科学制定年度党员发展计划，扎实开展发展党员工作专项检查，建立153名流动党员工作台账，发展党员171名；严格开展不合格党员处置“回头看”，全市排查出信教党员18名，对17名信教党员给予党内除名和开除党籍处置。严格驻村扶贫工作队员管理，严格执行驻村扶贫工作队有关管理规定和召回办法，年内，共选派了428名驻村扶贫工作队员，正常调整队员22名，召回12名；年内共招录10名“大学生村官”和应届毕业生进入公务员队伍，充实到乡镇贫困村任职，贯彻落实云南省“大学生村官”管理办法，实行“连排班”管理，组建了1个“大学生村官排”、7个“大学生村官班”，全面完成2017年度考核工作。广泛开展教育培训，开展基层党组织书记和党务业务知识培训16期，培训基层党组织书记426名。

深入推进称杆乡排把村“四位一体”项目实施，全面推进村民小组活动场所“建管用”。年内共整合资金1240.5万元，建成使用59个村民小组活动场所。开展活动场所整改空置闲置试点工作，打造双米地村、蛮英村蛮召组等活动场所建管用示范点，全面总结推广试点整改经验。10月底，承办全州农村党群活动场所建设管理使用工作现场推进会，取得良好效果。

贯彻落实《关于进一步加强村（社区）干部队伍建设的实施意见》要求，完成全市村（社区）干部基本情况排查统计，按标准发放村（社区）干部生活补助，发放2016年度绩效考核补贴43.84万元，落实“大学生村官”每人每月900元驻村食宿补贴。落实党内关怀机制，关心关爱老党员和生活困难党员，2017年春节、七一、十九大期间，走访慰问1481名生活困难党员和老党员，共发放慰问金64.21万元。

完善制度体系，强化政治引领。抓住党支部这个“关键主体”，督促基层党组织严格落实“三会一课”、民主生活会、组织生活会和民主评议党员等党内基本制度，突出熔炉作用。强化基层党组织整治引领作用发挥，制定下发《基层党组织定期听取宗教工作情况制度》等制度，切实加强党对宗教工作的领导，落实基层党组织宗教工作主体责任。

在上级财政扶持1000万元的基础上，市财政投入100万元，助力脱贫出列村发展集体经济，确保2017年脱贫出列村年收入达到5万元。深化“两联系一共建双推进”和“一先双带”工程，市直机关7个党总支，82个党支部完成与挂钩联系村党（总）支部结对共建，签订结对共建责任书，826名市直机关党员结对4213户建档立卡户。通过精准帮扶，实现176名建档立卡户中的党员率先脱贫。积极推进基层党员带领群众创业致富贷款发放工作，通过广泛宣传，鼓励引导基层党员群众发展产业，共发放800万元致富贷款，扶持91名党员群众发展产业。大力推进“峡谷红旗飘飘工程”，在村民委员会、村民小组党员活动室、公路沿线及群众家里悬挂国旗8170面。

【人才工作】 制定下发泸水市《关于深化人才发展体制机制改革的实施方案》《泸水市人才扶贫行动计划》，细化成员单位目标责任，实行人才工作联络员制度，强化各相关部门配备专兼职人才工作队伍。认真做好西部之光人选推荐工作。根据州委组织部关于推荐2017年“西部之光”访问学者人选通知的有关要求，泸水市严格按照推荐人选条件和程序，确定3人作为西部之光访问学者。扎实做好挂职干部管理考核充实工作。通过挂职干部述职、个别谈话等形式对挂职期满17名挂职干部从德能勤绩廉等方面进行综合评价考核，不断发挥珠海挂职泸水干部优势，目前，珠海市选派到泸水市挂职干部共27人。其中挂职市扶贫办任副主任1人，支教教师13人，支医医生3人，墩苗计划2批10人。

落实人才政策，优化人才环境。积极促进就业和人才引进，注重建立健全科学、开放的人才吸引机制，根据全市人才工作情况，2017年度招聘事业单位80人，其中卫生9人，教育7人，特岗教师141人。招录选派354名驻村扶贫工作队员，从驻村扶贫工作队员中选派第一书记、队长55名；精心培养选拔高层次人才，严格标准，规范程序，严格把关，评聘高级职称110人，中级职称94人，初级职称60人。

【自身建设】 坚持政治建部，抓实理论武装、理想信念教育，引导组工干部牢固树立忠诚可靠、公道正派的政治品格。制定部机关学习制度，集中学习13次。在严肃党内政治生活方面，把“三会一课”、民主生活会、组织生活会、民主评议党员作为加强组工干部政治学习、党性锻炼的基本制度，推行支部主题党日、党费日和党员积分制管理等制度，部领导带头讲党课，着力塑造良好政治生态。坚持依规治部，贯彻落实出台《云南省组工干部“十必须十不准”》，开展“严守政治纪律、转变作风、提振精气神”专题活动，推动组工干部做表率。构建党风廉政建设三级责任体系，每年初召开年度党风廉政建设工作会，逐级签订党风廉政建设责任书。坚持实干兴部，市委常委、组织部部长率先垂范，2017年调研全市45个村，领导班子成员下乡调研60次，机关干部职工到基层调研累计80人次。结合开展专项督查、交叉检查、日常督查，建立健全工作月报制度，督促重点工作落实。按照全省组织系统开展“宣讲党的十九大遍访贫困村为民办实事”活动要求，部机关领导班子成员及全体组工干部深入贫困村讲党课，走访贫困户，赠送十九大精神图书，初步形成深度贫困村领导班子及主要领导分析研判报告、抓党建促脱贫攻坚责任清单、办实事好事任务清单。

宣传工作

【概　况】 2017年，泸水市委宣传部全面贯彻落实党的十八届三中、四中、五中、六中全会和十九大及省委九届十四次全会，州委八届二次、三次全会，市委一届三次全会精神，以邓小平理论、“三个代表”重要思想、科学发展观、习近平新时代中国特色社会主义思想为指导，深入贯彻落实习近平总书记系列重要讲话精神，围绕“全面建成小康社会”的奋斗目标，抓住打造“怒江世界旅游目的地”的契机，在州委宣传部的指导和市委市人民政府的正确领导下，求真务实，转变作风，真抓实干，全市宣传思想文化暨精神文明建设工作总体呈现出良好发展局面。

【组织领导】 认真贯彻落实中央、省委、州委意识形态责任制，2016年制定《泸水市党委（党组）意识形态工作责任制实施细则》，2017年7月制定下发《泸水市党委（党组）意识形态工作考核考评办法》，全市意识形态责任制工作更具针对性、操作性。市委一届六次常委会听取《全市2017年上半年意识形态工作情况报告》，对下半年工作做出安排部署。每季度召开一次意识形态成员单位联席会议，围绕迎接十九大召开，分析研判综治中的一些重要情况、重要倾向性问题等，提出应对措施。

【学习教育】 制定下发《泸水市各级党委（党组）中心组2017年理论学习安排意见》《泸水市2017年全市在职干部理论学习安排意见》，将习近平总书记扶贫开发重要讲话精神和中央、省委、州市扶贫开发工作会议精神等纳入两个意见中，充分发挥各级党委（党组）中心组学习的龙头带动作用，党委书记切实履行好党委（党组）中心组学习第一责任人的职责，采取集中学习与个人自学相结合，充分利用互联网等新兴媒体学习，紧密联系工作实际，围绕泸水脱贫攻坚的重大问题，围绕人民群众反映强烈的突出问题，围绕脱贫攻坚面临的紧迫问题，深入交流研讨，着力把学习研讨成果转化为做好本职工作，推动泸水脱贫攻坚的生动实践。保证集体学习的时间和质量，集中学习时间不少于8次。分别在市委第二、第三、第四次中心组学习活动中学习了习近平总书记系列重要讲话精神和考察云南重要讲话精神、习近平总书记在省部级主要领导干部专题研讨班上的重要讲话精神、省委书记陈豪在2017年省委理论学习中心组第七次集中学习时的讲话，用讲话精神指导实践，推动工作。采用学习简报、会议纪要和媒体报道等形式，及时向广大党员干部通报学习情况和学习成果，带动广大党员干部学习，切实扩大学习的成效。全年市委理论学习中心组（扩大）学习活动，共开展8次，共计学习32天。

【党的十九大精神宣传】 “一把手”宣讲。在机关企事业单位，结合“两学一做”学习教育，通过上党课、集中学习、研讨交流等方式，单位一把手带头学习、带头宣讲、带头交流，不折不扣地把党的十九大精神学习好、贯彻好、落实好，推动机关企事业单位全面深入学习，用十九大精神推动工作。“大喇叭”宣讲。在全市“大喇叭”覆盖的村组，安排党组织书记、村组干部、党员等专人管理，定时广播十九大内容，将十九大精神传到田间地头，送进家家户户。“文艺队”宣讲。坚持严谨又活泼，充分发挥农村文艺队的作用，组织开展群众喜闻乐见唱跳活动，将十九大精神搬上舞台，用多彩的文艺节目形式，解读十九大精神，传播党的声音。“新媒体”宣讲。在泸水电视台、“摆时之乡 · 中国泸水”等媒体开设十九大学习专栏，及时反映广大党员群众对党的十九大的热烈反响和学习情况。通过“美丽泸水”“泸水组工”等平台，推送党的十九大报告及《中国共产党章程（修正案）》等内容，让党员群众随时随地学。农民宣讲团演讲。组织农民宣讲队员用民族语言宣讲十九大精神，编排节目、组织文艺轻骑兵巡回演出，共开展4场次。

【“两学一做”学习教育】 根据《中共泸水市委办公室印发〈泸水市关于推进“两学一做”学习教育常态化制度化实施方案〉的通知》，落实市委常委班子成员带头、党员领导干部带头、各级党组织书记带头的“三个带头”，层层示范带动。市委常委班子成员、党员领导干部、各级党组织书记带头学习、带头讲党课，并参加支部集中学习，发挥“关键少数”的示范引领作用。全市15名市委常委（挂职4名）参加理论学习中心组学习12次，参加所在支部集中学习95次，到所在支部或挂联村讲党课9次；全市45名党委（党组）书记共到所在支部或挂联村讲党课217次，参加所在支部集中学习385次，开展理论学习中心组学习207次。全市各级各部门通过召开座谈会、学习讨论会、集中学习会、建立“两学一做”学习教育QQ群或微信群等形式，相互交流学习，创新学习方法，使党员熟记党章党规，提高党性认识，全年，全市458个党支部共召开党员大会1141次，开展专题研讨478次，上党课1189次。通过举办机关党建工作知识培训、党建工作现场推进会等方式加强党员干部教育，进一步提高党支部和党员的凝聚力、战斗力和向心力，全年，全市共开展各类培训10余期。以书促学，为进一步加强全市基层党组织建设，深入推进“两学一做”学习教育常态化制度化，10月，为全市农村党员编印并免费发放《习近平总书记系列重要讲话简明手册》4200册、《发展党员程序范本》500册、《泸水市基层党建典型案例选编》400册、《蛮召党群活动中心宣传手册》1000册。活动促学，以建党96周年为契机，开展了“千堂党课进基层”、党员“活动日”、双联系一共建双推进、党员关爱等活动，进一步增强党组织在党员、群众中的感召力和凝聚力，密切了干群关系，共慰问了674名困难党员，有2500余名党员参加“七一”系列活动。

【新闻外宣工作】 坚持将新闻外宣作为中心工作，主动配合上级媒体采访工作，讲好泸水故事，配合上级宣传部门组织的全省新闻媒体“新时代新气象新作为——坚决打赢脱贫攻坚战”蹲点采访团、七彩云南·全国媒体走进怒江采访团、中宣部“双百三同”蹲点调研采访组到泸水等批次的采访活动及新华社、中央电视台、人民日报、云南广播电视台、云南网等中央和省州媒体到泸水采访，各新闻媒体深入到脱贫攻坚一线，对泸水“五网”建设、产业发展等一批脱贫攻坚典型事迹及泸水各项事业发展在全国各大媒体上进行全方位立体报道。在新华社客户端新华视频推出《再见！千脚落地屋》《“天麻兄弟”深山里的致富带头人》《怒江山区的农村如今有啥变化》等报道20余条，在中央财经频道（中央二套）上报道3条，在中央、省级媒体上刊发36篇。国务院新闻办举办的“在砥砺奋进的五年”专栏中，推出《云南泸水：产业扶贫促发展》《云南泸水：厚植绿色生态文明，脱贫攻坚显成效》两篇报道。配合完成《迎接十九大，行走彩云南》大型直播在泸水洛本卓乡巴尼小镇直播活动。充分挖掘、归纳市内特色亮点工作，精心策划系列新闻选题报道，并主动加强与中央、省、州新闻媒体的对接，全力打好新闻外宣战役，全年，泸水电视台的稿件在中央台《中国新闻》和《共同关注》各播出1件次，在云南广播电台播出31件次（其中包括两部基层党建专题），在省电视台播出12件次，怒江电视台播出270件次。

【新闻报道】 以“三贴近”为原则，在完成时政新闻报道的同时，播出了大量“接地气”的新闻，深入宣传泸水改革发展的巨大成就。截至11月14日，共播出《泸水新闻》250组，1166件次。以专栏形式，有计划、有策划、有步骤、有针对性地对市委市政府各个时期的重点工作、中心工作进行全面、深入、及时的宣传报道，共开设有“脱贫攻坚进行时”“脱贫攻坚政策解读”“政府工作报告解读”“基层党建”“提升城乡人居环境　我们在行动”“两会专题”“八林经济在泸水”“依法保护环境　共建绿色泸水”“棚改动态”“砥砺奋进的五年”“十九大时光”等13个专栏。“聚焦”栏目，立足泸水，通过挖掘亮点，树立典型，共播出13期，得到了社会各界广泛的好评。

【媒体融合发展】 大力推动传统媒体和新兴媒体融合发展，新媒体宣传成绩突出。年内，“摆时之乡·中国泸水”网站开辟“2017年两会”“怒江花谷·慢城泸水”“脱贫攻坚”“环保”“两违”整治、“学习贯彻落实州委八届二次全会精神”“喜迎十九大”“党的十九大”等18个专题专栏，共上传稿件7654篇，其中转载中央媒体关于“党的十九大”新闻报道5420篇，总浏览量达23.706万人次。“美丽泸水”微信公众平台上传更新新闻稿件1430篇，浏览量达48.62万人次。3月30日，开通“文明泸水”微信公众平台，共编发13期，浏览量达3625人次。《泸水时讯》开设“领导动态”“市内要闻”“脱贫攻坚”“两违”整治、“城乡环境治理”“乡镇工作”及“党风廉政”等专题栏目，共编发20期。“云南通·泸水市”党政客户端设“泸水时讯”和“文明泸水”两个栏目，共上传稿件1680篇，浏览量达21.41万人次。2017年两会期间，通过尝试使用“掌上直播”手机App，采用图文的方式对两会进行直播，关注度较高，同时制作“二维码”展板，放在会场醒目位置，人大代表和政协委员积极添加新媒体平台，浏览量达12308人次。

【推进峡谷红旗飘】 截至11月15日，六库城区安装1000面路灯灯杆旗，在9个乡（镇）政府驻地安装1000面路灯灯杆旗，在村委会及周边农户家室外悬挂国旗2.3万面。从三界桥到碧福桥、六库到老窝、六库到片马公路沿线及六库城区，完成42块大型户外广告牌。墙体喷绘和宣传标语1251条，覆盖全市。在全市范围内共发放“习总书记和怒江州少数民族群众在一起”的贴画4.51万张，实现农村群众全覆盖。在全市范围内发放《“砥砺奋进的五年”宣传挂图》6套，《塞罕坝精神宣传海报》24套，张贴到部分文明村及公路沿线的乡（镇）。

【宣传树立社会主义核心价值观】 深入宣传树立“讲文明树新风”和社会主义核心价值观，深入开展“讲文明树新风”和核心价值观公益广告宣传，营造深厚的宣传氛围。下发《关于做好社会主义核心价值观和“讲文明树新风 十提倡十反对”氛围营造的通知》和《关于做好2017年村寨文化氛围营造工程的通知》，安排各乡（镇）党委政府在街道、集市、村寨等公共场所利用宣传栏、文化墙、LED电子显示屏、农村小广场大喇叭、善行义举榜等宣传文化阵地，对“讲文明树新风 十提倡十反对”、社会主义核心价值观等标语进行全方位、形象化的宣传展示。

【文明创建】 8月，启动泸水市第一批文明单位、文明村、文明社区、文明小城镇评选工作，下发《关于做好评选命名第一批泸水市文明单位、文明村、文明社区和文明小城镇的通知》。为加强文明单位、文明村创建管理，转发州文明办《关于转发云南省文明办〈关于撤销33个单位省级文明单位和33个村省级文明村荣誉称号的通报〉》到各级文明单位和文明村。为做好全国文明单位和文明村的复查申报工作，市文明办组织人员多次深入全国文明村鲁掌镇子克村和老窝镇崇仁村进行检查指导，并推荐泸水市法院申报第五届全国文明单位。组织人员，开展省级文明城市年度测评检查工作。年末，泸水市有国家级文明村2个，第十四批省级文明单位8个，第七批省级文明村10个，第四批省级文明社区2个，第四批省级文明小城镇1个。

【农村文明素质提升行动】 泸水市开展以“改陋习、讲文明、树新风”为主题的农村文明素质提升行动，认真组织全市各乡（镇）、挂联各单位开展“十星级文明户”创建活动和怒江州“最美乡村”创建评选活动。全市71个村44635户农村家庭中有37222户参加“十星级文明户”创建评选活动，参评率83.4%，其中2494户被评为“十星级文明户”。申报推荐老窝镇崇仁村、鲁掌镇三河村、六库镇大密扣村为怒江州“最美乡村”。

【文化助推脱贫攻坚活动】 以“文化进万家送戏下乡”“三下乡”等活动为平台，开展丰富多彩的文化助推脱贫攻坚活动，将脱贫攻坚工作的重大意义、政策法规、勤劳脱贫等内容编排成群众喜闻乐见的节目，全年，共组织大小演出190余场次，观看人数1.12万人次；开展2017年寒假培训班免费开放工作，组织美术、舞蹈、音乐合唱、跆拳道等培训班；推送猎人组合参加星光大道深圳赛区的比赛，晋级前十强，出版发行猎人组合的首张专辑《猎》；选送山虎组合的歌曲《一拉雄》、怒萨尔组合的歌曲《它叫怒江》、市文工队编排的舞蹈《风雨无阻》参加“云南省建设者之歌——第四届农民工才艺大赛”，《一拉雄》《它叫怒江》获三等奖，《风雨无阻》获优秀奖；9月5—15日，市文工队深入六库镇、老窝镇、上江镇部分村组及学校，开展“文化入村指导——民族文化传习”活动；每季度认真审核全市免费电影放映工作，确保老百姓能看到电影，2017年全市共放映农村免费电影840场（包括傈僳语故事片430场），其中，片马镇48场，鲁掌镇72场，六库镇132场，老窝镇72场，上江镇72场，大兴地镇84场，称杆乡132场，古登乡132场，洛本卓乡96场，观众人数达7.56万人次。加大基层综合文化室建设力度，年内，启动全市61个村委会、5个社区综合文化室建设，总投资1122万元。

【“非遗”各项活动】 年内，完成中央对地方专项转移支付项目绩效的申报及2017年国家级非遗项目传承人补助经费发放工作；开展非遗进校园活动；到实地对傈僳族民歌之乡传承情况进行指导；拟定了2017年“文化和自然遗产日”活动方案；完成民歌之乡档案资料收集前期工作调查、刀杆节传承点调查和《傈僳族刀杆节》丛书的初稿编撰；参加第六届中国成都非物质文化遗产节中国传统民歌节暨三十四届望丛赛歌会；完成第三批州级非物质文化遗产代表性传承人申报工作。

【图书服务】 4月开始，认真做好“全国县级以上公共图书馆第六次评估定级”工作，已完成自评估及专家评估，得到专家组的好评。全年，累计新到杂志1371册、报纸1652份；整理并装订期刊合订本515册，报纸82册；收集到地方文献资料《傈僳族民间观念嬗变研究》、《2016年怒江傈僳族自治州年鉴》、傈山人组合音乐专辑DVD等共60种，256册，价值11668元；完成“国家数字图书馆推广工程”虚拟网建设工作，共投入经费34250元，实现跨地区、跨图书馆的数字图书馆资源共享访问；图书外借室和期刊室全年共接待读者24836人次，流通书刊85093册，其中，办理外借书刊20147册次，办理还回书刊16558册次，电子借阅机2台，读者共下载电子书7619册次，资料室接待查询资料人员102人次，查询资料366册次，报刊阅览室接待阅览人员52960人次，文化信息资源共享工程公共电子阅览室接待读者7592人，辅导上网操作5098人次。以四城同创为契机，在全市营造“爱读书、会读书、读好书”的社会风尚，利用流动图书车分别在市区、学校、乡（镇）等开展全民阅读推广活动累计20场次，累计参与6920人次。

【文化市场管理】 认真开展执法人员工作作风建设工作，先后组织执法人员参加全省各类文化市场综合执法培训，受训人员10人次；按要求完成互联网上网服务营业场所及娱乐场所公共区域图像采集明示工作，完成对全市网吧调查摸底调研，全年共新增网吧2家，变更1家，娱乐场所3家，变更1家，换证7家，新办1家，同29名网吧业主、7家娱乐场所业主签订2017年度《安全生产责任书》《守法经营承诺书》《网吧消防安全责任书》；联合多个部门深入开展“扫黄打非”集中行动和专项治理，共查缴非法出版物863张（碟）、出动执法人员142人次；通过“4·26知识产权宣传周”的宣传活动，配合组织全州2017年4月26日“全国侵权盗版及非法出版物集中销毁”活动，共集中销毁盗版音像制品、非法出版物7720件。

（李赵霞）

统战工作

【概　况】 2017年，认真学习和贯彻省委民族工作会议、全省统战部长会议精神，按照《中国共产党统一战线工作条例（试行）》要求，围绕市委、市人民政府的中心工作，充分发挥统一战线的特色和优势，组织和动员广大统战干部职工以及全市统战对象，围绕中心，服务大局，为推进泸水经济社会科学发展、和谐发展、跨越发展和率先发展作出积极贡献。

【民主政治建设】 年内，对全市党外干部进行调查摸底，建立泸水市党外干部数据库，全市有乡科级及以上党外干部130名，占全市干部总数的15.55%，其中，男性党外干部66名，占50.77%；女性党外干部64名，占49.23%；副处级以上党外干部6名，占4.62%。全市有中级职称（含中级）以上职务人员978名，其中非中共党员613名。积极提名推荐党外人士、非公经济界人士担任各级人大代表和政协委员，2016年提名推荐的泸水市第一届政协委员会委员名单中，有17名委员来自非公经济界，占委员总数的11%；2017年推荐2名党外人士为省人大代表、1名党外人士为全国人大代表。建立和完善市级党员领导干部与党外人士、工商界人士交友联谊制度，确定市处级党员领导干部挂钩联系党外人士45名，召开党外人士、工商界人士情况通报会，倾听党外人士的意见或建议，疏通党外人士建言献策渠道。

【宗教工作】 泸水市信教群众占全市总人口的13.41%（以17.89万人计）。教职人员中有各级人大代表1人、政协委员10人；2017年，共培训840人次；举办4期基督教活动场所财务人员培训班，参加人员872人；开展“和谐寺观教堂”创建活动。结合实际制订2017年法治宣传教育工作计划、2017年民族宗教宣传工作方案和“2017年民族宗教政策法规学习月”活动方案，年内，利用宗教节日和宗教活动日深入宗教活动场所宣传14次，参加2600多人次；举办教牧人员贯彻落实《云南省宗教事务规定》培训3次，参加人员584人；举办信徒贯彻落实《云南省宗教事务规定》培训5次，参加人员1897人；召开全市基督教教牧人员会议，学习州委八届二次全会精神，参加人员870多人；深入9个乡（镇）、49个教堂、318个固定处所开展八届二次全会精神和爱国主义教育活动，持续开展反邪教警示教育活动，发放反邪教宣传图300多份；深入片马镇4个村民委员会、1个社区、14个村民小组基督教教堂固定活动处所开展爱国主义教育进“国门、教堂”活动，结合“红旗飘飘”工程。加大对宗教活动场所修缮力度和宗教团体扶持力度，年内，共投入教堂修缮资金35万元。

【民族工作】 由市民宗局牵头，认真学习宣传和贯彻落实党的民族政策以及中央、省委、州委民族工作会议精神，切实开展“三个离不开”（汉族离不开少数民族、少数民族离不开汉族、各少数民族之间也相互离不开）宣传教育活动，制作民族宗教知识政策法规宣传版面3块，共发放宣传单300张、宣传手册200册。以民族团结进步示范区建设为抓手，认真组织第二轮“十市百乡千村万户示范创建工程”宣传采访活动，以“各民族都是一家人，一家人都要过上好日子”为主题，充分利用主流媒体开展民族团结进步示范区建设宣传活动，提炼推广示范典型。以实施抗震安居、产业培育壮大、基础设施建设等工程为重点，推进民族团结示范村项目建设，全面改善民族地区群众生产生活条件。

【侨务工作】 2017年，全市有归侨侨眷2165户、9239人，有海外定居华人约1115户、5399人。9月22日，组织召开泸水市第一届归侨侨眷代表大会，配齐配强班子成员，为市侨联工作开启新局面提供组织保障。

【推动非公经济发展】 以“引导和服务”为工作

目标，坚持在非公经济领域开展争做优秀中国特色社会主义事业建设者活动和理想信念教育活动，深入开展“两学一做”学习教育。3月，市工商联会同州工商联、州司法局在上江镇商会组织了两次“法律三进”进企业宣讲活动，共有26家企业、66名企业员工代表参加培训。党的十九大召开之际，积极组织非公经济界人士收看十九大开幕式和统一战线系统十九大精神的学习，并安排代表进行交流发言。

切实加强非公经济领域的党组织建设。对党员人数在3人以上未建党组织的非公企业，采取“属地与属企”相结合的原则进行组建。已单独组建3户，联合组建8户，挂靠组建47户，派党建指导员376名。

通过举办各类培训班和开展党建工作，切实做好非公有制企业培训和思想政治工作，引导非公有制经济人士“爱国、敬业、诚信、守法、贡献”，教育他们自觉承担社会责任，热心公益事业和光彩事业。在扶贫济困、捐资助学等社会公益慈善活动方面，非公经济界累计捐款（物）700余万元。全年，以“两个十万元”“贷免扶补”“劳动密集型企业贷款”等小额贷款项目为抓手，市工商联共向银行推荐10家个体工商户发放“创业贷款”100万元，为12家小微型企业争取“两个十万元”直补36万元，积极申请“两个十万元”贷款600万元，“劳动密集型企业”贷款200万元，积极为小微企业、民营企业解决融资难问题。切实加强工商联领导班子和领导机构建设，促进非公有制经济健康发展和非公有制经济人士健康成长。3月，举行第一届工商联会员大会，选举出33位执委。建立称杆、老窝、上江商会，成立工商联维权领导机构和维权工作机构，建立和完善非公有制经济代表人士信息库，组织7场（次）银企座谈会和民营企业之家活动。认真落实市处级领导干部挂联民营企业制度，年内，市工商联和处级领导干部先后深入泸水市兴乡建筑有限公司等28家企业调研及“走、访、谈”累计192人（次），市委统战部、市工商联和“三个一批”活动领导小组成员单位领导“走、访、谈”272人（次），共为企业解决实际困难问题19个。

【精准脱贫工作】 按照市委关于精准脱贫工作的相关要求，选派1名科级干部在挂钩点任第一书记长期驻村，抽调1名动态管理工作队员开展脱贫攻坚工作。积极争取中交集团的支持，组建火龙果合作社、张荣伟农牧合作社。狠抓挂钩点群众思想教育、产业扶持、阵地建设、捐资助学等各项工作，坚持常规工作与脱贫攻坚“两不误”，被评为脱贫攻坚“先进单位”。

【统战队伍自身建设】 组织机构日益完善，9个乡镇都配齐了统战委员和宗教干事。市民宗局、市侨联与统战部合署办公，统战工作得到进一步强化。深入推进学习培训，深入推进“两学一做”学习教育，抓好支部党员学习活动和干部职工日常学习，组织干部职工观看政论专题片《将改革进行到底》、“两优一先”、“两学一做”特别节目《榜样》。党的十九大闭幕后，及时组织全市统战系统十九大精神学习座谈会，共有40名各界人士参加。年内，安排3名干部参加省委统战部、省侨联组织的培训班共6场（次）。完善单位各项工作制度，初步理出建章立制思路，正逐项落实。强化部党建工作，改选统战部党支部班子。强化意识形态领域工作，认真抓好统战信息、统战理论的研究宣传工作，年内，共向州委统战部、州工商联等上级部门发送关于统战工作的信息稿件32篇，在《美丽泸水》和《泸水时讯》上发表信息稿件6篇。

政策研究

【概　况】 2017年，市委政研室（农办、改革办）围绕市委中心工作和新部署新要求，积极发挥党委政府参谋助手的职能作用，以精准推进脱贫攻坚为重点、以加快美丽宜居乡村建设为抓手，以全面深化改革工作为核心，不断加强理论学习、队伍建设以及提升工作实效，精学理论、深学政策、广学业务，以“勤学、敏思、深察、善谋、笃行”的具体政研行动，认真做好文稿调研起草、审核把关、谋划献策、农业农村以及全面深化改革等各项工作，较好完成了上级部门、市委、市人民政府交办的各项工作任务。

【学习教育】 市委政研室始终把加强分析问题、研究政策的能力作为政研室干部队伍建设的重要工作内容来抓，认真组织政治理论和政策法规学习，组织全体干部职工重点学习了十九大报告、州委八届四次全会和市委一届四次全会以及汪洋副总理怒江调研讲话精神，紧紧围绕市委中心工作，把提高领导干部的政治敏锐性作为做好各项工作的前提条件，紧紧围绕市委中心工作，谋划调研课题，做好文稿起草工作。努力使政研室向市委、市人民政府所提的意见和建议更加切实可行。

利用开展“两学一做”学习教育的契机，不断加强自身学习。认真参加市委办公室党支部组织的每一次集中学习活动。深化党内教育的重要实践，认真学习贯彻党的方针政策，及时组织单位干部职工传达学习各级重要会议精神和省委、州委、市委有关要求。进一步提高理论水平和思想认识，筑牢思想防线。认真开展各类教育实践活动，严格落实公务接待和公车使用规定，狠抓上下班工作纪律。全面落实办公用房超标问题，全面落实好党风廉政建设责任制。

【政研工作】 始终坚持围绕中心、服务大局，以“挂包帮”脱贫攻坚及“三农”工作为重点，按照“服务决策、重在实用”的原则，紧紧围绕市委关心关注的问题以及领导批示，深入开展调查研究和贫情分析工作，起草、审核《泸水市农业农村工作情况汇报》《泸水市近三年来全面深化改革工作汇报》《泸水市农业农村工作要点及责任分解方案》《泸水市供销联社交流汇报材料》《市妇联、团市委、市总工会、侨联、科协等群团改革方案》等重要文件、报告，科学总结市委政研室各项工作，为市委决策提供科学依据。以脱贫攻坚、“挂包帮”、“转走访”、精准识别、动态管理为契机，开展农业农村各项工作调研，积极主动地协调农村工作相关事宜。

【农办工作】 结合中央、省、州关于“三农”工作提出的新要求和泸水市农业供给侧结构性改革重点，及时会同市农业、林业、扶贫、人社、旅发、交通、工信、住建、供销、国土、水务、发改、环保等部门，牵头拟订《泸水市2017年农业农村工作要点及任务分解方案》，为全市农业农村工作开展提供指导性文件。认真做好省级重点建设村项目管理工作，完成2016年度省级重点建设村（美丽乡村）建设项目——大兴地自扁王基村草甲王地组、洛本卓乡金满村万俄自然村、洛本卓乡保登村尤邓自然村、老窝镇老窝村老街子自然村项目点和市级财政配套资金项目的验收、报账等工作和2017年度项目点的申报工作，配合市财政局、市扶贫办、市农业局、市交通局做好统筹使用财政涉农资金整合工作，推动全市社会主义新农村建设、脱贫攻坚、城乡统筹和谐发展，加快全面建设小康社会、构建富裕民主文明开放和谐泸水及项目点所在村（组）建档立卡户脱贫摘帽步伐。

【改革办工作】 系统梳理十八届三中全会以来各专项领域改革工作，按照州委全面深化改革领导小组安排部署和相关会议的要求，起草泸水市三年来深化改革工作汇报材料，总结取得的成效和不足，为下一步全面深化改革工作积累了经验；及时充实调整深化改革领导小组和专项小组成员，进一步加强组织领导并积极完善相关痕迹材料，认真应对各级各部门的每一次考评和检查工作；对7个专项小组改革事项推进落实情况进行跟踪、监督管理，确保各项改革工作顺利有序推进；顺利完成省委改革工作考核组对怒江州泸水片区的延伸考核；积极筹备并顺利召开泸水市全面深化改革领导小组第三次、第四次会议，认真梳理制定2017年《市委全面深化改革领导小组工作台账》《市委全面深化改革领导小组工作要点》，审议通过了《泸水市总工会改革实施方案》《共青团泸水市委改革实施方案》《泸水市妇联改革实施方案》《泸水市科协系统深化改革实施方案》《泸水市侨联改革实施方案》《泸水市关于深化供销合作社综合改革实施意见》；配合州委联合督察组做好泸水市全面深化改革工作调研督查，按照要求建立健全全面深化改革工作台账、制度，并根据督查反馈认真做了整改，编印《泸水改革简报》《泸水改革动态》《工作简讯》。

【脱贫攻坚】 按照要求派驻实战队员1名，扎实推进脱贫攻坚相关工作。认真做好挂联的称杆乡排把村49户贫困对象精准识别动态管理、进村入户信息采集、调查、挂联户帮扶等工作，确保挂联不断线，扶贫不断档。干部职工进村入户共计10余次，圆满完成各项相关基础数据收集统计工作。为纠正识别和退出不精准的问题，实现贫困对象应纳尽纳、应退尽退、应扶尽扶的要求，6—7月，抽调2名工作人员协助市委办公室开展贫困对象动态管理工作，圆满完成贫困对象动态管理数据录入工作。

（施春燕）

老干部工作

【概　况】 2017年，市委老干部局认真贯彻落实各级老干部工作方针政策和文件，深入落实老干部“两项待遇”，加强全市离退休干部“两项建设”，积极引导广大离退休干部发挥独特的优势和作用，加强和改进基层老干部党支部建设，推动老干部思想政治建设创新，完善部门自身建设，努力推动全市老干部工作实现新发展新进步。

【干部队伍自身建设】 结合“两学一做”常态化制度化学习教育活动，在干部职工中组织开展形式多样的学习教育活动，组织全体干部职工积极参加州委老干部局及市委相关部门举办的各类理论业务知识培训班21期25人次，开展专题研讨2次，上党课6次。

【离退休干部政治思想教育】 年内，召集全局干部职工和党总支各老干部党支部支委，专题传达全国、全省老干部工作“双先”表彰大会精神。为老干部征订《金色时光》杂志140份，为老干部党支部阅文室订阅《学习参考》《中国老年》《习近平系列讲话资料》等10多种报刊。

【落实老干部政治待遇】 年内，组织召开泸水驻丽江老干部、驻鲁掌老干部和驻六库城区老干部迎春座谈会，会上，市委副书记、市长和桂莲和市委常委、组织部长罗增贤向老干部通报2016年泸水市社会经济发展情况；召集老干部在第五干休党支部活动室收看了十九大开、闭幕式；组织召开十九大报告学习会，具体传达学习党的十九大报告、中纪委工作报告的主要内容和《中国共产党章程》修订情况以及总书记在中央政治局第一次集体学习时讲话精神，教育引导全局党员干部切实把思想和行动统一到十九大精神上来；为第五老干部党支部建立流动书屋；全年为老干部送阅文件资料11人次。修改完善《泸水市现职领导干部结对联系处级离退休干部工作制度》，现职领导干部联系处级老干部每年不少于2次，市直部门及乡（镇）也相应建立联系制度，强化日常关怀服务，促进服务常态化、精细化。

【落实老干部生活待遇】 按照中央及云南省相关文件，全面落实老干部生活待遇，按标准全额拨付行政事业单位退休干部公用经费；规范离退休干部丧葬管理办法；关心和照顾“双高”期和特殊困难离退休干部，按规定兑现护理费、丧葬费、遗属补助共1万余元，看望慰问“双高期”老干部和生病住院老干部31人次，60岁以上离退休干部可免费乘坐公交车。重阳节、春节期间，市委、市人民政府组建慰问工作组对老干部进行走访慰问，全年共慰问离休干部、处级以上退休干部和其他老干部（含遗孀）300多人次，发放重阳节慰问金1.2万元，春节慰问金36.37万元。

【老干部基层党组织建设】 按照推进“两学一做”学习教育常态化、制度化和省州“基层党建提升年”的部署要求，扎实开展“示范党支部”创建工作。选派第二干休党支部书记秦益忠到昆明参加由省委老干部局组织的“全省离退休干部党支部书记学习贯彻党的十八届六中全会精神专题培训班”的学习；第五老干部党支部和第六老干部党支部积极开展示范创建党支部工作；协助完成省委老干部局对泸水市离退休干部“两项建设”、易地居住离退休干部及流动老党员工作开展情况的调研工作，先后在泸水和丽江召开了座谈会。

【老有所为】 大兴地镇开展“银发”环卫监督员工作两年多来，有11名退休老干部担任“银发”环卫监督员。市关工委聘请原市人民政府副市长何忠盛、原市检察院副检察长李耀星、原市公安局政委和育华、原市委政法委副书记和建昌、原司法局律师梁庆兰到司法项目办公室工作，主要负责开展全市未成年人思想道德和法制宣传教育工作。联合怒江州文明办、泸水市文明办邀请怒江州讲师团团长苏义生到泸水市老年大学，作题为“人民的一面旗帜——高德荣的情和梦”的“敬老月”宣讲活动，宣传十九大代表高德荣先进事迹。召开“畅谈十八大以来变化、展望十九大胜利召开”和“建言十九大”主题活动动员部署会，在全市离退休干部中开展“凝心聚力谋发展，砥砺前行谱新篇”建言征集活动，有283名老干部参与，开展访谈15人次，组织学习7次，建言22条。

【老年大学】 抓好活动和学习阵地建设，深入开展丰富多彩的文化活动，不断满足离退休干部日益增长的精神文化需求。老年大学开设了舞蹈、弩弓、民乐、电脑、二胡5个班，共有学员119名。加大老干部工作的宣传力度，市委老干部局全年报送信息58期，刊登41条，省委老干部局采纳5条；金色云岭公众网采纳1条；怒江州党建网采纳15条；怒江老干部工作网采纳2条；怒江州人民政府门户网采纳1条；州委老干部局工作网采纳14条；泸水时讯采纳1条；“摆石之乡·中国泸水”采纳2条。

【老干部工作目标管理责任制】 把老干部工作纳入市委、市人民政府与各单位签订的年度工作目标中，年内，市委老干部工作领导小组与55个市直各部门、单位和乡（镇）签订《老干部工作目标管理责任书》，在机制上保证各单位、各乡（镇）对老干部工作的重视和支持，完善服务管理创新机制。分别对全市9个乡（镇）和46家单位进行老干部工作目标管理责任制贯彻落实情况的年度考核。

【党风廉政建设】 认真贯彻落实中央和省、州、市委有关党风廉政建设的部署和要求，传达学习贯彻中纪委、省、州、市纪委相关会议精神。做到党风廉政建设与业务工作同部署、同落实、同检查，与局各股（室）签订《泸水市委老干部局股室党风廉政责任书》。召开职工会议，向全局干部职工通报本单位党风廉政建设工作情况，对涉及单位和个人的问题，建立交办问题台账，逐一明确整改的内容、目标、时限、责任，实行销号管理，并及时向干部职工反馈。在公务用车管理中，按照要求，粘贴和更新了公车标识，没有出现公车私用等违规情况，规范领导干部办理婚丧喜庆工作，严格清理办公用房超标问题。全局干部职工及家属没有出现违反各项工作纪律情况。

【精准扶贫】 按照市委、市人民政府安排部署，泸水市委老干部局选派1名驻村扶贫工作队员（任六库村委会任常务第一书记兼驻村工作队队长）和2名脱贫攻坚和基层党建实战队员驻村开展脱贫攻坚工作，形成上下联动、持续发力的扶贫格局。年内，联合相关部门为六库村委会建成电子商务平台，总投资9000余元；为六库镇中心小学解决“六一”儿童节活动经费3000元，并全程参与校运会活动；组织干部职工在“10·17”全国扶贫日开展捐赠活动，共捐款500元。深入联系村开展农村环境整治活动，对“脏、乱、差”环境进行集中专项治理，共出动30余人次，投入清运车辆3辆，清理生活垃圾10余车，清理通村公路及村道5000余米，印刷墙体宣传标语5条。协助六库村开展各项常规工作，起草上报六库村脱贫方案、六库村2017年脱贫规划方案和六库村2017—2019年三年脱贫规划方案，种植叶子花900株，成活率在90%以上，上报扶贫工作简报信息22篇，驻村日记6篇。协助泸水市人力资源和社会保障局等相关部门，举办六库村厨艺技能培训，100余名村民参训。全年，共组织扶贫工作队和挂联干部职工进村入户走访建档立卡贫困户（年初82户，下半年64户），收集完善建档立卡贫困户信息，及时填报扶贫开发工作各种表格和相关材料；积极完成云南省精准扶贫大数据平台和全国扶贫开发信息系统的大数据录入和相关工作。

（杨丽珍）

机关工委

【概　况】 2017年，泸水市直机关各基层党组织和广大党员按照中央、省、州、市委关于党的建设总体部署，牢牢把握“服务中心，建设队伍”两大任务，以落实党要管党，从严治党为主线，以“两学一做”学习教育常态化制度化为总揽，以“基层党建提升年”为重点，扎实推进机关党的思想、组织、作风、制度和党风廉政建设，充分发挥基层党组织战斗堡垒和党员先锋模范作用。年内，严格按照《发展党员工作细则》要求，做好发展党员工作，共发展新党员15名，预备党员转正13名。收缴党费498267.49元。

【基层组织建设】 年末，市直机关共有7个党总支、92个党支部，其中，机关单位63个，事业单位21个，国有企业单位3个，退休老干12个。有党员1657人，其中，少数民族党员1323人，女党员594人。从年龄结构看，35岁及以下的有535人，占党员总数的32.3%；36—45岁的有564人，占党员总数的34.04%；46—55岁的有288人，占党员总数的17.38%；55岁以上的有270人，占16.29%。从文化结构看，研究生20人、本科797人、专科472人、中专162人、高中46人，初中及以下160人。

【“两学一做”学习教育】 根据市委下发的《“两学一做”学习教育常态化制度化实施方案》，及时成立了市直机关“两学一做”学习教育常态化制度化领导小组，及时动员部署、落实责任，及时召开座谈会，加强巡回督导，确保市直机关7个党总支、92个党支部全体党员及时全部启动、全覆盖参加学习教育。坚持学是基础做是关键，按学党章党规，学系列讲话，做合格党员的基本要求，严肃党内政治生活，抓实“三会一课”，抓牢基层支部。强化督促检查、边查边改，采取工委领导班子成员分片挂联的方式，通过“听、查、看”的方法对党组织组织生活会、民主评议党员、执行“三会一课”制度、收缴党费、发展党员、党务公开、党员领导干部讲党课及“两学一做”学习教育常态化制度化落实情况进行督查指导，现场反馈存在问题，及时查缺补漏，边学边改、边查边改。加强宣传引导、营造氛围，积极运用“互联网+”模式，通过“泸水市直机关党建”微信公众号等平台，引导党员干部积极自主学习、增强互动交流、扩大覆盖面。开展“听党话、感党恩、跟党走”主题活动，在“七一”期间，组织市直机关各基层党组织开展千堂党课进基层、走访慰问困难党员、深入挂钩联系点进行政策宣传、技术培训、开展文体活动等群众喜闻乐见的活动，增强党组织吸引力。把迎接党的十九大、学习宣传贯彻党的十九大精神贯穿机关党员干部政治思想建设始终，及时组织广大党员干部收听收看党的十九大召开盛况，认真学习宣传贯彻党的十九大精神，在中心组会议、支部学习会上开展专题学习讨论，举办专题培训班，撰写学习体会等，邀请州委党校老师对市直各党（总）支书记进行十九大精神专题培训，迅速在机关掀起学习宣传贯彻党的十九大精神热潮，深刻把握和理解习近平新时代中国特色社会主义思想的精髓要义和精神实质，并在学懂弄通做实上下功夫、见实效，做到十九大精神入脑入心，用习近平新时代中国特色社会主义思想武装头脑、指导实践、推动工作。

【基层党建提升年工作】 结合实际，制定实施《市直机关推进“基层党建巩固提升年”实施方案》和《党组织书记抓基层党建工作责任清单》《市直机关基础党务台帐清单》《市直机关党建目标管理责任清单》“三个清单”，明确党（总）支部书记抓党建、从严治党的责任。抓好基层党组织班子建设，调整支委33名，增补支委25名，促进支部班子的建设，增强基层党组织的战斗力。抓好基层党员队伍建设，提高机关党员政治素质，年内，举办发展对象、入党积极分子培训2期，全员轮训基层党组织书记，分类培训组织、宣传等兼职党务工作者4期。抓好基层党组织晋位升级工作，按照“先进、一般、后进”三个类别对市直机关所属党（总）支部进行分类定级，根据分类定级结果，督促各支部制定整改方案，明确整改责任人，整改时限，特别是针对3个“后进”支部，指派党建指导员督促其进行整改，实现后进支部的晋位升级。

坚持分类指导，创建党建示范点，全面提升基层党建工作水平，分类选取泸水市法院党总支、泸水市一中党总支、泸水市委老干局党总支第五干休党支部等13个基层党组织作为市直机关党建工作示范点。10月，市直机关工委在市司法局召开市直机关党建示范创建工作现场推进会，按照《泸水市直机关党建示范工程示范单位考核项目表》中的考核标准，对市直机关12个示范创建申报党支部按照先自查、再申报、后验收的程序进行验收，并对8个党支部授牌。

认真核查党员身份和基本信息，对97个党组织和1654名党员的基本信息进行采集，对113名档案缺失的党员进行身份确认，与2名失联党员取得联系，理顺28名党员的组织关系，按要求完成2017年党员信息统计工作。抓好党员组织关系日常管理工作，将所属的泸水市饮食服务有限责任公司党支部、泸水市矿业公司党支部、泸水市兴乡建筑有限责任公司党支部等6家非公企业党支部的管理权限移交到中共泸水市非公经济组织和社会组织党工委，转接脱贫攻坚和基层党建实战队党员组织关系169名，理顺驻市政服务中心窗口党员管理的党组织关系，将其组织统一转至政务服务管理局党支部管理。

严格实行党员积分管理制度，下发《关于在市直机关共产党员中实行积分制管理的实施意见》，从党员“德、能、勤、绩、廉”五个方面，实行党员积分制管理，从基础积分、任务积分和奖励积分三大类按季度进行积分，通过党员按季申报积分、党支部每季登记积分和党组织年底统一评定等次的方式，实现党员日常管理的精细化、科学化、规范化，发挥共产党员的先锋模范作用，为实现泸水跨越式发展锻造过硬的党员队伍。探索构建督查评价、通报、整改、考核、问责链条式运行体系，研究制定《工委领导班子成员包片联系制度》，分成三个组，年内组织开展3次党建综合检查，向97个市直党（总）支书记发送《党建工作提醒函》，并适时对《提醒函》所涉及工作内容完成情况进行通报，对22个党建工作落实不到位的市直部门支部书记进行提醒谈话，组织开展2016年度支部书记抓基层党建述职评议。探索“互联网+机关党建”学习模式，开通“市直机关党建微信公众号”、试点运行“云岭先锋”手机App，把党支部“三会一课”等基本制度纳入新媒体管理，年内“云岭先锋”手机App登记注册1304人。

【纪律作风建设】 严明政治纪律和政治规矩，认真组织机关工委所属党（总）支部学习《关于新形势下党内政治生活的若干准则》《中国共产党廉洁自律准则》《中国共产党党内监督条例》《中国共产党纪律处分条例》《中国共产党问责条例》等党纪党规，严明党的政治纪律和政治规矩。开展党性党风党纪教育，下发《中共泸水市直机关机关工委关于进一步严肃党内组织生活的通知》和《中共泸水市直机关工委关于进一步加强市直各机关党（总）支部党员警示教育的通知》，通过警示教育的方式在党员干部中认真开展党的政治纪律、组织纪律和廉政纪律教育，并组织开展机关廉政文化建设。认真落实党风廉政建设“两个责任”，坚持把党风廉政建设工作作为年度党建目标责任考核的一项重要内容。

【“两联系一共建双推进”活动】 紧紧围绕全市脱贫摘帽全面小康的中心任务，按照全市脱贫攻坚的总体部署，下发《关于市直机关2017年深入持续开展“两联系一共建双推进”活动的通知》，扎实推进“结对共建一个坚强有力的基层党组织、配套完善一个功能实用的村民小组活动场所、建立健全一套务实管用的管理制度、优化完善一系列脱贫规划措施、扎实完成一批重点帮扶任务、自选创新一批特色共建项目”等“六个一”活动，市直机关6个党总支，82个党支部已全部完成与挂钩联系村党（总）支部结对共建工作，并签订结对共建责任书，826名市直机关党员干部党员结对4213户建档立卡户，帮助联系点做实事112件。推进实施农村党员“一先双带”和农村人才“领头雁”工程，积极支持农村党员创业致富，邀请技术人员开展技能培训，共培训农村劳动力17252人次（建档立卡户劳动力10321人），各级帮扶部门围绕挂包贫困乡、贫困村“基础设施建设、产业发展、文化教育、医疗卫生、人力资源培训、赈灾救济送温暖等”投入帮扶资金2876.4万元，帮助争取列项项目20个，引进各类资金1140.72万元，举办各类培训班175期，培训7000人。

（胡丽娟）

关心下一代工作

【概　况】 全市共有基层关工委160个，其中，市级关工委1个，乡镇关工委9个，市直各单位关工委54个，学校关工委20个，社区关工委5个，村级关工委71个。构建了“市—乡—村三位一体”的组织网络，为开展关心下一代工作提供组织保障。根据《关于同意州县（市）乡（镇）关工委驻会老干部副主任工作保障问题的批复》，8月，市关工委遴选2名正处级退休老干部担任关工委副主任，9个乡镇关工委也分别遴选了2名退休“五老”人员担任关工委驻会副主任。

【社会主义核心价值观宣传教育】 3月15日至12月30日，市关工委、市教育局和市司法局联合对全市各界青年开展“中华魂——辉煌与梦想”主题教育活动，关工委征订1000多本“中华魂”读本，发放到各单位各部门各学校。

4月1日，片马镇组织党政干部职工、驻片马解放军、武警部队官兵、学校师生、农村（社区）党员、共青团员、群众及其他各行业代表共200余人到片马人民抗英胜利纪念碑，开展以“铭记历史、缅怀先烈、珍视和平、警示未来”为主题的清明节纪念活动；4月4日下午，市公安局关工委联合怒江州公安局、州森林公安局组织51名青年民警及辅警代表冒雨到小沙坝烈士陵园开展“中华魂——辉煌与梦想”主题祭奠英烈活动；在“南京大屠杀”80周年纪念日来临之际，为教育师生“铭记历史，勿忘国耻”，市教育系统组织开展以“铭记历史、勿忘国耻”为主题的国旗下讲话、集会悼念、收听收看“国家公祭”电视直播等活动。

【未成年人司法项目工作】 结合未成年人司法项目工作，开展“关爱明天·普法先行”青少年普法宣传活动，始终把青少年普法宣教工作作为推进法治泸水建设和平安泸水创建的重要组成部分，认真落实省州工作部署。为提高青少年学法、知法、守法的自觉性和维护自身合法权益的能力，市关工委办公室积极参与创建“零犯罪社区”“零犯罪学校”活动，加大对失足青少年的帮教力度，普及推广“绿色家园”“关爱园”等经验，通过教育、感化、挽救，帮助更多失足青少年走上正路。3—10月，市关工委联合市未成年人司法项目办公室在开展了“关爱明天　普法先行”活动。5月4日，司法局牵头，市教育局、市文体广电和新闻出版局、市市场监督管理局、各乡镇人民政府开展“法律进校园、进商店”青少年普法教育宣传活动8场次，发放《中华人民共和国宪法》《中华人民共和国未成年人保护法》《中华人民共和国预防未成年人犯罪法》等宣传资料2000余份，8所学校共501名教师，7165名学生参加宣讲活动；在活动现场设立法律咨询处，为群众提供法律咨询；在学校门口及街道重要路段张贴公告100余份，向各门店商户及学校内的商店发放《关于禁止向未成年人出售烟酒的通知》800余份。5月19日，组织召开泸水市“法律进校园”工作推进会，安排部署各级各部门关工委开展“法律进校园活动”。在泸水一小举办的“纯洁世界　无毒最美”为主题的“深入推进青少年毒品预防教育示范学校建设工程”活动，发放青少年法律知识读本200余册等。通过组织青少年参加“关爱明天·普法先行”主题教育活动，加强中小学生的法律启蒙和法律常识教育，培养他们是非分辨能力、自我保护意识和守法观念。

年内，市未成年人司法项目办公室共接到派出所参加触法未成年人询问14人次，市未成年人司法项目办公室派人参加14人次，参加率100%。

根据未成年人司法项目的相关要求，积极与公检法司等部门配合，把犯罪情节和社会危害不严重、在共同犯罪中属于从犯、起辅助作用和次要作用，具有社会和家庭监管条件的触法未成年人从司法程序中分流出来，使该上学的未成年人继续上学。年内，未成年人司法项目办公室共提出司法分流意见2人次，被办案机关采纳2人次，采纳率100%。9月20日，市关工委及未成年人司法项目办公室对司法分流出的2名未成年人进行跟踪帮教，到其家中与其监护人及其本人交谈，了解思想和生活、学习情况。

【文化市场管理】 与文明办、文化、工商、公安等有关部门配合，加强文化市场的管理，坚持日常巡查与集中检查相结合，开展集中打击网络赌博违法犯罪活动、网络淫秽色情犯罪等专项治理活动，发挥“五老”网吧义务监督员的作用，加强网吧义务监督管理工作，特别加强城乡接合部的网吧监督，倡导绿色网吧建设，参与净化网络文化环境活动，为青少年创造绿色、文明的网络文化空间。协助有关部门净化校园周边环境，关注青少年的交通安全；整治盗版教辅材料市场、严厉打击各类违法书报刊和影像制品，全方位净化和完善青少年成长环境。

【走访慰问】 各级关工委上下联动，协同配合，合力开展“助学、助教、助残、助孤、助医”等关爱活动。“六一”儿童节，号召各部门各单位到各自的扶贫联系点及学校进行走访慰问活动，关心和关爱农村的留守、残疾、困境儿童等青少年特殊群体；市关工委在“六一”儿童节到称杆乡排把村幼儿园慰问35名幼儿（其中女童21名，男童14名），为排把幼儿园送去书籍、体育用品、文具、小零食等35套价值3500元的慰问品，并对辛勤工作在基层一线的教师们表示慰问；儿童节当天，市妇儿工委办联合市妇联、关工委、教育局在泸水一小开展“书香飘万里”家庭亲子阅读活动。

【公益活动】 2017年，资助扶贫联系点建档立卡户就读学生6人，资助2000元；看望慰问古登乡俄夺罗马海底组患重症肺炎及呼吸衰竭儿童胡江云，专门召开相关会议，研究解决其就医困难问题，给予慰问金500元。号召各级各部门关工委结合各自职能职责，开展关心关爱活动，市残联积极开展残疾儿童的康复训练及家访等工作；市民政局积极开展救助困境儿童、关爱留守儿童等工作，签订农村留守儿童委托监护责任确认书193份，救助应届贫困大学生129人，救助金额28.2万元（本科生42人12.6万元，专科生29人5.8万元，预科生及五年制大专19人1.9万元；报送州民政局39人7.9万元），覆盖建档立卡户38户，低保户81户，优抚对象3户，残疾人贫困户3户，孤儿4人，做到贫困家庭子女都能上学；市总工会“金秋助学”活动资助已建档的困难职工子女和困难农民工子女63人，资助金额13.8万元。

【助力扶贫攻坚】 各级各部门关工委结合脱贫攻坚工作，认真开展帮扶工作，助力脱贫攻坚。市关工委年内资助扶贫联系点建档立卡户就读学生6人2000元；市总工会帮助建档立卡贫困户家庭解决子女就学困难问题，为9名挂联家庭子女发放资助金1.8万元；市国税局与挂联单位共同为木楠完小捐助3000元活动经费、5台电脑，并对老窝镇中心完小开展少年宫献爱心活动，为学校捐助2000元的文化体育用品；市移民局为救助挂联村重病患者，全体干部职工捐款1400元，发放六库水电站水电移民特困民户生活补助9100元，资助挂联村的贫困大学生助学金800元。扶贫先扶智，扶智先扶教育，选派教师外出学习提高素质，年内，选派泸水一小教师墨波益参加“中华文化习养实验学校”学科骨干师资研训班学习，选派洛本卓乡俄嘎完小教师肖大付参加“最美乡村教师”赴北京学习培训；各部门关工委结合精准扶贫工作，加大对困难家庭未成年人的救助力度，积极调整救助对象，向困难家庭成绩优异且就读高中阶段的学生倾斜，通过教育支持，切断贫困的代际传递。开展走访慰问活动，主动与挂钩村和驻村工作队员联系，深入调查，积极开展各种形式的走访慰问活动。

【困难家庭未成年人救助专项经费上报发放】 根据《云南省困难家庭未成年人救助专项经费管理办法（暂行）》，对全市各中小学校进行认真摸底调查，最后确定2017年需救助困难家庭未成年人36人，其中小学生15人、初中生11人、高中生10人，按照小学生300元/人·年，初中生500元/人·年，高中1000元/人·年的困难家庭未成年人救助标准，发放救助金2万元。2015—2017年，共救助186名困难学生（小学90名，初中66名，高中30名），发放救助金9万元（2015年5万元，2016年2万元，2017年2万元）。

【调查研究】 认真开展调查研究工作，围绕基层关工委组织建设情况、14年免费义务教育实施情况等开展了调研，并形成书面报告报市委、政府和州关工委。

【完成“朝阳计划”项目终期评估】 5月11—13日配合北京大学儿童青少年卫生研究和卫生经济发展研究中心，到称杆乡中心学校、泸水市民族中学、上江镇新建完小、大练地完小、六库镇新寨完小、老窝镇中心完小开展2017年度“朝阳计划”项目学生健康改善效果终期评估工作。

【关心关爱留守儿童】 老窝镇中心完小留守儿童之家自2016年5月17日挂牌以来，根据《泸水县关心下一代工作委员会关于印发〈老窝镇留守儿童之家建设实施方案〉的通知》，成立工作领导小组，制定《留守儿童帮扶方案》，细化帮扶措施，从生活、学习、心理上对留守儿童进行帮扶，定期举行文艺、体育、科技和社会实践活动，鼓励留守儿童积极参加主题班会、团队活动、书画展、演讲比赛、文艺演出等形式多样的活动，为留守儿童营造健康、快乐、平等、和谐的成长环境，让“留守儿童之家”真正成为孩子们“学习的园地，交流的平台，娱乐的场所，健身的阵地”。

市民政局在2017年春节期间，慰问20户困难“三留人员”（父母、子女、丈夫均为外出务工的困难家庭），每户发放慰问金500元、棉被1床、大米1袋、食用油1桶。市妇联到称杆乡中心完小为50名贫困留守儿童发放“音乐之声 我要上学”助学金2万元。

【青年就业创业工作】 全年，创业小额担保贷款累计发放“贷免扶补”创业小额贷款109户1081万元，带动就业203人；失业人员小额担保贷款发放65户650万元，带动就业人数100人。组织社会待业青年参加技能培训班，开展专项服务培训5期，培训232人次；开展经营主培训1期，培训38人次。开展高校毕业生“春风行动、就业援助月”“就业服务季”等活动，为大学生就业提供指导服务，开展创业培训9期，培训565人次，其中包括一部分应往届毕业生，对他们在创业过程中遇到的疑点和难点释疑解惑，并为其提供小额担保贷款服务。开发公益性岗位136个，安排高校毕业生就业见习10人，让刚走出校门的大学生面向基层服务锻炼，提高高校毕业生就业率，而且还为乡镇基层提供了新鲜血液。

【宣传工作】 关工委在开展工作的同时，重视工作的宣传力度，积极上报简报信息，营造全社会共同关心下一代的良好氛围，全年，共上报简报信息22篇，被省关工委《云岭春光》杂志采用刊登5条。

（李宏灵）

机构编制

【概　况】 2017年，市机构编制工作围绕市委、市人民政府的中心工作，按照省、州机构编制管理工作的总体部署和要求，继续深化行政体制改革，加大简政放权和政府职能转变步伐，科学有效管理机构编制资源，较好地完成全年的各项工作任务，为全市经济建设提供有力的体制机制保障。

【“放管服”工作】 完成47个部门和单位权力清单和责任清单的梳理工作，其中，行政许可339项（含子项78项）、行政处罚4787项、行政强制319项、行政征收54项、行政给付31项、行政检查237项、行政确认141项、行政奖励17项、行政裁决22项、其他类别的行政职权743项，最终形成责任事项45916项，追责情形40117项。根据《云南省行政许可通用目录》市级33个政府部门共梳理出主项222项，子项78项。组织上报泸水自来水、燃气供应、公交3个企业和9个乡（镇）76个村（社区）的“减证便民”证明材料目录清单207项。开展市乡（镇）两级44个部门随机抽查事项405项。规范市级14个部门行政审批中介服务事项54项。梳理录入政务服务事项5555项。

【政府职能转变】 根据省、州人民政府机构改革和职能转变有关要求，推进政府职能转变。积极配合，做好撤县设市机构编制保障工作，以撤县设市为契机，规范完善全市各部门机构名称；为进一步理顺各部门、各层级之间职能关系，全面完成泸水行政机关、事业单位“三定”规定修订工作，在撤县设市期间，共重新修订、印发各部门“三定”规定共140家。推进市场监管体制改革，实现多部门市场监管职能的有机统一，按照一件事情由一个部门管理的原则，根据中央精神和省人民政府要求，结合泸水实际，将市食品药品监督管理局的职责、市卫生局的食品安全综合协调、组织查处食品安全重大事故职责整合，将市工商行政管理局的职责、市质量技术监督局的职责整合，组建市市场监督管理局，不再保留市食品药品监督管理局、市工商行政管理局、市质量技术监督局，通过实行职能有机统一的大部门制，统一市场监管行政执法，统一市场准入和窗口服务，统一产品商品食品的质量监管，理顺了部门职责关系。完成市法院、市检察院、市审计局、市司法局下属事业单位公证处等机构及人员编制的上划工作。协同市纪委、市委组织部等相关部门，完成市纪委向市一级党政机关派驻纪检组工作。完成市医疗保险管理局、市园林管理局、乡（镇）扶贫开发办公室等机构及人员编制的设立和划转。按照“两个不突破”的工作原则，加强市环境保护监察监测一线力量。

【机构编制管理】 严控机构编制总量，采取停止审批部分领域和行业机构编制、严格控制事业单位进人等方式和动态管理的原则，确保市本级机构编制不突破2015年基数。开展超编整治，根据省、州编办统一部署，开展超编整治工作，年内，市直行政人员未超编，事业超编人员和工勤超编人员消化稳步推进。围绕实现本届政府任期内财政供养人员只减不增这一政治任务，按照“严控总量、盘活存量、增减平衡、分级负责”的工作思路，达到国家规定退休的及时办理退休手续；根据《中华人民共和国公务员法》相关规定，由本人自愿提出申请，经任免机关批准，可以提前办理退休手续；严控行政人员市外调入；根据《关于转发省纪委等五部门关于开展清理乡镇机关空编充实工作力量专项工作的通知》精神，从市级部门中，选调10名公务员，充实到有空编的乡镇中；机关工勤编制不再新进人员，按照“退一收一”的办法逐步收回；严格控制新招录招聘工作，执行编委会“一支笔”审批制度和编制申请与核准制度；执行机构编制、组织、财政、人力资源和社会保障、审计等部门工作联系制度，全年共减少人员26人。落实机构编制实名制管理，以“机构编制管理证”和机构编制实名制管理软件为载体，建立涵盖各级机关事业单位机构、编制、领导职数和实有人员的机构编制信息管理系统，严格进人用编审批和上下编程序，确保机构编制和人员数据准确，实现机构清、编制清、人员清。

【登记管理工作】 依托年检和证书换发工作，全面做好事业单位网上申报年检及更名、统一社会信用代码赋码及更名。年内，按照网上年度报告工作的相关要求，全市事业单位法人年度报告工作实施网上提交，完成69家事业单位法人年检及名称变更工作；有序推进统一社会信用代码证书撤县设市更名工作，完成68家机关、群团、垂直管理机构的统一社会信用代码更名工作。完成事业单位法人年报告示信息抽查工作，共完成两次三家的抽查工作，加强事业单位法人证书的事后监管。完成69家事业单位、68家机关群团基本信息的纠错工作。

【网上名称管理工作】 为了加强网上名称规范管理，确保机关事业单位网站的权威性和严肃性，市委编办高度重视，积极作为，重点时段集中攻坚，实现了不留死角，应登尽登。年内，完成264家（不含未缴费和已经到期的单位）机关事业单位的中文域名注册缴费工作，注册率为103.56%。

【实名制管理工作】 强化编制管理，推进全市机构编制实名制管理系统网络平台建设工作，于2016年10月初完成实名制信息系统的建设，并通过了国家保密科技测评中心的测评；2017年1月正式投入使用，及时做好实名制系统“一月一录入一更新”工作，年内完成全市5000余条人员信息的核对工作。

【脱贫攻坚】 贯彻落实习近平总书记关于“精准扶贫首先要打牢基础，做实做细建档立卡，实现动态管理”和“精准扶贫、不落一人”的要求，年内，选派1名驻村扶贫工作队员和3名实战队员，驻村开展脱贫攻坚各项工作。4月，组织全体干部深入挂联村大练地村开展并圆满完成“找问题、补短板、促攻坚”及贫困对象动态管理工作。10月，协调市科协、市民宗局在上江镇大练地村联合举办农村种养殖实用技术培训，150多名当地村民参加集中培训。

（胡四洲）

巡察工作

【概　况】 2017年，市委巡察工作聚焦“全面从严治党”核心，紧扣“六项纪律”标尺，紧盯党的领导弱化、党的建设缺失、管党治党不力“三大问题”，精准发力，坚持发现问题、解决问题、形成震慑，在完成首轮巡察收尾工作的基础上，顺利启动和开展3轮巡察，扎实、有序、高效推动巡察工作。

【政治巡察】 年内，组织推进2轮常规巡察和1轮脱贫攻坚专项巡察，派出9个巡察组，抽调巡察干部49人，对13个党组、部门领导班子及其成员进行常规巡察，对13个单位在脱贫攻坚领域项目开展情况进行脱贫攻坚专项巡察。市委严格落实主体责任，先后召开市委书记专题会议、市委“五人小组”听取巡察情况汇报会3次，巡察工作领导小组专题会议听取巡察汇报会7次，做到巡察工作优先听取，巡察问题优先研究，巡察困难优先解决。顺利启动市委第二、第三轮巡察，采取“一对一”“一托二”“一托三”的方式开展巡察。市委第二轮巡察对市文体广电和新闻出版局党组、市市场监督管理局党组、市直机关工委、市委老干部局、市供销联合作社联合社5个单位开展巡察，市委第三轮巡察对片马镇党委、市总工会、市工商联、市妇联、市残联、团市委、市文联、市人力资源和社会保障局8个单位开展巡察，共发现问题280个，移交线索74条，提出意见建议182条。通过巡察整改工作，立行立改问题27个，修订完善96项规章制度。共处理线索74条，其中，1个党委和5个党组被问责、30名干部被问责、42名干部被约谈，立案处理1人、初核1人。

【制度建设】 年内，为增强巡察工作的规范性、严肃性。制定市委落实巡察主体责任的相关制度，先后印发《中共泸水市委听取巡察情况汇报制度（试行）》《中共泸水市委巡察工作领导小组工作规则（试行）》《中共泸水市第一届委员会巡察工作五年规划（2016—2020年）》；制定巡察机构的运行管理制度，有《中共泸水市委巡察办工作规则（试行）》《中共泸水市委巡察工作联席会议制度》《中共泸水县委巡察机构“一长两员三库”建设管理办法（试行）》《中共泸水市委巡察组工作规则（试行）》《中共泸水市委巡察工作人员管理办法（试行）》；制定巡察工作实施和管理制度，增强巡察工作的规范性、科学性，制定《泸水市巡察工作手册》《中共泸水县委巡察工作档案管理办法（试行）》《中共泸水市委巡察工作纪律》等制度，编制《泸水市巡察工作标准作业流程手册》，明晰巡察步骤、细化巡察内容、规范巡察流程。

【宣传工作】 加大巡察宣传力度，注重巡察氛围营造，积极通过电视、网站、微信公众号、信息简报等方式，及时宣传市委巡察工作动员会议、市委书记专题会议、市委巡察工作领导小组会议、市委巡察反馈、整改、巡察线索移交办理情况等信息，每轮巡察都进行广泛宣传，巡察启动第一时间公告、巡察结果第一时间通报、巡察整改第一时间公布，做到靠巡察造氛围、靠宣传获支持、靠宣传强督促。共编发巡察信息简报38期，其中怒江纪检监察网采用29篇，云南省纪检监察网站采用22篇。

【档案管理】 根据省、州、市纪委档案管理有关规定，制定出台《中共泸水市委巡察工作档案管理办法（试行）》，建立巡察档案室，配备档案柜，县委第一轮巡察、市委第二轮巡察工作纸质档案全部归档，两轮巡察发现问题线索全部录入“巡视巡察发现问题管理系统”，实现电子档案和纸质档案同步归档。

（郑晓艳）

泸水市人民代表大会

综 述

【概 况】2017年，把坚持党的领导贯穿于人大依法履职的全过程，坚持“在监督中支持，在支持中监督”，围绕全市工作大局，认真履行宪法和法律赋予的职权，发挥地方国家权力机关的职能作用。全年，共召开主任会议12次，常委会会议7次，听取和审议“一府两院”专项报告23项，作出决议、决定6项；组织人大代表开展专项调研9次、视察1次、执法检查2次，工作评议4次，专题询问1次，先后任免国家机关工作人员137人次，对105名国家机关工作人员开展了述职评议。圆满完成市第一届人大一次会议确定的各项任务，促进全市经济社会发展，推动地方民主政治建设。在围绕市委、市人民政府中心工作履行职权的同时，积极参与重点项目建设，服务全市中心工作，常委会班子成员在做好分管工作的同时，分别挂点联系重大项目，参与了棚户区改造、保泸高速公路建设、怒江民用机场土地征迁项目、社会事业征地拆迁组、丙腮坝征地拆迁工作组等工作，全力助推泸水基础设施建设进程。

【重要会议】1月9—13日在六库召开泸水市第一届人民代表大会第一次会议。听取和审议泸水县人民政府工作报告；审查泸水县2016年国民经济和社会发展计划执行情况与泸水市2017年国民经济和社会发展计划（草案）的报告（书面）；审查和批准泸水市2017年国民经济和社会发展计划；审查泸水县2016年地方财政预算执行情况和泸水市2017年地方财政预算（草案）的报告（书面）；审查和批准泸水市2017年地方财政预算；听取和审议泸水县人大常委会工作报告；听取和审议泸水县人民法院工作报告；听取和审议泸水县人民检察院工作报告；选举产生泸水市第一届人民代表大会常务委员会主任、副主任、委员；选举产生泸水市第一届人民政府市长、副市长；选举产生泸水市人民法院院长，泸水市人民检察院检察长；选举产生出席怒江州第十一届人民代表大会代表；选举产生泸水市第一届人民代表大会财政经济委员会主任委员、委员，泸水市第一届人民代表大会法制委员会主任委员、委员。

大会作出关于《政府工作报告》的决议、关于《泸水市人大常委会工作报告》的决议、关于《泸水县2016年地方财政预算执行情况和泸水市2017年地方财政预算（草案）报告》的决议、关于《泸水县2016年国民经济和社会发展计划执行情况及泸水市2017年国民经济和社会发展计划（草案）报告》的决议、关于《泸水市人民法院工作报告》的决议、关于《泸水市人民检察院工作报告》的决议。

大会选举产生以黄绍荣为主任的泸水市第一届人大常委会领导班子及30名委员。选举产生以和桂莲为市长的泸水市人民政府领导班子。选举任命周亮宽为泸水市人民法院院长。选举任命丁金龙为泸水市人民检察院检察长。大会选举产生了出席怒江州第十一届人民代表大会79名代表。

泸水市第一届人大常委会第一次会议。1月18日，泸水市第一届人大常委会第一次会议召开。通过泸水市第一届人大常委会第一次会议议程（草案）；审议通过泸水市人大常委会2017年监督工作计划和工作要点（草案）；审议通过泸水市第一届人大常委会规范性文件备案审查办法（草案）；通过泸水市第一届人民代表大会代表资格审查委员会组成人员名单（草案）；施忠免去县自然保护局局长职务，徐越任市人民政府副市长，高荣会任市人民政府副市长，郝石君任市人民政府副市长，余碧祥任市人大常委会办公室主任，杨李兴任市人大常委会选举联络工作委员会主任，周娜泉任市人大常委会民族侨务工作委员会主任，张春生任市人大常委会教育科学文化卫生工作委员会主任，杨顺菊任市人大常委会农业工作委员会主任，李云任市人大常委会环境与资源工作委员会主任，兰进任市人大常委会选举联络工作委员会副主任，杨涛任市人大常委会办公室副主任，杨智任市公安局局长，波四合任市人民政府扶贫开发办公室主任，唐才凤任市人民政府办公室主任，桑才何任市发展和改革局局长，姬雄林任市教育局局长，李杨东任市监察局局长，炜生付任市民族宗教事务局局长，唐义光任市民政局局长，何龙锋任市司法局局长，杨萍任市财政局局长，徐金彪任市人力资源和社会保障局局长，白杰云任市住房和城乡建设局局长，杨鹏任市交通运输局局长，何泽杨任市农业局局长，李明昌任市水务局局长，李扬海任市文体广电和新闻出版局局长，中北京任市卫生和计划生育局局长，何荣中任市审计局局长，杨宗霖任市市场监督管理局局长，段雪凌任市统计局局长，李武毅任市城市管理综合行政执法局局长，普求根任市林业局局长，韩映刚任市安全生产监督管理局局长，郑付邓任市环境保护局局长，周亮宽任市人民法院审判员、审委会委员，乔宇翔任市人民法院审判员、审委会委员、副院长，常琳任市人民法院审判员、审委会委员、副院长，江丽飞任市人民法院审判员、审委会委员、副院长，傅栗任市人民法院审判员、审委会委员、副院长，李进任市人民法院审判员、执行工作局局长、审委会委员，熊秀珍任市人民法院审判员、审委会委员、审委会专职委员，王清泉任市人民法院审判员、审委会委员、审委会专职委员，陈应涛任市人民法院审判员、古登法庭庭长、审委会委员，尹瀚德任市人民法院审判员、片马法庭庭长、审委会委员，杨雪勤任市人民法院审判员、刑事审判庭庭长、审委会委员，田开荣任市人民法院审判员、民事审判第一庭庭长、审委会委员，和晓霞任市人民法院审判员、民事审判第二庭庭长、审委会委员，胡连钧任市人民法院审判员、审判监督庭庭长、审委会委员，张继英任市人民法院审判员、行政审判庭庭长，周青任市人民法院审判员、执行工作局副局长，王兆明任市人民法院审判员、执行工作局副局长，何家益任市人民法院审判员，和松贵任市人民法院审判员，尹青任泸水市人民法院审判员，义和前任市人民法院审判员，密贵四任市人民法院审判员，李春保任市人民法院审判员，杨丽涛任市人民法院审判员，李云燕任市人民法院审判员，陈晓英任市人民法院审判员，罗丽任市人民法院审判员，和秋凤任市人民法院审判员，欧小晶任市人民法院审判员，杨雪莲任市人民法院审判员，杨新全任市人民法院审判员，祝慧敏任市人民法院审判员，李佳梅任市人民法院审判员，和润芳任市人民法院审判员，陈中朝任市人民法院审判员，肖媛华任市人民法院审判员，秦连程任市人民检察院检察员、检察委员会委员、副检察长，杨朝昆任市人民检察院检察员、检察委员会委员、副检察长，何仕伟任市人民检察院检察员、检察委员会委员、副检察长，王生海任市人民检察院检察员、检察委员会委员，李剑任市人民检察院检察员、检察委员会委员，范朝勇任市人民检察院检察员、检察委员会委员，杨志军任市人民检察院检察员、检察委员会委员，李玉华任市人民检察院检察员、检察委员会委员，张文何任市人民检察院检察员、检察委员会委员，密应华任市人民检察院检察员、检察委员会委员，陈萍任市人民检察院检察员、检察委员会委员，胡润坪任市人民检察院检察员、检察委员会委员，胡炳晖任市人民检察院检察员，陈思益任市人民检察院检察员，左雪龙任市人民检察院检察员，刘银汉任泸水市人民检察院检察员，尹秀琳任市人民检察院检察员，桑志富任市人民检察院检察员，和泉清任市人民检察院检察员，尹霞任市人民检察院检察员，蔡振云任市人民检察院检察员，田伟张任市人民检察院检察员，麻新荣任市人民检察院检察员，和佳任市人民检察院检察员，玖南光任市人民检察院检察员，张雄凤任泸水市人民检察院检察员，杨晓瑾任市人民检察院检察员，张云兰任市人民检察院检察员，李枝琳任市人民检察院检察员，桑合生任市人民检察院检察员，罗者记任市人民检察院检察员，华生慢任市人民检察院检察员，席丽萍任市人民检察院检察员。

泸水市第一届人大常委会第二次会议。3月17日，泸水市第一届人大常委会第二次会议召开。通过泸水市第一届人大常委会第二次会议议程（草案）；张春生免去市人大常委会教科文卫工作委员会主任职务，杨李兴免去市人大常委会选举联络工作委员会主任职务，周娜泉免去市人大常委会民族侨务工作委员会主任职务，唐义光免去市民政局局长职务，杨宗霖免去市市场监督管理局局长职务，波四合免去市人民政府扶贫开发办公室主任职务，李扬海免去市文体广电局和新闻出版局局长职务，李武毅免去市城市管理综合执法局局长职务，陈胡荣免去县人民法院审判员、审判委员会委员、副院长职务，张春生任市人大常委会选举联络工作委员会主任，李武毅任市人大常委会教科文卫工作委员会主任，贝阿纳任市民政局局长，潘文芝任市文体广电和新闻出版局局长，唐义光任市市场监督管理局局长，刘德华任市人民政府扶贫开发办公室主任，杨宗霖任市城市管理综合执法局局长，茶继良任市人民政府外事侨务办公室主任。

泸水市第一届人大常委会第三次会议。3月31日，泸水市第一届人大常委会第三次会议召开。通过泸水市第一届人大常委会第三次会议议程（草案）；听取和审议泸水市人民法院司法体制改革进展情况的报告；听取和审议泸水市人民检察院司法体制改革进展情况的报告；听取和审议泸水市人民政府关于泸水市农村低保工作情况的报告；听取市人大常委会调研组关于泸水市农村低保工作情况的调研报告；通过《泸水市人民代表大会常务委员会议事规则》（草案）等十个办法、规定（草案）；通过调整后的《泸水市人大常委会2017年监督工作计划和工作要点》。

泸水市第一届人大常委会第四次会议。6月5日，泸水市第一届人大常委会第四次会议召开。通过泸水市第一届人大常委会第四次会议议程（草案）；听取和审议市人民政府关于全市贯彻实施《中华人民共和国环境保护法》情况的报告；听取和审议市人民政府关于2016年县人大常委会对农业、林业、水务和扶贫工作询问事项落实情况的报告；听取和审议市人民政府关于全市2016年异地搬迁点建设情况及2017年规划情况的报告；听取和审议市人民政府关于全市2017年春耕备耕情况的报告；听取和审议市人民政府关于老窝工业园区运行情况的报告；听取和审议市人民政府关于落实14年免费教育政策情况的报告；听取和审议市人民政府关于调整六库机场征地拆迁及项目前期经费用途的报告；听取和审议市人民政府关于泸水市2017年棚户区改造项目政府购买服务资金分年度列入财政预算的报告；听取和审议市人民政府关于将泸水市人居环境治理项目政府购买服务资金分年度列入财政预算的报告；听取和审议市人大常委会执法检查组关于全市贯彻实施《中华人民共和国环境保护法》情况的执法检查报告（书面）；听取和审议市人大常委会调研组关于全市2016年异地搬迁点建设情况及2017年规划情况的调研报告（书面）；听取和审议市人大常委会督查组关于全市2017年春耕备耕情况的督查报告（书面）；听取和审议市人大常委会调研组关于老窝工业园区运行情况的调研报告（书面）；听取和审议市人大常委会调研组关于全市落实14年免费教育政策情况的调研报告（书面）；表决各项决议（草案）；王清泉免去泸水市人民法院审判员、审判委员会委员、审判委员会专职委员职务，徐越免去市人民政府副市长职务，江丽飞免去泸水市人民法院审判员、审判委员会委员、副院长职务。

泸水市第一届人大常委会第五次会议。7月14日，泸水市第一届人大常委会第五次会议召开。通过泸水市第一届人大常委会第五次会议议程（草案）；听取和审议市人民政府关于2017年泸水市地方政府债务限额调整和地方一般公共预算调整情况的报告；听取和审议市人民政府关于省道S232线六库段改建工程等两个项目结余资金用途调整情况的报告；表决各项决议（草案）。

泸水市第一届人大常委会第六次会议。9月21—22日，泸水市第一届人大常委会第六次会议召开。通过泸水市第一届人大常委会第六次会议议程（草案）；开展对泸水市人民政府关于城市综合管理工作的专题询问；听取泸水市民族宗教事务局、国土资源局班子工作情况报告；听取常委会工作评议组对市民族宗教事务局、市国土资源局班子开展工作评议的调查报告；对泸水市民族宗教事务局、国土局班子进行量化测评；听取和审议市人民政府关于泸水市旅游特色村建设情况的报告；听取和审议泸水市人民政府关于泸水市劳务输出工作情况的报告；听取和审查泸水市人民政府关于泸水市2017年上半年国民经济和社会发展计划执行情况的报告；听取和审议泸水市人民政府关于泸水市新一轮退耕还林还草工作情况的报告；听取和审议泸水市人民政府关于泸水市产业结构调整及脱贫攻坚产业发展情况的报告；听取和审议泸水市人民政府关于泸水市贯彻实施《中华人民共和国公路法》情况的报告；听取和审查泸水市人民政府关于2016年地方财政预算执行情况和其他财政收支审计工作情况的报告；听取和审查泸水市人民政府关于2016年县本级财政决算情况及2017年上半年地方财政预算执行情况的报告；听取和审议泸水市人民政府关于市一届人大一次会议期间代表提出的批评意见建议办理情况的报告（书面）；听取和审议泸水市人民法院关于市一届人大一次会议期间代表提出的批评意见建议办理情况的报告（书面）；听取和审议泸水市人民检察院关于市一届人大一次会议期间代表提出的批评意见建议办理情况的报告（书面）；听取泸水市人大常委会调研组关于泸水市旅游特色村建设情况的调研报告（书面）；听取泸水市人大常委会调研组关于泸水市2017年上半年国民经济和社会发展计划执行情况的调研报告（书面）；听取泸水市人大常委会调研组关于泸水市新一轮退耕还林还草工作情况的调研报告（书面）；听取泸水市人大常委会调研组关于泸水市产业结构调整及脱贫攻坚产业发展情况的调研报告（书面）；听取泸水市人大常委会执法检查组关于泸水市贯彻实施《中华人民共和国公路法》情况的执法检查报告（书面）；听取泸水市人大常委会调研组关于2016年地方财政预算执行情况和其他财政收支审计工作情况的调研报告（书面）；听取泸水市人大常委会调研组关于2016年县本级财政决算情况及 2017 年上半年地方财政预算执行情况的调研报告（书面）；听取和审议泸水市人民政府关于将泸水市农村信用合作联社贷款 1.5 亿元帮扶泸水市直过民族傈僳族精准脱贫攻坚项目贷款本息列入市级财政预算的报告；表决决议（草案）；李武毅免去市人大常委会教科文卫工作委员会主任职务，傅粟免去市人民法院审判员、审判委员会委员、副院长职务，尹瀚德免去市人民法院审判员、审判委员会委员、片马法庭庭长职务，张文何免去市人民检察院检察委员会委员、检察员职务，李续亮任市人民政府副市长，谢大华任市工业信息化和商务局局长，杨穆王任市国土资源局局长，玖南光任市人民检察院检察委员会委员。

泸水市第一届人大常委会第七次会议。12 月 15 日，泸水市第一届人大常委会第七次会议召开。通过泸水市第一届人大常委会第七次会议议程（草案）；对市卫生和计划生育局、市安全生产监督管理局开展工作评议；听取和审议市人民政府关于全市“五网建设”项目实施情况的报告；听取和审议市人民政府关于落实“两后生”培训（继续教育）情况的报告；听取和审议市人民政府关于全市中小企业发展现状的报告；听取市人大常委会视察组关于全市“五网建设”项目实施情况的视察报告（书面）；听取和审议市人大常委会调研组关于全市落实“两后生”培训（继续教育）情况的调研报告（书面）；听取市人大常委会调研组关于全市中小企业发展现状的调研报告（书面）；开展对市人大常委会任命的国家机关工作人员述职评议；审议通过杨秀兴、祝培荣辞去市一届人大代表职务的报告；审议通过黄绍荣辞去市人大常委会主任、市一届人大代表职务、州十一届人大代表职务的报告；杨秀兴免去市人民政府副市长职务，祝文明免去市人民政府副市长职务，罗增贤任市人民政府副市长，刘仕全任市人民政府副市长。

专题工作

【计划财政审查】 加强计划财政审查，促进经济平稳运行，坚持把国民经济和社会发展计划、财政预算执行作为经济工作监督的重点，听取全市经济社会发展情况报告，掌握了解全市社会经济发展形势和动态，及时提出意见和建议。听取和审议年度市级财政决算草案和预算执行情况报告，审查和批准年度市级预算调整方案，听取和审议审计工作报告，根据经济发展新常态和全市经济运行实际情况，对执行过程中存在的问题进行深入剖析，就加大财源建设力度，加强税收征管和预算管理，优化支出结构，加大审计力度，提高资金效益等方面提出有针对性和可行性的对策建议，促进全市经济总体平稳健康发展。

【法律监督】 加强法律监督，促进法律法规有效实施，围绕事关经济社会发展大局和人民群众切身利益的法律法规开展执法检查，保障法律法规在全市的贯彻实施，先后对《中华人民共和国公路法》《中华人民共和国环境保护法》的贯彻实施情况开展执法检查。严格执行《泸水市实行宪法宣誓制度组织办法》，年内，组织任命的国家机关工作人员举行宣誓仪式，换届以来共组织 5 场次 151 人向宪法宣誓，并要求“一府两院”组织好新任命的国家机关工作人员向宪法宣誓，提高全市领导干部法治观念，营造学习宪法、尊重宪法、敬畏宪法的浓厚氛围。

【司法监督】 加强司法监督，不断提升司法公信力，围绕维护公平正义、提高司法透明度开展监督，听取和审议《市人民法院司法体制改革及进展情况的报告》《市人民检察院司法体制改革及进展情况的报告》，充分肯定市“两院”司法体制改革工作取得的实质性进展和成效，并就增加司法透明度、加强队伍建设、完善内设机构设置等工作提出工作建议，推动“两院”司法体制改革各项工作落地见效，为经济社会发展提供更加有力的司法保障。

【工作评议】 加大“评议”力度，着力促进依法行政，年内，先后对市民族宗教事务局、市国土资源局、市卫生和计划生育局、市安全生产监督管理局进行工作评议。在评议过程中既实事求是总结成绩，也客观公正地指出问题和不足，既注重评议整体工作情况，也突出评议工作中的重点，既注重创新评议方法，也强调评议效果，针对评议中发现的问题，及时向市人民政府提出意见和建议，推动相关工作的有效开展。

【工作询问】 完善“询问”办法，积极回应社会关切，把工作询问作为加强和改进监督工作的重要抓手，坚持完善专题询问方式方法，抓住全市经济社会发展、围绕专题调研中发现的突出问题和人民群众反映强烈的热点难点问题作为选题，对市人民政府城市综合管理工作开展专题询问，通过询问，促进市人民政府进一步树立现代城市管理理念，推动城市管理多元共治，健全城市管理长效机制，提升城市管理综合水平；针对专题询问的问题梳理和归纳，提出具体的办理意见，交市人民政府研究办理；跟踪督办，切实增强询问实效，专题听取市人民政府关于2016年县人大常委会对农业、林业、水务和扶贫工作询问事项落实情况的报告，针对市人民政府在落实询问事项工作中存在的不足提出改进意见，通过跟踪问效，切实增强了询问实效，达到专题询问解决问题，推进工作的目的。

【专题视察】 高度重视“视察”在人大监督工作中的重要作用，突出重点开展“视察”，助推重大项目，结合市委、市人民政府重点工作，组织州、市、乡（镇）三级人大代表专题视察泸水市“五网建设”项目实施情况，通过视察，进一步促进市人民政府坚定不移地推进“五网”建设步伐，推动全市基础设施建设持续改善，为全市经济社会发展和脱贫攻坚奠定坚实的基础。

【述职评议】 坚持与时俱进，创新监督方式，促进任命干部依法履职，研究制定《泸水市人民代表大会常务委员会国家机关工作人员述职评议办法》，加大对任命的国家机关工作人员的履职监督。全年，102名常委会任命的国家机关工作人员进行书面述职，3人在市人大常委会上进行会议述职，并组织常委会委员对述职人员履职情况进行满意度测评，满意率均在92%以上。通过述职评议，进一步提高常委会任命的国家机关工作人员依法履职、为民负责的意识。

【脱贫攻坚】 坚定不移地把脱贫攻坚作为首要任务和头等大事，加大对脱贫攻坚工作的监督力度，听取和审议《市人民政府关于泸水市劳务输出工作情况的报告》《市人民政府关于全市2016年易地搬迁点建设情况及2017年规划情况的报告》，对全市产业结构调整情况及脱贫攻坚产业发展情况进行专题调研，通过调研、视察等方式，针对存在的问题提出改进建议，推动全市脱贫攻坚各项工作有效落实。

认真贯彻落实中央、省委、州委和市委关于脱贫攻坚工作的各项安排部署，班子成员经常深入挂点乡镇、村，开展调查研究、政策宣讲、走访慰问、结对帮扶等，帮助协调解决困难和问题；干部职工每人帮扶2—3户贫困户，定期入户开展工作，分析致贫原因，制订发展计划，做好帮扶工作；及时组织动态管理工作队、脱贫攻坚和基层党建实战队驻村开展工作，与挂联村三委班子一起共谋发展思路，研究脱贫办法，协助做好脱贫攻坚相关工作；根据老窝村基础设施建设方面存在的困难，协调相关部门，为老窝村争取到饮水工程改造、通村公路挡墙、通组公路硬化试验段等项目；为老窝村建设了村级电子商务平台，拓宽农产品销售市场，助推老窝村实现脱贫摘帽。

【信访工作】 把受理和接待群众来信来访作为解决民忧、维护民利的有效途径，切实加大信访案件督办力度，积极协调和督促“一府两院”及相关部门，及时解决群众反映的合理问题，化解社会矛盾。全年，共接待群众来信6件，来访3批次6人次，受理州人大转办信访1件。

【依法行使重大事项决定权】 严格程序，决定事项更加科学，把握好人大决定权与党委决策权的关系，依法决定本行政区域内事关全局的、根本的、长远的和改革发展稳定的重大事项，做到重大事项的决定与经济社会发展合拍，与人民群众合心，与“一府两院”合力，确保市委的主张通过法定程序变为全市人民的意志，切实增强决定重大事项的针对性和实效性。一年来，审查和批准了市人民政府提交的省道S232线六库段改建工程等两个项目结余资金用途调整情况的报告、2017年棚户区改造项目政府购买服务资金分年度列入财政预算的报告、调整六库镇机场征地拆迁及项目前期经费用途的报告、将泸水市农村人居环境治理项目政府购买服务资金分年度列入财政预算的报告，并作出决议，要求市人民政府切实加强对资金使用全过程的监管，严格按照《地方政府一般债务预算管理办法》《云南省人民政府一般债务预算管理办法》的有关规定项目支出经费。

【依法行使任免权】 坚持把党管干部原则与人大依法行使任免权有机结合起来，按照党组专题研究、主任会议初审、常委会民主表决、颁发任命书、表态发言、向宪法宣誓等法定程序，严格依法任命，规范任用行为，确保市委人事安排意图的实现。全年，任免国家机关工作人员137人次，其中，免职19人、任命118人，接受辞职3人，从组织上保障了泸水国家机关正常运转。

【服务代表履职】 年内，在上江镇、老窝镇等4个乡镇分别建设代表活动室，为代表履行职务提供便利；把代表参与监督作为一项重要的代表服务工作来抓，全年，先后邀请人大代表列席常委会会议12人次，参加调研、视察和执法检查等活动22人次，参加法检两院阳光司法活动27人次；保障代表知情知政权，建立人大代表履职服务短信平台，以短信形式传递履职信息、通报工作动态，切实将代表履职服务短信平台建设成代表知情知政的重要载体；发挥代表作用，营造党民同心协力贯彻市委工作的良好氛围。充分发挥代表联系群众优势，精心组织闭会期间代表活动，支持代表在反映人民意愿的同时，及时在群众中准确地宣传市委的决策部署，将最广泛的社会力量凝聚到市委的决策上来；切实提高代表建议、批评和意见办理质量，市一届人大一次会议上代表共提出139条建议、批评和意见，办理情况为A类（建议所提问题已经解决或基本解决）的有37件，占承办总数的26.62%，B类（建议所提问题已制定解决措施或者已列入改进计划，能在3年之内基本解决）的有64件，占承办总数的46.04%，C类（由于条件限制或不符合政策无法解决）的有38件，占承办总数的27.34%。面商率为56.83%，代表满意率为96.4%。

【自身建设】 推进“两学一做”学习教育常态化制度化，加强政治理论学习，把学习党的十九大精神与深入学习习近平总书记系列重要讲话精神、学习中央和省委、州委、市委各项决策部署结合起来，与学习人大依法履职所需的相关知识结合起来，与有针对性地解决人大机关干部思想、工作及生活中存在的突出问题结合起来。通过学习，深化对党的领导、人民当家作主、依法治国有机统一的认识，在思想上、政治上、行动上与以习近平总书记为核心的党中央保持高度一致。加强制度建设，规范工作程序，修订完善《泸水市人民代表大会常务委员会行使监督职权办法》《泸水市人民代表大会常务委员会国家机关工作评议办法》《泸水市人民代表大会常务委员会议事规则》和机关工作规则等11项制度、规定，完善各项议事制度和管理制度，使常委会及机关各项工作的开展依法有序、规范运作，提高机关管理水平和工作效率。

加强作风建设，提高工作实效，按照《市人

大常委会2017年监督工作计划和工作要点》的安排，围绕常委会审议议题和全市重点工作，开展调研、视察、执法检查和代表建议督办，撰写26篇调研报告，不断增强调研工作的针对性和实效性；落实全面从严治党的各项工作，增强“四个意识”，遵守中央八项规定精神和省州实施办法，加强党风廉政建设；坚持常委会党组学习制度，共召开12次党组会议，统一思想，凝聚力量，发挥党员领导干部在学习中的示范表率作用。加大宣传，扩大工作影响力，设立泸水人大微信公众号，在市人大代表、国家机关工作人员、社会各界群众中广泛宣传人大工作、代表履职、法律法规，使干部群众及时了解常委会工作动态；年内印发《常委会公报》3期，并在各级报刊、网站媒体发表人大工作信息45篇。

（和雪珍）

泸水市人民政府

综　述

【概　况】2017年，市政府团结和依靠全市各族人民，贯彻党的十八大和十八届三中、四中、五中、六中全会精神，学习贯彻习近平总书记重要讲话和考察云南重要讲话精神，紧紧围绕“赶超跨越”主题，主动适应新常态，把握稳中求进总基调，全面实施“六大战略”，大力发展“五大产业”，统筹推进“五大建设”，深入开展“四城同创”，较好地完成了市一届人大一次会议确定的经济社会发展目标任务，实现了第一届市人民政府的良好开局。全市生产总值51.95亿元，同比增长7.5%，农业总产值11.55亿元，同比增长5.4%，规模以上工业增加值19.22亿元，同比增长9.96%，规模以上固定资产投资57.53亿元，同比增长11.88%，社会消费品零售总额16.76亿元，同比增长12%，地方公共财政预算收入2.58亿元，同比增长1.18%，城镇和农村常住居民人均可支配收入分别达23116元和5953元，同比增长9.9%和10.5%。

【政府常务会议】2月13日，召开市第一届人民政府第一次常务会议。会议学习了《棚户区改造思想认识政策指南及工作流程》，讨论关于2016年度新一轮退耕还林工程种苗采购方案、关于2016年度新一轮退耕还林工程造林种苗款及现金补助兑现方案、关于六库城区面山“怒江花谷·叶子花系”丙舍片区一期规划范围内土地租用的事宜、关于2017年财政预算内以工代赈计划下达事宜、关于泸水县2016年度第一批切块资金项目实施方案、关于泸水市深入开展违法占地违法建设综合整治行动实施方案和关于泸水市2017年城市棚户区改造项目合作开发协议。

5月16日，召开市第一届人民政府第六次常务会议。会议传达学习《中华人民共和国河道管理条例》，通报近期已办理的重要事项，研究讨论关于解决姚家坪管护站滑坡治理费用事宜、关于审查认定泸水市2016年易地扶贫搬迁三年行动计划保留安置点事宜、关于明确2017年度扶贫安居工程及产业扶持到户补助标准事宜。

6月2日，召开市第一届人民政府第七次常务会议。会议通报安徽省安庆市万华油品有限公司“4·2”爆燃事故和湖南省株洲市攸县吉林矿业公司“5·7”重大中毒窒息事故情况，传达学习甘肃祁连山国家级自然保护区生态环境问题督查处理情况及其教训情况，讨论关于2017年兴边富民工程中央预算内投资计划下达事宜、关于2017年村级公益事业建设一事一议财政奖补普惠制资金项目事宜、关于市接待处接待经费事宜、关于推进财政支农资金形成资产股权量化发展农村集体经济和促进贫困户增效改革的实施方案、关于返回继续使用云南省泸水市植保工程建设项目资金事宜、关于成立泸水农业发展投资有限责任公司事宜、关于调整2016年度新一轮退耕还林工程种苗采购方案、关于增加市四套班子2016年新一轮退耕还林工程示范样板林建设事宜、关于将近期森林火灾扑救物资采购纳入政府自然灾害应急紧急采购事宜、关于泸水市扶贫小额贴息贷款管理办法（试行）、关于泸水市2017年度扶贫到户贴息贷款管理工作实施方案、关于泸水市易地扶贫搬迁三年行动计划安置点及规模事宜、关于拨付珠海帮扶泸水资金事宜、关于六库城区公共汽车站点建设方案等事宜。

7月5日，召开市第一届人民政府第八次常务会议。会议对近期已经办理的重要事项进行通报，研究关于泸水市2017年度贫困地区劳动力转移培训实施方案、关于招聘退休老干部参与管理六库城区工作实施方案、关于购置综合执法车辆经费的事宜、关于继续签订2017年六库城区环卫绿化公厕管护项目承包合同的事宜、关于六库城市新增加的道路面积部分清扫保洁和垃圾清运及处置等管护服务项目直接发包的事宜、关于上江半山经济环线公路建设项目和瓦姑水库建设项目贷款利息的事宜、关于泸水市廉租房管理办法、关于泸水爱德实业发展有限责任公司综合楼片区建设用地性质调整的事宜、关于泸水市城镇基准地价更新测算工作经费事宜、关于泸水市人民政府定价项目清单、关于增加辅警人员基本工资的事宜、关于泸水市推进义务教育均衡发展工作方案、关于泸水市中小学控辍保学工作任务分解方案、关于六库镇排路坝村上排路坝组地质灾害隐患点居住农户汛期避险过渡费的事宜、关于全市离退休干部公用经费及老年大学经费的事宜、关于调整泸水市旅游城市建设项目资金景前区部分为国家公园景前区项目征地费用的事宜、关于泸水市2017年度公益林生态效益补偿实施方案、关于泸水市2017年农业农村工作要点及任务分解方案、调整古登乡佑雅村双苦底易地搬迁工程子项目的事宜、关于脱贫攻坚前线指挥部工作经费的事宜。

10月25日，召开市第一届人民政府第十三次常务会议。会议传达学习汪洋副总理在深度贫困地区脱贫攻坚电视电话会议上的讲话精神和关于加大边民支持力度促进守边固边的指导意见、学习《中华人民共和国预算法》，通报近期已办理的重要事项，讨论关于《泸水市级部门行政许可事项目录》及《2017年市、乡两级政府部门权责清单》、关于将金满旅游特色村旅游服务中心与金满村委会活动室整合利用的事宜、关于大唐集团帮扶泸水市傈僳族聚居区精准脱贫2017年度实施方案、关于泸水市12个易地扶贫搬迁工程实施方案审查意见、关于调整核报2016年大宗产业扶贫物资采购资金项目支出的事宜、关于鲁掌供电所项目建设选址的事宜、关于泸水市上江镇中心完小学生食堂项目建设的事宜、关于解决军队无军籍退休职工工资问题的事宜、关于调整大南茂片区征地补偿标准的事宜、关于泸水市重大项目规划区外安置区的事宜、关于县公安消防大队营房搬迁建设项目融资的事宜、关于怒江山水田园生态综合体·悬崖小镇招商投资合作框架协议的事宜等事项。

11月17日，召开市第一届人民政府第十四次常务会议。会议传达学习怒江州贯彻落实《云南省违法建筑处置规定》实施方案，学习《云南省安全生产委员会办公室关于认真学习宣传贯彻落实省委省人民政府关于推进安全生产领域改革发展实施意见的通知》，学习怒江州2017年食品药品安全工作目标责任书；通报近期已办理重要事项，研究讨论拨付称杆乡财政垫付养老保险金的问题、研究讨论重大项目建设征地拆迁工作中村组干部误工适当补助的问题、研究讨论泸水市21家矿业权联勘联审依法审批暨矿山生态环境综合评估结果的问题、研究讨论成立泸水市自主择业军转干部培训中心的问题、研究讨论将地下综合管廊工程（一期）PPP项目政府可行性缺口补助列入市级财政预算的问题、研究讨论农村土地承包经营权确权登记颁证工作配套经费的问题、研究讨论使用天然林资源保护工程森林管护支付天然林保护工程专职信息员工资的问题、研究讨论六库镇自然灾害补助资金的问题、研究讨论泸水市统筹使用整合财政涉农资金管理办法（修订）、研究讨论2017年第三批统筹整合使用财政涉农资金分配方案、研究讨论收回2016年财政专项扶贫结余资金分配方案、研究讨论2017年统筹整合使用财政涉农资金项目管理费分配方案、讨论研究2014年至2016年市级接待费用的问题、研究讨论启动部分PPP项目前期工作的问题。

11月29日，召开市第一届人民政府第十五次常务会议。会议传达学习《怒江州安全生产委员会办公室转发云南省安全生产委员会办公室关于深刻汲取安徽滁新高速“11·15”重大道路交通事故教训切实加强道路交通安全工作的通知》《云南省林地管理办法》，通报近期已办理的重要事项，研究关于机关事业单位基本养老保险制度改革实施准备期资金清算和财务处理报告、关于安排2017年第六批边境地区转移支付资金项目的事宜、关于泸水市12家公立医院污水标准化处理系统建设经费的事宜、关于《泸水市全面落实脱贫攻坚责任制实施细则》《泸水市乡（镇）党委和政府扶贫开发工作成效考核实施细则》《泸水市行业扶贫考核实施办法》、关于古登乡干本村排底易地安置点及古登乡佑雅村双苦底易地安置点跨江大桥的事宜、关于《泸水市易地搬迁城镇化集中安置方案》和关于香洲区、万山区对口泸水市2017年携手奔小康扶贫协作工作计划的事宜。

（和建丽）

信访工作

【概　况】 2017年，根据中央、省、州、市关于新时期信访工作的指示，围绕全市重点“保增长、保民生、保稳定”的工作大局，认真履行市委市人民政府赋予的第一转办权行政服务职能，不断健全信访工作机制，注重初信、初访，综合分析人民群众信访反映诉求，把握向分管领导报告和告知、疏导信访者等环节，找准有处理权限职能责任主体，尽职尽责服务好群众诉求流程衔接，维护信访人权益。全年市委、市人民政府组织召开信访协调会议18次，召开联席会议2次。

【信访日常工作流程】 对公民、法人或者其他组织的每一封来信，每一次来访都做到热情接待，详细记录，认真办理。遵循晓之以理，动之以情，杜绝门难进，脸难看等的行为。来访诉求能当面答复的当面答复，来信诉求能及时回复的及时回复，对于一些涉及面较广的信访事项及上级交转的重要信访件，按信访程序进行认真查核，及时报批，对于需要归口办理的，按《信访条例》中属地管理、分级负责，谁主管、谁负责的规定原则，及时进行转办、督办，并要求反馈办理结果。建立每周五对本周信访情况进行分析，月底对本月信访情况进行综合分析的长效机制，按月向州信访局报送月信访统计报表，齐抓共管，形成了横向到边、纵向到底的整体联动格局。

【信访工作措施】 采取定点接访、现场接访、巡回接访、重点接访、带案下访、积案化解、调研走访等工作措施，直接听取信访者诉求。全力把信访矛盾问题解决、化解在基层。以维护人民群众合法权益为出发点和落脚点，不断加强信访职能建设。

【办信接访】 全年，全市共受理群众来信来访1939件（批），其中，信件34封，占信访总量的1.75%；访1905批3546人次，占信访总量的98.25%。2016年，全市共受理群众来信来访1415件（批），2017年比2016年增加524件（批），上升37%。

【信访日常工作】 年内，根据中共怒江州委办公室、怒江州人民政府办公室《关于完善矛盾纠纷多元化解机制的实施意见》《怒江州信访工作责任制实施细则》《人民网网民给各级党政主要领导留言办理工作细则（试行）》要求，拟定报请中共泸水市委办公室、泸水市人民政府办公室印发了《关于完善矛盾纠纷多元化解机制的实施意见》《泸水市信访工作责任制实施细则》《人民网网民给各级党政主要领导留言办理工作细则（试行）》，进一步规范、完善信访事项办理程序；根据中央信访工作联席会议办公室、国家信访局《关于做好〈简报〉编发等工作的通知》《关于启动迎接党的十九大信访信息“零报告”机制的通知》、中共云南省委信访工作联席会议办公室《关于开展信访工作“七大行动”迎接党的十九大胜利召开的通知》《泸水市开展影响社会稳定矛盾纠纷调处专项行动问题清单》等文件要求，认真履行信访工作职责。全年向各乡（镇）、市直各部委办局发放《云南省信访条例》及信访工作宣传册1800册，完成信访信息、简报18条。

（段林昌）

外事侨务

【概　况】 2017年3月，泸水市外侨办从泸水市文体广电和外事侨务局分离出来，单列为泸水市人民政府外事侨务办公室，有干部职工9名。承担全市的重大外事工作和涉外事务。为市委、市人民政府的对外工作决策提供意见和建议；利用对外交往渠道，为中央总体外交服务，为全市的经济建设和社会发展服务；归口管理全市因公出国事宜；管理中华人民共和国中缅边境北段（泸水段）的国界及边境涉外事务；指导并参与边境会谈、会晤工作；根据外交部和省外办部署，定期对中缅边界泸水段进行勘界或联检；承担英语、缅甸语和景颇语或傈僳语的专职口语和书面翻译工作以及全市重要外事活动的翻译工作和相关涉外文件的翻译任务。全年，办理因公出国（境）批件9件、82人次。

【外事翻译】 为市级机关企事业单位、群众做好外事翻译工作。年内，协助公安机关开展相关材料的口译、文字翻译20件次，为企业咨询解答外事政策法规16件次，为群众翻译结婚证明、身份证、出境证等共计280件（次），并配合市委组织部做好领导干部因公出国（境）证件的备案管理等相关工作。

【会谈会晤】 年内，市林业局护林防火指挥部、市疾控中心、市公安局分别与缅甸奇贝镇区政府、天摩区举行会晤，签订《中国泸水市与缅甸克钦邦奇贝镇区边境森林火灾联防联控会晤备忘录》《中缅边境森林防火联防备忘录》《边境地区疟疾和登革热联防联控合作项目备忘录》《泸水市公安局与缅甸天摩地区稳定与发展管理委员会边境警务合作会谈会晤纪要》。

【缅甸华裔青少年“中国寻根之旅”夏令营】 配合州外侨办、怒江开放学院等单位，共同举办2017年缅甸华裔青少年“中国寻根之旅夏令营——七彩云南怒江营”活动。此次活动在六库的本期夏令营为期11天，44名华裔青少年分别来自缅甸克钦邦密支那县奇贝镇区、梭罗镇区，葡萄县考兰铺、闹闷镇区。

【界务维护】 认真做好界务维护工作，带领界务组对泸水段完成全年3次的日常巡查及界务维护工作。为增强外事界务员队伍的思想和业务素质，提高工作能力，加强国界管理，依法维护国界，对边境乡镇6个界务组、32名外事界务员进行界务工作培训。

【对外交流合作】 配合州外侨办做好乌拉圭广泛阵线干部考察团在泸水市的考察工作。4月20—21日，由乌拉圭广泛阵线主席哈维尔·米兰达率领的乌拉圭广泛阵线干部考察团到怒江，就怒江州在脱贫攻坚工作中所开展的工作和所取得的成绩进行考察。

4月22—25日，为缅甸联邦民族院议员吴约南、克钦邦议会议员阔玛吴提供借道便利。同时，就双方共同推进六库—片马—考兰铺—葡萄县的道路连通问题达成共识。

5月4—6日，缅籍侨商荼约瑟一行到怒江，就早日实现怒江与缅北的道路连通建设（六库—片马—考兰铺—葡萄县），切实推动边境地区傈僳族群众民生改善等方面进行考察。

6月7—11日，缅甸克钦邦红十字会会长格纳斯一行访问怒江，与州外侨办一起向他们介绍州、市对缅援助的相关情况，并陪同格纳斯一行到怒江开放学院与缅甸留学生进行交流会谈。其间，双方就互帮互助、友好往来、共同发展等方面达成共识。

【增进情谊】 协助配合州外侨办做好岗房中缅友谊诊所（华侨诊所）竣工落成暨交接仪式，该诊所已投入使用。分别在中新网、《云南日报》、云南电视台、《怒江报》、怒江电视台和缅甸新闻网等媒体上进行宣传报道。

10月17日，通过州、市外侨办友好协会的牵线搭桥，片马镇4个村委会代表与缅甸奇贝镇区5个村寨代表在缅大田坝举行缔结边境友好村寨关系会晤。双方村寨负责人进行了缔结友好村寨关系协议书的签字仪式。

10月20日，洛本卓乡俄嘎村委会与缅甸索罗镇区郎色村，在边境友好村寨协议书上签字。

【侨眷基本情况调查】 以“政府下文、乡镇配合”的工作模式，配合市委统战部，充分发挥各乡镇政府、派出所、村委会、驻村工作队的工作热情，深入基层对归侨侨眷的基本情况进行调查统计，确保全市归侨侨眷底数清。根据州外侨办通知要求，泸水市成立领导小组，并于2017年9月启动全市侨情调研工作。

（马军云）

机关事务管理

【概　况】 2017年，全体干部职工统一思想，同心协力，紧紧围绕全市的中心工作，以“安全、满意、高效”为总目标，积极发挥主观能动性，始终坚持保障公务、厉行节约、务实高效、公开透明的原则，全面履行管理、保障、服务职能，确保市级行政中心、政务中心、宣传文化中心（三个中心）安全保卫、物业管理、会务与网络、公务用车管理等各项工作正常有序开展。

【维修维护】 认真做好“三个中心”的设施、设备等维修维护工作，及时排查和有效杜绝安全隐患，确保设施、设备正常安全运行，为“三个中心”各项工作顺利开展提供保障。推进服务工作社会化，及时维修，迅速排除故障，实行“全天候”服务。后勤保障股加强巡查维保力度，完成办公区内配电室、中央空调机组、电梯、热水器、冷却泵、楼层电路控制箱等重要设备的维护工作，保障“三个中心”安全运转。完成三个办公区域水、电、通信设备等日常报修工作，做到安全生产无事故，报修处置无拖延，及时排查和处理故障隐患。对各种设备进行紧固、润滑、防腐处理等日常维护保养，完成市行政中心1387件、政务中心194件、宣传文化中心55件维护保养任务。

【安全保卫】 围绕全市中心工作，遵循“预防为主，综合治理，谁主管，谁负责”的原则，从人防、物防、技防、整章建制、加强队伍建设等方面入手筑牢安全保卫工作防线，保证“三个中心”办公安全。加强人防，强化昼夜值班巡查机制，突出重点部门、风险岗位和隐患部位排查，做到责任到人，不留死角，不留盲区，全年，共接待来访登记15375人次，协助信访处置群体性上访事件50起，巡查发现安全隐患12起，协助处理自然灾害8起。加强技防，充分利用电子监控系统，加大技术监控和防治力度，为保障监控系统正常运行，维护保养监控系统设备12次、调整更换视频显示器4台、摄像头8个、录像机硬盘2个，建立微型消防站，配备消防水带10套、维护消防设备27次；建立警用应急装备柜1个，配备各种反恐维稳装备各10套；配备对讲机10台，配备路锥80个，沙锥桶2个。针对区域内岗位多、人员多、新问题多的特点，抓队伍管理，培养队伍良好的组织纪律观念，增强安保队伍业务水平和技能提升。

【绿化养护】 积极开展办公楼和“三个中心”周边的环境卫生集中整治，加强日常保洁；加大对保洁工作的督导检查力度，做到勤巡查、勤保洁，发现问题及时通报，随时保持责任区域内的环境整洁，为机关工作提供干净整洁的工作环境；在重要会议期间，加大楼层和会议室的保洁力度，根据服务要求，做好人员的合理调配，全面完成保洁服务工作；定期对各种观赏类植物修剪、整形、美化和病虫害防治，更换、补植花草树木300余棵。

【公务用车管理】 加强公务用车管理，规范领导干部用车行为，严格执行上级关于公务车辆管理的有关规定，加强公务车辆更新、处置和使用的管理，杜绝公务车辆的处置和使用中的违规违纪行为，推动公务车辆管理向规范化、制度化方向发展。

市级机关公务用车综合保障中心（保障中心）车辆编制数为25辆，实有车辆25辆，保障中心2016年10月起运行，运行期间用车实行有偿服务，服务费由保障中心向用车单位收取。根据《泸水县县级机关公务用车综合“保障中心”车辆管理实施意见（暂行）的批复》和《泸水市人民政府关于同意市级公务用车“保障中心”收费标准的批复》收取费用（收费标准：轿车每车3元/千米、3.5以下排量的越野车每车3.5元/千米、4.0以上排量的越野车及商务车每车4元/千米、中巴车每车5元/千米计收，在出差地停留1天以上的每天另加300元的车辆占用费；在交通补贴保障区域范围内，使用“保障中心”车辆的，按天数计算，每辆车每天按150元计收，其中，14：30前交车的按100元计收，14：30后交车的按全天计收），收取的经费用于保障市级公务用车中心正常运转。全年，车辆运行期间安全行驶140943千米，收取费用51万元。

【调整办公用房】 年内，根据《泸水市人民政府关于市机关事务管理局请求批准泸水市部分市直机关办公用房调整优化配置实施方案的批复》，完成部分外驻及内驻单位办公用房优化调整。调整市行政中心办公用房：市团委调整到3楼（A301、A302、A307）办公，市法制局调整到3楼（A308、A309、A310）办公，市直机关工委调整到市行政中心2楼（A201、A202、A203）办公，市妇联调整到2楼（A204、A205）办公，市党史研究室调整到2楼（A206、A207）办公，市委巡查工作领导小组办公室调整到1楼办公。调整附楼办公用房：市城搬迁建设管理委员会腾退三间办公用房，市团委腾退9号仓库，调整后附楼入驻办公单位为市科技局、市科协、市人民政府外事侨务办公室、市接待处、市机关事务管理局、市易地扶贫搬迁三年行动计划指挥部、市城搬迁建设管理委员会、泸水农业投资开发有限责任公司。将市志办调整到市国土资源局办公。

【会务与网络服务】 做好会议服务保障，坚持会议服务定期反馈制度，就“会前、会中、会后”等服务，向各使用单位征求意见建议，并对服务人员开展会务礼仪培训，进行调整优化，切实提升服务标准、规范服务流程，确保会议服务零失误。年内，圆满承办州市人代会、党代会、大型宣传活动等170场次，参会人员约4.5万人次。及时解决电话及网络故障问题，确保市级机关单位网络的正常运转，共解决230多起故障。

【机关食堂】 加强和规范机关食堂服务及日常工作管理，倡导文明就餐、节约、节俭的饮食理念，抵制餐盘上的浪费。要求食堂严格食品安全，合理搭配膳食结构，抓好食堂环境卫生整治，确保食品新鲜、营养、安全、卫生，发现问题及时提出整改意见和措施。9月底，针对机关食堂存在的问题进行了一次停业整顿，促进食堂硬件设备、卫生条件、服务水平等提档升级。督促食堂提高烹调水平，增强服务意识，每天提供早中晚三餐，日就餐人数约150人次。

【公共节能降耗】 加强公共机构节能工作，在管理节能、技术节能上下功夫，抓好节约用电、节约用水，积极推广和应用节能降耗新产品，降低行政成本。认真做好公共机构节能宣传工作，通过悬挂横幅、出宣传板报和办公大楼电子显示屏发布节能低碳宣传标语，推动全市公共机构节能工作的开展。认真做好全市公共机构能耗数据管理系统平台的数据录入工作，完善相关能耗数据的统计、分析、上报。

【脱贫攻坚】 根据市委、政府扶贫攻坚工作的安排部署，选派1名驻村扶贫工作队员、4名脱贫攻坚和基层党建实战队队员，驻村完成帮扶工作，做到扶贫到村，帮扶到户。春节前夕，到扶贫挂钩点洛本卓保登村开展慰问，将72件大衣、1吨大米等物资发放到36户扶贫挂钩户手中，并给孤儿送去500元慰问金；引进怒江众卫保安公司和怒江金巧手物业服务有限公司到保登村招纳务工人员，帮助农户解决劳务输出问题；4月24—28日，全局干部职工深入挂钩点开展“找问题、补短板、促攻坚”工作，对保登村子路益组和树吾组所有建档立卡户和边缘贫困户120户进行入户调查，开展“找问题、补短板、促攻坚”回头看工作，每位职工都与自己的联系户进行交谈，详细了解联系户的实际情况和遇到的困难；5月25日，带领全局干部职工、村“三委”班子成员、党员代表和部分群众在保登村公路沿线种植三角梅幼苗，共植三角梅280余株，营造优美宜居环境；携手爱心企业（怒江金巧手物业公司）到保登完小开展“六一”慰问活动，看望慰问特困孤儿，为2名特困孤儿送上800元慰问金；“七一”建党节到扶贫挂钩点树吾组，看望慰问建档立卡贫困户中的两户困难党员户，送去慰问金400元；围绕动态调整“五查五看”要求和“七个目标任务”，进村入户召开贫困对象精准识别贫情分析会，统筹谋划，实事求是纠偏纠错，对标对表解决错评、漏评、错退问题，把贫困对象动态管理任务抓实抓好；全国第四个“10·17”扶贫日“关注贫困，传递爱心”主题活动中捐款1200元；投入1557元购买粘贴画、4号国旗、宣传标语等进村悬挂粘贴，开展“峡谷红旗飘”活动，为党的十九大胜利召开营造浓厚氛围；通过召开会议集中宣传、入户走访动员宣传，进行易地扶贫搬迁新政策的宣传发动工作，至12月27日，动员6个村民小组易地扶贫搬迁城镇化集中安置129户553人并签订《泸水市易地扶贫搬迁就业脱贫协议》（树吾组29户135人、保登组20户74人、向阳组47户190人、加阿局组9户29人、尤登组11户63人、子路益13户62人）。

【党风廉政建设】 年内，组织学习《中国共产党纪律处分条例》《中国共产党党员领导干部廉洁从政若干准则》《中国共产党廉洁自律准则》等，提高广大党员干部反腐倡廉的认识，增强党员干部廉洁自律意识；重点进行党性党风党纪、廉政风险、作风建设、廉洁修身教育4个专题的学习，组织“读书思廉”、观看反腐倡廉警示教育片等活动；贯彻落实中央“八项规定”，加强公务接待、公务用车、会议服务、一般性支出、食堂餐饮、节日活动等“六项管理”，把厉行节约、反对浪费作为一项长期任务，作为加强机关事务管理重要工作目标抓紧抓好。

（杨绍伟）

政务服务管理

【概　况】 市政务服务管理局于2012年3月成

立，2015年10月，加挂泸水市公共资源交易管理局牌子。下设泸水市人民政府政务服务中心，下辖泸水市公共资源交易中心、泸水市人民政府采购和出让中心两个事业单位。2017年，以“互联网+政务服务”为引领，以政务服务标准化建设为抓手，加强政务服务平台建设，优化服务流程，创新服务方式，切实提高政务服务质量和效率。主要负责组织实施政府集中采购目录内的州级政府采购项目采购，负责接受委托集中代理矿业权出让、国有产权出让等相关业务。

【“两学一做”学习教育】 紧密联系实际，坚持“两学一做”学习教育常态化制度化，在突出思想教育、落实基本制度、解决主要问题上下功夫。认真落实“基层党建提升年”部署要求，把“两学一做”学习教育作为党员干部学习教育基本内容，进一步深化推动形成学党章党规和系列讲话制度化、做合格党员标准化、“两学一做”学习教育长期化“三化”目标，做到融入日常、抓在经常、长期坚持、形成常态。选树先进典型，宣传践行“两学一做”优秀党员先进事迹，引导党员干部见贤思齐，真正发挥党员先锋模范带头作用。

【提升政务服务工作】 以标准建设为抓手，提升政务服务质量和水平，以创建一流政务服务中心为目标，推进政务服务中心标准化建设。加大对窗口标准化建设的检查考核力度，把标准化建设情况作为平时大厅巡查和评先选优的重要内容，实现窗口管理制度化、规范化和常态化。加强政务大厅窗容窗貌建设，合理调整窗口布局，规范各种标识标牌，亮化大厅环境，细化窗口物品摆放范围，营造秩序井然、环境整洁、优美和谐的服务环境。在中共中央国家机关工作委员会《紫光阁》杂志社、中国行政体制改革研究会、人民网联合主办的第二届全国行政服务大厅典型案例“百优十佳”评审中，泸水市政务服务管理局报送的《依法行政 热情服务 打造优质服务窗口》荣获第二届全国行政服务大厅典型案例“百优十佳”作风建设优秀奖。全年，市政务服务中心共受理办件269831件，办结269831件，各项办结率100%，其中，市政务服务中心受理办件124191件，办结124191件；乡镇为民服务中心受理办件145640件，办结145640件。办件、咨询服务事项做到了件件有落实、事事有回音，群众满意率100%。无投诉、无超期办件、无违规审批，得到办事企业和群众的充分肯定。

【政务服务管理平台上线运行】 根据省、州人民政府关于加快推进“互联网+政务服务”的工作部署，抓好政务服务事项梳理录入及核查工作。6月28日下发《泸水市政务服务管理局关于全面做好全市政务服务事项梳理录入工作的通知》，按照《怒江州政务服务管理局关于全面做好全州政务服务事项梳理录入工作的通知》要求，指导各乡（镇）各部门将行政许可、内部审批、公共服务事项录入云南省政务服务管理平台；7月18日，下发《泸水市政务服务管理局关于认真组织开展政务服务事项梳理录入工作检查的通知》，对全市入库事项的基本信息开展了监督检查。全市共梳理录入政务服务事项5555个，其中，行政许可事项305个、行政给付事项32个、行政处罚事项4729个、行政确认事项51个、行政征收事项50个、其他权力事项264个，公共服务事项97个，内部审批事项27个。11月13日，组织48个部门（乡（镇）及部门）60余名事项管理员、系统管理员、业务股室工作人员进行泸水市政务服务平台应用培训，全面安排部署全市网上政务服务平台推广应用工作。12月1日泸水政务服务管理平台顺利上线运行。

【服务经济社会发展】 进一步深化行政审批制度改革，理清投资项目并联审批事项。根据省、州投资项目并联审批工作要求，结合泸水实际，依托政务服务中心，入驻13个部门，设置13个窗口。按照提前介入、同步审查、限时办结的工作要求，完成投资项目联审视频系统建设，实现了省、州、市三级投资审批实时联审会商，提升了项目审批效率。通过构建网上和实体联合审批平台，实现省、州、市三级联动审批，设立并联审批服务窗口，定期不定期地组织窗口业务人员学习省、州、市相关文件精神，进一步加强推进投资项目并联审批工作的开展。截至11月，投资项目审批在线监管平台共受理投资项目277个，概算资金115.11亿元，其中，审批类223个，概算资金60亿元；备案类54个，概算资金55.11亿元。

以投资审批中介超市为平台，积极推进“阳光”中介。依托政务服务管理资源，积极建设市级投资审批中介超市，设置中介超市的项目选取室、项目洽谈签约室，增加中介超市运行必需的电子设备。并对部门发布采购中介服务公告、网上操作流程进行一对一现场指导处理，扎实推进全市投资审批中介超市运行工作。全年，全市进入中介超市公开选取项目47个、签约登记43个，资金节约率都达到国家收费标准20%以上，投资项目审批中介服务降本提速效果明显。

【公共资源交易】 7月31日，市政务服务管理局组织开展公共资源交易电子化平台应用培训。各招标代理机构、潜在投标人，局机关、市公共资源交易中心、市人民政府采购和出让中心全体干部职工共计40余人参加培训。11月1日，市公共资源交易电子化平台正式上线运行，启动政府采购电子评标，交易登记、场地安排、招标文件递交、中标结果公告等全部通过电子化方式进行，实现“绿色招标”。泸水公路分局铣刨机采购项目首次进行了全程电子化评标。

全年，共交易项目77个，金额18873.986137万元，其中，工程建设交易项目27个，金额10610.184875万元；政府采购交易项目46个，金额7230.127055万元；节约资金606.6253万元；矿业权和产权交易项目2个，金额185.9万元；土地招拍挂交易项目2个，金额847.7742万元。

【依规服务政府集中采购】 政府采购和出让中心以公开、公平、公正和诚实信用为原则，始终把规范采购程序放在第一位，严格按照《政府采购法》《政府采购实施条例》等法规规章，确保招标程序的规范有序。截至11月底，采购中心累计进场并受理组织完成政府集中采购交易8宗，其中，询价3宗，竞争性谈判4宗，竞争性磋商1宗，完成采购预算329.76万元，中标金额310.43万元，节约资金19.33万元，资金节约率5.86%；累计进场受理国有土地出让项目6宗，交易5宗，交易金额1279.28万元；累计进场并受理产权交易项目2个，交易2个，评估资金5.1万元，中标金额7.383万元，国有资产增值额0.283万元。做到零投诉，零质疑。

为规范政府采购行为，加强专家队伍建设，提升专家专业素质，规范专家评标行为，保障政府采购活动的“公开、公平、公正”，组建93名由各类专业技术人员组成市级政府采购综合专家库，9月29日对专家进行培训，确保了评标过程公正、评审结果公平。

【党风廉政建设】 为加强党风廉政建设和反腐败工作的落实，把党风廉政建设工作列入工作的主要内容，严格执行党风廉政建设责任制，局长作为党风廉政建设和反腐倡廉建设工作的第一责任人，亲自抓、负总责，局党组书记、局长与班子成员、班子成员与局机关各股（室）负责人层层签订了《党风廉政建设目标责任书》，从细处入手，从小事着眼，强化党风廉政建设责任意识。认真履行党风廉政建设主体责任，将党风廉政建设和反腐败工作与业务工作同研究、同部署、同落实，强化党规党纪教育，深化党员干部尤其是领导干部对“两个责任”的认识，增强拒腐防变的能力和责任担当的意识。深入推进廉政风险防控工作，加强对重点岗位、重点环节、重点部位的监管和排查，做到可防可控，对工程建设、政府采购、产权交易等重点岗位的人员实行重点监督、重点管理、重点防控。建立健全各类公共资源交易规则和程序，规范公共资源交易行为，堵塞交易漏洞，从源头上有效杜绝领导干部违规插手干预工程建设招投标、违规插手土地招拍挂、违规插手矿产资源开发利用等行为。深入开展各种专项治理，开展严禁领导干部收送“红包”专项整治工作，签订承诺书和个人承诺综合报告各4份；开展“两违整治”工作，签订“两违整治”承诺书18份；开展领导班子“严禁违反党的组织人事纪律”自查自纠工作，签订承诺书4份；开展落实全面从严治党主体责任和监督责任情况自查、落实两个法规制度自查工作，领导班子成员撰写贯彻落实两个法规情况报告4份。

【党组织建设】 市政务服务中心共有24名党员，5月，所有党员的组织关系已经转入市政务服务管理局党支部，制定《开展党建示范点创建工作方案》，深入开展党员“三亮三服务”实践活动，通过亮党员干部身份、亮办事流程、亮工作服务承诺，推动机关党组织和党员干部在服务基层、服务群众、服务发展，促进和谐稳定上当先锋、表率，充分发挥党员在政务服务工作中的先锋模范作用，有效增强党组织的吸引力、凝聚力和影响力，使服务型、效能型政府建设得到加强，作风明显转变。中心完善和实施“三会一课”制度、党员干部定期交心谈心制度、党员干部警示制度、廉洁自律制度、党员干部学习制度、党员考核评议等制度。采取召开座谈会、自我批评会等多种形式，对党员进行正面教育和自我教育，并加强党内外群众对党员的评议、考核。

【挂联帮扶】 按照市委、市人民政府的统一部署，选派2名干部到扶贫挂钩点驻村开展工作，11月，增派4名脱贫攻坚实战队队员。班子成员多次深入帮扶贫困村、贫困户，认真开展帮扶调研，深入了解村况、发展前景以及群众需求，有针对性地开展扶贫工作。安排经费5000余元，用于登埂村委会的宣传标语、宣传牌等制作。

（和桂兰）

接待工作

【概　况】 2017年，随着经济社会的发展及脱贫攻坚工作的开展，到泸水视察、指导、考察交流的工作团队明显增多，面对新的形势和任务，始终把接待工作放到全市工作大局中去思考、去谋划，把服从、服务于全市总体发展作为接待工作的根本出发点和立足点。找准自身的工作职能，以服务为主体，认真做好每一项接待工作，科学管理、按章办事，不出差错、不出漏洞，服务好到泸水的领导及来宾。立足八项规定要求，严明纪律，认真落实接待相关规定，探索完善接待管理体制，并进一步规范接待职能，工作中分工明确、各司其职，但又相互协调，努力完成好每一项接待任务。以《泸水市党政机关国内公务接待管理实施办法》为依据，规范接待审批程序。

【接待工作】 全年，共接待386批7273人次，其中，国务院领导1批168人次，省部级领导6批155人次，地厅级领导26批600人次，专家学者、新闻媒体记者及各界知名人士16批329人次，视察、考察团25批516人次，其他294批5145人次，招商工作18批360人次。

【扶贫攻坚】 年内，组织干部职工多次深入到挂联村洛本卓乡俄嘎村开展扶贫攻坚工作，访问挂钩贫困户，与人民群众面对面交流，了解村情贫情。整改落实省际交叉检查反馈问题。组织召开俄嘎村村委会党代表、村民代表会议，进行党的十九大精神及各级脱贫攻坚工作会议精神、“三区三州”政策、行业部门惠农惠民政策宣传、宣讲。

【重要活动服务】 12月31日至1月2日，中华一家亲2017海峡两岸各民族欢度怒江傈僳“阔时”文化旅游节期间，认真做好此项活动中海峡两岸同胞的日程安排、车辆安排、住宿安排、用餐安排及中华一家亲2017海峡两岸各民族欢度怒江傈僳“阔时节”文艺演出中的礼仪服务。

（许玉龙）

政协泸水市委员会

综 述

【概　况】 2017年，市政协坚持团结和民主两大主题，团结动员政协各参加单位、广大政协委员和各族各界人士，紧紧围绕中共泸水市委、市人民政府的中心工作，认真履行政治协商、民主监督、参政议政职能，充分发挥协调关系、汇聚力量、建言献策、服务大局作用，圆满完成市政协一届一次会议确定的各项目标任务。

【重要会议】 1月8—13日，政协泸水市第一届委员会第一次全体会议召开。听取并审议《政协泸水县第十一届委员会常务委员会工作报告》；听取并审议《政协泸水县第十一届委员会常务委员会关于提案工作情况的报告》；列席泸水市人民代表大会第一届第一次会议，听取并协商讨论《政府工作报告》及其他有关报告；选举政协泸水市第一届委员会主席、副主席、秘书长、常务委员；听取《政协泸水市第一届委员会第一次会议提案审查委员会关于提案审查情况的报告》；审议通过政协泸水市第一届委员会第一次会议决议。

2月14日，政协泸水市第一届委员会常务委员会第一次会议召开。审议通过政协泸水市第一届委员会常务委员会第一次会议议程（草案）；通过相关人事任免；通过政协泸水市第一届委员会常务委员会2017年工作要点。

6月30日，政协泸水市第一届委员会常务委员会第二次会议召开。审议通过政协泸水市第一届委员会常务委员会第二次会议议程（草案）；审议通过政协泸水市委员会2017年1—6月的调研、视察及相关工作报告；传达学习省政协主席罗正富到怒江进行调研时的重要讲话；传达学习州委书记童志云到州政协机关调研时的重要讲话；审议通过人事事项；审议通过《政协泸水市委员会履职工作规则》。

9月28日，政协泸水市第一届委员会常务委员会第三次会议召开。审议通过政协泸水市第一届委员会常务委员会第三次会议议程（草案）；市人民政府通报泸水市上半年经济运行情况；市人民政府通报2017年提案办理情况；听取政协泸水市委员会2017年7—9月的调研、视察及相关工作报告（共15项）；通过人事事项。

12月25日，政协泸水市第一届委员会常务委员会第四次会议召开。审议通过政协泸水市第一届委员会常务委员会第四次会议议程（草案）；审议通过《关于泸水市市内自发移民和“边民回流”现状发展情况的调研报告》；审议通过《关于泸水市2016年至2017年易地扶贫搬迁安置点建设情况的视察报告》；审议通过《关于在精准扶贫中做好农业保险工作的专题协商报告》；民主评议市级部门工作。

专题工作

【提案交办督办】 市政协一届一次会议以来，常委会坚持以马克思列宁主义、毛泽东思想、邓小平理论、“三个代表”重要思想、科学发展观和习近平新时代中国特色社会主义思想为指导，引领全市政协委员、政协各参加单位、各族各界和政协各专门委员会，认真贯彻落实党的十九大和习近平总书记系列重要讲话精神，紧紧围绕泸水经济建设、政治建设、文化建设、社会建设、生态文明建设，以及人民群众关注的热点、难点问题，积极建言献策，通过提案这一重要组织形式，认真履行政治协商、民主监督、参政议政职能，并取得了明显成效。常委会将政协一届一次会议上提出的《对泸水市核桃产业发展的思考建议的提案》《全面加强宣传整治农村赌博风气的提案》《尽快成立泸水市蔬菜公司形成产、销一条龙的建议的提案》等73件提案，及时转送市委办公室、市人民政府办公室，并协助开好提案交办会。9月，73件提案已全部办理答复完毕，完成率为100%。通过对提案的梳理，经主席会议研究决定，常委会选定了事关全市经济、政治、文化、社会和生态文明建设中的8件提案作为2017年的重点提案，分别由主席班子牵头，对《关于要求政协对泸水市上江镇农业产业结构调整进行专题调研的建议的提案》《关于农村公路建成后对生态植被恢复的建议的提案》《关于对“上江镇石岭岗古遗址”加强前期保护工作经费支援的提案》《关于加强农村专业合作经济组织的规范管理的提案》《关于请求解决上江镇七棵树自然村饮水难的提案》《关于禁止市场销售农药除草剂的建议的提案》《关于增加城市周边公交车发行班次，解决“出行难”问题的提案》《关于尽快取消、制止汽车驾驶培训在六库新城区道路上进行的提案》进行了重点督办。利用专委会对口督办的方式加强提案督办，促进8件重点提案成果的转化落实。

【调研　视察】 市政协常委会以推进市委、市人民政府中心工作和重大决策部署的贯彻落实为宗旨，切实加大对全市经济社会领域综合性、全局性、战略性问题的视察调研工作力度。年内，组织各界别政协委员，对全市退耕还林工程建设情况、草果产业发展情况、宗教队伍建设情况、惠农“一折通”使用情况、农村专业合作社发展情况、泸水市境内自发搬迁户现状6个课题进行专题调研；对六库城市供水问题、社区矫正工作开展情况、全市农业产业结构调整工作情况、泸水市2016—2017年易地扶贫搬迁安置点建设情况、农村学前教育工作情况、廉租房（公租房）建设情况6项内容进行专项视察，提出对策和建议，形成书面报告报送市委、市政府，以供决策参考。同时，配合省、州政协调研组在泸水开展伊洛瓦底江水系河长制工作、深化农业供给侧结构性改革、六库城镇棚户区改造情况、新《中华人民共和国环境保护法》执行情况和农村环境整治情况、全州财政专项扶贫资金滞留情况、易地扶贫搬迁建设情况、如何发挥委员主体作用、怒江州提案办理工作情况、滇西抗战历史文化工作情况的考察9项专题调研视察。除开展专题调研视察外，常委会还就中共泸水市委一届4次常委会议上交办的关于州内、市内自发搬迁群众的土地权属与户籍管理情况及边民回流问题进行深入调研，并形成意见建议6条。

【联系沟通工作】 常委会充分发挥人民政协团结面广、包容度大、代表性强的优势，团结一切可以团结的力量，充分调动各方面的积极性和创造性，服从服务于市委市人民政府的工作大局，努力协调各方面关系，巩固和发展团结和谐的大好局面。组织州、市、乡（镇）三级委员100余人次，就老窝镇万亩马铃薯基地和易地扶贫搬迁建设情况、称杆乡王玛基核桃产业的提质增效情况进行考察。委员活动既充分发挥了政协政治参与、利益表达、社会融合、民主监督的功能，又积极协助市委、市人民政府做好凝心聚力的工作，加强了党同各族各界人士的合作共事；积极参与市内各民族重大喜庆活动、各类合法宗教活动和各界别的座谈会等，加强与各民族、各宗教、各界别的沟通联系，促进了民族团结、宗教和睦、社会稳定；充分发挥政协联谊交友的优势，接待中美考察团，珠海市、四川盐边、玉溪、迪庆、景谷兄弟州（市）市政协到泸水考察交流6次，组织委员赴丽江地区（玉龙县）、迪庆（香格拉市）、维西县和兰坪县考察学习，大力宣传推介泸水良好的生态环境和投资项目，为促进地方经济文化的横向联系和区域性交流合作做出了积极努力。

【社情民意反映和信息宣传】 市政协始终围绕党政工作中心和政协履行职能的重点组织开展宣传工作，并以此来确定政协工作要点、重点工作部署及常委会议、主席会议议题，使政协履行职能的重大活动安排完全融入党政中心工作。注重走访政协委员和各界人士，及时宣传党和政府的决策主张及工作部署，进一步收集掌握政协委员、各界人士和人民群众对泸水各方面工作进展情况的反映和要求，充分发挥“社情民意”直通车作用，把群众的呼声、委员的建议直接报送中共泸水市委、市人民政府主要领导；泸水市政协结合工作实际，认真做好政协离退休干部的两项待遇、八项制度、三个机制工作，泸水市政协一届一次全会召开期间，邀请退休老干部参加，让他们及时了解全市社会经济发展形势和市里一些重大决策或重要改革措施。全年，共编写各类信息90余条，向省、州、市等各类报刊媒体网站投报信息40余条，其中，被云南省政协报社采用14条，怒江州党建网站采用10条，泸水市摆时之乡网站采用15条。

【民主监督】 常委会积极探索人民政协民主监督有效途径，不断创新民主监督方式。加强协商议政工作，市政协各委室充分履行职责，加强与对口部门的联络联系，先后就全市如何推动和鼓励广场文体活动、推进农村卫生室标准化建设情况、“211211”推动情况、重视解决易地扶贫搬迁点建设中的环境保护问题、在精准扶贫中做好农业保险工作的问题、在农村文化场所增设体育锻炼器材等6个提升群众幸福指数的课题进行对口协商、专题协商、界别协商、提案办理协商；开展民主评议工作，经报请中共泸水市委批准，开展对市林业局、地方税务局、环保局、交通运输局的民主评议工作，有力推动了部门相关工作的有序开展和存在问题的解决；支持并委派政协委员作为政府行风评议员和相关执法部门特约监督员，参与专项监督工作，选派2名政协委员分别担任市检察院人民监督员和市法院人民陪审员。全年，派出法院特邀监督员、人民陪审员、政协委员观摩检察机关公诉、法院庭审、公安局警务公开等阳光司法活动累计15场50人次；政协委员参加各类听证会3场6人次；列席市人民政府常务会议16场48人次。通过多渠道的民主监督形式，对市级有关部门的工作提出意见建议。

【脱贫攻坚】 常委会围绕全市中心工作，为促进泸水脱贫攻坚出实力、干实事。主席班子和其他处级领导按照市委、市政府脱贫攻坚工作任务分解表，以上率下，靠前协调，先后深入古登乡马垮底村、加夺玛村、季加村、俄夺罗村、念坪村等村组，蹲点调查150多次，全力以赴助推脱贫攻坚进程。其他处级领导积极围绕退耕还林、棚户区改造、征地拆迁、易地扶贫搬迁、美丽公路建设、保泸高速公路建设等社会高度关注的6个方面的焦点、热点、难点问题，深入调研，形成意见建议报市委、市人民政府决策，以实际行动助推全市重大项目建设。围绕全市脱贫攻坚工作任务，政协组织该怎么办、政协委员该怎么建言献策的问题，市一届政协常委会倡导全市153名政协委员主动投身到脱贫攻坚战中，并结合部门实际，在不同的岗位参与产业扶贫、教育扶贫、科技扶贫、医疗扶贫、文化扶贫、生态扶贫等各项帮扶活动。充分发挥政协委员界别优势，用各种方式帮助贫困户解燃眉之急，谋长远之计，在实现全面脱贫摘帽与全面小康社会的奋斗过程中，施展才华、展示形象、做出贡献。市政协机关定点帮扶古登乡马垮底村，脱贫攻坚工作中派驻驻村工作队员 2 名，实战队员 5 名，进村入户 200 多人次，通过开展“建档立卡回头看”“贫困对象动态管理”“找问题、补短板、促攻坚”“全年扶贫目标任务百日行动”等工作，全面梳理了 526 户建档立卡户的扶贫纸质档案和电子系统信息，动员易地扶贫搬迁 231 户。充分利用“公司 + 基地 + 建档立卡户”模式，帮助协调 100 头能繁母猪的投放和后续养殖工作，发动建档立卡户种植花椒 6000 亩，发放花椒肥 32 吨。年内，为挂联点多方协调争取项目资金，发动群众种植叶子花和竹苗 5000 余株，发放红薯藤 4 吨，大米 8 吨。

【自身建设】 常委会坚持把抓制度建设作为加强委员队伍建设的重要工作来抓，以明确委员职责，保护委员权利，规范委员行为，发挥委员作用，提高参政水平为目标，积极探索推动委员参政议政。及时配齐 9 个乡镇政协联络工委主任，完善相关工作制度，进一步规范乡镇委员联络工作；开展“两学一做”学习教育常态化制度化，结合创建“三型”机关、整风精神等，制定出台《政协泸水市委员会委员履职工作规则》《政协泸水市委员会议事规则》等制度，使政协履行职能有章可循、运作有序，克服工作中的随意性；创新年度目标责任机制，强化班子成员对专委会的目标责任考核，各专委会按要求年初制订工作计划，经主席班子研究决定后，专委会对照工作目标任务，每季度向常委会议通报工作情况，年终书面向主席班子总结本年度履职情况并进行述职，办公室每半年通报一次各专委会组织委员开展活动情况和政协委员履行职能情况。

【民主党派】 2017 年，中国人民政治协商会议政协泸水市第一届委员会第一次会议委员中有中国国民党革命委员会（民革）会员 1 人，界别为民主党派。全市民主党派人士仅此一人。

（杨海燕）

纪检监察

【概　况】 2017年，全市各级纪检监察机关把迎接党的十九大、学习贯彻党的十九大精神、推动全面从严治党向纵深发展、把扶贫领域监督执纪问责作为全年工作主线，深入推进党风廉政建设和反腐败斗争，管党治党不断从“宽松软”走向“严紧硬”，全市政治生态明显净化好转。

【从严治党】 落实落细党委主体责任，把九届省委第一巡视组反馈的问题作为长期整改的重要内容，坚持不松劲、不收场、不停止，严防巡视发现的问题反弹回潮，积极配合做好十届省委第六巡视组机动巡视泸水工作。市委以上率下，带头开好巡视整改专题民主生活会，进一步优化全市的政治生态。全面整顿软弱涣散基层党组织，切实抓好农村党员活动室闲置空置整改工作。先后出台《泸水市脱贫攻坚“八个严禁”纪律规定》《关于进一步规范国家公职人员到基层下乡交纳餐费等有关事宜的通知》《党政“一把手”监督管理办法》等10多项制度，不断强化管党治党的刚性约束。谈话提醒形成常态化，年内市委主要领导对24个市直部门负责人和6个乡（镇）党委负责人进行脱贫攻坚存在问题约谈，市委常委班子成员结合工作实际及时对分管部门进行约谈。进一步完善党风廉政建设责任制责任书，各级各部门层层签订责任书，市委常委会2次听取全市党风廉政建设工作开展情况、7次研究党风廉政建设和纪律审查工作，市委常委班子成员带队开展党风廉政建设责任制考核工作，强化考核结果应用，全面从严治党不断向纵深推进。

压实纪委监督责任，全市纪检监察机关持续深化“三转”，自觉在思想上政治上行动上同以习近平总书记为核心的党中央保持高度一致，紧盯目标任务、正风肃纪反腐，始终保持惩治腐败高压态势。市纪委紧盯关键环节抓监督，进一步完善规范市管干部个人廉政档案，落实党组织书记上廉政党课制度，安排纪检监察干部在全市范围各种培训班上作党风廉政建设专题讲座，严格检查各乡（镇）和市直部门学习宣传党的十九大精神、专题民主生活会等工作，不断规范严肃党内政治生活。深入抓好述责述廉工作，要求各乡（镇）、市直各部门主要领导必须在党风廉政建设责任制考核会议上述责述廉，安排12名市直部门及乡（镇）党政主要负责人在市纪委一届一次全会上述责述廉，并接受干部群众质询评议。有针对性地制定廉政约谈提纲，全年开展69人次的廉政约谈。严字当头，规范程序，严格把好廉政意见回复质量，年内回复“党风廉政意见”79份2255人（次），提出否决意见19人，有效防止干部“带病”提拔、“带病”评优、“带病”表彰。

【纪律审查】 坚持有案必查，有腐必惩，紧紧围绕遏制腐败蔓延势头的目标，把“三类人”作为重中之重，紧盯工程建设、土地征用、产业发展等重点领域，紧盯招投标、资金管理、工程质量等关键环节，维护政治生态。年内，纪检监察机关受理信访举报124件，处置问题线索81件，立案34件35人，结案37件38人（含跨年结案3件3人）；给予党政纪处分38人，其中党纪处分36人，政纪处分16人，给予双重处分13人；移送司法机关2人；处分人员中正科级干部9人，副科级干部5人，科员1人，事业和工勤人员8人，村组干部和农村党员15人。在执纪审查中，加大对意识形态、脱贫攻坚、民生领域、工程建设等方面违纪行为的查处力度；查处市公安局治安大队违反财经纪律私设“小金库”案件，对4名责任人分别给予相应的党纪政纪处分等案件。

纪检监察机关坚持把“四种形态”理念贯穿到监督执纪的每一个环节中，综合运用“四种形态”，积极用好第一种形态，坚持抓早抓小，发现苗头及时纠正。对反映的一般性问题及时谈话提醒、约谈函询；存在违纪问题的，查清主要违纪事实后，综合考虑违纪性质情节和认错悔过态度，依纪依规给予定性处理。

【对扶贫领域监督】 加强监督检查力度，市纪委监察局紧跟脱贫攻坚各阶段重点工作任务，牵头市委督查室、市人民政府督查室等部门，对脱贫攻坚“找问题、补短板、促攻坚”专项行动、贫困对象动态管理、迎接中央和省级考核等工作开展了8次监督检查；深入开展脱贫攻坚政策落实情况抽查工作，9个乡（镇）纪委共抽查51个贫困村198户贫困户；明确分工，要求常委班子成员定期不定期对挂联乡（镇）脱贫攻坚情况进行监督检查和指导；组建重大项目监督检查组，专门对重大项目推进落实情况进行检查。年内，对履职不力的13个市级挂联单位、4名市管干部在全市范围点名通报。

制定《泸水市进一步强化扶贫领域监督执纪问责贯彻落实五项工作机制的实施方案》《关于进一步严肃脱贫攻坚工作纪律的通知》等文件，建立扶贫领域监督执纪问责工作联席会议机制，规范问题线索移交工作，召开联席会议1次，职能部门和乡（镇）移交扶贫领域违纪问题线索44件（次）。年内，对脱贫攻坚资金滞留和扶贫到户贷款贴息执行进度较慢等失职失责部门进行严肃追责，对132名科级以下干部进行了约谈提醒，对7名干部进行了问责，对10名干部进行了党政纪处分。

【专项监督检查】 围绕关键节点抓监督，认真开展“吃空饷”专项整治，责令主管部门对2名长期吃空饷的职工作出解聘处理，并上缴吃空饷期间的违纪收入；开展办公用房面积专项纪律检查工作，认真开展清理办公室面积超标问题“回头看”工作；开展领导干部配偶、子女及其配偶经商办企业情况摸底调查工作；加大对“小金库”问题清理整治力度，责成相关单位认真制定整改方案，限期整改违反财经纪律等方面的问题；按要求组成棚改纪律监督组到龙竹坝片区、下赖茂片区、大南茂片区现场检查，入户交流；开展学校食品安全专项检查，对市内34所学校进行抽查检查，下达食品安全整改通知书19份；在元旦、春节等节庆期间集中开展了9次专项作风纪律督查和明察暗访。

严明纪律转作风，进一步规范全市各级国家机关公务经费管理，对国家公职人员到基层下乡交纳餐费等有关事宜进行再强调再部署；严格执行党员干部操办婚丧喜庆事宜备案制度，坚决防止大操大办和借机敛财行为；在泸水市两会期间，对督查中发现违反会纪会风的政协委员20人和人大代表13人进行全市通报批评，并责令补看警示教育片《警钟》《镜鉴》。扎实做好党的十九大会议期间安全稳定和作风建设，向全市干部发送“十个严禁”廉政短信、在微信公众号“清廉泸水”上发布廉政微信，对10个市直部门宣传学习情况进行抽查，对六库地区部分高档饭店、土特产店、超市、KTV等消费娱乐场所的公款消费情况进行抽查，并对发现的问题进行调查核实。

【监察体制改革】 监察体制改革有序推进，市委高度重视改革工作，成立由市委书记为组长的市委监察体制改革工作小组，制定《泸水市深化国家监察体制改革试点工作实施方案》等文件，统筹谋划改革工作；市纪委常委会先后7次专题研究监察体制改革工作重要事项，市委组织部、市委编办、市财政局等部门各司其职、密切配合；市纪委和市检察院切实抓好涉改人员的思想政治工作，确保干部思想不乱、队伍不散、工作不断，有序推进机构设置、人员转隶、案件线索办理、机构报批、办公室调剂等工作。按照上级部署，市纪委认真筹备，制定工作方案，扎实抓好派驻机构改革每个环节的工作，年内完成市纪委派驻机构改革任务，改革后，市纪委共派驻14个纪检组（单独派驻纪检组5个，综合派驻纪检组9个），市直机关纪工委保持不变，共覆盖61个市直部门，实现了对市一级党和国家机关监督全覆盖。

【反腐倡廉宣教活动】 依托泸水电视台、“摆时之乡·中国泸水”网站、泸水纪检监察网、“清廉泸水”微信公众平台等主流阵地，广泛宣传本市开展党风廉政建设情况、工作成果和经验做法等；年内共组织廉政专题党课26场，组织领导干部廉政知识测试1场（次），开展领导干部家属座谈会6场（次），开展廉政文化“六进”活动10场（次）；在重要节庆前及时下发严肃纪律作风文件，向全市副科级以上领导干部发送廉政短信4676条；组织观看《决不饶恕》等反腐倡廉警示教育片，全年共开展警示教育33场，新任干部任前廉政提醒谈话2场；征订和发放反腐倡廉教材2801册，悬挂221块（牌）廉政宣传标语，完成六库城区滨江生态走廊廉政文化长廊宣传内容更新工作。

【巡察工作】 加大巡察工作制度建设，制定市委落实巡察主体责任、巡察机构运行机制、巡察工作组织实施等11项制度。紧盯党的领导弱化、党的建设缺失、全面从严治党不力三大问题，紧抓重点人、重点事、重点问题三大重点，先后组建11个巡察组，完成3轮覆盖15个党委（党组）、部门的常规巡察，完成1轮覆盖2个乡（镇）和11个市直部门的脱贫攻坚专项巡察。坚持问题导向，共发现问题270个、提出意见建议182条、移交问题线索74个。通过市纪委、市委组织部及相关部门核实后，办结问题线索65条，约谈39名干部，问责5个党组、25名干部，立案1人。

【自身建设】 抓班子带队伍，按照中央纪委“三个带头”“四个更加自觉”要求，规范常委会专题学习、深入学习党的十九大精神和习近平新时代中国特色社会主义思想，牢固树立“四个意识”，坚决维护以习近平同志为核心的党中央权威和集中统一领导，认真抓好纪委班子党风廉政建设主体责任，严把专题民主生活会质量，不断严格党内政治生活，积极发挥班子的“头雁”效应；以实施“执纪规范年”为契机，组织纪检监察干部认真学习执纪审查相关制度，严格工作规程，健全完善内部监督制约机制，加强涉案资料和款物管理；组织全市纪检监察干部业务培训3场次164人、参加中纪委监察部培训1人、省级培训4人；坚持德才兼备、人尽其才的标准，加大干部轮岗和交流的力度，营造干事创业氛围。

严格自我监督不手软，牢固树立信任不能代替监督、监督者更要带头接受监督的理念，强化内部监督管理，严格执行市纪委各项内部管理制度，认真贯彻执行《中国共产党纪律检查机关监督执纪工作规则（试行）》等制度，年内市纪委主要领导约谈纪检监察干部5人，问责纪检监察干部2人。

群众团体

总工会

【概　况】2017年，市总工会贯彻落实省、州总工会改革实施方案，拟定《泸水市总工会改革实施方案》并完成了意见征求。开展了工会统一社会信用代码赋码工作，完成工会组织机构代码向统一社会信用代码的变更任务。为2名困难劳模申报“三金”，为5名劳模提供疗养服务，完成了州总下达的组织一线职工20人疗休养工作任务。启动了外出务工人员服务工作，建立了珠海工作站。积极配合《怒江工会》创刊的稿件征集编撰工作，报送了稿件8类49件，报送工会信息58期，宣传栏宣传5期。持续推进《云岭职工手机报》会员手机号码采集上报工作。完成对188名工会干部的素质提升、教育培训工作。

【宣传教育】全年共组织开展“砥砺奋进的五年”、“中国梦·劳动美”和“劳动者风采”等主题教育宣传活动。实施工会“互联网+”行动计划，开展“网聚职工正能量、争做中国好网民”主题活动，制定网上2017—2020年工作实施方案，充分利用电子政务、手机App、微信、QQ群，形成了网上网下深度融合、互联互动的工作格局。培育职工网络宣传队伍，开展职工网络素养教育，组织网上文化创意活动，开展网络安全周宣传。组织“安全生产工作宣传月”活动和职业病防治宣传，开展“安康杯”竞赛活动，有30家单位1355人参加竞赛。

【职工工会活动】组织全市600多名干部职工开展迎五一、庆五四“四城同创　志愿争先——泸水职工、青年志愿者在行动”启动仪式和徒步宣传活动。组织2000多名女职工参加“三八”妇女节健身文体活动；组织1000多名干部职工参与全民健身活动；组织20个队参与六库地区大众篮球争霸赛。开展“读一本好书”“书香三八”征文等活动，创建市司法局和养护段2家职工书屋，组织开展党员干部职工进社区、挂联村志愿服务活动，动员各基层工会结合实际举办丰富多彩的文体活动。

【推先评优】年内，推选泸水供电局配电部为全国“工人先锋号”；推选怒江民通商贸有限公司工会职工周海燕为云南省第22届劳动模范；推选泸水市农业生产资料有限责任公司经理李菊强、泸水市县城搬迁建设管理委员会杨德繁等9人为怒江州第三届劳动模范和先进工作者；向省总工会推报了1名优秀工会工作者和1名职工为和谐家庭好丈夫。

【“一活动一工程”】年内，培树“一活动一工程”示范点20个，举办了有6家硅冶企业30名技术能手参加决赛的解硅劳动技术技能竞赛，开展了有49名骨干参加的公共卫生应急演练。与相关部门合作开展取证培训3期247人，其中电焊工培训1期55人，厨艺技能培训班1期114人，保安技能业务培训1期78人。开展农民工引导性培训740人（次），完成任务数520人的142.3%。联合相关部门举办“春风行动”劳动力转移招聘会，为45家用人单位提供了700多个岗位，吸引490余名求职人员参加应聘，现场达成用工意向241人。主动参与向珠海转移劳动力百日行动，深入农村宣传动员促进劳动力转移就业。全面完成“云岭职工跨越发展先锋活动”“云岭职工素质建设工程”和农村劳动力转移就业培训年度目标任务。

【脱贫攻坚】 2017年，市总工会9名干部职工共结对帮扶18户贫困户，派驻1名工作队员（队长、村第一书记）和2名实战队员，并派出工作组在六库镇新寨村扎实开展“找问题、补短板、促攻坚”专项行动。“10·17”全国扶贫日活动期间，全体干部职工共捐款0.16万元；到医院看望慰问了特困户杨国君一家3人，并发放慰问金0.1万元。安排年度工会经费预算帮扶资金9万元，解决工作经费1.9万元、叶子花1500苗经费0.7万元、村民发展养殖业孵化机5台共1万元、“峡谷红旗飘”经费0.13万元；实施建档立卡户因户施策，资助在校大学生9名、资金1.8万元，资助重特大疾病2户、经费0.3万元，看望慰问贫困户14户、资金0.49万元。为李家田活动室争取修缮费0.1万元，为梅子树受灾户争取到价值0.2万元的水泥。帮助六库镇新寨村建立落实了村容村貌整治“七改三清”相关制度。市总工会领导参加六库镇新寨村“七一”党员活动，并对参加活动的全体党员讲授党课。积极向上级工会申报了农民工群众教育培训、活动阵地建设，扶贫联系点产业发展和产业扶持，农村劳动力转移就业培训，农民工文体活动阵地建设，改善农民工日常生活等5个方面的项目。

【帮扶和慰问】 开展“面对面、心贴心、实打实服务职工在基层”帮扶关爱系列活动。市总工会配套帮扶资金20万元，并规范管理使用，完成州总工会下达的困难职工解困脱困任务。制定《困难职工解困脱困2017—2020年工作规划》，围绕分类帮扶和制度保障，努力开展帮扶关爱工作。筹措资金28.94万元，在元旦春节期间开展慰问困难职工529人（次）和困难企业等特殊单位群体31个；深入开展“五一”困难劳模、重大疾病困难职工、农民工、困难单亲女职工“关爱行动”，筹措资金2.8万元慰问28人（次）；开展金秋助学活动。筹措资金13.8万元帮扶救助困难职工子女63人；开展困难职工中秋国庆送温暖慰问活动，筹措资金36.71万元对在档患三类大病的困难职工、其他困难职工、未纳入低保的低收入困难职工共计286户进行了分类慰问；积极推进帮扶工作常态化，救助特殊困难职工及群众12户2.041万元。对9个乡（镇）、71个村委会的动态管理数据录入一线工作队员1000多人进行了慰问，共发放慰问金30.3万元。

【医疗互助和“贷免扶补”】 认真做好医疗互助报销服务工作，年内报销互助金750人（次），报销金额64.05万元；完成了“贷免扶补”13户放贷130万元的目标任务。

【维权服务】 加强以职代会为基本形式的企事业厂务公开民主管理制度建设，已建工会公有制企业厂务公开、职代会建制实现全覆盖，已建工会非公有制企业建制率达85%以上。扎实开展劳动关系和谐企业创建活动，启动3家企业的“双爱双评”活动。坚持企事业单位改革方案和涉及职工切身利益方案等提交职代会审议。签订工资集体协商合同23份，覆盖企业128个，覆盖职工3613人。其中，行业性合同15份，覆盖企业15户，同时单独签订工资集体协商合同企业1个，覆盖职工165人，签订工资集体协商合同职工7人；工资集体协商工作覆盖国有企业职工384人。通过州总工会企业工资集体协商专项考核。25人以上已建工会企业工会劳动法律监督委员会建制率达60%，依法建立监督员队伍，作用发挥正常。

【基层工会建设】 深入开展“强基层、补短板、增活力”行动，加强对基层工会的领导，激发基层工会活力。地方工会各类法人单位建会率、职工入会率动态保持在90%以上。开展了年度“六有”（有依法选举的工会主席、有独立健全的组织机构、有服务职工的活动载体、有健全完善的制度机制、有自主管理的工会经费、有会员满意的工作绩效）工会建设，“六有”基层工会建设率达83%。推选省第十二次工代会代表2名。加强农民工入会和服务工作，新建工会2家，发展会员204人；加快推进安保行业建会工作。规范会员会籍管理，开展新一轮工会“会员证”核发工作。按时完成年度统计调查任务。开展“新工人、新成长、新市民”脱贫攻坚行动计划的宣传动员工作。

【财务经审】 收好管好用好工会经费，开展工会经费和建会筹备金收缴工作，年内完成工会经费收缴169.95万元。开展工会资产清查登记和账务核对。加强工会财务管理和业务指导工作，对20家基层工会开展了财务大检查。完善工会经费收支管理内部控制制度，加大经费向基层倾斜。开展工会经费审计42家，督促审计成果的转化，加强工会财务经审工作源头参与，杜绝近年来整改问题重复出现。

【女工委工作】 坚持女工委工作与工会重点工作同部署，同推进，既确保工会工作步调一致，又突出亮点特色。开展职工和谐家庭建设系列活动，开展“三八”妇女维权月宣传活动，对女职工特别保护法律法规、反家庭暴力、禁毒防艾进行广泛宣传。开展了“关爱女职工”慰问、女职工健康关爱两癌筛查、“金秋助学”、女职工特殊权益保护专项合同签订等一系列关爱活动，召开“三八”妇女节纪念大会，全面落实女职工委员会下达的年度目标任务。

【机关党建】 大力推进“两学一做”学习教育常态化制度化。按照市直机关工委的要求开展党建工作，根据平时工作检查和市委巡察反映出来的问题，坚持问题导向，制定整改措施，由责任领导牵头，办公室配合完成。自觉履行党风廉政建设主体责任的规定，落实主席及班子其他成员在全面从严治党中的责任，形成了主要领导负总责，分管领导具体抓，一级抓一级，一级对一级负责的工作机制。开展廉政风险防控工作，深入开展党性党风党纪教育，严明政治纪律和政治规矩。

【社会管理】 坚持源头参与，认真履行市总工会作为社会管理成员单位的分工职责，加强学习宣传引导处置，年度参与处置14起突发性事件。参与劳动争议仲裁10起，调处资金37.02万元，接访劳资纠纷1起。

【“七五”普法宣传教育】 认真开展法制宣传普法宣传教育活动，深入企业开展“两法”知识竞赛，制定《干部职工学法用法制度》，开展了干部职工在线学法活动。

（袁绍贵）

共青团

【概　况】 2017年，共青团泸水市委全面履行团的基本职能，着力构建“凝聚青年、服务大局、当好桥梁、从严治团”的工作格局，注重政治引领和价值引导，聚焦助力脱贫攻坚，积极服务青少年，强化团的建设，团结带领全市各级团组织和广大团员青年充分发挥生力军和突击队作用，在建设美丽泸水的历史进程中，谱写忠诚、担当、务实、奋进的青春华章。进一步落实“三会两制一课”等团内规章制度，严肃团内政治生活，严肃团的纪律，严格团员管理，加强团员先进性建设，增强团组织的生机和活力。

【青少年引领工作】 以宣传学习十九大精神为契机，组织号召全市各级团组织广泛开展系列学习、演讲、微语录收集等活动30余场次，5000余名青少年参与学习宣传；举办主题活动20余场，创新网络宣传方式，推选10余名青年树立先进模范。

【助力脱贫攻坚】“教育脱贫职教扶智”培养计划输送了10名“两后生”至省民族中专求学；举办“摩尔农庄　希望之星”英语口语大赛，为107名青少年提供英语竞赛交流平台；开展“怒江峡谷小先锋”主题夏令营活动，83名青少年参加夏令营活动得到锻炼提高。共发放希望工程助学金50.38万元；与省慈善总会、云大医院联合开展先心病筛查活动，为286名儿童免费筛查，4名先心病患儿已成功完成免费手术治疗；发放珠海帮扶资金、物资约15万元。以提升农村文明素质为重点，实施国家通用语音文字普及工程，为马垮底村举办实施国家通用语言文字普及推广及文明素质提升培训4期。

【促进青年创业就业】 年内，举办7期创业就业培训活动，为800余名青年提供就业、社工、爆破、种养殖等技能学习机会；组织开展“优秀外出务工青年经验分享会”6场次，共615名青年参与。赴挂钩村开展劳动力转移就业动员1次，50余户村民参加；为45名青年发放贷款450万元，带动110名青年实现创业就业；完成8家微小企业培育工作，共扶持资金24万元；为28名高校毕业生提供志愿者服务岗位，有效缓解高校毕业生就业压力。

【红木棉青少年社会事务公益服务中心】 积极培养社工人才，为全市青少年提供心理咨询、成长需求、法律咨询等专业服务，年内，相继开展了关于农村、在校、社区儿童的系列社工服务活动8次。

【基层团委“季度考核制”】 为强化共青团阵地建设，激活基层团务工作，团市委以季度为单位，定时向各基层团委书记开展团务工作考核，考核该季度团委开展的相关工作。

【共青团基本信息统计】 年内，团市委加强基层数据统计录入工作，派专人负责，准确录入，及时上报各类共青团基本信息统计数据。及时更新共青团基层团组织数据采集系统，确保数据真实、完整。年末，片马镇团委有223人，洛本卓团委有354人，大兴地镇团委有771人，鲁掌镇团委有284人，上江镇团委有590人，老窝镇团委有1320人，古登乡团委有437人，称杆乡团委有334人、六库镇团委有619人。

【非公有制企业和新社会组织团建工作】 为切实增强“两类”团组织的凝聚力、战斗力和影响力，促进“两类组织”团建工作又好又快发展，团市委依托全市“两类组织”党建工作落实，通过认真摸底调查，广泛宣传动员，积极指导组建，在有条件的“两类组织”建立团组织。年内在全市新成立8个“两新”团组织，其中35岁以下青年107人、团员32人，进一步扩大了团组织的覆盖面、影响力和凝聚力。年末，全市共有62个“两类”组织建立团组织，35岁以下青年1264人，团员474人。

【少先队和共青团工作】 全市共有9所中心完小，3所市辖完小，40所村级小学，1所市直中学，6所乡镇中学和1所职业中学。约1629名教师和22378名学生。年内，共青团泸水市委组织开展了丰富多彩的活动，联合教育局、司法局、公安局、关工委等部门在全市中小学校深入开展各类宣讲活动，以提高青少年学生的法制意识和自护能力。开展“红领巾心向党”、“喜迎十九大——我向习爷爷说句心里话”、践行社会主义核心价值观故事征集等活动，加强少先队员理想信念教育，教育引导少年儿童听党的话、跟党走，号召青少年儿童从小立志向、有梦想、热爱党、热爱祖国，使少先队作为党领导的少年儿童群众组织的特点更加鲜明，让少先队员更喜欢少先队，光荣感和组织归属感显著增强，少先队吸引力、凝聚力进一步提高。推进少先队改革，及时组织各级团、队组织认真学习、深入领会《少先队改革方案》，将学习贯彻《改革方案》与工作中的突出问题和少先队员的现实需要紧密结合起来，真正把思想、智慧和力量凝聚到推动少先队改革的具体实践中来，坚持求真务实、狠抓落实，不断把少先队工作推向前进。

【起草《共青团泸水市委改革实施方案》】 为深入贯彻落实中央关于加强和改进党的群团工作的决策部署，按上级有关要求，团市委坚持问题导向，立足泸水实际，起草《共青团泸水市委改革实施方案》，其中，团的自身改革以“强三性”“去四化”为目的，在聚焦主业、管理模式和工作方法上自我修正、推进改革。优化团的外部环境和体制机制上主要着力在资金场地、组织机构、干部队伍上协调争取。年内，通过深入研究讨论，充分征求团州委、市委、人大等21个单位，9个乡镇团委意见，形成《共青团泸水市委改革实施方案（草案）》。

【青年志愿者工作】 推动泸水青年志愿服务常态化，延展青少年事务社会工作。号召广大团员青年积极参与文化、社会和生态建设，组织全市青年志愿者围绕市委中心工作，把助力脱贫攻坚、扶贫济困、生态环保、网络文明、关爱空巢老人、留守儿童等主题活动作为志愿服务重要内容，开展“关爱母亲河”“四城同创”“爱贝有方”关爱儿童成长假期培养计划等志愿服务活动，全年开展各类志愿服务活动30余次，参与志愿者1万余人次。

妇 联

【概　况】 2017年，按照中央、省委、州委和市委安排部署，指导各级妇联学习贯彻习近平系列讲话和党的十九大精神，特别是习近平同全国妇联新一届领导班子集体谈话时的重要讲话和重要批示，把实现十九大提出的目标任务和中华民族伟大复兴的中国梦作为妇女工作的时代主题，坚持走中国特色社会主义妇女发展道路，把联系和服务广大妇女作为妇联工作的生命线，扩大妇联组织覆盖面，建设可信赖和依靠的“妇女之家”。研究在全面深化改革中推动妇联工作创新发展、在全面推进依法治国中依法履行妇联组织基本职能的思路和举措，统筹实施“巾帼建功”“维权”“关爱”“成才”四项行动，把学习的收获和成果贯穿于服务大局、服务妇女群众的各项工作之中，把智慧和力量凝聚到推动市域经济发展、脱贫攻坚、促进社会和谐中。全市共组建农村妇女文艺队60支。

【“两学一做”学习教育】 按照市委“两学一做”学习教育的安排部署，把践行“两学一做”融入党员学习教育全过程，引导党员干部学党章党规、学习习近平系列重要讲话，坚定“四个自信”，引导党员干部自觉把新党章党规和习近平系列讲话要求转化为实际行动，做到思想上同心、目标上同向、落实上同步，努力建设一支政治坚定、能力过硬、作风优良、奋发有为的妇联干部队伍。坚定理想信念，争做对党忠诚，廉洁自律的好党员、好干部。

【法律法规宣传】 “三八”妇女节、“六一”儿童节和“妇女维权周”期间，开展各种宣传活动25场次，覆盖2万多名妇女儿童；通过上街设点宣传咨询、发放宣传资料、送法下乡、知识讲座等多种形式，宣传有关妇女儿童的法律法规，引导广大妇女进一步坚定中国特色社会主义道路，把思想和行动统一到总书记系列重要讲话精神和党的十九大精神上来。

【组织开展节日活动】 为引导妇女传承文明，弘扬美德，营造知荣辱、讲文明、促和谐的良好社会风尚，带领各级各部门开展丰富多彩的庆祝活动，妇联、总工会、文体广电局联合开展了以“快乐、健身、团结、进步”为主题的“三八”妇女节文体活动，全市共组织篮球赛15场、拔河9场、摆时对歌6场、刮克7场、接力赛3场、跳绳比赛6场、扑克比赛6场、跳棋比赛1场、文艺晚会20场；开展了10人投篮、10人跳绳、10人拔河、10人接力比赛，有机关、企事业、乡镇43个代表队参加活动。

“六一”儿童节期间，9个乡镇、社区、学校均开展了多种形式的庆祝活动，全市共开展文艺演出10场次，表演节目300多个，300多名学生加入少先队，表彰五好学生、优秀班干部、优秀少先队员、文明标兵、学习积极分子等近千人。各级妇联围绕习近平总书记注重家庭、注重家教、注重家风的讲话精神，以传承和弘扬良好家风家教为重点，以“相伴共读　书香润德”为主题，广泛开展了“书香飘万家”家庭亲子阅读活动，培养阅读习惯，营造书香氛围。市妇联为泸水市第一完全小学赠送儿童课外读物60多本，并在泸水市第一完全小学开展了小公民道德建设实践活动。看望慰问福利院儿童22名，发放慰问金4400元。选送11名留守儿童参加珠海妇联举办的夏令营活动；各乡镇妇联组织留守儿童举办未成年人思想道德知识讲座。

【巾帼志愿活动】 全联号召广大妇女参与到巾帼志愿服务行动中，形成多种类型、各具特色，能满足群众需求的巾帼志愿服务队伍，开展巾帼志愿者爱心活动。年内，全市新增巾帼志愿服务队2支60人，年末，全市共有巾帼志愿服务队49支1192人，共开展活动10期，400多人参加。

【推选先进典型】 年内，推选上江镇董会琴为全国“三八红旗手”、国税局办证服务厅为全国“巾帼文明岗”、法院为全国“维护妇女儿童权益”先进集体。推选金巧手物业公司为省级“巾帼创新业示范基地”，金巧手物业杨凤华为省级诚实守信、道德模范先进个人。推选市妇联李勤英为省级妇女工作先进个人。

【提升培训】 年内，在称杆乡称杆村、排把村，六库镇赖茂村、排路坝村、小沙坝村开展了农村文明素质提升培训，有800多名妇女参训。10月，组建了由教育、妇联、民政等单位组成的149人家庭教育指导队伍，并选派20名家庭教育指导员参加了怒江州家庭教育业务培训。

【平安家庭创建】 在各级妇联的共同协作、推动下，组织开展了内容丰富、形式多样、各具特色的创建活动，形成了党委政府重视、妇联协调、各成员单位共同推进、广大家庭积极参与的工作格局。年内，创建平安家庭6000户，创建平安家庭示范乡镇1个，平安家庭示范村1个。年末，全市共创建平安家庭29894户。

【妇女创业就业服务】 开展贷免扶补工作，扶持创业妇女37人，发放贷款370万元；培育微型企业10家，带动63名妇女就业；发放妇女循环金40万元，带动53名妇女就业；联合人力资源和社会保障局开展就业培训7期，培训妇女300人；经协调向州科技局争取资金3万元开展了保洁培训1期、养殖培训2期，310名妇女参加培训。

【维护妇女儿童权益】 认真宣传《中华人民共和国妇女权益保障法》《中华人民共和国未成年人保护法》《中华人民共和国婚烟法》《中华人民共和国反家庭暴力法》，发放宣传资料3万多份；认真处理来信来访，各级妇联共接待妇女来信来访40件，调处率100%，调成率90%以上；选派市妇联1名干部为人民陪审员，参与陪审妇女儿童案件50起；开通“12338”妇女维权公益热线，畅通和规范妇女利益诉求渠道，着力化解家庭矛盾，保障、维护妇女儿童合法权益。年末，全市成立法律援助机构1个、反家庭暴力受理点9个、妇女庇护所1个、妇女儿童权益纠纷人民调解委员会1个。

【宫颈癌免费筛查】 年内，为2207名贫困农村妇女进行免费宫颈癌筛查，并为宫颈癌患者发放医疗补助2.45万元，至2017年，已为25748名农村贫困妇女进行宫颈癌免费筛查，33名宫颈癌患者得到了18万元的医疗补助。积极为宫颈癌及乳腺癌患者申报国家级补助。

【关心关爱单亲母亲】 实施农村贫困单亲母亲安居住房援助项目，以贫困的农村单亲母亲为主要实施对象，解决她们的住房问题。年内，为3户农村单亲贫困母亲援建了住房，看望慰问4名特困妇女，支出慰问金1900元。年末，全市共为18名农村单亲贫困母亲援建了住房。

【精准脱贫】 按照市委、市政府的相关部署，全体干部职工齐心协力，周密安排，在单位挂联的赖茂村认真开展精准脱贫各项工作，如期完成各项目标。为帮扶村征订《关于新形势下党内政治生活的若干准则》《中国共产党党内监督条例》54本，合计324元；为帮扶村支付“叶子花”苗木费1500元、电子商务平台费9639.5元；购买宣传贴画564张，红旗、党旗共18面。全年共为赖茂村投入资金2万多元。

【妇女儿童工作委员会】 市委、市政府高度重视妇女儿童工作委员会（妇儿工委）工作，成立以分管副市长为主任，市委办公室主任、政府办公室主任、妇联主席为副主任的工作领导小组及监测评估领导小组，共有30个成员单位，确保在政府主导下开展妇儿工委工作，并将妇儿工委工作经费2万元纳入财政预算。以市直各单位领导干部、乡（镇）党政领导干部、妇女儿童工作者作为宣传的重点对象，开展多层次、多形式专题培训，进行深入宣传，切实提高各部门落实“新两规”的执行力。认真撰写《2016年孕产妇系统管理率和九年义务教育巩固率专项评估报告》。

【改革工作】 年内，根据《中共怒江州委关于加强和改进党的群团工作的意见》，起草上报《泸水市妇联改革方案》；并在市委、市人民政府和州妇联领导下，在市委改革办具体指导下，市妇联负责推进、统筹改革工作，分步有序实施。完成了村（社区）妇代会改建妇联及扩大乡镇妇联组织成员工作，选举产生了村（社区）妇联主席76人、专职副主席76人、兼职副主席152人、执委1264人及乡（镇）妇联主席9人、专职副主席9人、兼职副主席36人、执委225人。

【妇女参政议政】 年内，向市委组织部推荐5名优秀妇女科员作为后备干部，向州妇联推荐3名优秀正科级妇女干部作为州管后备干部。按相关文件要求，在村两委换届前对工作队员进行培训，强调专职专选，确保村两委中必须有女委员，村妇联主席必须百分之百是村两委委员，同时各乡镇妇联要积极推荐村书记、主任、副主任女性候选人。年末，全市71名村党（总）支部书记中有妇女3名，占4.2%；268名村党支部委员中有妇女54名，占20%；全市71名村主任中有妇女2名，占2.8%；213名村委会委员中有妇女63名，占29.6%。全市科级正职干部318人中有妇女39人，占科级正职的12%；科级副职干部479人中有妇女170人，占科级副职的35%。政协委员中女性比例逐届提高，政协委员153人中有妇女53人，占委员总数的34.64%，比上一届提高了1.31%。人大代表159人中有妇女代表43人，占代表总数的27.04%。近三年，市妇联1名妇女干部走上正科岗位，6名妇女干部走上了副科岗位，妇联真正成为了培养妇女干部的摇篮。

（杨　秀）

科　协

【概　况】 2017年，围绕市委政府中心工作，按照习近平总书记在全国“科技三会”上的重要讲话、中央群团改革工作座谈会和云南省科学技术奖励大会精神，准确把握“四服务一加强”的职责定位，全面落实《中华人民共和国科学技术普及法》和《全民科学素质行动计划纲要》，稳步推进科协系统深化改革工作，充分彰显“科技工作者之家”的平台作用。

【“两学一做”学习教育】 按照市委统一部署，深入学习党的十八大及十八届历次全会和十九大精神，努力提高党员思想素质。把集中学习与个人自学相结合，采取干部集中培训、集中学习、专题讨论、讲党课等形式开展学习。全年共开展集体学习12次，领导讲党课5次，专题研讨1次，编发简报12期。

【党风廉政建设】 严格执行党的政治、组织、财经和工作生活等各项纪律，自觉在思想上、政治上、行动上与党中央保持高度一致。协会主要领导与各股室负责人层层签订了党风廉政建设目标责任书，明确了党风廉政建设工作要点，细化了责任落实，确保党风廉政建设各项任务落到实处。8月28日下午，组织全体干部职工参观怒江州反腐倡廉警示教育基地，集体重温入党誓词。通过参观图片展、观看专题片引导职工算好人生“七笔账”，不断增强纪律观念和法制观念，筑牢拒腐防变的思想道德长城。

【科协系统深化改革工作】 在市委全面深化改革领导小组的领导下，成立了泸水市科协深化改革工作领导小组，统筹协调、整体推进市科协全面深化改革相关工作的。12月份印发了《泸水市科协系统深化改革实施方案》，启动泸水科协系统深化改革工作。该方案从改革科协系统服务科技工作者的体制机制、创新面向社会提供公共服务产品的机制、加强和改进党对科协工作的领导三个方面24个小项作出了明确要求，为科协系统深化改革提供了时间表和路线图。

【提升领导干部和公务员科学素质】 根据《全民科学素质纲要》(简称《纲要》)要求，以党政领导干部培训工程和公务员才能培训工程为重点，辅以科普讲座、科普报告会等形式，把提升科学素质作为培训重要内容，加强领导干部和公务员的教育培训，全面提升公务员科学素质和科学决策才能。全年共组织各种培训30期，1370人次参加培训。

【提升农民科学素质】 根据《纲要》要求，结合科技文化卫生“三下乡”、科普宣传月、科技活动周、新型农民科技培训工程、农函大培训、教堂双语科普培训、农村实用技术培训等活动，深入各乡镇面向广大农民群众开展形式多样、内容丰富的科普宣传和科普培训活动。全年，在各乡镇开展农村科普宣传10场次，科技培训200期，出动科技人员130人次，印发科普资料和实用技术手册2.2万多份（册），2000多人次接受科技咨询，办科普宣传专栏500期，举办科技培训140场（次），受训农民8100人次。通过在全市农民中开展科普宣传活动，促进了讲科学、爱科学、学科学、用科学的良好风尚在农村的形成，推动了农村稳定、农业增效、农民增收。年内，组织农村党员培训71期，培训农村党员4260人次，组织村组干部培训36期，培训村组干部1440人次。

【未成年人科学素质教育】 年内，结合“创新在我身边”主题活动，市科协、市教育局在泸水一中和泸水一小等4所学校组织开展了丰富多彩的青少年科学调查体验活动。1所中学和3所小学的1500名学生参加了怒江州第25届科技创新大赛活动，征集优秀科技作品78篇（幅）。其中，学生类作品《怒江溜索的调查》《勒墨人服饰中的腰带编织技艺调查报告》两篇调查报告、5幅少儿科学幻想绘画、2篇科幻作文和教师类作品《以学校蔬菜种植发展校园经济实践活动方案》分别荣获州级一等奖；11幅少儿科学幻想绘画、7篇科幻作文和教师类作品“关于泸水一小学生认识傈僳民族服饰调查活动方案”荣获州级二等奖；18篇（幅）作品荣获州级三等奖。经怒江州科技创新大赛评审委员会选送参加全省、全国创新大赛作品7件，其中，教师类2件，学生类5件。经过层层筛选，泸水一中学生李燕的《怒江溜索的调查》荣获云南省第32届青少年科技创新大赛一等奖、全国第32届青少年科技创新大赛三等奖，实现了怒江州青少年在全国青少年科技创新大赛中个人奖项为零的突破。

【农村劳动力转移培训】 年内，市科协会同市农业局、市科技局、市扶贫办和市人力资源和社会保障局积极整合各类教育资源，依托在全市各培训基地，实施农村劳动力转移培训工程，全年完成农村劳动力培训8732人，经过培训实现劳动力转移就业1000余人。

【社区科普益民活动】 通过科普大篷车进社区、创办社区科普大学，经常性地组织开展丰富多彩、新颖活泼、群众喜闻乐见的社区科普活动。在社区开展了“创新驱动发展，科学破除愚昧”专题巡展，旨在倡导和普及节约资源、保护环境、节能减排、健康生活等观念和知识，倡导社区居民科学文明健康的生活方式。

【“全国科技工作者日”活动】 经国务院批复同意，自2017年起，每年5月30日被设立为“全国科技工作者日”。2017年5月30日是首个“全国科技工作者日”，5月24—30日，组织开展以“精忠报国　敢为人先　拼搏奉献”为主题的“全国科技活动周”暨庆祝首个“全国科技工作者日”系列活动。展出提升全民科学素质、环境保护、防灾减灾、反邪教等内容的科普展板40多张，发放各类科普宣传资料600余份。市委市人民政府通过泸水电视台、泸水市人民政府公开网站等新闻媒体向全市广大科技工作者刊发“致全市广大科技工作者的一封信”，向全市科技工作者传递党和政府的关怀，向社会公众普及相关科技知识，进一步增强了广大科技工作者敬业奉献的责任心和自豪感。

【参与“三下乡”集中服务活动】 1月17—20日，全程参加了2017年春节科技、文化、卫生“三下乡”集中服务活动。以进集市、军营、进社区为主题，经过4天的时间分别深入到古登、上江、鲁掌、小沙坝开展集中服务活动，通过文艺汇演、发放科普宣传资料、展出科普展板、科技人员现场指导等形式将泸水市委政府的温暖与关怀、科技与文化卫生送到群众中，受到全县广大群众的欢迎。此次宣传活动，共发放科普宣传资料1000册（份），科技书籍和科普宣传图片资料1000册（份），崇尚科学、反对邪教手册300册，科普挂历500份，核桃嫁接修剪技术图解1500份，接受农民群众种植、养殖实用技术现场咨询216人次。

【反邪教宣传活动】 以全市开展春节科技、文化、卫生“三下乡”集中服务活动、科技周活动、科普日活动、科技工作者日活动为有利契机，集中开展反邪教宣传活动。发放《崇尚科学反对邪教》《反邪教宣传手册》《反邪教宣传画》等宣传材料。通过宣传，进一步提高了群众识别防范邪教渗透传播的能力。

【打造双语科普品牌】 从2013年开始的“科普进教堂”到“教堂科普”“教堂双语科普”发展过程中，泸水市科协探索出了在边疆少数民族地区开展科学普及工作的新模式，加快了贫困山区信教群众脱贫致富步伐。5月3—9日，配合怒江州科协相继在六库镇赖茂村委会东方红教堂、上江镇付坝村委会百花岭教堂、大兴地镇禧恩堂和上江镇大练地村、大兴地镇鲁奎地村、称杆乡排把村、古登乡色仲村4个行政村举办了农函大教堂双语科普培训9场次，受训1274人（次）。培训内容涉及草果栽培、果树嫁接与管理、核桃栽培及病虫害防治、生猪养殖等相关实用技术。运用汉语讲解、再用傈僳语翻译的方式，帮助信教群众掌握种养殖技术理论知识。

【“直过民族”普及国家通用语言培训】 10月13—14日，市科协、市教育局、市民宗局在大兴地镇鲁奎地中心完小联合举行云南省双语科普助力“直过民族”普及国家通用语言培训。泸水市科协、泸水市民宗局重点开展核桃实用技术、养猪实用技术培训。泸水市教育局重点开展“直过民族”普及国家通用语言培训，210人次参加培训。

【实施科普项目】 年内，实施完成2016年度省对下转移支付资金项目8项，完成投资43万元，已通过省、州科协考核验收。与市民宗局共同实施完成了少数民族“双语科普”示范项目。完成江西社区科普示范社区创建、社区科普大学培训项目和泸水一中校园 e 站建设项目。完成上江镇蛮英村科普惠农兴村示范创建项目、洛本卓乡金满村科技扶贫攻坚项目、农函大培训项目、教堂双语科普培训项目。

【申报科普项目】 年内，申报了 2018 年“双语科普”，科普惠农兴村示范创建、科普示范社区创建、教堂双语科普推广、科普带头人、科普示范基地建设、科普信息化建设等项目 10 项 48.5 万元。申报了 2018—2020 年科技助力精准扶贫工程科技服务需求项目 16 项 230 万元。完成 2018 年科普大篷车在线申报工作。

【组织观摩学习】 11 月 11—14 日，联合市民宗局组织“双语科普”培训班老师、学员 18 人前往漾濞、永平两地进行了为期 4 天的种、养殖业技术观摩学习。在考察学习过程中，考察团成员就重楼的育苗、栽培、施肥、管理，商品牛的养殖、管理、预防，蓝莓的种植、管理、栽培、施肥等方面进行了深入交流和探讨，为泸水种养殖技术的推广运用积累一定的经验。

【“挂包帮 转走访”】 年内，先后 9 次深入挂联点称杆乡排把村委会怒扒驮基组开展贫困户动态管理评议、异地扶贫搬迁宣传动员工作。通过走村入户、面对面现场交谈深入了解挂钩联系点的贫困状况，了解村情民意，帮助群众分析贫困原因，指导未来产业发展方向，鼓励群众努力克服困难，用积极向上的心态面对生活。

【表彰奖励】 11 月，泸水市科协技术协会在怒江州第 25 届青少年科技创新大赛中组织活动成绩显著，被怒江州科学技术协会、怒江州教育局等六部门授予单位“优秀组织奖”荣誉称号，廖玉萍同志被授予“优秀组织工作者”荣誉称号。

（姬仁伟）

侨 联

【概 况】 2016 年 12 月 14 日，县委编制委员会下发《泸水市机构编制委员会关于县委统战部请求成立归国华侨联合会的批复》，批准成立泸水市归国华侨联合会（侨联）。侨联为市委领导的群众团体，与市委统战部合署办公，正科级机构，代表归侨、侨眷的利益，依法维护归侨、侨眷的合法权益，是党和政府联系广大归侨、侨眷和海外侨胞的桥梁和纽带。2017 年，泸水市有归侨侨眷 984 户 4642 人。

【泸水市第一次归侨侨眷代表大会】 2017 年 9 月 21—22 日，泸水市归国华侨联合会第一次归侨侨眷代表大会在六库召开，61 名归侨侨眷代表参加会议，选举产生泸水市侨联第一届委员会委员 19 名、泸水市侨联第一届委员会常务委员 7 名和主席 1 名、副主席（兼秘书长）1 名。

【制定侨联改革实施方案】 为进一步加快泸水市侨联改革进程，根据《中共中央办公厅关于印发〈中国侨联改革方案〉的通知》《中共云南省委办公厅关于印发〈云南省侨联改革实施方案〉的通知》《中共怒江州委办公室关于印发〈怒江州侨联改革实施方案〉的通知》《中共泸水市委关于加强和改进党的群团工作的实施意见》《中共泸水市委 泸水市人民政府关于加强和改进新形势下侨联工作的实施意见》和州侨联、市委部署要求，年内，起草《泸水市侨联改革实施方案》（简称《方案》）。12 月 29 日，市委办印发了《中共泸水市委办公室关于印发〈泸水市侨联改革实施方案〉的通知》。

【新侨信息统计】 年内，根据《中共怒江州委统战部 怒江州归国华侨联合会关于开展新侨信息统计工作的通知》，开展新侨信息统计工作。通过听取汇报、召开座谈会、实地考察等多种形式调研、统计，全市有新侨 10 人。与老侨相比，新侨呈现知识结构趋向高学历化（留学和回国留学人员共 6 人，占新侨的 60%）；年龄结构趋向年轻化（35 岁及以下新侨 8 人，占 80%；35 岁以上 2 人，占 20%）的特点。

【推荐怒江州第二次归侨侨眷代表大会代表】根据《中共怒江州委统战部关于推荐怒江州第二次归侨侨眷代表大会代表初步人选事项的通知》，为确保代表人选有正确的政治立场和良好的道德品行、社会形象，避免出现涉嫌违纪违法行为的人员被推荐为代表人选的情况，经向市纪委、市公安局、市委政法委、市卫计局征求泸水市参加怒江州第二次归侨侨眷代表大会推荐人选的有关意见，各单位复函同意，确定16名代表、2名候补代表，共18名初步人选。后因人事变动，向州委统战部、州侨联推荐了桑娜妞、祝阿惠、周晓莹、乔宇翔、姬国湘、兰记三、代荣芬、罗保二、腊扒妞、密波华、祝卫珍、阿波华、三波益、永华叶、高红才、晓梅、李菊香等17名代表。

（钟铭芳）

工商联

【概　况】2017年，围绕市委、市人民政府的中心工作，团结带领广大会员和非公经济人士奋力拼搏、抢抓机遇、主动作为，为推进泸水经济社会发展作出了应有的贡献。作为政府联系民营经济的桥梁与纽带，深入调查研究，反映热点难点问题，传达社情名意，维护会员权益，积极为企业解决实际困难，全年，深入基层商会、企业、个体工商户调研38次，为企业、商会、个体工商户解决实际困难24件。

【干部职工政治理论学习】以“两学一做”学习教育为抓手，通过集中学习、班子成员宣讲、支部“三会一课”、干部在线学习、法宣在线学习、学习体会交流、撰写心得体会等形式开展学习。重点学习《中国共产党章程》《中国共产党纪律处分条例》《中国共产党廉洁自律准则》《习近平谈治国理政读本》及党的十八届五中、六中全会及党的十九大精神，习近平总书记系列重要讲话精神，特别是考察云南接见怒江州干部群众代表和参加全国政协十二届四次会议民建、工商联届委员联组会时的讲话精神，学习省第十次党代会、州第八次党代会、市委一届一次全会精神；学习廖俊波、印春荣、杨义飞、何龙海等先进典型事迹；学习中央、省委、州委、市委关于进一步加强工商联工作的新思想、新部署、新要求。

【非公经济人士思想政治工作】10月18日，中国共产党第十九次全国代表大会开幕会隆重举行，组织六库地区非公企业家及怒江明通公司全体职工集体收看了盛会直播。指导非公企业家关注盛会，热议十九大报告、学习十九大报告，谋划未来发展，在非公企业界掀起学习贯彻十九大报告精神的新高潮。

【脱贫攻坚】4月，选派1名干部驻鲁掌镇洛玛村开展扶贫工作，先后7次抽派工作组进村协助开展工作，完成“挂包帮　转走访”“找问题、补短板、促攻坚”“贫困对象动态管理”等专项行动。通过进村入户摸底调查，填报了洛玛村104户建档立卡贫困户《泸水市鲁掌镇建档立卡贫困户情况调查登记表》，找准“贫”根、寻找“困”源；通过召开村民小组贫情分析会，完善贫困户信息，完成国办系统数据录入、数据清洗、信息核查工作，实现扶贫对象“应纳尽纳、应退尽退、应扶尽扶”，通过实地走访、分类汇总，分析洛玛村的发展状况，理清发展思路，在镇党委、政府制定的脱贫实施方案总规下，制定《2017—2019年鲁掌镇洛玛村脱贫摘帽实施方案》。力所能及地为困难群众及村委会解决具体困难，协调解决大米650千克、水泥18吨，发放困难党员、群众慰问金1200元；帮助村委会购买档案柜3个，用于存放建档立卡户动态管理档案资料。

年内，通过讲党课、召开群众大会的方式，向洛玛村的党员、村民们宣讲党的十八届四中、五中、六中全会精神及十九大精神，积极宣传党中央、国务院，省委、省人民政府，州委、州人民政府和市委、市人民政府关于推进脱贫攻坚、加强重点产业培育等方面的政策措施，鼓励全村干部群众自力更生、艰苦奋斗，积极投身决胜脱贫摘帽、同步全面建成小康社会的攻坚战中。与洛玛村党支部开展“两联系一共建双推进”活动，与贫困群众结对共建，寻找党建与扶贫开发工作的着力点和突破口，发挥基层党组织的战斗堡垒和党员干部的先锋模范作用。

【非公企业助力“脱贫攻坚”】 2017年，各结对企业与驻村工作队员、村三委班子协商谋划发展思路，制定帮扶措施，带领群众摆脱贫困。企业主要负责人与建党立卡贫困户接对子，引导贫困群众树立勤劳致富的信心和决心，在生产生活中给予解决一些实际困难。各挂联企业共实施帮扶项目7个，惠及贫困人口3700多人，投入帮扶资金854万元，其中，产业帮扶投入资金800万元；公益帮扶投入资金54万元，安置就业350人，技能培训2200人。为推进“万企帮万村”村企结对帮扶进程，扩大参与面，引导更多企业参与到活动当中，8月18日，组织召开泸水市非公经济人士助推脱贫攻坚工作座谈会。

【非公经济人士培训】 2月，选送1名非公经济人士参加在浙江杭州举办的“云南省年轻一代非公经济人士培训班”；4—5月，先后组织3批次50人参加“泸水市劳动技能培训”；10月，选送10名企业负责人及高管参加珠海市工商联到怒江举办的“IYB”（改善你的企业）研修班。

【融资服务】 为破解非公经济发展融资难题，建立了“工商联—银行—企业”对接机制，以“贷免扶补”等项目为依托，通过对企业进行大量的走访，摸底调查后，把发展势头好，有资金需求的企业推荐到银行部门，银行部门根据企业偿还能力评估给予发放贷款，最终企业与银行实现共赢。全年，共推荐“贷免扶补”10户，发放创业贷款98万元；培育“两个十万元”微型企业12户，发放政府扶持资金36万元；帮助申请银行贷款201万元，带动就业118人；积极协助怒江明通有限责任公司申报劳动密集型企业贷款项目。

【法律服务】 5月，协同州工商联、州司法局深入上江镇商会开展“法律三进”之进基层商会宣讲活动。6月，深入怒江明通公司开展“法律三进”之进企业宣讲动。

【参政议政】 年内，完成57名非公经济人士的政治安排，其中，推荐州政协委员14名、州人大代表6人，州工商联执委17名，市人大代表3名、市政协委员17名。组织、协助工商联界别的政协委员、人大代表紧紧围绕非公经济发展热点难点问题深入调查研究、积极建言献策，市两会期间，非公经济界人士共交提案13件。

【民主监督】 开展民营企业评价政府职能部门工作，充分发挥民营企业监督作用。根据省、州工商联工作安排，启动泸水市民营企业评议政府职能部门工作，组织个体工商户、中小微企业、规模以上企业三个层次的47家企业，对政府37个部门进行政风行风评价。

【光彩事业】 引导非公经济人士发挥“致富思源、富而思进”的时代风采和“扶贫济困、乐善好施”的传统美德。通过开展“万企帮万村”“智力扶贫·手牵手”等主题活动，广大非公经济人士扶贫济困，回馈社会，自觉承担社会责任。全年，全是非公企业和非公经济人士共投入各类帮扶资金54万元，为全市社会公益事业和脱贫攻坚做出了积极的贡献。

【组织建设】 年末，共有在册会员211人，其中，企业会员3个，团体会员3个，个人会员105个，较2016年同期188人，增长12%。稳步推进商协会发展工作，商协会是市场经济条件下实现资源优化配置不可或缺的重要组成部分，是实现政府与商人、商人与商人、商人与社会之间相互联系的重要纽带，通过主动服务和联系商协会，重视基层商会、行业商会、异地商会的组织建设工作，年末，共有3个乡镇商会，1个异地商会。增强工商联机关自身建设，3月，通过精心筹备，认真组织，市工商联第一次代表大会在六库召开，会议选举产生33名执委，11名常委，8名主席（会长）、副主席（副会长），产生新一届执常委、主席副主席班子；完善制度建设，制定了《泸水市工商联党组议事规则》《泸水市工商联班子交心谈心制度》《泸水市工商联“三重一大”决策制度》《泸水市工商联财务管理制度》《泸水市工商联“三会一课”制度》《泸水市工商联考勤制度》《泸水市工商联上下班制度》，单位运转科学化、规范化、合理化；改善办公条件，提升办公效率，在省、州工商联的关心帮助下，年内，利用省下划专项资金3.2万元，购置了办公桌椅6套、档案柜2个、电脑2台。

（何远志）

文　联

【概　况】 2017年，围绕市委中心工作，积极发挥作为党和政府联系广大文艺工作者的桥梁和纽带作用，强化自身“联系、协调、服务”的工作职能，坚持“二为”方向和“双百”方针，以繁荣艺术创作、多出精品力作为己任，团结和组织全市广大文艺工作者，贴近实际、贴近生活、贴近群众，稳步推进泸水文艺发展繁荣，全市文学艺术事业成果丰硕。

【文艺志愿服务活动】 春节期间，邀请并组织州、市书法、美术艺术家为群众义务送春联和美术作品共计300余件，增添节日气氛，丰富百姓文化生活；组织民间艺人开展“弘扬长征精神，助力精准扶贫”文化进万家活动；动员组织泸水音乐、舞蹈艺术家参加“三下乡”等文艺志愿服务，为基层送去一批群众欢迎的文艺作品，让广大群众共享文艺发展的成果。

【采风活动】 年内，组织各协会会员20余人次到上江镇百花岭村开展文艺采风活动，创作出《怒江花谷走笔》《春鲜花铺满百花岭》《唤醒一树木棉花开》等一批反映泸水和怒江自然景观、民俗文化，反映泸水人民精神风貌、美好新生活的文学作品40余篇（首），摄影作品500余幅，美术作品20余幅，为泸水实现率先发展营造了浓厚的文化艺术氛围和良好的社会文化环境。

【繁荣文艺创作】 2017年，市文联团结引导全市广大文艺工作者，坚持以人民为中心的创作导向，坚持“二为”方向，“双百”方针，坚持“三贴近”原则，大力弘扬时代主旋律，深入群众、深入基层、服务人民、潜心创作，文艺创作繁荣丰收。会员玖合生、杨俊伟、吕胜菊、和德海、刘春娥等一批青年作家笔耕不辍，在《民族文学》《诗刊》《啄木鸟》《云南日报》《边疆文学》等国家、省、州级各类报纸和刊物发表作品。市美术协副主席冷长松美术作品《花开蝶舞庆华年》入选由中国国际文化传播中心举办的“水墨聚集·中华民族一家亲暨‘一带一路’传友谊”书画展。会员夏英、王晓琳共同编导的傈僳族原创舞蹈《春米乐》、怒族原创舞蹈《达谷光》参加2017云南省少儿舞蹈展演暨第九届全国“小荷风采”少儿舞蹈展演云南选拔赛，荣获大赛银奖。

【《泸水》文艺季刊】 市文联始终坚持正确办刊方向，大力弘扬时代主旋律，围绕中心、服务大局，不断提高《泸水》办刊质量。年内，《泸水》共出刊4期，其中第1、2期合刊，第3、4期合刊，共刊发各地作者文学作品20万余字，摄影作品50余幅，书法作品10幅，美术作品20幅，向全省各县（市）级文联赠阅交流《泸水》文艺刊物1500余册。

【文艺交流】 市文联积极组织会员开展民间文艺交流、艺术交流活动，通过互访举办文艺演出、展览、民族文化、学术研讨等事项进行交流，学习先进经验作法，宣传泸水文化，增进会员之间的友谊、信任与合作。年内，组织民间艺人共11人次到四川、北京进行傈僳族民族歌舞表演和文化交流活动；积极邀请省内及珠海等地的协会人员到泸水进行交流。

【协会党建】 7月，市文联通过认真筹备和积极申请，成立泸水市作家评论家协会联合党支部，并严格按照程序完成支部选举工作，年末，支部共有4名党员。支部设立党员活动室，配置党员学习应有书籍和各类资料，制定完善“三会一课”、民主评议党员、组织生活会、党员党性定期分析和党员领导干部民主生活会、党员领导干部双重组织生活等制度，定期开展党员主题教育活动。党支部坚持以习近平新时代中国特色社会主义思想为指引，以加强党的执政能力建设为主线，以机关作风建设和效能建设为重点，不断加强党员队伍建设，健全和完善机关党的各项工作制度，科学引导支部党员积极开展志愿服务，投身脱贫攻坚工作中。

【助力脱贫攻坚】 年内，市文联精选文艺干部驻村开展脱贫攻坚工作，先后选派了主席易核生、副主席何希予、编辑三建华到挂联村开展驻村扶贫工作，驻村队员走村入户宣传党的十九大精神、脱贫攻坚政策。向村委会、贫困户赠送图书、春联等，组织文艺家参加市、乡（镇）村各级脱贫攻坚文艺汇演，精心编排一批以党的十九大精神及中央关于脱贫攻坚政策为主要内容的讴歌党、讴歌祖国，歌唱家乡的文艺节目，从精神鼓舞、文化发展、营造氛围等层面，发挥文艺在扶贫工作中的助力作用。充分运用《泸水》文艺刊物平台的宣传优势，收集脱贫攻坚工作的作品，连续刊载展示泸水开展脱贫攻坚工作的文学作品、摄影作品、书法作品、美术作品、原创歌曲等，力求用多种文艺形式，展现泸水脱贫攻坚工作的生动画面，展现脱贫攻坚取得的巨大成就。

（陈跃艳）

残　联

【概　况】 2017年，市残联认真贯彻落实党的十八届四中、五中、六中和七中全会精神，以残疾人社会保障体系和服务体系建设为主线，深入推进“两学一做”学习教育常态化制度化及创建“担当型”政府机关活动。围绕残疾人的基本需求、立足基层、面向农村，切实加强残疾人组织建设、康复、就业培训、教育、扶贫解困和社会保障工作，逐步形成政府主导、社会参与、部门配合、高效运转的残疾人工作长效机制。1月，泸水市残疾人联合会被云南省人民政府残疾人工作委员会评为云南省“十二五”时期残疾人工作先进单位。

【组织建设】 加强学习，提高残疾人工作者队伍素质，为提高残疾人工作者队伍建设，举办一期村（社区）残疾人联络员业务知识培训，共77人参加培训；严格按照核发和管理残疾人证办证流程，认真办理残疾人证，做到情况清、底子明、现办现拿证。年内全市共办理各类残疾证5654人；按照《中共泸水市委办公室印发〈关于推进“两学一做”学习教育常态化制度化的实施方案〉的通知》，党支部及时召开动员会议、制定了市残联《关于推进“两学一做”学习教育常态化制度化实施方案》，按照方案积极组织全体党员认真学习，深入推进“两学一做”学习教育常态化制度化工作的开展；认真开展创建“担当型”政府机关活动。深入推进领导班子和干部队伍作风建设，着力解决“怕、慢、推、拖”问题，准确把握推动落实、体现担当、对标一流三大原则，争创政治纪律强、综合素质强、服务意识强、进取精神强、发展能力强的“五强”班子，争当精神好、学习好、纪律好、服务好、工作好的“五好”干部，使单位领导班子和干部职工真正成为在问题面前不退缩、矛盾面前不回避、困难面前不叫苦、焦点面前不胆怯的“担当型”人民勤务员；认真落实党风廉政建设责任制，始终把落实党风廉政建设责任摆在重要位置，切实履行自身主体责任，将党风廉政建设和反腐败工作与残联工作紧密结合，同部署、同落实。坚持“一把手”为第一责任人，切实履行一岗双责，班子其他成员认真履职尽责，自觉做到管人与管事相结合，抓业务与抓党风廉政建设工作相结合，形成“党支部书记亲自抓、班子成员主动抓、股室负责人具体落实”的良好工作格局。

【康复工作】 与市卫计局联合制定下发《关于做好0—6岁儿童残疾筛查工作的通知》，共筛查出疑似残疾儿童24人，给予转介、转诊、治疗以及康复等服务；依托国际专业服务机构组织（MSI），认真落实残疾人精准康复实施方案。启动脑瘫儿童的康复训练工作暨康复协调员的康复培训，举办了三期脑瘫儿童及家长、康复协调员训练培训班，27名脑瘫儿童及家长和6名社区康复协调员参加了培训；筛查贫困唇腭裂残疾儿童19人，成功实施手术6例；邀请MSI特教老师到上江镇开展康复专家讲座及宣传康复知识，80余名残疾人及家属到现场听讲；不定期到各乡（镇）开展脑瘫儿童跟踪上门康复工作（已上门家访8家）；依托福华国际康复部（BCI）及省残联康复处，组织输送5名残疾儿童到昆明接受矫治手术；安装大腿假肢1人；输送3名贫困脑瘫儿童开展为期三个月的康复训练；邀请中国残疾人福利基金会、三星集团、云南省残疾人福利基金会、昆明爱尔眼科医院眼科专家组到泸水对17名视障残疾儿童做视力检查，并入户慰问视障残疾儿童三户，成功为三名视障贫困残疾儿童实施复明手术；完成彩票公益金贫困精神病患者医疗救助免费服药122人，补助经费6.1万元；根据残疾人实际需求状况，对有康复需求的2774名残疾人进行信息采集录入工作，服务完成630名有康复需求的残疾人，康复率27.87%，其中获得辅助器具143人，辅助器具适配率51.25%。

【教育工作】 积极协调教育部门，统计上报2017年残疾在校学生177人。残疾学生参加高考4人和在校残疾高中生7人；为3名家庭经济困难的残疾高中生和1名大学残疾新生发放“通向明天——交通银行残疾青少年助学计划”助学项目款5000元；为15名残疾人子女及残疾学生发放“云南省残疾人事业专项彩票公益金助学项目”补助款2.1万元；积极向州残联争取助学资金共17万元，35名贫困残疾人子女和残疾学生得到资助。

【就业工作】 2月12日，与多家单位共同举办的以“就业帮扶　真情相助”为主题的“泸水市2017年劳动力转移就业百日行动暨春风行动、就业援助月”现场招聘会，为前来就业的残疾人提供求职登记服务，对部分残疾人进行一对一职业指导。现场求职残疾人数近40人，达成招聘意向20余人次，现场招聘成功6人。推荐7名残疾人，分别到1家企业和6家行政事业单位就业；组织开展2期残疾人职业技能培训（初级电焊工、摩托车维修），累计60名参加培训，投入资金37.5万元。分别在洛本卓乡、六库镇、片马镇、鲁掌镇开展残疾人农村种植、养殖实用技术培训，200多名残疾人及家属参加培训，投入资金21万余元。选送29名残疾人参加州残联组织的残疾人移动电话机维修工、保健按摩培训班；根据省残联就业年龄段实名制录入工作年度任务要求，对2017年度新增就业年龄段残疾人211名进行实名制录入。

【扶贫与社会保障工作】 根据市委政府春节慰问方案，分别对全市9个乡（镇）特困残疾人家庭及在六库地区就业的贫困残疾人、贫困企业下岗残疾职工进行走访慰问。共走访慰问222户，慰问金11.1万元；为残疾人个体创业户张正杨、张学珍、褚文华、张春杨、赵梓隆争取到州残联创业扶持补助金7.6万元；为残疾人李志兴创办的《泸水志兴水稻种植专业合作社》争取到扶贫示范基地扶持资金5万元；扶持残疾人自谋职业、自主创业、发展种植、养殖产业36户，其中包括12户享受2017年云南省“助残就业同奔小康百企千人创业就业行动”项目的残疾人自主创业户，扶持资金达27.2万元；结合脱贫攻坚工作及残联职能，核查完成泸水市“4类重点对象”（建档立卡贫困户、低保户、农村分散供养特困人员、贫困残疾人家庭）基本情况统计表，核查完成贫困残疾人家庭2519户，其中，已有基本安全住房贫困残疾人家庭1633户，已列入易地搬迁计划贫困残疾人家庭8户，未解决基本安全住房贫困残疾人家庭878户，并上报市住建局统一实施；根据《残疾人就业条例》和《云南省实施〈中华人民共和国残疾人保障法〉办法》《云南省残疾人就业规定》及有关法律法规，认真总结2016年度保障金征缴工作的经验教训，充分认识征缴工作面临的新形势、新任务，抓好征缴保障金工作的宣传、年审、征收工作，加强与地税、财政等相关部门的沟通协调，对93家行政事业单位进行按比例安排残疾人就业年审工作，并进行数据录入，对60家未达到1.5%比例的单位进行残疾人就业保障金征收，对312家未达到1.5%比例的企业进行征收残疾人保障金，截至第三季度征收金额为130万余元；为全力推进残疾人社会保障和服务体系建设，增强残疾人抵御意外风险能力，减轻政府、社会和残疾人家庭负担，为5267人持有二代残疾人（公职人员除外）购买意外身故保险和意外住院津贴保险，投入资金7.9万元；完成重度残疾人护理补贴和困难残疾人生活补贴申请、审核、审批工作，其中，一级924人，每人每月补贴护理费70元；二级974人，每人每月补贴护理费40元，补助资金124.368万元；三级、四级残疾人4641人每人每月补贴50元，补助资金278.46万元；为67名贫困残疾人给予临时困难救助，救助资金5.1万元，发放棉被20多张。

【宣传文体工作】 3月17日，由州、市残联，民政，州特殊学校组成工作组开展扶老助残志愿活动，深入泸水市鲁掌镇敬老院开展上门办证服务，为行动不便的10名残疾人现场办理残疾人证；紧紧围绕第二十七次全国助残日“携手助残脱贫，健康成就小康”活动主题，在六库街道开展残疾人相关政策法律法规宣传活动，活动共摆放展板5块，发放宣传资料200余份，海报100份，共为300多名市民测量血压和测体重，为数十名前来咨询的残疾人家属解答了残疾人就业政策和相关法律法规。举办“携手助残脱贫，健康成就小康”助残日文艺晚会；认真做好残疾人“自强健身示范点”工作，积极组织残疾人开展健身指导和健身交流活动，为残疾人提供康复、健身服务。将云库镇新城社区申报为2017年健身示范点；选送了4名残疾人文艺能手参加州残联举办的培训班，并参加云南省第八届残疾人文艺汇演评选；开展“残疾预防日”宣传活动。8月25日是全国第一个“残疾预防日”，州、市残联围绕主题“推进残疾预防，建设健康怒江”开展宣传教育活动，着力宣传残疾预防核心知识，让广大公众能够识别主要致残风险，了解预防残疾的有效途径和方法；为唤起全社会对精神卫生工作的关注，推动形成理解、接纳、关爱精神障碍患者的社会氛围，保护和促进公众心理健康，10月9日，在怒江州民政精神病医院举行第26个世界精神卫生日暨省精神病亲友协会怒江培训站挂牌、揭牌仪式；积极组织泸水市残疾人运动员参加怒江州第二届残疾人运动会暨第二届特殊奥林匹克运动会。泸水代表团35名运动员参加怒江州第二届残疾人运动会暨第二届特殊奥林匹克运动会，并取得了团体总分第二名的优异成绩，其中，金牌27块，银牌8块，铜牌9块；第四名13人，第五名2人。

【信访工作】 认真落实好接待群众来访制度，坚持残疾人问题无小事的原则，做到热情接待，主动打招呼。年内，共接待来访残疾人198人，办结率为100%，残疾人满意率为100%，为全市的社会稳定打下了坚实基础；为贯彻依法治国方略，进一步推进依法行政，根据市委、政府的统一安排部署，市残联聘请专业律师担任本部门法律顾问，将在法律咨询与宣传、法律风险控制、重大决策法律服务、依法解决疑难问题等提供法律服务；为拥有机动轮椅车的残疾人进行统计、录入系统167人，享受燃油补贴项目资金4.342万元；实施残疾人家庭无障碍改造40户，发放资金24万元。

【扶贫挂钩点工作】 围绕脱贫攻坚，扎实开展精准扶贫工作，为完成挂钩村2018年底实现脱贫摘帽工作任务，根据州、市贫困对象动态管理工作，全面实现扶贫对象“应纳尽纳”“应退尽退”“应扶尽扶”筑牢精准扶贫、精准脱贫基础，打好脱贫攻坚翻身仗要求，市残联及时抽派12名工作队员，并于6月20日到片马镇参加贫困对象动态管理工作培训，21日进驻挂联村片马镇片四河村开展贫困对象动态管理工作，分别对全村123户开展入户调查，对贫困对象基本情况进行核实和信息数据采集，并召开贫情分析会，完成了挂联村贫困对象数据采集工作；为全面加快脱贫摘帽步伐，确保全市残疾人与健全人同步全面建成小康社会，市残联根据片四河村实际情况认真制定帮扶方案，引进重楼种植项目，全村123户共种植200亩，并为21户挂钩户解决遮阳网、石棉瓦，共投入扶持资金1.894万元；为提高重楼、刺笼苞等经济作物的种植技术及阉割猪、阉鸡实用技术，在片马镇举办一期农村实用技术培训，重点讲解重楼、刺龙苞等作物的种植技术，35名残疾人参加培训，投入培训资金4.7万元；为完成怒江花峡谷建设一户两盆任务，为帮扶户解决300株金银花苗；结合“助残日”“七一”建党节开展走访慰问贫困党员、上党课等活动，共慰问贫困党员10户，贫困残疾人1户，发放慰问金3500元。根据《中华人民共和国残疾人证管理办法》及实施细则的规定，为积极参与脱贫攻坚工作，落实市委、市府领导指示，10月31至11月10日，由市残联牵头，联合州特殊教育学校、州民政精神病医院、州医院鉴定科组成工作组，对各乡（镇）345人疑似残疾人进行残疾等级评定。

【市、乡（镇）残联换届工作】 根据《中国残疾人联合会章程》有关规定和怒江州残疾人联合会关于印发《州、县（市）、乡（镇）残疾人联合会换届工作实施方案的通知》，积极筹备市、乡（镇）两级残联换届工作，制定《泸水市市、乡（镇）残疾人联合会换届工作实施方案》，及时与各乡（镇）对接，积极做好指导乡（镇）残联换届工作，确保如期圆满完成市、乡（镇）残联换届工作。

【中心工作尽职尽责】 在做好业务工作的同时，认真完成市委政府及上级部门交办的各项工作，加强单位自身廉政建设，为提高残疾人社会保障服务、专项资金使用发挥最大效益，提高工作效率，提升服务能力和水平，实现残疾人工作健康持续发展提供保证；推进“两学一做”学习教育常态化制度化工作，促进机作风建设，提高干部队伍整体素质，促进残疾人事业科学发展、和谐发展；积极抓好党风廉政建设、精神文明建设、综治维稳、老干部工作、保密等工作的落实。

（何绍伟）

红十字会

【概　况】 2017年，市红十字会围绕市委、市人民政府中心工作，以“三救、三献”工作为主线，聚焦贫弱人群的需求，加强自身队伍建设，加大宣传力度，弘扬红十字会“人道、博爱、奉献”的精神，发挥政府人道事务工作面的助手作用。年末，有团体会员单位15个，会员222人、志愿者66人；专职红会工作人员3人，其中，专职副会长1名，在职在编工作人员2人。

【博爱送万家】 年内，泸水市红十字会向上级红十字会及相关单位争取棉衣、棉被、衣服等救助救灾物资，元旦、春节前夕，市红十字会工作人员分别到大兴地乡团结村和称杆乡阿赤依堵村、前进村，共向困难群众发放棉被、棉衣等价值10.15余万元的物资。

【宣传服务】 开展“5·8”世界红十字日、世界急救日、无偿献血日等重大节日的宣传活动，创办专栏、发放宣传资料，宣传《中华人民共和国红十字会法》《中华人民共和国献血法》以及世界红十字会的精神和宗旨。艾滋病防治宣传活动周，进行防艾知识普及宣传，形成人人关注、人人参与宣传防艾知识的良好社会氛围。组织团体会员单位到乡镇开展巡回义诊咨询和宣传服务活动10场次，免费发放了部分医疗药品和宣传红十字精神的宣传单、宣传册，组织医务人员进社区、进农村开展博爱献爱心义诊咨询活动，全年累计提供健康咨询和检查500余人次。报纸上登载红十字会宣传信息2条，泸水电视台宣传2条，通过微信公众平台推送业务信息12条。发放宣传资料5000余份。

【博爱家园生计发展项目】 博爱家园生计发展项目2016年起实施，55户养殖户均按原定的项目计划开展养殖。年内新增1户（开小卖店），新增户已按计划投入经营，10月12日，该项目尾款7.2万元（2016年已发放每户4800元），以现金形式全部发放到受益户手中。全年，泸水市红十字会共对项目的实施进行了2次跟踪问效督查。

【捐资助学】 “滇苗助学”项目是泸水市红十字会2016年起实施的捐资助学项目之一，年内，泸水市红十字会为泸水市45名贫困学生发放“滇苗助学”项目资金1.58万元，11月按省红十字会要求对项目的进展情况进行了全面督导和回访等工作。8月，协助珠海红十字会和珠海强联投资发展有限公司向泸水61名贫困大学生发放了资助金30.5万元（每人5000元）；11月，携手爱心企业腾飞图文向洛本卓乡金满小学捐赠了价值9000元的课外活动设备；12月，参与云南省举办的网络众筹大赛，选送标题为“圆怒江巴尼小朋友的小小心愿”的众筹项目一个，筹集公益资金4514元，用于完成洛本卓乡金满完小制作晾衣架一组。

【“六个核桃·读书慧”项目】 年内，完成称杆中心完小和古登乡侨心小学2个“六个核桃·读书慧”项目点建设，5月，泸水市红会代表中国红十字基金会分别到称杆中心完小和古登乡侨心小学举行捐赠仪式，共捐赠“六个核桃·读书慧”项目图书1973册（价值5.3万元）及配套书架。

【“红十字博爱图书角”微公益项目】 年内，市红十字会在省红十字会的支持下，于11月完成古登乡中心学校的“博爱图书角”捐建工作，捐赠图书1万册。

【业务培训】 2月，泸水市红十字会选派2名专业人员到昆明参加曜阳养老护理员培训班。7月13日，由市教育局联合市公安局共同举办的校园安保培训班，在怒江州保安培训中心举行，邀请了云南省附二院的急诊内科专家和外科专家，进行应急救护知识培训，54名校园安保工作人员参加培训，授课内容为心肺复苏、止血包扎及日常应急救护理理论知识和实际操作技能。11月，选派1人参加云南省博爱家园建设项目为期一周的专题培训。

【“三献”工作】 不断拓展献血、献造血干细胞、献器官遗体等工作，把“三献”工作纳入红十字工作的重要日程，与州血站、市卫计局联系，组织参与其宣传服务工作。全年共组织开展大型献血活动3场，市行政中心开展集中献血2场、六库镇百货大楼门口开展大型宣传服务活动1场。3场共计395人参加无偿献血，采集血液9万毫升，登记造血干细胞捐赠志愿者9人。

【脱贫攻坚工作】 市红十字会的挂联村为称杆乡前进村，主要负责王干扒一、二组21户77人，均为建档立卡户。按照市委、市人民政府安排部署，年内，选派2名工作人员（驻村工作队员1人、实战队员1人），驻村开展脱贫工作。宣传党的脱贫攻坚、支农惠农和异地搬迁安置等政策措施，配合村两委班子共同研究脱贫办法，提高群众致富的内生动力，提出产业发展、修路通水等方面建设性的意见，发挥挂联帮扶作用。年内，完成建档立卡动态管理工作任务，与21户建档立卡户签订搬迁协议。为挂联村争取救助物资棉被30床、棉衣200件、袜子1000双、鞋子100双、旧衣服4袋，大学生助学金1万元。

（包卫花）

法　治

政法委及综治

【概　况】 2017年，根据中央、省委、州委和市委政法工作会议精神，紧紧围绕为党的十九大胜利召开营造安全稳定社会环境这条主线，不断增强工作主动性预见性，深入推动平安泸水、法治泸水和过硬队伍建设，全力提升人民群众安全感和满意度，为泸水市社会经济社会发展营造了安全稳定的社会环境、公平正义的法治环境、优质高效的服务环境。

【安保信访】 8月下旬开始，先后组织召开4次市四套班子主要领导和全市各级各部门主要领导参加的高规格会议进行动员部署，在市财政十分困难的情况下拨出经费保障安保信访工作顺利开展。市委政府与各乡（镇）、各部门签订责任状，明确责任主体和责任部门，形成全局一盘棋、上下联动的格局。做细做实安保工作，深入开展信访突出问题化解工作，深入推进领导干部大接访大下访。全年，市委、市人民政府领导接访395批1079人次，解决问题210批；约访155批297人次，解决问题61批；下访525批1133人次，解决问题277批。强化旅店、网吧、娱乐场所、物流寄递等行业场所管理；加强道路交通安全监管，加强消防安全监管。以武装检查、街面巡逻、社区联防、农村义务巡逻为依托，做实全市治安防控；深入开展“拉网式、兜底式、全覆盖”的矛盾纠纷排查化解。

【反邪教工作】 严厉打击邪教组织违法犯罪活动，开展反邪宣传工作。深入各乡（镇）、村寨开展反邪教法制宣传教育12场次，教育群众4万余人次。在加强传统宣传方式的基础上，利用网络、媒体加强反邪教宣传工作。大力加强反邪教网络“四合一”平台宣传工作，积极动员乡（镇）、各成员单位广大干部职工关注“云南清风”“云南反邪教”“怒江长安网”等微信公众号。在泸水电视媒体循环播放反邪教影片。组织全市干部职工、广大群众4000余人积极参加“对邪教说不”网上反邪教签名活动。

【维稳工作】 严格执行社会稳定风险评估机制，年内，共对14个项目进行社会稳定风险评估，其中，涉及山林土地水利矿产领域8项，移民与征地拆迁5项，城市发展与管理1项。强化预警工作，切实抓好源头预防，对全市可能发生的不稳定因素做出了全面的分析研判，认真落实社会稳定形势研判例会制度，召开25场次的社会稳定形势分析研判会议，共发出5次预警通知。

【矛盾纠纷排查调处化解】 组织相关工作人员到各村（社区）进行人民调解员培训，提高村（社区）人民调解员从事调解工作的能力，共对914名调解员进行培训。加强重大社会矛盾预防和排查化解，认真落实矛盾纠纷排查调处协调月例会制度，加强矛盾纠纷常态排查化解；紧盯泸保高速公路、怒江机场建设等重大决策、项目、事项，最大限度将影响社会稳定矛盾纠纷化解在基层，消除在萌芽。全年，各级人民调解组织共调解各类纠纷1234件，成功调解1201件，成功率97%，其中，婚姻家庭纠纷439件，邻里纠纷212件，房屋宅基地纠纷10件，合同纠纷14件，生产经营纠纷18件，损害赔偿纠纷50件，山林土地纠纷411件，征地拆迁纠纷5件，劳动争议纠纷5件，道路交通事故1件，其他纠纷69件。丙贡村人民调解委员会余福林工作室共调解纠纷17件。认真开展涉法涉诉信访工作，全年，全市共受理涉法涉诉信访案件31件，其中，来信17件；来访11件；网络访3件，办结率100%。

【社会治安防控体系建设】 年内58个“智能交通”抓拍系统全面投入使用，六库城区道路交通秩序得到明显改善，交通事故明显减少。屯警街面，动中备勤。成立泸水公安快反分队，积极构建“135”快速反应处置圈，在商业广场、车站等人员密集场所加强特警武装巡逻和公安武警联勤巡逻，广泛动员人民群众积极参与到社会治安治理队伍中，建立14支城区义务巡防队，有125名巡防队员，342名治安积极分子、志愿者，1200名治安宣传员信息员。

【网格化服务管理】 完善综治信息系统人员信息，及时对各综治成员单位综治信息员和各乡（镇）调整的综治办工作人员数据进行重新采集重新录入，共更新录入综治成员单位联络员69人。初步完成常住人口信息采集录入工作，对各乡（镇）常住人口数据采集录入工作安排部署和督促检查，对数据采集中存在的问题和遇到的困难进行指导，初步完成9个乡（镇）71个村4个社区的常住人口信息采集录入工作。督促76个村（社区）网格员严格落实好职责任务，坚持落实村情民情每日一报，全力推动村（社区）矛盾纠纷的有力调处化解。推动综治中心建设，召开会议对综治中心建设进行安排部署，制定《泸水市综治中心建设实施方案》，完成9个乡（镇）和76个村（社区）综治中心挂牌和制度上墙工作。

【推动“平安城市”创建】 及时召开创建动员会议，制定下发创建实施方案和任务分解方案，压实责任。加强平安创建宣传，利用各类宣传月、宣传周、宣传日等开展为期半年的平安创建宣传，不断提升广大群众对平安创建的知晓率和参与率。以固定电话用户为宣传重点对象，对全市单位办公固定电话和职工家庭固定电话进行全面摸排，进一步针对性地开展固定电话用户宣传工作。同时，以在醒目位置刷写标语、悬挂横幅、制作电视宣传片播放、全员微信相互转载等全面快捷直接有效的宣传方式，着力开展针对性强、覆盖面积广、影响效果深的平安创建宣传和提升群众安全感宣传工作。微信宣传文章点击率达6万多。制作4万份宣传单、200份《致全市人民群众的一封信》、150条宣传布标发放到各乡（镇）各部门，动员各级干部职工、实战队员等进街道、进小区、进村寨、进社区、进企业进行宣传，实现宣传全辐射全覆盖。开展“红袖套飞舞、平安伴我行”活动，组建一支由社区工作者、环卫工作、公交车司法、出租车司机等街面见面率高的800人的平安志愿者队伍和覆盖全城的400名保安组建的治安志愿者队伍，推动群防群治工作。

【法治宣传教育】 扎实开展“七五”普法规划宣传活动，紧紧围绕市委政府中心工作，认真开展森林防火宣传、“禁止向未成年人出售烟酒”、“送法进村保一方稳定助脱贫攻坚”、“法律扶贫”等法治宣传活动；抓住法制宣传月、法制宣传周、法制宣传日等时间节点，发放“七五”普法宣传手册知识材料8000余册；创建“互联网+法治宣传”新平台，依托门户网站、微信公众平台、电视台开展普法宣传教育。深化“民主法治示范村（社区）”创建活动，全市71个村、5个社区开展创建活动，崇仁村、大练地村、付坝村、格甲村、六库村、季加村、鲁掌村、前进村、自扁王基村等10个村被评为州级示范村；赖茂村、付坝村被评为省级示范村；向阳社区被评为省级民主法治示范社区，付坝村被评为国家级示范村。认真组织开展2017年网上学法用法考试活动，全市91个国家机关和企事业单位3971名干部职工参加国家工作人员在线学法用法考试，参考率、合格率达95%以上。

【依法执行和依法行政】 健全完善领导干部法治建设的主体责任，加强法治建设政绩考评制度建设，严格落实各项科学民主依法决策机制，认真抓好《云南省重大行政决策程序规定》的学习培训及贯彻落实，深化行政审批制度改革，加大政务公开力度。完善合法性审查机制，建立重大行政决策事项、重要文稿和重大合同、协议合法性审查制度。组织各部门开展规章、规范性文件清理工作，严格落实规范性文件备案审查制度，对全市近两年来规范性文件制定及合法性审查情况进行汇总，开展行政执法案卷的检查、评查。积极推行政府法律顾问制度，全市9个乡（镇）人民政府、36个政府直属部门都已聘请法律顾问。认真开展行政执法人员清理，完成全市行政执法主体资格清理工作。

【公正司法】 制定下发《关于印发泸水市政法系统执法监督检查活动实施方案的通知》《泸水市2017年案件评查工作实施方案》等文件，对全市政法部门的执法活动进行了动态执法监督检查，对公、检、法、司四部门2015年11月至2016年11月受理的各类案件，分类随机进行案件评查，提高办案质量和公信力。完善公共法律服务体系，完成泸水市公共法律服务中心、上江镇公共法律服务实体平台建设。印制法律服务指南宣传折页2万余份。扩大民生领域法律援助覆盖面和延伸法服务领域，全年，共受理法律援助案件263件，解答来访、来电咨询315人次，代书213份。

【司法体制改革】 围绕司法体制改革重点和难点，探索推行“大部制”管理新模式，精简整合部门机构；以“快调、快审、快结”提高审判质效为目标，组建速裁团队，大力提升各项审判质效指标；推行家事案件审判方式改革，建立案件督办、催办制度，规范司法拍卖制度，建立案件分析研判、质效评查、审判信息通报等监督机制；加强司法规范化建设，完善网上办案、涉案财物管理、案件质量评查等机制，实行办案流程网上录入制度，进一步规范司法和案件管理工作。深化“放管服”改革工作，放资源、放权限到警务室和派出所，服务前移，打造群众身边的“公安局”。年内，建立了华天综合警务室，新建车站警务室、中元警务室；建立流动人口服务机构15个，招聘专职流动人口协管员21人；将身份证异地受理、临时身份证办理、旅馆业、生产性废旧金属业、印章业审批权限前移至警务室、派出所，方便群众办理各项行政审批业务和身份证业务。

【政法队伍建设】 强化队伍思想政治建设，扎实推进“两学一做”学习教育常态化制度化，认真开展学党章、党规和学系列讲话、争做优秀共产党员等活动；开展“担当型”机关创建活动，切实筑牢政法干警忠实履职、执法为民、勇于担当的思想根基。突出抓好纪律作风建设，以落实“两个主体”责任为抓手，以预防为根本、制度建设为保障、强化监督为重点，层层签订责任状，开展廉政提醒谈话、家庭助廉、警示教育、专项纪律检查、督察等活动，强化干部廉洁自律意识；毫不动摇地坚持从严治警的方针，开展“找问题、补短板、纠违纪”专项行动和执法检查活动，深刻查摆和集中整改队伍中存在的突出问题，进一步整肃警风、严明警纪，不断提升执法公信力和队伍战斗力。扎实抓好队伍专业化建设，深入开展学习型机关创建，积极开展领导素能、任职资格、专项业务、岗位技能等正规化岗位培训，组织干警参加各级业务培训，加大对干部的培养力度。

【扶贫攻坚】 积极投入扶贫攻坚工作，为民服务树新风，认真贯彻落实市委政府脱贫攻坚工作的部署和安排，多次深入挂钩村开展精准扶贫工作，完成贫困户调查和建档立卡，“找问题、补短板、促攻坚”专项行动，贫困对象动态管理工作，易地扶贫搬迁城镇化集中安置宣传发动工作，脱贫攻坚政策宣传等工作，落实帮扶举措，帮助群众解决生产生活困难。开展“两联系、一共建、双推进”工作，加大结对帮扶力度，着力构建机关基层党建和农村基层党建优势互补、相互促进、互促互赢的良好格局，助推贫困村脱贫。

法治政府建设

【概　况】 2017年，围绕市委、市人民政府“十三五”时期部署的中心工作，积极履行政府法制工作职能，努力做好法制宣传、法制监督、行政复议、行政应诉等工作。年内，为市人民政府的重要工作和重大决策提供法律意见；对市人民政府及市直属部门、各乡镇人民政府制定的规范性文件进行合法性审核、备案。开拓创新，推进依法行政、法治政府建设。

【推进依法行政】 调整充实由常务副市长为组长、市人民政府办公室主任和市人民政府法制局局长为副组长、市直各执法单位主要负责人为成员的全面推进依法行政工作领导小组，3月，组织召开全市依法行政工作暨法治政府建设会议，安排部署工作任务。按照全市一盘棋的思路，根据《怒江州法治政府建设实施纲要（2015—2020年）》，制定印发《泸水市法治政府建设实施纲要（2015—2020年）》，科学谋划年度重点工作并将加快转变政府职能、推进依法科学民主决策、提高制度建设质量、严格规范公正文明执法强化行政权力制约监督等工作目标任务分解落实到各部门，明确工作职责，强化保障措施，加快推进法治政府建设。

【行政复议及应诉】 依照行政复议法规定，做好行政复议案件受理审查工作，到实地认真进行调查取证，按法律规定办理行政复议案。年内，共受理行政复议案件4件，按时办结4件；代表市人民政府处理行政应诉案件10件。积累提升办案经验，改进优化办案方式。

【规范性文件备案监督】 在规范性文件的备案登记和审查工作中，审查的内容侧重于文件的合法性，合理性，可操作性等方面，按照《云南省行政机关规范性文件制定和备案办法》的要求，5月24日，下发《泸水市人民政府法制局关于填报规范性文件制定及合法性审查情况统计表的通知》，对全市规范性文件制定及合法性审查情况进行汇总审查，坚持有件必备、有备必审、有错必纠的原则，积极维护抽象行政行为的合法性。根据省州文件要求，加强规范性文件监督管理，定期按要求开展清理规范性文件工作。年内，建立行政机关规范性文件制定主体资格46个，全市制定了规范性文件3件。强化公告制度和规范性文件登记备案通报制度，积极推进规范性文件电子报备工作。

【案卷评查】 根据国务院《全面推进依法治省实施纲要》以及《云南省行政执法案卷评查办法》《怒江州行政执法案卷评查办法》，对全市各乡（镇）人民政府、市直各行政执法部门办结完毕的行政许可、行政处罚、行政确认、行政裁决、行政征收、行政强制等20份行政执法案卷进行检查、指导，对评查案卷调查程序的合法性、调查取证的严密性、事故查处的严肃性、文书使用的准确性、案件归档的规范性等方面进行指导，全市行政执法文书及案卷的制作水平明显提高。

【执法监督】 根据《泸水县人民政府法制局关于全面清理行政执法职权职责的通知》，开展全面清理行政执法职权职责工作，通过认真、细致的清理和梳理，全市共有行政执法主体单位40个，其中36个单位进行执法主体、执法依据、职权、职责公告。

【重大决策听证】 市人民政府法制局负责市人民政府重大行政决策的合法性审查工作，根据《泸水县人民政府重大行政决策程序规定》，举行了《泸水县殡葬管理实施细则（草案）》听证会，对《泸水县殡葬管理实施细则（草案）》是否适当，听取社会各方面的意见和建议并进行充分的论证。

【履行法律服务职责】 全年共审查市人民政府和各部门提交的合同、协议等文书108份，均以书面形式提出法律性意见和建议，为市委、市人民政府的重大决策提供科学准确的法律咨询和论证意见。根据《泸人市人民政府办公室关于做好聘用法律顾问的通知》《泸水市人民政府法制局关于贯彻实施政府法律顾问工作规定等事项的通知》，年内，36个政府直属部门及9个乡镇均聘用法律顾问。有效促进政府及其部门提高依法行政、依法管理和依法办事的能力和水平，推进“法治政府”、“服务型政府”的建设。

【政务信息公开】 严格按照上级的要求，规范公开信息的程序，层层把关，确保信息内容完整，界定准确，内容充实。建立政务公开信息网，以开通“96128”专线和向社会公开承诺的方式加强社会民主监督体制建设。坚持把群众最关心、最需要了解的事项公开作为政务信息公开重点，及时公开。针对公开项目的不同情况，做到常规性工作定期公开，临时性工作随时公开，固定性工作长期公开，年内，全市电子政务网外平台实现办公电子化、无纸化。在泸水电子政务门户网站下开设了“泸水市人民政府法制局”网站，将各类信息分门别类公开，同时把信息报送至市委政法委“长安网”，共发布泸水法制信息26条。

（左建杨）

公 安

公安工作

【概 况】 2017年，全市公安民警、边防、消防、武警部队官兵，认真贯彻全国、全省公安厅局长会议、全国全省政法工作和全州公安工作会议精神，紧紧围绕“四个全面”战略布局和云南跨越式发展“三个定位”战略目标，积极推进平安泸水、法治泸水建设，以维护全市社会治安稳定为目标，继续深入开展各种专项斗争，把维护国家安全、维护社会稳定、深化公安改革和加强队伍建设置于公安工作首位，加强基层基础工作，打击各种违法犯罪活动，集中整治突出治安问题，推进公安队伍正规化建设，全市公安工作和队伍建设稳步发展。

【“两学一做”学习教育】 继续开展“两学一做”学习教育常态化制度化各项工作。局党委抓牢思想教育这个根本，深入学习贯彻党的十八届三中、四中、五中、六中全会及党的十九大会议精神，习近平总书记系列重要讲话精神，以市委学习教育部署和要求为重点，坚持集中与分散、讨论与辅导、走出去与请进来相结合的方式，既学深、学透、学精市委确定的必修课，又系统学习了群众观点、宗旨意识、法治理念、人民警察核心价值观等内容，以学习促思想，以思想促行动；开展学习教育讨论，局党委坚持理论学习中心组学习和“三会一课”制度，以理论学习中心组为引领，干部理论学习同步跟上，按照市委《泸水市各级党员（党组）中心组2017年理论学习安排意见》和市公安局《泸水市公安局党委2017年理论学习中心组集中学习计划》，开展集中学习讨论，重点分十个专题，年内，完成第一专题的学习；层层抓落实，按照市委组织部《关于进一步规范党小组设置的通知》，为深化开展“两学一做”学习教育常态化制度化及更好的开展“三会一课”制度，市公安局党委将所属11个党支部分成18党小组，市局党委班子成员以普通党员身份分头参加了所在党支部的学习；局党委为全体党员购买发放了学习需要的《习近平的七年知青岁月》《关于新形势下党内政治生活的若干准则》《中国共产党党内监督条例（试行）》等党章党规和相关书籍250本。购买发放了理论学习中心组笔记本30本，党支部笔记本20本，党员学习笔记本200本；按照市委政法委、市纪委的要求，为进一步推进公安机关作风建设，不断提升公安机关良好形象，推动各项公安工作，开展了为期三个月的“找问题、补短板、纠违纪”专项行动，并结合正在开展的“两学一做”学习教育和创建“担当型”机关暨迎接党的十九大主题教育实践活动，查摆和集中整改公安队伍中存在的突出问题，进一步整肃警风、严明警纪，不断提升全市公安机关执法公信力和队伍战斗力，树立人民警察良好形象，为全市公安工作良性发展奠定坚实基础。全年，党委班子集中学习5次，各党支部集中学习75次，参学人数196人；党委书记讲党课1次，党委班子成员讲党课5次；全局11个党支部196名党员民警结合各自工作实际，正确处理工学矛盾，掀起了抄《中国共产党章程》、背诵入党誓词，深入学习党的十九大精神、习近平总书记系列重要讲话和党章党规的学习教育热潮，达到了“入脑入心”的目的。

【“挂包帮”“转走访”】 根据市委市政府的要求和部署，为贯彻落实好脱贫攻坚“找问题、补短板、促攻坚”专项行动，市公安局党委高度重视，制定整改方案，梳理问题清单，狠抓措施落实，完成泸水市建档立卡贫困户姓名身份证不一致人员3414人、身份证核对不存在人员1285人的身份证信息核对工作；完成建档立卡户110户350人信息采集录入；通过对建档立卡户进行再走访，共增加建档立卡户26户350人，补录新生儿、嫁人、漏登人员37人。市人民政府副市长、公安局长杨智带领市局指挥中心民警进驻挂联村大兴地镇四排拉多村督导脱贫攻坚专项行动期间，深入考察了四排拉多村至计地村民小组的乡村公路和四排拉多村委会至哪咪草果基地人马驿道后，协调相关部门维修四排拉多村至计地村民小组的乡村公路4.5千米，协调相关部门修建四排拉多村委会至哪咪草果基地人马驿道4千米。出资购买了1500株三角梅，组织村民栽种在村委会周边、乡村公路沿线。向市农业局争取到了240亩的白皮大蒜种植面积，并将30950千克蒜种发放到13个村民小组的建档立卡户和自然灾害严重户手中进行大面积种植，为村民增加120余万元经济收入。向民政部门争取相关的民政救助，将争取到的2500千克大米和50床棉被讯速发放到50户建档立卡贫困户手中。

【主题教育实践活动】 根据省厅、州局党委的安排部署，3月下旬开始到年底，开展了创建“担当型”公安机关及“迎接十九大、忠诚保平安、跨越式发展、铁警勇争先”主题教育实践活动。成立领导小组，组建领导小组办公室，制定方案，确定4个主题教育实践活动专题，每个专题开展“擂台赛”，通过举办擂台赛，在全市公安机关营造“比、学、赶、帮、超”的良好氛围，全市公安机关和广大民警自我加压，相互比较，相互促进，争创一流，推动各项工作措施落到实处。5月9日，市局组织参加州局举办的全州公安机关“迎接十九大、忠诚保平安、跨越式发展、铁警勇争先”主题教育实践活动“深化放管服、改革勇争先”第一专题擂台赛并取得擂主；6月2日，泸水市公安局举办“迎接十九大、忠诚保平安、跨越式发展、铁警勇争先”主题教育实践活动“深化放管服、改革勇争先”第一专题擂台赛，治安大队、指挥中心、刑侦大队、出入境管理大队、法制大队、交警大队、看守所、六库派出所、西城派出所、大兴地派出所、老窝派出所11个部门参赛，治安大队取得擂主。打造服务前移窗口向阳警务室和中元村视察警务室。自开展主题教育实践活动以来，上报信息简报136期，周小结17份，各类信息32份。市公安局通过主题教育实践活动、创建“担当型”公安机关及“找问题、补短板、纠违纪”专项行动，加强思想政治、领导班子、职业能力和党风廉政建设，推动泸水公安工作和队伍建设争先进位。坚持从严治警与从优待警的紧密结合，努力构建和谐警民关系，不断提升公安队伍的战斗力、公信力和凝聚力。

【国内安全保卫】 年内，围绕维护政治安全、政权安全这一中心任务，加强情报、侦察、控制、处置工作，积极应对各种突发事件，配合有关部门，圆满完成了两会、党的十九大等各级大型会议及中央、省级领导来怒江视察等重大政治、文化活动以及高考等各类考试期间的安保任务。加强情报信息工作，综合整理上报《泸水国保信息》134条，《泸水公安情报》21条，综合工作情况101份；排查影响社会政治稳定矛盾纠纷198起。维护宗教领域安全，开展基督教领域基础调查，为市宗教活动创造一个稳定环境。做好非政府组织专项调查工作，按照省厅、州局的部署和《怒江州公安局开展境外非政府组织管理工作方案》，泸水市公安局高度重视，及时成立泸水市境外非政府组织管理工作协调领导小组，设立了登记受理窗口，为在泸水的境外非政府组织提供登记、备案、咨询等服务。

【边境管理】 开展边境情报调研收集工作，确保中缅边境地区治安稳定，按照“发现得早，控制得早，处置得好”的要求对辖区71家涉缅企业进行不安定因素排查，共摸排出林华商号等在缅投资企业因利益之争引发的矛盾纠纷20余起，积极配合相关部门及时调处，有效化解了矛盾纠纷。加强边境重点整治力度，加强边境检查站查验工作，共接处警681起，受理治安案件163起；报立刑事案件106起；侦破涉毒刑事案件6起，缴获各类毒品11.61千克，打击处罚吸毒人员134人；查获走私普通货物案件97起，涉案总值约89.3万元；抓获在逃人员37名；收缴各类民用枪支158支，子弹8252发，雷管31枚，炸药5.26千克，管制刀具381把；办理边防行政案件17起，查获并遣送非法入境外籍人员30人。认真做好各类出入境申请的受理、审核工作，共受理出入境通行证、护照等各类证件3123证。推进“数字边境”建设，严密边境查缉管控网络，按照全省数字边境建设会议精神，迅速组织技术力量开展数字边境建设实地勘察和布点规划工作，完成移动终端采集设备和边境通道监控探头建设，边境管控能力得到进一步提升。

【侦查工作】 1—11月，全市共接群众各类报警5058起，处警5058起，处警率为100%，其中，违法犯罪案件1489起，交通事故853起，火灾事故1起，纠纷405起，公民求助400起，走失7起，其他1903起，救助群众697人；共出动车辆5132辆次，出动警力15258人次。共立刑事案件764起，破案288起；立案764起，与2016年同期立案857起相比，立案数少93起，立案下降12.17%；破案288起，与2016年同期破案336起相比，破案数少48起，破案下降16.67%；打击处理犯罪嫌疑人174名；立命案2起，破2起，破案率100%。共立侵财类案件695起，破227起，破案率32.66%，摧毁10个侵财类犯罪团伙48人（盗窃犯罪团伙5个11人、抢劫团伙2个8人、寻衅滋事团伙1个10人、诈骗团伙1个3人、赌博团伙1个16人），追回被盗摩托车22辆，共抓获侵财类犯罪嫌疑人74人，为人民群众挽回损失价值30余万元；抓获上网逃犯40人（其中外省19人，州外11人，外市3人，本地7人）；报捕69起109人，批捕60起89人；移送起诉78起109人；不诉3人。

【禁毒工作】 全年，共办理破获毒品刑事案件18起，抓获犯罪嫌疑人21人，缴获毒品11.28555千克（其中海洛因10.59985千克，冰毒片剂0.17638千克，鸦片0.50932千克），成功侦获“7·10”万克大案。强化吸毒人员收戒管控工作；深化禁毒宣传工作，贯彻落实中共中央、国务院《关于加强禁毒工作的意见》，稳步推进青少年禁毒预防教育“6·27”工程和社区戒毒、社区康复“8·31”工程各项工作；开展创建省级毒品预防教育示范学校工作，按照市禁毒委关于创建省级“毒品预防教育”示范学校和建设泸水市青少年毒品预防教育示范基地的要求，认真学习借鉴先进地州毒品预防教育工作的成功经验和好的做法，结合泸水实际，加强组织领导，积极探索，全面推进市青少年毒品预防教育“6·27”工程和社区戒毒社区康复“8·31”工程。

【经侦工作】 泸水市公安局经侦部门着眼于维护社会主义市场经济秩序，严厉打击涉众型经济犯罪行为。共受理经济犯罪案件20起，查处16起（非法转让、倒卖土地案件14起，非法占用农用地1起，银行卡被盗刷案1起），抓获犯罪嫌疑人6人，拘留6人，逮捕5人，取保候审1人，移送起诉16起5人，共挽回经济损失2.59万元人民币。协助外地州协查案件11起，协助取证材料340余份，及时有效地打击了经济违法犯罪活动，维护了社会经济安全和社会和谐稳定；认真做好涉及泸水境内“泛亚有色”“E租宝”“善心汇”重点人员稳控工作。

【社会治安综合治理】 以“发案少，秩序好，群众满意，社会稳定”为目标，最大限度地整合警力、发动民力，推进社区和农村警务战略，维护辖区治安稳定。及时查处治安（行政）案件，营造良好的治安环境，治安部门共接警5056起，处警5056起，出动警力16404人次，受理治安案件1088起，结案713起，查处违法人员1170人；受理查处赌博案件10起，抓获违法犯罪人员144人，收缴赌资41.59万元，捣毁“9·27”特大山地流动赌博团伙和三合农贸市场租房聚众赌博案，抓获嫌疑人93名，缴获赌资355951元，查扣手机70台，扣押涉案车辆14辆；查获运输违禁物品案件1起，收缴淫秽光碟1041张，罚款1人；查处卖淫嫖娼案件1起，行政拘留2人。强化枪爆物品源头整治，加强对涉枪涉爆从业单位的安全检查，收缴社会面非法枪爆物品，严厉打击涉枪涉爆违法犯罪行为，共收缴各类枪支188支（其中射钉枪152支，火药枪6支，猎枪2支，改装小口径手枪1支，气枪14支，弹簧枪13支），仿真枪157支，弩弓3把，各类子弹2870发（其中射钉弹1681发，铅弹1100发，空爆弹17发，军用子弹62发，猎枪弹10发），炸药3257千克，雷管44807枚，管制刀具219把，立涉枪案件7起，抓获违法犯罪人员8人；先后组织销毁过期炸药3255.7千克，雷管44694枚，黑火药0.13千克。

【推进“放管服”工作】 年内，筹建华天综合警务室、车站警务室、中元警务室三个警务室，打造群众身边的“公安局”；将临时身份证办理权限下放到华天综合警务室、中元村警务室和六库、西城、古登、片马、上江边防派出所，方便群众办理临时身份证；将身份证跨省、州、市、乡（镇）异地受理权限下放到派出所、警务室，方便群众办理身份证；将旅馆业、生产性废旧金属业、印章业审批权限前移，节约群众办理成本，方便了群众，提高了治安防控能力。至2017年末，共采集标准地址信息70407条，实有人口信息64876条，实有房屋信息20750条，实有单位信息1059条；共对全市10个派出所进行了质量抽查，经对抽查的信息进行质量实地核查，核查结果每月通报排名后，强制清空不合格数据8000余条，责令10个派出所限期整改。成立专班，对采集数据进行综合比对研判，共研判数据95258条，协助破获案件28起，抓获犯罪嫌疑人16人，为群众提供查询、核实服务451次。积极推进派出所规范化建设。根据省厅的部署和州局《关于加强派出所规范化建设的意见》要求，及时成立工作专班，查找派出所规范化建设中存在的问题和短板，研究出台加强公安派出所规范化建设的实施意见，明确和细化各部门和派出所的工作职责，专题研究派出所规范化建设工作，及时解决派出所在规范化建设推进中遇到的困难和问题。

【道路交通管理】 以预防重特大道路交通事故为中心，围绕“保安全、保畅通、保稳定”的目标，强化道路交通安全管理工作。狠抓事故预防，保障人民生命财产安全，年内，共查处交通违法53634起（现场查处13615起，非现场违法40019起），其中，处警告58人次，查处无证驾驶36起，饮酒驾驶9起，醉酒驾驶6起，拘留24人，扣车38辆，扣证43本，罚款484.7万元。共接各类警情968起，受理道路交通事故852起，微信自助处理367起，录入事故处理信息平台600起，录入率97.65%。交通事故立案600起（其中简易程序处理交通事故555起，一般程序处理交通事故45起），死亡26人，受伤131人，直接经济损失169789元。与2016年同期相比，事故总起数减少57起，下降7.5%；死亡人数减少2人，下降7.14%；受伤人数增加29人，上升30.56%；财产损失减少81361元，下降16.07%，四项指数呈三降一升。

【监管工作】 监管场所围绕保证绝对安全这条主线，立足泸水实际，稳步推进“五化建设”，不断强化监所安全管理工作，保证监所的安全稳定，深挖犯罪线索58条，破获刑事案件17起。

【法治工作】 深化执法运行机制改革，切实加强执法管理。推行法制民警案件审核责任制，法制大队民警包部门实行AB角审核，进一步完善网上考评工作；开展泸水执法规范化建设各项工作，严格案件巡查、通报，考核制度，共考核100余起行政、刑事案件；严格案件审核把关工作，确保案件质量，共审核各类刑事案件294件472人；共审批治安案件147件183人，其中，共行政拘留154人，罚款19人，行政拘留并处罚款10人；充分发挥行政复议和行政诉讼的层级监督和司法救济功能，体现以人为本、依法行政的要求，把纠纷解决在基层、把矛盾化解在萌芽状态，共有2起行政复议案件，均维持原处罚决定；有2起行政诉讼案件，1起市法院维持原处罚决定，1起还未有判决结果；积极化解信访矛盾，排查梳理涉法涉诉信访积案，通过开门接访、真心回访、“大走访”等方式，为人民群众提供方便、快捷、高效服务，使其合理诉求得到及时解决，维护群众的合法权益，共接待受理来信来访事项30起，其中，有效信访11起，已办结10起，1起正在办理当中，无涉法涉诉信访积案。

【六库派出所】 六库派出所以“发案少，秩序好，社会稳定，群众满意”为目标，围绕“三项建设”“三项重点”工作的总要求，抓住重点，突破难点。年内，共立刑事案件323起，破案127起，抓获犯罪嫌疑人71人，追回被盗手机、摩托车、现金等被盗物品价值30万余元；共受理治安案件448起，查处治安案件231起，查获违法人员591人（拘留110人、罚款84人、其他处理397人），罚款金额2.57万元，收缴赌资178845元；排查不安定因素12起，调解化解各类矛盾纠纷120起；清理登记出租房屋756家2570间；收集清理流动人口2677人，办理居住证2262个，清理登记六库周边无序流动人员83户433人；办理二代居民身份证件3603张，发放3501张，通过户口清理整顿工作，恢复户口39人，打击处理冒领他人身份证1人，出生登记556人，迁入564人，迁出53人，死亡注销户口298人，变更人口主项错误1186人，核查出无户口人员50人，其中正常落户6人，录入存疑人员72人，尚未落户人员共9人。

【西城派出所】 西城派出所围绕市局的工作部署，按照“对党忠诚、服务人民、执法公正、纪律严明”的总要求，加强队伍管理，提高队伍素质，开展严打整治斗争，组织各类安全保卫工作，推进社会治安综合治理。全年，共接处警

1446起。立刑事案件220起，破获刑事案件107起，抓获犯罪嫌疑人36名，刑拘30人。立治安案件261起，查处治安案件128起，行政拘留104人、治安罚款28人，调解137人，其他处理4人。共办理居民身份证1934张（异地办理621证），迁入500人，迁出15人，出生登记445人，死亡注销81人。开展送证下乡20次，为30人办理相关证件。开展无户人员调查工作，清理落户6户9人，帮助到保山芒宽居住的1户3人办理了落户工作；采集并核实流动人口、行业场所、出租房屋等信息1366条，对70家行业场所和11个建筑工地开展安全检查810次，发现安全隐患及问题8个，下发整改通知书15份，对整改不力的出具处罚决定书8份，上传基础数据信息13508条。

【大兴地派出所】 年内，大兴地派出所夯实基层基础工作，打击各类违法犯罪活动，推进“担当型”公安机关创建工作，强化队伍建设，完成党的十九大安保维稳和其他安保任务。共接警146起，处警146起，处警率100%，其中，刑事案件16起（盗窃摩托车10起，盗窃财物5起、故意伤害1起），治安案件20起（殴打他人1起，故意伤害4起，盗窃3起，故意损毁财物2起，吸毒1起，寻衅滋事1起，治安调解9起），查结13起，民事纠纷调解15起，救助服务7起，其他88起。查处违法人员10名，收缴罚没款2600元，涉案财物案件7起，录入系统7起；及时采集寄递物流和烟花爆竹销售网点从业人员信息，召开安全管理会议并签订责任书，严格督促重点单位、场所落实内部安全管理规定，实行实名制登记制度，共开展安全大检查79次，提出整改要求165条，排查隐患43条；共摸排关注不稳定因素6起，排查化解矛盾纠纷29起；共收缴射钉枪2支、铅弹36枚、射钉弹36枚，召开工作推进会2次，与辖区4家烟花爆竹销售点签订责任书，开展专项宣传2场次，发放宣传资料700余份。

【老窝派出所】 老窝派出所围绕人口管理和行业场所管理、执法办案及专项行动等重点工作，以“社会稳定、群众满意”为目标，深入开展矛盾纠纷排查化解，构建和谐警民关系，严厉打击各类违法犯罪活动，促进地方经济发展，维护一方平安。全年，共接处警280起，增长率10%，其中，受理刑事、行政案件25起，作民事纠纷调解31起，救助服务案件24起，其他200起。承办刑事案件18起，破3起，刑事拘留3人。受理治安案件7起，破案1起，治安处罚1起，治安拘留2人。共办理户成员变动79696条，新生儿落户176人，办理所内移动业务201人次，死亡注销127人，补录遗漏人口21人，删除重复人口258人，访查常住人口5550户，办理指纹身份证1118证；有效处置4起堵路滋事案件，参与政府部门调解纠纷10余起。

【森林公安局】 市森林公安局抓住影响林区社会治安稳定的热点、难点问题，运用好专项整治行动手段，始终保持对破坏森林和野生动植物违法犯罪的高压态势，从严从快依法打击了各类破坏森林资源违法犯罪活动。全年，共受理各类森林案件251起，告破、查处250起，其中，刑事案件11起（侦破10起），刑事案件共收缴国家重点保护植物红豆杉锯材26件，普通木材142129立方米；受理林政案件240起（查处240起），林政案件共收缴木材材积44.88立方米，麂子11只，猴子骨40多具，解救并放生眼镜蛇5条、穿山甲2只，猫头鹰2只，共计上缴罚没款144.2574万元，处罚202人次（逮捕7人、取保候审6人、行政处罚189人次）；排查木材加工经营场所92场次，走访村委会90余次，入户走访630户，调解矛盾纠纷8起，办理信访件2起；受理森林火灾案件1起、违规野外用火行为17起、违规野外用火处罚17人，罚款0.44万元；收缴群众自制射钉枪13支，子弹43枚。

【典型案例】 2月25日，泸水市公安局成功抓获省厅限时督捕逃犯和某某。

3月31日，泸水市公安局经侦大队破获一起利用微信盗刷银行卡案件，抓获犯罪嫌疑人1人。

4月7日，泸水市公安局查获一起聚众赌博案，查获参赌人员21人，聚众赌博人员2人，收缴赌资45353.5元，赌具一套。

5月23日，泸水市公安局成功破获一起故意伤害致人死亡案件，抓获犯罪嫌疑人1名。

6月13日，泸水市公安局破获一起非法买卖枪支案，抓获犯罪嫌疑人1名、违法嫌疑人3名，缴获枪支3支。

7月22日，泸水市公安局西城派出所破获一起婚姻诈骗案，抓获犯罪嫌疑人4名，追回被骗资金9万余元。

7月27日，在州公安局和德宏、保山警方的大力支持下，泸水市公安局多警种联合作战，成功破获一起运输毒品案，查获疑似毒品海洛因毛重10.915千克，净重10.54419千克，抓获犯罪嫌疑人3名，扣留运毒车辆1辆。

8月30—31日，泸水市公安局组织公安民警、边防官兵210人在洛本卓乡党委、政府的大力支持下全面对洛本卓毒品重灾区进行禁毒专项整治，抓获涉嫌吸毒违法人员33人，依法对其中30名尿检呈阳性的吸毒违法人员进行强制隔离戒毒。

9月1日22时50分，泸水市公安局成功破获一起故意杀人案，抓获2名犯罪嫌疑人。

9月23日，泸水市公安局六库派出所快速破获一起故意损毁信用联社ATM机财物案件，抓获犯罪嫌疑人1名。

10月16日下午，泸水市公安局在州公安局相关部门的大力支持下经过缜密侦查、周密部署，成功捣毁“9·27”特大山地流动赌博团伙，抓获嫌疑人68名，缴获赌资294981元，查扣手机70台，扣押涉案车辆14辆。

11月9日，西城派出所破获盗窃包裹系列案件11起，抓获犯罪嫌疑人1名，追回手机3台，戒指和转运珠等价值15000元物品。

12月6日，泸水市公安局民警分别在江口市菜市场附近的公路边、江口市坝盘镇挂扣村官家湾公路边，将“11·3”入室盗窃保险柜案件在逃人员吴某庆、刘某全、雷某成抓获，成功破获老窝工业园区“11·3”特大盗窃案。

【表彰奖励】 年内，被州公安局授予2016年度县（市）级公安机关综合考核先进单位、被泸水市扶贫开发领导小组授予泸水市脱贫攻坚扶贫先进集体；5名民警荣记个人三等功；一个集体被评为2016年度全州禁毒工作先进集体；3名民警被评为2016年度派出所参与“农村道路交通安全管理”“消防安全监督”“禁毒打零”优秀民警分别受到省公安厅通报表扬；10名民警受到市公安局嘉奖；40名民警职工被评为2016年度优秀公务员；有8个集体、10名民警、22名辅警受到市公安局的表彰奖励。在党的十九大安保维稳工作中，市公安局及时启动战时思想政治工作和表彰奖励机制，对工作成绩显著的12人进行了战时嘉奖，弘扬了士气、鼓舞了斗志。

（张国栋）

消防工作

【概 况】 2017年，泸水市公安消防大队以习近平总书记新时代治国理念为指引，以打造消防铁军和构筑社会“防火墙”工程为重点，坚持抓班子、带队伍，贯彻落实国务院《关于加强和改进消防工作的意见》，实现了部队战斗实力明显提升、队伍素质全面提高、装备建设后勤保障能力显著改善，火灾防控日益日趋牢固、部队高度稳定和全市火灾形势的基本平稳的良好局面。为地方经济社会发展奠定了坚实的基础。年内，消防大队被市人民政府记集体三等功一次。

【消除火灾】 泸水公安消防大队坚持以维持火灾

形势基本稳定，消除火灾隐患为基本任务，组织开展了冬春火灾防控、百日消防安全大检查、夏季消防安全检查等专项整治工作，全面分析研判和综合评估全市消防安全形势进行，找准消防安全突出问题和薄弱环节，加大对消防违法违章的查处力度，有效预防和遏制了重特大亡人火灾事故。全年，消防大队共接警出动25起，出动车辆41台次，出动官兵234人次，抢救被困人员4人，疏散被困人员59人，抢救财产价值5.3万元，其中，火灾10起，同比2016年上升200%，死亡0人，同比2016年下降300%；城区发生火灾6起（统计类火灾1起、登记类火灾5起），占全市火灾起数的60%，乡镇、农村发生火灾4起，占全市火灾起数的40%。共检查单位（场所）2956个，发现火灾隐患或违法行为2437处，下发《责令改正通知书》1370份。共责令“三停”4个存在的违法行为场所，临时查封3个场所，罚款48.3万元，消除了火灾隐患。

【抢险救灾】 圆满完成2017年各类火灾及事故应急救援，共接警出动41起，出动车辆55辆次，出动官兵332人次，抢救被困人员20人，疏散被困人员450人，抢救财产价值53.6万元，其中，火灾17起，无人员伤亡，直接财产损失6.93万元，未发生较大以上火灾事故。

【制度建设】 为了切实开展好全市的消防安全工作，坚持“政府统一领导”的原则，市人民政府专门召开全市消防工作会议，研究部署全市消防安全工作；市委政府组织召开消防安全联席会议4次；调整消防安全重点单位73家；根据泸水市消防工作“十三五”发展规划，制定2017年度消防工作计划，将消防工作纳入各级政府目标责任和工作考评内容，市人民政府与各乡镇政府、消防安全重点单位、各行业系统，市公安局与各科室所、边防派出所等层层签订消防安全目标管理责任状共计300余份。

【专项治理】 年内，组织开展冬春火灾防控工作、“三合一、多合一”场所消防安全专项整治、文物古建筑专项治理、夏季火灾防控工作、党的十九大消防安保工作等专项检查行动，参加了公安机关组织开展的立案突出问题专项治理等活动，形成专项工作基础化、基础工作常态化、执法手段多样化、打击违法行为严厉化的工作格局。全年，大队出动检查3225人次，检查单位2665家，发现火灾隐患或违法行为2657处，督促整改2657处，发出《责令改正通知书》1499份，实施“三停”处罚4起，临时查封4起，累计罚款48.3万元，办理消防设计备案抽查16起，竣工验收消防备案抽查7起，下发公众聚集场所投入使用前、营业前消防安全检查合格证23份。受理举报投诉9起。

【消防宣传】 年内，制定《泸水市冬春火灾防控工作方案》《“安全生产月”活动方案》《泸水市夏季火灾防控工作方案》等多种方案，发放《云南省消防条例》《怒江州全民消防安全常识》《怒江州农民工安全知识读本》《新农村指导员手册》等各类消防安全宣传资料1.8万余份，制作固定消防宣传牌200余块，促成单位消防宣传标语50余条，协调多家单位不定时滚动播放消防宣传标语，展出家用电器防火须知、火场逃生自救常识、消防法律等一系列图文并茂的宣传展板150余张，悬挂消防宣传横幅90余条，开放消防站15余次，接待社会各界200余人，进学校开展宣传活动20次。

（杨勇平）

森林公安

【概　况】 2017年，深入贯彻落实党的十九大和十八大及十八届历次全会，习近平总书记关于生态文明建设、林业和政法公安工作的一系列重要讲话精神为契机，按照“十三五”发展和2017年工作计划的总体思路，以补其短板、做强长板、打造泸水森林公安工作升级版为引领，坚定信念、突出主业、夯实基础、从严治警，扎实做好维护生态安全和林区稳定工作，全力推进脱贫攻坚工作，为实现将怒江建设成为全省生态文明建设的排头兵的先行区、泸水生态文明建设和全市脱贫攻坚做出了积极贡献。

【深化改革工作】 深入落实全面深化公安改革相关要求，全面落实公安警衔改革政策，进一步完善了辅警人员管理模式，整合林业行政执法力量。继续推进执法职能拓展，按照省行政执法改革精神，全面落实森林公安79项林业行政执法权和12项行政强制权，确保执法不缺位、不错位、不越位。

【信息化应用】 全面启用了涉林行政案件系统应用，全面实现网上办案，网上布控等应用，注重嫌疑人指纹及林区群众身份信息采集工作，为情报分析研判奠定基础，以信息化手段提升林区管理和治安防控水平，共网上办理刑事案件13起，林政案件231起，利用信息化技术手段侦破案件2起，采集犯罪嫌疑人员指纹信息29条，核查群众身份信息2555，录入林区警务信息10786条，编写信息化建设动态简报12期，加强信息网络安全管理工作，坚决杜绝“一机两用”和涉密事件的发生。

【执法规范化建设】 高度重视执法质量，加强内部监督，坚持案件五级审核、集体讨论等制度，切实提高民警责任意识、精品意识，加大执法质量考核力度，建立健全考核结果运用机制，加大奖惩力度，加强法制培训，注重岗位练兵，努力提高队伍整体执法办案水平，同时完善考核机制，按照网上办案的警务模式，改变传统考核方式，逐步实现网上考核，加大日常考核，及时发现案件质量问题，及时纠正，及时培训。共组织开展4次执法质量季度考核，接受州局考核4次，市案件评查考核组检查4次，共审批案件231件。

【林区治安防控系统建设】 在深入调查研究的基础上，从市人民政府层面制定印发《关于进一步加强林区治安防控体系的实施方案》和《进一步推进平安林区建设实施方案》，明确2017年及今后一段时间林区治安防控体系建设的组织、经费、工作目标、措施等事项。对全市2043名森管员进行了专题培训，进一步完善了“三情”“四网”“两管理”为重点的基层基础建设和“五位一体”工作。各个业务科室负责人深入到辖区对秘密力量建设及森林员管护工作任务进行了实地安排部署，并与高黎贡山国家级自然保护区泸水管护分局联合在自然保护区林区内安装了红外摄像机，对重点路口、路段进行实时监控。不断深化区域警务合作机制。加强跨区域警务协作，与比邻县和州外交界地区警务合作日益密切，持续与公安边防建立案件联合查处机制，共与大理州云龙县森林公安局、福贡县森林公安局等5个周边森林公安机关签订了警务协作机制，先后召开了5次警务协作联席会议，与边防大队、禁毒支队、海关等协作查获7起涉林案件，积极建立立体化林区治安防控网络。

【涉林矛盾纠纷排查调处】 进一步完善林区矛盾纠纷排查调处工作机制，全面掌握可能引发群体性事件的重点矛盾纠纷、重点领域、重点部位，着力解决好群众反映的突出问题，防止林区群体性事件的发生，努力把矛盾纠纷解决在基层和萌芽状态，确保涉林矛盾纠纷隐患控制在基层、化解在基层、调处在基层，全力维护林区社会和谐稳定。年内，深入《开展木材加工厂排查清理整治专项行动》《边境地区林区社会治安专项整治工作》，共排查木材加工经营场所92场次，走访村委会90余次，入户走访630户，调解矛盾纠纷8起，办理信访件2起，为维护林区社会稳定、保障林区群众安居乐业发挥了积极的作用。

【加强林区禁毒工作】 全面启动“堵截一号毒品查缉专项行动”，不断强化工作措施，切实履行林区禁种、铲毒和禁毒宣传职责。共出动警力

70人次，踏查可疑地块7处，铲除野生大麻22株，开展宣传教育12场次，发放宣传资料1000余份，继续巩固辖区内林区“零种植”“零产量”禁毒成果，1名民警被国家禁毒委员会授予先进个人称号。

【森林火灾案件查处和预防】 进入森林防火期后，坚持把森林火灾案件预防查处工作作为防火期压倒一切的中心工作来抓，充分发挥职能作用，严格值班备勤，以“双严四号”“无火清明”等活动为契机，深入各乡镇、学校等各区域开展护林防火宣传和野外违规用火整治，切实加强对重点林区、野外火源的管控，及时查处森林火灾案件和违规野外用火整治工作，做到“见烟就查、见火就管”的原则，营造良好的森林防火警戒氛围，森林防火期内辖区内春耕备产、清明祭祀、野炊等野外用火行为较往年明显减少，其间共出动防火宣传车辆93台次，人员372人次，播放广播36场次，召开座谈宣传会28场次，入校宣传3次，发放宣传单5000余份，去冬今春受理森林火灾案件1起，违规野外用火行为17起，违规野外用火共计处罚17人，罚款4400元。

【缉枪治爆专项行动】 按照市委、市人民政府及上级公安机关的要求，全面启动了“2017年缉枪治爆”专项行动，继续深化对辖区内林区爆炸物品、枪支弹药、剧毒化学品等危险物品的安全管理，同时，局长带队，深入到重点区域广泛开展枪支、弹药、管制刀具的收缴宣传发动工作，给群众详细讲解私存、私藏枪支和涉爆物品的严重性和危害性，动员群众积极举报涉枪涉爆违法犯罪线索，鼓励群众主动上交枪支弹药等危险物品，保障辖区安全有效防范涉爆涉枪案件的发生，消除林区治安隐患，切实维护林区社会治安稳定大局。其间，共出动警力72人次，开展法律宣传28场次，发放粘贴宣传资料500余份，立案处理2起，收缴群众自制射钉枪13支（其中3支已移交市公安集中保管），子弹43枚（发）。

【林业执法活动】 继续推进相对集中林业行政执法权工作，全面落实了森林公安79项林业行政执法权和12项行政强制权，确保执法不缺位、不错位、不越位，年内共受理行政案件231起，查处231起。同时为依法保护好自然保护区生物多样性资源，不断推进全市生态文明建设，在省、州森林公安机关的统一安排和部署下，全面启动湿地和自然保护区执法专项行动，其间，共深入保护区及周边村寨开展巡逻巡查20余次，法律宣传10余次，发放宣传资料500余份，粘贴（悬挂）宣传标语10幅，在保护区内及时清除狩猎工具90个，年内共受理破坏保护区森林资源违法犯罪案件7起，其中刑事案件2起，林政案件5起。

【专项行动】 扎实开展“绿谷二号”“绿谷三号”等专项行动。为有力打击整治六库周边毁林开垦等破坏森林资源违法犯罪行为，切实保护森林资源，着力推进“怒江花谷”生态建设，提升六库人居环境，在州林业局、州森林公安局的精心指导下，市人民政府牵头，在全市范围内集中开展了打击六库周边毁林开垦等破坏森林资源违法犯罪专项行动，即“绿谷二号、三号”专项行动和《泸水市林业局2017年打击毁林开荒等破坏森林资源违法犯罪活动》，工作中不断强化工作措施，专项行动工作取得了显著成效。

【安保维稳工作】 严格按照“五个严防、三个不发生”和上级公安机关一级应急响应勤务模式的要求，切实加强内部安保保卫工作，积极参加市公安组织的主城区市面巡逻防护工作，同时严格落实枪支、车辆等管理规定，并结合工作实际，切实加强林区社会治安防控，涉林矛盾排查化解等工作，以最高标准、最实举措、最佳状态，全力抓好党的十九大安保工作各项措施落实，圆满完成十九大安保维稳工作任务，其间共召开专题会议19次，共出动警力720人次，车辆242台次，检查车辆4000余台次，检查涉林企业123家，发放宣传资料5000余份，受理各类森林案件21起，及时为群众排除毒蛇隐患2起，收缴枪支7支，化解矛盾纠纷2起。

【脱贫攻坚】 继续认真开展了脱贫攻坚工作，工作中，以“底数清、方向明、措施实”为目标，着眼挂钩村的长期发展，立足短平快项目建设，真扶贫、扶真贫，下大力气切实抓好挂钩村的脱贫攻坚工作，目前，全局共挂联200户833人，年内，抽调1名民警参加驻村工作，选派5名脱贫攻坚和基层党建实战队员，下派到基层开展工作，自觉、主动服务投身到扶贫攻坚和全面建设小康社会中，并结合挂钩村的实际，认真落实各项扶贫措施，扎实开展“建档立卡回头看”和数据清洗和补录，确保扶贫对象精准，明确了脱贫程序和目标。开展“找问题、补短板、促攻坚”专项行动，共杭理出了存在问题7条，并进行认真整改，开展建档立卡动态管理及房屋等级认定专项行动。工作队员和民警积极向群众宣传各项扶贫政策，在群众中形成了良好反响，为各项工作的顺利开展创造了条件。为挂钩村配置档案柜8个，桌椅1套，费用2万余元，协助挖通8千米的通村公路，引导群众积极投入美丽乡村义务植树活动中。根据挂钩村的实际发展花椒、蔬菜种植产业和能繁母猪、土鸡，山羊等养殖业，年内安排100头母猪的投放，引导农户种植了花椒2800亩，红薯藤500亩，并根据种植好的花椒农户缺化肥、缺病虫害防治的实际，积极争取给农户送去化肥，并请市林业局进行病虫害防治。认真制订挂钩村的脱贫规划方案和产业发展方案，领导班子在先后多次共同的挂联单位市政协的带领下，对马垮底村的产业、基础发展进行了调查研究，并制定了实施方案。

检 察

【概 况】 2017年，认真落实市委和上级检察院各项决策部署，以执法办案为中心，围绕泸水经济发展大局，把牢正确政治方向，忠实履行宪法和法律赋予的职责。推进司法体制改革和监察体制改革，激发检察队伍活力，落实司法责任制改革工作，以员额制改革为抓手，推进内设机构改革和司法人员分类管理，推进公益诉讼试点工作，主动适应以审判为中心的刑事诉讼制度改革。加强对刑事立案、侦查、审判、刑罚执行和民事行政审判、执行活动的法律监督，既防止打击不力、又要注重保障人权，依法监督纠正人民群众反映强烈的诉讼活动中执法不严、司法不公问题。维护法律尊严，促进公正廉洁，打击严重刑事犯罪，维护社会稳定，服务泸水经济社会发展。

【批捕起诉】 截至11月20日，共受理批捕案件94件144人，人数同比上升48.5%，经审查，批捕77件110人，人数同比上升76.4%；不批捕17件34人，人数同比上升23.6%，其中，无社会危险性不批准逮捕19人，事实不清、证据不足不批准逮捕15人。受理审查起诉案件139件180人，人数同比上升11.8%，提起公诉117件147人，人数同比不变；提请抗诉2件3人，案件数同比上升200%；依法作出不起诉决定10件11人（相对不起诉4件4人，存疑不起诉5件5人，附条件不诉1件2人）；向侦查机关发出《纠正违法通知书》10件；没有无罪判决案件。年内，检察长应邀列席同级法院审委会6件次，促成张某某聚众扰乱社会秩序案、杨某某侵占案等一系列重大疑难复杂案件的办理。

【教育挽救涉罪未成年人】 实行未成年犯罪案件分案起诉制度，严格实行未成年人刑事案件涉及的合适成年人到场制度、委托诉讼代理人制度、社会调查制度、犯罪记录封存制度等各项制度，最大限度地教育挽救涉罪未成年人。开展以“防治校园欺凌，护航未成年人成长”为主题的“检察开放日”活动，为未成年人犯罪预防工作打下基础。

【涉检信访工作】 畅通群众诉求渠道，完善控告申诉（控申）工作机制。利用报刊、广播、电视、网络、公开栏等，广泛开展宣传，营造畅通群众控申渠道的良好氛围，让群众知晓控申工作机制，了解如何反映合理的诉求。建立受理和解决群众控申的长效机制，加强群众诉求控告申诉的分析、转办。全年，先后接待来访群众30人次，办理群众来访来信案件9件，初核后答复2件，转市公安局1件，转本院职侦局1件，转本院刑事检察局1件，直接答复4件；争取国家司法救助3件，救助金额5.5万元；刑事申诉4件。

【查办职务犯罪案件】 牢固树立“四个意识”，服务党和国家工作大局，打“虎”拍“蝇”力度不减、节奏不变，落实惩治和预防腐败工作规划，把查办扶贫领域腐败案件作为检察机关服务脱贫攻坚工作大局的切入点，查办群众反映强烈的茶某某涉嫌贪污农村低保金及席某某涉嫌行贿等重大疑难职务犯罪案件。年内，依法受理职务犯罪案件线索15件18人，立办8件11人，同比上升33%和37%，挽回经济损失60多万元，其中，受理反贪案件线索12件15人，立案6件9人，人数同比上升50%；受理反渎案件线索3件3人，立案2件2人，案件数同比上升100%。

【职务犯罪预防工作】 运用媒体的宣传教育功能，通过电视播放预防职务犯罪公益广告、重点介绍查办贪污贿赂职务犯罪大案的阶段性成果和刊发典型案例等形式，宣传检察机关的职能、立案标准、预防职务犯罪的工作措施；组织干警上街开展法律宣传咨询及进机关、企业、学校、社区、乡村等活动，通过PPT授课、法制宣传、交流互动等形式宣传预防职务犯罪知识，全年，进行专题法制讲座3场（次），听课人数达到1000余人；检察开放日，邀请人大代表、政协委员、人民监督员、特约检察员、中小学生代表等重点岗位人员30余人，参观市检察院法制宣传专栏、办案工作区、检务大厅、检务公开触摸屏系统，接触、体验、感悟法律精神；加强与行政执法部门的沟通协作，完善信息共享、同步介入等预防工作机制，提供预防职务犯罪档案查询750件次，从源头上遏制和减少职务犯罪的发生。

【刑事诉讼监督】 严格执行省检察院制定下发的排除非法证据实施细则，严把刑事犯罪证明标准，切实加强侦查监督，重点监督纠正有罪不究、无罪追究、违法办案、侵犯人权等问题，年内，进行羁押必要性审查4件4人，向公安机关书面提出变更强制措施检察建议书4份。立案监督案件4件4人，其中监督撤案2件2人，通知立案2件。向公安机关发出《要求说明立案理由书》2份。以书面形式向侦查机关发出《案件继续侦查取证意见书》80份，口头建议100余次。对于不批准逮捕的案件，发出《不批准逮捕理由说明》17份，向公安机关发出《纠正违法通知书》3份。

【民事行政诉讼监督】 推进民事、行政诉讼监督，稳步开展行政执法监督，探索公益诉讼，推动民事行政检察多元化监督格局健康发展，年内，共受理民事行政案件26件，其中，1件为支持起诉案件，25件为对行政机关不作为的监督案件。对辖区内随意倾倒垃圾问题、无证采矿采石问题，向13个相关乡镇和部门发出督促履行职责检察建议25件次，25件案件均为公益诉讼前检察建议。办理了“胡某某、李某某滥伐林木案”的督促起诉与支持起诉案，该案为全国第二例、云南省首例检察机关对刑事案件督促、支持有关职能部门就当事人损害国家利益的行为提起民事诉讼。

【首例检察官出庭支持起诉刑事附带民事诉讼的公益诉讼案件】 5月12日，市检察院受理审查起诉被告人李某某、胡某某滥伐林木案。经查，被告人李某某在未办理任何相关手续的情况，于2016年11月初以每立方米280元的价格雇佣被告人胡某某到阿某某的自留山砍树，被告人胡某某砍伐了162株林木，其中，白桤木118株、西南桦44株，被胡某某滥伐林木的林地权属集体，林木权属个人。民事行政检察部门在获悉这一案情后，迅速启动民事行政检察监督程序，提出督促刑事附带民事起诉意见。11月6日上午，被告人李某某、胡某某滥伐林木案在泸水市人民法院公开开庭审理，市检察院派出主任检察官李玉华出庭代表国家提起民事诉讼。泸水市林业局依据《中华人民共和国森林法》第三十九条和《中华人民共和国森林法实施条例》第三十九条之规定提起刑事附带民事诉讼，部分市人大代表和政协委员应邀到庭观摩。庭审中，两名被告人及其辩护人对检察机关认定的造成133.022立方米林木损害的事实无异议，表示认罪服法。当庭表明愿意补种刑事附带民事诉求提出的810株林木。

【刑罚执行和监管活动监督】 执行被监管人约见检察官、派驻检察官与被监管人谈话、检察官信箱等制度，畅通被监管人诉求渠道。加强对监管场所和监管活动的监督，确保监管安全，开展减刑、假释、暂予监外执行专项检察活动，对“三类犯罪”罪犯变更刑罚执行情况进行核查，不定期对监管场所进行安全防范检查，开展法律法规及检务公开宣传教育活动，进一步强化对监管人员合法权益的保护。加强社区矫正监督，解除矫正47人、新入矫18人。深入各司法所进行社区矫正执法检查，办理对社区矫正人员收监执行提请审查案件1件1人，收监执行裁定审查案件1件1人，向司法行政机关发出书面检察建议2份。纠正违法6件6人，羁押必要性审查4件4人，审查暂予监外执行3件3人，上半年完成申报三级规范化检察室的工作目标。

【创新检察权运行模式】 试行扁平化管理，创新检察权运行模式，围绕司法体制改革重点和难点，合理设置检察官入额的条件、标准和程序，严格按程序遴选员额制检察官17名。研究制定检察官权力清单，建立内外联动、扁平化管理机制，实现办案流程、检察权运行和权力结构运行无缝对接。一线干警比例从75.5%上升到85.5%，专业属性更加突出，办案效率明显提升，案件质量显著提高，协作配合更为顺畅。

【规范司法和案件管理】 实行办案流程网上录入制度，进一步规范司法和案件管理工作，加强司法规范化建设，建成并运行统一业务应用系统，完善网上办案、涉案财物管理、案件质量评查等机制，发出流程监控和预警提示9件（次），对于公安机关随案移送的涉案财物，经案件受理人签字后，要根据《涉案财物管理办法》将涉案财物入库，并及时按照要求的项目在统一系统上完成网上操作。严格按照《律师会见与阅卷规定》《案件查询工作规定》接待律师，促进司法公正，实行阳光检务，共接待律师阅卷34次。

【接受外部监督制约】 主动接受人民监督员监督、人大监督和政协民主监督，积极稳妥地开展人民监督员工作，接受监督的“七类案件或事项”共8件8人，其中拟不起诉案件1件1人，所办案件经人民监督员监督后均同意承办部门的拟处理意见。在加强案件监督的同时，密切与人民监督员的联系，为他们搭建知情平台，定期不定期向人民监督员通报检察工作、认真听取人民监督员对检察工作的意见建议，组织人民监督员参与未成年人检察开放日、道德讲堂、庭审观摩、举报宣传、案件回访等各种重要会议、重大活动10余件次。积极联系人大代表、政协委员，年初市里召开两会期间，派员到所有代表团听取、收集市人大代表、市政协委员对本院检察工作报告的意见和建议。

【适时公开案件信息】 认真做好案件信息公开，让人民监督权力，让权力在阳光下运行，定期对部分案件信息予以公开，年内，公开法律文书77份，发布重要案件信息4条。及时对自侦部门查办的职务犯罪案件进行公开，积极营造平安泸水、法治泸水的浓厚氛围，提高检察工作的群众知晓率、参与率和满意度。

【脱贫攻坚】 根据泸水市党委政府脱贫攻坚部署要求，抽调工作人员驻村开展扶贫工作，完成挂联村贫困对象动态管理工作和“找问题、补短板、促攻坚”专项行动，年内，累计抽调检察干警200余人次，进村入户全面核查建档立卡贫困户和非建档立卡农户信息数据，召开贫情分析会45次，协助办理非婚生育、边民回流、随意分户等户口问题300多例，完成堵堵洛村499户2048人的基本信息采集录入工作，识别贫困对象296户1169人。按照市委部署要求，组织脱贫攻坚实战队，先后6次进驻挂联村开展工作，切实解决群众最关心、最直接、最现实的利益问题，协调解决水泥、水管、大米、棉被等价值6万余元的生产生活物资，落实人畜饮水工程3个。

（苏海波）

法　院

【概　况】 2017年，泸水法院围绕“努力让人民群众在每一个司法案件中感受到公平正义”的目标，从严治院，公正司法，充分发挥审判职能，践行司法为民，稳步推进法院改革工作，年内，成立法律援助工作站，完成看守所科技法庭安装调试，首次使用微信视频审理案件，首次通过淘宝网司法拍卖平台进行拍卖。全年，共受理各类诉讼、执行案件1331件（含旧存189件），审（执）结1165件，结案率87.53%，与2016年收案数（1033件）相比，收案数增加298件，与2016年结案率（81.7%）相比，结案率上升5.83%。

【刑事审判】 依法惩治刑事犯罪，维护社会安全稳定，受理各类刑事案件164件（含旧存18件），审结146件，结案率89.02%。其中，审结故意伤害、抢劫、盗窃等案件40件63人；审结非法运输、出售、加工国家重点保护植物，盗伐、滥伐林木等案件13件20人；审结国家工作人员贪污、挪用公款、玩忽职守、滥用职权等案件9件9人。注重人权的司法保护，受理未成年人案件10件17人，为创建平安泸水提供司法保障。

【民事审判】 妥善调处民商事纠纷，优化经济发展环境，受理民商事案件835件，审结747件，结案率89.46%。化解矛盾纠纷，调解415件，撤诉167件，调撤率为69.7%。

【行政审判】 促进依法行政，打造“法治泸水”，行政审判坚持“促进依法行政，保护合法权益，优化司法环境，化解行政争议”的原则，妥善化解行政争议。全年，受理行政案件11件，审结8件，结案率72.73%。

【立案信访】 诉讼服务中心将立案、查询、材料收转、信访接待、投诉举报等服务职能放至“前台”运行，为群众提供“一站式”诉讼服务。全年，共接待群众来访2000多人次，来信3件，已全部答复处理，共减缓免诉讼费135141元。

【巡回审判】 以“车载法庭”的形式进行巡回办案，积极做好普法宣传教育工作，达到“审理一案、教育一片”的效果。全年，巡回法庭共受理案件204件（含旧存10件），结案185件，结案率90.68%；调撤152件，调撤率达74.5%。巡回审理过程中面对面解答法律咨询383人次；各庭室巡回审理案件521件，促进了辖区社会稳定。

【速裁审理】 1月1日起，司法改革后正式实行团队运行模式，民事速裁团队法官负责到诉讼服务中心导诉台进行轮值，并负责第一道的案件繁简分流工作，对当事人争议不大、法律关系明确的案件进行快速审结。2017年度院机关所受理的481件民商事案件中，民事速裁团队审理354件，占院机关民商事案件的73.59%；民事速裁团队调撤266件，调撤率为75.14%。

【执行工作】 解决执行难问题，维护当事人合法权益，根据省高院关于开展执行攻坚“迅雷行动”的工作部署及州法院执行工作要求，结合本院工作实际，开展执行攻坚“迅雷行动”。受理执行案件318件（其中旧存70件、保全案件12件），执结262件，执结案率为82.39%，涉案标的为1.04亿元，执行结案标的为7830.89万元，实际到位5475.45万元，实际到位率69.92%；全年司法拘留6件6人。对涉及10起案件10名被执行人向公安机关申请布控，将公安平台反馈人员进行司法拘留2人，执行和解1件。积极运用失信人员平台，将39件44人列入全国失信人员平台。依法公开进行网络司法拍卖10件次。年内，怒江州中级人民法院和泸水市人民法院在农行怒江分行先后两次举行执行案款集中发放仪式，共向申请执行人发放执行案款5976万元。

【队伍建设】 年内，切实加强思想政治建设，坚持“抓党建带队建促审判”的工作思路，把意识形态工作与履职尽责工作、“两学一做”学习教育结合起来，组织学习《党章》、党规党纪、习近平总书记系列重要讲话、《党的十九大精神传达提纲》、《习近平关于制度治党、依规治党论述摘编》，全年，共开展22次集中学习，5次专题研讨，5次专题党课，观看专题片3次；共编发“两学一做”学习教育活动简报35期。加强业务培训，制定教育培训计划，先后选派干警参加国家法官学院、云南省高院法官学院及浙江大学组织的技能培训；选派1名干警到昆明中院跟班学习；年内召开卷宗装订和信息化运用培训会，通过培训，书记员纸质、电子卷宗制作质效得到提高，信息化办公、办案意识得以加强，提升了干警信息化运用能力。推进廉洁司法建设，建立健全各类风险防控制度，层层签订责任状23份，承诺书52份，督促干部履行“一岗双责”，设立举报邮箱、电话，发放《廉政监督卡》，开展廉政提醒谈话、家庭助廉活动，在审务督查和廉政监督卡回访活动中，当事人对办案纪律、文明服务的满意度均为100%。

【脱贫攻坚】 严格按照时间节点，完成扶贫攻坚各项任务，确保精准识别、精准帮扶全过程“零差错”，做到审判工作和扶贫攻坚工作两不误。年内，与怒江森润农林科技有限责任公司协调，在格甲村组织种植茶树18余万株；与中国人民财产保险股份有限公司泸水分公司共同出资购买孵化机一台捐助格甲村开展养殖业；帮助建立格甲村电子商务平台；发展养蜂户22户，并进行集中培训；组织花椒种植培训，提升花椒种植户的栽培技术。牵线社会各界爱心人士，为格甲村215名小学生捐赠215双运动鞋，学习用品、生活用品38箱，打印机1台，A3、A4纸8箱；组织干警到格甲小学开展“六一”儿童节帮扶活动，捐赠了价值约8000元的文具用品和书籍，开展“春蕾”助学行动，3名女干警分别与3名女童结对助学，为教育脱贫再添一瓦。与扶贫挂钩点共同开展“七一”建党节主题活动，提高党员党性修养，推进格甲村党员活动室建设、开展十九大精神画报宣传等。全年，共投入扶贫资金2.9万余元；抽调3名干警组成驻村帮扶工作组开展挂钩点扶贫工作；选派3名干警组成脱贫攻坚和基层党建实战队，充实驻村队伍战斗力；组织动员63户建档立卡贫困户、22户随迁户易地搬迁、集中安置。

【法院改革】 年内，按照省委政法委、省高院的统一部署，先后参加了全省第二批试点法院法官遴选及第三批试点法院法官遴选，共产生16名入额法官，其中，1名病逝、1名调离，年末，全院有14名入额法官。全面落实司法责任制，实行扁平化管理，组建刑事审判、行政审判、民事速裁、民事精审、法庭审判、综合审判6个团队，科学量化配备法官、法官助理、书记员，并制定案件任务数；实行案件繁简分流制度，实现简案快审、繁案精审，采取民事速裁团队、民事精审团队、综合团队的案件分流模式。开展庭审质量和案件质量的常规评查、专项检查以及优秀裁判文书评选活动，严格按照审判质效管理考评办法进行考核奖惩，突出绩效考评的导向和激励作用。

【两庭建设】 11月，诉讼服务中心项目开工建设，该项目属于原泸水市人民法院审判法庭建设项目的续建工程，建筑面积1506.59平方米，四层钢框架结构，项目估算总投资703.6万元，正在建设当中。2016年7月11日，古登法庭遭受泥石流自然灾害，住宿楼、办公楼、审判法庭、办案办公设备及生活设施严重毁损，因原古登法庭处于泥石流多发地段，不宜在原址恢复重建，经市委、州法院、省高院同意古登法庭搬迁至称杆乡并更名为称杆法庭。2017年10月称杆法庭建设项目开工建设，是原古登法庭的灾后重建项目，建筑面积701平方米，其中，法庭办公楼建筑面积499.32平方米，辅助用房建筑面积201.68平方米，概算总投资432.88万元，正在建设中。

【表彰奖励】 7月，泸水法院被全国妇联授予“全国维护妇女儿童权益先进集体”称号。12月，民事审判第一庭被怒江州中级人民法院授予“先进集体”。

（李春保）

司法行政

【概　况】 2017年，司法行政工作围绕全面依法治国方略，认真履行工作职责，充分发挥法治宣传、法律服务、法治保障三大职能作用，服务中心大局，为建设平安泸水、和谐泸水、幸福泸水、法治泸水提供法治保障。年内，开展了泸水市青少年法治宣传教育基地、社区矫正综合矫治场所建设前期可研、规划设计、土地、环评等各项工作；与市民政局联合下发《关于开展社区服刑人员帮扶活动方案的通知》，组织召开全市基层党建工作推进会；积极参与“两违”专项整治30余天，共出动干警48人次、车辆25驾次。

【矛盾纠纷调解】 全年各级调解组织共调解各类纠纷1234件，成功调解1201件，成功率97%，其中，婚姻家庭纠纷439件，邻里纠纷212件，房屋宅基地纠纷10件，合同纠纷14件，生产经营纠纷18件，损害赔偿纠纷50件，山林土地纠纷411件，征地拆迁纠纷5件，劳动争议纠纷5件，道路交通事故1件，其他纠纷69件。丙贡村人民调解委员会余福林工作室共调解纠纷17件，其中，土地纠纷12件，林地地界纠纷3件，家庭纠纷2件。年内，根据《云南省司法厅关于开展人民调解案卷质量评查的通知》，对2016年和2017年1—4月办结的人民调解案卷进行了全面评查。根据《市委政法委深入排查化解各类矛盾纠纷、为党的十九大胜利召开创造和谐稳定的社会治安环境》的要求，对全市9个乡镇进行法治宣传及矛盾纠纷排查活动，发放宣传材料1.1万余册，宣传袋8000个，纸杯3万个，受宣传人数5万余人次，接受咨询40余人次。

【调解员素质提升】 组织召开2017年度基层法律服务工作者及司法所人民调解员培训会，各司法所人民调解员914人次参加培训。组织行业专业调委会和乡镇调委会征订《人民调解》杂志33份。

【基层业务】 完成2017年度基层法律服务所及16名基层法律服务工作者年检注册报送工作。根据州司法局《关于加强基层法律服务行业作风建设实施方案》，制定《泸水市基层法律服务行业作风建设方案》并开展了基层法律服务行业作风建设专项活动。根据省司法厅《云南省司法厅基层司法所标准化建设手册》，上报1个司法所为基层标准化建设试点所，进行标准化试点建设。完成上江司法所为第四批省级规范化司法所申报工作；根据《怒江州司法局关于深入开展矛盾纠纷排查化解专项行动的通知》，开展矛盾纠纷排查化解专项行动，根据云南省人民检察院、云南省司法厅《关于印发〈云南省推进落实人民监督员制度改革实施办法〉的通知》，协助完成泸水市人民监督员选任上报工作，组织开展云南省“百佳人民调解能手”“人民调解工作先进集体”“人民调解工作先进个人”评选工作，评选出“百佳人民调解能手”“人民调解工作先进集体”“人民调解工作先进个人”，完成申报材料上报。

【法治宣传】 制定下发《泸水市完善国家工作人员学法用法制度的实施意见》并组织2017年全市国家工作人员网上学法用法考试活动。各司法所联合相关部门开展“七五”普法规划宣传活动，开展“傈汉”双语普法宣传活动3场次，发放“七五”普法宣传手册知识材料8000余册。参加“三下乡”活动，发放“七五”普法宣传手册5种类型550余套2750余本、《农村常用法律知识读本》550余册、《反邪教宣传册》510册、《识别防范邪教系列图书》150余册、反邪教宣传袋250个、法律援助便民卡500余张、《中华人民共和国刑法》相关知识问答、法律援助相关知识问答、人民调解和社会矛盾纠纷排查相关知识等共计2000余份；深入扶贫挂钩点瓦姑村开展防火宣传，发放材料2000余份；抽调律师、法律服务工作者到泸水市拘留所开展宣传，发放相关知识材料30余份；开展“禁止向未成年人出售烟酒”宣传，发放相关宣传材料2000余份，张贴公告100余份，发放《关于禁止向未成年人出售烟酒的通知》800余份；开展“送法进村保一方稳定助脱贫攻坚”法治宣传，发放宣传单300余份，农村法律知识读本100余册，“七五”普法宣传册120余册，受教育人数达500余人次；开展群众安全感和满意度宣传活动，发放各类材料18000余份；开展喜迎十九大宣传，发放资料8000余份、读本3000余册、宣传袋8000个、纸杯30000个，受宣传人数5万人次，解答法律咨询40余人次；在六库城区开展维护妇女合法权益普法宣传活动，发放宣传材料300余份、“七五”普法宣传手册500余册、“人人学法人人守法”围裙200余条；在六库城区组织由21个部门参加的“国家安全、人民安全”主题宣传活动，发放材料6960余份、读本2000余册、围裙200条、纸杯5000个、宣传袋200余个、受宣传人数达5000余人次；在全市开展禁毒法治宣传活动，利用LED显示屏和宣传栏平台大力宣传禁毒口号；组织律师、法律宣传工作者参加州市反恐办在山水蓝岸举办的反恐宣传活动。发放《中华人民共和国反间谍法》读本300余本；开展防范电信诈骗宣传活动，发放材料1200余份；开展“关爱老年人欢庆十九大”法治宣传活动，在六库城区和称杆开展宣传活动。发放《中华人民共和国老年人权益保障法》基本知识问答500份、法律援助指南（折页）2000份、矛盾纠纷调解相关知识宣传材料500份、“七五”普法宣传手册5类2000余册。在泸水电视台重复播报《中华人民共和国国家安全法》全文，举办市局消防安全知识讲座。

【“法律进学校”活动】 年内召开了全市“法律进校园”工作推进会，在片马镇国门完小开展法治宣传，发放《青少年法律知识读本》400余份，挂横幅3条，解答咨询15余次；参加泸水一小举办的“深入推进青少年毒品预防教育示范学校建设工程”活动，发放《青少年法律知识读本》200余册；组织开展全市中心校法制副校长法制课活动，发放道路交通及消防安全知识材料3万余份；开展控辍保学宣传活动，上江司法所发放宣传资料210份、解答法律咨询15件。

【“法律进教堂”活动】 在上江镇百花岭教堂组织开展法治宣传教育，解答法律咨询10多人次、发放反邪教宣传资料800份，受宣传100多人；深入片马辖区教堂开展宣传教育活动，发放法律宣传资料200余份、悬挂条幅2条、现场解答法律咨询50余人次，受教育信教群众80余人。

【创建“互联网+法治宣传”平台】 申请泸水市普法微信公众号，年内，通过司法局政府门户网站和微信公众平台开展普法宣传教育，共发布法治宣传信息50余条，浏览量达4000余人次。

【“民主法治示范村（社区）”创建活动】 年内，全县71个村、5个社区开展创建活动，崇仁村、大练地村、付坝村、格甲村、六库村、季加村、鲁掌村、前进村、自扁王基村、江西社区10个村被评为州级示范村；赖茂村、付坝村被评为省级示范村；向阳社区被评为省级民主法治示范社区，付坝村被评为国家级示范村。

【法律服务】 年内，完成泸水市公共法律服务中心、上江镇公共法律服务实体平台建设，积极推进其余8个乡镇公共法律服务中心建设；印制下发法律服务指南宣传折页2万余份；扩大民生领域法律援助覆盖面，延伸法律服务领域，将农民工、残疾人、老年人、下岗失业人员、妇女、未成年人、军人军属、少数民族等特殊困难群体列为法律援助服务重点服务对象，将工伤、交通、医疗、就业、就学、就医、社会保障等与民生紧密相关的事项纳入法律援助补充事项范围。全年，法律援助中心共受理法律援助案件264件，其中，刑事案件82件，民事案件182件（其中非诉讼案件100件）。受援人有妇女70人、老年人20人、残疾人8人、未成年人62人、农民工32人。解答来访、来电咨询315人次，代写法律文书213份。指派律师参与信访案件接待6次，为信访当事人提供法律咨询100余次，有效发挥法律援助在社会治理创新中的作用。建立共青团、残联、妇联、民政部门、人民法院、看守所、军人军属等15个法律援助工作站，力求满足困难群众多层次、多形式的法律援助服务需求。强化法律援助监管，按照《云南省法律援助案件质量标准化管理规定》等规范性文件规定的11类法律援助案件94个质量标准与要求，抽调工作人员参与案卷评查领导小组到各个乡镇的法律援助工作站进行案件质量评查。

【规范律师管理】 贯彻落实中办、国办《关于深化律师制度改革的意见》《云南省关于依法保障律师执业权利实施细则》，规范律师管理，维护律师合法权益。年内，组织市法律服务工作者参加省州律师业务培训2次；组织全市法律服务工作者和司法所干警集中学习《基层法律服务所管理办法》《基层法律服务工作者管理办法》和《人民调解工作常识与技巧》。东大峡律师事务所积极开展贫困残疾人、贫困妇女儿童公益法律服务工作，全年共办理民事案件21件，刑事案件17件，行政案件1件，免费代写法律文书42份，接待各类法律咨询服务160余次，担任法律顾问9家（政府法律顾问1家、行政机关法律顾问7家，企业法律顾问1家）。

【社区矫正】 至2017年，累计接收社区服刑人员732人、解矫594人。全年，接收社区服刑人员48人、解矫90人。年末，在册138人；接收刑满释放人员118人；救助38户，发放救助资金1.9万元。根据《社区矫正实施办法》和《云南省社区矫正实施细则》，对22位表现较好的社区服刑人员给予表扬奖励、记功奖励。对9位社区服刑人员给予警告处分的通报。配合州人民检察院、州司法局定期不定期对社区矫正工作进行检查及抽查。根据《社区矫正实施办法》、司法部《社区矫正执法文书格式》和《关于印发社区矫正服刑人员档案的通知》，在全市统一印制社区矫正档案盒，做到统一标准、统一模式，一人一档。累计组织社区服刑人员参加集中教育学习和社区公益劳动162场（次）；召开社区矫正联系会议2次。围绕“教育、感化、挽救”的工作方针开展安置帮教工作，接收人民法院或监狱的委托，调查案件16件（同意适用社区矫正10件，不同意适用社区矫正6件）。

【远程视频会见】 全年共组织视频会见27起，实现了在押服刑人员家属与在异地监狱服刑人员的远程视频会见，达到监狱与家属共同帮教的目的。组织社区矫正工作人员开展业务培训3次以上，积极组织业务人员参加省、州、市举办的业务培训。

【队伍建设】 加强司法干警队伍思想政治、作风和廉政建设，努力建设一支理想信念坚定、公正廉洁执法、依法诚信执业的司法行政队伍。星期一、五组织干警进行思想政治学习，学习了党的十八届四中、五中、六中全会，习近平总书记系列重要讲话，县委十一届十次全会、全县政法工作会议和全州司法局长会议精神。组织学习《中国共产党廉洁自律准则》、《中国共产党纪律处分条例》、中央八项规定、云南省司法行政工作人员六项禁止性规定。通过上保密专题党课，集中学习保密法律法规 12 场次，全局干部职工关注了“保密观”微信号；组织学习《云南省边境管理条例》《中华人民共和国民法总则》全文；组织各类培训 9 场次，选派业务骨干 3 人次参加云南省“法治宣传教育骨干培训班”“法律援助宣传骨干培训班”“社区矫正执法规范化培训班”学习，组织参加省、州组织的各类视频培训会 20 场次，开展人民调解、法律援助、社区矫正三项业务工作技能培训，全体干部职工的政治理论和业务能力得到提高。继续开展“两学一做”学习教育、“担当型”政府建设活动，全局 3 名班子成员和 44 名职工围绕负面清单，瞄准作风问题查找不足，完成整改事项 161 项。

【脱贫攻坚】 落实市委政府全市扶贫攻坚工作部署，先后组织村组干部和广大村民学习省、州、县精准扶贫的方针政策，做到精准扶贫工作人人皆知；4—5 月，在挂钩帮扶的瓦姑村开展“找问题、补短板、促攻坚”专项行动；开展“法律扶贫”活动，解答村民法律咨询 40 余人次、代写法律文书 2 篇、参与村委会调解邻里纠纷 1 起；开展双推进工作，帮助村委班子成员提高工作能力；结合民意，联系村情、制定瓦姑村年度脱贫方案。补助 12 个村民小组 326 户计 1000 盆洋丝瓜籽种款 2.5 万元；为建档立卡户李开秀筹集爱心捐款 8275 元；2 月为瓦姑村建立电子商务平台；出资 4200 元为瓦姑村购买叶子花 700 苗用于美化环境。

（杨艳辉）

军 事

武 装

【概　况】2017年，组织开展“维护核心、听从指挥”主题教育和“两学一做”学习教育制度化常态化的工作，落实战备训练和安全稳定工作，加强基层武装建设，完成民兵军事训练和征兵工作任务、人武部编制调整，积极主动参与地方抢险救灾和脱贫攻坚工作。

【思想政治建设】紧扣举旗铸魂这个根本，重视学习党的创新理论，年内，研究制定学习措施，组织党员重温入党誓词，对十九大报告、党章、习近平重要讲话读本等重点内容进行原文学习；扎实开展“维护核心、听从指挥”主题教育及“两学一做”学习教育；抓好经常性思想教育，把集中教育与经常性思想教育相结合，有效开展主题教育、专题教育和优良传统教育。

【党建工作】部党委“一班人”把学习作为首要任务来抓，不断提高讲政治的能力，增强政治鉴别力和敏锐性，保持清醒头脑。自觉坚持民主集中制和“十六字”方针，在大项工作部署、大项经费开支等问题上，做到党委集体研究、会议决定，没有出现个人或少数人说了算的问题。坚决执行上级命令，在思想上和行动上与上级党委保持高度一致。“一班人”自身要求高，能够正确对待苦与乐、得与失，处处注意自身形象。“一班人”自觉顾全大局，勤奋工作、爱岗敬业，始终把主要精力和心思用在工作上，人武部全面建设有了新的进步。

【战备训练工作】抓好经常性战备工作，严格落实战备值班、仓库住库制度，坚持战备教育和督导检查。采取分片的方法组织民兵训练，开展维稳处突、泥石流救援、森林灭火等基础技能训练，加强方案预案实战化演练，提高民兵应对突发事件的能力。全市参加训练的民兵分队，经考核，实弹射击优秀率28%，合格率85%。抓好部机关干部的基础体能训练、军事理论学习和军事技能训练，组织学习“五通知识”，提高组织指挥和参谋能力，干部手榴弹实弹投掷、手枪实弹射击科目的训练效果好，训练成绩均在良好以上。

【安全稳定工作】按照“三个不能发生”的要求，围绕“五个高度关注”，抓好安全管理工作。定期召开安全形势分析会，分析人员思想情况，开展警示教育和谈心交心活动，重要时期开展安全检查，排查整改问题隐患，执行好管理规定，防止事故案件的发生。以“迎接贯彻十九大，安全稳定做贡献”活动和“百日安全活动”为抓手，组织签订《安全承诺书》，进行安全知识学习和警示教育，组织观看《不能轻视的代价》等警示教育录像片，坚持有法必依、违纪必纠，确保全年安全稳定无事故。

【国防后备力量建设】坚持用社会主义核心价值观和强军目标引领培育民兵预备役人员。开展党管武装理论教育，强化各级党委、政府机关的党管武装意识。1月，组织片马镇民兵参与扑救森林火灾行动。全市9个乡镇参与完成“两违”整治、三轮摩托车整治、“最美公路”修建期间维护道路秩序等急难险重任务。12月，召开市委议军会暨市国防动员委员会第八次全会，研究解决泸水市国防后备力量建设的重难点问题。加强民兵临时党组织建设。按照省军区的要求，经向市委市人民政府报告、协调，12月在片马方向组建一支民兵组成的“常态备勤分队”。

【国防教育、双拥、脱贫攻坚工作】 按照全民国防教育“六进”活动内容，协调驻地武警部队为学校开展学生军事教育训练，并开展国防教育。慰问泸水市的困难党员、残疾军人等群体，开展双拥调研工作，统计辖区内的现役、退役军人及烈属遗属、现役官兵立功受奖等情况。组织召开2017年全市双拥工作联席会议，开展党政军“八一”建军节军事日活动。组织干部职工分批前往挂联村（组）开展脱贫工作，帮助挂联村试种中药材当归，联系有关部门协调2.5万元，帮助古登乡尼普罗村委会修建生活厨房。

（陈　军）

边防大队

【概　况】 2017年，认真贯彻落实部局、总队、支队三级党委（扩大）会议精神，以政治工作为牵引，加强和改进作风建设；继续推进“四项建设”工作，夯实基础建设；坚持“抓业务出品牌，抓管理促安全，抓训练强素质”的工作思路，完善边境管控体系建设，不断向“党建工作上台阶、政治建警显成效、队伍建设有突破、基础建设大提升、业务成绩”争一流、部队建设全面发展的目标迈进。

【组织建设】 按照党委十一项、党支部七项制度规定开展组织生活，执行民主集中制，加强对基层党务工作的监督指导。将“两学一做”学习教育纳入理论集中学习会、党课教育、党小组学习讨论和政治教育中，全年，大队党委班子为官兵授课6场次，开展学习教育98课时、主题党日活动29次，组织官兵参加州委、市委、支队学习教育讲座11场次，官兵“四个意识”明显提升。开展专项集中排查整改活动，学习贯彻全面从严治党要求，开展警示教育40多课时、讨论16场次。开展党风廉政和预防职务犯罪分析130余次，筑牢拒腐防变防火墙。根据《泸水市深化联创联建工作实施方案》，市委组织部任命6名派出所所长为乡镇党委副书记，8个基层单位与地方部门、单位签订共建协议。推行“党建＋民警村官”工作，组织47名民警村官深入基层过“双重组织生活”，帮助各村党支部规范台账、会议程序和支部七项制度的落实，帮助加强基层组织建设。实行“党建＋勤务”，执勤班组与党小组捆绑，增强官兵的凝聚力。印发《党小组会规范案例》，规范党小组实体化运作。

【政治建警】 采取专题教育、讨论交流、撰写心得体会、观看红色电影等方式开展“维护核心、听从指挥”主题教育活动和“迎接十九大忠诚保平安”主题活动，做好十九大边防安保期间的官兵教育和十九大精神学习宣传工作。组织基层按照总队“五区两场”的要求，合理规划警营文化建设，营造良好的总队文化氛围。组织官兵参加支队“清风廉韵”廉政文化比赛、“峡谷卫士”摄影大赛、庆祝建军90周年主题演讲比赛，14人获奖。加强与各级电视台、报社、网络媒体的协调联系，先后在各级媒体、报刊上发表关于爱民固边、执法执勤、边境管理等工作亮点新闻280多篇、视频新闻3条，公安内网信息上稿1550多条。

【“四项建设”】 继续推进“四项建设”提升部队建设。坚持深度应用与服务实战相结合，基础信息化建设全面推进，坚持“以需求为导向、以应用为核心、以创新为动力、以实战为目的”，投入20万元为基层单位购置对讲机42部，实现“扁平指挥、网上作战、网上服务、网上警务”和“数据支撑、平台支撑”的信息一体化建设应用发展目标；推动群众安装摩托车“行车卫士”324台，古登边境派出所利用“行车卫士”破获摩托车被盗案3起，为群众挽回直接经济损失1.2万元。围绕队伍战斗力这一核心，警务实战化水平显著提升，为官兵建立军事训练档案，分层次、分类别的组织开展军事基础科目、业务技能、处置突发事件演练等训练，有效提升官兵身体素质、技战术水平和应急处置能力；组建特战分队，重点开展丛林搜索、战术协同、“3331”实用射击战术、反恐反暴等科目的训练，并遴选优秀军事骨干赴新疆开展为期3个月的轮勤轮训；利用视频监控系统组织各单位开展各类处突演练31次；投入4万元，为辅警采购服装和保险，规范辅警队伍建设；对护边员进行清理、重聘，深化护边员轮勤进驻抵边警务室和“1121”（1名民警、1名辅警、2名护边员、1个护村队）的勤务模式。聚集法治边防建设这一目标，执法规范化建设深化发展，不断强化执法骨干队伍建设，坚持运用正面引导与反面警示、以案说法、以案析理等多种方式开展执法理念教育，推行基层法制员每月到市局法制大队跟班学习暨案件同步考核制度，不断提升民警执法办案能力和监督考核水平；以大队法制室设立的驻点检察官办公室和上江边境派出所设立的侦查监督联络点为依托，不断完善检察院检察官联系边防刑侦工作机制，提高泸水边防的刑事执法水平和办案质量，“何某涛故意损毁财物案”“优某益故意伤害案”被市局评为以案释法示范卷宗，在全市范围内推广教学；“雄某某等人盗窃摩托车案”历时8个月，以零口供对主犯进行定罪并成功审判，是以审判为中心的诉讼制度改革后民警执法能力的彰显。

【边境管理】 推进抵边警务室建设，打击边境违法犯罪行为。加强进出怒江地区二线站查控工作。侦办、查办非法出入境案件7起、14人，查处未持有效证件进出边境管理区10起、35人，遣送缅籍人员29人、越南籍人员1人。在全州率先推出“红袖标”治安防控队伍建设，制作治安积极分子、网格信息员、护边员等袖标，按“定岗定人、职责明确、时段保证、巡逻机动”进行运作。加强口岸通道和二线便民服务工作，为15辆地方公务用车提供绿色通行服务，为进出边境管理区群众查询信息3500余条。

【矛盾纠纷调解】 推进人民调解、行政调解和司法调解的“三调合一”机制建设，调处纠纷142起。

【治安防控】 以“严打盗抢骗”专项行动为重点，坚持如实立案，打主动仗、整体仗，始终保持打击违法犯罪活动的高压态势，全年，受理行政案件、刑事案件数与2016年相比分别同比下降4.7%和35.3%。开展缉枪治爆、禁毒防艾等专项行动，开展了“8·30铁腕扫毒”行动，抓获吸毒人员30人，捣毁聚众吸毒窝点2个。全年共缴获各类毒品11.61千克，查获吸毒人员134人，通过与缅甸禁毒执法合作，移交缅籍吸毒人员8人；查获非法运输普通货物案件97起，涉案总值约89.3万元；抓获网上在逃人员37名；收缴各类民用枪支158支、子弹8252发、雷管31枚、炸药5.26千克、管制刀具381把。

【爱民固边】 树立为群众服务“零距离”、为民服务“零障碍”、全程服务“零差错”的理念，将窗口前移，主动上门为群众服务，为群众办理居住证650个，派出5名社区民警赴保山芒宽乡开展无户口人员上门落户服务工作，采集信息1500余条，完成980人无户口人员户口补录工作。按照州、市党委政府有关精准扶贫“找问题、补短板、促攻坚”专项行动要求，先后派出10组、43人次深入双奎地村走（回）访、调查和参加评议挂钩贫困户。

（和　明）

经济管理

发展和改革

【概　况】2017年，在市委、市政府的正确领导和州发展改革委的支持下，全局干部职工用心工作、务实创新、主动作为，以创建“担当型”政府机关为契机，以党的十九大和市第一次党代会精神为鼓舞，认真贯彻落实中央、省、州、市重大决策部署，以投资为中心，以项目为核心，以发展为根本，以改革为动力，以实干为保障，推动泸水经济社会实现跨越发展。

【经济形势分析】认真分析研究全市经济社会发展面临的机遇，查找全市发展中存在的困难和问题，编写《泸水市2017年一季度经济运行情况》《2017年1—7月泸水市经济运行情况》《2017年上半年泸水市经济运行情况》《泸水市2017年三季度经济运行情况汇报》《全市1至10月经济运行情况专题报告》等经济运行分析报告，完成《泸水市2016年国民经济和社会发展计划执行情况及2017年国民经济和社会发展计划草案的报告》《关于泸水市2017年上半年国民经济和社会发展计划执行情况的报告》《泸水市决战三季度冲刺四季度工作方案》。

【固定资产投资】坚持处级领导联系重大项目责任制，加快推进处级领导挂钩的51个项目建设，紧盯项目进度，严控项目质量，加快推进保泸高速公路、跃片公路等重大项目建设。根据州委、州人民政府在1月、3月、6月、9月四次组织全州重大项目集中开工仪式，集中开工15个项目，项目总投资5.89亿元，当年计划完成投资3.73亿元。年内，项目已全部开工建设，1—10月完成投资0.53亿元，完成年度计划的14.2%。全市重点推进交通、能源、市政、农业农村、社会事业、工业产业、房地产业等领域项目112项，竣工投产8项、新开工15项、在建9项、省州实施19项，开展重点前期工作项目61项。1—10月固定资产投资完成投资34.66亿元，同比增长9.19%，全年完成规模以上固定资产投资56.15亿元。

【易地扶贫搬迁】6个新增安置点规划编制有序推进，古登马俄河、称杆恩感思落、六库苗干山瓦子打妈、六库双米地大龙塘规划已通过评审，上江叶子花村、六库丙舍坝（桃源居）规划已通过市级评审，待州规委会审批；严控建房成本，结合国家易地扶贫搬迁住房建设控制面积和泸水市工程项目建设成本实际，确定2017年易地扶贫搬迁项目住房面积为每人20平方米，户型面积按60平方米、80平方米、100平方米、120平方米、140平方米进行楼层房集中安置；择优选择施工企业，全市2017年易地扶贫搬迁住房建设工程以六库镇丙舍坝、上江镇叶子花村、称杆乡恩感思落划分为3个标段，充分发挥大集团、大公司社会资本投融资、技术、管理等优势，由云南能投集团、深圳格诺集团、中国水利水电第十四工程局分别以EPC模式作为3个标段工程总承包方，全面实施3个标段易地扶贫搬迁安置点建设。

【价格监管】 年内，开展涉企收费专项检查，清理和规范涉企收费，切实减轻企业负担，优化实体经济发展环境，认真贯彻落实停征、减免、降标、取消等涉企收费优惠政策，7月17日至8月11日，分别对住建局、国土资源局、环保局、交通局和水务局等10个单位的涉企收费行为进行检查，发现并查处违法收费行为1起；加强市场价格监管，维护良好的市场价格秩序，特别是节假日、重大会议等特殊时段，加大市场巡查力度，严厉打击价格违法行为，防范价格异常波动，维护价格秩序。全年共完成重要商品价格监测周报45期，月报11期，季报3期，大规模生猪养殖成本调查月报11期，建材价格监测月报11期，按时完成农产品（玉米、大豆、中籼稻，粳稻）生产成本调查直报工作；推进政府定价项目清单化，严格规范政府定价行为，实施《云南省定价目录》，将政府定价纳入权力清单和责任清单，确保目录之外无定价权，制定并转发《泸水市人民政府定价项目清单》和《泸水市人民政府定价管理的经营服务性收费目录清单》；坚持“依法、科学、公正、效率”的原则，不断规范价格认定工作，有效提供公共服务，维护公共利益，保障纪检监察、司法和行政工作的顺利进行，开展各类价格认证95件，价格认定标的额43.7万元。

【脱贫攻坚】 认真开展“挂包帮、转走访”工作，深入贫困户开展贫困调查，结合勒墨村的资源优势，制定《勒墨村2019年脱贫攻坚规划》《勒墨村2017年挂包帮扶贫工作方案》和《2017年勒墨村脱贫实施方案》。及时完成精准识别、动态管理工作，先后走访105户，按照边查边改的原则，共填写《泸水市建档立卡户信息核查表》105份375人。完成挂钩户建档立卡工作，及时对所有挂钩户建档立卡信息进行电脑录入，健全挂钩户建档立卡档案信息，制作了105户挂钩联系户的明白卡，挂贴于建档立卡户家显眼的位置处。组织村两委班子召开摸底调查会议，以逐户梳理的方式，全面了解勒墨村建档立卡户、非建档立卡户生产生活情况，并根据市、乡脱贫攻坚工作部署安排，按照《云南省贫困退出考核实施细则》的要求，密切配合村两委班子对全村预脱贫户、挂钩贫困户开展自检自查工作，通过认真细致的摸底调查，2016年挂钩联系的正常退出户共55户，222人；新识别纳入建档立卡贫困户共34户，86人。积极向上争取项目资金，用于帮扶开展项目建设，2016年易地扶贫搬迁工程项目100户，其中，建档立卡贫困户42户，已建76套安居房，其余正在建设中；2016年兴边富民工程项目总投资150万元，由泸水市民宗局投资，工程进度处于设计预算阶段；2017年兴边富民工程项目总投资475万元，其中，道路硬化投资375万元，活动室及场地建设投资100万元，项目由称杆乡人民政府实施，已开工建设；13个村民小组中施然、当吾洛2个村民小组尚未修通公路，其余11个村民小组已修通通组公路。协调民政局为贫困群众送去了大米40袋，被子20余套，衣服80余套；协调怒江缘爱心践行之旅500人团队发起捐助幼儿园塑料船床、床上六件套、迪士尼男女童装、跷跷板等物资共计10344元。11月，组织28人参观泸水银坡春灵种养开发基地，学习重楼种植技术，动员贫困群众种植重楼，39户贫困户有林下种植重楼意向。按照易地扶贫搬迁“应搬尽搬、应报尽报”的决策部署，组织召开多级动员会议12次，出动进村入户宣传人员14人次，实地走访农户60多户。经宣传发动，愿意搬迁并签署搬迁协议50户134人，亚中洛组、当吾洛组2个组实现整组搬迁，其中，建档立卡户46户129人，非建档立卡户4户5人，愿意搬迁至六库41户99人，愿意搬迁至片马9户35人。

（安　霞）

统 计

【概　况】 市统计局为市人民政府综合经济管理部门，主要负责对全市国民经济、社会发展、科技进步和资源环境等情况进行统计分析、统计预测和统计监督，向市委、政府、有关部门及全社会提供统计信息和咨询建议。

【统计改革】 年内，对规模以上工业、资质内建筑业、限额以上批发和零售业、限额以上住宿和餐饮业、房地产开发经营业等国民经济行业在统一实行“企业一套表”的模式上，把原来抽样调查的企业财务报表纳入常规表上报。

【统计调查】 在认真做好泸水市第三次全国农业普查工作的同时，做好工业统计、能源统计、商贸统计、投资统计、服务业统计、劳动工资统计等统计日常工作，做好统计月报、季报、年报和企业联网直报工作。根据相关要求做好综合核算统计的国内生产总值（GDP）核算主要基础指标月度表、市域经济主要经济指标月度数据报表、市域经济主要指标季度报表和市域经济主要指标年度数据报表以及相关农业股蔬菜类各项指标季度表等。

【统计服务】 根据2016年泸水市各项社会经济发展指标，出版发行《泸水市2016年统计年鉴》，发布2017泸水市国民经济和社会统计公报；在泸水市统计局信息公开门户网站，发布了16条信息；共上报各类简报26期，各类统计分析6份，各类统计信息12条。

【主要指标】 全年，完成地区生产总值519503万元，比上年增长7.5%，其中，第一产业增加值72752万元，增长5.4%；第二产业增加值174094万元，增长4.3%；第三产业增加值272657万元，增长10.4%。第一产业增加值占地区生产总值的比重为14%，第二产业增加值占地区生产总值的比重为34%，第三产业增加值比占地区生产总值的重为52%。人均生产总值27531元，比上年增长10.2%。非公经济增加值187721万元，同比增长5.5%，占全市GDP比重达36.1%。全年农林牧渔业总产值完成115476万元，比上年同期增长5.4%（按可比价格计算）。全年粮食总产量63275吨，同比减少4646吨；全年肉类总产量17971吨，比上年同期增长1963吨。全年全部工业增加值99609万元，比上年增长6.5%。全年规模以上固定资产投资在建项目134个，房地产项目13个，共完成投资575265万元，比上年同期增长11.9%。全年社会消费品零售总额完成169636万元，比上年同期增长12%。旅游业总收入190747.64万元，比上年同期增长34.25%。全年财政总收入完成53236万元，比上年同期增长10.45%。地方公共财政收入25777万元，比上年同期增长1.18%。年末常住人口189216人，比上年末增加1038人，全年出生人口2747人，出生率为14.52‰；死亡人口1258人，死亡率为6.56‰；自然增长率为7.96‰，常住人口城镇化率为40.49%。户籍人口183592人，其中乡村人口126549人。

全市城镇常住居民人均可支配收入23116元，比上年增长9.9%。农村常住居民人均纯收入5963元，比上年增长10.5%。

【统计信息化建设】 根据泸水市统计信息化“十三五”规划，在网络通信的稳定性、可靠性、安全性得到较大提升的基础上，完善统计系统网络安全监督，完成网络终端安全管理系统北信源和瑞星杀毒软件的安装，有力的监控、隔离了统计系统内网安全。

【统计工作】 继2016年继续完成了全国第三次农业普查后续工作。根据《全国经济普查条例》的规定，国务院决定于2018年开展第四次全国经济普查以及《国务院关于开展第四次全国经济普查的通知》和国家统计局《第四次全国经济普查方案（征求意见稿）》等工作部署，初步完成了泸水市第四次全国经济普查前期筹备工作。

（黄成勇）

统计调查

【概　况】2017年4月，根据国务院五部委《关于印发国家统计局直属调查队管理体制改革实施方案的通知》《国家统计局关于印发省级以下各级调查队组建办法的通知》和《国家统计局关于云南地区国家统计局市县级调查队组建方案的批复》，撤销泸水县农村社会经济调查队，设立国家统计局泸水调查队。泸水调查队是国家统计局的派出机构，为正科级单位，由国家统计局云南调查总队管理。泸水调查队围绕“各项工作每年都有一点点小进步”的目标要求，以做好国家调查工作为根本，以服务国家和泸水经济社会发展为己任，不断推进泸水调查事业积极发展。年末，泸水市城镇常住居民人均可支配收入23116元，同比增长9.9%；农村常住居民人均可支配收入5953元，同比增长10.5%。

【常规统计调查】认真履行职责，严格按照国家调查制度要求，以数据质量为核心，顺利完成各项调查工作。完成泸水196户调查样本户收支与生活状况调查，其中城镇点调查样本96户，农村点调查样本100户，覆盖4个乡镇；采用日记账和问卷调查相结合的方式采集196户调查样本户基础数据，通过数据审核、加权、汇总和评估，按年度和季度发布城镇常住居民可支配收入和农村常住居民可支配收入及各项消费支出。完成泸水70户农民工调查户监测调查，通过定期收集70户调查户信息，准确反映农民工数量、流向、结构、就业、收支、生活、社会保障及创业等农民工相关信息情况。完成泸水4个乡镇、10个村（居）委会、100户调查样本户贫困监测调查，客观衡量居民福祉与全国、全省平均水平差距，反映贫困地区的贫困状况、变化趋势和扶贫成效。完成泸水9个调查点每月36户样本户月度劳动力调查，调查员利用PDA通过联网直报平台直报国家统计局，及时、准确地反映全省城乡劳动力资源、就业和失业人口的总量、结构和分布情况。完成泸水173户猪、牛、羊和家禽的散养农户，规模户和非农生产经营单位畜禽抽样监测调查，准确反映全省畜牧业生产经营活动情况。完成泸水77户农产量抽样调查样本户调查，主要反映农村粮食产量和播种面积。完成泸水6个规模以下工业抽样调查样本户每季末企业上报经营状况、经营环境、遇到的困难及建议后，业务人员通过数据审核、验收上报云南调查总队。4月下旬，组织工作人员到总队完成了老窝镇崇仁村5个调查样方的底图整理和地块勾画。5月、8月、12月，全队干部职工与怒江调查队部分干部职工历时30余天，实地调查了上江镇新建村、鲁掌镇三河村、古登乡加夺玛村和老窝镇崇仁村的12个样方578块地块中的秋冬播和夏播农作物种植情况，同时严格执行《云南省粮食产量抽样调查方案》要求，圆满完成了2017年夏粮实割实测调查工作。

【启用调查专业“三个记录本”】按照云南调查总队相关文件要求，认真做好各调查专业“三个记录本”的工作。年内，开始启用住户、农产量、劳动力、农民工的“三个记录本”，在日常调查工作中，做到了访户工作有记录，核实数据有登记，评估数据有分析。为进一步提高数据质量，泸水调查队召开农产量业务培训会2次、新一轮住户调查业务培训会1次，完成月度劳动力陪访2次，进村入户指导辅调员记账10余次。为政府部门提供了3篇住户收支调查分析。

【开户调查和试记账培训】按照国家统计局有关通知要求，从4月上旬至10月下旬，泸水调查队紧紧把握进度安排，严格按照《住户调查样本轮换抽样实施细则》的工作要求，顺利完成了泸水11个调查小区110户调查户的开户调查和试记账培训工作，保证了2018年泸水住户调查记账工作能够与全国全省同步进行。

【党风廉政建设民意调查】5月，泸水调查队开展全国党风廉政民意调查工作，根据工作需要，第一时间成立领导工作小组，制定《2017年泸水市党风廉政建设民意调查工作方案》，于5月中旬，顺利完成50户问卷调查工作，并撰写《泸水调查队党风廉政民意调查工作报告》。

【干部教育】 把政治理论学习放在思想建设的首要位置，结合“两学一做”学习教育常态化制度化，把贯彻十八届六中全会、党的十九大精神和习近平总书记系列重要讲话精神作为全年的主要学习内容，组织观看了十九大会议盛况，发放十九大报告系列辅导读本20余册，个人撰写十九大精神学习心得4篇。加强统计理论知识及法规的学习，中央领导关于统计工作的重要批示精神，做到融入日常、抓在经常，7月，集中学习了李克强总理签署国务院令公布的《中华人民共和国统计法实施条例》；10月，安排副队长杨忠华参加云南国家调查队系统领导干部行政能力与公共管理清华大学第一期高级研修班学习；12月，组织全队干部职工参加了总队组织的《中华人民共和国统计法》《统计法实施条例》知识竞赛活动。组织干部职工参加“法宣在线”学习，全体职工均通过云南省2017年度在线法律知识考试，取得合格证书。

【党风廉政建设】 按照泸水市《党风廉政建设责任书》要求，3月27日召开党风廉政建设专题会议，安排部署党风廉政建设工作，干部职工与分管领导分别签订《2017年国家统计局泸水调查队党风廉政建设承诺书》。队长和副队长按要求如实填报《领导干部配偶、子女及其配偶经商办企业情况摸底调查摸底情况表》《泸水市市管干部个人廉政档案登记表》。年内，传达学习国家统计局云南调查总队党组纪检组廉洁过节的通知精神，组织干部职工学习开展警示教育活动3次。8月，开展了违规用公款购买消费高档白酒问题集中排查整治和收送“红包”自查工作，签订严禁收送“红包”“两违”整治、严禁违反党的组织人事纪律等承诺书12份，完成相关自查报告6份，开展了办公室面积超标问题整改及“小金库”问题清理整治工作。安排领导家属1人参加市纪委举行的主要领导家属集体廉政座谈会。4名干部职工均参加并通过全市领导干部廉政知识“每年一测”考试，全体干部关注“清风云南”“廉洁怒江”“清廉泸水”微信公众号。

【扶贫攻坚】 根据市委、政府脱贫攻坚工作的安排部署，选派1名职工为驻村工作队员，驻玛普拉地村开展扶贫工作，11月初再选派1名职工为脱贫攻坚和基层党建实战队员，充实驻村扶贫工作队伍，协助开展基层党建工作。全年，干部职工先后10次深入黑色王地组和打左洛组走访农户，排查出漏评贫困户18户，组织召开村民小组贫情分析会2次，悬挂“精准扶贫明白卡”35张。投资230元购买叶子花苗用于玛普拉地村“怒江花谷”建设，资助2000元用于玛普拉地村委会厨房油烟排放改造。“七一”建党节慰问走访玛普拉地村老党员3人，发放慰问金600元。投资2175元购买49面国旗和28面党旗配发给贫困户悬挂，开展“峡谷红旗飘活动。

【创建“担当型”政府机关】 根据市人民政府创建“担当型”政府机关的安排部署，4月25日召开动员大会，开展创建“担当型”政府机关工作，营造良好统计工作氛围。6月8日召开集体学习会议，对照精神不振和“怕、慢、推、拖”问题清单和“五强”班子、“五好”干部的具体要求，领导班子排查出相关问题6条，干部职工排查出相关问题17条，都进行了及时整改。

【表彰奖励】 在全省2017年度各专业业务工作考核中，泸水住户调查专业、财务工作年度考核结果为优秀，党建工作、纪检监察工作年度考核结果为良好。

（杨海龙）

财　政

【概　况】 2017年，围绕市委市人民政府的重大决策部署，自觉服从和服务于全市经济社会发展大局，以决胜脱贫攻坚工作为重心，发挥财政职能，强化资金保障，推进财政改革，推动全市经济社会持续健康发展。依法行政、综合治税，实现财税收入平稳增长。管控支出、优化支出结构，把更多的财力用于保障民生，支持科技、教育、卫生、文化、体育等各项社会事业发展。年内，财政收入持续增长，确保干部职工工资按时足额发放、政府职能正常运转和各项重点支出需要。泸水市地方公共预算收入25777万元，比2016年同期增收300万元，增长1.18%，其中，税收收入19285万元，为预算的96.43%，较2016年增长23.65%；非税收入6492万元，为预算的112.38%，较2016年同期下降34.29%。地方公共财政预算支出235727万元，为预算的96.14%，比2016年减支2265万元，下降0.95%。

【地方财政收支平衡情况】 一般公共预算收入25777万元，地方政府一般债务转贷收入33600万元，税收返还收入2714万元，一般性转移支付收入97538万元，专项转移支付收入87743万元，上年结余收入1610万元，调入资金1500万元，收入总计250482万元；一般公共预算支出235727万元，地方政府一般债务还本支出7600万元，上解支出5677万元，支出总计249004万元，收支相抵，年终滚存结余1478万元。

【收入管理】 财税部门统筹协作，密切关注财政经济运行情况，坚持依法征收，提升收入质量，切实增强财政保障能力。主动适应经济新常态，加强与相关部门沟通、协作，动态分析监测收入执行情况，加强重点税源管理，深挖税收增长潜力，深入分析收入征管中存在的问题，掌握税源结构分布、增减变动情况。切实加强非税收入收缴管理，相关部门之间建立起信息相互沟通、情况相互通报的工作机制，有序组织非税收入入库，组织协调抓好收入，促进财政增收。准确把握国家政策导向，结合全市经济发展特点，主动与各部门加强工作配合，积极争取上级资金和政策支持，全年共争取上级补助资金97538万元，增强了全市财政保障能力。严格预算约束，加强执行管理，建立财政存量资金定期清理制度，清理收回各部门结转结余资金由财政统筹安排，盘活存量资金，全年清理存量资金27399万元，缓解市财政资金支出压力。

【支出管理】 以保障民生为重点，调整优化支出结构，增加财政对社会事业的投入，打造“民生财政”，促进社会事业均衡发展。优化财政涉农资金供给机制，提高涉农资金使用效益，确保涉农项目资金真正发挥扶贫作用，推进脱贫攻坚工作，全年统筹整合财政涉农资金43072万元，用于实施贫困村基础设施建设、扶持贫困村村集体经济建设、建档立卡贫困户安居房建设和产业发展等项目，解决了农村运输、生产生活用水、出行难等问题，改善了农村住房居住条件，增加了贫困村村集体和贫困户的收入。落实教育补助政策，共拨付各项教育资金39762万元，支持改善学校办学条件，保障学校基本建设及运行维护等经费，促进教育优先发展。拨付科技、文化体育与传媒事业资金4091万元，积极支持科学技术事业发展，保障城乡文化体育服务建设。拨付社会保障、医疗卫生与计划生育资金56705万元，支持完善社会保障体系，鼓励创业促进就业，支持医药卫生体制改革，提高医疗保障水平。

【财政改革】 深化改革，推进财政科学化、精细化管理，完善与全市经济结构相适应的财政运行机制。继续推进预算绩效管理，做好2017年度市级财政支出绩效评价工作，推进绩效管理，提高财政资金使用效益，全年共开展市级财政支出绩效评价项目29个，涉及财政项目资金总额9018万元。继续深化国库管理改革，围绕贯彻新《中华人民共和国预算法》和深化预算管理改革等要求，在全市继续开展权责发生制政府综合财务报告试编工作，推进现代国库制度建设。完善政府采购改革，推进电子化采购平台建设，完善监督制约机制，全年完成各类资金采购项1026次，各单位申报采购预算金额12141万元，实际采购金额12031万元，其中，采购中标金额8196万元，自行采购3535万元，资金节约率1.86%。

【信息公开】 推行预算信息公开，及时在“泸水市人民政府信息公开”门户网站公开经本级人大批准的政府预、决算报告及本级“三公”经费财政拨款预、决算总额；督促指导46个市级预算单位在规定的时间内公开部门预、决算信息及部门“三公”经费预决算信息，公开内容全部细化到支出项级科目，实现了公开内容和公开范围全覆盖。

【资金监管】 根据《中华人民共和国会计法》，开展2017年会计监督检查（会计信息质量检查）工作，履行财政部门法定会计监督职责，发挥会计监督服务宏观调控和财政管理、保障财税执行、提升会计信息质量的重要作用，综合治理会计信息失真问题，提高资金使用效益，确保财政资金安全。完善财政监督体系，健全财政监督机制，建立财政部门、主管部门、资金使用单位、审计部门相互联动的预算执行监督体系，加强监督检查结果的追踪问效和反馈机制，加强财政内部监督，从制度上保证监督检查的经常化、规范化，提高财政管理水平，规范财政资金运行秩序，确保财政资金安。加强政府债务规范管理，按照《云南省财政厅关于做好2017地方政府债券置换存量债务有关工作的通知》要求，市财政创新工作举措，合理处理偿还债务与经济发展、财政安排、机制减债之间的关系，年内，上级下达债券资金33600万元，化解债务7600万元，全市人民政府性债务余额95108万元，其中，一般债务余额79474万元、政府或有债务余额15634万元。

（施文兴）

市场监督管理

【概　况】 2017年，市市场监管局有干部职工66人（公务员57人，工勤人员6人，事业人员3人），内设12个股室及市场监督管理行政执法大队。下设9个乡镇监管所、消费者投诉举报中心。

【“两学一做”学习教育】 继续推进“两学一做”学习教育，局党组多次研究部署“两学一做”学习教育工作，及时召开了“两学一做”学习教育常态化制度化动员大会，成立泸水市场监督管理局“两学一做”学习教育督查组，对各乡（镇）所、局机关各股室“两学一做”学习教育开展情况进行督查，突出抓在日常，做到统筹兼顾，扎扎实实把学习教育组织好、开展好，营造了良好的学习教育氛围。深入开展“担当型”政府机关创建工作，制定“担当型”政府机关创建工作实施方案，成立领导小组，组织召开“担当型”政府机关创建动员会议，对照“五强”班子、“五好”干部标准查找自身存在的问题，制定整改措施，切实解决干部职工中存在的“怕、慢、推、脱”等情况。深入学习州委“解放思想、争先进位、推动落实”研讨班精神，结合工作实际开展大讨论活动，开展个人正反两方面典型案例剖析，进行原因分析，列出整改措施认真进行整改。

【党建工作】 制定了年度党建工作计划和学习计划，定期组织党员开展“三会一课”活动，开展多种形式的学习活动，加强阵地建设，完善党员活动室等基础设施，做好党建示范店创建工作；开展好“两联系一共建双推进”活动，局支部与上江镇丙贡村党总支、单位党员与丙贡村党员结对帮扶，切实落实好“党建带扶贫，扶贫促党建”；广泛开展“三亮三服务”活动，持续开展基层党组织晋位升级和“软弱涣散”党组织整顿提升工作，严格开展基层党组织支委班子缺额补选或改选工作，选举产生了新一届的支委班子，局机关共有党员15名。

【精准扶贫】 年内，挂联村由原来的3个村调整为1个村（丙贡村），挂联户也相应的进行了调整，选派4名驻村工作队员（第一书记2人，队员2人）。精准识别，查找问题，根据州委、市委“找问题、补短板、促攻坚”的相关要求，认真查找单位及干部职工存在的问题，及时组织人员开展入户调查核实，认真填写完善扶贫表格、扶贫手册。开展“两联系双推进一共建”工作，局总支与村党总支签订责任书，单位党员与村党员结对帮扶，确保扶贫工作和党建工作双推进。积极支持驻村工作队和挂联村的各项工作，为驻村队员和村委会配备了3台台式电脑，1台打印机，4套办公桌椅，3套档案柜。购买120面党旗、150面国旗送到贫困户家中，在各村民小组喷涂党建、环境卫生、脱贫攻坚标语。

【食药监管】 强化日常监督和专项整治，严厉打击食品药品违法行为，在日常监管的基础上，组织开展了元旦春节、农村集贸市场和城乡接合部、校园及周边、中高考、白酒小作坊及散装白酒、中秋国庆、迎接十九大、中药材摊点、体外诊断试剂、植入性无菌医疗器械等食品药品专项检查工作。共出动执法人员2000余人次，车辆400余辆次，检查食品经营户2000余户次，检查餐饮服务经营户400余户次，检查学校食堂100余家次，检查涉药单位300余户次。查办食品案件12件，罚款35368.02元，扣留封存白糖7.5吨。开展量化分级工作及明厨亮灶工程，对辖区内的餐饮服务单位开展了量化分级管理跟踪检查及明厨亮灶工程的创建工作，量化评定餐饮服务单位1153户，量化分级率达92%，共推行“明厨亮灶”工程工作425户。发挥好村级食品药品协管员作用，在辖区内71个行政村及5个社区各聘请1名食品药品安全协管员，为加强协管员业务能力水平，9月22日，举办全市协管员信息员业务知识培训，进一步明确食品药品安全协管员、信息员的职能职责，增强食品药品安全监管的法律法规意识、责任意识，对保障基层群众饮食用药安全起到重要的积极作用。加强药品不良反应、医疗器械不良事件和药物滥用监测工作，建立药物滥用监测系统监管账号，年内，共计上报药品不良反应16例，医疗器械不良事件2例，美沙酮使用数据新增8条。年末，全市共有食品生产加工获证企业19家、白酒小作坊21户、散装白酒212户、摊贩101户；有获证食品流通经营企业2127户、获证的餐饮服务企业1259户；有公立医疗机构14家、村卫生室79家、私立医院（包括私立专科门诊）3家，个体诊所6家、药品经营企业81家、中药材备案21户。

【登记制度改革】 认真贯彻落实国务院商事制度改革精神，以深化改革为统领，释放市场活力，积极创造良好发展环境，发挥职能作用，推进审批注册制度便利化，激发各类市场主体发展活力，促进全市各类市场主体健康快速发展。年内，全市新增各类市场主体1822户，注销1019户，其中，私营企业68户（简易注销37户），个体工商户935户，农民专业合作社16户。年末，全市共有各类市场主体9143户。

【企业监管】 认真做好企业年报工作，2017年度企业应年报1533户，已年报1416户，年报率92.37%；2016年个体工商户应年报4857户，已年报4655户，年报率85.68%；农民专业合作社应年报449户，已年报418户，年报率93.1%。开展“双随机、一公开”工作，成立“双随机、一公开”工作领导小组，制定“双随机”抽查实施方案、抽查事项清单，建立市场主体名录库和执法检查人员名录库，年内，随机抽查企业64户，个体工商户134，农民专业合作社13户。强化经营异常名录管理，对日常监管、抽查、举报核实发现属于应当列入经营异常名录管理的，依法及时列入并公示，切实落实信用约束制度，年内，全市被列入异常名录企业有184户，农民专业合作社有66户，个体工商户有261户，受理并依法移出企业异常名录20户次。认真开展“先照后证”改革后加强事中事后监管工作，召开全市“先照后证”改革后加强事中事后监管第一次联席会议。并与政府各部门签订涉企信息统一归集公示共享合作备忘录27份。加强无证无照经营查处力度，共查处无照经营5户，罚没款2.23万元。开展“两个十万元”微型企业培育工作，完成23户“两个十万元”微型企业培育工程目标任务。

【市场监管】 严格依法行政，积极探索和查办案件，与公检法、边防检查站等部门建立协作机制，将日常巡查和专项整治相结合，加大对产品质量、商标、特种设备、食品药品等重点类案件的查处，做到从源头上严抓共治，从销售环节上杜绝各类违法案件的发生。年内，共查处各类违法案件34件（一般程序案件21件，简易处罚案件13件，办结未能执行的案件1件，正在办理未办结的案件4件），罚没款145694.01元。加强农资市场监管，确保农资安全，以打击假劣农资坑农害农行为重点，持续推进“红盾护农”行动，积极开展“农资示范店”创建活动，探索实施农资经营户分级、分类监管制度。开展市场诚信体系创建，切实加强市场信用分类监管，大力开展诚信市场创建活动，亨福瑞超市被推荐为州级诚信市场。开展旅游市场专项整治工作，以突出旅游企业商业贿赂、虚假宣传、无照经营、消费欺诈等为重点检查内容，出动执法人员160人次，出动执法车辆72台次，检查旅行社企业及其分支机构141户次，景区景点45个次；检查土特产店164户次；检查农家乐151个次；检查特色客栈30个次；检查酒店1152个次，木制品店37个次，银器店24户次，碧玺店16户次，玉石店18户次，食品经营户1918户次。没收过期食品200余千克，净化了全市旅游市场秩序。加强烟花爆竹、公共场所安全监管工作，查获2起无证经营烟花爆竹案件，封存爆竹109件、散装190封、烟花762根（筒）、擦擦炮4盒；签订《安全生产责任书》23份。开展市场消防安全检查，加强拍卖监督、动产抵押登记工作，加大合同监管、网络市场监管力度。

【广告监管】 完善广告监管机制，强化对媒体和广告企业的行政指导、预警和告诫；强化部门间协调配合，加大广告监管力度，加强户外广告巡查力度，落实户外广告监督管理工作；妥善处理好广告投诉、举报，成功调解3起广告投诉。

【商标工作监管】 加强商标工作宣传力度，提高公众商标意识；全面实施商标战略，深入推进商标注册指导工作，年内，全市新增有效注册商标39件，年末，全市共有有效注册商标459件；开展保护注册商标专用权集中整治行动，开展农村和城乡接合部市场制售假冒伪劣商品专项整治，打击侵权假冒商标的违法行为；加大商标品牌建设培训力度，8月28日，组织辖区内50余户企业、个体、农民专业合作社参加了泸水市商标品牌建设培训，邀请昆明鼎宏知识产权集团的老师授课。

【消费维权】 不断提高投诉调处水平，加强受理投诉工作基础建设，规范投诉工作制度，提升调解能力，提高投诉调解成功率和消费者满意度。大力推进消协投诉统计与信息咨询系统的推广运用，强化数据分析。同时，根据《云南省行政调解规定（试行）》和《最高人民法院关于建立健全诉讼与非诉讼相衔接的矛盾纠纷解决机制的若干意见》等有关规定的精神，制定《泸水市市场监督管理局行政调解、消费者协会调解与司法调解衔接实施方案》。全年，共受理84件消费投诉，成功调解84件，调解成功率100%，为消费者挽回经济损失11.73万元。

【特种设备监管】 加大对法律法规、安全知识宣传力度，督促特种设备使用单位严格落实主体责任。年内，由工业园区管委会牵头，协同市安监、环保局对分水岭工业园区进行了生产前安全检查；开展了气瓶充装单位安全专项检查；开展了工业园区、重点工程工地及列入特种设备重点监控的学校、宾馆、游乐场所、商场等重点地区特种设备专项整治，对各单位的锅炉、压力容器、起重机械等进行了重点检查。全年，共办理特种设备安装告知97台（锅炉1台，电梯63台，起重机械33台）。出动安全监察人员100余人次，执法车辆40辆次，共检查特种设备使用单位400家次，设备600余台，发现安全隐患27条，下达特种设备安全监察指令书8份。年末，全市有注册登记的特种设备使用单位349家，注册登记特种设备总台数758台（不含气瓶及压力管道），压力管道8688米，气体充装单位有5家。

【标准化工作】 立足辖区实际，努力做好标准化及认证认可工作。积极跟踪“老窝火腿”国家地理标志产品保护申报工作；积极开展农业标准化项目调研及跟踪，对省级标准化示范项目怒江晨晨农业开发有限公司进行指导与监管，督促该企业上报2016年、2017年项目建设完成情况及标准化项目资金使用情况；完成老窝镇崇仁村的灵芝基地和壹家村的高黎贡山猪养殖厂的调研，为2018年申报农业标准化项目作准备工。

【计量监管】 以“民生计量”为核心，深入开展计量专项检查及宣传活动，对集贸市场、超市及加油站等与老百姓的生活息息相关的场所进行全方位检查，努力为人民群众营造安全放心的消费氛围。开展春节、中秋国庆等节前专项计量监督检查活动，查获不合格计量器具（杆秤）10个；开展了“5·20”世界计量日宣传活动；联合相关部门开展出租车计价器检查活动，检查出租车183辆，查获4台不合格出租车计价器，并依法进行了相应的处罚。

【认证认可工作】 根据州质监局工作安排，参加由省质监局对云南省泸水市公安司法鉴定中心检验检测机构资质认定的初次评审。对怒江州煜佳机动车安全技术检测有限公司进行专项监督检查。

【质量监管】 年内，实施质量强市、质量兴业、质量兴企、质量兴品战略，申报怒江“质量走廊”州级示范单位3家（怒江晨晨农业开发有限公司、怒江昆钢水泥有限公司、云能投怒江州产业开发投资有限公司）；分类推进产品、工程、服务、环境质量工作；开展“两提升、两争创”活动，推行6S、六西格玛等先进管理方法，导入卓越绩效管理模式，推进企业质量责任落实，做好质量信用信息档案的摸底、录入工作，全市共有13家企业录入企业信用信息；开展上门指导企业申报商标注册、品牌创建活动，深入企业、个体及合作社对其商标注册、商标经营、商标维权等进行指导。完善协作机制，市人民政府将质量安全工作纳入重要议事日程，各有关部门明确责任、健全机制、创新举措，加强配合与协作。着力风险防控，以农产品、食品药品、日用消费品、建筑建材等为重点，切实加大监督抽查和风险监测力度，开展产品质量安全隐患排查和整治行动，及时消除质量安全隐患。开展专项整治，深入开展食品药品、电器产品和电线电缆、重点地区特种设备等专项整治，开展“双打”“工程质量治理”“旅游市场整治”等一系列专项行动，严厉打击质量安全违法行为，努力让老百姓吃得放心、住得开心、过得舒心。实行企业质量信用分级分类管理，健全完善全州重点企业质量信用档案数据库，实施质量信用等级评价，开展企业质量信用信息公示，推动企业落实社会责任，推进行业自律，实施质量失信企业“黑名单”制度，配合建立质量失信部门联合惩戒机制。严厉打击食品违法犯罪行为，加大与市公安局、边防大队上江蛮云检查站的联动与协作，严厉打击制售有毒有害食品的“黑工厂”“黑作坊”“黑窝点”“黑市场”等犯罪行为，规范食品市场秩序。开展质量安全知识“进学校、进社区、进企业、进市场、进乡村”活动，大力宣传质量法律、法规和质量安全知识，引导全社会提高质量意识，增强企业和公众重视质量、关注质量的社会责任感，努力形成政府重视质量、企业追求质量、社会崇尚质量、人人关心质量的良好氛围。加强监督抽检工作。全年，在食品生产流通环节共抽检131批次，有2批次不合格；化妆品共抽检11批次，合格率100%；抽检药品52批次，合格率100%；抽检医疗器械5批次，1批不合格；重要工业产品抽检合格率达到100%，特种设备监管实现零事故零死亡。通过监督抽检，工程质量总体向好，竣工工程验收合格率和竣工工程一次性验收合格率达到100%；环保部门加大污染整治力度，加强环境监管，严格环境执法，全市环境质量持续改善并保持稳定。

安全生产监督管理

【概　况】 2017年，坚持以人为本的科学发展观，以《中共中央国务院关于推进安全生产领域改革发展的意见》为引领，以保障人民群众的生命财产安全为根本出发点，以遏制重特大事故为核心，以减少人员伤亡和实现控制指标为重点，认真贯彻落实十八届三中、四中、五中、六中全会及十九大精神和习近平总书记、李克强总理关于安全生产工作的重要讲话精神，科学谋划、统筹推进，实现了重特大事故和较大事故“零控制”、一般事故进一步减少的目标，确保全市安全生产形势持续稳定。

【安全生产指标控制情况】 年内，全市未发生较大及以上安全生产事故，但安全生产事故起数和死亡人数均较2016年有所上升，主要原因是受泥石流等自然灾害及道路路况、基础设施等条件的影响，全市道路运输事故呈现多发频发的势头，事故起数和死亡人员较2016年均有大幅上升，均占全市事故总起数和死亡人数的绝对比重。全年，全市共接报工矿商贸、建筑施工、纳入统计的道路交通十二类车辆及生产经营性火灾事故15起，死亡13人，受伤7人，直接经济损失512.95万元，其中，建筑施工领域（含道路施工）发生5起，死亡5人，受伤1人，直接经济损失367万元；金属非金属矿山发生2起，死亡2人；纳入统计的道路交通十二类车辆发生事故8起，死亡6人，受伤6人，直接经济损失0.75万元；生产经营性火灾事故未接报。

【安全生产责任体系建设】 年内，市委、市人民政府多次召开专题会议，认真分析研判全市安全生产形势，着重研究安全生产工作中存在的主要问题，及时安排部署全市非煤矿山转型升级及安全生产大检查等专项工作。并通过层层签订安全生产责任书，形成一级抓一级、层层抓落实的安全生产工作机制。全市9个乡镇、71个村委会、5个社区和规模以上企业完成了“五级全覆盖”“五落实五到位”的工作任务，全面压实全市“五级五覆盖”和“五落实五到位”的安全生产责任体系建设。

【安全生产大检查】 认真落实好国务院、省、州、市关于开展好安全生产大检查各项工作的部署安排，通过制定方案、分解任务、细化责任、明确分工，建立“企业自查、部门检查、政府督查”的工作机制，7月底，市安委会组织全市所有行业领域、所有生产经营企业和人员密集场所深入开展了安全生产大检查工作。全年共组织对道路交通、建筑施工、非煤矿山、危险化学品、烟花爆竹、城市燃气、工贸行业、消防、人员密集场所以及重点工程项目等行业安全生产大检查69次，检查企业198家次，惩治典型违法行为28起，挂牌督办重大隐患2项，关闭取缔企业10家，行政罚款42.5万元，排查出一般隐患428项，已整改386项，隐患整改率为90.37%。通报责任落实不到位乡（镇）及行业主管部门20家次。贯彻落实省、州安全监管部门关于推动安全生产大检查长效机制管理系统工作要求，将“管理系统”应用作为督促企业落实安全生产主体责任的一种重要手段，认真部署，安排专人负责，并定期组织召开安全生产大检查长效机制管理系统联席会议，有效推动“管理系统”在全市各行业的应用。

【非煤矿山转型升级】 根据《怒江州人民政府办公室关于印发促进非煤矿山转型升级实施方案的通知》要求，泸水实际纳入转型升级矿山34座，其中，改造升级22座，关闭矿山12座。4月18日下发《泸水市人民政府关于关闭百花岭干沟凹采石场灰岩矿等12家非煤矿山的通告》，并于9月8日开始对12家淘汰关闭矿山进行验收，年内，已完成百花岭干沟凹采石场、托把夺硅石矿等12座被列入“淘汰关闭一批”名单矿山的验收工作。按计划稳步、有序开展非煤矿山淘汰关闭验收工作。市转型升级办公室召集成员单位召开3次联席会议，专题研究矿山改造升级工作手续办理相关事宜，协同推进矿山改造升级工作。

【安全生产执法】 为切实把握安全生产新形势和新常态，以高标准、严要求的作风，深入扎实开展好安全生产执法工作，突出抓好金属非金属矿山（含尾矿库）、道路交通、危险化学品、烟花爆竹、民爆物品、建筑施工、消防等重点行业和领域的安全执法，认真查处各类安全生产事故隐患，共开展执法检查141次，检查企业360家次，派出执法人员514人次，下达执法文书239份。

【技能培训】 加强培训，切实提高企业安全生产管理水平。各有关部门和企业组织举办培训班，有组织、有计划地开展安全知识、职业健康知识培训教育。其间，组织重点行业和领域有关企业人员共268人，参加了由州局主办，省局培训的企业安全管理人员、安全员、电工、电焊工等有关安全上岗工作资格证考试的培训。

【安全生产月活动】 按照“全面落实企业安全生产主体责任”活动主题，以认真落实党中央、国务院《关于推进安全生产领域改革发展的意见》为重点，认真开展安全生产月活动各项工作。其间，活动现场共出动宣传人员205人（次），设立17个咨询台，共发放法律、法规及行业、行规标准、安全防范小常识等宣传资料5.29万余份。同时还组织市级有关企业参加了由州安委会组织的“华能澜沧江杯·落实安全生产主体责任企业在行动演讲比赛”并获得了第二、三名。

【汛期安全生产】 为切实做好汛期安全生产各项工作，积极预防各类事故，促进全市安全生产形势持续稳定，4月18日召开全市安全生产专题工作会议，市委常委、常务副市长杨秀兴专题安排全市汛期期间的安全生产工作，市安委会办公室先后印发《泸水市安全生产委员会办公室关于做好汛期安全生产工作的通知》《泸水市安全生产委员会办公室关于印发汛期安全生产工作方案的通知》。为将汛期期间各项工作责任分解落实。根据省、州有关汛期期间工作要求，市安委办结合泸水实际再次印发《泸水市安全生产委员会办公室关于印发2017年度汛期安全生产大检查攻坚战工作方案的通知》，对市直各部门落实汛期期间的安全生产工作进行了责任分解。要求各乡（镇）、各部门、各企业要密切关注当前天气变化，坚决克服麻痹思想，立足于防大汛、抗大灾，周密布暑，提前准备。切实做到领导、组织、队伍、预案和物料“五落实”，提前做好防汛抗洪抢险各项准备工作，预防生产安全突发性灾害的发生。

国　税

【概　况】 2017年，市国家税务局围绕税收现代化建设，通过“放管服”不断优化税收环境，通过“严善活”厚植干事创业的良好氛围。年内，推动国税、地税征管体制改革向纵深迈进，实现国税、地税互设窗口、人员互派和干部交流任职全覆盖，联合地税局委托邮政公司代开增值税普通发票和代征税费（代开代征）。认真落实各项税收优惠政策和减免税政策，支持泸水实体经济发展，为纳税人减负，增强纳税人获得感。通过国地税合作、营改增、便民办税服务春风行动、“互联网+税务服务”计划、推广电子税务局等，让纳税人“少跑马路、多跑网路”，方便了纳税人。通过政治学习、法律知识专题讲座、“岗位大练兵、业务大比武”，提升了国税干部的综合素质和依法行政能力。

【收入完成情况】 年内，市国税局累计征收入库各项税收37198万元（中央级库23660万元，省级库1469万元，地市级库790万元，县区级库11279万元），比2016年同期28284万元增收8914万元，增长31.52%，其中，增值税入库25458万元（不含进口货物增值税477万元），比2016年同期17050万元增收8408万元，增长49.31%；消费税入库5999万元，比2016年同期5751万元增收248万元，增长4.31%；企业所得税入库2022万元，比2016年同期2580万元减收558万元，下降21.63%；车辆购置税入库3719万元，比2016年同期2903万元增收816万元，增长28.11%。县区级收入11279万元，比2016年同期6819万元增收4460万元，增长65.41%，其中，增值税10955万元，企业所得税324万元。

【国税地税征管体制改革】 加强国税地税征管体制改革工作的组织领导，推进改革“双轮驱动”，确保改革取得预期实效。根据改革的时间表、路线图，明确改革任务，对照具体改革文件和出台的具体改革措施，建立改革工作台账，对表推进、对账销号。提炼改革经验成效，对可复制、可移植的做法及时推广。结合自身实际，创新工作方法，深入调查研究，持续跟踪问效，有效推动国税、地税征管体制改革向纵深迈进。国税、地税联合完成以下改革事项：重点推进项目已完成8项，持续开展4项；创新改革项目已完成2项，持续开展2项；其他改革项目已完成31项，正在开展9项，未开展3项。

【国地税合作】 以共享行政资源、提高征管效能、优化纳税服务、共建和谐税收为出发点，找准国地税最佳契合点，全面推进44个合作事项，建立常态化的运行机制。在实践中，紧紧围绕转变征管方式全方位加强合作，在推进服务一体、征管互助、执法协同、信息共享等方面的合作取得了实实在在的效果，并在联合优化纳税服务、联合开展干部培训、联合落实税收改革任务等方面开展深度合作。年内，增设联合办税窗口2个，互派税务干部2人，联合为纳税人开展税务登记、发票代开、涉税咨询等纳税服务，10月1日，启动“一窗一人一机”办税服务模式，实现了纳税人“进一家门，到一个窗口，办两家事”。全年，联合为2981户纳税人办理设立登记、为4561户纳税人办理变更登记，协同为996户纳税人办理注销登记。地税代征个人销售不动产累计征收增值税税款189.42万元。共享707条外出经营建筑服务企业信息。通过协同管理建筑服务企业外出经营税收，增加3444.25万元税款。联合采集7542条第三方涉税信息。对397户纳税人联合开展信用评价，联合评价D级纳税人87户。共对527户纳税人联合开展核定征收企业所得税工作。共对1622户纳税人协同开展定期定额核定工作。对151户纳税人按照统一标准进行处罚。联合开展250人次网络培训。共联合培训纳税人400人次。国税、地税共同认定108户非正常户。

【税收风险管理】 进一步完善全市税收风险管理工作机制，切实加强省局、州局层面风险任务下发、过程控制、成效反馈和风险成因分析的四个统筹；充分利用决策支持风险管理系统，持续优化完善风险分析识别模型、风险分析识别指标，提高分析识别准确率；研究建立纳税信用积分动态评价机制，将其融入税收风险管理，建立信用发布、风险锁定、及时应对的事前事中管理机制；全面加强第三方涉税信息对税收风险管理的支撑作用，进一步堵塞征管漏洞，提高征管质效，促进税法遵从。3月，在全州率先建成风险管理中心，明确以构建税收风险管理为导向的现代税收征管体系的工作目标，有效调动各种征管因素，形成各部门、各分局之间的联系协作工作机制。通过税收风险管理中心各项工作的开展，初步形成以税收风险管理为导向的工作机制，最大限度地消除了纳税人的税收风险，有效防范和避免了税收流失。年内，风险任务由两部份组成，核查6期省局、总局推送的税收风险，组织入库税收收入153.37元，其中，增值税133.44元，企业所得税0.6元，滞纳金19.23元、罚款0.1万元；企业所得税纳税调增128.06万元；在完成上级推送风险之外，自行选户进行风险排查，自选核查组织收入9.9万元，其中增值税9.82万元，滞纳金0.08万元。全年，税收风险管理中心共组织税收收入163.26万元，其中，增值税143.25万元，企业所得税0.6万元，滞纳金19.31万元、罚款0.1万元；企业所得税纳税调增128.06万元。

【深化登记制度改革】 着力解决信息共享不全、信息丢包问题，建立工商与税务信息交换反馈机制。定期向工商机关、民政部门和编委发布“五证合一、一照一码”“两证整合”登记信息，开展漏征漏管户清理工作，合理安排存量户“三证合一”“两证整合”。向工商部门获取“三证合一”“两证整合”户数数据，全市共清理2740户，其中，企业未登记455户、个体未登记2046户，并进行了税务登记补录工作。不断提高“三证合一”“两证整合”纳税人税务登记补采率、发票用票率、申报率、有税申报率。年内，完成非企业单位换照203户，基本完成原有机构代码向统一社会信用代码的过渡。

【委托代征工作】 年内，启动国地税委托邮政公司代开增值税普通发票和代征税费（代开代征）工作，开展国地税、邮政合作的便民服务项目，建立横向、纵向畅通的应急机制，创建国地税及邮政公司微信工作群，及时收集反馈解决代开代征工作中的各种问题；不断拓展合作深度和广度，营造和谐税收环境。在六库辖区设2个网点、片马镇增设1个网点。全年，累计代开发票2960份，开票总金额7788.45万元，代征税款226.74万元。

【税收法制建设】 认真贯彻落实增值税优惠政策，健全机制，建立层层负责的增值税税收优惠政策落实责任体系，“一级抓一级、一级督一级”，确保责任落地、工作落地；充分利用电视、报刊、QQ、微信、办税服务厅、人民来信等平台和载体，持续做好增值税税收优惠政策宣传工作，确保每一户应享受税收优惠的企业“应享尽知”。

落实小微企业所得税优惠政策，申报应享受研发费用加计扣除、高新技术企业等优惠政策企业，确保税收优惠落实到位，引导企业加大科技研发投入，促进经济结构转型升级。年内，对符合条件的企业“点对点”开展政策辅导，提高纳税人申报享受政策的积极性，提高政策落实精准度，全市共享受小微企业所得税优惠1486户次，减免企业所得税146.79万元；有1户企业申报研发费用加计扣除，税前加计扣除金额340.07万元，实现市国税研发费用加计扣除“零”的突破；有1户享受高新技术企业，优惠减免所得额220.92万元。

【推行增值税发票系统升级版】 继续做好增值税发票系统升级版全推行工作。营改增后，升级版设计涉及纳税人较多，时间要求紧，经对纳税人进行梳理后，合理安排升级户，并逐户通知，告知升级的重要性及需要携带的资料，做好宣传动员工作；在升级过程中，及时沟通、收集整理企业的实际需求，及时反馈协调解决，确保纳税人在规定时间内完成升级工作。年内，共向425户纳税人发行了增值税税控系统升级版，对使用V2.1.30.161225版本的开票户209户进行开票辅导，进行开票编码使用错误辅导更正512户次。对A、B、C级一般增值税纳税人推行勾选认证，已推行249户勾选认证企业，减少大厅的认证压力。

【企业所得税征收方式鉴定】 积极做好企业所得

税征收方式鉴定工作，针对企业所得税征收方式鉴定工作时间紧、任务重的情况，按照“抓大、控中、核小”的企业所得税管理工作思路，采取4项措施，做好2017年企业所得税征收方式鉴定工作，提高了企业所得税的征管质量和税法遵从度。认真学习政策，保证规范实施；加强对纳税人的政策宣传，提高规范经营意识；严格履行程序，保证鉴定质量；明确工作职责，保证申报顺利。全年，共完成1265户纳税人的企业所得税征收方式鉴定，鉴定户数比2016年增加392户，增长44.90%。其中，查账征收714户，占总户数的56.44%，查账户数比2016年增加163户；核定征收（定率）551户，占总户数的43.56%，核定征收（定率）户数比2016年增加256户。

【完成企业所得税汇算清缴】 年内，完成2016年企业所得税汇算清缴。加强组织领导，明确工作职责，成立汇算清缴工作领导小组；将相关所得税政策、纳税申报表填写方法进行公告，为企业提供咨询、培训、辅导，帮助纳税人理解政策、准确计算税款；组织专人对各汇算单位报来的纳税申报表进行认真审核，力争做到数据准确；对填表不准的企业，加强辅导，提高汇算清缴申报的成功率；加强企业所得税税前扣除项目及扣税凭证的管理，严格审查和把关，凡不符合规定的，一律不得在税前扣除。5月31日，全面完成企业所得税汇算清缴申报工作，汇算面达到100%，准期申报率达到100%，超过省局绩效考核企业所得税准期申报率指标（98%）的2个百分点。

【车购税征收】 2017年，全市共征收车辆9959辆，其中，汽车4172辆，摩托车5787辆；征收车辆购置税3719万元，同比增长108.11%。认真落实车购税减免政策，办理免税车辆1934辆，免税额415.28万元；按照省局下发的数据及相关步骤积极与交管部门协调开展车购税专项核查工作，2017年度在共享核查系统中一共核查反馈18份异常完税信息，机外核查反馈124份异常完税信息，核查反馈共计142份异常完税信息，经核实均已全部完税。

【税务稽查】 按照州稽查局工作部署，税收稽查针对药品行业税收秩序进行整治，根据查办其他案件发现、相关部门提供、征管部门日常管理检查等线索，把专项工作重点放在医药行业违法犯罪活动易发生的行业，重点打击少记销售收入、不开发票、造成申报不实进行偷税等各种涉税违法犯罪行为，并及时与地税、公安、医保、工商、药检、烟草、银行等部门沟通联系，加大了医药经销企业、建筑安装行业、商贸企业的稽查力度，堵住漏于最后关口，对打击违法犯罪活动工作进行联合宣传。全年，共督导药品行业、建筑安装行业、商贸企业自查34户；执行了2016年未执行入库的泸水县建河水泥制品有限公司、怒江鼎盛冶化有限公司的税款查补入库1120422.56元、罚款入库144499.41元、滞纳金入库81806.55元。

认真组织开展协查工作，年内，协助河南、福建、湖南省和昆明、大理、临沧、保山等地稽查局协查案件13起，其中，协助公安经侦检查1起、协助州纪委检查1起、协助来人调查2起、系统内协查5起、纸质协查4起。纸质协查发票份数71份，涉税发票金额6966044元；系统协查5户，发票份数5份，发票金额665868元；属于虚开增值税发票6起、盗用农民工身份证开取发票1起、属于正常交易6起。案件协查完毕后及时回复，在规定期限内的受托协查回复率达到100%。

【税收大走访活动】 为进一步帮助营改增试点纳税人适应新税制，提高纳税服务的针对性和主动性，构建和谐征纳关系。国地税联合入户开展“税收大走访”活动，与纳税人面对面座谈，详细了解纳税人的生产经营情况和面临的涉税问题，并针对企业提出的问题进行一一解答，征求和收集纳税人对改进纳税服务、税收宣传、规范执法等方面的意见和建议，向纳税人宣传税收优惠政策，发放最新纳税辅导资料，为企业“加油助力”，共走访怒江硅工业园区、片马镇纳税人64户企业，发放宣传资料100余份。

【政策大辅导】 为认真贯彻落实国家税务总局《关于开展营改增政策大辅导工作的通知》要求，结合“便民办税春风行动”工作内容，确保营改增试点持续平稳运行，国地税采取“线上+线下”的方式开展政策大辅导，切实提升纳税人满意度和税法遵从度。年内，联合对四行业营改增一般纳税人78户（包括兼业38户）进行辅导，辅导面100%，其中，建筑业11户，完成占比100%；房地产业15户，完成占比100%；金融业15户，完成占比100%；生活服务业37户，完成占比100%。对5974户纳税人户（全市有7448户）辅导，完成占比80.21%。

【协同开展信息交换】 根据《国家税务局地方税务局合作工作规范》，与市地税局通过联合税收宣传、联合采集财务报表，协同开展定期定额户核定工作和信息共享，于每月25日以后对共管户、非正常户、注销户和处罚信息进行交换，依托涉税信息交换制度，加强沟通协作，为纳税人减负。

【绩效管理】 按照总局2017年绩效管理“创品牌”工作要求，层层压紧压实责任，进一步凝聚起绩效管理共识、塑造绩效文化、培育绩效认同。用绩效考核的指挥棒引导干部干事创业，培育务实作风。强化各级领导班子的领导责任和各层级、各岗位绩效管理的落实责任，配强配齐绩效管理队伍，通过层层负责、上下联动提升绩效管理质量。进一步完善组织绩效和个人绩效管理办法，年内，共编制163条绩效考评指标，全面推进横向到边、纵向到底的各层级绩效管理。完善考评规则，建立绩效管理定期分析讲评机制，强化结果运用，让全系统各单位的工作成果在同一个平台上展示，促进组织绩效和个人绩效双提升。

【税务管理信息化建设】 做好软硬件维护、推广、升级等工作，进一步提升全局信息化水平；强化涉税信息网络安全，增强防范意识，严格制度管理，层层签订安全防范责任书，明确信息安全倒查，确保安全防范措施落到实处；实行内外网隔离，防止信息泄露，桌面管理注册及杀毒软件安装率均为100%；完成金税三期工程区县局防火墙项目的实施工作；做好冠军牌UPS电源维护工作，保证UPS电源稳定可靠运行，发挥UPS电源有效作用，极积配合上级做好UPS巡检工作；积极开展“网络安全宣传周活动”，进一步加强了网络与信息安全相关知识的宣传、教育力度；做好外购技术服务的工作，有效地解决了服务税户技术力量不足的问题。

【精神文明建设】 坚持“两手抓两手都要硬”的方针，不断优化内外环境，对新办公楼场所进行环境美化、绿化改造，为纳税人提供优美舒适的办税环境，也为干部职工营造了良好的办公环境。制作社会主义核心价值观展板、国税文化展板、文体活动室、阅览室，道德讲堂、廉政文化示范廊，保证各项活动的正常开展，年内，组织开展了“读好书，好读书，快乐读书”、文明餐桌、文明礼仪培训等活动，组织参加“红土地之歌”演讲比赛、“七一”建党节歌咏比赛等活动，不断丰富国税文化建设。开展“扶贫帮困献爱心”活动，春节、重阳节走访慰问退休老干部和困难干部职工、困难党员；为洛本卓乡中心学校少年宫捐赠学习用品，上税法宣传课；为认真贯彻落实全市脱贫攻坚会议精神，切实把建档立卡工作做细做实，选派出7名干部作为基层党建实战队员深入扶贫攻坚一线，局班子成员共6次分别带领58人次干部职工轮流深入扶贫联系点开展“转走访”入户调查，为扶贫联系点上好党课、“七一”“春节”前夕深入联系点慰问困难老党员和困难群众、为木楠完小开展爱心物资捐赠活动，共投入扶贫资金11.8万余元，把精准扶贫各项要求和措施落到实处。

【表彰奖励】4月，市国税局办税服务厅被中华妇女联合会授予巾帼文明岗称号；市国税局被怒江州国家税务局授予2016年度纳税服务单位优秀单位称号。7月，市国税局被怒江州国税局授予全州国税系统（纳税服务系列）业务大比武（第十一届业务能手竞赛）先进单位称号。

（李慧洁）

地　税

【概　况】2017年，市地方税务局有在职职工44人，退休干部16人。在职职工中男17人，女27人；本科23人，大专18人，中专及以下3人。有办公室、政策法规股、计划财务股、征管股、税政股、规费股、科技信息、人事股、监察室9个内设机构，一个直属机构（稽查局），下辖4个派出机构（一分局、二分局、三分局、一所）。负责7706户管户，包括2101家企业，5478户个体工商户，非企业单位127户的地方税收征管及1603户社保费征收工作。

【组织收入】全年，共组织税费收入28118.38万元，比2016年同期18778.92万元增收9339.46万元，增长49.73%。其中，组织税收收入12590.47万元，比2016年同期12481.71万元增收108.76万元，增长0.87%，完成州局建议任务9800万元的128.48%；完成地方一般公共预算收入8510.95万元，比2016年同期9011.91万元减收500.96万元，下降5.56%，完成地方政府建议任务8000万元的106.38%，超额完成组织收入工作目标。规费收入完成15200.98万元，其中社会保险费14498.94万元，同比增收9439.13万元，增长186.55%。完成工会经费212.79万元、残疾人就业保障金168.99万元、地方水利建设基金320.26万元。

【税收特点】2017年，受到2016年营改增全面改革的影响，以营业税为主体的地方税体系随之改变，支撑地税收入的主体税种缺失，地方税逐渐成为依靠房地产业为重点税源的税收格局，组织收入对一次性税收的依赖较大，在一次性存量税源清缴完毕之后，新增可持续税源少。

【税收征管改革】按照上级组织收入工作部署，全力规范征管，坚持不懈探索税收征管改革。深入推进简政放权，严格落实商事制度改革，加强事中事后监管。实施“双随机、一公开”，积极改进和优化纳税服务，围绕推动“互联网+税务”建设，建立起贯通纳税人、国税、地税以及各政府部门之间的涉税信息“高速公路”。建立适应现代税收管理要求的管事和管户相结合模式，推动税收征管稳步迈向“质量时代”。结合工作实际，细化税收工作指引，加大宣传力度，不折不扣地落实税收优惠政策；以风险管理和抽查复审为依托，深化税收质量管理；编制“权力清单”和“责任清单”，强化依法治税。以提高纳税人遵从度为着力点，创新开展税法宣传月、法治宣传日活动，开办“纳税人学堂”，多元化满足纳税人需求。

【国地税合作】深入贯彻落实《国家税务局 地方税务局合作工作规范》，深化国地税合作，互派2名干部进行挂职，成功推广“一窗一人一机”，共同开展数据清理、风险防控，以金税三期工程及相关信息系统为支撑，共同建立微信公众号和信息传输存储平台，涉税信息实时共享，联合开展纳税信用等级评定。完善《国地税联席会议制度》，定时召开国地税联席会议，实现国地税全方位、多领域、深层次的战略合作，进一步提高税收治理能力、加快实现税收现代化管理。

【精神文明创建】全力推进精神文明建设，积极向上级部门学习借鉴创建文明单位的优秀经验和做法，扎实做好五个方面的工作，在道德风尚上，组织开展道德讲堂4次；开展主题党日学习，通过主题党日开展喜闻乐见的教育活动，进一步凝聚支部向心力。在示范作用上，积极开展扶贫工作，扎实推进“挂包帮，转走访”，深入扶贫联系点，看望慰问扶贫联系点的老党员，开展打造“怒江花谷”植树活动等等；积极参与“最美地税人”“最美群众贴心人”“巾帼文明岗”等荣誉称号的评选；开展学习先进典型活动，以云南省第三批学雷锋岗位标兵、云南省首届最美地税人、怒江好人获得者五二文先进事迹为主题开展讲、学、颂活动，进一步营造创先争优的意识，以身边的人为榜样，营造比、学、赶、拼、超的氛围。在志愿服务上，成立学雷锋志愿服务队，志愿服务学雷峰，给困难群众送温暖，关心关怀退休干部；开展清明扫墓活动1次。在文体活动上，积极组织参与“传承好家风，促进好税风”演讲比赛，在国际三八妇女节、青年节和端午节等节日来临之际，开展形式多样的文体活动，宣扬传统节日，丰富干部职工的精神和文化生活。集全体干部职工之力，做好申报州级文明单位的工作，积极争创省级文明单位、社管综治先进集体、云南省三八红旗集体等。

【依法治税】 制度先行，完善依法治税工作机制，成立依法行政工作领导小组，由“一把手”亲自抓普法工作的贯彻落实。建立普法工作制度，配备法律专业人才，加强税收政策统筹指导，搭建业务学习平台，常态化组织法治培训，税务干部的法治意识、执法能力得到很大提高。依法治税，规范税费管理执法行为，牢固树立高度自觉的大局意识，强化行政监督，确保税务执法不缺位不越位。突出依法治税重在“治内”和“治权”，加强执法监督检查，规范执法行为。深入推行税收执法责任制，大力开展依法治税，推进税费管理工作法治化、规范化。创新载体，构建学法用法征纳氛围，在办税服务厅精心打造各种法治宣传模块，在大厅、楼道悬挂展示牌、宣传板，设立图书阅览区，购置法律法规书籍。与司法局、国税局合作，共同组织9期税法宣传，打造“法治宣传一条街”。成立“税务老娘舅工作室”，组建“纳税服务专家团队”化解涉税争议。搭建“税务法律援助平台”，化解税企矛盾，为纳税人提供寻求法律救济的渠道。建立法治示范联系点，坚持法治、廉政、效能“三位一体”。在一线执法单位推出“网络法治课堂”，用以案释法的形式增添普法力和亲和力。

【税收减免】 始终坚持“双成绩、双遵从”的治税理念，依法落实税收优惠。开展个人所得税、小微企业等税收服务政策的宣传引导，确保各项税收优惠政策宣传到位、执行到位。全年实现减免税35096293.32元，其中，企业所得税1072989.54元，个人所得税3684690.09元，全市共有667户小型微利企业享受小型微利企业税收优惠政策，小微企业减免税款401万元。

【纳税服务】 始终把纳税人满意和争创荣誉作为目标要求，创新方法，办税服务实现“五个零”目标。窗口引导零障碍，在征收大厅由分局领导带班进行办税引导，方便纳税人对口办理业务，设立办税绿色通道，对老同志及孕妇开通绿色通道优先办理，维护好办税服务秩序；业务办理零差错，落实首问责任制、导税服务以及一次性告知等多元化服务制度，办理业务实行前台受理、大厅厅长审核、后台分局长确认的三级审查机制，将业务差错率纳入绩效考核，避免人为差错，开展便民办税春风行动，服务群众和解决群众普遍关心的热点难点问题，年内，市地税局电子税务局正式上线运行，云南省房地产税收一体化管控平台成功上线，实现了多证合一，“一窗一人一机”，彻底打通服务群众“最后一公里”；解读政策零距离，牵头开展每年的“税法宣传月”活动，定期组织纳税人政策培训，开通微信平台、税企QQ群，组建微信群进行在线解读，开通蹲企服务视频直通车，率先尝试推广网络微课堂，得到纳税人的点赞；涉税事项零积压，完善岗位责任制，明确每个岗位、窗口以及每位干部的工作职责，业务范围，严格执行AB角制，做到办税厅工作日全岗在职，便于纳税人办理任何涉税事宜，实施涉税事项短信提醒，督促纳税人按期申报，避免纳税延迟而影响信用等级；纳税满意零投诉，坚持使用文明用语，着正装上岗，挂牌服务，礼貌待人，使纳税窗口成为传播精神文明的窗口，推进阳光办税，主动向社会公开承诺服务项目、公示办税指南、公开投诉举报电话，设置留言簿、投诉举报箱，公开服务监督电话，接受群众的监督，极大地提升了纳税满意度。

【脱贫攻坚】 做好动态管理，先后派出5批工作组到季加村开展动态管理工作，完成237户普通住户的信息采集和175户建档立卡户的数据录入及档案整理。派出12名实战队员，负责古登乡季加村和佑雅村两个村的精准脱贫工作。为扶贫点开展党建阵地建设，并赠送党徽、党旗、党刊，开展“千堂党课下基层”活动，由党组书记用少数民族语言上了2堂党课；帮助扶贫点党支部创建党建台账、完善党建实施方案。组织扶贫点两委班子和村小组负责人13人到老窝镇学习蔬菜、魔芋、羊肚菌种植以及高黎贡山猪养殖技术，借鉴村级集体经济运作情况。开展节日慰问困难群众活动，全年投入扶贫资金达到10万元。

【争先创优】 年内，市地方税务局被泸水市人民政府评为“经济社会综合目标和行政机关行政效能建设先进单位”“综治维稳优秀单位”“宣传思想文化工作暨精神文明建设先进集体”“保密工作优秀单位”。局党支部被评为泸水市第一批“市直机关基层党建示范点”。

（孙文珊）

审　计

【概　况】 2017年，认真落实党风廉政建设责任制，切实履行脱贫攻坚责任，持续推进“两学一做”学习教育常态化制度化，依法履行审计职责，从严治理审计队伍，取得了较好的工作成效。年内，荣获2016—2018年度州级文明单位称号，在2017年泸水市党委目标责任党风廉政建设考核中获“优秀”等次。

【审计成果】 全年，开展审计项目19个，其中，预算执行审计项目12个、专项资金审计项目1个、经责审计1个、固定资产审计项目5个。审计查处主要问题金额138049.2万元，其中，违规金额7934.04万元、管理不规范金额130115.16万元；审计决定处理处罚金额8449.81万元，其中，应上缴财政1285.2万元、应归还原渠道资金6648.84万元、应调账处理金额515.77万元；审减工程造价款95.72万元；提出审计建议33条；编发审计信息38份。

【审计工作程序情况】 牢固树立依法行政，依法审计的观念，严格按审计程序进行审计，减少随意性和盲目性。从定审计实施方案开始，对其合规性、针对性和操作性提前审查，既突出审计重点，又保证了现场审计的有序开展。全面提升审计档案质量，通过集中学习全州优秀审计档案资料，查缺补漏，严格规范审计档案的创建、整理、装订等工作，提升了泸水市审计局档案质量。

【脱贫攻坚】 成立扶贫攻坚“挂包帮、转走访”工作领导小组，制定实施方案，实施扶贫攻坚“挂包帮、转走访”工作“一把手”责任制，明确分管领导，确定工作人员。全年，组织干部职工分6批56人次深入挂联村云西村，进村入户开展入户摸底、政策宣传等工作，完成云西村48户建档立卡贫困户数据录入、筛查、比对工作和云西村2017年预脱贫人口认定核查、低保动态调整、“四类重点对象”农村危房精准核实认定等工作。协同云西村两委制定贫困户脱贫发展计划和措施，强化党建工作，坚持“党建带扶贫，扶贫促党建”的方针，推进扶贫开发与党建“双推进”工作。为云西村脱贫攻坚工作解决实际问题，共计投入59372元。出资建设云西村电子商务服务点，投入

19279元，已正常投入使用；将驻村工作队员工作经费1.5万元投入到云西村，用于基础设施建设和购置办公耗材；响应怒江州“峡谷红旗飘”活动，共捐赠红旗130面、旗杆117杆、横幅2条、贴画400张，总计6293元；资助1万元用于云西村小密扣自然组至杨家寨自然组修筑人马驿道；看望慰问建档立卡贫困户8800元。

【脱贫攻坚监督执纪】 按照怒江州审计局的统一部署，围绕“脱贫摘帽”和“全面小康”两大目标，积极发挥审计监督作用，对泸水市2013—2015年度扶贫攻坚工程专项资金分配管理使用情况进行跟踪审计，揭示部分项目资金不到位、挤占扶贫专项资金、擅自变更项目实施地点、报账不及时、资金使用不规范、项目建设进度缓慢等问题。对查处的问题泸水市人民政府及时采取措施进行了整改，有效推动补齐扶贫工作短板。2—5月，按照云南省审计厅和怒江州审计局的要求开展了泸水市扶贫办预算执行“一条线”审计，查出主要问题金额58.81万元。抽调4名审计人员参加怒江州审计局组织的对全州2017年度计划脱贫摘帽的5个乡镇23个贫困村开展审计调查项目。根据《关于选派脱贫攻坚和基层党建实战队队员的通知》和《关于选派脱贫攻坚和基层党建实战队队员的补充通知》，安排21名职工开展全市易地扶贫搬迁审计工作。

【人财物管理改革】 自2016年8月，全省省以下审计机关人财物改革试点工作启动以来，泸水市审计局积极主动加强请示汇报，在泸水市委政府和怒江州审计局的领导下统筹推进改革试点工作；积极与各职能部门沟通衔接，争取有利的改革条件，及时研究和解决改革试点中遇到的困难和问题，为改革试点工作打牢基础、铺平道路。2017年，机构及人员编制已上划，工资已实行统发，项目审批程序按省厅要求推进，资产划转工作正在办理。

（张普伍）

国土资源管理

【概　况】 2017年，市国土资源局承担着主管全市土地资源、矿产资源等自然资源的规划、管理、保护与合理利用及不动产、测绘行政管理的行政职责，机关设8个内设机构，下属6个公益一类事业单位。年末有干部职工88名，其中，行政人员35名，行政工勤20名，事业人员33名。

【土地资源】 根据2016年土地变更调查成果统计，全市土地总面积为308838.49公顷，其中，耕地19403.38公顷，园地417.44公顷，林地243906.13公顷，草地27067.66公顷，城镇村及工矿用地2222.26公顷，交通运输用地1017.52公顷，水域及水利设施用地为3423.4公顷，其他土地11380.7公顷。

【土地市场】 加大土地供应力度，全年共供应土地221宗，总面积88617.27平方米，其中，协议出让199宗，面积31988.84公顷，出让金额565.2933万元；招拍挂出让5宗，面积38517.93平方米，出让金额1279.2766万元；办理划拨用地手续17宗，面积18110.5平方米。盘活用好存量土地，随着泸水城市化进程的不断加快，市场对土地的需求不断增加，为优化土地资源配置，满足市场对土地的需求，开展了多次闲置土地集中清理专项行动。结合日常土地执法和动态巡查，适时对六库城区土地利用状况进行动态监测监管，开展闲置土地处置工作，发放闲置土地调查通知书14份，依法处置完毕闲置土地10宗，面积222.52亩，收缴闲置费215.273万元。

【基准地价】 为适应土地市场价格不断变化的需要，为泸水市土地有偿出让、土地二级市场的交易提供合理的价格依据，确保地方政府土地收益，年内，完成泸水市规划区及5个乡镇的基准地价更新测算工作，成果通过了云南省国土资源厅审查验收。

【用地审查】 为涉及省、州、市重点项目提供用地前期服务，做到提前介入、不断改进工作方法、健全服务功能。严格按《泸水市土地利用总体规划（2010—2020年）》审查各类建设用地的报批，按照权限做好建设用地审查，办理建设项目用地审查73宗，为泸水市经济发展提供用地保障。

【土地规划】 严格落实土地利用总体规划，做好规划调整完善工作。编制完成《泸水市土地利用总体规划（2010—2020年）调整完善方案》，已取得省人民政府批复同意；编制完成《泸水市六库镇等九个乡镇土地利用总体规划（2015—2020年）》，已取得州人民政府批复同意；稳步推进泸水市村级土地利用总体规划编制工作。

【耕地保护】 严格实行耕地和基本农田保护制度，强化乡（镇）的保护责任，把耕地保护纳入乡（镇）年度目标责任考核体系，市人民政府与各乡（镇）、各乡镇与村分别签订责任书，明确耕地保有量和基本农田保护面积，形成层层抓落实的各级保护责任体系。泸水市全域永久基本农田划定“落地块”工作已全面结束，补签责任书542份、增设标识120块。对全市耕地和基本农田保护情况进行实地检查，全市耕地保有量19418.2公顷，上级下达全域永久基本农田划定的任务指标16200公顷面积不减少、质量不下降。

【土地整治】 6月28日，2013年度“兴地睦边”农田整治重大工程项目，通过云南省国土局厅验收（终验），该项目建设规模1724.7685公顷，新增耕地27.217公顷，新增耕地率2.02%，投资总额6415.3万元。4月12日，启动实施2015年中低产田地改造项目建设工程，该项目包括泸水县称杆等4个乡（镇）排把等5个村土地整治项目及泸水市上江镇丙奉等2个村土地整治项目，建设规模769.6714公顷，项目实施后可新增耕地16.2193公顷，项目预算总投资2419.61万元，已完成建设任务的80%。按泸水市人民政府和云南地质工程勘察设计研究院签订的合作框架协议，8月进行实地踏勘后，拟定《怒江州泸水市宜耕后备土地资源开发补充耕地项目实施规划（2017—2021年）》，初步确定称杆乡前进村、老窝镇银坡村和老窝镇老窝村等2个乡镇三个项目区，可开发面积1811.59亩。初步完成“十三五”土地整治规划编制工作，待省、州下达指标后上报州国土资源局审查。

【增减挂钩】 发挥国土资源政策优势，落实城乡建设用地增减挂钩政策，支持精准扶贫。年内，编制上报《泸水市城乡建设用地增减挂钩项目实施方案（第一批）》，结余建设用地指标487.77亩，耕地指标467.39亩；梳理出建新区用地约300亩，拆旧区梳理安置1400余户约480亩；完成五个废弃采矿区梳理约130亩、历史性整村搬迁梳理约70亩、全市空心村调查约730亩、六丙二级公路报批范围外拆迁户外业调查约40亩。结合工作进度情况，合计梳理出拆旧区面积约1450亩。开展增减挂钩工作，可以充分保障搬迁农民安置用地，进一步优化城乡建设用地结构、布局和规模，解决城镇建设用地难题，为农民搬迁安置、农村基础设施建设和扶贫产业发展提供资金支持；激活农村生产要素市场，增强贫困地区内生动力和活力，实现土地权益最大化，为全市脱贫攻坚工作提供更大支持。

【不动产登记】 本着“为民、高效、创新、规范”的服务宗旨，不断优化工作流程，创新服务方式，推动不动产登记工作。年内，完成登簿量3807件，其中，首次登记办结1551件，转移登记办结1670件，变更登记办结121件，注销登记办结202件，更正登记办结68件，异议登记办结2件，预告登记办结127件，查封登记办结8件，其他登记办结58件。共颁发不动产权利证书2336本、林权证20本、不动产登记证明1217份。受理证书遗失并将遗失声明公示在门户网站43份，不动产登记公告2份，开具不动产登记查询证明648份。启动泸水市棚户区改造工作，依据棚户区改造办公室（棚改办）提供的产权证书核验棚户区内不动产登记信息128条。外业调查，实地查看54起，完成数据整合2958宗、1445幢、12608户，林权数据因不动产登记系统内无林权模块尚未整合。接入省厅数据7305条，接入率97.28%，上报部里数据7172条，上报率99.08%。9月1日，完成房屋登记纸质资料和电子资料的移交工作，其中，电子资料17682条，电子资料的存储容量116GB，纸质资料12491件。按照不动产数据整合相关要求做好房地数据整合工作，梳理的城镇宗地存量为2673件，房屋登记存量为12491件，整合率达100%，于9月30日、11月9日两次完成省级数据汇交工作。农村宅基地使用权登记工作已于4月全面展开，本着“审批一批、调查一批、登记一批、发证一批”的原则，稳步推进全市宅基地确权登记发证工作，完成审批12宗，发放汉语、傈僳语农村宅基地审批流程宣传册2000本。

【测绘管理】 加强全市测量标志巡查力度，监督辖区内基础测绘成果资料管理、保存、保密工作，检查有关单位使用资料情况，主动为重点项目工程、民生工程、基础设施工程做好测绘服务。配合云南省测绘地理信息局完成全国第一次地理国情普查成果更新工作及2个北斗卫星基准站日常维护工作，11月14日完成全市的测量标志点普查（维护工作）市级初验工作。

【矿政管理】 促进非煤矿山转型升级，实现合理布局、科学开采，结合泸水市矿业开发实际，对全市22座矿山进行转型升级工作，22家矿山企业按照转型升级要求开展各类申报材料编制和报审工作，关闭被淘汰的12家矿山企业，正在开展采矿权注销工作。严格矿产资源规划管理，基本完成《第三轮矿产资源规划（2016—2020）》编制工作，等待州级规划出台后进行完善后即可出台。完成矿业权人勘查开采信息公示工作，泸水市没有进入国土资源部异常名录和严重违法名单的矿业权人。推进矿业权联勘联审暨矿山生态环境综合评估工作，泸水市22家转型升级矿山已完成矿业权联勘联审依法审批暨矿山生态环境综合评估工作，已报至泸水市人民政府。按照矿山生态环境和地质环境保护要求，加强矿山环境恢复治理和土地复垦监管。做好查询涉及各类保护区矿业权清理查询及退出工作，结合非煤矿山转型升级，对涉及各类保护区的矿区范围进行了调整，清理查询出2家采矿权和2家探矿权涉及“三江并流”世界自然遗产区和高黎贡山国家级自然保护区，市人民政府已成立涉及各类保护区矿业权退出工作领导小组，制定了退出方案。开展矿产资源领域“打非治违”专项行动，取缔非法开采，加强非煤矿山安全生产监督检查工作力度，共组织开展4次大检查活动，进行37次动态检查，制止非法采矿行为12起，下发《停止国土资源违法行为通知书》12份。

【执法监察】 加大动态巡查和违法违规案件查处力度，充分发挥国土职能和基层国土所的前沿阵地作用，明确执法巡查的区域和重点，完善巡查责任制，开展执法监察动态巡查工作。年内，采取定期或不定期的方式开展动态巡查工作，共出动巡查车辆160余次，出动执法人员800余人次，发放《责令停止国土资源违法行为通知书》85份，对违法当事人进行国土资源法律法规教育。共查处违法用地案件10宗，总占地面积192.19亩，处罚金额1158347元；查处矿产违法开采案件4宗，共处罚金额10万元。通过对各类违反国土资源违法行为的打击和制止，有效遏制了国土资源违法违规行为，促进和规范了全市国土资源管理秩序良序发展。积极配合“两违”工作组重点对老窝河口片区及六库新城区城南加油站至上江三界桥整治区域内的违章建筑，开展“拆违”工作，下发“拆除”通知231份，共拆除违法建筑物、构筑物183宗，拆除房屋284栋，占地面积125984.1平方米，建筑面积62423.55平方米。推进土地矿产卫片执法监督检查工作，根据国土资源部下发的2016年度土地变更调查遥感监测图斑和2016年度矿产疑似违法图斑显示，全市土地变更调查遥感监测图斑共计49个，面积1369.9亩，占耕地面积841.52亩；矿山疑似违法图斑25个，其中，伪变化图斑3个，违法非立案图斑5个，立案查处图斑10个，移交司法机关1个，合法图斑6个。开展非法交易土地专项整治，共梳理出涉嫌疑似非法交易土地行为71宗，土地交易面积126667.3平方米。

【信访工作】 加强国土领域信访问题排查，深入贯彻《信访条例》和《国土资源信访规定》，认真处理信访案件，妥善解决矛盾纠纷。健全完善国土资源信访工作制度和工作机制，狠抓责任落实，开展国土资源信访矛盾纠纷排查化解活动。年内，共接访各类信访13件，按照“属地管理、分级负责，归口办理”的原则，均按时办结和答复，基本做到事事有着落、件件有回音。

【地质灾害防治】 泸水是地质灾害多发易发地区，始终坚持重预防抓治理，扎实开展地质灾害防治工作。3月7日开始，市级相关部门、各乡（镇）、村和技术专家组组成地质灾害专项排查巡查工作组，对泸水市滑坡、崩塌、泥石流等地质灾害隐患点进行全面、细致拉网式大排查，共排查出377个隐患点，威胁人口46035人，其中，滑坡235个、崩塌80个、泥石流62条。加强对隐患点监控、警示、巡查和排查工作，每个隐患点安排2名监测员，共安排754名监测员，初步建成地质灾害群测群防监测员管理系统，汛期开始对全市地质灾害隐患点进行全方位的巡查和排查工作，共发放699台终端手机，向监测员发送900余条气象预警信息，尽早实现远程传输、会商、研判和处置灾情险情。提前对8条泥石流沟的监测预警仪器进行监测维护，提高监测预警、预报效果。对重点隐患区域群众进行地质灾害防范宣传教育，发放地质灾害防灾工作明白卡750份，地质灾害避险明白卡1.26万份，对重大灾害隐患点设立警示标志，共订立350块警示牌。在9个乡（镇）开展地质灾害群测群防监测培训和应急演练，共3272人参加培训和演练，确保全市群众提高地质灾害安全警惕意识，做到提前避险。8月10日六库镇白水河村鲁班垭口一组成功避让一起滑坡灾害，虽然造成21万元的经济损失，但由于及时转移11人，避免了人员伤亡。严格执行汛期24小时值班和领导干部带班制度，确保信息渠道畅通，及时上传下达。加强地质环境治理，消除隐患，认真履行地质灾害防治监管责任，向各乡（镇）人民政府、市直各部门发送《泸水市国土资源局关于开展工程建设项目地质灾害危险评估工作有关事项的通知》，向泸水易地扶贫搬迁13个集中安置点项目实施单位发送《泸水市地质灾害防治工作领导小组办公室关于要求落实易地扶贫搬迁点地质灾害防治工作主体责任的通知》；完成泸水市六库镇白水河村青木坪高位切沟泥石流、崩塌复合型地质灾害应急防治工程等5个中小型地质灾害工程治理项目施工，预算投资1147.98万元，下达资金1209.09万元。完成结合泸水市易地扶贫搬迁三年行动计划因灾搬迁660户，涉及8个乡镇，22个点、660户、2408人，每户补助2万元，共1320万元。完成零星避险搬迁申报16户54人。完成10个地质灾害工程治理项目的县（市）级验收工作，预算总投资5205.63万元，已下达资4596.71万元。完成泸水市老窝镇老街子泥石流治理工程等3个项目勘查可研设计工作，资金总预算360.03万元，已下达资金292.344万元。完成古登乡法庭及粮管所泥石流治理工程勘查设计服务招投标工作，预算投资600万元，已下达资金90万元。大兴地镇听命河泥石流治理工程（特大型）等3个正在施工项目，工程总预算1505.7万元，下达资金1381.24万元。

【宣传教育】 年内，开展“4·22”地球日、“6·25”土地日、“安全生产宣传月”、“两违”清理整治工作等宣传活动。共悬挂横幅25条标语，发放宣传册1万余份，其中地质灾害群测群防手册2000份，农村宅基地手册2000本，国土资源法律法规手册1000本，《致小学生一封信》地质灾害作业本2000本，手提袋500个，帽子1200顶，雨伞400把，怒江傈僳族自治州矿产资源管理条例400本。通过国土资源法律法规宣传活动，营造关注国土资源、自觉维护国土资源法律法规的良好氛围，增强依法用地、依法采矿、保护和节约利用国土资源的法制意识。

【脱贫攻坚】 根据省、州、市有关帮扶工作的要求部署，扎实做好“挂包帮”相关工作，围绕转变群众的思想观念、改善群众的生产生活条件、增加农民经济收入三个方面工作，提出“以基础设施建设改善居民生产、生活条件为重点，以调整结构发展产业提高农民收入为突破口”的工作思路，从群众最关心的问题入手，把以村、组为重点的基础设施建设，以养殖、种植为重点的产业结构调整，以帮扶贫困户脱贫摘帽，作为“挂包帮”的重点工作目标。结合村五年扶贫规划制定大密扣村脱贫方案、大密扣村脱贫摘帽计划方案、2017—2019年脱贫方案和岩脚等5个村民小组的脱贫方案。结合全州打造“怒江花谷”旅游品牌及扶贫攻坚工作，响应州委、市委号召，及时召开局务会议，购买100株叶子花（价值0.4万元），动员农户种植于房前屋后；帮助建立商务信息管理平台，投资1.9万元；与本地企业协商在通组公路两侧种植1000株油茶，并制定相关后期管理方案；为建档立卡贫困户募捐0.528万元作为治病补助；为正常开展农村党组织阵地建设，凝聚组织堡垒作用，向大密扣村四个自然组提供60套桌椅，共计2.75万元；与上级主管部门沟通协调，争取了背阴山组地质灾害防治治理项目；向大密扣六个村民小组提供45套档案柜，价值1.35万元；开展峡谷红旗飘工程，购买国旗30面、党旗16面按相关要求进行插挂粘贴。

（夏丽芳）

工业园区管委会

【概　况】 2017年，围绕全市中心工作及各项目标任务，贯彻落实党的十九大精神，创建“担当型”政府机关，深入开展“两学一做”学习教育，园区经济和各项事业持续、健康、快速发展。年末，园区共有9户企业入驻，其中，分水岭硅工业片区入驻企业8户（硅冶炼企业7户：泸水康南硅业有限公司、泸水康华硅业有限公司、怒江宏盛锦盟硅业有限公司、云南泸水金志矿业有限公司、泸水县金瑞硅业有限公司、怒江鼎盛冶化公司、怒江国贸硅业有限公司。电力企业1户：南方电网公司怒江供电局220千伏及110千伏变电站）；澡塘建材产业片区入驻企业1户（怒江昆钢水泥有限公司）。分水岭硅工业片区共建成27台工业冶炼炉，工业硅产能达到22.98万吨/年。年内，怒江宏盛锦盟硅业有限公司三期9号炉未投入生产，其余26台正常投入生产，解决劳动就业2263多人。年内，根据《突发环境事件应急预案管理办法》，制定并严格执行《泸水市工业园区突发环境事件应急预案》。

【工业硅】 全年，生产工业硅111392吨（锦盟39240吨，国贸6176吨，鼎盛11432吨，康南10178吨，康华16625吨，金志20256吨，金瑞7490吨），比2016年同期的101883吨增加9509吨，增长9.3%；完成产值11.6亿元，比2016年同期的10.1亿元增加1.5亿元，增长6.8%。

【水　泥】 全年，完成水泥生产65万吨，比2016年同期减少5万吨，下降7.1%，产值完成1.8亿元，比2016年同期的2亿元减少0.2亿元，下降6.8%。

【重点项目】 年内，园区招商引资项目为怒江国贸硅业有限公司。公司于2月取得了原怒江瑞巍实业有限公司的经营权，3月，启动项目技改工程，8月，完成所有技改项目（3台12500千伏安）并投入生产，技改总费用为7000万元，年内，按照环保部门要求完成环保竣工验收。

【"两污"处理项目建设】 经市发改局审批，由市工业园区管委会组织实施，云南滇鹰环保集团有限公司承建泸水市工业园区生活垃圾集处理建设工程项目，总投资150万元，为日处理3.5万吨的生活垃圾的处理系统（垃圾热解站），已竣工完成，待调试合格后投入使用。

商　贸

供　销

【概　况】 2017年，践行党的群众路线，服务三农建设，围绕《中共中央 国务院关于深化供销合作社综合改革的决定》《中共云南省委云南省人民政府关于深化供销合作社综合改革的实施意见》《云南全面深化农村改革总体方案》《中共怒江州委 怒江州人民政府关于怒江州深化供销合作社综合改革的意见》及《中共泸水市委 泸水市人民政府关于泸水市深化供销合作社综合改革的实施意见》和中央农村工作会议、全州供销社主任工作会议精神，保障全市农用物资供应，申报、创建、扶持、引导全市各种合作社稳定持续健康发展，为全市脱贫攻坚工作发挥积极作用。

【农用物资供应】 认真落实市委、市人民政府关于认真做好农业生产资料供应工作的指示，搞好资金筹措，组织调运，规范管理农资经营网点，加大农资市场清理整顿力度，配合市场监督管理局、质监部门等严厉查处伪劣农资商品行为，防止坑农害农事件发生，保护农民的合法权益。全年，全市累计销售各类农资5973.5吨，其中，销售各种化肥6605吨（尿素2697吨，普钙1886吨，复合肥1542吨，有机肥480吨）；销售化学农药13.2吨；销售农用薄膜12.3吨。

【发展合作社】 市供销社坚持深入各基层供销社及部份农民专业合作社进行调研，开展业务指导，引导全市各种合作社稳定持续健康发展，为全市脱贫攻坚工作发挥积极作用。年内，全市新发展各类合作社22家，其中，农民专业合作社21家、综合服务社1家。年末，全市累计发展各类合作社538家，其中，农民专业合作社368家、综合服务社141家、协会9家、农村公共管理合作社15家、农民专业合作社联合社3家、城镇消费合作社2家。建立规范化农民专业合作社27个，创建示范社农民专业合作社42个和标准化综合服务社15个，服务群众37754户，帮助农民实现收入8759万元。

【社有资产管理】 年内，泸水供销社社有资产经营管理有限公司成功申报了"省级乡村流通工程"项目，获得扶持资金60万元，实施鲁掌农贸市场改扩建项目。改扩建后，铺面从原来的25间增加到50间，临时摊位从120个增加到162个，固定临时摊位从35个增加到55个。公司对员工定期、不定期进行管理技术培训，提高了管理理念和管理水平，积极创新观念，改变经营模式，完善了《社有资产管理制度》，社有资产实现了稳步增长的局面。

【脱贫攻坚】 积极配合市志办和段家寨村委班子宣传党中央、国务院和省、州、市各级党委政府关于脱贫攻坚工作的重大方针政策，帮助落实好各项强农惠农富农政策和扶贫措施。根据云南省扶贫开发领导小组《关于印发云南省贫困对象动态管理工作方案的通知》、中共泸水市委市人民政府《关于成立泸水市贫困对象动态管理工作队的通知》，按照市委市人民政府在泸水市贫困对象动态管理工作推进会议上的工作部署要求，及时开展贫困对象动态管理工作。围绕泸水的核桃、草果等特色产业及农业产业优化调整结构，积极引导全市种植户、养殖户组建各类农民专业合作社，同时把周边建档立卡贫困户吸纳为农民专业合作社社员，以"合作社+基地+种养殖户+建档立卡贫困"模式进行运营，达到农民增收、企业增效的"双赢"目标，使农民专业合作社在全市脱贫攻坚和农业产业优化调整中发挥应有的作用。根据《泸水市委督查室关于市委主要领导重要指示的督办通知》，及时联系段家寨村委，为段家寨村提供了叶子花种苗430棵，价值为2150元。根据段家寨村的地理气候条件和村民的实际情况，协助段家寨村委会编制2017—2019年度段家寨村级脱贫方案和产业发展计划。

【基层合作经济组织】 认真贯彻落实《中共中央国务院关于深化供销合作社综合改革的决定》《中共云南省委云南省人民政府关于深化供销合作社综合改革的实施意见》，大力推进供销基层组织建设。按照“因地制宜、先易后难、多种方式、全面覆盖”的发展思路，对没有基层供销社的乡镇，在尊重农民意愿、满足农民需求的基础上，按照合作制原则，因地制宜规范组建基层供销社，基层供销社实现了乡（镇）全覆盖，农民专业合作社和综合服务社实现全市71个行政村全覆盖，充分发挥供销社服务“三农”职能。由六库镇新田村种植大户李文生创办的泸水新田文生核桃种植农民专业合作社，通过与种植户签订单，以每千克7元作为合同最低保护价收购的方式，积极带动周边的种植农户发展核桃产业，2017核桃种植面积23340亩，收购鲜核桃550吨，每吨7000元，帮助农民实现收入385万元，达到了企业增效、农民增收的双赢目标。泸水俄夺罗村卫宁蜜蜂养殖农民专业合作社以山区农户为基础，以养殖滇南中蜂为依托，积极探索“合作社＋基地＋农户”的运营模式，发展中蜂养殖业，2017年养殖中蜂2378箱，年生产蜂蜜4.43吨，年销售总额71万元，利润为5.8万元，帮助周边农户实现收入12.5万元。泸水佳梨农产品加工专业合作社与农户签订合作协议，发动崇仁、荣华等周边村寨260多户进行木瓜、华山松（采松籽）种植，在实行最低保护价收购的同时，按照市场行情实时调整收购价格，通过签订合同，保障了合作社生产产品原料的供应，种植农户收入也得到了增加，2017年收购木瓜630吨，酿制木瓜醋51吨，收购松包160吨，帮助带动农户263户实现收入240万元，同时在收购和加工木瓜、松包期间，为当地农户提供劳务岗位124人，其中建档立卡户54人，支付工资38.34万元，实现了社员与农户互惠双赢的目标。

【电子商务】 紧紧抓住市委、市人民政府支持农村电商发展的有利时机，在做好农资电商的基础上，积极与市工信局、市邮政局等有关部门合作，共同搭建了泸水市电子商务发展公共服务平台，平台采取“政府扶持指导、市场化运作、公益性为主”的模式，整合市域内生产、生活、农产品销售、金融、医疗、文化旅游等社会化服务项目，为农村、农民提供全方位服务，建立起连接城乡、双向流通的市域电子商务服务体系。在开展便民服务的同时，为各乡镇、村发展农村电商提供电商政务、规划、咨询、信息、技术、运营、培训、策划等服务，引领全市农村电子商务的发展。年内，已建成市级电商运营中心1个、农民专业合作社电商运营中心5个，全年实现产品销售265.78万元，其中，市级运营中心156.48万元、农民专业合作社电商运营中心109.3万元。

【大兴地镇维拉坝旅游特色小城镇合作社】 根据《泸水市人民政府关于请求帮助协调解决泸水市大兴地镇维拉坝特色旅游小镇建设相关问题的请示》和州人民政府会议要求，经报请州供销合作社，得到了州供销合作社的高度重视和支持，多方协商、沟通，创建了大兴地镇维拉坝四排拉多村那米组创业青年唐学林为法定代表人（理事长）的泸水大唐学林核桃种植农民专业合作社，注册资金160万元，入社农户6户，其中建档立卡3户；带动户152户，其中建档立卡户45户。全年合作社收购鲜草果120吨，鲜核桃280吨，在收购草果、核桃期间用工量23人66天，支付用工工资13.8万元，为维拉坝村的经济社会发展作出了应有的贡献。

【申报扶持鲁掌镇食用菌种植示范项目】 根据

《怒江州供销社关于要求上报2017年供销社综合改革与产业发展专项资金项目文本的通知》，通过认真审核申报材料，严格把关申报资质后，确定泸水鲁掌镇边城食用菌农民专业合作社为实施鲁掌镇食用菌种植示范项目申报单位，并结合项目进度，将扶持资金10万元拨付给泸水鲁掌镇边城食用菌农民专业合作社。通过实施项目带动4个贫困村和150户贫困户脱贫摘帽，进一步推动了鲁掌镇逐步实现精准扶贫、精准脱贫的目标，促进鲁掌镇经济社会各项事业的又好又快发展。

（褚志伟）

工业信息化和商务

【概　况】 2017年，根据年初市委政府制定的任务目标，围绕“争先进位、率先发展”主题，坚定“项目带动”战略不动摇，各项工作取得了一定的进步。市工业信息化和商务局设办公室、产业政策和发展规划股、经济运行和电力保障股、工业股、盐务管理股、技术创新与资源综合利用股、节约能源股、工业园区股、中小企业股、投资促进股、市场建设与监测股、外贸外经股、内贸流通管理股、信息化和网络管理股、药品流通管理股、口岸管理股16个股室，下设泸水市招商合作局。

【经济运行情况】 全年工业总产值27.54亿元，同比下降2.66%，其中，规模以上19.21亿元，同比增长9.96%，规模以下8.32亿元，同比下降23.05%。社会消费品零售总额169636万元，同比增长12%。进出口总额922万美元，同比下降40%，其中，进口399万美元，出口523万美元；全年，经片马口岸出入境人数为143112人次，同比增长16.26%，其中，出境71332人次，同比增长16.36%；入境71780人次，同比增长16.15%；交通工具出入量为70346辆，同比增长17.17%，其中，出境35387辆次，同比增长17.5%；入境34959辆次，同比增长16.83%。全年招商引资全市实际到位资金19.814亿元，同比增长16%，完成开发项目18个，启动实施招商引资项目49个（含结转项目），其中，当年开工项目12个，往年开工项目37个。民营经济增加值完成187721万元，同比增长5.5%，从业人员33166人，同比增长9%，企业户数7503户，同比增长8%。

【内贸流通】 年内，完成大兴地镇、上江镇蛮英村农（集）贸市场改建项目和古登乡农贸市场改扩建项目。加大电子商务投入力度，建成村级电子服务站45个，举办农村青年电子商务培训活动4期，参训300多人。为促进全市社会消费增长，根据相关文件精神，从内贸发展专项资金安排了32.8万元作为对社会消费品零售额增速较好的线上企业的奖励资金。对泸水属地管理的两家拍卖企业进行了风险排查，核对了有关公司实际经营情况与全国典当、拍卖行业监督信息系统，未发现违法违规活动。制定实施方案，并在亨福瑞超市、东方家园超市等开展了消费促进月活动。年末，全市共有13座加油站，其中，中石化7座，中石油2座，个人加油站4座。1—10月购进成品油23324吨，同比增长25.82%；销售成品油23187吨，同比增长26.73%。

【稳定外贸局面】 深入开展调研活动，助力企业发展，加强管理，做好服务，督促企业完善境内外经营手续，要求外贸企业都要取得“境外投资证书”资格，做到守法、合法经营。及时组织企业参加各类技术人才和业务培训，提高企业自身素质和业务技能，为企业更好的发展奠定坚实基础。支持重点企业，狠抓重点项目，创新模式发展对外贸易。在转型升级过程中，重点扶持一些有发展潜力的龙头企业，以龙头企业的带动逐步完成泸水外贸经济发展的转型升级。怒江宏盛锦盟矿业投资开发有限公司依托集团公司硅工业基地发展，力争实现境外引进资源，形成生产链，优化资源配置，加大经济效益的提升，促进对外贸易发展，成为泸水外贸除木材和铁矿以外新的经济发展点。做好境外罂粟替代种植项目的管理，贯彻落实替代发展管理制度，完成替代种植企业年审工作，做好境外罂粟替代种植专项检查暨专项资金绩效评价工作，积极做好引导、规范和加大替代种植发展项目的跟踪检查，加强替代发展项目的核查管理，帮助解决替代种植产品返销回收的问题，强化境外投资管理，摸清家底，规避风险。

【解决工业难题】 年内，全市有规模以上工业企业10家，涉及供电、发电和硅生产3个行业。组织怒江昆钢水泥有限公司、泸水市兴达水电有限公司、泸水市宏峰水电开发有限公司开展纳规培育工作，年底完成2户企业达规工作。1—3月，泸水进入了一些食盐企业经销商，丰富了市场食盐的品种和老百姓对食盐的选择性，同时给全市食盐市场带来监管的压力，根据上级部门关于打击制贩假冒伪劣食盐确保食盐安全专项整治行动工作要求，11月20—24日，开展打击制贩假冒伪劣食盐确保食盐安全专项整治行动，通过对9个乡镇食盐市场督促检查，发现贩卖假盐现象3起，收缴假盐约10吨。

【节能政策措施】 落实节能政策措施，提升资源利用效率，严格实施节能评估审查制度，按相关规定，对新建、改建、扩建项目，严格实施节能评估和审查，把新上项目能耗锁定在增量控制指标之内，通过实施区域能耗总量控制，优化产业结构等措施，推动节能降耗工作；严格实施能源利用状况报告制度，对年综合能源消费总量5000吨标准煤以上的重点用能单位严格实行能源总量和用能强度双控行动，按月按季度上报能源利用状况，动态跟踪重点用能单位产值能耗和单位产品能耗变化，从而进一步强化企业能源基础管理和节能考核；鼓励和支持企业开展技改扩建淘汰落后产能，上大关小，根据国家产业政策指导要求，加大落后产能淘汰工作，年内，淘汰宏盛锦盟硅业有限公司3条6300千伏安工业硅生产线和7台10吨/时及以下燃煤锅炉，并对技改项目严格按照产业政策把好准入关，符合国家产业政策要求。

【招商引资】 5月19日，参加“江海情·携手行”怒江州招商推介活动，主推9个项目：泸水市轨道交通建设项目、泸水市片马红色旅游小镇、泸水市滴水河养生山吧旅游度假区、慢城泸水生态崇仁旅游度假区、泸水市怒江大河运动公园、泸水市生物产业园区项目、泸水市大峡谷生态农产品加工保鲜建设项目、泸水市1万吨核桃系列产品精深加工生产线建设项目、泸水市年产3000吨太阳能多晶硅生产线建设项目。本次活动中市长代表泸水市农投公司与珠海市农业投资控股集团有限公司、云南建丰农牧产业发展有限公司三方签订《壹家村高黎贡山猪合作养殖产业扶贫行动计划》，该项目投资1250万元；泸水市农业局与珠海市香洲区湾仔供销合作社签订《云南省怒江州泸水市农业局与珠海市香洲区湾仔供销合作社农产品销售框架协议》，与重庆派格机械设备有限责任公司签订《战略合作框架协议》；怒江天灵生物科技开发有限责任公司与珠海绿合农业科技开发有限公司签订《珠海绿合农业科技开发有限公司和怒江天灵生物科技开发有限责任公司合作意向书》。6月11日上午，副市长杨仕林代表泸水市与格诺集团总裁王永强在深圳签署《悬崖小镇投资合作协议》，项目拟投资30亿元。副市长杨仕林率队，市工信局、农业局、旅游和发改委等部门参加2017年南亚东南亚国家商品展暨投资贸易洽谈会，副市长杨仕林代表泸水市在昆明滇池国际会展中心成功签约6个项目：与云南地质工程勘查设计研究院签订泸水市土地整治类项目；与凤庆福鑫商贸有限责任公司签订福鑫超市项目；与保山市合美咖啡产业公司签订的泸水市生态咖啡庄园项目；与厦门国贸硅业有限公司签订3万吨工业硅冶炼项目；与珠海泰鸿食品有限公司、泸水市天运农业有限公司签订农特产品加工项目；与腾龙国泰生物能源科技（北京）有限公司、依米康环境科技股份有限公司签订泸水综合垃圾规模化处理大型生物能源（生物沼气、生物柴油）项目。签约金额13.15亿元。

在实施资源深度开发，工业园区建设、市政基础设施建设和新型工业化进程中，更加注重发挥招商引资的作用，进一步改善投资环境，基础设施建设不断完善为外来投资商提供优质投资环境奠定了基础，泸水支柱产业和优势产业成为投资热点，旅游文化、特色生态农业、生物医药和大健康、生态食品及消费食品制造、现代物流等领域方面更加重视，以特色产业为依托的泸水经济开发区成为招商引资的重要载体。

【服务民营经济】 积极申报扶持项目，全年，30家企业55个项目得到国家中小企业、省工信委、省财政厅的贷款贴息和无偿补助3780万元，其中，年内向省工信委申报8个扶持项目，申报成功5个项目：工业跨越1个（怒江福源生物有限公司的蔬菜冻干加工及冷链物流建设项目）、民营经济发展方向4个（怒江三河源林农科技开发有限责任公司的怒江三河源生态农业庄园、农产品加工及农产品交易集散信息中心项目；怒江凯锋农林生物科技有限公司的年产600吨中药材加工厂扩建项目；怒江三仟锦贸易有限公司的怒江特色蜂蜜产业开发项目；云南金志农林投资有限责任公司的怒江州中小企业公共服务平台窗口网络运营维护补助项目），得到扶持资金453万元；10家企业已申报成为云南省成长型中小企业。各扶持项目的申报成功，解决了企业发展资金困难的问题，加快推动了中小微型企业的发展。

实施微型企业后续服务（服务券）申领工作，通过政策宣传、成立微型企业联席会议，进入管理平台对小微企业在线填报信息的完整性和合规性进行初审，对通过初审的企业，召开联席会议进行审核，审核通过后，提出发放名单进行公示，初审通过55户，会审通过39户，公示39户。全年，发放服务券（财政资金）115万元，其中，38户每户申领3万元服务券，1户申领1万元服务券。

【口岸管理】 继续推进片马项目的设计图审图工作，对已经开工的片马边境检查站金索朗检查站前移工程项目建设情况实施监管；及时更新口岸四大指标，实时掌握口岸流量变化，及时上报相关信息；配合一关两检的工作，帮助其办理立项和项目资金申报工作。

【信息化建设】 配合市保密局和市公安局做好信息安全保障工作，维护信息安全，对主管行业和市直各重点部门的信息安全保障工作进行抽查。做好全局信息公开和信息安全保障工作，及时完成政府信息公开网站、网上并联审批、电子政务等局域内信息平台的信息更新和日常维护，加快信息公开步伐。加强管理，服务好企业，协调企业做好防灾备灾安全生产自查，制定通信行业地震重点危险区域专项抗震救灾应对方案，督促企业建立灾害预警、抗灾救灾机制。助推宽带网络基础建设，督促通信运营企业加快移动宽带网络覆盖自然村步伐，开展行政村通光纤、村内光纤接入设施以及其他配套设施建设。按照脱贫攻坚任务要求，认真做好各项数据整理，落实旅游小镇、美丽公路等重大项目的宽带网络建设进度；针对脱贫攻坚任务指标，与多部门协作，准确掌握村级卫生室和学校网络建设情况。加强无线电和网络安全宣传教育，精心组织，注重实效，利用安全宣传月和无线电管理宣传月活动，通过发放宣传材料、粘贴海报、悬挂宣传横幅、设置展板等多种方式向公众普及无线电频谱资源常识和网络安全法律知识。

【“安全生产月”宣传活动】 为全面落实安全生产工作，6月26日，在六库百货大楼前举行以“全面落实安全生产主体责任”为主题的“安全生产月”宣传活动。悬挂宣传横幅一条，向群众发放《中华人民共和国安全生产法》《安全生产宣传单》《节能宣传单》《墙改宣传单》《盐务宣传单》《网络信息宣传单》《食品安全宣传单》和《消防安全宣传单》等相关宣传材料900多份，咨询人员达100多人次。邀请州工信委对辖区重点民爆销售企业进行"安全生产月"的专项检查，检查组对怒江州安谷民用爆破器材专营有限公司泸水分公司和怒江州安谷民用爆破器材专营有限公司的销售仓库进行了现场安全生产专项检查，经检查，企业均认真贯彻落实安全生产工作的相关要求及操作流程；加强汛期仓库周围防洪设施的运转；做好应急值守工作，保障信息畅通。

【扶贫工作】 4月28日，党支部全体党员到挂钩联系点老窝镇中元村开展"机关联系农村基层、党员干部联系贫困群众、机关党支部与贫困村党支部结对共建，基层党建与脱贫攻坚双推进"活动。11月26日至12月10日，协同人力资源和社会保障局与中元村组织开展两联系一共建双推进厨师培训活动，为期15天，共计90个课时，邀请泸水市职业技术学校的两位老师对村民进行授课，120位村民参加烹饪技能培训，主要教授面点制作和家常菜肴的烹饪方法，通过仔细听讲和实际操作，提高了村民的烹调技术，为中元村乡村旅游的发展奠定了基础，为中元村脱贫攻坚注入了新的活力。

【党建工作】 以"三严三实""忠诚干净担当"专题教育活动和"两学一做"学习教育为契机，制订工作方案和学习计划，加强党员干部和职工队伍的思想建设、组织建设、作风建设和党风廉政建设，把改进作风建设作为重点工作，进一步健全了值班考勤、请销假、公务用车等各项制度，从严管理，提高工作效率，形成了廉洁自律作风优良的工信队伍，推动各项业务工作顺利开展。

【国家宪法日宣传活动】 12月3日，州市工信商务部门共15人在六库百货大楼前联合开展了节能、无线电、中小企业促进、盐务和安全生产等相关法律法规以及相关知识宣传活动。活动以悬挂宣传横幅、发放宣传资料、解答法律咨询、摆放展板等形式开展，以宪法、党的十九大精神为重点宣传内容。宣传活动现场共悬挂宣传横幅一条，展板4块，向群众发放《中华人民共和国安全生产法》《安全生产宣传单》《节能宣传单》《墙改宣传单》《盐务宣传单》《网络信息宣传单》《食品安全宣传单》《消防安全宣传单》等相关宣传材料300多份，解答群众咨询35余人次，收到了良好的效果。

【安全生产监管】 坚持"一手抓经济发展、一手抓安全生产"两手抓，两手都要硬原则，以及"党政同责，一岗双责"的原则，坚持把安全生产作为园区建设的第一要务来抓，始终把安全生产工作放在企业管理工作的重中之重。结合园区企业的实际，采取集中宣传与个别教育相结合，定期检查与个别检查相结合，经常深入企业进行安全检查，发现问题及时提醒和督促。同时还积极配合相关部门做好检查，做到分工合作、紧密配合，联合监管，共同督促好企业的安全生产工作。

（杨桢祯）

电力供应

【概　况】 泸水供电局承担着全市6个镇3个乡71个村委会、5个社区居委会共65503户18.7万人的电力生产、建设、经营等任务。2017年，泸水供电局认真落实市委、市人民政府和怒江供电局的决策部署，围绕怒江供电局的中心工作要求和泸水经济社会发展的需要，秉承"主动承担三大责任"和"万家灯火，南网情深"的企业文化理念，团结一心、奋进拼搏、克难攻艰。年内，未发生一般及以上电力安全事故及设备事故。

【各项主要指标情况】 全年，供电量累计完成21.38亿千瓦时，较2016年同期（17.91亿千瓦时）增加3.47亿千瓦时，同比增长19.37%。售电量累计完成19.69亿千瓦时，较2016年同期（16.43亿千瓦时）增加3.26亿千瓦时，同比增长19.84%。配网线损率1.01%，同比2016年1.07%，下降0.06%。综合网损率7.88%，同比2016年8.22%，下降0.34%。电费回收率99.79%。非现金交费率77.53%。综合电压合格率城市97.39%、农村93.51%、综合94.99%。城市供电可靠率99.73%、城市用户平均停电时间每户23.96小时；农村供电可靠率99.35%，农村用户平均停电时间每户56.56小时；综合供电可靠率99.45%，用户平均停电时间每户48.29小时。10千伏线路跳闸次数175条/次，同比2016年同期198条/次下降23条/次，下降比率11.6%。工程进度完成率≥84%。WHS合格率≥95%。造价控制指标率≥90%。

【配网生产管理】 编制下发《泸水供电局缺陷/隐患管理执行手册》，制定2017年配网管理工作目标；完成配变接地电阻修复249项；全年泸水辖区共发现线房矛盾135起，其中已下发《安全隐患通知书》111起，未下发《安全隐患通知书》20起，已完成整改22起，拒签《安全隐患通知书》7起；已向泸水市安监局和工信局报备46起，完成整改50项；按月统计分析泸水配网10千伏线路跳闸情况，上报2017年泸水供电局10千伏线路跳闸前十重点线路大修计划。

【作业管理】 根据制度变化，修编泸水供电局2017年作业管理办法，整理作业管理相关管理制度、业务指导书并形成资料库，同时根据存在的问题进行宣传贯彻培训；完成各所各班组的各专业2017年风险数据库修编及概述报告的编写；规范月度作业审查制度，作业单位根据项目工程情况在和供电所现场勘查后，编制下月作业计划（基建、营销、生产）报各供电所、班组审核，由配电部对本月开展的作业进行规范审核与初平衡后分发至各作业归口管理部门审核后组织县局审核。

【应急管理】 制定2017年应急演练计划9项，按类别划分为程序性演练5项、检验性演练4项，按方式划分为桌面演练3项、实战演练7项。为检验局外协应急队伍突发事故抢修能力，提升春节期间泸水局突发事件的处置能力，增强应急队伍对各现场处置方案的了解和掌握，真正做到有效防止及控制事故事件的发生及扩大，第一时间消除故障，保障电力供应；组织全员参加地震应急知识培训及演练，通过演练，增强全体干部员工的防震减灾意识，掌握应急避震的正确方法，熟悉地震发生时紧急疏散的程序、方式、路线和安全避险区域，培养自我保护、自救互救、团队协作的基本能力，确保在地震来临时能快速启动地震应急预案，各项工作能够快速、高效、有序地进行，最大限度地保护全体干部员工的生命安全，减少不必要的非震伤害，同时检验处置突发事件、组织大型疏散活动的能力，积累应急疏散的经验，更使员工懂得自救的知识，感悟到生命的可贵。

【隐患排查】 年内，春季暨迎峰度夏安全大检查发现问题61项，涉及安全生产、营销、基建、消防、安保等专业，已完成整改42项，其余19项正持续整改中；秋冬安全大检查发现问题97项，涉及安全生产、营销、基建、消防、安保等专业，已完成整改41项，其余56项正持续整改中。全年完成18项保供电现场检查、现场整改的各项工作，圆满完成各项保供电工作。

【计量自动化】 为提高自动化终端覆盖率，扩大自动抄表覆盖范围，提高电能计量抄表准确性、时效性。年内，在怒江局计量中心的指导下，配合完成配变终端改造917台，覆盖率97.04%，负控终端改造423台，覆盖率78.19%。

【客户服务】 结合泸水地区客户的实际情况，主动与泸水市信用社、农行合作，在全市范围内开展以信用社代扣为主，惠农点、POS机、邮政代收等多手段为辅的缴费方式开展非现金缴费工作，为客户提供了多途径、多渠道缴费方式，方便客户缴费。加大用电检查力度，按照年初下达的用电检查计划，每月对各供电所用电检查情况进行跟踪、落实。同时针对10个二级重要用户及人口密集场所等，在节假日等特殊保供电时期均开展用电安全检查工作，确保节假日期间重点场所的正常、有序用电。

【增供扩销】 为确保怒江局2017年增供扩销目标的实现，积极做好美丽公路、异地扶贫搬迁施工用电的协调和引导工作，建立重点业扩报装项目的快速响应机制，加强全过程服务协调工作。

【怒江皮划艇野水国际公开赛泸水赛段保供电】 12月12—17日，“2017年中国怒江皮划艇野水国际公开赛”在怒江举行，为期6天。根据赛程，12月15—16日，在泸水市称杆乡老虎跳及六库镇老干村举行计时赛及表演赛。为保障泸水赛段电力供应，做好供电服务，全方位展现南方电网金牌服务，泸水供电局精心组织、积极谋划，提前1个月开展保供电特巡、用电检查等工作。制定《怒江泸水供电局“2017年中国怒江皮划艇野水国际公开赛”保供电方案》，圆满完成了保供电各项任务。

【脱贫攻坚】 积极落实扶贫攻坚“挂包帮 转走访”工作。开展“找问题、补短板、促攻坚”专项行动、贫困对象动态管理工作，完成洛本卓乡托拖村191户贫困户入户调查、回访工作，完成贫困户贫情分析，为精准扶贫打好基础。编制和实施泸水供电局2017年扶贫工作计划、泸水供电局对托拖村委会扶贫资金使用实施方案。与托拖村党总支开展“党建与脱贫攻坚双推进”活动，开展党员干部联系贫困群众、党总支与贫困村党总支结对共建工作，开展帮扶特困党员、困难学生活动，让他们感受组织的关怀。选派2名职工担任扶贫工作队员，驻村开展挂钩扶贫工作。稳定电力保障网建设，在提高电压质量和供电可靠性同时，着力解决异地搬迁、中心村、小城镇建设用电问题，积极推进全市农网改造、易地扶贫搬迁、农村动力负荷增长调查等工作，为全市决胜脱贫攻坚战提供了坚实的电力保障。

【工会工作】 进一步激发职工主人翁责任意识，开展了职工代表巡查工作，6名职工代表先后在6月、10月向各基层供电所开展职工代表巡视工作，通过座谈、走访、调查等方式了解职工生活、工作中遇到的疑点和难点，切实帮助基层一线员工解决生产生活的困难和问题，并对泸水局相关重点工作落实情况开展了巡视检查；认真做好厂务公开工作，落实职工的知情权、参与权和监督权。年内，对选人用人、绩效考核等事项进行了公开；组织员工参加健康体检，关注员工健康。加强安全生产民主监督、员工劳动保护监督工作，积极反映员工在安全、职业健康方面的愿望和需求，督促安全隐患排查治理，提升员工职业健康水平。

【消防内保】 对生产、办公区域存在的火灾源及火灾风险进行评估，明确风险管控层级，制定相应的控制措施，并修编2017年火灾风险评估概述报告。为快速和有效的处理山火事件，防范因森林火灾影响输电线路或因输电线路故障引起森林火灾的双向安全问题，进一步加大输电线路沿线安全隐患排查工作，确保泸水电网安全运行，最大限度地减少因山火导致的线路故障或因输电线路故障引起森林火灾。与市森林防火指挥部沟通研究，建立火情互报共防机制，共享火情信息资源，提前主动防控林火，并形成长效协作工作机制。

【涉电工作】 按照怒江局涉电分中心印发的《怒江州公安局、工商局、供电局联合开展全州清理整治废旧金属收购业专项行动实施方案》的通知，为进一步加强电力设施保护，加强对废旧金属收购站点的监督管理，有效堵塞被盗电力设施销赃渠道，从源头上遏制盗窃破坏电力设施的违法犯罪活动，主动积极与泸水市公安局刑侦大队、泸水市市场监督管理局协调联系，在市公安局、市市场监督管理局的大力支持配合下，于8—10月对市内部分废旧金属回收点开展清理整治。制定并印发《防范和打击涉电犯罪维护泸水电网安全保供电工作方案》，各部门、供电所严格执行落实好各项工作要求，确保了十九大期间泸水电网的安全运行。

【表彰奖励】 5月，泸水供电局配电部荣获“全国工人先锋号”称号；6月，泸水供电局配电党支部荣获怒江供电局“先进基层党总支”称号；12月，泸水供电局配电部荣获怒江供电局2016—2017年度表扬立功集体称号。

（邓玉江　和　芳）

城建　环保

住房和城乡建设

【概　况】 2017年，市住房和城乡建设局参与完成怒江州中医院、怒江州残疾人联合会康复中心、怒江州中心血站、保泸高速公路城墙坝片区弃土场等的用地拆迁工作；对全市易地扶贫搬迁工程项目进行监督管理，指导各驻村工作队现场鉴定工作；协助昆明市规划设计院对2017年易地扶贫搬迁6个安置点进行规划勘察工作。全年，城乡规划委员会办公室组织召开7次城乡规划委员会会议，共计通报项目15项，选址项目20项，规划设计方案30项。根据《六库城区控制性详细规划》的要求，共核发规划设计条件9宗，完成建设工程勘察文件施工图审查备案25项，完成建设工程设计文件施工图审查备案22项，组织15个项目的初步设计专家审查。完成工程规划竣工核实42宗，其中，单位17宗、私人25宗，总建筑面积100667.58平方米，工程沿线12宗。违章建筑履行行政处罚34宗，总建筑面积20475.08平方米，处罚金784904.6元。完成公共建筑施工图设计67项，建筑面积为6018.61平方米（村民小组活动室施工图设计59个，建筑面积4142.39平方米）；完成挡土墙施工图设计3项，共计1357.12立方米；完成装修工程设计2项，建筑面积1066.24平方米。

【“两学一做”学习教育】 在市委“两学一做”办公室的统一部署下，继续认真开展“两学一做”学习教育活动，把学习教育作为一种常态教育来抓，认真学习习近平总书记重要讲话、十九大报告，继续开展学党章、党规活动，全面贯彻落实从严治党工作，召开党组会议专题研究推进情况，把“两学一做”学习教育与脱贫攻坚、干部“挂包帮”紧密融合，始终把学习教育的立足点和落脚点放在推进从严治党和加强基层党组织建设工作上。

【脱贫攻坚】 年内，全局抽派9名实战队员深入鲁奎地村开展脱贫攻坚和基层党建工作。完成鲁奎地村贫困户信息的精准识别工作，查找出新识别建档立卡贫困户67户，预脱贫建档立卡贫困户42户，错评户3户，经过一轮新识别与复查，最终确定出全村建档立卡贫困户为438户1416人并完成国办系统信息修改和录入工作。整理全村建档立卡贫困户台账，补全原建档立卡贫困户371户、2014—2016年度已脱贫建档立卡贫困户46户和3户错评户的原始档案资料；入户调查采集、整理67户新识别建档立卡户痕迹资料，整理成册存档；填写建档立卡户明白卡，入户悬挂公示。指导村党支部定期组织村、支三委班子和全体党员、干部学习党的路线、方针、政策和法律法规，努力提高村、支两委的政策水平和法律意识，加强村支两委班子建设和党员队伍建设；协助建立健全“三会一课”、“四议两公开”、村务公开制度等各项规章制度；组织召开村级组织生活会和民主评议党员大会；建立了管理规范、功能综合的党员活动室和村活动场所，做到有标牌、党旗、远程教育设备、宣传栏。认真调查研究鲁奎地村各个小组自然条件和地理位置条件，严格根据实际情况和村民需求制定脱贫攻坚规划方案，从种养殖扶贫、基础设施建设、发展集体经济、改善教育、卫生条件等方面入手提高本村生产生活条件。

争取上级国土资源部门实施土地开发整理，提高耕地质量和数量，扶持核桃、葵花籽、金银花种植和核桃加工产业的发展，增加村民经济来源；为鲁奎地村募捐1万元，为鲁奎地完小捐款5000元，为三名贫困新录取大学生分别捐助2650元的助学金。

开展易地扶贫搬迁进城集中安置宣传动员工作，共发动30户89人，签订市易地扶贫搬迁协议30份、搬迁搬新拆旧协议30份、易地扶贫搬迁就要脱贫协议30份。多方筹集建设资金30万元，为村委会启动建设一座标准公厕。

【棚户区改造】 年内，完成泸水市棚户区改造（棚改）安置点规划设计方案。9月4日，启动棚户区改造征收工作，10月9日启动一阶段国有土地片区征收签约，10月31日，六库镇片区举行开工仪式，同时启动第二轮片区入户评估测绘和签约工作。全年，棚户区改造货币化安置800套，实物安置865套，开工率为54.6%，完成投资3924.45万元；完成棚户区改造国有土地片区入户装修勘察1956户，城中村片区入户装修勘察422户；国有土地片区已完成签约1665户，兑付157户征收补偿资金3924.45万元；落实到位棚改贷款资金4亿元。

【农村危房改造】 2017年，全市计划完成“四类重点对象”农村危房改造任务3000户，总投资6900万元。其中，省级农村危房改造建设指标1000户，投资2300万元；市级自筹建设指标2000户，投资4600万元。年内，全部指标已下达各乡镇，已开工1306户，开工率44.2%；已竣工95户，竣工率3.17%。

【省级示范村建设】 2015年的1个村省级示范村建设资金200万元已下达到称杆乡人民政府，于6月底开工；2016年的7个省级示范村到位建设资金1400万元，年内完成项目预算和施工图设计编制并开工建设；完成2017年29个省级示范村地形测量和规划方案编制，并于7月26日通过省级审查。

【乡镇“一水两污”项目建设】 年内，建成大兴地、称杆乡2座垃圾无害化处理场，完成片马垃圾无害化处理厂土建工程；启动建设镇区垃圾中转站3座，已建成上江、六库城南加油站2座垃圾中转站，正在建设八号路口六库城南加油站旁的垃圾中转站。完成片马镇污水处理厂主体工程。上江供水厂已竣工投产，大兴地，鲁掌、片马供水厂竣工验收投入试运营，完成维拉坝旅游特色小镇供水主体工程（厂房、管道、设备）。年末，全市配置1吨以上垃圾收运车16辆，71个建制村和736个自然村实现垃圾有效治理，六库城区及16个自然村污水得到有效治理（易地扶贫搬迁新村15个，传统村落1个）；拥有日供水在50立方米以上的农村安全饮水工程65件。

【地下综合管廊项目】 项目采用PPP模式建设，8月9日市人民政府与太平洋建设集团签约PPP项目特许经营协议。采购阶段相关信息已录入财政部综合信息平台，经财政部PPP中心公告，已纳入财政部PPP项目库，泸水市正在向云南省财政厅申报PPP示范项目。年内，已组建项目SPV（项目公司），完成市政道路工程与管廊工程施工作业面交接；实施了800米地下管廊主体工程，完成实物投资1200万元。

【启动园林城市创建工作】 4月12日，泸水市召开“四城同创”动员大会，启动“四城同创”工作。在泸水市“四城同创”工作领导小组的领导下，成立以市委常委、常务副市长为组长，市住房和城乡建设局、市城市管理综合行政执法局主要领导为副组长，各乡镇、市直相关单位为成员的创建园林城市工作组，工作组下设办公室在市住房和城乡建设局，承担省级园林城市创建的具体日常工作，启动泸水中心城市省级园林城市创建工作。根据《云南省园林城市、县城和城镇申报与评审办法》和《云南省园林单位和园林小区申报与评审办法》，结合泸水创建省级园林城市的实际情况，6 月 20 日印发《泸水中心城市创建省级园林城市工作实施方案》，明确创建目标、创建步骤和重点任务。7 月 15 日，市住房和城乡建设局邀请云南省创园办专家到泸水就泸水中心城市创园工作进行指导后，委托昆明市规划设计研究院编制《泸水市绿地系统专项规划》，8 月 10 日，市住建局相关工作人员赴昆明就《泸水市绿地系统专项规划》与昆明市规划设计研究院进行交流，并向省创园办专家进行技术咨询，形成《泸水市绿地系统专项规划》划初步思路，各项创建工作按照创建方案有序推进。

【《泸水市城乡总体规划（2016—2030 年）》修编】 年内，全局编制城市运营策划方案；编制中心城区主要建设区域的地质灾害评估报告；完成土地利用总体规划、生态与环境保护规划、“十三五”国民经济社会发展规划及城乡总体规划，以“多规合一”的方法确定生态保护红线、永久基本农田控制线、城市发展边界红线、城市紫线、蓝线、黄线、绿线控制线。《泸水市城乡总体规划（2016—2030 年）》修改成果经市规划委员会、省级专家咨询会审查，上报省规划委员会上海专家顾问组，按专家意见修改完善后，9 月 28 日市人民政府于召开修编听证会，并原则通过，规划设计作业单位正按照听证代表的意见建议修改完善。

【控制性详细规划编制】 年内，全局编制大南茂、蛮蚌、大沙坝、丙腮坝四个片区的控制性详细规划并上报州、市党委政府及各职能部门，规划面积 4.1 平方千米，编制成果深度基本满足总规及相关规范要求，各个地块图基本装订完成。启动六库江东、江西老城区部分地块的控制性详细规划调整工作，基本完成调整工作前期资料收集。

【易地搬迁规划编制】 为完成全市 2020 年以前全面脱贫摘帽的总体要求，年内协助市易地搬迁三年行动计划指挥部编制了称杆乡双奎地村恩感思落、老窝镇荣华村分水岭、古登乡干本村马俄河、古登乡优雅新村（二期）、六库镇双米地大龙塘、六库镇苗干山王子打妈等六个安置点的规划设计方案，各个安置点已有序组织开工、建设。

【重大项目规划编制】 根据州、市党委政府对泸水中心城区规划建设推进要求，年内，完成怒江州中医医院、州妇幼保健院、州残疾人康复中心、州民政局养老服务中心、州疾控中心、新建幼儿园、市农业局实验室等十余个项目的搬迁规划设计方案编制工作，完成各项目选址工作；基本完成叶子花村、悬崖小镇规划，桃源居项目详细规划，城南加油站至三界桥美丽公路规划方案的编制工作；美丽公路、高速公路等重大项目规划管理服务有序开展。

【城镇化发展水平测算】 2016 年，全市城镇化率 45.8%，城镇建成区面积 12.44 平方千米。城镇化率比 2015 年年同期增长 0.6%。2017 年，启动 2017 年的城镇化水平测算工作。

【核发“两证一书”】 全年，核发项目选址意见书 21 件，建设用地面积 88354.82 平方米，其中单位建设项目选址意见书 11 件，建设用地面积 86395.6 平方米。核发建设用地规划许可证 57 件，用地控制面积 207338.21 平方米，其中，单位及房地产项目（公建）建设用地规划许可证 18 件，用地控制面积 199055.5 平方米；私人建设用地规划许可 39 证，用地控制面积 8282.71 平方米。核发建设工程规划许可证 52 证，总建筑面积 135055.56 平方米，总投资 65286 万元，其中，房地产开发及行政事业公共建筑部分建设工程规划许可证15件，总建筑面积114996.03平方米，总投资63039万元；私人建设工程规划许可证37件，总建筑面积20059.53平方米，总投资2247万元。

【发放村镇“一证一书”】 全年，发放村镇规划选址意见书32件，总用地控制面积942440.5平方米；发放村镇建设许可证30件，总建筑面积319804.31平方米，投资105670万元。

【招投标管理】 为做好房屋建筑和市政基础设施工程项目招标投标监管工作，制定《泸水市房屋建筑和市政基础设施工程招标投标突出问题专项检查和整治工作方案》《泸水市住房和城乡建设局关于泸水市房屋建筑和市政基础设施工程项目公共资源交易专项治理工作实施方案》。年内，完成建筑市场与诚信信息网一体化上申报的招标投标项目审批工作，共审批房屋建筑和市政基础设施工程项目23项，建筑面积43380.35平方米，中标总造价13446.61万元，其中，房屋建筑工程21项，中标造价12401.06万元；市政基础设施工程2项，中标造价1045.55万元。直接发包工程28项，中标造价2124.29万元。

【建筑业管理】 全年，办理外来进驻泸水建筑业企业资质备案登记66份；审查房屋建筑和市政基础设施工程报建项目68项，建筑面积443075.21平方米，总投资132915.8万元；审查核发建筑工程施工许可证33份，工程规模325371.68平方米，投资规模77632.566万元。

【定额管理】 完成工程结算编审11项，建筑面积1393.25平方米，工程总造价876.05万元；完成预算编审19项，建筑面积4476.16平方米，总造价974.11万元；完成拦标价备案27项；完成合同价备案12项；外地造价咨询企业入泸备案5家；完成《保泸高速公路泸水段地上附着物房屋拆迁补偿》评估89户，评估价约285万元。

【质监安监工作】 全年，完成受监工程项目45个，其中，新开工项目29个，建筑面积291050.43平方米，工程投资75268.06万元；续建工程16项，建筑面积274836.62平方米，工程投资51872.32万元。竣工验收工程12项，工程质量合格率100%。共发出工程质量巡查整改88份，未经验收投入使用的工程处罚告知书15份。竣工验收备案工程17项。对全市建筑工地进行12次安全生产专项大检查，不定期进行8次安全生产专项大检查。并对存在安全隐患的工地发出了32份整改通知，组织召开全市建筑行业安全生产工作培训会议。

【房产管理】 全年，办理商品房预售许可登记2宗，建筑面积55197.54平方米，262套，总投资8000万元。受理《商品房购销合同》网签备案919件，备案面积10.57万平方米，金额4.02亿元，其中商品房住宅413件，备案面积6.92万平方米，金额2.28亿元。完成房屋实测绘成果审核备案67个项目，面积17万平方米。完成云南省委组织部、怒江州委组织部关于1278人（次）领导干部个人住房信息查询任务；开具个人房产登记证明985份；协助公安、检察院查阅资料18起；完成二手房网签合同备案326件，备案面积3.68万平方米，金额1.03亿元，其中住宅227件，备案面积3.64万平方米，金额1亿元；完成房屋产权档案系统抵押注销685件。

【保障性住房管理】 年内，完成建源小区、博爱小区288户，龙竹坝小区36户住户入住资格审核和合同续签工作。完成2015年公租房老窝镇政府点25套住房的竣工验收工作。收取2017年1—11月保障性住房租金250万元并及时上缴财政。按时发放2017年689户1212人城镇廉租住房租赁补贴133.42万元。按规定办理400套公租房不动产登记手续。

【住房专项维修资金管理】 做好住房专项维修资金的归集及使用管理工作，严格审核维修资金拨付手续，实地查看，对资金使用进行全过程监督，做到专款专用，防止挪用、占用。1—11月共收取维修基金800.69万元，支取105.43万元。

及时追回怒江州交通运输集团支取后违规使用的120万元维修基金，并归回原资金渠道。

【物业管理】 根据《提升群众安全感和满意度专项行动实施方案》，对全市各小区物业管理情况进行了专项检查，督促各物业公司及时进行自检自查并对存在的问题及时进行整改，对存在的困难和难以解决的问题及时向相关职能部门反映和汇报。对各小区私搭乱建现象下发整改通知，并督促进行了整改。

【“三江并流”世界自然遗产地管理】 年内，完成三江并流世界自然遗产地泸水市境内沙石、矿业开采等37个项目坐标查询的上报工作，其中，涉及非煤矿山转型升级22家，已得到上级批复；涉及探矿权、采石等查询项目15项（14项不涉及“三江并流”世界自然遗产地范围，1项涉及“三江并流”世界自然遗产地范围内）。

（胡碧花）

城市管理综合行政执法

【概　况】 2017年，市城市管理综合行政执法局围绕市委、市人民政府的总体安排部署，以“强基础、转作风、树形象”为依托，以治理“十乱”为抓手，以“四城同创”为目标，坚持管理与创建并行，市容与繁荣并举，执法与服务并重，创新城市管理方式，依法履行各项职责，强化城管执法力度和城管队伍建设，持续推进市容环境综合整治，狠抓市容环境长效管理，推动城市管理向城市治理转变，使各项工作任务得到全面有效落实，城管执法工作取得新成效、新发展。

【脱贫攻坚】 加强领导，明确责任，形成党政“一把手”负总责，分管领导专门抓的工作机制，抽调驻村工作队员专项负责开展脱贫攻坚工作。按照市委市人民政府的统一安排部署，积极主动开展脱贫攻坚动态管理工作，由分管领导带队，抽调人员组成动态管理工作组，认真按照时间节点完成各项工作任务，切实把工作落到实处；积极开展动态管理工作，对2014年以来的建档立卡工作进行重新梳理，严格按照贫困人口识别标准和程序，把错评、漏评、错退、低保、五保等贫困户的底数摸清，分门别类造册登记上报，共召开村级贫困对象动态管理工作会议7场，进行逐户逐项现场评议，评议结果当场公布；实施产业扶持，协调州设计院、住建局等单位深入上江镇蛮英村，对村现有农贸市场场地进行规划和设计，实施蛮英村农贸市场升级改造，7月20日建成有完善市场基础设施和服务功能，满足老百姓在街天进行大规模自由贸易的农贸市场，并于8月4日开始投入使用；发展芒果产业，利用集体土地20亩，投资5万多元种植芒果；选派8名实战队员驻村协助扶贫攻坚和基层党建工作。

【创建“担当型”政府机关】 按照创建“担当型”政府机关工作部署，制定实施方案，细化责任，4月研究制定《泸水市城市管理综合行政执法局创建“担当型”政府机关实施方案》，对开展“担当型”政府机关工作进行具体安排，明确指导思想、基本原则、创建范围、创建要求、目标任务、方法步骤；深入自查自纠，围绕个人负面清单，围绕在工作中存在的“怕、慢、拖、推”等突出问题，找差距，明确整改目标、措施、责任和时限，立行立改，长期坚持，形成机制，确保问题整改到位，不走过场，收到实效；对机关领导班子、班子成员、干部职工查找的163条问题，制定具体整改措施，责任领导和责任人具体负责整改工作，机关领导班子成员履行“双重”整改责任，主动把自己摆进去，既抓好个人的整改，又积极认领班子的共同问题，使班子整改与个人整改有机结合，严格实行整改销号制，完成一件销号一件，至11月初已经全部完成整改销号。

【强化执法】 整治占道经营，对城区主干街道的重点路段进行集中整治，整治占道经营856起，整治乱摆乱放120起，依法取缔倚门经营、占道经营60余户，清理三和农贸市场和兴旺路消防通道，处罚占道经营8起。积极开展“两违”整治工作，对上江一线及老窝河口的违章建筑进行拆除，共拆除违章建筑面积约4.5万平方米，并清理“两违”建筑拆除后遗留的建筑垃圾5100余立方米。整治乱贴广告、散发宣传单行为，共整治乱涂乱画80余起，清除乱贴小广告800多张，及时清除布标、海报等广告100多条，取缔落地店牌50余块，处罚乱发宣传单、乱贴乱画5起，有效遏制乱涂乱画、乱挂乱放等违法行为。建立健全停车管理办法，规范停车秩序，对违反规定在人行道停放的车辆，按照相关规定予以处罚，并启动六库城区车辆顺向停放工作，采取定人定点劝导、放置温馨提示卡和设立停车指示牌等方式，引导车主正确入位停车，取得初步成效。综合治理市容环境卫生，持续抓好环境卫生整治工作，整治乱吐乱扔54起，整治乱排乱倒13起，治理重点区域脏乱25起，整治渣土泼洒，对重点区域建筑施工单位渣土运输造成环境污染进行整治，行政处罚渣土泼洒32起。严格履行执法程序，对违反城市相关管理规定的个人和企业下达责令整改通知书26份，对违反相关法律的个人和企业给予行政处罚，处罚企业4次，处罚个人4176人次，共计处罚罚没款总额为7.676万元。专业市场整治工作，于3月1日取缔向阳桥桥东、桥西临时摊位，3月13日取缔人民路南段临时水果市场，实行商贸入户经营。强化渣土泼洒管理，要求建筑施工工地必须建设冲洗设备，避免车辆进出工地带出泥土，污染城市道路，成立渣土管理中队，负责对六库城区渣土运输车辆进行监督检查，对违法拉运的车辆进行处罚，全年共处罚违规拉运渣土车辆6起。加强管理，规范审批，为进一步抓实城市管理工作，严格按照行政审批程序，加强对临街建筑施工、门面装修行为的管理，严格把关、依法审批临街施工建设和门面装修手续，全过程监督管理临时占道施工行为，确保城市人行道畅通。

【环境卫生监督管理】 六库城区道路清扫保洁、生活垃圾收集清运及处理、园林绿化和公厕管护等服务项目推向市场，实行市场化运作，全年六库城区环卫、绿化、公厕管护项目承包费为736.2万元，承包合同时间期限确定为5年，即2017年4月1日至2022年3月31日，经请示市人民政府，通过政府第八次常务会议同意继续签定合同，2017年4月与成都和佳物业管理有限公司续签了承包合同；城区主要街道实行每天定时洒水作业2次，增加湿度，净化空气，控制浮尘，并对城区内的道路隔离栏、果皮箱和垃圾桶进行清洗，确保环卫设施干净整洁，并对新城区主要道路进行路面清洗；做到每天两清扫多清运和全天保洁，做到垃圾日产日清，年清运垃圾量4.32万吨，填埋处理4.32万吨，垃圾处理率达95%以上。实行门前三包责任制，由市城市管理综合行政执法局联合市市场监督管理局负责“门前三包”工作的落实，与城区临街商户、居民户签定“门前三包”责任书，共签定责任书2600余份，设立片区监督责任人，片区监督责任人由市城市管理综合行政执法局干部职工担任，负责落实“门前三包”监督工作，建立完善城市管理长效机制，彻底改变城市脏、乱、差的状况，提升城市形象。泸水市人民政府制定《泸水市六库城区环境卫生双覆盖整治实施方案》，方案制定坚持“政府组织、部门协作，群众动手、社会参与”的原则，实行网格化双覆盖管理，即由专业保洁公司加部门划分卫生责任片区相结合，将六库城区的环境卫生进行划分，由州市各单位对划分的区域进行卫生清理整治，建立健全长效机制，将每周一定为环境卫生清理整治活动日，并成立环境卫生督查小组，对责任单位清扫卫生区域进行督查，定制“环境卫生检查”红袖套，给州市各单位每个单位发放2个，并要求各责任单位每天安排一至两名卫生检查员对各自的卫生责任区进行检查，发现问题及时处理。建立红袖套队伍，负责对六库城区的环境卫生及市容市貌进行监督检查，对州市各单位、商户落实门前三包责任制进行监督，全年，共劝离占道经营63起，制止乱丢、乱扔、乱倒垃圾行为114起。

【绿化管护】 加强监督管理，严肃查处人为刨挖、攀折、践踏绿化花草和行道树行为，对行道树木枝杈触及电线或居民户房屋，处于安全考虑而不得不进行特殊大修的情况，安排专业技术人员修剪；经市委市人民政府牵线引进大德公司，由该公司无偿提供金银花盆景，在新城区雪山路山水蓝岸二期干道上摆放金银花盆景860余盆；1—3月，由团州委组织实施增绿行动，对沿江滩一线共完成386棵的木棉树和凤凰木的栽植；4月底，启动从重阳桥到通达桥向南延伸的绿化增质工程，种植2100棵各种花色、各种形态的叶子花；参与新城区城南加油站拆违土地恢复绿化工程，栽种绿化面积为4亩。

【路灯维护维修】 严格执行城市照明设施长效管理机制，坚持夜间巡查制度，全面提升管理效能，发挥职工主观能动性，城市照明亮灯率和设施完好率均达到96%，全年无生产安全事故；在元旦、春节、阔时节等重大活动节日前对泸水城区1840余盏路灯进行全面普修，更换镇流器68个、触发器64个、电脑定时开关18个、用LED灯具替代钠灯130个、节能灯84个、更换电缆900米、出动车辆263台次，保证路灯照明设施的完好和运行正常；对城区景观照明设施共进行4次全面维修、保洁，重点是生态走廊一、二、三、四期和面山休闲步道，更换镇流器280个、触发器176个、节能灯1090个、金卤灯75盏、散线2580米，全面保洁1次。

【市政基础设施】 修复六库城区市政道路10千米，近1.2万平方米，其中，人行道路面砖修复9600平方米、六库城区车行道沥青路面2400平方米，共投入资金96万元；清理疏通城市排污排水沟道4200米，其中，清理污泥疏通排污排水沟道2900米，排污排水沟道改造扩容1300米，共投入资金35万元；修复江西面山休闲步道2800米，其中，修复青石板路面750米，踏步路面700米，木栈道刷漆翻新1350米，共投入资金82万元；联同市住房和城乡建设局对六库城区的公共厕所进行统计调查，经确定改造城市公共厕所2座，新建和重建公共厕所2座；启动六库城区第二座垃圾中转站建设项目，并完成该项目可研、环评、选址、设计等前期工作；9月，启动六库城区市政公用设施用水引水工程项目建设，已完成架设主管道2.9千米，完成工程量的55%，该项目预计于2018年7月完工；加快推进停车收费系统的建设，9月8日州发改委组织召开《六库城区城市道路临时停车泊位费调整方案（试行）》听证会，市人民政府于10月12日将六库城区城市道路临时停车泊位费调整方案（试行）进行了公示，按照市发改局的意见，将公示和六库城区临时道路停车泊位特许经营权承包进行公开招投标进行同步进行，该项工作已经完成公开招投标工作，面向社会公示，公示期结束后，与中标企业签订承包合同，建设停车收费管理系统。

（杨延武）

环境保护

【概　况】 2017年，市环境保护局是泸水市人民政府主管市内环境保护工作的行政职能部门，按照州环保局、市委、市人民政府工作部署和年初工作安排，贯彻落实党中央、国务院和省委、省人民政府以及州委、州人民政府关于环境保护的重要决策部署，学习贯彻习近平总书记考察云南重要讲话精神。围绕“五位一体”总体布局和“四个全面”战略布局，牢固树立绿色发展理念。以改善生态环境质量为核心，落实环境保护制度，坚持深化改革和法治严管，推进生态建设；以强化环境行政执法为手段，抓措施落实，解决损害群众健康的突出环境问题。

【省委省人民政府环保督察】 3月27日至4月11日，省环境保护第四督察组进驻怒江州开展为期15天的环境保护督察工作。为配合、做好省环保督察相关工作，泸水市委市人民政府及时成立以市委书记、市长为组长，市人民政府分管副市长为副组长，24个相关部门和9个乡镇人民政府主要负责人为成员的工作领导小组，确保督察工作的顺利开展。领导小组下设办公室在市环保局，由环保局局长郑付邓兼任办公室主任，负责调度办理日常工作，确保转办案件及时办理。督查期间，督察组调阅市委市人民政府及相关部门环保工作开展情况等资料，约谈市委政府主要领导，实地调查泸水市工业园区及泸水市玛布河、赖茂河等饮用水水源地。市环保局共收集并提交三批调阅资料。经认真督察，省环保督察组转办的17件案件全部按时办结，办结率100%。对存在环境违法行为的1家企业进行行政处罚，罚金1.2万元。

【污水处理】 年内，污水处理厂半年削减情况，在线监测数据显示：1—10月，进水总量175.9336万吨，化学需氧量进水平均浓度107.1毫克/升，出水平均浓度11.36毫克/升，削减总量171.57吨；氨氮进水平均浓度16.19毫克/升，出水平均浓度1.94毫克/升，削减总量25.19吨。

【项目监管】 按照《中华人民共和国环境影响评价法》《建设项目环境管理条例》《建设项目环境保护分类管理名录》和《云南省建设项目环境影响评价文件分级审批规定》等环境保护法律法规，严格执行审批权限，优化审批流程，加快项目审批进度，做到“快报”“快审”“快出”。所有行政审批事项全部集中到政务服务中心窗口受理，实行“一次性告知、一站式受理、一条龙办结”的服务模式，公示《工作指南》和《审批流程》，所有报件全部按时办结，办结率100%。根据建设单位的申请，通过实地调查项目选址，帮助153个建设单位完成《建设项目环境影响登记表备案》，通过8个建设项目《建设项目环境影响报告表》技术审查，进行环境保护行政批复。保证全市新建建设项目的环境影响评价制度执行率和项目选址的合理性，明确项目建设过程中和投产营运后的环境保护目标和任务。

【生态创建】 完成2017年云南省生态功能区县域生态环境质量考核工作。泸水是国家重点生态功能区考核县，按照《2017年国家重点生态功能区县域生态环境质量监测、评价与考核工作实施方案》及《2017年云南省县域生态环境质量监测、评价与考核工作实施方案》等相关文件执行，编制《泸水市2017年国家重点生态功能区县域生态环境质量监测、评价与考核工作实施方案》，编制完成《泸水市2017年云南省生态功能区县域生态环境质量考核工作自查报告》，上报怒江州环境保护局审查、省环境保护厅考核。年内，组织实施古登乡俄夺罗村等14个州级生态文明村创建和上江镇、大兴地镇、称杆乡3个省级生态文明乡镇创建申报工作，各项申报工作正在进行中。申报农村环境综合整治项目12个，完成方案编制9个，正在编制方案3个，计划申请环保专项投资1940万元；完成怒江州泸水市鲁掌镇鲁掌村农村环境综合整治，泸水市上江镇丙奉、丙贡村环境连片综合整治2个项目，并通过初验；片马镇农村环境综合整治，上江镇新建村、大练地村连片农村环境综合整治，洛本卓乡农村环境综合整治3个项目正在实施。

【环境监管】 按照国家、省和州有关文件要求，严格依法保护环境，推动监管执法全覆盖，建立环境行政执法与刑事司法衔接联席会议制度和环境案件联合查办工作机制，确保环境行政执法与司法联动各成员单位衔接工作任务。强化环境监管，实施《泸水市网格化环境监管体系实施方案》，建立“属地管理、分级负责、全面覆盖、责任到人”的网格化环境监管体系。加强对重点污染企业的监管和污染减排项目的巡查，按照环保法律法规相关要求，加大现场监察频次，重点污染企业的环境监管和污染减排的巡查工作。并将市行政区域划分为泸水市工业园区1个环境监管、泸水市饮用水源地重点网格单元，9个乡镇环境监管网格。加强饮用水源地取水点一、二级保护区的监管工作，加大保护区日常环境监察、巡查力度，发现问题及时制止。

【查处环境违法违规企业】 依据新修订的《中华人民共和国环境保护法》《泸水市网格化环境监管体系实施方案》及配套办法，联合国土、安监、水务及当地乡镇政府等相关部门对一只羊采石场、泸水市顺风选冶有限公司2家企业采取断电措施，依法对免烧砖厂未批先建等环境违法行为进行处罚，全年共罚16.2万元。

【排污申报与排污费征收】 按照排污收费管理系统实施“电子开单”，开展排污费征收工作。建立了排污申报、排污收费电子数据库和文字报告相关的档案，同时，加大排污申报的力度，改进工作方法和提高工作效率。依法按程序征收排污费，排污费实行按月或季度征收，做好排污费的排查摸底工作，建立收费台账，核定收费标准，及时发送收费相关通知书。全年共收取排污费415.2698万元。

【环保专项整治】 开展产生固体废物单位固体废物贮存、利用、处置情况检查，重点排查涉危险废物单位，全市涉危险废物主要为废机油和医疗废物两类，有怒江金盛医疗废物处置有限公司1家危险废物经营单位，所有医院已纳入管理，医疗废物全部交由进行处置。开展高、中考期间环境噪声管理执法检查工作，防止和减少噪声扰民现象的发生，在重点路段和考生考点张贴《通告》20多张，公布环境投诉热线电话，建立24小时值班制度，发现问题及时解决，给考生创造良好的生活、学习和考试环境。开展“污染源日常环境监管随机抽查”工作，抽查7家重点企业，10家一般工业企业，共计17家企业，“污染源日常环境监管随机抽查”工作过程中发现的问题，及时责令企业进行整改，确保按照要求整改到位，并以“污染源日常环境监管随机抽查”工作为契机，加大对重点行业的监察工作力度，提升环境监察队伍行政执法效能，督促污染源企业增强精细化管理水平。

【调处环境投诉】 泸水市环境监察大队加强举报受理工作，畅通投诉渠道，开通“12369”环保热线并广泛宣传，维护群众环境权益，环境投诉案件处理程序规范化。全年，共接投诉案件15件，已处理15件，及时调查处理投诉案件，调处率、结案率以及满意率均达100%，无较大、重大、特大污染事故发生。

【生态环境质量】 2017年生态质量监测结果：地级以上集中式饮用水水源地玛布河、赖茂河水源地水质，1—12月达到饮用水Ⅱ类，符合国家标准；监测点位为取水口上方100米，监测频次每月1次，监测项目61项，检测结果达到Ⅱ类或优于Ⅱ类，合格率达到100%；每季度都在政府网站上公开发布地级以上集中式饮用水水源地水质达标情况。根据空气质量指数日报统计，经国家总站审核，有效监测天数357天，其中，优良天数356天占99.7%，轻度污染天数1天占0.3%（轻度污染为2017年2月20日，首要污染物是可吸入颗粒物（$PM_{2.5}$）监测值82微克/立方米，超过二级浓度限值（75微克/立方米）7微克/立方米超标率9.3%），与2016年对照（优良天数345天占99.4%，污染天数2天占0.6%。）优良率上升0.3%。

【环境保护宣传】 围绕2017年“6·5”世界环境日中国主题“绿水青山就是金山银山”，组织开展世界环境日宣传活动，制订宣传活动方案，制作10块宣传展板，到各乡镇、社区、学校开展系列宣传活动，累计发放《环保知识宣传手册》500余册（份）、环保袋2000多个、环保围裙200多个、帽子200顶，新修订的《中华人民共和国环保法》1000多册。省委省人民政府环保督察期间，加强信息宣传报道，严格按照环保督察宣传要求联合宣传部、全媒体中心认真做好宣传报道，其中，每日一报共报道14篇，三天一报共报道3次，及时编写工作简报86条。

【扶贫攻坚】 年内，组织干部职工到挂联村银坡村开展脱贫攻坚专项行动6次，带着问题、对照问题清单，到建档立卡户家中现场查找问题，了解银坡村的生产生活，解决建档立卡户无帮扶人员或信息错误等问题。5月15日，在银坡村委会会议室召开银坡村脱贫攻坚“找问题、补短板、促攻坚”专项行动会议，对照《泸水市脱贫攻坚“找问题、补短板、促攻坚”专项行动存在问题整改清单》，找出问题并及时做好整改工作。为建档立卡户购买化肥5吨，折合人民币1.064万元。

【党风廉政建设】 深化党务、政务公开，促进机关作风转变和效能建设，加强党风廉政建设，深化反腐预腐工作。强化廉政考核，根据2017年度《党风廉政建设责任书》，把廉政责任层层分解、落实到人。狠抓制度落实，制订完善相关规章制度，进一步明确行政审批、环境执法等重点岗位的廉政风险点及防范措施，加大监察工作力度。强化责任追究，抓住责任追究这个关键环节，加大力度，严格执行。加强管理，全体人员依法行政、廉洁自律、文明执法意识不断增强，树立良好的环保队伍形象。

（克富才）

农　业

综　述

【概　况】 2017年全市农村经济总收入92918万元，同比增长5.16%；农民人均所得6115元，同比增长4.39%。规模以下工业经济产值8.32亿元，同比减少23.15%。粮食作物播种面积37.184万亩，粮食总产量63275吨，同比减少6.84%。畜牧业收入28758万元，同比增长4.33%，占农村经济总收入的30.95%。

【畜牧业生产】 年内，全市大牲畜存栏66803头，同比增加1263头，增长1.93%；生猪存栏249661头，同比增长0.18%；羊存栏186410只，同比增加2863只，增长1.56%。年内全市牛出栏14906头，生猪出栏194883头，羊出栏97376只；全市肉类总产量完成17979吨，同比增加1971吨，增长12.31%。其中，猪肉产量12667吨，同比增加1935吨，增长18.03%；牛肉产量1789吨，同比减少13吨，减0.72%；羊肉产量1754吨，减少11吨，减0.62%；禽肉产量1769吨，同比增加60吨，增长3.51%。禽蛋产量3900吨，同比增加3197吨，增长455%。

【强农惠农政策】 年内，完成中央和省级给泸水市的农业支持保护补贴兑现2449.66万元，补贴面积40.497万亩，亩均补贴60.49元；完成政策性补贴机具18台，补贴金额18.05万元。

【蔬菜产业建设项目】 年内，全市完成蔬菜产业核心示范面积9950亩，其中，上江镇4500亩，六库镇1500亩，老窝镇1000亩，鲁掌镇800亩，片马镇150亩，大兴地镇1000亩，称杆乡800亩，古登乡100亩，洛本卓乡100亩；种植推广各类蔬菜6万亩，其中，上江镇21100亩，六库镇2700亩，老窝镇21400亩，鲁掌镇2200亩，片马镇1050亩，大兴地镇2400亩，称杆乡4200亩，古登乡2300亩，洛本卓乡2650亩。主要品种涉及根菜类、茎菜类、叶菜类、鳞茎菜类、花菜类、果菜类、豆类、瓢果类。

【峡谷特色生态农业建设】 立足泸水实际，充分发挥生态优势，按照特色、生态、优质、高效的定位，加快推进特色生态农业发展的模式，大力发展优质中药材、特色畜禽、特色经作、木本油料、高山杂粮五大产业。年末，全市已种植草果20万亩，云黄连4.2万亩，云木香、续断等11.43万亩，重楼1200亩。主推高黎贡山猪、生态土鸡、黑山羊等特色畜禽，打造老窝分水岭脱毒马铃薯高产创建示范基地，古登、洛本卓为主的青稞、荞麦种植示范基地。

【畜牧业重点项目建设】 年内，扶持泸水玉娟养殖农民专业合作社、上江镇淑玉养殖场、称杆乡义辉畜牧业专业合作社、老窝云西俊鹏生猪养殖农民专业合作社4个生猪养殖企业建设粪污处理池72立方米，排污沟（管道）600米，堆粪场（区）100平方米，科技培训指导100人次；完成

2016年退耕还草建设任务8000亩；完成转变方式项目建设牧草种植5018亩，圈舍建设6799平方米，氨化池建设793立方米；完成2017年草原生态保护补助奖励机制资金兑现285.075万元，其中，实施禁牧补助11.73万亩、87.975万元；实施草畜平衡奖励78.84万亩、197.1万元。

【国际农业发展基金贷款项目】 截至2017年，累计完成投资5357.17万元，占总投资的85.4%，其中，基础设施完成1491.99万元，占计划的96.12%；综合农业生产力完成2239.24万元，占计划的91.71%；价值链完成1365.59万元，占计划的77.64%；项目管理与协调完成106.81万元，占计划的38.1%；项目管理费和贷款利息支出163.54万元，占计划的43.94%。为助力脱贫攻坚，年内按脱贫目标积极调整农发项目实施方案，并投入资金1041.73万元，认真推进9个项目即：六库镇生态移民建房工程项目，涉及农户25户，投入资金302万元；老窝镇马铃薯基地运输道路建设1530米，投入资金168万元；称杆乡赤耐乃村农村危房改造25户（建筑材料补助），投入资金100万元；社区文化活动室建设，涉及5个村，投入40.92万元；发放孵化机80台，孵化机使用和保养技术培训80人，投入41.76万元；枇杷、柑橘、蓝莓、杨梅、车厘子等水果种植1220亩，投入192.17万元；投放种猪和后备母猪572头，投入156.58万元；种羊采购49只，投入9.6万元；中蜂养殖产业投入19.74万元。

【新型职业农民培育工作】 年内，在云南省农业厅和怒江州农业局的大力支持下，整合资金30万元，采取集中培训和观摩学习的方式，对160名参训农民进行“农民专业合作社的运作，特色农业产业发展，农产品的加工、包装与销售，土地流转经营的运作模式，‘公司+基地+农户’的运作模式”等内容的培训。

【经济组织】 全市农业龙头企业达到30家，销售收入30140万元，其中，省级7家，州级23家，带动农户16765户，农户增收5505万元。围绕特色产业建设草果、核桃、蔬菜等市级协会8个，带动农户3万多户。培育了443个农民专业合作社，其中，种植业213个，养殖业225个，流通业5个，辐射带动8270户农村专业合作社成员。

【农业产业结构调整】 年内，全市冬农种植面积完成85100亩，其中，蔬菜71060亩，其他经济作物14040亩。青花椒种植完成33559亩，食用菌完成460亩，楤木新增种植4000亩，饲料种植完成3万亩。在产业结构调整中，以核心示范基地、示范小区、示范园区、示范带等为重点，建设了一批特色鲜明、发展领先的粮、经、饲特色农业产业示范点，加快推动全市农业产业发展步伐，如上江镇的4500亩蔬菜核心示范基地；称杆乡的800亩优质高档蔬菜、饲草、杂粮杂豆、油料作物核心示范小区等。

【草果产业提质增效】 对20万亩草果产业实施提质增效工作。年内，已完成种植荫蔽树5000亩，增施有机肥1万亩，喷灌设施建设1万亩。

【涉农产业发展资金使用管理】 全年，全市财政预算整合使用涉农产业发展资金共5312.7万元，其中，财政直接拨付到老窝镇599.1万元，拨付市农业局4713.6万元。在拨付市农业局4713.6万元中，根据各乡镇上报市人民政府的项目实施方案，拨付到乡镇实施资金3740万元，其中，上江镇700万元，六库镇450万元，片马镇120万元，大兴地镇650万元，称杆乡1000万元，古登乡450万元，洛本卓乡370万元；市级实施973.6万元，已拨付919.63万元（其中农投公司500万元），未拨付53.97万元，已报账311.78万元。

【挂包村产业扶贫及帮扶情况】 年内，在称杆乡赤耐乃村完成花椒种植3100亩（示范样板500亩），投入资金183.8万元，覆盖阿尼大地等14个村民小组；发放能繁母猪52头，受益建档立卡贫困户52户，投入资金7.8万元；完成中蜂养殖技术培训1期15人次，扶持蜂箱40箱，投入资金1.12万元；安排危房改造25户，每户建筑面积72平方米，每户补助4万元，共投入资金100万元；为改善村委会和村党员活动室活动阵地条件，投入资金5万元，为赤耐乃村腊本欧扁党支部购置了桌子12张、长凳200条、电脑1台、多功能一体机1台、音响1套；投入资金10万元，修建村委会围墙、大门、新建党务工作宣传栏和旗杆。

【科技增粮措施】 以“科技进村入户，助力增产增收”为主题，以促进实现“农业增效、农民增收”为主要目标，强化科技服务和技术培训，深入开展农业科技促进活动，切实促进农业科技进村、入户、确保各项科技增粮措施的措施的有效开展。完成水稻绿色高产高效创建项目面积10120亩，完成计划面积的101.2%，项目实现总产557.8万千克，平均单产551.2千克，较非项目区499.7千克亩增51.5千克，增长10.3%；项目实现总产值1227.16万元（按市场价2.20元/千克计算），节本增效136.62万元，亩节本增效135元。完成玉米绿色高产高效创建项目面积10080亩，完成计划面积的100.8%，项目实现总产456.22万千克，平均单产452.6千克，较非项目区396.5千克亩增长56.1千克；项目实现总产值912.44万元（按市场价2元/千克计算），节本增效133.3万元，亩节本增效132元。完成冬马铃薯绿色高产高效创建项目10110亩，完成计划面积的101.1%，项目实现总产鲜薯1654.8万千克，平均单产1636.8千克，较非项目区单产1321.6千克增加315千克，增长23.8%；项目实现总产值1820.28万元（按市场价1.10元/千克计算）。节本增效375.8万元，亩节本增效371元。完成测土配方施肥技术推广3万亩。

【重大动物疫病防控】 按照年初防控工作计划，以“高致病性高流感、口蹄疫、猪瘟、鸡新城疫和高致病性猪蓝耳病、小反刍兽疫”六种重大动物疫病为重点，严格执行春秋两季集中免疫注射和适时补针，制定防控方案，整合防控资源，召开动员会议，培训防疫人员，全力以赴抓好动物疫病防控工作。年内，春防累计免疫注射牲畜856674头（只）、禽类1429586羽；秋防累计免疫注射牲畜863934头（只）、禽类1520183羽，保证了常年应免防疫密度均达到100%。免疫抗体监测6种强制免疫病种。

【农产品质量安全监管】 年内，加大对种子、农药、化肥、兽药、饲料等农资打假和“瘦肉精”违禁投入品的监管力度，深入全市9个乡镇32个饲料经营摊点，宣传学习新修订的《饲料和饲料添加剂管理条例》等饲料相关法律法规，发放宣传材料38份，重点检查农药经营户7家，抽查农药品种32个，责令停业整顿2户，自行查找下架处理过期农药15个品种35千克，检查肥料销售点20个。完成检测蔬菜样品4000个，检测合格率为99.95%。接受省级监督抽检和例行抽检6批172个样品，其中，蔬菜112个样品，水果60个样品，合格率为100%。完成动物产地检疫583536头（只、羽），完成动物屠宰检疫292486头（只、羽）。共计出动执法人员171人次，执法车辆57台次，发放宣传资料160份，年检换证及新办证兽药GSP门店共18家。

【农机安全监管】 年内，全市拥有大中型拖拉机1409台（套）；在职驾驶员有2181人；有8.83千瓦以下各类农业机械19891台套，其中自走式耕作机械1680套；创建农机专业合作社4个；办理拖拉机转入登记39台，完成拖拉机年度定期检验968台，办理拖拉机报废手续22台，补检手续16台，受理委托检验1台，变更99台，更换驾驶棚3台，变更机身颜色1台，信息变更11台，转出38台，过户143台，补换领证件67本，拖拉机驾驶员驾驶证期满换证179人，遗失、补领换、更正23人。年内，未发生农业机械田间场院作业事故和拖拉机道路交通事故。

（冯照明）

林 业

【概　况】年末，全市林业用地面积277074.5平方千米，占全市总面积的89.6%，森林覆盖率74.06%，林木绿化率84.84%，全市活立木总蓄积量3845.138万立方米；人工林与天然林总面积228954.2平方千米，全市年净生长量90.5334万立方米，年总消耗量为27.9092立方米，消耗量低于生长量，全市宜林地面积2656.2平方千米。全市林业总产值36304万元。2月，被云南省林业厅评为“云南省森林资源二类调查先进集体”。

【森林防火】年内，足额配套防火经费41.5万元，投保森林火灾保险159万元，进一步完善森林防火设施，做好森林防火宣传工作，进行巡回宣传160次，出动宣传车120余车次、人员1310余人次；组织集市宣传47场次，深入71个村委会、142个村民小组进行宣传；播放电视宣传12条，悬挂主干道森林防火宣传布标26条，粘贴标语120条；印发宣传单1万份，省、州、市森林防火政府令4000份；发放户主通知书2万份、林农安全手册2万册，到各级学校发放“五个一”宣传作业本6万本。开展森林防火培训11期，安装车载宣传扬声器19套、村组森林防火高音宣传喇叭50套、瞭望台宣传高音喇叭8套，制作森林防火双语宣传U盘100个。落实森林防火责任制，市人民政府与9个乡（镇），各乡（镇）与71个村委会，各村委会与1125个村民小组逐级签订责任书2342份；签订中缅边境森林防火备忘录1份、边境友好村寨联防协议5份，进行中缅政府间会晤2次、边境村寨森林防火联防会晤3次，兑现边境友好村寨联防奖金9万元，援助缅方5个边境村寨扑火物资50套，价值3.025万元。全市发生边境森林火灾3起（岗房后山“1·27”森林火灾、思那妞底山“2·5”森林火灾、大黑山“2·18”森林火灾），历时28天，成功阻隔边境林火2起，扑灭入境林火1起，耗用扑火经费183万元。

【天保工程】完成全市森林管护面积为388.38万亩，2016年度天保公益林人工造林4000亩，1万亩国家森林抚育补贴项目外业工作任务，泸水市古登乡天然林资源管护、公益林管护及标准化林业站业务用房工程项目投资56万元；启动生态护林员选聘工作，共选聘建档立卡生态护林员1474人，其中，中央财政建档立卡生态护林员900人，省级财政建档立卡生态护林员574人；落实森林生态效益补偿面积69.59万亩（其中国家级公益林54.93万亩，省级公益林14.66万亩），下达国家公益林生态效益补偿资金776.76万元，省级公益林生态效益补偿资金212.57万元，权属为集体和个人的国家级公益林每亩补偿10元全部兑现给林权所有者，共兑现补偿资金549.3万元，权属为集体和个人的省级公益林补偿资金每亩10元全部兑现给林权所有者，兑现补偿资金146.6万元。

【退耕还林工程】严格按照国务院批准的《新一轮退耕还林还草总体方案》的要求，实行生态优先、兼顾经济、农民自愿、适当集中、权责到市、任务到户、补助到户。完成2016年新一轮退耕还林任务16.8万亩，全市已完成到村、组、户面积的核定，种植完成16.8万亩（六库镇2.72万亩，鲁掌镇1.39万亩，片马镇0.24万亩，上江镇2.45万亩，老窝镇0.87万亩，大兴地镇2.58万亩，称杆乡2.68万亩，古登乡2.56万亩，洛本卓乡1.31万亩），占总任务的100%，涉及9个乡镇13639户农户；涉及树种为核桃、花椒、软籽石榴、香橼、茶叶、荔枝、楤木、芒果、柠檬、澳洲坚果、桃子、厚朴、枇杷、杨梅等14种；完成退耕还林示范样板林85块6204.6亩（州、市两级联合样板林1块734.6亩，市级样板林4块1020亩，乡镇、村样板林80块4450亩）；兑现2016年退耕还林种苗造林补助资金1836.21269万元（乡镇样板林建设600.6万元）。

【“怒江花谷”建设】按照《怒江州“怒江花谷”

生态建设实施意见》，根据州委、州人民政府的安排部署，按照集中区域、集中地块、集中资金的要求，采取重点突破、重点打造的方式，以叶子花为主要造林树种，以工程造林的方式建设示范样板林，以点带面，全面推进“怒江花谷”生态建设。进一步优化泸水市2017年“怒江花谷”生态建设实施方案，落实泸水市杨善洲纪念林地块50亩，并制定实施方案；配合州林业局完成怒江花谷上江片区租地丈量、资金兑现工作，配合做好州委、州人民政府样板丙腮片区土地的协调、签订协议、规划建设等工作；完成上江大南茂至城南江油站、南坝大桥公路两侧路域美化绿化及六库滨江生态走廊新城区龙腾广场至重阳桥景观打造5千米、江堤绿化4千米建设工作，实施百花岭片区15亩叶子花种植，筹备六库至碧福桥路段观景点叶子花种植、“怒江流域两岸”生态修复建设和各乡镇城镇面山美化、绿化工作，完成六库机场路段4.5千米美化绿化工作；完成六库镇双米地村委会欧姆拉组200亩菊花种植；编写《泸水市交通沿线面山绿化优化实施方案》《怒江美丽公路林业方面实施方案》《怒江流域美化绿化实施方案》。

【发放春季造林种苗】 共发放各类造林苗木408.1272万株，其中，核桃45.5571万株，花椒182.7441万株，芒果21.6652万株，枇杷5.59万株，杨梅1.1534万株，澳洲坚果2.603万株，柠檬5.4233万株，石榴12.928万株，香橼7.9316万株，茶叶3.885万株，荔枝1.155万株，梨1.6万株，漆树14.3323万株，桤木97.0982万株，叶子花4.2363万株，竹子0.2175万株，木棉69株，凤凰木3株；购买种子1330千克，其中，云南松500千克，车桑子500千克，波斯菊80千克，旱冬瓜250千克，共11.05万元；发放格桑花种子168.5千克，车桑子400千克，云南松332千克，旱冬瓜180千克。

【发展林业产业】 制订重点工程项目节点推进计划表，按照重点工程项目建设总体要求，节点推进，阶段考核，落实工作责任，加快重点工程项目建设进度。完成2016年度木本油料核桃基地建设0.5万亩，低效林改造1万亩，核桃提质增效1.5万亩，豪猪驯养繁殖200只，林下中药材续断项目500亩，国家储备林2000亩；完成2017年林下产业重楼仿野生种植60亩、灵芝林下仿野生种植20亩；兑现2017年林业贴息资金34.851224万元，涉及17家（小额16家4.851224万元，企业1家30万元）；组织61家企业完成企业基本情况上网录入；完成2016年3家省级示范社专项补助资金；2017年全市纳入省级示范社4家，已组织企业编制方案，3家通过验收，1家正在实施当中，兑现资金60万元；完成2016年、2017年大宗产业扶贫项目桤木发放工作，资金74.9116万元；完成招商引资项目推荐3个，资金2亿元，固定资产投资3.5亿元。

【农村能源建设】 完成2015年度项目省级太阳能热水器1200套，2016年度省级太阳能热水器600套，省级项目柴节煤炉灶1000口（等待市级验收），2016年实施退耕还林工程省柴节煤炉灶1431口（等待市级验收）。

【林业有害生物防治】 加强森林病虫害防治工作，全年，共发生林业有害生物0.6221万亩，防治0.6221万亩（化学防治0.04万亩，人工防治0.0521万亩，其他防治的0.5万亩，无公害防治0.5521万亩）；调运检疫木材16.04万立方米（包括竹材），苗木106.46万株，药材25.533吨（厚朴），玄麻13吨；产地检疫苗木690.94万株，种子2吨，药材6.6吨（包括木香、岩陀、重楼、续断），产地检疫面积500亩；完成林业有害生物监测122.88603万亩，监测率100%。安装完成了太阳能杀虫灯38盏，设立林业有害生物防控永久性宣传碑4块。

【资源林政管理】 在强化林地保护的同时，严格控制林木采伐限额，全年，共采伐474.52立方米，办理民用木材采伐证80份、木材运输许可证518份，边贸木材8732.71立方米，共运输竹材6003.41吨；受理75家木材经营许可证年检，并对4家木制品加工企业进行安全生产监督管理；排查非法采石采砂、采矿企业31家，已经全面停工，并立案查处12起，其中已办结8起，正在查处4起；对全市的采石、采砂场和矿山进行全面清查，全市改造升级采石采砂、采矿企业共22家（采石采砂企业7家，采矿企业15家），办理林地征占用手续有2家，不涉及林地的有2家，全部停产整顿，正在办理林地征占用手续。开展湿地保护宣传工作，悬挂布标18条、宣传小标语1200条，发放宣传单6000份，出动宣传车16辆次；开展了第九次全国森林资源连续清查工作，完成43个复测样地，15个目测样地，8个遥感样地的清查，主要对2012—2017年样地的坡度、坡向、海拔、林龄、郁闭度等情况的复查。全面启动2017年度林地变更调查工作，已完成初稿并上报省林业厅审核。

【林权管理】 恢复林权管理所，制定《泸水市林业局关于开展涉林矛盾纠纷排查调处专项行动工作方案》，共受理林权纠纷案件8起，已调解处理7起，1起正在调处中。

【林业行政执法】 年末，全局有司法鉴定人员9人，全年共完成188起林业行政案件司法鉴定，配合云南怒江绿峰林业司法鉴定中心完成林业刑事案件司法鉴定24起；共检查木材585车（9574.21立方米），查处无证运输苗木1车。

【“平安林区”创建】 切实抓好依法治林，持续推进“平安林区”建设工作，扎实开展“双严四号行动”“2017利剑行动”“绿谷二号行动”“绿谷三号行动”“泸水市怒江两岸面山全面禁止开山采石专项整治行动”“堵截一号”“2017年湿地及保护区执法专项行动”等16个专项行动，始终保持对破坏森林和野生动植物违法犯罪的高压态势，从严从快依法打击各类破坏森林资源违法犯罪活动，切实做好维护生态安全和林区稳定工作职责使命。全年，共受理各类森林案件251起，成功告破、查处250起，其中刑事案件11起（侦破10起），刑事案件共收缴国家重点保护植物红豆杉锯材26件，普通木材142.129立方米；受理林政案件240起（查处240起），林政案件共收缴木材材积44.88立方米，麂子11只，猴子骨40多具，成功解救并放生眼镜蛇5条、穿山甲2只，猫头鹰2只，共计上缴罚没款144.2574万元，处罚人数202人次，其中，逮捕7人，取保候审6人，行政处罚189人次。推进绿谷一、二、三号行动取得实效，有力打击了城镇周边破坏森林资源行为，对李文华、胡卫国滥伐林木案提起刑事附带民事诉讼，并判令二被告人在原地补种林木810棵（桤木树），并保证全部成活。

【自然保护区建设】 切实提高履职水平，努力做好自然保护区建设，确保高黎贡山国家级自然保护区泸水部分的资源安全和自然环境完整。共开展宣传130多场次，受宣传人数累计达1.5万余人次，发放宣传资料2万多份、粘贴标语600多条、设置提示标牌100多块，与村民签订《关于对保护区内禁止行为的告知书》5000余份，保护区主要周边社区的宣传面达到100%；不断加大明星物种外宣工作，腾讯头条、今日头条澎湃新闻播出《高黎贡山发现濒危动物灰腹角雉已有20年未曾出现》，中央电视台13频道“朝闻天下”播出《云南：红外相机拍到云猫活动影像》新闻，怒江报社“怒江快报”播出《云南：红外相机拍到云猫活动影像》和《高黎贡山首次拍到云猫活动影像》新闻，春城晚报刊出《珍稀动物云猫现身镜头前淡定“嘘嘘”用尿液划领地》，怒江大峡谷网播出《高黎贡山怒江段首次拍到云猫活动影像》和《怒江金丝猴九成栖息地消失发生在缅甸专家呼吁建立跨界保护区》，云南电视台新闻播出《云南首次拍到濒危动物云猫！萌翻了！在镜头前撅屁股》，泸水电视台“泸水新闻”播出《云猫现身高黎贡山泸水段》新闻，中国新闻网播出《过去15年怒江金丝猴栖息地丧失2.6%》，《生物多样性》刊登云南泸水高黎贡山高山生境的鸟兽多样性；认真做好疫源疫情监测工作，泸水市境内未发现野生动物疫情；积极开展野生动物收容拯救工作，年内，姚家坪救护中心共收容救护2只怒江金丝猴、5只熊猴、3只猕猴、1只短尾猴。

【林业脱贫攻坚】 结合农业产业结构调，以生态补偿、退耕还林兑现、林业产业、包村扶贫等“五项途径”促脱贫，完成《泸水市生态脱贫方案》《泸水市易地搬迁点生态补偿规划》编制工作；组织全局职工、全体党员在“10·17”全国扶贫日捐助教育扶贫基金6500元，“情系泸水学子”助学捐款2415元，共捐助8915元。积极开展挂联村古登乡俄夺罗村脱贫攻坚工作，共派出4名驻村扶贫工作队及14名脱贫攻坚和基层党建实战队员，协助帮扶古登乡俄夺罗村早日实现林业脱贫；4月25—30日抽调工作组开展脱贫攻坚“找问题、补短板、促攻坚”专项行动，5月24—30日开展脱贫攻坚“找问题、补短板、促攻坚”专项行动“回头看”工作，6月22日至9月20日抽调23人开展贫困对象动态管理工作，9月24—30日分四批次开展2017年度“挂包帮、转走访”工作；编制完成《泸水市古登乡俄夺罗村五年扶贫开发规划（2016—2020年）》《年度帮扶方案》，完善建档立卡贫困户帮扶措施，做到一户一策，确保精准扶贫、精准帮扶；实施完成陡坡地生态治理1030亩（核桃）、新一轮退耕还林538亩（核桃）和2016年度退耕还林任务3906.4亩、1200亩的泡核桃改良（嫁接）项目、低产林改造860亩及林业项目规划工作，在古登乡俄夺罗村进行为期3天的全市业务培训示范会议，对42名护林员进行“三定一包”、退耕还林、森林防火等素质本领提升的专项培训，成立俄夺罗村1名队长，5名片区副队长的森林管护队；新建了俄夺罗村巡护站1个；组织全局职工、全体党员为俄夺罗村马海底二组建档立卡贫困户克付保5岁患病女儿胡江云捐款5790元，为俄夺罗村原支部书记普生乃患病养子捐款1000元，共捐款6790元。

（曹利军）

高黎贡山自然保护区

【概　况】 高黎贡山国家级自然保护区泸水管护分局担负着管护高黎贡山国家级自然保护区泸水段52499公顷的重任。2017年，在市委、市政府的领导和上级业务主管部门的关心支持下，围绕机构职能，不断提高全局干部职工的政治思想水平和业务素质，开拓进取、不断创新，扎实做好高黎贡山国家级自然保护区管护工作，依法保护自然保护区内自然环境和自然资源。

【资源管护】 年内，通过开展野外巡护工作，并积极协助森林公安查处破坏资源的行为，最大限度地控制了保护区内破坏资源行为的发生。全年，保护区内发生偷砍盗伐事件36起，其中达到立案标准8起（刑事案件3起、林政案件5起），与2016年度相比，辖区内各类涉林案件发生率明显下降。

【森林防火】 始终坚持“预防为主，积极消灭”的森林防火方针，严格落实值班、巡护、进山人员登记等工作制度，并开展形式多样的森林防火宣教活动，进一步提高保护区周边民众森林防火意识和防火知识。因缅甸楚依河村大窝塘境外火入侵，年内发生一般森林火灾1起，过火面积1公顷，扑火人员110人，在州森林防火指挥部的调度指挥和市人民政府、市森林防火指挥部的组织下，及时控制住火势，将森林火灾的损失降到最低。

【科普宣教】 完成单位微信公众号和微博认证，拓宽宣传渠道，不断加强法律知识和保护知识宣传工作。通过进村入户、进学校、进社区、进教堂等方式开展形式多样的宣教活动，累计宣传130

多场次，受宣传人数累计达到1.5万多人次，发放宣传资料2万多份、粘贴提示标牌100多块、标语600多条，与村民签订告知书5000余份，白尾梢虹雉纪录片拍摄项目正在按计划顺利实施中。

【科研监测】 年内，发现已有20年未曾出现的濒危动物灰腹角雉；在海拔2800米放置的红外相机监测到云猫活动画面；对怒江金丝猴的研究取得重要进展，过去15年怒江金丝猴栖息地丧失2.6%，并获得了在现阶段全面并分类可靠的怒江金丝猴食谱；在《生物多样性》刊登《云南泸水高黎贡山高山生境的鸟兽多样性》，为高黎贡山高山鸟兽物种的保护和管理提供科学依据。

【服务工作】 始终按职能、按规定、按程序主动服务，积极承办相关业务，完成片马镇土地利用总体规划所涉及的17个项目区坐标点和36家矿点的采矿权和探矿权地点坐标查询工作，完成28家矿点坐标是否涉及自然保护区泸水段范围内的坐标查询。

【基础设施建设】 以姚家坪国家公园步道为代表的基础设施得到加强，野生动物收容中心鸟笼建设完成，气象水文监测工程和保护区人为活动视频监测工程中的监测设备安装和调试已完成，姚家坪滑坡体治理一期工程全面完成，二期工程正在有序实施，步道建设与怒江大峡谷国家公园宣传标牌及步道解说系统建设正有力推进。

【脱贫攻坚】 切实抓好扶贫挂钩点（鲁掌镇浪坝寨村）各项帮扶工作，第二次动态管理后共建立干部帮扶结对联系户88户279人，选派驻村工作队员3名、脱贫攻坚和基层党建实战队员12名。多次组织干部职工深入浪坝寨村开展调查、宣传、动员工作，并协助浪坝寨村委会完成各项扶贫工作，走访230余人次。落实驻村工作队工作经费1.5万元；为浪坝寨村搭建电子商务服务平台，投入19279元；在浪坝寨村种植樱花400株、叶子花2000株，投入1.2万元；走访慰问浪坝寨村困难老党员4名，发放慰问金1200元；支持浪坝寨村党支部完善党员活动阵地建设，捐助2000元；慰问驻村工作队和实战队，送去大米、面条、食用油等生活物资，投入4700元；积极协调有关部门为浪坝寨村建档立卡贫困户争取被褥、大衣、大米等实用物资；将生态护林员指标和补助资金优先用于扶持建档立卡贫困户，共选聘260名生态护林员。

（周林春）

水 务

【概　况】 2017年，坚持抓好水利基础设施建设工作不动摇，不断深化水利改革工作，提升行业技能水平和水利服务能力，努力提升人民群众对水利服务的满意度。

【农田水利】 按照年度建设目标任务，以防渗加固、修复完善为重点，完成投资2517.5万元，完成防渗加固渠道34.97千米，架设管线143.69千米，新建河堤380米，改善灌溉面积2.39万亩，新增灌溉面积313亩，项目受益21186人和22187头牲畜。通过推广节水灌溉方式、配套建设节水工程、实施抗旱节水节肥配套技术，投资161万元建设了银坡重楼基地、四排拉多蔬菜基地、中元丹公地蔬菜基地3个高效节水项目，共架设管线46.44千米。

【饮水安全】 2017年度饮水安全工程分两段实施，泸水市2017年第二批中央水利发展资金项目工程，工程总投资3218.11万元，项目共分为3部分实施，年内完成安全饮水巩固提升工程管道架设321.039米，完成投资1606.78万元，项目受益39593人；2016年财政专项扶贫结余结转资金项目工程，工程总投资1035万元，水沟修复9.5千米，PE管铺设4千米，管线架设31.29千米，解决6800人饮水问题。

【水源工程】 做好瓦姑水库运行管理工作，完成投资1.25亿元，水库于2016年8月下闸蓄水验收，试运行期间各项工作正常开展和有序推进；抓好在建板瓦水库改扩建项目工程，概算总投资6267.74万元，改扩建大坝工程于2015年12月开工，年内累计完成投资5277.7万元；全力推进机场供水水源工程志奔河水库项目前期工作，工程概算总投资26320万元，前期工作正有序推进当中。

【中小河流治理】 以防洪预防为主，以保障人民群众生命和财产安全为首，年内完成怒江六库段防洪堤三期工程十标段工程、水毁修复工程、应急抢险工程、职教中心防洪堤工程等建设任务。累计新建堤防1157.79米，修复堤防190米，累计完成投资2257万元。

【防汛抗旱】 高度重视，加强灾情情况上报工作，做到及时上报，及时处理。统计上报农作物受旱面积1.191万亩，因灾直接经济损失2208.5万元；修复完成1个自动水位站，1个视频监测站，检修4个自动雨量站，确保县级山洪灾害预警平台系统正常运行；加强防汛值班纪律，执行24小时值班制度，带班领导实行定期不定期抽查制度；加强隐患点巡查工作，安全工作防范未然、时刻提防、提高警惕。定期不定期深入隐患点进行巡查排查。

【水政水保】 积极开展执法巡查、违法案件查处、水事纠纷排查等工作。开展专项巡查165场次，出动巡查车辆165辆次，巡查人员620人次，开展综合执法检查230场次，共查处一般性水事案件15件，口头警告20人次，下发《责令停止水事违法行为通知书》15份，下发《责令改正通知书》2份，无重大水事违法案件和重大水事纠纷；做好水土保持方案的申报及审批工作，抓好开发建设项目水土保持方案监督执法工作，加大水土保持补偿费征收管理力度；完成泸水市卯照小流域治理工程，总治理面积12.07平方千米，完成投资331.8万元，完成引水管网辅设4.57千米，新建渠道2.7千米；做好水土保持补偿费的征收管理工作，依法征收水土保持补偿费42.39万元；发放新《中华人民共和国水法》和《中华人民共和国水土保持法》500本，宣传材料1200份；报审水保方案报告7份，完成审批水土保持方案报告6份，完成水土保持总投资303.85万元，防治责任范围5.63平方千米，拦挡弃土弃渣1.99万立方米；开展开发建设项目水土保持监督检查10次，检查项目5个，下发整改通知书5份。

【水资源管理】 积极推进节水型企业、节水型单位和节水型小区建设。完成泸水一小等3家节水型单位示范点创建工作；推广节水灌溉方式、配套建设节水工程、实施抗旱节水节肥配套技术，投资161万元建设银坡重楼基地等3个高效节水项目，共架设管线46.44千米；规范建设项目取水许可审批管理，取水许可台账录入率符合要求，共设有取水许可证24套；加大水资源费征收工作，共征收水资源费507.525万元；成立上江镇新建村等3个高效节水项目点作为农业水权水价改革示范点；投资20.966万元，安装水质消毒设备22套，解决5457人水质不保障的问题；投资10.8万元，制作“泸水市农村饮水明白卡”和“泸水市建档立卡户贫困户饮水明白卡”4.5万张。

【质量与安全生产】 加强水利从业人员培训，广泛开展形式多样、内容丰富的安全宣传教育活动，共组织培训2场次，悬挂标语15条，张贴宣传画22张，发放宣传单800份，宣传册77本，受教群众达1000余人；层层签订责任状，认真落实责任制并实行“一票否决”制，做好重大时段、节日期间的安全生产工作，参与检查321人次，发现安全隐患13处，查改13处，查改率达100%；深入工地现场，进行质量监督指导和质量巡查监督工作，受理质量监督备案16份，下发监督通知书19份，整改23处，整改率达100%。

【“河长制”工作】 按照国家、省、州、市《关于全面推行河长制工作实施方案》要求，结合泸水实际，全面安排部署，积极开展相应工作。出台11项工作制度，完善了河湖库渠相关参数，填报水库2座、河流59条、听命湖1个、渠道34条；在每条河道的河岸显要位置竖立了河长制公示牌41块，完善“一河一策”“一河一档”编制工作；明确各级“河长”工作任务、责任目标内容，要求各级河长定期不定期开展巡河工作；为确保全市各河流、水库、渠道、饮水工程日常巡查及保洁工作，全市需设立巡河员、巡库员、巡渠员等共1268名，同时需解决1268名工作人员的工资补助1268万元（按每人每年1万元计）。

【脱贫攻坚】 按照相关要求进行挂包帮扶，进行走访，了解群众之所需，与结对帮扶户见面率达100%，为群众服务提供理论依据，有的放矢地制定精准帮扶计划措施；驻村工作队员通过亲手打造“红色示范菜园”让群众看到实效，单位加以技术指导和菜苗捐赠，以点带面带动村民充分运用好自家门前的菜园，种植绿色无公害蔬菜，把菜园子发展壮大，逐渐发展庭院经济；在挂联村卯照完成1000苗叶子花种植（依地罗1—7组种植800苗，村委会通组公路沿边种植200苗），并在村委会种植4盆叶子花盆景；协助卯照村委会完善党员活动室建设工作，以五项制度确保农村党员活动室有效发挥作用，长期发挥作用，以“五清四化”为重点，群策群力，净化村庄环境；为保障适龄儿童受教育的权利，完善和规范学籍管理，工作队加大宣传，积极动员和组织社会、教师、家长和学生等各方面的力量，共同参与辍学学生劝返和思想疏导工作，齐抓共管，常抓常做；按要求组成贫困对象动态管理工作组，结对干部深入农户率达80%。进行新纳建档立卡贫困户信息数据录入，并对新纳建档立卡户和原建档立卡贫困户共332户，1038人进行数据清洗，查缺补漏，再次复核，确保精准；积极开展易地搬迁点供水工程实施工作，保障建档立卡户安全用水、放心饮水，农村饮用水取水半径均在1千米以内、人均每日供水不低于20升、人力往返时间在20分钟以内的要求，均已达到脱贫攻坚指标标准。

（欧阳英）

交 通

交通运输

【概 况】 2017年，加强通自然村，村民小组公路建设，提升道路等级，抓好农村公路养护，提升公路通畅通达能力，为泸水脱贫攻坚奠定坚实基础。年末，全市公路里程达2650多千米，71个行政村通公路通达及通畅率均达100%。已建成5座农村客运站和55个农村客运招呼站，乡镇均已开通农村客运班线，乡镇通班车率100%，有农村客运班线18条，群众出行条件明显改善。

【重大项目建设】 推进怒江州一级汽车客运站、保泸高速公路、机场二级公路、怒江南坝大桥与怒江二桥左岸连接线工程、六丙二级公路一期工程（简称“六丙一期工程”）、泸水市六库至蛮英上江半山经济环线公路等重大项目建设。

【美丽公路建设】 启动怒江美丽公路（泸水段）建设，直过民族、撤并建制村及窄路基路面农村公路建设项目66条173.4千米，总投资4907万元，交通基础设施固定资产完成投资147349.99万元。

【跃进桥至片马红色旅游公路】 跃进桥至片马红色旅游公路改建工程路线起于跃进桥，止于中缅边境16号界碑，全长84.05千米，总投资31084万元，其中，中央车购税投资1.766亿元。项目于2016年5月16日开工，分7个施工标、1个交安及沿线设施标，2个监理标，沿老路进行改建，采用的主要技术标准除K44+582.468—K74+363.381段按四级公路标准建设外，其余路段按三级公路标准改建，主体工程年底全面完工，累计完成投资约1.356亿元（含征地拆迁费800多万元），年内，完成投资7692万元。

【俄嘎边防公路】 8月，俄嘎边防公路改建工程完工投入使用。项目路线全长39.28千米，共分3个合同段实施，项目于2015年7月动工建设，共投入资金4087万元，年内，完成投资1187万元。

【建制村公路通畅工程】 年内，完成建制村公路通畅工程亚碧罗、干本、尼普洛、木楠、俄夺罗、色德、刮然、色仲及保登公路共9条127.55千米，累计完成投资6888.36万元，年内，完成投资1735万元，实现了全市建制村公路100%通畅。

【通组公路建设】 年内，库外通村油路、直过民族自然村公路建设、撤并建制村通硬化公路、窄路面加宽、易地扶贫安置点公路建设，完成老窝镇中元村喇哈至内甸公路、中元村上庄机耕路、荣华村分水岭禾木树安置点公路，鲁掌镇三河村弯转河公路、登埂河边寨自然村公路、腊哈马堵安置点公路，上江镇蛮英村蛮费自然村公路、大练地村革新自然村公路、苗干山村公路、蛮英村蛮召义路桥公路、排把村打丽、双卡地－腊克通组公路、崇仁村委会通畅工程、新寨村委会通畅工程，新建村先锋自然村、中片马自然村，自扁瓦基李吾把至大聚瓦培公路、鲁掌新火山公路、加夺玛村达很益至克天基公路、银坡坟地公路，勒墨村撒洛准安置点公路、腊台玛公路、排把村怒扒施安置点公路、双奎地马共林安置点公路、登埂村小场坪安置点、鲁祖念母王基安置点、木楠安置点、腊斯底温泉安置点、格甲村积德安置点，称杆乡王玛基安置点公路等30条136.12千米，总投资4589.6万元。

【农村公路养护】 年内，泸水市公路里程达2650千米，其中，农村公路里程达2400多千米，列养里程共1236.65千米（县道176.54千米、乡道1012.74千米、村道47.37千米）。认真落实农村公路日常养护，建立常态化管养机制、实行县道县养、乡道乡养、村道村养，县道养护由市交通运输局与养护公司签订养护合同，乡道、村道养护由市人民政府与9个乡镇签订《泸水市农村公路养护管理目标责任书》，乡镇管理站与各村委会签订《农村公路养护管理目标责任书》，逐级落实养护管理责任，市交通运输局地方公路管理段进行日常的定期与不定期的检查，每季度进行一次考核检查，按考核等次拨付养护补足资金和进行奖励，合理安排小修，做好应急抢通、抢修及防汛值班工作。抓好农村公路养护大中修、安全生命防护工程及路网改造项目建设，完成2016年养护中修工程瓦中公路、瓦银公路及矿自公路，共投入资金218.04万元；完成2016年路网改造项目生命防护工程瓦跃公路、瓦银公路、六付公路、鲁鲁及鲁洛公路，共投入355万元；投入17.1万元对古登桥进行维修；投入2.18万元对西浪桥进行抢修；投入15.08万元对重阳桥进行维修；投入45.5万元对老窝河口临江桥进行改造。结合“怒江花谷”建设，开展农村公路生态环境综合治理，向市林业局及农业局申请车桑子、云南松、水冬瓜、波斯菊、大象树草及牧草种等种子，先后在六库镇、鲁掌镇、大兴地镇、称杆乡、古登乡、洛本卓乡沿线农村公路进行护坡养护绿化撒种，撒种护坡绿化面积约1600亩，共出动车辆48辆次，人工约160个工日，共投入资金约6万元；跃片红色旅游公路跃进桥至鲁掌段公路两侧及滑坡体进行播撒绿化种子，种植樱花树等；六库镇小沙坝至瓦姑水库公路种植叶子花600盆×3棵、木棉花10棵、凤凰树5棵，榕树21棵，红粉紫荆20棵，共投入约19.6万元。

【农村公路路政管理】 依据《中华人民共和国公路法》、《公路安全保护条例》及《路政管理规定》等相关法律法规，加大检查、巡查和执法力度。年内，共巡查40人次，纠正、查处各类路政违章27件，其中，警告、责令恢复原状处理27件。加大跨江桥梁的隐患排查，指导各乡镇开展农村公路路政管理协管工作。配合相关部门开展好两违整治及提升城乡人居环境整治等各项专项整治工作。

【运输管理】 积极配合相关职能部门，完成市内三轮摩托车专项整治回购处置等后续工作；按照市人民政府发布《关于调整城区出租汽车营运价格的通告》，联合质监局、发改局、市运政管理所等部门于5月完成了全市212辆出租车计价器调试工作，促使全市道路运输市场健康发展；完成了六库城区公交站点规划设置工作，并上报实施方案。

【脱贫攻坚】 年内，腊斯底村共7个自然村，14个村民小组，335户、1391人（劳动力人口798人），全村建档立卡贫困户159户634人，2016年脱贫出列3户。选派驻村帮扶工作和实战队员6名，编制完成腊斯底村委会脱贫攻坚计划，开展“找问题、补短板、促攻坚”专项行动，查找出漏评农户55户、五保户7户、返贫户1户，完善腊斯底村建档立卡贫困户信息资料，完成档案整理及新一轮四项人员的录入工作。核实腊斯底易地搬迁户信息26户115人，上报有意愿搬迁的农户调查及统计工作，共39户，其中，搬迁丙腮坝27户108人、叶子花村12户49人。看望慰问12名困难老党员（慰问金2400元），为腊斯底阿边党员活动室完善各项规章制度，并送给桌椅板凳5套、被褥10套；泸水市“峡谷红旗飘”活动，为腊斯村送国旗20面、党旗32面。硬化拉古瓦底桥至腊斯底村公路，投资1300万元；新开挖阿尺妹罗、昂边组及王力坪一、二、三组通组公路，投资150万元；动工建设王力坪组至阿尺妹罗组、罗底组至阿尼王底组通组公路建设工程；完成易地扶贫安置点罗底组及阿尼王底组通组公路建设。

【办理提案和议案】 年内，共办理提案、议案54件，其中，人大建议40件、政协提案10件、州政协提案转办件2件、协办2件。内容涉及通组公路硬化28件占52%；通组公路新开挖（含环线公路）10件占20%；公路修复2件占3%；公交、出租车运输8件占15%；桥梁建设5件9%；生态修复1件2%。已解决或基本解决（A类）5件占10%；正在解决或列入计划解决的（B类）31件占57%；条件限制或其他原因需以后解决的（C类）18件占33%。

（王生龙）

交通运政管理

【概　况】 2017年，泸水市交通运政管理所立足全市道路运输行业实际，转作风、强措施、抓落实，切实提高道路运输服务保障能力，道路运输无重特大安全生产事故发生，行业稳定，良好运行。

【道路运输】 年末，全市有机动车驾驶员培训业户5户，摩托车驾驶员培训业户4户；机动车维修业户226户，汽车综合性能检测站1个。客运站6个，客运线路33条，客运车辆1136辆，公路货物营运车辆2643辆。道路旅客运输经营业户10户，道路普通货物运输经营业户2639户，道路危险货物运输业户数3户，汽车租赁业户2户。农村客运站5个，农村客运线路16条，农村客运车辆427辆。

【客运保障】 春运期间，全市道路运输累计投入2471个客运班次，其中加班车114辆，总客位数61742座，安全运送旅客43644人次，客运量较2016年同期减少16.65%。春运与各节假日期间，未出现旅客积压和滞留情况，未发生重特大安全事故，未接到恶性服务质量投诉，圆满完成了旅客运输服务工作，全力保障人民群众出行。

【安全生产监管】 牢固树立“安全第一、常抓不懈”的观念，通过夯实安全生产基础、督促运输企业严格落实安全生产主体责任、开展安全生产专项整治、强化安全宣传教育、切实提升安全监管执法能力等举措认真落实“三关一监督”工作职责与安全生产“一岗双责”责任制，不断加大安全监管力度。全年，共组织16余次安全生产大检查，检查各类运输企业184户次，其中，道路旅客运输企业10户次，危险货物运输企业3户次，驾驶员培训学校9户次，汽车客运站6户次，维修企业156户次。检查中发现一般隐患165项，已整改完成163项，整改率达98.7%。

【运输市场监管】 以“两客一危”营运车辆为重点，深入客运站周边、超市附近等客流与车辆集中地段坚持无假日执法，依法严厉打击各种非法违法运输行为。全年，共出动执法人员756人次，查获“黑车”43辆次，其他各类违法行为等345余辆次，教育放行439辆次。

【普法工作】 按照“谁主管谁普法、谁执法谁普法”的原则，以春运与“安全生产月”活动等重点时段为契机，积极向社会开展本行业相关法律法规宣传教育，切实开展普法工作。共制作宣传横幅35余幅，宣传栏5余期，发放宣传材料1200余份，宣传册5500余册。

【货运源头治超】 年初，召开“两客一危”暨超限超载工作会议专题部署货运源头治超工作。全年，派驻执法人员288人次，检查货运源头装载营运车辆1162辆次，纠正违法装载车辆364辆次。

【城市公共客运管理】 按时保质完成公交车燃油

消耗量基础数据的统计上报工作。及时开展新能源公交安全风险排查工作。加强例检、节假日与重要时段检查。全年，共组织开展公交突击性检查12余次，安全约谈3次，改善行业服务质量。

【城市出租客运管理】 从严查处、及时纠正出租汽车从业人员各种违法违章经营行为，持续提升行业服务质量。全年，共受理电话投诉56件次，受理办结38件次，累计查处各类违章出租汽车37辆次。5月，泸水市运政所联合市质量监督局与市交通运输局等部门完成全市212辆出租车计价器调试工作。

【驾驶员培训管理】 集中开展为期1个月的全市机动车驾驶培训教练员管理工作专项检查。不断巩固和完善机动车驾驶培训“计时培训计时收费、先培训后付费”等多种服务模式改革工作。组织召开计时培训系统改造升级及手机端App推广应用宣传贯彻培训会，确保全市驾驶培训服务模式改革工作扎实推进。启用“怒江州机动车驾驶员培训教练员服务证”。

【车辆技术管理】 严把维修市场准入关，加强日常监督管理工作，督促维修企业认真贯彻落实《机动车维修服务规范》。年内，怒江交通集团公司综合性能检测站完成升级改造。全市基本建立了道路运输车辆燃料消耗量准入制度。

【审验与质量信誉考核】 认真组织开展全市运营车辆审验、运输企业质量信誉考核与从业人员诚信考核工作。全年，共审验营运车辆2419辆次，完成从业人员诚信考核6056人次，完成道路运输企业质量信誉考核165户次。

【综合治理】 不定期深入各道路运输企业调查了解矛盾问题、热点问题及存在的不稳定因素，认真分析研究，积极化解矛盾。严格按照“三重一大”议事规则，及时对风险等级较高的工作或拟作出的重大决策开展论证并报请上级相关部门进行评估，以健全完善社会稳定风险评估机制。严格落实法定节假日、汛期以及春运等重点时段的值班值守与信息报送工作。依法妥善处理来信来访工作。全年，共受理办结各类信访件2件次。及时安排部署行业反恐安保工作，确保提高反恐怖防范能力。以“安全生产月”和“6·26”国际禁毒日活动为契机，深入客运站与扶贫点集中开展道路运输安全与禁毒防艾知识宣传活动。认真开展汽车客运站售票实名制管理、涉恐隐患排查整治与缉枪治爆专项行动等检查指导。

【燃油补贴的申报与发放】 市运政所顺利完成2017年度辖区内客运车辆燃油补贴的审核与申报工作。根据规定完成农村客运车辆燃油补贴资金6480.8万元、城市出租车油价补贴218.8万元和城市公交车油价补贴256.33万元的发放工作。

【精神文明建设】 深入开展全省“平安车站”创建、“暖冬行动”优秀志愿者申报、2016年度感动交通十大年度人物评选以及“网聚职工正能量 争做中国好网民”等活动；组织参加市直机关“三八节”女职工运动会及“全民健身日”等系列活动，以加强职工文化建设；扎实开展志愿服务春运“暖冬行动”，切实增强人民群众的获得感、安全感与幸福感；组织开展营运车辆审验、道路运输企业质量信誉考核、道路运输从业人员诚信考核与文明交通进驾校“五个一”活动，深化货车非法改装及旅游客运市场秩序等专项整治，持续推进行业文明与诚信建设。

【党风廉政建设】 认真落实中央八项规定，组织开展“六个严禁”、“四风”问题、“不作为、乱作为”等专项整治，协同推进“小金库”、“吃空响”、办公面积超标、2016年机关事业单位津贴补贴发放、2016年奖励性项目发放等专项治理。全年，12余人次参加各级相关部门组织的培训。严肃党内政治生活，与党员签订《2017年度服务承诺书》和《2017年度党员目标管理责任书》，以“两学一做”学习教育常态化制度化为载体，认真推进支部相关制度的建立健全、“双联系一共建双推进”活动、“三会一课”以及“基层党建提升年”等党建各项工作任务。党支部书记和党员领导干部共讲党课3次，领导班子成员以普通党员身份参加所在党支部学习6次；开展专题研讨2次，党支部开展集中学习12次，组织召开支部委员会2次，党员撰写学习心得体会16篇。

【队伍作风建设】 深入开展“解放思想 推动落实 争先进位”专题研讨和“担当型”政府机关创建活动，围绕工作中“不敢担当、不愿担当、不会担当”，“怕、慢、拖、推”以及观念落后、思想保守、落实不力、作风漂浮等问题，对照“五强”“五好”要求，认真组织开展集中学习讨论、建立健全全员责任体系、问题查摆与整改措施制定以及心得体会撰写等工作。

【脱贫攻坚】 完成2017年度驻村工作队员轮换调整与驻村报到工作，及时下拨1万元的工作经费，确保工作队员能安心用心开展工作；认真完成村情民情调查摸底、行业扶贫主要目标任务填报、脱贫攻坚“找问题、补短板、促攻坚”专项行动、贫困对象动态管理以及遍访贫困户等工作，全年，单位累计派出工作队员9批次。选派2名干部职工驻村开展脱贫攻坚和基层党建各项工作；组织开展“双联系一共建双推进”活动，协助称杆乡称杆村党支部开展“学理论、谋发展、促和谐”集中教育学习活动，健全完善村务公开、党务公开、民主理财等各项制度，组织开展卫生环境综合整治活动；为群众办实事好事，深入联系点开展春节慰问、看望困难学生和孤寡老人、看望困难老党员、资助建档立卡贫困户3名大学生、卫生健康知识培训、农村文化素质提升等活动。先后送去过冬棉衣110件，55套被褥及慰问金元9100元，资助建档立卡贫困户大学生6000元，协调支持扶贫点2017年扶贫工作经费1万元；同时协助扶贫村雨季冲毁公路的修缮工作，并补助施工队柴油340升，现金5000元，完成保通工作。

认真完成“五查五看”，深入细致了解贫困户状况、贫困程度，认真分析致贫原因，精准核查扶贫对象住房面积、收入、土地、林地、补贴，建立健全档案资料。会同乡、村两级开展“三评四定”，就帮扶对象进行评议、甄别、复查和确认，以及新贫困户识别等工作，完成扶贫对象档案资料数据录入和更新。先后9次入户摸底调查和产业发展指导，入户宣传扶贫政策、“211211”短平快的增收措施以及外出劳务输出政策。全所挂联扶贫户56户，帮扶对象167人，每个职工联系3户，所领导班子每人联系5户，按精准扶贫的要求，完成建档立卡的各项工作和“扶贫工作动态管理”工作。组织协调推进称杆村规民约完善和基层党组织规范化建设工作，组织市运政管理所党支部成员到扶贫联系点讲堂课6场次。

（李珍香）

公　路

【概　况】 2017年，管养国道2条，省道4条、县道1条，分别是G219线、G357线、S211线、S232线、S233线、县道（瓦窑金厂岭—金六线岔口），共计管养里程324.475千米（其中二级路105.74千米）、131座桥梁和1道隧道（660.5米）。年内，贯彻落实省、州、市人民政府及上级部门工作部署，认真落实养护管理“十六字”方针，切实开展干线公路养护工作，全局各项事业持续稳步发展。

【公路养护】 2017年，全局公路养护质量指标（PQI）优良路率为87.54%。累计完成同步封层（单层）91600平方米，同步封层（双层）97225平方米，机械刮油105600平方米，稀浆封层147300平方米，修补沉陷、坑塘163383.4平方米，修补零星小坑塘10800个（432平方米），修补单条裂缝70090米；清理水沟923500米，清理满沟12250米，清扫路面972000米，清理边坡356200平方米，修整路肩448950平方米，清理路肩堆积物29322立方米，清理涵洞559道/3409米，路缘带水沟修复300立方米；养护桥梁121座（7638.44米），完成桥梁通道4座，养护隧道1道660.5米。耗用沥青1275吨，耗用砂石材料13039.5立方米。

【水毁应急】 严格按照州、市两级人民政府的有关批示和怒江公路局的统一部署，开展日常应急管理工作，严格执行汛期“24小时值班制度”，积极应对低温雨雪恶劣天气，提前安排部署设备保养、物资储备，在特殊路段增设警示牌，全力应对汛期水毁保通工作，保障管辖路段道路畅通。全年，共清理路面坍方及晴雨天滚石126282立方米，共投入L30及L50装载机430台班，小型挖机32台班（清理满沟12250米），投入养护车辆及其他车辆270台班，投入人工348工日，撒工业盐4.5吨，防滑料1250立方米；发生涵洞满涵175道，全毁1道，局部毁坏1道（修复2道共投入9万元）；设置警示标志牌52块、护栏柱（花桩）21颗，警示彩带20袋。

【专项工程】 年内，完成S232线普通国省道灾毁恢复工程、2017年国省干线公路建设项目——灾害防治工程、2017年生命安全防护工程、2016年路网结构改造工程——危桥加固工程（4座）、普通国省干线公路路域环境绿化优化工程、G357线路基缺口、G219普通国省道灾毁恢复重建（K323+446—K323+482）工程。

【基础设施建设】 年内，完成分水岭所后勤保障建设、片马旅游厕所、分水岭示范所基础设施建设工程；正在建设世行贷款建设项目大墩子所公路管理所、片马公路管理所、跃进桥公路管理所以及大墩子和片马“服务区”停车区工程。

【安全生产】 按照安全生产管理体系，严格养护施工标准化作业管理，严格执行雨季“三查”制度，加大雨季水毁保通的力度，认真检查和维修抢通机械设备，切实做好汛期强降雨安全生产工作防范，积极开展“安全生产月”及职工安全培训和安全教育等活动。全年未发生重、特大伤亡事故和因工死亡事故，全局安全生产形势整体稳定。全年累计修复水毁路基缺口27道/1011.31立方米，共制作安装及发放标志标牌174块（其中根据新规范制作发放施工标志牌110块），为一线站所发放标志桶280个，标志服帽171套，彩带51包，对讲机20台，行车记录仪25台、无人机1台。完成辖区大中桥梁安全检测，积极组织职工参加安全员取证培训25人。

【治超工作】 认真执行中央五部委出台的《关于进一步做好货车非法改装和超限超载治理工作的意见》，切实开展联动治超专项行动，妥善处置“2·17”“2·18”“2·27”二轴车、四轴货运车辆滞留治超站阻碍交通干扰正常执法事件。怒江美丽公路泸水段正式开工建设，一只羊治超站检测区土地（含地磅称在内）0.68亩被占用，检测工作难以正常开展后，治超站严格执行值班制度，切实做好治超站及周边环境卫生整治工作，进一步提升站容站貌，树立良好的行政执法形象。

【机械设备管理】 加强公务车辆管理，严格执行“定点停放、一车一账、定期公开”等规定，全年未出现公车私用问题。年内，新增机械设备固定资产18台/辆，其中，调拨所得11台/辆，世行项目配置2台，新购摊铺机、洒水车、铣刨机等5台/辆，全局机械化养护水平显著提升。

【教育培训】 积极组织职工参加安全生产管理、世行项目、应急设备、工程管理、机械操作、党务培训等共26场/次，共71人接受培训，全局53人参与“法宣在线”学习、21人参与省纪委驻厅纪检网站学习，通过系列培训学习，切实提高了参训人员的业务技能、管理水平。

【党建工作】 年内，全局认真学习党的十九大、中央八项规定、习近平总书记系列重要讲话和考察云南重要讲话精神，扎实开展“两学一做”学习教育及“基层党建提升年”活动，党建工作科学化水平全面提高。落实党风廉政建设责任制，从严治党。落实整改“吃空饷”问题专项清理整治和“小金库”清理整治等工作，全面推行党务、政务公开，风清气正、人和业兴的良好局面得到巩固。全局精神文明和行业软实力有所提升，行业影响力不断扩大。

【脱贫攻坚】 扎实推进脱贫攻坚工作，建立健全挂包帮挂钩扶贫长效机制，深入挂联村古登乡加夺玛村开展扶贫攻坚工作。全年共开展走访、回访工作10余次，50余人次干部参加走访，完成所有挂联贫困户的走访工作。为村委会电子商务平台建设配置电脑、打印机等设备，为贫困户送去大米、香油等慰问品，为加夺玛村贫困学生捐赠爱心安全包。全局职工以不脱贫不脱钩，坚决打赢扶贫攻坚战为目标，全力推进精准扶贫工作。

【工会工作】 开展困难职工帮扶救助活动，切实帮助困难职工解决实际生活困难，维护职工队伍的稳定，组织开展预防性养护劳动竞赛等活动。组织编写微电影《公路情缘》编剧（本），选树宣传“最美养路工”跃进桥公路管理所刘建康先进事迹。

【表彰奖励】 年内，泸水公路分局被云南省公路局及怒江公路局授予“文明先进集体”荣誉称号；泸水公路分局被怒江公路局授予“预防性养护劳动竞赛优胜单位”；跃进桥管理所被云南省交通运输厅授予“云南省交通运输行业文明示范窗口”称号；治超站被共青团怒江州委授予“青年文明号”荣誉称号；跃进桥所党支部被怒江公路局授予“先进党支部”荣誉称号；分水岭所和跃进桥所被怒江公路局授予“文明先进管理所（站）”荣誉称号；机械化养护和应急中心被怒江公路局授予“安全生产先进管理所（站）荣誉称号。

（杨　倩）

科技　教育

科学技术

【概　况】 2016年10月，市科学技术局从农科局分设，设办公室、政策法规科技管理股、知识产权办、发展计划股4个股所和科技生产力促进中心（科技成果转化中心）、科技情报所2个下辖事业单位。2017年，围绕市委、市人民政府的中心工作，加大自主创新工作力度，加强知识产权保护，加快实施创新驱动发展战略，落实科技创新各项任务，推进全市经济社会发展。

【科技管理】 年内，怒江兰纪生物科技有限公司等6家企业被省科技厅认定为科技型中小企业；协助州科技局制定怒江生物医药大健康产业发展规划；编制泸水市产业结构调整创新驱动发展行动计划（初稿）；全市专利申报47件；配合省、州专利执法人员开展专利联合执法，共查出涉嫌假冒专利商品25件；根据三区人才的特长和条件，共协调对接27名三区科技人才到27家企业进行对口服务，并签订服务协议。

【科技项目】 全年，共争取中央、省、州科技计划项目23项，资金支持695.72万元：申请中央引导地方专项资金补助项目1项，补助资金40万元，已拨付到项目实施单位；申请省级科技项目及各种科技专项补助21项，资金下达645.72万元，已经全部拨付到项目实施单位；完成州级科技计划项目1项，补助资金10万元，已经全部拨付到项目实施单位。

【项目结题验收】 年内，完成《泸水市优质魔芋林下规范化种植技术示范》和《泸水市优质泡核桃育苗与栽培示范工程》两个项目的结题验收工作，正在组织《4000吨/年低硼、磷高品质工业硅关键技术开发及产业化》科技创新强省计划项目的结题验收工作。

【知识产权保护】 为庆祝“4·26”第十六个世界知识产权日，营造“4·26”知识产权宣传周良好的社会氛围。4月26日，开展知识产权周活动，进行《泸水市推进专利工作实施办法》等相关政策知识宣传，鼓励引导广大市民勇于创新，积极申报专利、转化专利成果。活动期间共发放知识产权宣传材料1500份。5月24日上午，泸水市科技局联合市委宣传部，市科协在三江并流管理中心举办泸水市科技周活动，共有538人次参加，现场发放和展览地震知识，安全知识、科普知识，食品安全知识等相关知识材料。

【脱贫攻坚】 年内，深入到联系点古登乡加夺玛村开展“挂包帮、转走访”工作，全体干部人均结对进行挂包帮扶，依次进行走访，了解群众之所需，制定精准帮扶措施。认真开展脱贫攻坚“找问题、促攻坚”专项行动，本着“缺什么、补什么”的原则，在原有工作队员基础上增派人员，围绕易地扶贫搬迁中存在的问题、贫困对象识别是否精准、贫困户退出是否精准、帮扶措施是否精准等问题进村入户开展调研。根据贫困对象动态管理工作要求，把所有符合贫困识别标准的农村贫困人口全部纳入建档立卡给予帮扶，实现“应纳尽纳、应退尽退、应扶尽扶”，多次召开贫情分析会，易地搬迁动员会。通过多方争取，在挂联村加夺玛完成1600苗叶子花的种植，支持基础设施建设，建档立卡贫困户、大学生、孤儿读书、贫困群众、贫困党员慰问资金共计8800元。突出重点，做好控辍保学工作，为保障适龄儿童受教育的权利，完善和规范学籍管理，积极动员和组织社会、教师、家长和学生等各方面力量深入各组宣传义务教育法等等法律法规。

【提升公务员和农民科学素质】 根据市委“三大普法”工作要求，把提升科学素质作为培训重要内容、积极组织单位干部职工参加省、州、市举行的各种业务和法律法规培训。同时结合科技“三下乡”活动、世界知识产权日、科技活动周等活动，深入部分乡镇（村）开展内容丰富的实用技术培训。全年，共组织单位职工参加省、州、各类培训8期、20人次。举办了农村科技培训5场、受训农民达688人次、印发科技实用技术材料1238份。宣传科普知识4次，发放材料2016份。通过开展实用技术培训、科普知识宣传，促进了人民群众学科学，爱科学、用科学的良好氛围，有效推动了农村稳定，农业增效，农民增收。

（赵　洧）

气　象

【概　况】 2017年，市气象局全力做好气象观测、气象防灾减灾救灾各项综合气象工作，完成防灾减灾救灾和重大活动、生态文明建设气象保障任务，开展气象为农服务和助力精准脱贫等民生气象服务工作。推进气象业务能力建设，提升综合观测能力，预报预测更加精准。推进改革开放和法治建设，完成防雷减灾体制改革主要任务，推进气象行政审批制度改革。坚持趋利避害并举，服务保障重大项目建设和重大活动开展，做好安全生产气象保障服务工作，发挥气象对全面建成小康社会的支撑保障作用。

【气象观测】 严格执行巡视、检查、维护制度，加强对基础业务岗位人员的管理，操作规范，确保各类资料传输的准确率和及时率，注重加强对年轻业务人员的技能培训、职业道德培训、理想信念教育。根据云南省气象局要求制定综合业务培训计划，按时间节点开展培训工作，使观测员逐渐走出观测场，适应和提升业务一体化能力，成为合格的质量控制员、资料分析员、灾害监测员、装备保障员、全网监控员，为做好综合气象业务工作提供保障。全年地面观测工作质量稳定，大监站的设备稳定运行率为100%，气象数据可用率为100%，气象数据传输率为99.68%，传输及时率为99.68%，观测值班质量100%，测报综合指数为99.96%。

【气象防灾减灾体系建设】 完善“政府主导、部门联动、社会参与”的气象防灾减灾机制，加强气象预警信息发布网络建设，充分发挥气象灾害预警信息“消息树”的作用，扩大气象预警信息发布的覆盖面，利用手机短信、网站、LED显示屏、传真等平台发布暴雨、雷电、山洪泥石流等气象灾害的监测预报预警产品，提高面向政府决策指挥和应急管理的支撑保障能力。加强气象防灾减灾科普宣传，提高公众防灾减灾的意识和避险、自救、互助能力。建立与农业、民政、国土、水利等部门的信息合作，完善雨情、水情、农情、灾情等信息共享机制。加快推进人工影响天气业务体系建设，发挥人工影响天气业务在防灾减灾、重大活动、生态建设中的保障作用。组织好汛期气象服务，成立单位主要领导为组长的汛期气象服务领导小组，严格执行24小时应急值守和领导带班制度，确保汛期全局思想统一、步调一致，圆满完成汛期气象服务工作。

【气象服务】 做好各类气象服务，每天制作电视天气节目，及时向公众发布三天滚动天气预报，全年，制作电视天气预报节目365期、《短期气候预测》（年月预报）13期、周天气预报52期、《专题气象服务预报》15期，提供各类气象资料9份，向全县62家种植户发送直通式气象常规预报26630条次。全市有预警信息接收群组248人（包括党政领导、涉农部门负责人、乡镇气象信息员、直通式气象服务对象、危险行业企业领导），发布雷电、暴雨、高温预警信号54次、气象预警信息21次、地质灾害气象风险预警2次，接收预报预警短信7973人次。全年出动人工影响天气作业队伍19次，发射增雨火箭弹130枚，有效防御和减轻了气象灾害。

积极参加省、州人工影响天气（人影）管理中心组织的培训和考核，人影队伍持证率100%，火箭架、发射器等设备年检合格率100%，定期对仪器设备进行检查维护，及时排除故障隐患，定期对弹药库进行安全检查，清点增雨火箭弹数目，建立严格的出入库管理。

【综合改革】 推进市级综合气象业务建设，提升综合业务一体化水平，将气象工作融入政府、融入社会、融入各领域，体现公共气象服务的职能；加强公共气象服务业务建设，完善决策气象服务系统、气象灾害风险预警服务系统，优化公共气象服务产品库；做好暴雨洪涝灾害风险普查，加强暴雨诱发中小河流洪水、山洪地质灾害气象风险预警服务；做好山洪地质灾害防治气象保障工程建设工作，坚持“省级制作、州（市）级订正、县级应用”的预报预测集约化流程。夯实气象为农服务“两个体系”建设，推进城乡公共气象服务均等化建设，基本完成乡镇气象信息服务站建设任务，架起气象与经济、气象与社会、气象与人民群众的桥梁；加强与气象信息员的沟通和联系，及时向气象信息员发布最新气象讯息和三农服务资讯，实现气象信息员队伍的动态化管理；开展“直通式”气象服务，建立“直通式”气象服务对象用户信息数据库，利用手机短信、气象信息电子显示屏、网络、电话等方式，定时向经营主体提供农业气象监测、农业气象灾害预警预报、农用天气预报、农事生产建议等信息，增强农村气象防灾减灾能力，助力农业生产的稳定发展。

【依法行政】 贯彻执行《中华人民共和国气象法》《气象灾害防御条例》《云南气象标准体系》《气象标准化管理规定》等法律法规。“3·23”世界气象日、“安全生产宣传月”期间，设置展板和咨询处，发放各类图文资料，进行《中华人民共和国气象法》《气象灾害防御条例》及防雷减灾科普知识的宣传；利用站点巡查和到乡镇调研的机会，在广大农村宣传气象灾害防御知识；抓制度建设，完善决策机制和程序，建立健全督查督办机制，提高突发事件应急处置能力。

【气候影响评价】 2017年夏粮生长季，全市大部地区降水偏多且均匀，无大范围冬春旱；夏粮低温关键期无明显低温冷冻害，气象条件对夏粮生产十分有利。秋粮生长季内，雨季开始期全市大部正常偏早，3—4月，雨量偏多确保秋粮主产粮区秋收作物在最佳节令满栽满插；秋粮作物抽扬期气温、光照正常无抽扬灌浆期低温，成熟收获期部分地区出现秋季连阴雨天气，对局部地区秋收作物收晒有一定不利影响。

2017年冬季气温偏高，对树木的休眠和抑制森林病虫害有一定负面影响。春季以后，气温正常至偏低，降水偏多，有利于树木的生长发育。2016—2017年防火戒严期内，由于冬春干旱不明显，空气相对湿润，全市高危森林火险气象等级（4—5级）主要出现在2016年12月至2017年2月中旬，较往年总体等级不高、持续时间短少。

2017年全市大部分地区降水正常至偏多，时空分布较均匀，除5—6月、9月、11—12月降水偏少外，全年大部分月份降水持续偏多至正常，全市大部分地区冬春干旱、初夏干旱较往年偏轻，水资源较往年丰富，有利于库塘蓄水和水资源的利用。

2017年春汛降水偏强，2月下旬到4月暴雨、大雨等强降水、恶劣天气频繁，滑坡、泥石流造成公路受阻、交通中断较常年偏多。年内除部分时段出现的低温雨雪、大风冰雹等恶劣天气及2月下旬到4月持续强降水天气外，其余大部时间降水正常，适宜旅游。

（王春宏）

防震减灾

【概　况】 2017年，地震工作是国家前沿科研领域的重要组成部分，是一项涉及社会方方面面的复杂的社会系统工程，是惠及全民的基础性、公益性社会事业，承担着公共生命财产安全和促进经济社会发展重任，是实现社会稳定、人民安居乐业的重要工作。2017年，泸水市地震局全面贯彻落实习近平总书记关于防灾减灾救灾的新理念、新思想，认真落实省、州防震减灾工作会议精神，牢固树立大震意识和震情第一意识，坚持“预防为主，防御和救助相结合”的地震工作方针，稳步推进地震监测预报、震害防御、应急救援三大体系建设。充分发挥地震工作领导机构职能作用，积极争取上级对地震工作的领导和指导，争取各部门、社会各界的关注支持，不断增强地震工作责任感和紧迫感。地震局在2017年度怒江州防震减灾工作综合考核中荣获二等奖。

【监测预报】 坚持每月定期联系村级地震前兆异常宏观观测员，了解基层观测点观测情况，每周打开一次短波应急通信电台，检查应急通信信号连接情况，加强地震仪器设备的管理和维护，保障地震仪器正常运转。认真执行震情会商、按月上报震情分析，年度共上报11期；认真执行震情值班制度，按时完成地震监测数据信息和意见上报任务。加强震情信息工作，地震发生后，将掌握震情灾情，以电子短信形式第一时间向主要领导上报，提供决策依据。初步完成国家地震烈度速报与预警工程一般台站的场址勘选工作。

【震害防御】 加强建设工程抗震设防管理工作，授权震害预防骨干力量进驻政府政务服务中心，开展建设项目工程抗震设防管理等行政审批工作，年内受理8个项目建设工程行政审批工作，办结8件。

【应急救援】 按照省、州地震局的工作安排，地震局及时分解落实全县地震应急各项工作任务，明确职责，切实做好地震应急救援各项准备工作。

调整充实防震减灾领导机构，制定完善相关预案。针对防震减灾领导小组成员人事变动的实际情况，及时调整充实防震减灾工作领导小组成员名单，制定下发《泸水市2017年地震重点危险区专项抗震救灾应对工作方案》《泸水市地震应急预案》。根据新修订的《泸水市地震应急预案》，制定《泸水市地震局地震应急预案》，确立应急响应机制和地震局职工的工作职责，完善地震应急预案，加强地震应急救援队伍建设，做好地震应急准备工作，包括人员、装备、资料、图件、照相机、应急通信电台、应急车辆等的准备，确保震后人员能迅速到位。加强对江西民族体育场、怒江州同心广场、青山公园健身广场4个点确定的六库市民应急避难场所（场地、路线标识牌）管理与维护工作。收集完善更新全市交通、人口、住建、通信、水利、供水、供电、教育、医疗卫生等生命工程基础数据，以便于震时应急救援指挥和灾情速报使用，并为震后灾害评估提供可靠依据。

【防震减灾知识宣传】 利用全国“防灾减灾日”、科技活动周、全国科普日和全省防震减灾宣传日，市地震局深入古登中小学、老窝中小学，怒江宏盛锦盟硅业有限公司、怒江峡谷酒店，六库镇社区和人口密集场所开展地震科普知识宣传，发放了《地震来了怎么办》《地震逃生36计》《地震应急自救互救手册》《公众安全应急手册》《防震避震常识》《地震应急工作手册》等各类实用资料1.8万余册。

【防震减灾科普知识讲座】 年内，深入酒店、学校、社区、企业等人员密集场所举办防震减灾科普知识讲座，共有7000多人参加地震科普知识讲座。

【应急疏散演练】 年内，在古登中小学、老窝中小学、怒江宏盛锦盟硅业有限公司、怒江峡谷酒店开展地震应急疏散演练活动，达到预期目的。

【创建“担当型”政府机关工作】 根据《泸水市人民政府关于创建“担当型”政府机关的实施方案》要求，地震局及时召开创建“担当型”政府机关工作动员大会，工作领导小组，结合地震局实际，制定工作实施方案，围绕精神不振、“怕、慢、拖、推”等突出问题，对照“五好”干部要求，组织职工谈工作目标、工作打算、工作举措，开展专题讨论并组织职工写好心得体会，认真清理地震局创建“担当型”政府机关领导班子、领导班子成员、干部职工存在的问题清单，对照清理出的问题清单制定详细的整改措施。

【脱贫攻坚】 一年来，泸水市地震局紧紧围绕市委关于脱贫攻坚工作的实施意见和市人民政府的安排部署，立足挂勾点实际，着力以完善基础设施建设为抓手，以产业结构调整为主线，全力全策决战脱贫攻坚工作，结合片四河村的实际和能否可持续发展的角度，经对挂勾点自然条件和市场因素等综合考虑，确立挂勾点片四河村产业结构调整以种植中药材“重楼”为主的思路，通过招商引资，积极争取泸水市银坡春灵种养开发基地融入脱贫攻坚大会战中，着力引领企业担负社会责任，努力打造怒江“长柱重楼”第一村的脱贫之计。通过家访式、召开动员大会、种植技术培训等形式，及时对群众提出的问题给予正面的引导，超预期完成188亩的重楼种植。

（胡玉兰）

教 育

【概 况】 2017年，市教育局坚持以办人民满意的教育为事业宗旨，围绕“质量强教、教育强市”的工作思路，推进素质教育，创优发展质量。年末，全市有各级各类学校145所，其中，完全中学2所、高级中学1所（社会力量办学）、职业技术学校1所、特殊教育学校1所、初级中学6所、小学52所、幼儿园82所。全市小学在校生17048人，适龄儿童入学率99.57%，初中在校学生7552人，初中阶段毛入学率99.09%；普通高中在校生3594人，泸水市职业技术学校在校生326人；在园幼儿4978人，学前三年毛入园率65.48%，学前一年毛入园率94.52%；特殊教育在校学生348人，残疾儿童入学率86.48%。全市共有教职工2646人，其中，幼儿园319人、小学1333人、初级中学450人、完全中学477人、高级中学11人、特殊教育20人、职业技术学校36人。专任教师2373人，其中，幼儿园254人、小学1263人、初级中学396人、完全中学407人、高级中学5人、特殊教育16人、职业技术学校32人。年内，全市学校占地面积1116906平方米，校舍建筑面积454878.5平方米，其中，幼儿园42290.79平方米，幼儿生均建筑面积8.5平方米；小学203157.84平方米，小学生均建筑面积11.92平方米；初级中学89052.87平方米，初中生均建筑面积15.68平方米；完全中学113323平方米，高级中学1396平方米，普通高中生均建筑面积22.12平方米；特殊教育5661平方米，生均建筑面积48.8平方米。

【基础教育】 年内，完成贫困对象学龄人口动态管理，对全市贫困对象学龄人口进行精准识别，实施教育扶贫。推进义务教育均衡发展，确保义务教育阶段学生免试就近入学。加强管理和指导全市基础教育工作各项工作，完成学年初基础教育事业统计数据审核、城区幼儿升小学和小学升初中的招生、适时维护管理“全国中小学生学籍信息管理系统”“全国学前教育管理信息系统”和“云南省学业水平考试网络管理”信息系统、指导全市高中教育以及九年义务教育和学前教育、监督全市民办学校（幼儿园）办学行为等工作。学前教育快速发展，全市在园幼儿从2015年的2052人增加到4978人，学前三年毛入园率从2015年的44.9%提升到65.48%，在全省率先实现“一村一幼”“一乡一中心”“一市一示范”的目标，开启了从幼儿教育着手阻断贫困代际传递的新征程。全市有学前教育教职工255人，其中，在编在岗62名、特岗教师43名、小学教师转岗50名、学前教育支教志愿者100名。全市幼儿教师纳入小学教师系列管理，合理核定幼儿园教职工编制。巩固义务教育成果，九年义务教育巩固率84.33%，全市义务教育阶段进城务工人员子女在校生1556人（小学1224人、初中332人），小学留守儿童601人，初中留守少年250人，接收率均为100%。义务教育阶段辍学率严格控制在国检指标以内，义务教育普及程度各项指标得到提高。高中阶段教育稳步推进，加大投入，改善办学条件，实施高中在内的14年免费教育；加强教师培训、教学改革、课程研讨，提升教师教学水平，提高教育教学质量；引进学科紧缺教师促进教师结构调整，优化教师年龄、学科结构；优化编制管理，教师职称评聘改革，注重师德素养，注重教育教学业绩，注重教育教学方法；扩大了高中招生规模，近三年，招生规模逐年扩大，每年净增2个教学班。2016—2017学年，全市高中阶段毛入学率达57.69%，较2015—2016学年增长10.24%。

【教育督导】 认真开展各项教育督导专项检查工作，完成第二轮市级人民政府教育督导州级复核与省级评估工作；开展对部分乡镇食堂食材采购督查工作；开展校园安全专项检查工作；开展教育教学质量评价体系的收集编写工作及秋季学期开学前的综合督导检查工作；开展学校安全专项督导评估工作；组织对农村义务教育学校办学条件“20条底线”及义务教育均衡发展工作的安排部署、指导、检查；完成对全市幼儿园办园水平进行综合评估与对民办幼儿园年审工作；开展对学校违规办学行为督查工作；成立泸水市人民市人民政府第一届教育督导督导委员会，聘任39名兼职督学及督学责任区划分工作。

【促进义务教育均衡发展】 全面推进义务教育均衡发展，改善学校办学条件，根据《泸水市推进义务教育均衡发展工作方案的通知》，成立工作领导小组、业务工作组，明确工作职责及督导评估实施步骤和相关工作要求。工作组根据义务教育均衡发展各项督导评估指标要求，认真梳理档案资料清单，收集和整理义务教育均衡发展档案资料，迎接国家、省、州2018年对泸水义务教育均衡发展工作的评估复核认定。年内，全市义务教育均衡发展评估验收学校共57所，其中，小学49所、初中8所。义务教育学校基本办学条件指标十项达标41所（小学36所、初中5所）、九项达标9所（小学6所、初中3所）、八项达标6所、七项达标1所。

【控辍保学】 根据《泸水市中小学控辍保学工作实施方案》和《泸水市中小学控辍保学工作任务分解方案》，制定《泸水市教育局中小学控辍保学工作方案》，坚持“双线四级”控辍保学责任机制，层层签订责任书，确保责任落实到人。加强《中华人民共和国教育法》《中华人民共和国义务教育法》等法律法规的宣传，强化义务教育阶段“两免一补”“十四年免费”教育、职业教育惠民政策的宣传。进一步强化学校管理，提升综合管理服务水平，确保学生进得来、留得住。

【监督管理】 制定下发《泸水市中小学违规办学

行为专项治理工作方案》，重点围绕违规补课、违规招生、违规收费及其他违规问题开展专项治理。年内，与22所中小学、幼儿园签订《泸水市中小学校规范办学行为责任书》，全市中小学、幼儿园在编在岗教师2279人与所在学校签订《承诺书》。各学校建章立制，形成长效机制，保障中小学校规范办学，并抓实常规工作，提升服务水平。落实常规检查，促进学校发展，深入全市中小学检查常规工作，从学校管理、教学课堂、学生发展等方面对学校进行督查，进行情况反馈、提出指导意见。

【教育教学研究】 坚持科研先行、以研促教、以研促学、提高质量的工作方针，加强师资队伍建设，注重教师的专业成长和自我提升，注重学生的综合素质和全面发展。把“改课堂”作为核心工作，聚焦课堂，探索课程改革之路，更新教学理念，结合学生实际，结合学科特点，改变原有教学模式，寻找一条适合自己的能有效促进学生发展、提升学科质量的教学模式。开展“同课异构”、教学研讨、观摩交流、“一师一优课，一课一名师”、“送课下乡”等教研活动，活跃教研气氛，提高教师素质。做好教育教学质量监测和分析，对教学质量进行客观、科学的监测，认真、深入进行教学质量分析，为教研工作的开展提供依据，以便制定突破薄弱学科的教学质量的策略和措施。指导兼职教研活动，发挥示范作用。

【教育培训】 认真实施国培、省培、州培计划，开展29期培训，参训教师达4488人次，完成师训工作任务；认真贯彻落实《云南省全面打赢“直过民族”脱贫攻坚战行动计划（2016—2020年）》，先后在全市8个乡镇开展了“直过民族”地区18—45周岁不通汉语人群普通话培训工作，完成140名教师和2016人的培训任务，合格率均为100%。

【基础建设】 实施《泸水市教育发展规划（2016—2030）》编制工作，完善学前教育规划方案；已完成40所学校校园地形测绘工作；完成70所中小学、99所幼儿园校园布局及校舍规划和大兴地镇格力小学、格力幼儿园规划工作；落实六库镇新城区幼儿园、上江镇蛮云村小学、上江镇新建村幼儿园、洛本卓乡俄嘎村小学4所学校建设用地；推进《全面改善贫困地区义务教育薄弱学校基本办学条件》（全面改薄）、义务教育学校标准化建设、教师周转宿舍、学前教育专项工程前期报建手续。

按时完成“恩爱思校舍建设规划管理系统”、“全面改薄工程”双月报、“学校食堂建设项目月报表系统”、中央预算内投资教育项目管理—网络直报系统（教师周转宿舍）等网络数据月报工作。教师周转宿舍共计规划676套，面积23660平方米，规划资金4732万元；义务教育学校建设规划共计规划11个项目，规划资金2670万元；启动建设六库镇新城区幼儿园建设项目，项目占地面积22亩，建设面积1.4万平方米，投资规模5699.01万元；启动建设大兴地镇维拉坝小学、幼儿园建设项目，项目占地面积25.83亩，建筑面积12315平方米，投资规模5431.32万元；启动建设2017年“全面改薄”建设项目，下达项目资金4416万元；启动建成学前教育专项工程项目11所幼儿园；启动建设洛本卓乡俄嘎村小学建设项目，完成新征校园用地6.2亩，在建1030平方米的学生宿舍楼及500平方米的运动场地，争取中国教育发展基金会“润雨计划”项目资金165万元，建设食堂、浴室、厕所项目已完工；续建泸水一中高中专项工程项目，完成投资2745万元；续建泸水一中农村初中工程项目，完成投资905万元；续建泸水一中足球场工程项目，完成投资700万元；续建六库镇新城区小学工程项目，完成投资3100万元；续建上江镇中学教师周转宿舍项目，完成投资170万元；续建市民族中学教师周转宿舍项目，完成投资170万元；建成上江镇中学学生宿舍楼建设项目，完成投资350万元；建成六库镇新田村幼儿园等10所云南省“一村一幼”项目幼儿园；建成老窝镇中学教学楼项目，完成投资500万元；建成片马镇小学建设项目，完成投资450万元；建成鲁掌中学建设项目，完成投资230万元；建成“试点县”幼儿园项目18所，已投入使用。

【立德树人】 把学习宣传贯彻党的十九大精神作为全市教育系统首要的政治任务，发挥课堂教学主渠道作用，通过组织文体、读书、征文等形式多样的学习活动，宣传十九大精神，做到十九大精神进教材、进课堂、进学生头脑，全市教育系统组织十九大精神专题讲座近百场，制作学习专栏板报500余次，在云南教育网、市委网站发布信息和简讯5条次，营造出浓厚的学习氛围。强化德育常规工作，提升德育工作水平，切实加强学生思想道德教育，把德育工作摆在素质教育的首要位置，加强学风、教风、校风的建设，提高学校的整体德育工作水平，组织参加怒江州2017年“彩云杯”中华传统文化知识竞赛，获怒江州“彩云杯”中华传统文化知识竞赛三等奖。开展写感言，写心声等社会主义核心价值观进校园的实践活动，运用校园广播、黑板报、QQ群、微信群、宣传栏等广泛宣传社会主义核心价值观。开展文明校园、文明食堂、文明班级和文明宿舍“四级联创”活动，净化校园及周边卫生文化环境，组织学生走出校门参加“爱我泸水、文明礼仪上街头、下农村、进社区百人宣传志愿者小分队”活动，陶冶学生的情操。

【落实经费保障机制】 年内，加强各级各类学校财务工作的常规管理和监督工作，确保各项经费保障到位，安全使用；严格按照财务开支制度，做好每月的预算，合理安排使用各项资金，提高教育资金的使用效益，教育经费收支均符合事业发展计划和财务政策的要求；学校物资采购严格执行报备审批，配合市纪委、市财政局开展“小金库”专项检查。认真实施义务教育“两免一补”政策，及时下拨农村义务教育公用经费保障专项资金1923.92万元，享受学生23447人（小学16604人、初中6843人）。100人以下学校补充公用经费31.14万元，补助13所学校519人。特殊教育学校公用经费37.17万元，享受补助学生62人（小学39人、初中23人）。农村义务教育阶段贫困家庭寄宿制学生生活补助资金2103.67万元，享受学生19598人（小学13652人、初中5946人）；中央免费教科书专项资金242.67万元，享受免费教科书补助21215人。全面落实“十四年”免费教育政策，根据《怒江州全面实行十四年免费教育实施方案》，免除学前2年在园（班）幼儿2376人保教资金478.81万元，免除学前2年在园（班）幼儿（包括建档立卡户学生）生活补助673人46万元。免除普通高中在校学生学杂费1660人199.2万元；免除1513人住宿费24.21万元；免除1660人教科书费74.7万元；补助建档立卡贫困户学生生活费410人144.1万元。

【职业教育】 抓好“四个一批”中职教育全覆盖工作，即泸水职业学校招收一批，向州职教中心输送一批、向省属中职学校送一批、向天津珠海送一批，扩大职业教育规模，推进职业教育发展；加强职业技能培训，开展劳动技能和实用培训，全市共开展培训26期2427人，其中，引导性培训1334人、职业技能培训1093人；加强与职业院校的联系合作，提高办学能力，扩大招生规模，年内，市职业学校有在校生326人。

【招生考试】 认真组织实施招生考试各项工作，采取多种形式把政策规定、招考条件、学校情况、诚信考试、录取规则、助学通道等招生考试各个阶段考生须知、应知的基本内容和要求实事求是地告知每位考生，及时向学校传递招生政策信息、工作信息和系统信息，充分发挥考生积极应考的水平，创造公平、和谐、良好的环境和氛围；优化招生考试服务，增强服务意识和服务工作质量，提高人民群众对招生考试工作的满意度。年内，泸水考区参加高考报名的有1175人。

泸水一中参加高考报名的有502人，高考实考460人，其中，一本上线15人（文科3人、理科11人、理科艺术1人），二本上线135人（文科40人、理科64人、文科艺术6人、理科艺术8人、文科体育10人、理科体育7人），专科上线270人，共上线420人，上线率91.30%；泸水一中考生被高校录取463人，其中，一本录取31人（文史10人、理工19人、理科艺术2人），二本录取110人（文史44人、文科艺术4人、文科体育3人、理工52人、理科艺术4人、理科体育3人），专科录取322人（文史129人、文科艺术1人、文科体育1人、理工188人、理科艺术1人、理科体育2人），升学率92.23%，比2016年的录取率增加了18.35个百分点；泸水一中高考建档立卡户子女177人，录取168人，其中，本科录取73人（提前本科批8人、一本12人、二本46人、二本预科7人），专科录取95人（提前专科批2人、高职专科批85人、高职单招批8人），录取率94.92%。全市参加高中阶段升学考试文化课报考的有2038人，录取到普通高中学校、中等专业学校、职业学校、技工学校的有1985人，其中，高中录取968人（州民中253人、泸水一中666人、海源中学23人、州外高中24人），五年制录取303人，中专和职校录取714人；泸水初中毕业生建档立卡贫困家庭学生参加初中学业水平考试报考227人，录取224人（实际报到录取146人、未报到78人），未录取3人。

【教师队伍建设】 年内，根据《中华人民共和国教师法》《教师资格条例》及《云南省教师资格条例实施细则》等相关法律，开展社会人员申请教师资格认定工作，完成社会人员教师资格认定10名，补办教师资格证2名；完成中小学特岗教师和事业人员招聘工作，申报招考特岗教师141人，有129人通过招聘并签订合同（小学77人、幼儿园32人、初中教师20人），招聘事业人员7人（财务会计4人、专业教师3人），完成2014年招聘的23名特岗教师服务期满转聘考核工作；完成泸水一中紧缺教师遴选以及人员调整工作，面向全州公开遴选泸水一中紧缺教师4名，对10名教师进行内部调整，接收外市调入教师8名；完成全市教育系统三次"吃空饷"清理工作，经自查清理整顿，教育系统共有在编人员2638人（行政8人、事业1924人、离退休教职工699人、长期病假7人），699名离退休教职工均健在，不存在"吃空饷"情况；完成全市中小学教师职称评审工作，收到292份职称评审材料，其中，中小学正高级教师2份，中小学高级146份，中小学一级125份，中小学二级19份，经评审，泸水中小学教师初级职称评审委员会对19名中小学二级教师的认定工作，并向上一级评审委员会推荐中小学一级教师114名、中小学高级教师99名；完成全市农村学前教育支教志愿者聘用工作，计划招聘农村学前教育支教志愿者141名，有81名农村学前教育支教志愿者与各学校签订聘用合同；完成全市学校临时用工聘用工作，市人民政府批复同意使用临时用工598名，其中，学前教育阶段55名，根据各学校实际需求数将临时用工指标分配到各学校，保障学校后勤工作持续开展。

【学校安全工作】 年内，与全市各学校签订《校园安全工作责任书》，召开校园安全工作会议10次，下发《泸水市2017年校园安全工作要点》《泸水市教育系统学校安全工作大检查实施方案》，加强安全工作的部署检查；强化安保工作，提升学校综合管理水平，构建人防、物防、技防等全方位的校园安全稳定防范体系，健全和完善安全保卫工作制度、外来人员登记制度、值班制度和门卫管理制度，实行封闭式管理，严禁外来人员、车辆随意进入学校，严把学校"入口关"；加强学校门卫室建设，配备培训专职安保人员、配置安保设备；建立完善学生"一日安全常规"制度、安全信息上报制度、班级点名制度、与学生家长联络制度、学校安全预警机制、节假日请示报告制度，强化档案管理制度；强化安全教育，开展防震减灾、防火、防汛、防溺水、防泥石流、防暴力侵害、防踩踏疏散等应急演练，全面提升师生应对突发事件的能力；利用“六月安全月”“安全教育周”“防灾减灾日”等活动及安全教育课、国旗下讲话、宣传微信群、橱窗、墙报、报刊、闭路电视、校园广播、校园网等途径，进行校园安全宣传，培养学生的安全意识。年末，全市各级各类学校共设门卫室53处，配备门卫79人、专职保安人员61人，配置警用橡胶棍95根、强光手电82支、头盔40顶，有20所学校建立微型消防站，22所学校安装视频监控设备，共安装探头1792个，初步形成了集人防、物防、技防为一体的治安防控体系，提升校园安全防范和管理能力。

【体卫艺工作】 根据《学校体育工作条例》《学校卫生工作条例》《学校艺术教育工作规程》，结合学校办学特色，强化管理，努力增强学生的身体素质，美化、绿化、优化育人环境，坚持开展体育达标、素质展示等活动，丰富学校的体育文化生活。贯彻落实《关于加强青少年体育，增强青少年体质的意见》，加强学校体育工作，2016—2017学年完成全市中小学生体质健康测试工作；做好传染病防控、禁毒防艾工作，抓好学校环境卫生、食品卫生工作；组织全市中小学幼儿园开展各类活动21项，促进学校艺术教育工作。

【资助工作】 完成泸水籍2017年符合学费代偿学生的上报工作，完成57名泸水籍建档立卡贫困户应届大学生申报工作以及4名优秀贫困学子申报工作；完成生源地信用助学贷款工作，共办理685名大学生助学贷款，其中，首贷260人，续贷425人，共计贷款512.7万元；9月10日，召开全市教育工作会议，在会议上相关企业现场捐赠资助金219万元，年内发放了41名贫困学生助学金10.4万元；完成深圳建设银行资助工作，资助大学生110名，每人2000元；资助高中生120名，每人1000元；资助初中生30名，每人500元，共资助23.5万元；完成2017年泸水市第一中学576名学生享受国家助学金上报、发放工作，发放国家助学金51.85万元；完成培志教育基金会到泸水9个乡镇的家访及香港恩慈教育基金会涉及泸水9个乡镇共480名学生的获奖材料上报工作；实施彩票公益金滋惠计划，共资助泸水市第一中学123名优秀贫困高中生，资助金24.6万元。

【营养餐改善计划】 围绕学生营养改善计划和学校食堂规范化建设管理及食品安全管理工作，确保学生营养改善计划和师生饮食安全。年内，按照《关于进一步加强和规范农村义务教育学生营养计划招标采购工作的通知》，将学校大宗食品纳入集中采购，通过公开招标采购学生饮用奶、鲜鸡蛋、大米、面粉、食用油等大宗食品；规范学校食堂常规管理，做到各项规章管理制度上墙，严格执行陪餐制度、留样制度、进出台账登记制度等；对全市学校食堂管理人员和从业人员进行食品安全、营养知识培训，通过培训增强责任感，提高食品卫生安全意识和操作水平，确保师生的饮食安全营养。全年，全市农村义务教育学生营养改善计划中央补助资金1697.2万元，享受学生21215人（其中小学15130人，初中6085人）。

【党风廉政建设】 按上级党风廉政建设要求，制定《泸水市教育局落实党风廉政建设责任制实施意见》《泸水市教育局关于推进廉政风险重点环节防范管理的实施细则》。把党风廉政建设责任制的落实与教育工作紧密结合，统一部署、统一检查、统一考核，形成“一岗双责”的工作格局，促进党风廉政建设工作的落实。狠抓局机关和教育系统党风廉政建设，努力在机关勤政廉洁、教师廉洁从教上有突破，确保政令畅通和维护群众利益上有所作为，使广大教育工作者和教职工的廉洁自律意识、遵纪守法意识不断加强，全市教育系统政风行风建设迈上新台阶。

【"两学一做"学习教育】 按照"两学一做"学习教育活动有关要求，成立"两学一做"学习教育领导小组，制定《实施方案》，活动任务层层分解，确保活动有序进行。加强宣传，传达学习省、州、市"两学一做"学习教育文件精神，发放《习近平系列讲话》和新《党章》等学习资料，营造良好的学习氛围，激发党员投入学习教育的积极性和能动性，为开展学习教育活动打下坚实基础。年内，开展"两学一做"学习教育活动中集中学习6次、上党课3次、专题讨论4次，开展先进典型学习1次、警示教育学习2次、党员活动4次，召开党员大会11次、支委会7次、党小组会议5次，到结对帮扶挂钩点开展工作6次，联系贫困户48户131人，取得学习教育活动的实效。

（优陆馥）

文化 传媒 旅游

文体广电和新闻出版

【概　况】 2017年，文体广电和新闻出版局全面贯彻十九大精神，以文化繁荣发展为主线，以文化惠民为主旨，组织开展丰富多彩的文化体育活动；重视群众文化与非物质文化遗产保护传承，开展“图书智民”活动，宣传《中华人民共和国文物保护法》，提高市民的文物保护意识；挖掘保护和传承本土文化，推送本土音乐和舞蹈参加各种赛事；以规范求繁荣，以创新求发展，完善文化市场管理机制，加强文化市场管理；组织、选派优秀放映员开展农村免费电影放映工作，共放映农村免费电影840场，观众达7.56万人次；完成栗柴坝渡口惨案纪念遗址路径的改造，鲁掌刀杆节非遗馆、怒江州老年人体育协会民族射弩馆的建设，片马中缅友谊健身活动广场和鲁掌三河村休闲健身栈道验收；完成阿赤依堵村、称杆村、云西村、蛮英小横沟村、丙奉村、赖茂绿英堂场地建设。做好片马抗英纪念馆和驼峰航线纪念馆的解说、接待等服务管理工作，共接待游客24.5万多人次；承办“中华一家亲”海峡两岸各民族欢度怒江傈僳阔时节文艺晚会；完成“中国交建杯”2017中国怒江皮划艇野水国际公开赛泸水赛段各项赛事服务工作。

【文化活动】 年内，组织开展丰富多彩的文化活动，完成年度性澡塘歌会、尚旺节、刀杆节、阔时节等传统节日的文艺演出和民族体育竞赛活动；协助完成“首届怒江大峡谷老窝火腿文化旅游节”“中国交建杯2017中国怒江皮划艇野水国际公开赛”等活动；协助驻六库各企事业单位完成怒江州民族中等专业学校医25班“胞波情”专场文艺晚会、怒江州2017年第二十七次全国助残日残疾人文艺晚会、信用社“喜迎十九大　颂歌献给党”等文艺演出20多场；深入泸水各乡镇、社区、军营、企业、学校开展惠民演出85场，观众达5万人以上；精心编排的节目，在上江镇蛮云、丙奉、丙贡、付坝、大练地、新建、鲁掌子克，六库镇新村、老六库，大兴地灯笼坝、自扁王基等地开展文化进万家送戏下乡文艺活动；在大兴地镇开展“文化助推扶贫——感党恩 促攻坚”文艺晚会；在鲁掌镇举办文艺助脱贫攻坚启动仪式，在洛本卓白族乡开展“巴尼小镇”建成入户仪式文艺演出；完成2017年“三下乡”文艺演出9场，观众达1万人以上；组织、开展为期3天的“喜迎十九大　唱民族歌　跳民族舞”狂欢活动，宣传贯彻十九大精神；参与完成“江海情、携手行”香洲区文艺团体走进怒江泸水市文艺交流演出部分节目编排，演出本土特色浓郁的音乐舞蹈节目。

【挖掘保护和传承本土文化】 4—5月，猎人组合、山虎组合、谷风组合受邀到大兴地镇政府、泸水市第一中学、鲁掌中学、鲁掌政府、芒宽中学、洛本卓中心完小演出，传唱本土音乐，深受观众喜爱；5月11—13日，录制和合成州民族文化工作队余金华、何娟歌曲《母刮塞》《一条路》《家乡美》和泸水一小《禁毒拍手操》；6—8月，推送猎人组合参加星光大道深圳赛区比赛，一路过关斩将，以演唱最高分的成绩直接晋级前十强；9月，出版发行猎人组合首张专辑《猎》；9月5—14日，组织文化工作人员和演员10人，深入六库镇双米地村完小及5个村民小组，老窝镇崇仁村和上江镇蛮英村、蛮召村，进行为期10天的“文化入村——民族文化传习”活动，进行民族文化的保护和传承；年内，选送舞蹈《风雨无阻》，怒萨尔组合歌曲《它叫怒江》、山虎组合《一拉雄》参加“建设者之歌——云南省第四届农民工文化节”才艺大赛，《风雨无阻》《它叫怒江》获三等奖，《一拉雄》获优秀奖；编排傈僳族舞蹈《左脚舞》《刮克》和歌曲《摆时、木刮、优叶》《傈僳一起来》《吉多木光》，并在澡塘歌会、刀杆节、阔时节活动中表演。

【假期免费开放工作】 文化馆分别举办2017年寒、暑假免费开放培训工作，各培训15天，开设舞蹈、绘画、跆拳道、葫芦丝、竹笛、音乐合唱、吉他、钢琴等多个门类培训班，400多名少年儿童参加培训；体育指导中心分别举办了寒、暑假少儿篮球、足球、击剑、田径免费培训班，344名青少年参加培训。

【“三区”文化服务】 “三区”文化服务即为边远贫困地区、边疆民族地区和革命老区提供文化人才支持。根据该项工作部署，3—9月，市文体广电和新闻出版局选派4名专业技术人员到鲁掌镇、称杆乡、大兴地镇、片马镇开展了音响、民族歌舞、图书管理员、《中华人民共和国文物保护法》、免费开放专项资金管理办法、三区文化工作的宣传培训和文化服务；7月，选派一名专业技术人员参加为期2个月的云南省三区文化人才培训。

【文化交流和协作】 年内，选派专业技术人员，指导完成“墙体文化工程”；选派编导担任怒江州第二十六届乡级农村文艺汇演评委；完成泸水市庆“五一　迎五四　四城同创”志愿争先泸水职工青年志愿者在行动启动仪式、泸水市第一中学共青团建团95周年“五四”运动98周年“不忘初心跟党走”歌咏比赛和联欢晚会等活动的音响保障任务；4月，歌手阿娜思语受邀，到腾冲和盈江参加傈僳族刀杆节和泼水节演出；派专业技术人员，指导怒江州实验小学编排“六一”儿童节节目；10月，组织民间文化艺术团到维西进行傈僳族文化交流的联谊活动；阿娜思语受邀担任维西县“傈僳情歌　唱响中国”首届中国傈僳族情歌大赛评委。

【非物质文化遗产保护传承】 年内，完成中央对地方专项转移支付项目绩效的申报；为市政协和市招商局提供非物质文化遗产保护情况和泸水民族文化简介材料；组织开展非物质文化遗产进校园活动5场；指导傈僳族民歌之乡非物质文化遗产保护传承工作；收集整理老窝崇仁村传统造纸工艺的文字、图片、视频资料和傈僳族刮克舞视频资料；编撰《傈僳族刀杆节》丛书的初稿；开展2017年“文化和自然遗产日”宣传展示活动，选派泸水国家级、省级、州级、县级传承人，参加第六届中国成都国际非物质文化遗产节四川郫都区望丛祠举行的中国传统民歌节暨第三十四届望丛赛歌会；申报第三批州级非物质文化遗产代表性传承人8名；选派专业技术人员参加2017年云南省非物质文化遗产业务骨干田野调查培训；年末，全市有非物质文化遗产普查项目87项，传承人3110名；傈僳族民歌和傈僳族刀杆节列入国家级非物质文化遗产保护名录；傈僳族“刮克”舞、上江新建村傈僳族民歌之乡、阔时节、澡塘歌会、尚旺节列入省级非物质文化遗产保护名录；国家级非物质文化遗产项目代表性传承人有王利、李学祥、李学华3人；省级非物质文化遗产项目代表性传承人有6人；列入州级非物质文化遗产保护名录59项，传承人11人；列入县级非物质文化遗产保护名录21项，传承人38人。

【文化市场管理】 年内，选派3名执法人员参加珠海“以案施训”案卷评审学习，选派10人次参加云南省各类文化市场综合执法培训，提高执法水平；年内，完成互联网上网服务营业场所及娱乐场所公共区域图像采集明示工作，已安装域图像采集明标识47家；全年新增网吧2家，变更1家；新增娱乐场所3家，变更1家；新增出版机构1家，变更2家，换证7家；加强网吧经营场所管理，以打击违规接纳未成年人为重点，组织网吧经营户学习《互联网上网服务营业场所管理条例》《中华人民共和国治安管理处罚法》，与29户网吧业主、7家娱乐场所业主签订2017年度《安全生产责任书》《守法经营承诺书》《网吧消防安全责任》；联合公安等部门开展“扫黄打非”集中行动和专项治理，加强校园周边文化环境治理，封堵和查缴政治性非法出版物，扫除淫秽色情文化垃圾，打击侵权盗版行为，取缔非法报刊，清除互联网有害信息，共查缴非法出版物863张（碟），出动执法人员142人次；参与全州4月26日“全国侵权盗版及非法出版物集中销毁”行动，共集中销毁盗版音像制品10222张、非法出版物7720件；配合州支队对文化市场进行安全大检查；6月派执法人员，督查、监管网络娱乐场所“蓝鲸”等违法游戏，到辖区歌舞娱乐场所和互联网上网经营场所发放69份宣传材料。

【图书服务工作】 年内，选派职工参加云南省文化厅和云南省图书馆举办各种业务培训6期、8人次，提高图书馆服务能力和水平；加强与州市文联、作家协会，州市政协文史委、史志办联系，收集地方文献资料《傈僳族民间观念嬗变研究》《2016年怒江傈僳族自治州年鉴》、傈山人组合音乐专辑DVD等共60种，256册；5月26日，完成“国家数字图书馆推广工程”虚拟网建设工作，实现跨地区、跨图书馆之间数字图书馆资源共享访问，泸水市图书馆可直接访问国家数字图书馆、云南省图书馆等馆藏资源；为鼓励和引导干部职工参与读书，4月23日启动“世界读书日”全民阅读活动，开展以“全民阅读·书香泸水”为主题的系列全民读书活动，倡导全民阅读，营造“爱读书、会读书、读好书”的社会风尚，服务泸水“四城同创”工作，先后在9个乡镇、6个社区、市检察院、市机关事务局、鲁掌拘役所、市老干局第五干休党支部、中国海关驻怒江办事处设“流动图书服务点”，开展全民阅读推广活动20场次，累计参与6920人，发放“读书倡议书”320份、“捐书倡议书”500余份，现场办理借阅证118人次，图书车接待读者1419人次，发放奖品353份；年末，图书馆馆藏总量达229283册，图书51502册、电子图书158000册、期刊14402册、报纸5379份。

【公共文化空中大课堂】 5月9日，在图书馆内建立“公共文化空中大课堂”接受教学点。并按时组织图书馆、文化馆、文管所等科室职工进行收看，全年共组织收看5次，参与学习150人次。

【图书馆评估定级】 4月14日启动“全国县级以上公共图书馆第六次评估定级”工作。5—8月，图书馆根据评估工作要求进行自评，认真撰写自评报告，自评963分。经过上级评估专家组初评、复评，初评得分969分，复评得分981分，达到三级馆标准，此次评估工作得到评估专家好评，达到以评促建、以评提管、以评促用的目的。

【广播电视村村通工程】 认真开展村村通、户户通、大喇叭工程的维修维护工作。全年，维修户户通机顶盒12台，更换村村通清流设备500台、高频头420个、遥控器68个、天线配件108套，发放安装大喇叭8套，排除大喇叭扩音机故障6起；完成户户通行政置换追加建设1500套的入库和信息录入，出库户户通行政置换追加建设设备

1500套、高频头2200个、天线1500面；开展村村通、户户通工程的维修维护及安装培训30场，出动技术员150人次，1000余人参加培训。

【体育工作】 年初到鲁掌、上江、称杆、古登、小沙坝招收少体校运动员20名，组织进行日常的中长跑、竞走、举重训练；4月选派人员参加云南省体育局组织的一级社会体育指导员暨一级健身气功指导员培训，学成回泸水组织开展为期一周的泸水市健身气功培训，乡镇文化站工作人员、学校教师和单位职工59人参加培训；7月组队参加云南省“七彩云南”健身气功交流比赛，10月组队参加云南省健身气功、柔力球比赛；组队参加怒江州第二届残疾人运动会，参与田径、篮球、羽毛球、乒乓球、举重、射弩、自行车等七个大项的比赛，共获金牌27块，银牌8块，铜牌9块，第四名13个；组织开展泸水市三级社会体育指导员暨篮球裁判员培训，44名指导员参加培训；组队参加兰坪“锌业杯”篮球邀请赛，获体育道德风尚集体奖；年内，协助中央民族大学完成泸水民族民间体育调研工作；协助组织开展六库地区篮球争霸赛、羽毛球、气排球等各项比赛；承办怒江供电系统第二届职工运动会；组织开展洛本卓白族乡尚旺节民族体育竞赛活动、澡塘歌会民族射弩比赛；组织户外山地自行车挑战赛，来自东川、保山、大理、德宏等地自行车爱好者100多名选手参加；年末，全市有体育单项协会10个，社区体育辅导站34个，体育健身俱乐部6个，社会体育指导员478名，市级国民体育质量监测中心1个；有37条全民健身路径，64个农民体育健身工程，127个“七彩云南”全民健身工程。

【参加省级举重比赛】 1月14—17日，组队参加云南省举重冠军赛，玉三克荣获44公斤级金牌，传浩南荣获94公斤级银牌，褚石娟获56公斤级第八名；8月2—10日，组队参加云南省举重锦标赛，传浩南获乙组69公斤级金牌，廖玉斌获甲组56公斤级第四名，褚石娟获甲组58公斤级第六名，传浩峰获56公斤级第八名；8月14—20日，参加全国少年男女（13—16岁）举重分龄赛，玉三克获44公斤级15岁抓举第一名、挺举第一名、总成绩第一名；传浩南获全国少年（13—16岁）44公斤级15岁抓举第二名、挺举第一名、总成绩第一名；传浩南和玉三克在全国分龄锦标赛获得5枚金牌和1枚银牌，实现泸水市乃至怒江州在历届全国举重锦标赛金牌零突破。

【文物保护】 清明节和“5·18”国家博物馆日开展文物保护宣传活动，宣传《中华人民共和国文物保护法》，提高市民文物保护意识。3月，移交片马纪念馆二战征集文物16件［美式钢盔2件、英式钢盔2件、日式钢盔1件、子弹箱1件、指南针1件、水壶（有布袋）2件、水壶（无布袋）1件、饭盒2件、油桶1件、担架2件、枪刺1件］；与片马纪念馆、老窝镇、上江镇签订2017年文物安全目标责任书，并进行文物安全检查；划定六库土司衙署、石岭岗遗址保护范围并完成测绘平面图；完成怒江渡口大桥、鹦鹉路段改建工程、污水桥桥面改建工程文物勘探和怒江美丽公路文物调查勘探工作。协助民宗委开展云南省少数民族传统文化基本情况调查工作；采集上江抗日纪念馆陈设先期资料、影像、录音等抢救性信息资料；六库土司衙门通过云南省文化厅安全生产大检查专项督查组的检查，排除安全隐患。

【脱贫攻坚】 为抓实抓好脱贫工作，及时成立局脱贫攻坚工作领导小组，召开专题工作会，明确具体责任人、工作任务和目标；6月中旬开始，先后多批次增派贫困对象动态管理工作人员，召开贫情分析会、入户调查、数据审核、“三评四定”，对挂联村阿赤依堵村达不到“两不愁三保障”的农户逐一排查，从中剔除5户识别不精准的贫困户，新识别了219户，返贫30户，拟正常退出88户，确定全村2017年建档立卡贫困户为503户1609人，建档立卡户底数清，情况明；11月派驻23名实战队员，开展脱贫攻坚和基层党建工作，按照“零错评”“零错退”“零漏评”“零错录”的要求，认真做好贫困对象动态管理工作，做到户有表、组有册、村有档，补充完善子系统及平台数据，建立电子档案；投入10万元，积极协调组织、卫生等部门，整合部门资金帮助村委会建成一栋3层新办公楼，购买配备近10万元的3套办公桌椅、20套活动室桌椅、1套音响设备、40个文件柜、1台复印机，改善村委会办公条件；执照州、市工作部署，购买悬挂了103面国旗、65面党旗，加强党建宣传工作；在阿赤依都村亚口组举办了一期“泡核桃种植、嫁接技术培训”，62户泡核桃种植户参加培训；“三八”妇女节组织职工深入挂钩村看望困难家庭，开展脱贫攻坚、森林防火、控辍保学、进城务工、七改三清等政策宣传，走访慰问5户贫困妇女家庭，发放慰问金1500元；“六一”儿童节为扶贫挂联村学生送去60双童鞋、40件羽绒服、100个书包和部分学习用品。

（赵丽娟）

全媒体中心

【概　况】 2017年，泸水市全媒体中心在职干部职工58人。其中，事业副科3人；专业技术人员46人，副高级职称5人，中级职称24人，工人9人，高级工6人。

【新闻宣传工作】 全年，共播出《泸水新闻》250组，1166件。开设“脱贫攻坚进行时”“脱贫攻坚政策解读”“政府工作报告解读”“基层党建”“提升城乡人居环境 我们在行动”“两会专题”“八林经济在泸水”“依法保护环境 共建绿色泸水”“棚改动态”“提升城乡人居环境 我们在行动”“砥砺奋进的五年”“十九大时光”等13个专栏。“聚焦”栏目，立足泸水，通过挖掘亮点，树立典型，共播出13期。在中央台《8点中国新闻》和《共同关注》各播出1次，云南广播电台播出31次（其中包括两部基层党建专题），省电视台播出12次，怒江电视台播出270次。共播出《一周要闻》48组、《天气预报》368期，休闲剧场每天新播出2集，共播出730集，重播4集，共播出1400集。动画片每天一集，共播出365集。积极做好与其他电视媒体的合作，播出《电视三下乡》节目中的健康面对面、乡村法制、每周文娱、致富故事汇等分别160期。共播出消防宣传广告、禁毒防艾公益广告、讲文明树新风公益广告、税收公益广告、敬老公益广告等各种公益广告100余条，1800多条次。

【广播电台工作】 电台复播以来，累计制作并播出《傈僳语新闻》260期，《汉语新闻》300期，《985音乐》90期，《我爱听老歌》90期，《旅游直通车》80期，《阿喵的树洞》80期，《每周一歌》50期，《心语》50期。引进了《快车道》《生活E时代》两档节目，电台共计播出10档节目。

【新媒体工作】 通过文字、图片、影像及音频等形式，及时在网站各个板块上传更新新闻稿件、时事政治、服务资讯、视频新闻、泸水广播及公示公告等内容，共上传稿件7654篇，其中转载中央媒体关于“党的十九大”新闻报道5420篇，总浏览量达23.706万人次。开辟“2017年两会”、“怒江花谷·慢城泸水”、“脱贫攻坚”、“环保”、“两违”整治、“学习贯彻落实州委八届二次全会精神”、“喜迎十九大”、“党的十九大”等18个专题专栏。通过上传图文资料的形式，及时在泸水文明网各个板块上传更新新闻稿件。共上传稿件561篇，包括泸水新闻、文明创建、道德建设、志愿服务及未成年人教育等模块，同时开设“网上祭英烈”等专栏。年内，泸水新闻稿件被人民网、新华网、中国新闻网、《云南日报》、云南网及云岭先峰网等省级以上媒体采用共计226条。

通过文字、图片、影像及音频等形式，及时在“美丽泸水”微信公众平台各个板块上传更新新闻稿件1430篇，浏览量达48.62万人次。“文明泸水”微信公众平台自3月30日开通以来，共编发 13 期，关注度较高，浏览量达 3625 人次。

《泸水时讯》共编发 20 期，开设“领导动态”、“市内要闻”、“脱贫攻坚”、“两违”整治、“城乡环境治理”、“乡镇工作”及“党风廉政”等专题栏目。

“云南通·泸水市”党政客户端设“泸水时讯”和“文明泸水”两个栏目，共上传稿件 1680 篇，浏览量达 21.41 万人次。

2017 年“两会”期间，尝试使用“掌上直播”手机 App，采用图文的方式对两会进行直播，关注度较高，制作“二维码”展板，放在会场醒目位置，人大代表和政协委员积极添加新媒体平台，浏览量达 12308 人次。

【无线发射】 自办节目播出机房值机员严格遵循机房值机规定，4 名值机员每天轮流值守，确保 24 小时广播电视节目优质安全播出，全年正常播出广播电视节目 2768 小时，在重大转播工作中没有出现安全播出事故。做好边境广播电视宣传渗透工作，全年，共检修设备 24 次，排除故障 8 次，电源应急处理 20 次；认真做好节目转播工作，鲁掌和片马两个发射台认真做好值班记录和交接班工作，全年，共转播模拟电视：中央一套 5560 多小时、中央七套 5580 多小时、云南一套 5600 多小时；调频广播：央广一套 5760 多小时、云广一套 5560 多小时、泸水台节目 2700 多小时；数字电视试播 2160 多小时。

【项目建设】 完成泸水市百县万村示范工程第一批示范点广播项目建设工程。年内基本完成老窝镇老窝村、六库镇瓦姑村、鲁掌镇鲁祖村和片马镇片马村 4 个示范点的实施工作，并于 5 月初通过州级验收。

（李赵霞）

旅 游

【概 况】 2017 年，泸水市旅游发展局贯彻习近平总书记在全国深度贫困地区会议上的重要讲话、汪洋副总理在怒江调研重要指示、国家旅游局副局长李世宏到怒江州调研旅游扶贫大会上的讲话和指示及云南省委书记陈豪在怒江调研期间的讲话精神，抓住国家“三区三州”深度贫困地区建设的机遇，按照“全域旅游”的产业发展要求，围绕泸水脱贫攻坚、实现全面小康社会的目标，努力打造“世界级旅游目的地”“怒江花谷”“美丽公路”，建设实施旅游扶贫示范村项目，将旅游建设为脱贫攻坚产业支撑，把乡村旅游作为精准扶贫的重要途径，把解决更多贫困人口脱贫作为旅游发展的重点方向，使旅游扶贫在全市决胜脱贫攻坚、同步全面小康进程中发挥更大作用。

【旅游经济指标】 全年，泸水市共接待国内外游客 154.55 万人次，同比增长 18.15%；旅游总收入为 16.5 亿元，增长 32.37%；接待海外游客约为 1.94 万人次，增长 8.97%。其中，春节黄金周共接待游客 73010 人，同比增长 2.73%（过夜游客 22422 人次，同比增长 2.11%，“一日游” 49732 人次，同比增长 2.92%，口岸“一日游” 856 人次，同比增长 8.35%）；“十一”“中秋”双节黄金周共接待游客 72420 人次，同比增长 25.11%（过夜游客 30993 人次，同比增长 8.08%，“一日游” 40477 人次，同比增长 47.14%）。全市星级酒店入住率为 62.71%，非星级酒店入住率为 62.45%。年内，自驾游车辆 8210 辆，旅游总收入 3727.1 万元，比 2016 年同期增长 25.11%。

【助力脱贫攻坚】 年内，完成市人民政府深度扶贫规划 9 个旅游扶贫示范村的数据采集工作；完成全市旅游扶贫统计工作，共统计 6 个乡镇 14 个自然村 3085 户建档立卡贫困户，评选出有经营旅游潜力的 160 户旅游扶贫示范户。

在“10·17”全国扶贫日，组织全局职工扶贫捐款活动，共计捐款 1200 元；组织全局职工观看反映基层干部工作的电视剧《苦乐村官》，为脱贫攻坚工作建言献策。11月，选派脱贫攻坚实战队员4人入驻蛮英村，全局干部职工深入挂联村、挂联贫困户，完成村民易地搬迁安置意愿的初步调查统计。

【编制旅游规划】 年内，先后编制《泸水市旅游发展总体规划》《悬崖小镇创建方案》《怒江傈僳风情特色小镇创建方案》《怒大河运动公园策划》《泸水市维拉坝旅游特色小镇旅游产品提升方案》和15个旅游招商项目；完成州旅游发展委移交的《怒江国家公园景前区修建性详细规划》和《南坝自驾车旅居车露营地概念性规划》的规划设计，协助提供《219国道“最美公路”规划设计》相关材料。为省旅发委提供《云南省户外运动规划》《云南省低空旅游规划》相关材料并协助完成实地考察。启动编制《泸水市解说系统规划》《泸水市脱贫攻坚旅游扶贫实施方案》。

【基础设施建设】 年内，实施了百花岭（二期）、金满、大南茂、滴水河4个旅游特色村和辣子咪溜索等基础设施项目建设；开工建设维拉坝旅游小镇、下片马旅游特色村、跃片红色旅游公路、219国道、六库机场、上江半山经济环线、机场进场公路、保泸高速公路等项目；积极推进大南茂旅游创客园区、泸水大峡谷国家公园景前区、百花岭特色旅游村、登埂温泉精品酒店、上江傈僳风情小镇等重点项目；着手推进空轨、机场索道、泸水铁路、六库机场、六库环线、泸腾公路、泸兰公路等项目。申报旅游公厕3个，完成1个景区改造提升工作，实施2个特色村旅游基础设施建设，编制15个招商项目向社会招商引资，引进云南能投、深圳格诺等企业，促进泸水旅游产业的发展。

【重点项目建设】 协助州旅发委推进怒江创客园区的相关手续，理顺项目权责关系，管理项目的痕迹材料，该项目年内完成规委会审查，项目选址意见书、环评、地勘、地测、施工设计、土地初审、地灾评估、项目备案、土地协调、可研报告、节能减排报告等工作，使项目顺利施工。

百花岭旅游特色村（二期）工程：项目总用地16312.6平方米，工程内容包括演艺厅、特色商品店、精品客栈、餐饮店、景区卫生间、停车场、花田、水池、设备用房等新建筑以及旅行步道、民俗演艺场等改造提升。

登埂温泉特色小镇（一期）：项目规划用地面积39.5亩，总建筑面积7633.73平方米，建设度假酒店48套，已完成项目规划设计方案，取得投资备案证、规划选址意见书、环境影响评价登记备案、地灾风险评估，办理水土保持评价专题、洪水灾害评估专题，地勘及建设用地征地工作。完成21栋、22栋、23栋人工挖孔桩浇筑21颗，完成6栋、17栋、20栋、22栋人工孔桩开挖。

【安全生产】 2017年是开展安全生产大检查的第一年，年初召开安全生产工作研究会议，部署一年的安全生产工作，成立安全生产领导小组、领导全局全行业的安全生产工作。6月，召开全市旅游行业安全工作会议及“安全生产月”暨旅游市场秩序整治动员大会，会上市旅游局与各旅游企业签订2017年旅游安全目标责任书，部署下半年旅游安全工作以及“安全生产月”工作。全年，共进行安全生产大检查24次，查找出安全隐患403条。其中，由旅游局牵头，联合市公安局、市消防大队、市市场监督局、市卫计局、市发改局、市安监局、运政、交警、交通9个相关职能部门进行4次联合大检查，出动工作人员54人次，排查出安全隐患61条。对辖区内的涉旅企业、星级酒店及部分非星级酒店、旅行社、旅游汽车公司、餐饮协会等32家，进行安全生产培训128人次。完成安全生产长效机制管理工作，每月按时督促各企业按上级部门要求上报自检自查月报表。

【旅游市场综合整治】 6月，召开旅游市场整治工作会议，组织学习旅游市场整治工作相关文件，制定工作方案，并且组织召开全市旅游市场秩序整治工作动员大会，全年，共开展市场秩序整治联合行动2次，旅游局独立出动整治7次，参加整治活动的干部43人次，排查出经营中存在的问题35条。10月，通过明察暗访等形式对全市三星级以下3家旅游星级饭店进行年度复核，全部合格，完善对全市餐饮、住宿等旅游服务业的管理。

【宣传培训】 根据《泸水市人民政府关于印发怒江州旅游市场秩序整治工作实施方案的通知》，落实省、州旅游市场秩序整治工作，在六库江东穿城路开展安全生产宣传活动，向2700多人次进行旅游安全知识宣讲，发放1400多套宣传资料，加强六库市民的旅游安全教育。另外，完成安全生产培训128人次，完成艾滋病预防培训53人次，旅游文明礼仪67人次，食品卫生97人次，全年共完成培训345人次。

【宣传促销】 先后组织参与滇西北旅游行社采风活动、上海卖家团采风活动、泸水旅游文化考察团、南亚东南亚博览会、中国国际旅游交易会、兰坪全域旅游交流会以及珠江旅游推介等活动，通过发展自驾游、户外旅游、红色旅游、民俗旅游等多种方式，丰富旅游产品内容，增强旅游吸引力，逐步实现成为国际、国内具有吸引力的休闲度假旅游目的地，接待新闻媒体2次，接待山东电视台一行6人，完成对六库旅游资源的拍摄工作，协助《都市时报》一行3人完成对泸水片马旅游资源的考察。

（木卫春）

【怒江三河源林农科技开发有限公司】 公司始创于2014年，是一家集科研、生产、销售、技术服务于一体的规模化专业型农业科技公司。

至2017年底，公司建立了面积2500平方米的刺龙苞深加工厂房；一个10多亩集旅游、食宿展示为一体的经济生态庄园；引进一套露酒生产线、茶叶生产线，建立专业现代式烤房和冷冻冷藏库；并通过环评，获得有机认证，已申请通过食品企业SC认证。

【首届怒江大峡谷老窝火腿文化旅游节】 3月26日，以“品老窝火腿　赏老窝风光”为主题的首届怒江大峡谷老窝火腿文化旅游节在风光秀美、民族文化氛围浓厚的老窝镇“全国文明村”崇仁村举行。其间，组织开展民族文艺演出、徒步健身、旅游宣传推介、商贸交易等系列活动，来宾们品尝老窝火腿，欣赏老窝风光，体验老窝民俗，推介分享老窝魅力，共话发展，共享商机。通过评委会评选，银坡村选送的5号火腿被评选为“老窝火腿王”。

【2017年中国怒江皮划艇野水国际公开赛】 12月14—16日，“中国交建杯”2017中国怒江皮划艇野水国际公开赛于在怒江大峡谷300多千米河段举行，本次赛事以计时赛、挑战赛、表演赛三种形式进行，设4个赛段。中国国家皮划艇队，以及来自英国、法国、荷兰、斯洛文尼亚等15个国家的46名优秀皮划艇运动员参加比赛，参赛运动员多为世界竞标赛以及2017年天津全运会的金牌选手，此次皮划艇赛是国内举办的较高规模皮划艇野水赛事。三天时间里，运动员们穿越贡山、福贡两县和泸水市，参加了男子单人皮艇、男子单人划艇、女子单人皮艇、女子单人划艇四个项目的比赛，14日在贡山拉开比赛帷幕。

在此次比赛中，中国选手吕敏贞获得皮划艇马拉松女子单人划艇冠军，杨柳获得皮划艇速度赛女子单人皮艇冠军，法国选手昆泰获得皮划艇马拉松男子单人划艇冠军以及皮划艇速度赛男子单人皮艇冠军，捷克选手克拉拉获得皮划艇马拉松女子单人皮艇冠军，法国选手保罗获得皮划艇马拉松男子单人皮艇冠军，捷克选手安泽卡获得皮划艇速度赛女子单人划艇冠军，斯洛文尼亚选手安泽获得皮划艇速度赛男子单人划艇冠军。

保密　档案　史志

保　密

【概　况】2017年，泸水市保密工作在州国家保密局的精心指导和市委、市人民政府的领导，紧紧围绕市委、市人民政府的中心工作和上级保密部门的工作部署，严谨细致、保安全、保发展，为泸水经济社会发展发挥了应有的服务和保障作用。

【抓实专项工作】年内，调整充实中共泸水市委保密委员会成员，组织召开2017年中共泸水市委保密委员会会议，组织学习中央、省委、州委保密委员会会议精神和全州保密局局长会议精神，听取2016年保密工作汇报，研究部署泸水市2017年保密工作；市委将《中华人民共和国保守国家秘密法》《中华人民共和国网络安全法》《中华人民共和国国家安全法》等作为市委理论学习中心组学习的内容；认真落实省、州“十三五”时期保密事业发展规划，根据《怒江州“七五”保密法制宣传教育规划》，制定下发《泸水市“七五”保密法制宣传教育规划》，深入推进市“七五”保密法制宣传。

【保密宣传教育培训】组织全市各机关、单位保密工作负责人、办公室主任、涉密工作人员参加2017年州直机关“两学一做”学习教育专题培训第九讲（州委保密委专职副主任、州国家保密局局长讲授的保密工作基础知识专题讲座）。开展保密委主任讲保密专题党课活动，市国家保密局在要求各机关、单位保密领导小组组长开展讲保密专题党课同时，组织开展市委办保密知识专题讲座、2017—2018年大学生西部计划地方项目志愿者保密知识培训。开展法制宣传日活动，市国家保密局在2017年全民国家安全教育日和“12·4”国家宪法日宣传活动中开展保密知识宣传，设置保密知识宣传咨询点，统一印发《中华人民共和国保守国家秘密法》《中华人民共和国国家安全法》《中华人民共和国反间谍法》《中华人民共和国网络安全法》《保密知识》《微信朋友圈六大诈骗手段盘点》《案例分析》等宣传学习资料2000余份。开展保密法制宣传月系列活动，为进一步推动《中华人民共和国保守国家秘密法》及其实施条例学习宣传活动的深入开展，增强全市干部职工的保密意识、保密常识、保密法制观念和知识技能，9月开展“学习保密知识、增强保密意识、提高保密水平”为主题的保密法制宣传月活动，活动中各机关、单位组织开展《中华人民共和国保守国家秘密法》《中华人民共和国国家安全法》《中华人民共和国反间谍法》《中华人民共和国网络安全法》《中华人民共和国国家情报法》等相关法律法规的学习，分管保密工作负责人讲一次保密专题党课；市国家保密局向各机关、单位发送了学习资料600余本，开展一次保密工作督导检查活动；11月，市国家保密局到片马镇开展保密法制宣传边境行活动，播放电教片，发放学习资料，展板宣传画册，现场进行了讲解，并对镇政府内关键部位、重点股室进行保密检查，对做好业务工作防泄密防窃密方面提出具体要求，对发现的问题隐患及时给予纠正指导；把《保密工作》一书作为对全市干部进行经常性保密宣传教育的重要载体，将其征订工作纳入全市保密工作的考评内容狠抓落实，上门为各个体打字复印店提供征订服务；积极向全市各单位干部职工推荐“保密观”微信公众号，使大家及时了解保密动态信息。

【保密监督检查管理考核】 认真组织开展各项常规保密检查、监督管理工作，上半年，市保密局对市行政中心的30个单位进行涉密文件管理、政府门户网站信息保密审查、计算机及移动存储介质的管理和使用情况、涉密载体周边环境是否安全等全面检查，对发现问题的单位要求限期整改；认真开展保密自查自评工作，市国家保密局按月进行督查，并于每月5日前将上月督查报告报州国家保密局；对全市各机关、单位互联网门户网站进行了一次拉网式清查，进一步规范信息发布公开保密审查，对相关信息进行详细统计；为切实加强对机关、单位临时性工作人员的保密管理，要求全市各机关、单位结合实际，对临时性工作人员进行一次严格保密教育，加强日常管理；党的十九大召开以前，根据州保密局相关文件要求，要求全市各机关、单位认真开展保密专项检查行动，确保国家秘密安全。加强移动存储介质、计算机及其网络管理日常管理，市国家保密局组织专人到各机关、单位开展计算机网络分类核查工作；积极配合上级部门到本市开展在用涉密网络节点的保密测评工作，定期对涉密网络进行专项检查；通过开展涉密计算机、非涉密计算机季度自检自查及数据统计报送的方式来进行对全市涉密计算机和非涉密计算机的动态管理，每季度向州局上报一次本市自查情况；要求各机关、单位涉密计算机坚决不能连接互联网及其他公共信息网络，涉密计算机及涉密网络必须与互联网实行物理隔离；要求所有涉密计算机必须安装“三合一”防控软件；严禁使用非涉密计算机存储、处理、传输涉密信息；严禁移动存储介质在涉密计算机和非涉密计算机之间交叉使用；市国家保密局按月开展政府信息公开门户网站信息审查工作，每月上报一次检查情况，全年共审查信息3295篇。严格管理被授权定密单位，年内全市虽没有新增被授权定密单位，市保密局仍按规定依法履行职责。加强涉密人员管理，将保密知识列入《2013—2017年泸水县干部教育培训规划》内容，每年市委组织部组织的科级干部培训班培训课程中均安排了保密知识，完善了泸水市涉密人员管理协调配合的工作制度，进一步加强涉密人员管理，明确有关单位职责，建立涉密人员管理协调配合机制，推进涉密人员管理常态化，推动动态管理机制和报备工作落实，督促有关单位对新录用或者调整到涉密岗位的工作人员严格进行政审，严格进行岗前保密教育；对在岗的涉密人员严格管理考核；对离岗离职的涉密人员按规定严格脱密期管理；严格执行涉密人员出国（境）管理、审批和报备制度；完成了涉密人员的变更统计工作。严肃处理保密违规行为，市保密局对发现的泄密隐患及时督促整改，对发生的违规案件及时组织调查，依纪依规对事件责任人进行处理，并按时上报。年初，市委保密委员会与全市各机关、单位签订了2017年度保密工作目标管理责任书，并督促各机关、单位层层签订保密责任书并进行年终考核。

【保密技术服务保障】 做好保密服务保障工作，年初下发《关于印发保密工作相关表格的通知》，将电脑、打印机、复印机维修记录登记表，电子计算机登记表，信息发布保密审查表和涉密文件传阅登记表普发全市各机关、单位，要求各机关、单位结合实际规范完善电脑、打印机、复印机维修记录登记，电子计算机登记，信息发布保密审查和涉密文件传阅登记工作；每年都积极协助配合组织、人事、教育等部门做好高考、中考、大学生村官面试等各类考试各个环节的安全保密与服务工作；做好涉密会议的保密服务保障工作；对各机关、单位的日常保密咨询提供热情服务和满意答复。严格开展涉密载体监管清退销毁工作，认真做好中央、省委文件的清理、清退工作，同时做好其他涉密载体的监管、销毁工作，市国家保密局有专用储存室，配备专门工作人员；年内由市国家保密局起草，市委办、市人民政府办联合下发《关于切实做好机关、单位公文废纸销毁处理工作的通知》，对涉密公文废纸销毁和一般公文废纸销毁进行了严格规定。

档　案

【概　况】 2017年，档案局围绕市委、市人民政府的中心工作，积极抓好各项档案服务工作，较好地完成各项工作。档案局与档案馆合署办公，设办公室、执法监督业务指导股、档案信息开发股、档案管理股4个内设机构。馆藏档案主要有民国明清档案、建国后档案和音像档案、实物档案等。

【主要工作】 认真开展“挂包帮”“转走访”工作。严格落实市委、市人民政府的要求，专题研究部署扶贫攻坚“挂包帮、转走访”工作，成立了泸水市档案局扶贫攻坚“挂包帮、转走访”工作领导小组。选派2名优秀干部作为驻村工作队员、3名实战队员驻村开展脱贫攻坚工作。

撤县设市后，对全市范围内的各部委办局、企事业单位、各乡（镇）、村委会原使用的所有印章进行收集，共接收36个单位707枚印章，提供查阅印章161次。

对市人民政府、市检察院、市民政局进行档案业务指导工作和档案立卷归档，共整理出16个年度文书档案，850卷。

完成对蛮英检查站的档案规范化管理示范认定工作。

接待社会各界档案利用者50人（次），查阅档150卷（册），复印100页。

加快明清档案、民国档案目录录入工作。完成所有民国档案的案卷级目录517条，完成明清、民国档案部分文件级目录108条。

完成好泸水市综合档案馆开工建设项目。

（陈水秀）

党史研究

【概　况】 2017年，认真贯彻学习党的十九大精神及全州党史工作会议精神，深刻领会习近平总书记在全国党史工作会议上的重要讲话精神，把思想和行动统一到中央的精神上来，坚定理想信念，把党史以史鉴今，资政育人作为根本任务，为社会主义建设提供借鉴。根据州委党史研究室的工作要求和市委、市人民政府的安排部署，有计划、有步骤、有成效地开展党史研究与编纂等工作。

【《县委执政纪要》】 年内，完成《中共泸水县委执政纪要（2014年）》《中共泸水县委执政纪要（2015年）》资料征集及编纂工作，两册书拟定于2018年年初出版。完成《中共泸水县委执政纪要（2016年）》的资料收集工作。

【口述资料的收集整理】 完成栗柴坝惨案幸存者口述资料的整理工作，为进一步丰富泸水抗战时期相关历史资料，弘扬怒江各族人民的爱国主义精神，联同市文体局、全媒体中心对栗柴坝惨案中的唯一幸存者欧庆兰进行了访问，撰写栗柴坝惨案幸存者的口述材料，为泸水市收集、还原抗日时期的历史资料又添一笔。完成原国民党起义投诚人员的口述资料收集整理和上报工作，对全市范围内的原国民党起义投诚人员名单进行收集整理，经核查，全市有原国民党起义投诚人员64名，其中，62名已故，2名健在。年内，组织人员到健在的2位老兵家中进行走访慰问，收集整理2位老兵的抗日口述资料及图片上报州委党史研究室。

【撰写《泸水各族各界代表团赴保山参加中央访问团慰问大会情况》】 按照州党史研究室相关文件要求，积极向市委分管领导作工作汇报，市委组织部领导为党史办解决外出查阅资料的工作经费，为撰写材料提供财力保障。经过到保山档案馆查阅相关资料，走访参加泸水访问团的部分健在老前辈，向他们了解当年参加泸水访问团的情况，按时按质完成《泸水各族各界代表团赴保山参加中央访问团慰问大会情况》文稿的撰写工作。

【脱贫攻坚工作】 领导重视，精心组织，积极履行帮扶单位职责，确保脱贫攻坚工作的有序组织推进，根据市委相关要求，到挂联村老窝村开展脱贫攻坚工作10余次，开展易地扶贫搬迁城镇化集中安置、党的十九大精神和脱贫攻坚政策宣传，全面掌握贫困户基本情况，为精准施策打下良好的基础。全年共召开5次专题会议，安排部署单位扶贫攻坚工作；加强与市人大办公室沟通交流，尽力配合人大办公室共同开展相关工作任务，加强与结对村沟通交流，研究探讨扶贫工作新路径，引导挂联的老窝村群众树立“我要脱贫”的思想，全面开展帮扶工作。4—6月，多次进村协助村“两委”班子及驻村工作队开展“找问题、补短板、促攻坚”工作，对照贫困户6条标准，看是否错退、错评和漏评人员，圆满完成了“找问题、补短板、促攻坚”专项行动各项工作任务。6月20日至8月20日，到挂联村参加动态管理工作，配合工作组圆满完成贫困对象动态管理工作。根据市委的按排部署，经向市民政局联系汇报，为老窝村72户建档立卡户每家争取到1床棉被，让贫困户充分感受到党和政府和关怀；积极向市林业局申请1台太阳能热水器，解决驻村工作队员和实战队员洗澡难的问题；参加两次捐款活动，共计为贫困户捐款1000元。积极协助村委会完善各项管理制度和基层组织建设工作。

【参与市委工作】 在认真做好党史业务工作的同时，积极支持并参与市委相关工作。年内，参与市委第二轮巡察工作，抽调室主任、副主任到市委巡察组开展巡察工作；积极支持全市“两学一做”学习教育工作人员抽调工作。4月起，再次抽调一名工作人员到市委“两学一做”学习教育领导小组办公室工作。

（郝花玉）

地方志工作

【概　况】 2017年，泸水市地方志编纂委员会办公室认真贯彻《地方志工作条例》（简称《条例》）、《云南省地方志工作规定》及《云南省地方志事业发展规划纲要（2017—2020年）》，用《条例》规范地方志工作，努力推进依法修志编鉴的步伐，推进全市地方志事业的发展。继续组织开展“两学一做”学习教育，深入开展“担当型”政府机关的创建工作。认真履行地方志工作职责，做好修志编鉴和地方志资料的开发利用工作，为全市经济社会发展服务。年内，完成泸水第二轮县志编修专志稿的整理和审核、《泸水年鉴（2017）》资料的收集整理和编辑工作。服从服务于市委、政府中心工作，按时完成市委、市政府交办的各项工作。

【创建“担当型”政府机关】 按照泸水市创建“担当型”政府机关工作任务安排，及时召开创建“担当型”政府机关动员大会，成立以主任为组长、相关职能科室负责人为成员的创建活动领导小组。制定了《创建“担当型”修志单位的实施方案》。围绕精神不振和“怕、慢、拖、推”等问题，对照“五强”班子、“五好”干部要求开展讨论，谈心得体会、工作目标、工作打算和工作举措。干部职工结合单位的工作实际情况，结合年度工作目标任务和各自的工作职能，学习讨论查摆创建“担当型”修志队伍中“怕、慢、推、拖”等突出问题，对照“五强”“五好”找差距，领导班子、领导班子成员和每个干部职工均列出问题清单建立整改台账，明确整改目标、措施、责任和时限，立行立改，长期坚持，形成机制。

【组织召开全州地方志工作会议】 4月13—15日，按照怒江州志办的工作安排，组织召开“2017年怒江州地方志办公室主任会议”。会议传达学习2016年云南省州（市）地方志机构主任会议精神；四县（市）志办交流修志编鉴工作经验、先进做法；认真总结2016年全州地方志工作及地方志机构党风廉政建设工作，就贯彻落实《云南省地方志事业发展规划纲要》和《怒江州地方志事业发展规划纲要》、2017年全州地方志事业发展和地方志机构党风廉政建设及反腐败工作作了明确安排部署。4月15日，协同州志办组织全体参会人员到施甸县善洲林场观摩学习杨善洲精神。

【修志编鉴】 年内，整理、审核第二轮《泸水县志》续修资料专志稿，通过认真细致的审读，根据2005年《泸水县志（1979—2005）》篇目设置及承编单位分工情况，已交稿81个单位，未交稿16个单位。

完成《泸水年鉴（2017）》资料的收集、整理、编辑。在收集材料过程中，指导各单位进行年鉴资料的撰写工作，提高撰写材料质量，对不及时交稿的单位催促交稿；在编辑过程中，与各单位反复核实相关事项和数据，力求年鉴资料准确无误，并能真实反映各单位的年度工作完成情况，力求反映全市政治、经济、文化、教育、医疗卫生等发展情况，为领导决策提供可靠依据。

完成《怒江年鉴》《云南年鉴》《云南经济年鉴》2016年泸水部分的编写上报工作。指导泸水市老干局进行《怒江老干部志》泸水部分志稿的撰写工作；按照州志办的安排部署，参与完成《三河村志》的材料收集、整理工作。

【地方志资料的开发利用】 全年，为各级各部门提供《泸水县志（1996）》35本、《泸水年鉴（2004—2005）》47本、《泸水年鉴（2008—2009）》52本、《泸水年鉴（2010—2012）》69本，赠阅《泸水年鉴（2013—2014）》83本。为怒江文化丛书泸水分册、《家在泸水》乡土教材、《泸水旅游规划》等的编写提供了相关材料；为云南师范大学调研组提供片马镇2005—2013年的自然、经济等资料。

【脱贫攻坚工作】 按照泸水市委市人民政府的工作部署和安排，认真组织开展挂联村六库镇段家寨村脱贫攻坚各项工作，在原来派驻一名驻村工作队员的基础上，11月增派2名工作人员，与镇政府、村两委班子一起开展“三评四定”“五查五看”等工作，反复分析致贫原因，为帮扶户量身定制脱贫计划，采取有效帮扶措施。开展“挂包帮转走访”活动，深入基层走访调研，对村民的生活状况、群众迫切需要解决的问题、特别困难的家庭等情况进行详细了解。开展“找问题、补短板、促攻坚”专项行动。及时安排人员进村入户进行调查，核实建档立卡贫困户家庭基本信息，进行查缺补漏。按时完成《贫困人口漏评、低保五保、返贫、错评、错退信息表》和《段家寨村村民住房一览表》的调查登记录入工作。根据存在的问题认真列出问题清单，制定整改方案，分析典型案例，根据贫困对象动态管理工作部署要求，完成段家寨村17个自然村21个村民小组的贫情分析工作（会议）及重新完成新纳入和返贫农户基本信息及房屋情况登记。

【党风廉政建设】 根据《党风廉政建设责任书》，落实党风廉政建设工作，组织学习《中国共产党廉洁自律准则》《中国共产党纪律处分条例》等各项规章制度。严格执行党政机关厉行节约反对浪费条例，认真执行领导班子成员外出、重要事项、个人事项的请示报告制度。严明机关干部职工上下班、出差、下乡等各项工作纪律，切实转变工作作风，树立为民务实清廉新形象。

（何春城）

卫　生

卫生计生

【概　况】 2017年，市卫生计生系统共有在职人员555人［含市、乡（镇）两级］，有专业技术人员463人（卫生计生专业技术人员438人）；每千人口拥有卫生专业技术人员2人、执业（助理）医师0.8人、护士0.9人。有床位558张（私立医院185张），每千人拥有2.2张床位；有副高级职称63人、中级职称116人、初级职称242人；市内有医疗机构107家（州级6个，民营医院3个，个体诊所8个，市乡村级90个）。有村卫生室75个，乡村医生152人。

【医改工作】 年内，医改领导小组召开医改工作会议3次，卫计局召开会议研究医改工作6次，实现医院人员工资100%财政支出，药品实现集中网上采购和零差率销售，调整医疗价格，中医政策、公共卫生服务均等化得到落实，建立起公立医院补偿机制、管理体制、薪酬制度、分级诊疗制度、基本药物制度，医改惠民政策真正惠及全市群众。

【健康扶贫】 年内，制定下发《泸水市贫困退出自查评估方案》《泸水市健康扶贫行动计划（2016—2020年）》《泸水市贯彻落实云南省健康扶贫30条措施的实施方案》《泸水市2017年健康扶贫工程宣传工作方案》《泸水市健康扶贫工作责任分解清单》等文件。泸水市健康扶贫工作领导小组召开了全市健康扶贫推进会，对泸水市第一批脱贫攻坚和基层党建实战队员进行了健康扶贫政策宣传培训。在召开“因病致贫和因病返贫”筛查动员会和下发《泸水市建档立卡贫困人口因病致贫筛查工作实施方案》的基础上，组织20个工作组，开展3次为期各7天因病致贫筛查工作。共筛查1.09万户3.61万人（动态数据），其中因病致贫1803户2134人，在“三个一批”帮扶中需救治2134人，已救治1662人，累计救治1886人次，待救治472人，死亡146人。大病集中救治一批覆盖519人，已救治363人，救治进展69.9%、累计救治403人次；慢性病签约服务一批覆盖320人，已救治184人，救治进展57.5%，累计救治225人次；重病兜底保障一批覆盖3人，已救治2人，救治进展66.7%，累计救治4人次；其他覆盖1354人，已救治1157人，救治进展85.5%，累计救治1258人次。筛查出国家卫计委确定的45个重点病种和48个次重点病种患者590人，全部得到“三个一批”帮扶救助。全市共有93种疾病患者1285户1339人，无住院和就诊证明但长期卧床和用药患者823户993人。完成了患者病种分类统计，为下一步做好“一户一档”、“一人一卡”、分类救治奠定基础，也为进一步制定和完善健康扶贫政策提供决策依据。医院开通“绿色通道”，先诊疗后结算工作得到推进，相关的惠民利民政策正在惠及贫困户。

【创卫工作】 年内，启动省级卫生城市创建工作，成立泸水市四城同创工作领导小组、泸水市创建云南省卫生城市卫生计生系统工作领导小组，制定下发《泸水市创建省级卫生城市工作实施方案》《泸水市2017年创建“云南省卫生城市”工作实施方案（卫生计生系统子方案）》，市容环境卫生实现工作制度化、管理常态化。共开展卫生专项整治活动5次，专项督查5次；开展每月20日卫生大扫除活动11次、检查11次；自10月9日起，开展每周一单位卫生及周边卫生区域清洁活动7次、卫生督查7次、通报4次。规范市场经营秩序，整治“六乱”取得显著成效；市镇区域近三年未发生重大、特大环境污染，生态破坏事故和重大违反环保法法律法规案件，处置医疗废物59.4吨，医疗废物处置率达100%，处理污水106.26万吨，开展春秋季除“四害”活动，杀灭效果明显。全市11个片区的“门前三包”责任得到落实，全市主次干道每天清扫与保洁时间已达到16小时以上，背街小巷均已达到12小时以上。积极开展职业病防治、疾病预防、卫生保健等方面的健康教育活动，履行世界卫生组织《烟草控制框架公约》，深入开展控烟活动。

【基础设施建设】 共完成18个基础设施项目建设，投资2464万元，建设面积为8880平方米（泸水市妇幼保健院建设项目，投资864万元，建设面积2880平方米。古登乡中心卫生院门诊建设项目，投资500万元，建设面积2000平方米。村卫生室建设项目15个，投资300万元，每个村卫生室投资20万元，建设业务用房100平方米，泸水市疾病预防控制中心建设项目，总投资800万元，建筑面积2500平方米）。抽调3人参加州级医疗机构搬迁建设工作。增加6名乡村医生（全市需增加40人）。

【政策法规宣传】 坚持计划生育基本国策，全面宣传并执行《中华人民共和国人口与计划生育法》及《云南省人口和计划生育条例》，共发放宣传折页9000余册、读本800余本，粘贴公告100余张，办理发放“生育服务证”一孩、二孩1283证，发放合格率为100%，完成计划执行情况人员核对1200人次。

【卫生监督】 开展卫生监督业务培训5期，参加110人次，派出卫生监督员9人次参加省、州举办的业务培训。开展宣传活动4次，发放宣传材料17种1.05万份。审核办理各类卫生许可证601份。开展公共场所卫生监督889户次，抽检6户，抽检公共场所用品用具28件，合格25件，合格率89.3%，下达监督意见书238份。监督检查学校（21所）67户次，下达监督意见书7份。对学校生活饮用水进行快检32户次，快检结果符合相关卫生标准。监督检查集中式供水单位24户次，对2家集中式供水单位进行水质抽检，共检测样品74份，合格72份，合格率97.22%；生活饮用水快速检测2次，快检样品16份，合格14份，合格率87.5%，下达监督意见书4份。监督检查医疗机构523户次，抽检34个医疗机构的消毒与灭菌效果检测样品109份，下达监督意见书53份。开展餐具卫生监督检查7户次，抽检4次，共抽检140份，合格131份，不合格9份（大肠菌群超标），合格率93.57%。各乡镇卫生协管站共巡查2353户次，报送卫生监督协管信息187条，线索报告60条。全年共查处违法案件2起，罚款人民币0.98万元，均已结案。清理并取缔流动无证牙医摊点4个，没收销毁价值3.2万元的医疗器械及药品。

【医政医管】 年内，组织各种专业技术培训16人次，乡村医生中医药适宜技术培训43人，组织卫生专业技术资格考试报名97人。组织2次无偿献血活动，共412名干部职工参加，献血总量为9.39万毫升。制定下发《泸水市分级诊疗工作实施方案》《泸水市分级诊疗考核评价实施方案》等文件，共有72名病人从基层医疗机构上转到泸水市第一人民医院诊治。制定下发《泸水市农村贫困人口大病专项救治工作工作方案》，实行农村贫困住院患者市域内“先诊疗，后付费”“一站式”结算模式，共有156名农村贫困人口罹患9类15种专项救治病种疾病人员获得救治。全市有5个卫生院、2个社区卫生服务中心设有中医科中药房，75个村卫生室能提供中医药服务，67个村卫生室配备中医基本诊疗设备。全市乡镇卫生院门诊89843人次，中医门诊1107人次；社区卫生服务中心门诊14995人次，中医门诊2418人次；社区卫生服务站门诊3742人次，中医门诊2人次；村卫生室门诊79193人次，中医门诊2251人次。对65岁以上老年人中医健康管理3902人次，管理率26.32%；0—36个月儿童中医药健康管理服务人数达5470人次，管理率达到73.87%。实施“平安医院”创建工作，坚决打击“医闹”行为，实时处理好日常医疗纠纷，构建和谐医患关系。全市各医疗机构均购买医疗责任保险。

【药政工作】 全市基层医疗机构全部配备和使用基本药物（实行统一网上采购，统一配送），并实行零差率销售，政府补助销售总额15%（应补33.04万元）。对辖区内12个医疗卫生机构的相关专业人员349人进行基本药物临床合理使用培训。基层医疗机构网上提交药品采购订单249.95万个，采购金额719.47万元。其中，基本药物采购金额为678.72万元，配送率为96%，备案采购非基本药物金额为40.75万元，配送率98%。市级医疗卫生机构网上集中采购药品金额为225.37万元，配送率96%。

【流动人口计划生育服务管理】 全市建立76个流动人口统计信息库，全市共有流动人口1.6136万人，其中，流出1918人，流入1.4218万人。“三查”应查2332人，已查358人，提供免费优质服务457人，放发避孕药具854套。

【计生协会】 9月18日完成了泸水市计生协会第五界理事会换届工作，选举产生新一届理事会成员。市、乡、村各级计生协会共开展60场1000余人次宣传、讲座、培训学习活动，建成了71个村级“会员之家”，相关的村规民约和章程制度完善并得到落实；缴纳计划生育家庭意外伤害保险金额48.68万元，参保16970户，完成理赔47例，共计21.8万元。对称杆乡双奎地村20户计划生育贫困母亲家庭进行帮扶救助，共发放资金10万元（每户0.5万元），用于支持其家庭从事种植业、养殖业。

【计划生育药具管理】 全市设有避孕药具管理工作人员94人，设药具免费发放网点104个（主渠道发放网点98个、委托式发放网点2个、自助发放机4台），每个乡镇均配有10平方米以上专用药具库房，社区有药具柜，村级配有药具箱，完成药具购调存业务管理信息化工作，设备齐全，系统正常运行率达100%。县、乡、村三级药具账目一致，明细账与分户账一致，票据与账一致，手工账、微机账与实物一致。做到药具账目清楚，进、出、发、存药具有时间、数量准确、账物相符、记录及时、完整、准确，记录充分。

【妇幼工作】 全市有孕产妇4819人，实际建册4817人，孕产妇保健覆盖率99.96%；产妇3260人，活产数3265人，住院分娩活产3120人，住院分娩率95.56%，剖宫产率28.33%，农业户籍住院分娩产妇数2691人，农村孕产妇住院分娩实际补助1987人，补助总资金79.48万元；危急救助96人，救助资金15.38万元。孕产妇死亡2人，死亡率61.26/10万。新生儿破伤风发病1例，发病率0.31‰，新生儿破伤风死亡1例，死亡率0.31‰。全市共有7岁以下儿童1.6688万人，5岁以下儿童1.2476万人，3岁以下儿童8224人；7岁以下儿童健康管理15450人，保健覆盖率92.58%；3岁以下儿童系统管理7610人，系统管理率92.53%；新生儿访视人数3095人，新生儿访视率94.79%；5岁以下儿童死亡40人，死亡率12.25‰；婴儿死亡36人，死亡率11.03‰；新生儿死亡22人，死亡率6.74‰；本地活产新生儿2688人，接受新生儿疾病筛查2498人，筛查率92.9%；全市范围内营养包下发877520袋，应发营养包32484人次，实发29240人次，营养包发放率90.01%（累计数）。新生儿听力筛查2273人，筛查率84.56%；出生缺陷监测围产儿457人，其中出生缺陷5人，出生缺陷发生率109.4/万。对市幼儿园督导6次，对儿童进行入幼健康体检3008人次；居民健康档案管理，泸水市总人口190056人，建档162558人，建档率85.53%，其中电子建档156468人，建档率82.33%。结婚登记2974人，进行免费婚前医学检查1899人，婚检率63.85%。农村妇女宫颈癌筛查项目任务数2200人，年内已完成2207例。

【家庭医生签约服务】 结合“5·19”世界家庭医生日，举行了泸水市家庭医生签约启动仪式。全市共组建家庭医生团队78个，已签约居民总数93530人，签约覆盖率为49.11%（辖区居民总数按照190444人计算）；重点人群签约80699人，签约率76.35%（重点人群数按照98783人计算），其中，贫困人口签约56867人（建档立卡贫困人口签约48858人，签约率为100%），65岁以老年人签约8569人，孕产妇签约1075人，0—6岁儿童签约8869人，高血压患者签约2707人，糖尿病患者签约637人，肺结核患者签约174人，严重精神障碍患者签约289人，残疾人签约1476人、计划生育特殊家庭签约33人。

【乡镇卫生院服务能力建设】 制定《泸水市2017年实施提升100个乡镇卫生院服务能力项目工作方案》，成立领导小组，年内，项目实施范围为古登乡中心卫生院，共下达乡镇卫生院能力提升建设项目资金10万元，从规范标识标牌、规范科室诊疗流程、规范临床及医技科室标准化建设、完善诊疗制度建设、强化重点科室建设和合理配置设施设备等方面入手，不断提高乡镇卫生院服务能力和管理运行水平。组织完成古登乡中心卫生院2016—2017年度群众满意的乡镇卫生院申报工作。

【计划生育家庭发展工作】 全年，申报发放计划生育资金169.6万元。三项制度奖扶415人，资金42万元；特扶115人，资金45.5万元；少生快富112人，资金33.2万元；怒江州1号公告奖扶147人，资金15万元；独生子女一次性抚慰金5人，资金2.1万元；计划生育其他家庭58人，资金7万元；独生子女保健费434人，资金5.18万元；教育奖学金401人，考取大中专院校91人，资金19.6万元。

【疾病防控】 1月1日至11月15日，全市共报告法定传染病14种762例，发病率为423.16/10万，无甲类传染病上报；乙类传染病发病8种525例，发病率为291.55/10万；丙类传染病发病6种237例，发病率为131.61/10万。死亡14例，死亡率7.77/10万。成功处置泸水市特殊教育学校流行性感冒暴发的突发公共卫生事件，发病数14例，无死亡病例；结核病防治接诊173例，确诊肺结核患者51例，完成治疗143例，完成治疗率83%，计划免疫接种率95%；完成从业人员健康体检1564人，合格率99.5%；水质监测2次，监测90份水样，合格率24.4%。设有消除疟疾咨询服务站2个并完成相关工作，慢性病工作累计高血压规范化管理人数为3914人，健康管理率为100%；糖尿病规范化管理人数为856人，健康管理率为100%；严重精神障碍患者规范化管理人数为372人，健康管理率为100%，规范率为70%；65岁以上老年人健康管理人数为10016人，累计健康管理率达68%。

【艾滋病防治工作】 全市有15家医疗机构开展HIV检测服务工作，建立了4个自愿咨询检测点，有艾滋病咨询检测资格证人员31人；初筛实验室1个，检测人员3人；抗病毒治疗机构1个，医务人员2人；母婴阻断机构1个，母婴阻断兼职人员2人；美沙酮拓展服药点1个，工作人员3人；乡村医生经过培训98人获得艾滋病检测资格证。

年内组织专业技术人员培训4期104人，市、乡、村三级领导干部艾滋病防治知识培训完成100%；完成艾滋病病毒抗体检测5.3万人份。年内，国家和省级共安排艾滋病防治专项经费59.4万元。市、乡、村共组织开展宣传活动150余次，累计发放宣传材料4万余份，接受群众咨询8000余人次，张贴宣传标语238条，受益群众达10万余人次。

全市141家宾馆、旅社，41家美容美发厅，49家KTV、酒吧、洗浴中心、按摩店均按要求摆放安全套，摆放率达100%，推广和使用安全套。免费发放安全套15万只。

【扶贫攻坚】 卫计局挂包称杆乡前进村，年内派驻4名干部开展帮扶工作（平均驻村时间176天），全局干部职工49人挂包贫困户191户764人，完成建档立卡贫困户“找问题 补短板 促攻坚”专项行动和贫困对象动态管理工作，组织干部职工进村入户11次200人次（35天），投资1400元为前进村种植叶子花200株；投资1.7万元购置办公用品提升村委会办公能力；召开“两学一做”学习教育常态化党员学习会议和村民、村小组会议，传达省州市的方针政策；组织开展党总支“庆‘七一’助推脱贫攻坚”主题党员活动，慰问老党员2人1000元；看望慰问高龄孤寡老人3人，看望弱势群体、受灾村民，发放大米1吨、被子20张、棉服20件；投入2.1万元帮助前进村建设农村电子商务平台，提升村民经贸能力。协助乡政府完成退耕还林2860亩，陡坡地治林种植核桃5860亩，样板林（种植刺龙苞)50亩，整村完成2棚洋丝瓜种植，养殖453箱蜜蜂。协助村委会调节群众纠纷2件，道路建设纠纷1件，林权纠纷1件，全面完成“挂包帮、转走访”工作任务，年内实现脱贫4户14人。

【对口帮扶】 年内，珠海市香洲区卫生计生局对口帮扶泸水市卫生工作，形成《珠海市香洲区对口帮扶泸水市医疗卫生工作实施方案》《香洲区援建泸水市卫生室建设项目实施方案》《香洲区援建泸水市村卫生室设备配置计划书》；已落实5个村卫生室建设（每个20万元，合计100万元）和10个村卫生室设备（每个5万元，合计50万元）共计150万元的建设短口资金；8月派出2人到珠海市保健院学习（1个管理、1个药剂）；11月，香洲区卫生计生局派出3名医生到市第一人民医院进行医疗帮扶（2人进行院前急救培训1个星期，1人开展医疗服务1个月）。昆明医科大学第二附属医院共派出三批15人次的医务人员对市第一人民医院进行医疗帮扶工作。

【其他工作】 推荐鲁掌镇卫生院申报全国卫生计生系统“敬老文明号”，开展“道德巡讲活动”；工会组织卫生计生系统的10个代表队35人开展了全市基层岗位练兵和技能竞赛活动，同时选派优秀卫技人员参加州级、省级基层卫生岗位练兵和技能竞赛活动，配合各股室广泛开展节日主题活动，在省级媒体发表新闻2篇，省计划生育宣教中心发表3篇、云南省计划生育协会发表14篇、云南省卫生监督信息网发表14篇、《怒江报》发表12篇、怒江大峡谷网发表13篇、“美丽泸水”公众号发表7篇、“摆时之乡·中国泸水”（市人民政府网站）发表57篇，怒江电视新闻4条、专题报道1条，怒江新闻16条，专题报道1条。

（李宋润）

泸水市第一人民医院

【概　况】 市第一人民医院属于医保、农保定点医院，作为农村医疗卫生服务网络的龙头，集医疗、教学、预防、保健、康复、急诊急救、传染病防治和突发公共卫生事件应急处置为一体，承担着全县基层医疗卫生单位的技术指导和业务培训任务，是泸水市18万人民及驻军部队、武警官兵、边境居民的医疗服务中心。2017年，紧紧围绕“维护健康，构建和谐医患关系，创建人民满意医院”这个中心，认真执行各级卫生工作方针和决策部署，以开展“两学一做”学习教育、“三好一满意”等活动为契机，不断深化医药卫生体制改革，加强内部管理，狠抓医疗质量，强化行业作风和党风廉政建设，注重制度建设，取得一定的社会效益和经济效益，缓解人民群众看病贵、住院难的问题，促进了医院全面协调稳定发展。

【机构建设】 医院科室分为行政职能科室、临床科室和医技科室，设置科室 29 个，其中，行政职能科室有党支部办公室、院办公室、人事科、设备科、医务科（下设病案科、统计科、创建办、健康扶贫办、体检中心）、护理部（下设供应室）、感染控制科、信息科、财务科（下设挂号收费室）、总务科、保卫科、预防保健科、医保办、车队等 14 个；临床科室有内科、外科、妇产科、儿科、急诊科、皮肤科、中医科、麻醉科、眼科、口腔科、耳鼻喉科等 11 个；医技科室有医学检验科、医学影像科、功能科（胃镜室、心电图室）、药剂科 4 个。编制床位 140 张，开放病床 121 张，标准病房 40 间。因临床专业医生不足，传染科、眼科、皮肤科未开诊。

【医疗设备】 拥有直接数字化 X 射线摄影系统（DR 机）、彩超、腹腔镜系统、肺功能仪、多导心电图机、除颤监护仪、快速血糖仪、血细胞分离机、手术显微镜、输液泵、注射泵、呼吸机、新生儿复苏抢救台、微量泵、婴儿保温箱、综合牙科治疗椅、洗胃机、电动手术床、具备呼气末 CO_2 监测功能的麻醉机、血凝仪、电解质分析仪、糖化血红蛋白仪、血球分析仪（五分类）、全自动生化分析仪、尿液分析仪、眼科手术显微镜、眼科 A—B 超、裂隙灯、高新电子胃镜系统（GIF—HI170）、电刀等价值 500 多万元的医疗设备。配套有州内县级医院最先进的空气净化手术室，基本能满足广大患者常见病、多发病和疑难病症的诊治需求。

【医疗服务】 全年，门诊就诊 23259 人次，比 2016 年同期增长 22.15%；体检 6438 人次；完成各类手术 381 台次；DR 曝光 8474 人次，超声检查 3881 人次，心电图检查 2526 人次，检验科检查 8807 人次；入院 2454 人次，出院 2441 人次，比 2016 年同期增长 33%；实际开放总床日数 31541 天，实际占用总床日数 17754 天，出院者占用总床日数 17728 天；治愈率 27.13%，好转率 67.87%，未愈率 4.95%；病床工作日 152 天，病床使用率 56.29%，出院者平均住院日 7.26 天。门诊诊断与出院诊断符合率 96.45%，出入院诊断符合率 98.96%。

【经济运行】 全院固定资产 44917356.5 万元。年度总收入 25175862.42 元，其中，财政补助 17257697.31 元；医疗收入 7918165.11 元（含药品收入 3156902.79 元）。总支出 25643558.48 元，其中，业务成本支出 16163612.48 元（药品支出元 3152946.48 元）；管理费支出 2304869 元；财政补助项目支出 7175077 元。年末收支结余为 2220876.94 元，其中，医疗收支结余 991535.55 元，项目资金结转 1229341.39 元。

【人才培养和继续医学教育】 紧紧围绕“人才强院、科技兴院”这一中心，全面落实卫生人才工作政策，积极营造“尊重劳动、尊重知识、尊重人才、尊重创造”的氛围，不断完善人才培养管理机制，进一步提高医疗技术水平和服务质量，为促进医院发展提供坚强的智力支持和人才保证。年内，院外长期培训 13 人、短期培训 62 人次、进修 4 人（中医科 1 人、妇产科 1 人、手术室 1 人、创建办 1 人）；学历再教育就读本科 5 人。发表论文 11 篇，其中，国家级 6 篇，州级 1 篇。

【公立医院改革】 实行药品网上集中采购、统一配送工作，按要求配备和使用基本药物，使用国家基本药物比例为 39%，药品价格严格按照发改委核定价目执行。深化人事制度改革，认真落实岗位设置管理，制定全新的聘用制度和岗位管理制度，将所有人员纳入岗位管理。推行绩效工资考核分配工作，制定《绩效工资考核分配方案》，建立绩效考核办法和制度，将个人奖励性绩效工资和医院业务收支结余的30%纳入绩效分别考核，按季度考核结果兑现。通过实施绩效工资考核，激发职工工作的积极性和创造性，提高整体素质和职业价值感，保障医疗质量和安全。加强信息化建设，努力打造数字化医院，医院于2012年8月起建立覆盖全院各科室的网络系统，充分利用电子信息资源，为临床、医技、财务等科室提供电子信息化管理服务。HIS系统、LIS检验信息系统、PACS医学影像系统、成本核算系统和电子病历系统的建立，实现挂号、收费、处方、药品、全成本管理及病历系统等的电子化运作，确保日常业务、临床医疗体系、医院资源、医保和新农合管理的信息化和网络化。信息系统的运行，提高医院竞争力和整体管理水平，为病人提供了更加方便、快捷的医疗服务。年内，与昆明医科大学第二附属医院（附二院）签订医疗帮扶协议，附二院肝胆外科、急诊内科、肿瘤科、妇产科和功能科5名专家以及珠海市香洲区人民医院骨科专家1名驻院进行医疗帮扶，通过全方位医疗帮扶，全院医疗服务能力得到不断提高。

【院务公开】 落实“三重一大”制度，实行阳光操作，医院重大决策事项、重要干部任免、重大项目安排、大额度资金使用方面做到民主集中，集体研究、会议决定。做好院务公开，科室流程、办事程序、药品及医疗服务项目收费标准、服务承诺等院务通过宣传栏、泸水卫生信息网、印发资料的方式向社会、群众、内部职工全面公开，加强职工和社会公众对医院工作的监督。设有意见箱2个和举报电话1台，年内未接到群众的书面投诉。

【预防保健】 严格落实农村孕产妇住院分娩补助，依规对持有绿卡的住院分娩人员实行现场减免和限价收费（每人615元）；开展免费婚前医学检查工作，共检查1388人次；做好新生儿疾病筛查及出生缺陷监测工作，共筛查440人，筛查率95.65%（已达标）。领取“出生医学证明”空白证423份，当年活产423人，签发出生证423人，无废证情况发生，废证率为0，已严格控制在1%的质控指标；通过网络直报报告法定传染病7种、67例，无迟报、漏报；门诊日志、传染病报告卡、出入院登记本记录完整；传染病各项制度健全；开展健康教育宣传咨询活动，发放宣传资料3000人份，受教人次达1000人次；开展健康教育培训讲座4次，公众健康咨询活动4次；规范开展艾滋病抗病毒治疗工作；做好卫生监督协管工作，及时反馈院内各科室医疗废物、消毒制度、职业卫生等方面存在的问题或安全隐患。

【保障工作】 完成全市医疗保障工作，抽调业务骨干进行医疗服务、事故救护、医疗支援等20次59人；严把体检关，确保学生、在押人员、征兵等的体检任务高效完成。

【精神文明建设】 年内，为付坝村贫困大学生捐款1000元，为付坝村攀程芒果种植合作社32户农户送去80袋肥料，总价值6000元；深化“以病人为中心”的服务理念，切实改善群众就医体验，优化服务流程，设立导医台，提供一站式结算门诊、开水、候诊椅、复印，救护车免费接送县域转院病人等综合服务；“5·12”国际护士节、“三八”妇女节期间，组织相关的技能比赛和文体活动，开展“优秀护士”及“优秀护士长”评选，不仅丰富职工业余文化生活，而且提高了医务人员的工作技能和素质。

（李坤贤）

社会生活

民　政

【概　况】 2017年，开展“两学一做”学习教育常态化制度化活动、“担当型”政府机关创建、民政系统效能提升建设行动，树立“民政为民、民政爱民”的工作理念，狠抓脱贫攻坚民政行业扶贫工作，助推脱贫攻坚，在保障和改善民生、促进和谐社会建设中发挥了重要基础作用。年内，上江福利院护理员波花妞荣获云南省老龄委、省精神文明委评选的第八届“云岭十大孝星”称号。

【减灾救灾】 发挥市减灾委办公室统筹协调作用，建立完善市级救灾物资储备制度和灾害物资调运机制，全市救灾物资储备棉被2800床、御寒大衣1500件、运动服1200套，代储省级救灾棉被1000床、大衣1000件、衣服500套、帐篷500顶（80顶储备在乡镇），与泸水市粮油购销有限责任公司等公司签订代储备物资合同，储备粮食150吨，各乡（镇）也与乡（镇）粮管所签订了救灾物资代储备协议，做到一旦有灾情，能立即调得出、用得上。防汛期间，建立健全应急救灾值班制度和领导带班制度，及时下发汛期预警预报救灾备灾通知、收集上报灾情，全年共上报灾情18条。年内，9个乡（镇）发生不同程度滑坡、泥石流、塌方等自然灾害，受灾农户达14868人、农作物受灾面积1308公顷、成灾面积869.7公顷、绝收面积159.8公顷，因灾倒塌民房18间、严重损坏民房76间、一般损坏248间；因灾直接经济损失4066.6万元，其中，农业经济损失955万元、基础设施损失2457万元、家庭财产损失414.6万元、公益设施损失240万元，受灾后拨付乡（镇）救灾款67万元，救助受灾农户7680户25843人，紧急安置受灾群众36人，发放粮食247.985吨、菜籽油263桶（1315升）、棉被9545床、大衣5274件、衣服766套、毛毯1047张、棉服400件、应急包2070盒、彩条布185捆，确保受灾群众有饭吃、有衣穿、有房住。经沟通协商与商业保险公司合作，农户自筹和民政代缴相结合，将自然灾害造成的群众伤亡、农村户籍住房受灾及自然死亡纳入保险范围，保费以农户自筹为主，3.45万户农村户籍居民缴纳民房受灾保险保费69万元（农户自筹44万元、民政代缴25万元），80819人缴纳自然灾害公众责任险保费808190元，80303人缴纳小额团体死亡保险保费1606060元。全年，民房受灾理赔28.5万元，还有18万元正在受理当中；小额团体死亡理赔70万元，还有40万元正在受理当中；自然灾害公众责任险灾理赔18万元。

【边民补助】 年内，采集和录入沿边境一线（江西片区）的上江镇、六库镇、鲁掌镇、片马镇、大兴地镇、称杆乡、古登乡、洛本卓乡8个乡（镇）边境线定居的37个村委会23837户78684人信息，完成2017年边民补助资金放发工作，每户补助1000元，共发放补助金2383.7万元。

【社会保障兜底脱贫】 根据《社会救助暂行办法》《泸水市社会救助管理办法》，全面重新复核认定农村低保对象，进一步完善申请、民主评议、审核、审批、发放程序，建立健全工作机制，做到保障对象精准和保障对象分类精准，实现动态管理下的精准施保，切实把符合低保条件的建档立卡贫困家庭及困难家庭纳入农村低保，实现社会保障兜底脱贫。根据市人民政府办《关于印发泸水市农村低保精准施保全面排查整治专项行动实施方案的通知》，建立健全申请、评议、审核、审批制度，全市农村低保金以季度为单位通过财政“惠农一折通”发放，全市共有27714户56884人享受农村低保补助，7月起人均补助标准为每年3175元，共发放农村低保金11214.71万元，完成农村低保市级入户调查率30%的要求；不断完善城镇低保保障和监督评议机制，坚持公开、公正、公平的原则，实行动态管理和差额补助的方式，将符合条件的城市困难群众及时纳入保障范围，真正做到“应保才保、按标施保、分类施保、动态管理、应保尽保”，提高城市低保对象补助标准，保障标准从2013年的人均每月345元提高到人均每月505元，全市共有1689户3476人城市低保对象纳入保障范围，共发放城市低保资金1370.6万元，通过入户调查，不符合享受或正常退出城市低保户累计停发52户116人。

【医疗救助】 简化救助程序，继续全面推行“一站式”即时结算方式，全面取消病种限制和救助起付线。共签署“一站式”即时结算协议医院16家，真正做到医前、医中、医后救助，全年共救助11589人，支出医疗救助金2148.79万元（医疗救助支出1243.41万元，资助参保参合资金780.51万元，建档立卡贫困户回补资金124.87万元）。

【临时救助】 根据《怒江州民政局怒江州财政局关于建立城乡困难群众临时救助制度的通知》《泸水市民政局泸水市财政局关于建立困难群众临时救助制度》，共救助855人支出166.26万元（临时救助283人支出25.31万元，救急难救助447人支出112.75万元，福彩公益金资助应届贫困大学生61人支出16万元，临时救助资助应届大学生29人资助4.3万元，州民政局救助应届贫困大学生35人资助7.9万元），妥善解决低保边缘群众和其他困难群众临时性和突发性困难；把符合条件的城乡特困人员纳入救助供养范围，全市共有特困供养对象523人（农村分散供养446人、集中供养72人，城市特困供养5人），共发放特困供养金255.95万元。

【社会事务】 推进殡葬改革，年内全市火化29具遗体，发放特殊困难群体火化补助1000元；完成全市社会散居孤儿、机构养育儿童、事实无人抚养儿童、艾滋病感染儿童生活费发放工作，散居孤儿和集中供养孤儿生活标准达到每人每月875.15元，共发放孤儿生活费256.16万元；依法做好收养登记工作，共办理7件收养登记手续，都属于收养非福利机构养育的寻找不到亲生父母的社会弃婴，收养人符合法定收养条件，具有教育抚养能力，保障了弃婴的最大利益；联合市公安、城管等部门，依靠社区力量，按照“自愿求助，无偿救助”的原则，对符合救助条件的流浪未成年人，按照就地、就近、就便的原则，及时联系救助站，引导、护送流浪乞讨儿童自愿到救助站接受救助，妥善安置被救助对象，共救助4人；对失去父母、查找不到亲生父母的未满18周岁的未成年孤儿实施救助，切实保障未成年孤儿的基本生活；贯彻落实《中华人民共和国婚姻法》《婚姻登记条例》《婚姻登记工作暂行规范》，共办理各类婚姻登记2223对，其中，结婚登记1613对（初婚1221对，复婚24对，再婚368对），离婚登记601对（边民离婚3对），补发婚姻证件610对（补结婚证587对，补离婚证23对），办理各类婚姻登记无违规、无差错、无投诉，合格率100%。

【基层政权建设】 贯彻落实民政部等12部门《关于进一步加强村级民主监督工作的意见》，全市71个村制定了村民自治章程，建立了农村“两委”联席会议制度和村民会议、村民代表会议、村级重大经济事项事前咨询、村务决策民主听证、村民一事一议管理制度，建立健全村级财务监督机制，推进政务公开、财务公开和事务公开，成立村务监督委员会，制定《村规民约》，推广“四议两公开”工作法；进行泸水市农村原大队一级部分离职半脱产干部的定补，核发246人的生活补助246456元；完成大墩子社区组建工作，于11月7日选举产生大墩子社区第一届支部委员会，11月14日选举产生第一届居民委员会班子。

【创建平安社区】 加强“平安社区”创建工作，成立社区党支部书记或社区居委会主任任组长的综治领导小组，设立融警务、治保、调解、巡逻、普法、帮教六位一体的综治维稳办，安全文明责任区划分明确，党员小组长、责任区长、居民小组长、楼长等配备到位，落实工作责任，健全工作制度；落实人防、物防、技防措施，及时掌握治安信息，发现重大群体性事件苗头及时上报，严格规范人口管理，及时调处矛盾纠纷，依法治理，经常开展理想、道德、法制教育和健康有益的文体活动，建立健全居务公开和社区居民自治制度，完善居民公约，辖区内社会风气良好。

【社会组织管理】 认真贯彻《社会团体登记管理条例》和《民办非企业单位登记管理暂行条例》，宣传法律法规，培育发展行业协会、农村专业经济协会等民间组织，严格登记程序和年检制度，坚持培育发展和管理并重，建立结构优化、功能到位、作用明显、充满活力的民间组织体系。年内，全市共组建党组织41个，党员320人，派驻党建指导员32人，党建联络员19人。其中，单独组建党组织的社会组织24家，联合组建的党组织17个，覆盖社会组织57家，党组织组建率82.65%，党的工作覆盖率100%。开展社会组织年检和“三证合一”换证工作，参加年检的社会组织31个，更换社会组织信用代码证31个，年检合格31个。

【救助管理工作】 贯彻执行《社会救助管理办法》《城市生活无着的流浪乞讨人员救助管理办法实施细则》和《关于加强流浪未成年人工作意见》等政策法规。加强部门协作配合，建立健全工作机制，开展救助管理工作，保障流浪乞讨人员基本生活权益。全年，共接待流浪乞讨人员213人次，对符合救助条件的105人给予救助。共上街开展主动救助82次，将在街头乞讨、桥下居住的14人劝其返乡。支付无法查实身份信息的流浪精神病人1—12月生活费。全国救助管理工作宣传周期间，上街开展主题为“在站寻亲，让爱回家”宣传活动，共发放宣传材料2000余份，认真做好寒冬送温暖工作。

【拥军优抚】 年内，按照《军人抚恤优待条例》规定，发放义务兵家属优待金。按时发放军队离、退休干部离退休金和各项补贴。定期发放三属、伤残人员、在乡老复员军人、带病回乡退伍军人、“两参”人员、60周岁以上农村籍退役士兵抚恤补助，定期抚恤补助实行社会化发放。完善《泸水市优抚对象医疗保障实施办法》，逐年提高重点优抚对象的门诊和住院补助标准，真正解决他们的就医难问题，年内，解决优抚对象医疗困难74人、补助医疗救助金6.29万元；春节和“八一”期间，广泛开展重点困难优抚对象的走访慰问活动，全市共支出春节慰问金10.2万元、“八一”慰问金14.58万元。加大退役士兵相关政策的宣传力度，做好政策解释。

【退役士兵接收安置】 接收安置退役士兵，为回农村安置人员发放一次性经济补偿43.92万元；根据《云南省退役士兵职业教育和技能培训实施办法》，组织开展退役士兵职业教育和技能培训活动，组织秋、冬季退役士兵培训。

【双拥共建活动】 泸水边防官兵积极参与辖区开展创建文明城镇、文明村组活动，推动地方经济发展和城镇文明程度的提高。年内，共参加地方义务劳动300余人，清理垃圾50余吨，义务植树200余株，为群众办实事、做好事、解难事30余件，为辖区困难家庭和弱势群体捐赠物资折合2万余元，义务助农80余人。组织官兵积极参加怒江傈僳阔时旅游文化节的筹备工作，在阔时旅游文化节和其他重大节日活动期间，共派出警力120余人开展安全保卫执勤。进行军民联欢活动、联谊活动共10余次，在丰富多彩、各具特色的文艺节目中共叙军民鱼水情谊。

【区划地名工作】 年内，完成了泸水与福贡行政区域界线联合检查前期筹备工作；完成六库城区门牌编制和安装工作（新老城区门牌共计2500个，其中老城区补安门牌584块，新城区新安装门牌1916块）。

【老龄工作】 对80周岁以上高龄老年人分年龄段社会化发放高龄生活补助工作。全市有80岁以上高龄人员3134人，发放8个月高龄生活补助1859680元，其中，80—99岁老年人3128人，每人每月70元，发放1751680元；100岁以上老年人15人，每人每月600元，发放12个月高龄生活补助108000元。“敬老月”期间，州人民政府、州老龄办领导、市四套班子领导和市民政局领导分别到各乡镇、村委会、各社区开展助老济困送温暖走访慰问活动，走访慰问百岁老人15名（走访率达100%），每人给予慰问金2000元、毛毯一床、食用油一桶、大米一袋；走访慰问各乡镇的困难老人、高龄老人、五保老人、特困老人、空巢老人等24人，每人给予慰问金500元，了解他们的生活状况，帮助他们解决生活方面的困难，让辖区广大老年人充分感受到党和政府的关怀和温暖；州、市党委政府领导慰问了泸水社会综合福利院和上江福利院，送去慰问金额共计62000元。为全市所有登记在册的老年协会补助老年节活动经费2000元。组织发放《中华人民共和国老年人权益保障法》基本知识问答500份、法律援助指南（折页）2000份、矛盾纠纷调解相关知识宣传材料500份、“七五”普法宣传手册5类、2000余册。

【脱贫攻坚工作】 年内，选派3名职工驻村开展帮扶工作，确保各项帮扶任务落实。组织工作组，先后10次到挂钩联系点开展调研，广泛听取群众意见和建议，与村、组干部共同研究脱贫攻坚工作，制定《2017年子竹村精准脱贫实施方案》，共同推进子竹村各项脱贫工作；开展脱贫攻坚“找问题、补短板、促攻坚”专项行动，开展“五查五看”，全面排查补短板；开展贫困对象动态管理精准识别工作，按要求完成贫情分析、入户调查、三评四定、公示，以及贫困家庭信息录入等工作，年末，子竹村共有建档立卡贫困户237户、1100人，全村无“错评、漏评、错退”情况。加大产业扶贫力度，多方协调，结合子竹村产业发展规划，完成种植波寇680亩、皇竹草45亩；种植刺龙苞305亩、枇杷50亩、生姜120亩。受理子竹村贫困户临时救助申请20户，资助资金4万元；安排受灾物资大米6吨、被子480条、衣服（校服）100套、枕头110个；安排驻村工作队经费2.5万元，配备了3台笔记本电脑，安排子竹村委会工作经费1万元和打印机1台、办公桌椅20套。民政局党支部与子竹村党总支部共同开展“双联系一共建双推进”活动，100名党员在子竹村光罗村民小组共种植三角梅（叶子花）1万株。投入1.2万元制作两块产业扶贫的宣传牌。

【加强民政能力建设】 深入开展民政系统能力建设提升行动，全面提升民政系统业务人员工作能力和工作效率，提升民政工作整体水平。健全和完善民政工作的运行机制，加强内部管理工作，规范工作程序，加强业务知识学习，完善各项规章制度，全局工作有序规范开展；积极推进政务公开工作，做到政策规定、服务内容、办理程序、处理结果公开透明，政策标准、服务原则公正公平；加强自身廉政建设，严格遵守财务制度，管理和用好每一笔民政资金，专款专用，不挪用、不挤占，确保不出现违纪违规问题；积极与市文体广电局、怒江报社联系，到现场调查研究，宣传泸水民政工作的新亮点。配备了6台平板电脑，班子成员批阅文件在平板电脑政务网上完成，无纸化办公，加快“数字民政”“电子政务”建设步伐；加强基层民政人才队伍建设，加大民政干部学习培训力度，年内，选派80人次到昆明、大理等地参加业务培训和考察学习，提高了民政工作者的业务水平和综合协调、解决问题的能力。

【“两学一做”学习教育】 根据市委的安排部署，及时召开“两学一做”学习教育专题民主生活会，认真学习贯彻党的十八届六中全会精神，重点对照中央巡视组反馈的意见、《关于新形势下党内政治生活的若干准则》和《中国共产党党内监督条例》，认真撰写班子对照检查材料和个人发言提纲。深刻查摆了班子存在问题及产生的原因，提出了努力方向和改进措施。严肃党内的政治生活，扎实开展“三会一课”等活动。

【创建“担当型”政府机关】 按照创建“担当型”政府机关总体部署安排，召开了动员会、成立领导小组、制定实施方案、开展大讨论，着重围绕“精神不振”和“怕、慢、拖、推”的问题，严格对照“五强”班子（政治纪律强、综合素质强、服务意识强、进取精神强、发展能力强）和“五好”干部（精神好、学习好、纪律好、服务好、工作好）的要求，深入查找班子及成员存在的问题，理出问题清单10条，针对13个股室问题清单，制定整改措施，立行立改，提振“马上就办”的精气神，重点解决班子学习研究政策不足、学风不浓、工作干劲不足、工作标准质量不高、工作节奏慢半拍、动手能力不足依赖于股室长、担当精神不足不愿得罪人老好人、奉献意识不强工作抓得不实不快等的问题，全面加快工作速度，提升整体民政工作水平，争创“五强”班子和“五好”干部，真正树立起“民政为民、民政爱民”的新形象。

（三付波）

人力资源和社会保障

【概　况】 2017年，以“两学一做”学习教育和“担当型”政府机关创建为契机，围绕全市改革、发展、稳定的大局，坚持“民生为本、人才优先”的工作主线，结合泸水脱贫攻坚工作实际，深化改革求作为，保障民生促和谐，改进作风惠民生，全面推动脱贫攻坚及人力资源和社会保障各项业务工作开展，促进社会和谐稳定。

【脱贫攻坚】 深入贯彻落实市委市人民政府坚决打赢脱贫攻坚战的决定，把脱贫攻坚工作作为人社工作的重要工作之一，合力推进扶贫攻坚进程。认真组织实施精准扶贫劳动力培训计划，持续深化“技能扶贫和农村劳动力转移就业”两个专项行动。全年，全市共转移农村劳动力22486人次，其中，建档立卡人员6045人；开展各类培训170期，共培训农村劳动力20736人次，其中，建档立卡人员12149人。全市建档立卡贫困人口通过个人缴费、民政补助、财政兜底等方式，100%参加了城乡居民医疗保险和城乡居民养老保险。

【就业工作】 把稳定和扩大就业作为保障和改善民生的头等大事，不断促进就业和鼓励创业，贯彻落实各项就业创业政策，积极进取，锐意创新，开拓了就业工作新局面。年内，全市城镇新增就业2087人，城镇失业人员再就业242人，就业困难人员就业178人，开发公益性岗位393个，安排高校毕业生就业见习10人，实现农村劳动力转移就业22486人；在全市范围内，开展以建筑技能、家政服务、厨艺、物业管理等为主的技能培训81期，各种引导性培训80期，创业培训

9期；全市创业小额担保贷款累计发放“贷免扶补”创业小额贷款128户，贷款金额1271万元，带动就业人数237人。失业人员小额担保贷款79户，贷款金额790万元，带动就业人数188人。城镇登记失业率为4.11%，控制在4.3%以内。

【社会保险】 按照“广覆盖、保基本、有弹性、可持续”的要求，推动惠民政策的落实，切实提高社会保障水平，切实为民谋福祉。5月1日，泸水市城乡居民信息系统正式整合，城乡居民门诊、住院费用结算使用统一医保信息系统；为实现“居民不出户、村民不出村”的医保缴费目标，市人社局与市农行、银海公司通力合作，开发了手机App缴费软件，采用银行联网代缴模式，改变了现金缴费、层层上缴的传统模式，被省人社厅确定为便民、利民、为民的先进缴费模式，并在全省推广该模式，突破了怒江人社业务在全省无先进、典型的历史；为确保泸水偏远山区参保群众“即医即报”，市人社局与市移动公司、银海公司联合为全市90名乡村医生开通了手机“村医通”App软件，覆盖全市所有自然村。5月1日起正式启用“村医通”App软件进行医疗费用结算，参保群众在村卫生室看病也能够实现实时、精准报销，方便参保群众看病就医，强化医疗费用的精细化管理。年内，全市城乡居民养老保险参保人数为98956人，享受待遇17752人，参保率99.8%，征缴养老保险费522.7万元，为60岁以上老年人发放基础养老金1733.05万元，为55—59周岁重症残疾人发放待遇11.8万元，支出“60岁以上领取待遇死亡人员”丧葬补助金36.42万元，全市被征地农民社会保障金累计结余10637.68万元；工伤保险参保12022人，累计征缴工伤保险费324万元，支出工伤保险待遇189万元；生育保险参保6957人，累计征收生育保险费115万元，支出生育保险待遇276万元，全市养老参保人数11491人（其中机关事业在职干部5307人、退休干部1547人、企业在职参保1734人、个体及灵活就业参保2033人、企业退休870人），征收养老保险基金10048.06万元，全年支付养老金11894.85万元，确保退休人员老有所养；城镇职工基本医疗保险基金收入4289.1万元，城镇职工基本医疗保险基金支出540.47万元，大病补充医疗保险基金收入306.54万元，支出197.52万元；公务员医疗补助基金收入2261.63万元，支出25.98万元；特殊人员医疗保障基金收入30.22万元，支出26.48万元；全市失业保险参保5111人，185人享受失业保险金，征收失业保险基金40万元，为185名失业职工发放失业保险金15.5293万元；2017年社会保障卡共计入库122789张，出库73350张，库存49439张。

【基金监督】 严格贯彻落实社会保险基金管理制度，遵循“地税保征收、财政保拨付、人社保发放”的三方运行机制，认真执行国家财经纪律、财务制度及社会保险政策相关规定，建立健全经办机构内控制度，并认真组织开展“严禁违规使用社保基金”专项整治工作，加大基金稽核清欠力度，确保了基金安全运行。

【劳动关系调处】 紧紧围绕“构建和谐劳动关系，建设和谐泸水”的目标，认真贯彻《中华人民共和国劳动合同法》及其实施条例，先后开展劳动保障执法年审、劳动保障专项检查、劳资纠纷调解、劳动保障送法下乡等活动，畅通劳动者维权渠道，推动劳资纠纷排查、信访和社会矛盾化解工作的开展，促进了社会和谐稳定。全年，共处理劳动监察案件38宗，为劳动者追回拖欠工资389万多元；处理劳动人事争议案件12宗，为劳动者追回经济损失44.22万元，结案率均为100%。严格落实农民工工资保证金收缴制度，共收保证金59个项目，金额122.94万元；退（支取）保证金41个项目，金额519万元，并督促施工方办理工伤保险，切实杜绝农民工工资拖欠行为。

【人事人才】 年内，严格坚持“用人单位编制空编，专业要求与岗位匹配，专业设置宜宽不宜严”的原则，招录公务员 19 人，事业单位工作人员 111 名（其中特岗转聘 23 人、特招特聘 1 人）；共计人员调动 123 人，其中市内调动 59 人，市外调入 37 人，调出市外 27 人；重点对 2016 年已审核的 663 位公务员档案的出生年月信息进行复审，在复审期间对 13 卷出生年月不一致的档案进行规范认定，新完成干部人事档案专项审核 415 卷；为 22 人办理抚恤费及遗属生活补助，为 89 人办理退休手续。全面实施人才强市战略，把各种评选活动作为激励人才成长的重要措施，认真开展各项选拔推荐工作，促进人才队伍的整体发展。推荐选拔 1 名专业技术人员参加“2017 年享受省人民政府特殊津贴专家推荐选拔工作”的评选，推荐 3 名专业技术人员参加“第七届云南省科技兴乡贡献奖”的评选，按要求开展云南省第四批专家基层科研工作站的推荐申报工作，进一步盘活全市人才，发挥高层次专家在经济社会发展中的引领作用，完成 124 名教师的聘任工作及全市 56 个事业单位的岗位设置工作，涉及全市专业技术人员总数 3180 人。

【工资福利】 年内，全市在职职工 5461 人，其中，行政人员 1670 人、事业人员 3791 人；离退休人员 1543 人（行政人员 476 人、事业人员 1067 人）；办理退休工资 139 人，工资转移介绍 134 人，2017 年录（聘）大中专毕业及退伍安置分配人员工资 125 人，各种岗位津贴 509 人。全年，事业单位每年正常增加薪级 3561 人，月增资 387620 元，正常晋升级别工资 225 人，月增资额 10067 元；正常晋升级别工资档次的 218 人，月增资额为 17946 元；晋升职务、职称、工人技术等级工资 466 人；规范完善改革性补贴和奖励政策 7004 人，月增资 7408424 元，总计补发 48022525 元。

【军转安置】 军队转业干部安置工作主要包括企业军转、计划安置和自主择业。接收自主择业军队转业干部并严格按照党和国家的相关政策和规定，积极为自主择业军转干部办理医疗保险，同时将他们纳入市工会职工医疗互助，使他们除享受医保的同时，与全市职工享有同等待遇。在日常工作中，认真倾听自主择业军转干部的利益诉求，积极为自主择业军转干部服务。共为企业军转干部发放生活补助金 58214.4 元，发放春节慰问金 1500 元。

（马艳芳）

扶　贫

【概　况】 2017 年，整合各级各类帮扶力量，实施“增收、安居、强基、育才、社会保障”五大工程，以“市抓统筹、乡（镇）做规划、村集思路、户打算盘、干部帮扶”为思路，编制了各类脱贫攻坚专项规划和方案，逐步完善市级脱贫攻坚项目库建设，整合财政、扶贫、住建、农业、交通、水务、民宗、发改、林业、新农办、旅发等 11 个部门 4.31 亿元资金，整合率为 95.78%，已分配到部门 3.84 亿元，完成支出 1.45 亿元。年末，全市贫困人口从 2012 年的 66700 人减少到 48869 人，减贫 17831 人，贫困发生率下降 13.23 个百分点。贫困地区水、电、路等基础设施逐步完善，贫困群众吃饭、穿衣基本得到保障。全市建档立卡贫困人口基本医疗保险参保率为 100%，参加城乡居民养老保险 95000 人。2017 年脱贫出列 6 个村（鲁掌镇鲁掌村、鲁祖村，六库镇瓦姑村，老窝镇老窝村、中元村、银坡村），脱贫退出 2317 户 8627 人。

【精准识别】 根据省州关于开展扶贫对象动态管理工作的统一部署，组建扶贫对象动态管理工作队，深入各村、组开展民情贫情分析，通过精准识别，使贫困对象更加精准。积极探索扶贫对象动态管理工作，做到贫困对象情况清、致贫原因准而清、帮扶措施清、帮扶责任清、投入产出目标清、退出规划计划时序清，从村级开始，逐级汇总，形成市、乡（镇）、村“一本账”“一口清”。年末，全市建档立卡贫困户还有12963户47753人（其中，新识别1659户5960人，返贫117户484人）。

【精准帮扶】 坚持精准扶贫、精准脱贫的新时期脱贫攻坚工作基本方略，切实把扶贫的思路和举措转到精准帮扶上，瞄准建档立卡贫困人口，重点解决“两不愁三保障”，把扶贫资源和帮扶措施精准落到贫困村、贫困户、贫困人口上，变“大水漫灌”为“精准滴灌”，逐村、逐户、逐人想办法、提措施、找路子，精准施策，提高扶贫成效。全年，通过易地扶贫搬迁脱贫729人、劳务输出脱贫3791人、生态补偿脱贫303人、教育扶贫脱贫1751人、社会保障兜底脱贫20人、产业扶持覆盖2371户8627人。

【增收工程】 通过不断探索实践，逐步理顺增收思路，全市形成近期抓畜禽蔬菜劳务、中期抓林果提质增效、远期抓退耕还林和生态修复，长短结合、以短养长的“三步走”增收思路。在短期增收中，大力推行“211211”的短平快增收措施（户均种植2棚洋丝瓜、1亩饲料地、1亩蔬菜，出栏2头商品猪、输出1名劳动力、养殖100只鸡）；在中远期增收中，依托退耕还林政策，大力发展林下产业，实施“六个一”扶贫产业工程（养殖100万只腺鸡、养殖10万头高黎贡山猪，种植10万亩林下中药材、种植10万亩楤木和青花椒、种植10万亩蔬菜饲草、种植1万亩食用菌）的同时，认真抓好核桃、草果的提质增效，建设以核桃、花椒、楤木、草果、叶子花“三树一草一花”为代表的“八林经济产业基地”。全年，共推广种植蔬菜70000亩，青花椒3270亩，食用菌460多亩，青饲料、红薯等30000亩，洋丝瓜8000棚，楤木近4000亩，养殖蛋鸡354375羽。

【安居工程】 坚持群众自愿、积极稳妥方针，采取进城入镇集中安置和分散安置方式进行易地扶贫搬迁，投入1.31亿元，建设集中安置点3个、分散安置点1个，523户2263人建档立卡贫困群众进行易地搬迁，住房条件得到根本改善，能就近就医、就学。

【强基工程】 围绕贫困村退出标准，切实加强贫困村水、电、路、网络等基础设施建设，改善教育医疗卫生等公共服务。建设农村公路13条82.377千米，年末，全市公路里程达2650千米，建制村公路通达率、硬化率100%；完成干支渠防渗处理36.807千米，改善灌溉面积26854亩，全市水利化普及率32.5%，解决农村19130人饮水安全问题，农村安全饮水覆盖率98%；完成农网升级改造6884户，农村通电率100%；全市71个村委会、6个社区实现宽带网络覆盖，移动通信覆盖率100%。

【育才工程】 制订并全面启动《泸水市全面推进教育精准扶贫行动计划（2016—2020）》，狠抓控辍保学工作，适龄儿童入学率持续保持在99%以上，巩固率达65.7%，提高5.7个百分点；初中阶段辍学率降低1.78个百分点；高中阶段教育规模快速扩大，高中阶段毛入学率达47.37%。全年，共开展各类培训145期，培训农村劳动力11105人次，输出转移就业农村劳动力14449人次。

【东西部帮扶行动】 深入开展珠海香洲与泸水东西扶贫协作工作，多次互访交流，达成多项协作共识，落实帮扶协作资金1.09亿元。拟定香洲区对口帮扶泸水市东西协作扶贫项目15个，总投资9423.43万元，分别从基础设施、产业开发、劳务输出、人才交流等方面给予帮助。年内，帮扶资金已到位2070万元（其中珠海市帮扶维拉坝易地扶贫搬迁专项资金1600万元）；香洲区选派支持泸水优秀干部17名（其中珠海市支教老师9名，香洲区支教老师4名、支边医生3名、驻市挂职扶贫干部1名），在扶贫、教育、卫生等不同岗位发挥特长、倾心尽力奉献各自的力量，为泸水贫困群众筹集4820件大衣过冬。

【社会帮扶】 6家中央和省级单位（省教育厅、中国交通建设集团有限公司、中国水利水电第十四工程局、国家林业局南方航空护林总站、华电云南发电有限公司、中电投云南国际电力投资有限公司），始终坚持真扶贫、扶真贫，用心、用情、用力帮扶泸水。6家单位共开展“转走访”32次220人，派出26名能干实干苦干的驻村扶贫工作队员，长期驻守泸水。结合各自优势资源，积极协调项目、协调资金，共协调安排项目近50个，涉及资金1.43亿元，主要用于产业发展、社会事业、基础设施建设等。通过中央和省级定点单位真心实意、真金白银的帮扶，为泸水脱贫攻坚注入了强大的动力，推动泸水脱贫致富的步伐。

【市级帮扶行动】 不断完善扶贫攻坚“挂包帮、转走访”长效工作机制，加强驻村帮扶、结对帮扶、对口帮扶队伍建设，年内，全市135家“挂包帮”单位选派428名干部组成71支工作队驻村开展对口帮扶，4571名干部分别与建档立卡贫困户进行结对帮扶，实现领导挂乡（镇）、部门包村、干部结对帮扶全覆盖。下派脱贫攻坚实战队员562人（州级单位150人、市级单位412人）进村住户开展脱贫攻坚和基层党建工作。

【健康扶贫】 全面落实市级医院先诊疗后付费“一站式”即时结算政策，落实慢性病、大病报销及门诊减免政策，扎实推进因病致贫筛查和家庭医生签约服务工作，全市共筛查出因病致贫、因病返贫人口6428人；年内，全市城乡居民养老保险参保50813人，城乡居民基本医疗保险参保68633人，实现建档立卡贫困人口“两保”缴费参保全覆盖；通过基本医保、大病保险、医疗救助、医疗兜底保障后，符合转诊转院规范住院治疗费用实际补偿比例达90%；同时，市级财政共筹集306.92万元用于支付建档立卡贫困户“两保”个人缴费，有效解决群众看病难、看病贵的问题，因病致贫返贫有所降低。全年，已救助住院病人10666人次、门诊病人574人次，救助资金达124.6万元。全市71个行政村全部建有村卫生室。

【教育扶贫】 全面实施14年免费教育和义务教育阶段“两免一补”、营养餐政策，实行“双线四级”负责制，建立市长、乡（镇）长、村长（主任）、校长、家长“五长”制，狠抓控辍保学工作，让贫困家庭的孩子走进学校、接受教育，阻断贫困代际传递。不断加大城乡教育设施建设投入力度，全力推进义务教育均衡发展，全年共投入852.7万元实施寄宿制贫困生市级生活补助政策和发放生源地贷款；大力发展学前教育，整合资源，创新乡村办园模式，全市有幼儿园82所，实现“一村一幼”全覆盖，从源头阻断贫困代际传递；大力发展职业教育，深入推进“两后生”职业教育工作，引导没有考上高中和大学的初中生、高中生，到技术学校继续接受职业教育，掌握一技之长，提高就业能力；开展各类培训180期，全市共输出转移就业农村劳动力22286人次，其中建档立卡贫困户劳动力6005人次。

【生态建设】 牢固树立“绿水青山就是金山银山”的发展理念，实施17.6万亩的新一轮退耕还林还草工程，大力调整农业种植结构，实施“怒江花谷”生态建设，在沿江岸边的城镇、村落、公路沿线等，种植适宜经济树种，恢复生态系统的生态服务功能的同时，增加农户经济收入；全面推行市、乡、村河长制，发挥生态护林员、地质灾害报警员、村庄保洁员、护边员“四大员”的作用，将1486名贫困人口转化为生态保护工作人员。强化生态系统保护，开展植树造林，推进低产低效林改造，完成营造林17.97万亩，覆盖和辐射带动群众21295户（建档立卡贫困人口6987户）。全市有生态护林员1927名，发放森林生态效益补偿资金695.9万元，实现一批贫困人口通过生态补偿政策脱贫。

（普义堂）

民族宗教

【概　况】2017年，认真落实省委、省人民政府和州委的重大决策部署以及党的民族宗教政策，深入开展“担当型”政府创建活动，牢牢把握各民族“共同团结奋斗、共同繁荣发展”的民族工作主题，紧紧围绕“民族和睦、宗教和顺、社会和谐”的工作目标，依法管理民族宗教事务，切实维护民族宗教领域的和谐稳定，为泸水全面深化改革创造团结和稳定的社会环境。

【政策宣传】结合泸水实际制订2017年法治宣传教育工作计划、2017年民族宗教宣传工作方案和“2017年民族宗教政策法规学习月”活动方案。年内，利用宗教节日和宗教活动深入宗教活动场所宣传14次，参加2600多人次，发放相关民族宗教政策法律法规宣传材料1250份、“七五”普法宣传手册200本、《法律知识45问》汉傈双语版50册、《农村常用法律知识问答》汉傈双语版300本；召开全市基督教教牧人员会议，传达学习州委八届二次全会精神，参加人员870多人；深入9个乡镇教堂和宗教活动固定处所开展八届二次全会精神和爱国主义教育活动；深入片马镇4个村民委员会、1个社区、14个村民小组、基督教教堂、信教群众固定活动处所开展爱国主义教育进“国门、教堂”活动。

【乡村建设项目】年内，完成2015年度洛本卓乡托拖村高贺邓、称杆乡前进村亚皮尼、称杆乡堵堵洛村哈百米村，2016年度洛本卓乡托拖村委会托拖自然村、称杆乡自把村委会亚口王地自然村、鲁掌镇浪坝寨村委会鲁腮河三组、片马镇古浪村委会古浪坝自然村、六库镇新寨村委会把玛拉自然村，2017年度洛本卓乡托拖村俄基邓村，共9个民族团结进步示范村建设项目报账验收工作，完成资金报账1077万元。完成2014年片马镇下片马景颇族、2016年鲁掌镇三河村管事寨共2个少数民族特色村寨建设项目验收报账工作，完成资金报账280万元。完成2016年度鲁掌镇、六库镇2个环境整治项目验收报账工作，投入资金280万元。完成2017年度扶持“直过民族”和少数民族发展项目验收报账工作，投入资金200万元。完成老窝镇崇仁村三道坪传统手工艺造纸特殊困难补助项目验收报账工作，投入资金15万元。完成洛本卓乡用于村民安居房建设的子巴民族团结进步示范村150万元建设资金报账工作。完成2018年度9个民族团结进步示范村建设整合任务。完成2018—2020年民族团结进步示范村项目建议书的上报工作，共上报9个乡（镇）、42个民族团结进步示范村项目，项目建设资金2.15亿元。完成2016年度上江镇辣木生产加工扩建、六库镇小沙坝村委员会土鸡养殖农民专业合作社养殖建设2个扶持产业发展项目，投入资金40万元。

【宗教工作】贯彻落实2017年全州民宗委（局）主任（局长）会议及泸水市宗教工作会议精神，组织召开泸水市宗教系统工作会议，分析、总结全市宗教工作形势、成绩和经验。注重培养新时期宗教界人士，年内宗教人士担任人大代表1人、担任政协委员10人；对基督教教牧人员就党的宗教政策和法规、宗教知识、现代农科技知识，进行集中论训，共培训9234人次；开展“和谐寺观教堂”创建活动，举办4期基督教活动场所财务人员培训班，共培训872人；开展反邪教警示教育活动，发放反邪教宣传图300多份。

【团结稳定工作】把协调民族关系和维护民族团结与社会稳定作为民族工作的重点之一，深入贯彻落实党的民族政策，采取各种措施维护各民族大团结，按照“团结、教育、疏导、化解”工作方针，妥善处理民族工作中热点、难点问题，切实做好来信来访接待工作和对民族上层人士走访慰问工作。

【民族文化教育】年内，完成9个乡（镇）民族文化教育65个小项调查汇总上报工作。申报完成“百名人才”文化项目3个，其中文化长廊1个

15万元，《勒墨人巴叨高翁》一书14万元，《勒墨人风俗志》一书14万元，合计申请项目资金43万元。同市科协共同完成“双语科普”培训工作，开展8场以种养殖技术为重点的双语科普培训，参训1274人次，组织四个培训点优秀学员和种养殖大户代表18人到大理州漾濞县、永平县实地参观学习成功的种养殖经验。

【脱贫攻坚】 在充分调研的基础上，及时召开村两委班子和群众代表会议，进行认真研究分析，结合村情实际，与村两委班子成员一起拟订并完善村级年度发展规划和扶贫计划。积极配合农技、劳动等相关部门做好农村富余劳动力的职业技能培训和劳动力转移，组织在家的富余劳动力就近务工，解决临时性就业问题。结合相关政策，推动产业发展，给每户贫困户发放鸡20只、仔猪1头，为帮扶户购买苦荞种子，共计9400元；在江边沿线种植叶子花800余株；在村委会开展种植业培训班两期，参加人数共136人；发放互助资金20万元；成立托拖村土鸡养殖专业互助合作（组）社，由10名农户组成，致力于将该合作社打造成为“一村一品”示范目标。为精准扶贫，科学谋划，坚持因人因地施策、因贫困原因施策、因贫困类型施策，精准规划脱贫路径“六个一批”脱贫攻坚工作。

（和江秀）

移民开发

【概　况】 2017年，市移民开发局围绕市委市人民政府的中心工作，履职尽责、务实担当，积极为推进六库水电站建设前期征地移民安置和中小型水电工程项目管理工作服务，坚守阵地，巩固成果，维护稳定，为实现泸水跨越式发展，打赢深度贫困攻坚战作出应有的贡献。

【巩固成果】 积极做好中小型水库（电站）后续征地补偿、移民安置和验收工作及地块移交工作。将六库电站范围内符合交地条件的原登埂完小、芒果园、玉科石场3家非农单位地块以及原小沙坝二组集体土地移交华电怒江公司，共涉及土地面积146.15亩，为六丙公路（工期）2.3千米建设施工创造条件。

推进非农单位拆迁补偿工作，积极协调华电怒江公司，从市级层面推动仁何商号（2号弃渣场）的搬迁补偿工作，召开仁何商号搬迁补偿专项协调会。协调国土、水务、住建等部门形成联合执法组，专项治理非法迁设、非法占有国土河道沙滩行为。

【资金管理】 按时完成市境内大中型水库农村移民后期扶持人口的动态管理巡查工作，及时按要求拨付发放长效补偿资金1091530.93元，生产生活困难补助209400元，库区移民后期扶持生活补助资金6000元，发放零星果木补偿金1145元；协助六库镇人民政府发放2016年小沙坝一、二、三组铺面补助资金，收回欠房款81743.49元；补偿小沙坝二组何贵兰“淹地不淹房”共计30000元。完成小沙坝搬迁安置点1幢工程的竣工验收、审计工作。

【常规工作】 组织发动群众签订长效协议，有效化解历史遗留问题，经耐心说服宣传，年内签订长效补偿协议5户，年末累计签订协议180户，为公司施工建设创造条件。

切实关注三峡移民户的生产生活，落实异地搬迁项目，为雷有军家建盖住房，解决长期以来没有住房的问题，实施“菜篮子”蔬菜大棚工程，年内，向张思有、雷有军、雷有珍等移民共兑现项目分红资金5500元。

【综治工作】 高度重视安保工作，护村队全天二十四小时在辖区内开展巡逻工作，依法处置移民安置区酗酒闹事、入室盗窃、吸毒、赌博等违法行为，确保安置区社会和谐稳定。依法打击库区违法行为，年内组织协调六库镇、国土、水务、住建等部门，加强对库区违法行为巡查力度，依法制止违建行为3起，强制拆除2家，共600多平方米。以创建“平安库区”和确保移民安置区社会和谐稳定为主题，深入移民安置区开展移民水利水电法律法规政策宣传活动及开展群众安全感满意度测评宣传工作。共发放《移民知识问答分册》《移民政策分册》《法律援助知识分册》等共计800本，《群众安全感满意度测评》宣传单600多份。

【脱贫攻坚】 严格按照“六个精准”“六个一批”和“四个关键”的要求，紧密结合省、州、市精准扶贫、精准脱贫战略部署及相关会议精神，狠抓落实、扎实推进脱贫攻坚各项工作任务；聚焦“两不愁三保障”脱贫目标，对2016年脱贫出列的贫困户存在问题进行专项核查和整改，组织全局干部职工进村入户开展“找问题、补短板、促攻坚”专项行动，分层分类找问题、查漏洞、抓整改，促落实；逐户分析致贫原因，因地制宜、因人施策，研究制定帮扶措施，对症下药，制定贫困户发展计划，做到“一户一策”“一组一方案”；认真组织传达学习市贫困动态管理工作部署及培训视频会议精神，抽调工作组进村进组，严格按照“五查五看、三评四定”的要求，通过贫情分析，对可能存在错评、漏评的贫困户，从严从实，进行细致排查，确保贫困对象动态管理工作“零差距”。

力所能及解决实际困难，组织帮扶责任人为贫困户购买叶子花；为小沙坝村购买一台孵化机；为建档立卡困难户解决水泥、贫困学生生活费、病重家庭营养补助、残疾人轮椅等价值5万余元。资助养殖户和小永创业金1万元，为其购买500只鸡苗；协调近6亩的大棚蔬菜种植基地。

（李兴成）

乡 镇

六库镇

【概　况】 六库镇位于泸水市中南部，镇域地处北纬25° 48′—25° 52′，东经98° 45′—98° 51′，地跨高黎贡山东麓至碧罗雪山西麓的怒江两岸，东与老窝镇相邻，西连鲁掌镇，北接大兴地镇，西南连上江镇，南连云龙县民建乡，全镇总面积441.26平方千米。境内山高谷深、沟壑纵横，山势总体呈凹字型，东西高，中间低，境内最高峰雪蒙山，位于白水河村民委员会，海拔3101米，最低点丙腮坝，位于新寨村民委员会，海拔803米。镇境属亚热带季风气候，垂直变化明显，高山寒冷，半山温凉，沿江地带炎热，年平均降水量1010毫米，年平均气温19℃。境内居住着傈僳族、白族、汉族、彝族、怒族、普米族、独龙族、纳西族、藏族、傣族、回族、景颇族等22个民族，少数民族占总人口的92%，傈僳族占总人口的50.93%，白族占总人口的28.39%，汉族占总人口的7.95%，其他民族占12.73%。全镇耕地面积31026.1亩，人均耕地面积1.2亩。镇辖小沙坝、排路坝、赖茂、六库、双米地、苗干山、瓦姑、白水河、段家寨、新寨、新田、大密扣12个村民委员会123个自然村196个村民小组和江西、向阳、重阳、新城4个社区居民委员会40个居民小组。镇政府所在地六库为怒江傈僳族自治州和泸水市人民政府驻地，距昆明569千米。共有20713户57583人，其中城镇12677户30376人，农村8372户27100人（建档立卡贫困户1483户5170人）。

【综合经济】 全镇农村经济总收入15157万元，较2016年的14470万元增加687万元，同比增长4.75%；农村常住居民人均可支配收入6620元，较2016年的6335元增加285元，同比增长4.49%；农民外出劳务收入4250万元，较2016年的3519万元增加731万元，同比增长20.77%。

【产业结构】 以经济建设为中心不动摇，围绕“特色产业发展行动”，实施“八林经济”，调整优化产业结构，促进产业转型升级，全镇产业发展质量明显提高，经济总量不断增大。粮食总产量1156.2万千克，较2016年的1128万千克增加28.2万千克，同比增长3%；农民人均粮食462.6千克，较2016年的431千克增加31.6千克，同比增长7%。特色生态农业稳步发展，有力推进湾档、三石田、澡塘、六库、小沙坝等蔬菜基地建设，完成生态蔬菜推广面积1800亩，饲料作物面积2000亩，完成了杂交玉米间套种高产创建600亩，间套品种有蜜本南瓜、大豆、红薯、葵花、苋菜；完成1个鲜食玉米示范基地和40户科技示范户的科技培训与指导；完成冬马铃薯高产创建100亩、观光油菜栽培300亩，实现农业收入4763万元。山地牧业加快发展，高黎贡山猪、生态土鸡、黑山羊等特色畜禽养殖加快发展，全镇大小畜禽存栏达25.44万头（只、羽），肉类总产量达3169吨，实现牧业收入5087万元。“八林经济”建设全面推进，实现林业收入1611万元。通过产业结构的进一步调整，全镇第一产业收入11473万元，第二产业收入886万元，第三产业收入2798万元，全镇一、二、三产业结构比为76∶6∶18，农业基础地位不断加强，第三产业活力增强。

【基础设施建设】 2017年，完成双米地村干河、瓦姑村三岔河等8个自然村通组公路建设。完成白水河村坡头、新寨村瓦哆啰、新寨村行政村、瓦姑村阿亚罗通组公路硬化工程。排路坝村凹子寨组、阳坡组，瓦姑村鲁介山组，小沙坝村丽昌组、蚂蝗箐组，白水河村澡塘组、新寨村瓦哆啰组村间道路硬化投入使用。行政村公路通达率为100%，群众出行条件明显改善。

完成水沟修复工程6件，投入资金150万元；完成六库村、小新田组、石索组农村饮水安全巩固提升工程8件，架设钢管48.4千米，安装6套饮用水消毒设备。卢子湾、东方红、双米地等12件农村饮水安全巩固提升工程有序推进，修建水池6个。全镇12个村委会、4个社区实现宽带“全覆盖”，自然村互联网络扩展覆盖率达30%。

依托农村危房改造、财政涉农资金等项目，加强农村基础设施建设和改善村容村貌。实施2017年第二批、第三批财政涉农资金项目。安装太阳能路灯197盏，建设垃圾焚烧炉12个，垃圾池20个，公厕16个，建成排路坝村凹子寨挡墙、活动场所，建成白水河村坡头组活动广场。同时，积极协调服务好州、市重大项目建设的征地拆迁工作。

阵地建设巩固提高，实施完成新寨村和新田村村级活动场所项目建设，投入资金100万元；完成村集体经济建设项目5个（排路坝、六库、白水河、瓦姑、新寨），投入资金500万元；实施村组党员活动室15个，投入资金195万元。

【社会保障】 全镇共输出转移就业农村劳动力6601人次，其中建档立卡户劳动力1200人次。社会保障覆盖面不断扩大，社会保险、社会救助、社会优抚体系不断健全，城乡低收入家庭实现应保尽保。完成14937人的自然灾害公众责任保险和4556户农村住房保险、15077人团体小额人身保险工作；全镇共有1124户2489人享受城镇低保，5928户14254人享受农村低保，发放城镇低保资金970.2万元，发放农村低保资金2796.3万元；发放复员军人、带病回乡人员、伤残人员、农村籍60岁以上退役人员、两参人员、军烈属等生活补助资金169.43万元；发放赖茂村、排路坝村的边民补助2418户241.8万元，发放临时救助款43.3万元；发放五保孤儿、散居孤儿生活补助25.12万元；完成13106人农村养老保险缴纳工作，缴存2017年养老保险费172.73万元，参保率78.15%，共有3828人享受养老保险金；发放高龄补贴77.48万元；全镇1026名残疾人享受“阳光家园”补助，发放补助金193.08万元。

【社会事业】 学校各项基础设施建设逐步完善，全镇办学条件明显改善。“两基”成果不断巩固，“两免一补”和学生营养改善计划工程认真实施，教育质量和办学水平不断提高。全镇小学入学率稳定在99.6%以上，小学实现零辍学率；残疾儿童和残疾少年入学率稳定在80%以上；初中阶段入学率稳定在99%以上，初中辍学率稳定在1.3%以下；留守儿童和留守少年入学率稳定在99%以上；实施“一村一幼”工程。狠抓控辍保学工作，大力发展职业教育，深入推进“两后生”职业教育工作。公共卫生服务体系不断完善，全镇共有2个卫生服务中心、12个农村卫生室。年内，镇、村门诊就诊34591人次，住院246人次，城乡医疗保险缴纳162.72万元，总补偿金额123.95万元。参加城乡医疗保险24853人，参保率108.64%，群众因病返贫问题得到缓解。计划生育奖扶政策全面落实，优质服务、流动人口管理工作扎实推进，“二孩政策”全面落实，办理二孩生育服务证415本，审核再生育20份；累计落实“少生快富”双女户694户。全面推进卫生室和人才队伍建设，确保每个村至少有1个标准化卫生室，并配备1—2名具有执业医师资格的卫生人员。注重加强文化队伍建设，累计组建城乡文艺宣传队62支，平均每年开展群众专题广场文化活动80场次；完成数字电影放映144场次。认真落实广播电视村村通和户户通政策。

【生态建设】 牢固树立“绿水青山就是金山银山”的发展理念，完成退耕还林还草面积29200亩，核桃1241.5亩，花椒22064.8亩，香椽2296.2亩，石榴18.1亩，楤木1166.5亩，柠檬412.9亩，还草面积2000亩。全力推动怒江峡谷两岸、公路两侧25度以上应退尽退，25度以下坡耕地能退则退，已耕退的坡耕地不再复垦。护林防火成效显著，毁林开荒得到遏制。全面推动落实“河长制”，对8条镇域河流定期巡查。按照云南省“两违”处置办法，依法依规，对城中村、城郊大力开展“四治三改一拆两增”工作。积极融入全州“怒江花谷”风景线建设，种植叶子花200亩。大力宣传农村宅基地“一户一宅”政策，启动白水河村湾档组16户宅基地确权颁证试点工作。切实实施城南加油站至南坝大桥、老窝河口至花桥坝路域整治美化绿化工程。围绕环境保护治理，着力推进环境治理常态化，12个行政村均以村规民约确定环境卫生活动日，全民动员清理卫生死角，城乡环境卫生得到明显改善。

【脱贫攻坚】 深入开展脱贫攻坚“找问题、补短板、促攻坚”专项行动和动态管理，精准识别全镇建档立卡贫困人口1483户5170人。紧紧围绕精准扶贫、精准脱贫基本方略，主动对接、思考和谋划工作，因地制宜、因人因户因村分类施策抓紧、抓实、抓好工作。年内脱贫出列1个村（瓦姑村），脱贫退出352户1203人。

扶贫产业发展成效显著，抓产业发展促增收，在短期增收中，大力推行“211211”的短平快增收措施；在中远期增收中，依托退耕还林还草政策，大力发展生态产业，重点实施“六个一”扶贫产业工程，同时切实抓好核桃、草果的提质增效。实施六库镇2017产业发展规划，采取“党支部+公司+建档立卡户”模式，将产业发展资金450万元投资给企业，覆盖建档立卡贫困户432户1500人。

易地扶贫搬迁扎实推进，坚持群众自愿、积极稳妥方针，采取进城入镇集中安置和分散安置方式，建设双米地村大龙塘、苗干山村委会瓦子打妈两个易地扶贫搬迁点，搬迁农户共计189户712人（随迁户7户7人）。积极开展易地扶贫搬迁城镇化集中安置宣传发动工作，全镇愿意搬迁635户2145人，其中，建档立卡贫困户631户2136人，同步搬迁户4户9人。丙腮坝桃源居安置点安置82户299人。针对搬迁后人地分离问题，坚持“挪穷窝”与“换穷业”并举，综合施策，产业发展、就业脱贫、生态补偿、教育扶贫、健康扶贫、保障兜底等规划到点、到户、到人，通过人口素质培训、公共服务设施配套和温馨体贴服务来带动自我发展能力，切实增加搬迁群众收入，确保搬迁群众搬得出、稳得住、能致富。

通过上门筛查、核查、体检核实、电话函询、比对等多种方式进行因病致贫农户识别，确保精准筛查帮扶对象，共识别因病致贫农户295户，做到“一户一档”；积极落实家庭签约服务模式，做到因病致贫人口签约服务100%全覆盖。

合力攻坚更加有力，高度重视、高位推进，镇、村、挂联单位形成合力，全面对标看齐，形成了“书记挂帅、党政同责，条块结合、上下协同，群众主体、全面精准”的强劲态势，把对象精准作为精准扶贫、精准脱贫的第一颗“扣子”和打好脱贫攻坚的第一场战役，放在首要位置。

全年共召开20多次各类会议研究脱贫攻坚工作，全面统筹协调推进脱贫攻坚工作。州、市选派93名干部（驻村扶贫工作队员35人，脱贫攻坚和基层党建实战队员58人）围绕推动精准扶贫、建强基层组织、为民办事服务、提升治理水平、加强维稳五个方面工作，进村入户助攻脱贫，坚持在解决“精神之贫”上持续发力，引导困难群众主动突破贫困重围，有效解决“等、靠、要”思想。

【党组织建设】 深入学习宣传贯彻党的十九大精神，坚持用新时代新思想新征程凝心聚力。以党委集中学习制度为基础，运用个人自学、基层调研、研讨交流等多种形式，认真学习党的十九大精神、习近平新时代中国特色社会主义思想。分层次、分类别，对全镇各党组织书记、党务工作者、驻村扶贫队伍、后备干部、农村党员致富能手进行专题培训和集中轮训。通过走村串户、召开群众会、院坝会的形式，利用双语翻译，集中宣讲党的十九大精神和习近平总书记扶贫开发战略思想80多场次，迅速将党的十九大精神和习近平新时代中国特色社会主义思想传递到村村寨寨。深入推进“两学一做”学习教育制度化常态化，党员“四个意识”不断增强，严格按照市委要求，定期组织党员学习党章党规、《习近平谈治国理政》、习近平总书记关于全面从严治党重要讲话精神和党的十九大工作报告等16次；精心选题，领导班子带头上党课39次；以党务知识、脱贫攻坚政策为主要内容，对镇各中心办所、村（社区）党员干部进行了轮训；深化拓展“严纪律树形象干实事”主题实践活动，认真组织各党组织学习《关于新形势下党内政治生活的若干准则》和《中国共产党党内监督条例》，切实加强党内政治文化建设。确保“两学一做”学习教育制度化、常态化深入推进，党员“四个意识”不断增强。突出重点，夯实党在基层执政基础，组织完成基层党组织和党员信息采集、规范设置党小组、江西和向阳社区补选以及7个软弱涣散基层党组织整顿提升工作；严格执行“党费缴纳日”制度，足额缴纳党费143254.84元；严格党员发展程序，完成党员转正24人，纳新31人；建立“连排班”管理制度，村官队伍建设全面加强；完成新寨、新田两个村村级阵地建设及15个村民小组活动场所建设，培养“美丽乡村带头人”17人，党员致富带头人9人；发放“基层党员带领群众创业致富贷款”255万元，扶持党员群众30户；着力抓好5个村财政资金扶持村级集体经济发展试点工作，脱贫出列的瓦姑村实现集体经济收入7万元。强化责任，党风廉政建设责任制落实有力，认真贯彻落实《关于新形势下党内政治生活的若干准则》，规范开展“三会一课”、民主生活会，民主评议党员、谈心谈话等制度，累计召开民主生活会3次，各支部组织生活会42场次；严格执行《中国共产党党内监督条例》，完善镇、村权力清单，做到廉政风险及时防控；着力加大执纪审查力度，给予党内严重警告1人，追回苗干山村独水井省级公益林生态补偿金7139.99元；大力开展“不作为”“慢作为”专项治理，通报问责1人，诫免谈话2人，干部作风持续好转。“四城同创”、志愿服务、农村文明素质提升行动等文明创建工作广泛开展；江西社区、向阳社区、六库村、段家寨村4个基层党建示范点建设积极推进，凸显了党建品牌效应。

六库镇2017年各村经济社会发展一览表

表1

村名	村民小组数（组）	总人口数（人）	耕地面积（亩）	粮食产量（吨）	人均产量（千克）	农村经济总收入（万元）	人均纯收入（元）
赖茂	22	3073	700	1200	390.50	1703	7524
排路坝村	20	3359	915	1405	418.28	1846	6797

续表 1

村名	村民小组数（组）	总人口数（人）	耕地面积（亩）	粮食产量（吨）	人均产量（千克）	农村经济总收入（万元）	人均纯收入（元）
小沙坝村	8	1700	1362	703	413.53	1147	7212
新寨村	28	4135	3402	1769	428.02	1718	7096
新田村	9	2073	2955	905	436.57	1175	6310
大密扣村	6	2016	1770	829	411.21	1062	5804
段家寨村	21	1827	3150	946	517.79	1179	5884
白水河村	27	2879	4000	1274	442.51	1554	7541
瓦姑村	12	1235	2085	537	434.82	852	5960
六库村	14	1693	945	719	424.69	1166	8015
苗干山村	11	1085	3450	519	478.34	714	4719
双米地村	18	2025	5160	756	373.33	1041	4222
合计	196	27100	29894			15157	

（吴碧才）

片马镇

【概　况】 片马镇位于泸水县西部，高黎贡山西坡，恩梅开江支流小江（中缅界河）以东，镇域地处北纬 26° 09′—26° 58′，东经 98° 34′—98° 40′，东连鲁掌镇，西、南、北三面与缅甸接壤，国境线长 64.44 千米，南北最大纵距 24 千米，东西最大横距 8 千米，全镇总面积 156.78 平方千米。属于深切割高山峡谷地貌，最高海拔 3852.3 米，最低海拔 1600 米。受孟加拉湾暖流和青藏高原南下冷风的影响，雨量较多，夏无酷暑，冬无严寒，属温带季风气候，年平均气温 18℃，年平均降水量 1200 毫米。全镇耕地面积 2317 亩。境内居住着傈僳族、景颇族、白族、彝族、汉族、怒族、纳西族、壮族 8 个民族。镇辖片马、古浪、岗房、片四河 4 个村民委员会和景朗社区，下设 14 个村民小组和 8 个居民小组。镇政府驻地距六库 96 千米，距缅甸密支那 244 千米，是中缅边境北段交通和商业往来要道，也是通往东南亚和南亚的交通要道，为中国西南边防前哨之一，国家二级口岸。2017 年，以“口岸提升、富民强镇”为目标，践行“两学一做”学习教育，狠抓脱贫攻坚，保民生、抓稳定、促发展，全镇基础设施逐步完善、产业升级、经济繁荣、社会和谐、人民幸福。年末，全镇总人口 820 户 3246 人，其中农业人口 556 户 1930 人。

【综合经济】 农村经济总收入 1125 万元，较 2016 年末的 1031 万元增加 94 万元，同比增长 9.12%。农村常住居民人均可支配收入 6788 元，较 2016 年末的 6218 元增加 570 元，同比增长 9.17%。粮食总产量 864 吨，较 2016 年末的 847 吨增加 17 吨，同比增长 0.2%。财税收入 136.94 万元（其中财政直征代收 48.31 万元、地税收入 24.03 万元、国税收入 80.6 万元）。工业总产值 1.85 亿元，较 2016 年的 2.35 亿元同比降低 21.28%，上缴税金 3100 万元；对外贸易进出口总额 0.86 亿元。大小牲畜存栏 1.75 万头（只），牧业收入 280 万元，发展片马村野猪子二代养殖村集体经济 1 个。

【脱贫攻坚】 把脱贫攻坚当做最大的政治任务，最重要的民生工程，举全镇之力做好脱贫攻坚工作，建立党政主要领导负总责的脱贫攻坚责任制，实现所有贫困村、贫困户对口帮扶全覆盖，为脱贫攻坚提供了坚强的组织保障，扎实开展脱贫攻坚“找问题、补短板、促攻坚”专项行动和动态管理工作，精准锁定全镇建档立卡贫困人口 174 户 595 人，全镇 4 个村均为贫困村，贫困村发生率为 100%，建档立卡贫困户片四河村 65 户

254人（贫困发生率70.95%）、片马村49户152人（贫困发生率23.49%）、古浪村30户92人（贫困发生率29.77%）、岗房村30户97人（贫困发生率33.11%），做到扶贫对象更加精准。围绕强基、安居、增收、育才“四个关键”，通过实施易地扶贫搬迁、产业扶持、生态补偿、医疗救助、劳动力培训转移输出、社会保障兜底“六个一批”等六大工程确保贫困户实现脱贫，做到项目安排精准。加大资金投入力度，投入涉农资金1307.39万元，做到资金使用精准。组建4支驻村扶贫工作队，30名工作队员，第一书记4人、队长4人，做到因村派人更加精准。坚持因村施策、因户施法，根据因灾、因病、因学和缺项目、缺资金、缺劳力、缺技术等对症下药，做到措施到户更加精准。认真开展脱贫攻坚，狠抓精准脱贫，如期脱贫出列31户103人。

【美丽乡村项目建设】 全镇美丽乡村建设涉及3个村3个点，对象有96户313人。房屋已全部封顶，正在组织装修，入住88户，入住率基本达到要求，怒江“国门第一村”配套基础设施项目建设稳步推进。全镇共涉及“四类对象”C、D级危房267户，年内下达指标78户，动工72户，完成C级加固改造42户。

【发展多元化特色产业】 按照扶持生产和就业发展一批的要求，精准使用扶贫资金，精准到户施策，发展壮大特色产业，加快转型升级，结合片马镇实际，不断调整产业结构，优化培植“八林经济”绿色产业。年内，投入10万元实施1.82万亩核桃提质增效；投入10万元实施中草药示范种植，主要实验种植云当归、金铁锁、天门冬、重楼等中药材；银坡春灵种养开发基地投入300万元及农户自筹86万元在片四河村种植重楼188亩。年末，全镇累计种植核桃1.3万亩，年产量160吨，年产值176万元；种植草果0.76万亩，年产量19吨，年产值17.1万元；种植马铃薯750亩，年产量350吨，年产值52万元；种植重楼198.8亩，已有10.8亩收益，年产值35.5万元；种植刺龙苞139亩，年产值10万元；示范种植中草药云当归、金铁锁、天门冬、重楼等中草药；种植贡椒2500亩。

【农村实用技术培训】 全镇举办种养殖业、核桃提质增效、蔬菜种植技术、普通话等方面的知识培训，受训面覆盖4个行政村2000余人次。

【退耕还林】 年内，全镇完成2016退耕还林工程建设指标2400亩，共发放国家级森林生态效益补贴资金21.42万元、退耕还林到期后续补贴资金13.69万元、草原生态补贴资金8.5万元，全镇70%以上的农业人口受益。

【医疗救助】 全面推进医疗救助体系建设，全镇共有504户1850人参加新型农村合作医疗保险，其中建档立卡户参保174户595人，参保率达100%，镇内因病致贫的建档立卡贫困户有7户24人，实现医疗救助有保障。岗房村投入83万元修建“中缅边境友谊诊所”（华侨诊所），已投入使用。

【社会保障兜底】 全面实施社会保障兜底，根据要求，认真对建档立卡户中的31户103人进行审核评议，达到贫困退出条件正常退出建档立卡贫困户，并对其中符合低保条件的建档立卡贫困户纳入农村低保范围进行分类施保，全镇2017年度享受低保的276户409人，其中建档立卡43户97人，通过评定确定2018年度享受低保的173户565人，其中建档立卡120户403人。

【基础设施建设】 2017年，片马查验货场建成投入使用；完成边民互市点、金索朗检查站前移、货检通道项目征地拆迁等前期工作；口岸基础设施建设不断夯实，促进边贸经济持续稳定增长，为实现口岸转型升级奠定基础。同时，片马抗英纪念遗址旅游景区、110千伏输变电站建设等项目建成投入使用；跃片红色旅游公路改建、怒江“国门第一村”建设项目房建工程基本完工。年内，实施跃片公路升级改造42千米，投入6150

万元完成片马城区水网建设，投入600万元实施城区污水处理工程项目建设，投入100万元实施技改无害化垃圾处理项目建设，投入200万元改善群众生活条件。

【就业创业】 全年，累计完成农村劳动力科技培训90人次，农村劳动力转移输出10人次到珠海务工，其中建档立卡贫困户9人。

【社会保障】 2017年，累计发放民政救济、边民生活补助、城乡低保、优抚等资金724.41万元，发放大米10吨、防灾塑料布10卷、棉被200床、毛毯100床。

【教育卫生】 全面推进14年免费教育，新建幼儿园4所。狠抓控辍保学工作，2017年新学期辍学10人（初中6人，小学4人），通过工作组深入细致的入户劝返，已经全部返校读书。年内，人口出生率控制在7.68‰以内，妇女疾病普查率达95%，治愈率达85%，育龄群众计生知识知晓率达100%。

【文化事业】 年末，各村均有一个图书室、阅览室、文化活动室及以创建农村农家书屋为主的文化活动中心。创办老年大学1所、成立计生协会1个、成立青年志愿者协会1个。年内，到各村放映科教片48场次、故事片48场次，观众达4800人次，正筹备每个村成立一支文艺队。

【规范社会管治】 推进网格化、信息化、"天网工程"等社会治安防控体系建设，开展打击整治扰乱社会治安和市场秩序行为专项行动，妥善处置片马镇"5·19"飞机场跃片公路塌方等突发事件。坚持领导干部定期接访制度，及时回应和解决群众诉求。严格落实安全生产"党政同责、一岗双责、失职追责"责任制，狠抓企业生产、道路交通、高危行业等领域安全生产工作，全年未发生重特大安全生产事故。

【改善人居环境】 不断优化生态环境，开展城乡环境综合治理、"两违"整治，城镇"五乱"现象得到明显改观，提升城乡人居环境质量，一年来，按照国家重点生态功能区建设和"七彩云南保护行动"，推进"生态屏障"保护工作，全镇共有护林员187人（年内新增建档立卡生态护林员144人），保护森林资源，全镇森林覆盖率达到95.4%。巩固落实《云南省泸水市片马镇环境规划》《城镇总体规划》《中心城区控规》及14个行政村聚居点规划，完善2个行政村和11个自然村阵地建设工程，建成省级新农村示范村1个。在四个村共新建公共卫生厕所16个，为7户农户开挖3条入户路，建成技改无害化垃圾处理站。

【自身建设】 依法行政，实施"七五"普法工作，干部群众法治意识得到增强；推进行政检查"双随机、一公开"工作，维护社会公平正义；严格执行"三重一大"决策制度，修改完善政府工作规则、重大事项集体决策制度，推进科学民主依法决策，全年召开政府工作会议5次，研究议定事项12项；加强规范性文件备案审查工作，确保制定的各类规范性文件合法合规，规范执法行为；全年办理人大代表建议25件，办复率、满意或基本满意率达100%。转变政府作风，推动"两学一做"学习教育常态化制度化，创建"担当型"政府机关，开展中央巡视组巡视整改工作，增强领导干部的政治意识、大局意识、核心意识、看齐意识；严格贯彻落实中央八项规定精神，纠正"四风"，艰苦奋斗、勤俭节约，坚持督查问效，对重点工作、重要事项进行跟踪督查；完善惩治和预防腐败体系，整治和查处基层侵害群众利益的不正之风和腐败问题。

（杨淑梅）

鲁掌镇

【概　况】 鲁掌镇位于泸水市西部，镇域地处北纬24°37′—24°47′，东经98°51′—99°03′。森林面积43.65405万亩，森林覆盖率85.52%。东与六库镇隔怒江相望，西连片马镇，西南和西北与缅甸毗邻，南接上江镇与六库镇，北连大兴地镇，国境线长19.8千米，南北最大纵距37千米，东西最大横距90千米，全镇土地面积340.54平方千米。地势西高东低，山高谷深，山峦起伏，境内最高峰是鲁祖村的听命山，海拔3896米，最低点是登埂村的马掌河，海拔993米。镇境属亚热带季风气候，垂直变化显著，高山寒冷、半山温凉、沿江地带炎热，年均气温18℃，平均日照时数2025小时，年均降水量1250毫米。镇内居住着傈僳族、彝族、白族、汉族、景颇族、普米族、怒族7个少数民族，少数民族占总人口的93%。全镇耕地面积17116亩，人均耕地面积1.76亩。镇辖鲁掌、鲁祖、洛玛、浪坝寨、三河、登埂6个村委会，61个自然村，102个村民小组。镇政府驻鲁掌村，距六库32千米，距片马口岸58千米。瓦贡公路和跃片公路两条省道穿境而过，交通便利，傈僳族“澡塘会”“上刀山，下火海”和“咬铁铧，耍火链”等绝技，每年吸引大批中外游客。

2017年，全镇总人口4405户12794人（农业人口3674户11623人），全镇基层党组织数共计25个，其中，基层党委1个、党总支1个（鲁掌村）、党支部23个，党员总数480名。全镇有10所学校，有完小5所、校点1个、幼儿园1所、初级中学1所、职业技术学校1所、民办高中1所。有卫生院1个，村卫生室6个。有水电站4座。

【农村经济】 全镇农村经济总收入7158万元，同比增长4.1%；农村常住居民人均可支配收入6503元，同比增长5.61%。按产业划分，第一产业收入6039.5万元，占农村经济总收入的84.37%；第二产业收入332.5万元，占农村经济总收入的4.65%；第三产业收入786万元，占农村经济总收入的10.98%。按行业划分，农业收入2288万元，占农村经济总收入的31.96%；林业收入1102万元，占农村经济总收入的15.4%；牧业收入2629万元，占农村经济总收入的36.73%；渔业收入20.5万元，占农村经济总收入的0.29%。

【基础设施】 年内，全镇下达“四类人员”C、D级农村危房改造指标206户，下达资金473.8万元，全面推进“四类人员”C、D级危房改造；市财政整合涉农资金项目，总投资703万元，其中，产业发展450万元，基础设施建设253万元；继续推进2017年原整乡推进项目16项，涉及资金671万元；建设洛玛边来古肯便桥一座；投入78万元建设6个村活动室；实施鲁祖村2017年度彝族传统村落保护“一事一议”项目，投资15万元；实施鲁掌镇鲁祖自然村、鲁腮河自然村2017年度省级安居示范村项目，下达资金386万元；完成洛玛火山上下组农村安全安饮水工程，架设管线32413米，新修蓄水池8个，取水池5个，解决了洛玛火山上下组村民和1404头大小牲畜饮水问题；预制旱坝四、大岩房管线19110米，鲁掌饮水安全管线8028米。

【脱贫攻坚】 把脱贫攻坚作为第一政治任务和第一民生工程，严格按照州委、市委提出的“六个精准”“六个一批”，抓好“四大工程”“一个社会保障”“211211”工程要求，确定2017年脱贫摘帽的工作思路，举全镇之力，狠抓脱贫摘帽各项工作。经建档立卡贫困户动态管理，年内，全镇建档立卡贫困户正常退出人口为158户515人（鲁掌村32户103人、鲁祖村28户77人、洛玛村47户172人、浪坝寨村1户1人、三河村8户22人、登埂村42户140人），识别不精准剔除6户21人（鲁掌村3户9人、浪坝寨村3户12人），新识别11户37人（鲁掌村1户4人、洛玛村2户2人、登埂村8户31人），脱贫返贫2户8人（鲁掌村2户8人），年末，全镇有建档立卡贫困户236户800人。

【林　业】 全镇新一轮退耕还林任务13900亩，年内，全面结束外业工作，共丈量13900亩，三河村2257.5亩、登埂村2185.4亩、洛玛村2836.6亩、鲁祖村1786.7亩、浪坝寨村1853.4亩、鲁掌村2980.4亩。去冬今春森林防火期间，组织对林区学校开展“五个一”宣传教育15场次，发放户主通知书3000份、林农预防森林火灾安全手册1200份、小学生作业本2000本，制作半永久性宣传牌105张，签订防火责任状107份；以文化活动方式宣传森林防火12场次共700人参加，举办森林防火业务培训8场次。在主要林区、道路张贴宣传标语350条，悬挂防火标语横幅一条，道路悬挂森林防火五色旗80面。拟订防火预案和安排意见各一份。在主要林区，道路悬挂森林防火五色旗62面。

【教　育】 全镇共有中小学、幼儿园在校学生1820人，其中，幼儿园在园260人；镇内有5所完小，30个教学班，在校学生700人，教职工为95人，学历合格率100%；全镇小学适龄儿童入学率100%，小学在校生辍学率为0，适龄女童入学率100%，小学毕业生升学率100%；残疾儿童入学率100%；学校占地总面积23237平方米，生均达33.2平方米；绿化总面积4711平方米，生均绿化面积6.73平方米；校舍建筑总面积12545平方米，生均17.9平方米；体育场地总面积6933.3平方米，生均9.9平方米；小学数学科学和音体美器材配备各5套均为一类；计算机88台，百名学生拥有计算机12.5台；图书总册数是20744册，生均29.6册；教职工77名，学生与教职工之比为9∶1；专任教师数70人，师生比为1∶10；高于规定学历教师62人，高于规定学历的专任教师比例为80.5%。有初级中学1所，21个教学班，在校学生1079人，在职教职工73人，学历合格率为100%；初中适龄少年毛入学率97.2%，初中在校生辍学率1%；残疾少年入学率100%。年末，全镇有中小学教职工172人，专任教师161人，其中，小学专任教师100人，学历合格率100%；中学专任教师61人，学历合格率为100%。学校占地总面积66666平方米，生均61.8平方米；绿化总面积14798平方米，生均绿化面积13.7平方米；校舍建筑总面积为7933.15平方米，生均7.4平方米；体育场地总面积8769.71平方米，生均8.1平方米；数学科学和音体美器材配备均按一类配备；计算机总台数115台，百名学生拥有计算机11台；图书总册数36830册，生均图书34册；学生与教职工比为15∶1；高于规定学历的专任教师比例中师生比为1∶16.9；高于规定学历的专任教师比例为97%。

【文化卫生】 在协会的指导下，由各村轮流举办“刀山火海”旅游文化节。继续开展好每月28日的系列文化活动，鼓励和引导群众培养健康向上的业余爱好，全镇有民族民间文艺队15支和3个艺术团，拥有文艺表演队员600余人。全镇共有图书室7个，其中镇级共有藏书5000多册；文艺团队15支30人具有一定表演技能，分别有国家级民间艺人2人，省级民间艺人2人，州级民间艺人4人，市级民间艺人7人，共15人。加强农村文化阵地建设，新建4个村级文化活动场所，把每周二和每月28日定为“文化活动日”，积极开展群众性文体活动和农村节日活动；鲁掌镇民俗文化研究协会已成功举办四届“刀山火海”旅游文化节，共组织各种大小活动20多场次，参与人数3800多人。放映边免电影72场，每场有观众50多人，合计总观众数3800多人，完成了文化站扶贫攻坚大喇叭安装工程。新型农村合作医疗实现全面覆盖，鲁掌镇应参保10165人，实参保10124人，参合率99.60%。

【民政工作】 全年城乡居民养老保险实际参保人数7774人总缴费额57.6万元，累计发放待遇1421022.71元。截至11月，全镇城乡居保应参保5893人，实际参保5491人，其中享受待遇1440人，全镇参保率93.18%。全镇共有低保对象1657户2500人，1—12月累计发放低保金4968240元；城镇低保居民127户221人，1—12月发放低保金901308元，共为116户207人城乡低保边缘户和边民临时救助支出2万元；各类救灾救助支出

7万多元；粮食救助1331户、3815人、12.5吨；大衣120件，棉被170张；全镇共有3463户农村居民符合边民资金的发放条件，共发放边民资金346.3万元。

【综合治理】 开展反邪教警示教育活动，发放各种宣传资料3000余份，播放光碟20余次，出宣传栏5期，书写大小幅标语105余幅，受教育人数达10000余人次。共排查出矛盾纠纷60起，其中基层化解25起，由镇司法所等职能部门参与调处35起，调处率达100%，调解成功达成协议35起，成功率100%。2017年，集中力量对偷窃、邻里矛盾频繁发生引起违法犯罪活动进行严厉的打击和整治。为加强对安全生产和危爆物品管理，派出所重新修补完善各项规章制度，更新登记台账，并每月检查一次，深入一线排查督导，及时发现隐患，堵塞漏洞。

【自身建设】 坚持民主集中制，大力推行政务和村务公开，行政权力运行更加公开透明。深入开展党的群众路线教育实践活动、“三严三实”和“忠诚干净担当”专题教育、“两学一做”学习教育。全面落实主体责任和监督责任，严格执行《廉政准则》和《纪律处分条例》，党风廉洁建设和反腐败斗争取得新成效。并以创建“担当型”政府为契机，不断加强政府自身建设，积极开展“担当型”政府创建工作，全面落实从严治党政治责任，不断强化“四个意识”，做到“四个合格”，深入推进领导班子和干部队伍作风建设，以解决“怕、慢、拖、推”问题为重点，以创建“五强”领导班子和“五好”干部为导向，使领导班子和干部职工真正成为在问题面前不退缩、矛盾面前不回避、困难面前不叫苦、焦点面前不胆怯的“担当型”人民勤务员，真正肩负起赶超跨越和决战决胜脱贫攻坚的历史使命，着力打造亲民为民、阳光高效的形象。

表 2

2017 年鲁掌镇基本情况表

指标单位地名	自然村（县志）	村民小组	农村户数	农村人口			农村贫困家庭摸底排查结果		农村实有劳动力	年末实有耕地面积			年内粮豆播种面积	当年生产粮豆总产量	人均占有粮食	农村经济总收入	农村经济纯收入	年内出栏生猪	年末出栏山羊	年末生猪存栏	年末山羊存栏	年末大牲畜存栏			
				合计	其中		户数	人数		合计	水田	旱地										合计	牛	马	其他
					男	女																			
	个	个	户	人	人	人	户	人	人	亩	亩	亩	亩	千克	千克/人	万元	元/人	头	只	头	只	头	头	匹	
洛玛	9	13	360	1188	646	542	51	146	783	3308	700	2608	6640	633800	533	766.8	5949	2460	987	3694	1652	779	730	19	30
鲁祖	12	18	577	1704	909	795	22	54	1007	3250	980	2270	7713	971900	570	1133	6948	4062	1160	4108	2382	1109	1097	3	9
鲁掌	15	31	1074	3352	1622	1730	70	247	1786	2070	978	1092	5828	853500	255	20078.7	6825	4773	9323	5080	1688	1060	990	6	64
浪坝寨	6	11	414	1255	657	598	4	14	980	3373	565	2808	6825	705000	562	928.5	6482	3418	954	3322	2197	937	892	9	36
三河	8	12	400	1336	743	593	22	80	732	3667	586	3081	6851	754900	565	1041.5	7564	3181	824	3230	1809	849	714	16	119
登埂	10	16	849	2788	1456	1332	271	920	1411	1448	582	866	4783	825900	296	1279.5	5583	3562	970	3352	1545	732	675	25	32
大牧公司																		180		912					
合计	60	101	3674	11623	6033	5590	440	1461	6699	17116	4391	12725	38640	4745000	408	7158	6503	21656	5827	23698	11273	5466	5098	78	290
上年同比（+、-）													–4160	–571000		+287	+345	+46	+37	44	+91	–3	+8		
百分比（%）													–9.7	–9.04		+4.18	+5.6	+0.2	+0.6	+0.19	+0.8	–0.05	+0.16		

说明：全镇共计 4405 户、12794 人，全镇户数比 2016 年增加 153 户，人口增加 1304 人

（茶愿海）

上江镇

【概　况】 上江镇位于泸水县南部，镇域地处北纬25° 33′—25° 47′，东经98° 45′—98° 53′，东隔怒江由北向南分别与六库镇、大理州云龙县民建乡、保山市隆阳区瓦马乡相望，西接保山市腾冲县界头乡，南与隆阳区芒宽乡相连，北接鲁掌镇和六库镇，南北最大纵距28千米，东西最大横距15千米，总面积347.83平方千米。镇境为高山峡谷向宽谷的过渡地带，山势平缓，河谷开阔，有众多的冲积坝子，境内最高峰是付坝村的高黎贡山，海拔3780米，最低点是蛮英村的石头寨，海拔738米（为全州最低海拔）。镇境为亚热带河谷季风气候，全年无霜且光照条件好，热能资源丰富，年平均气温21℃，年平均降水量1100毫米。境内分布着大小河流6条，水库1座，有大小水利165条，其中主干水利10条，水利化程度90%，水能资源较为丰富。居住着汉族、傈僳族、彝族、傣族等16个民族，少数民族占总人口的87.6%，傈僳族占总人口的72%。全镇耕地面积2435.87公顷，其中水田1111.4公顷，人均耕地1.16亩。上江镇处于三州（市）、四县（区）、五乡（镇）结合部，金六、六曼两条高等级公路贯穿全境，是怒江州进出大理、保山的“南大门”，有较好的区位优势。乡政府驻丙贡村大墩子，距六库22千米。

2017年3月21日，市人民政府批准成立上江镇大墩子社区。年末，全镇辖丙奉、蛮英、丙贡、付坝、大练地、新建6个村民委员会和大墩子社区1个社区，74个自然村，148个村民小组和8个居民小组。全镇共有10391户32190人（农业户7658户、农业人口30941人）。全镇乡村公路通车里程187千米，148个村民小组中有146个组通公路，进组公路通达率98.6%。

2017年，全镇学习贯彻党的十八大、十八届历次全会和党的十九大精神，贯彻落实习近平新时代中国特色社会主义思想，围绕“12345”发展思路，深化供给侧结构性改革，整治提升乡村环境，经济社会平稳健康发展。

【综合经济】 2017年，全镇农村经济总收入25228万元，比2016年增加712万元，同比增长2.9%；农民人均纯收入7903元，比2016年增加101元，同比增长1.3%；财政收入1988.97万元，支出1973.57万元。外出劳务收入6907万元，比2016年增加1157万元，同比增长20%。

粮食总产量15601吨。种植优质稻1200亩、蔬菜8100亩、甘蔗6105亩、香料烟601亩、核桃36889亩、草果14300亩、咖啡3970亩、花椒481亩。生猪存栏61820头，出栏51332头；牛存栏8773头，出栏4128头；山羊存栏10182只，出栏4236只；禽类存栏86221只，出栏61338只。肉类总产量5203吨，畜牧业总产值5078万元，较上年增加245万元，同比增长5.07%。有农民专业合作社22个。

培育工业支柱产业，全镇有企业11家，投资200万元以上的5家，工业产值13170万元，比上年增加1300万元，同比增长9.52%，上缴税金338万元，比上年增加19万元，同比增长5.96%，从业人员933人，新增23人；蛮英农贸市场改扩建项目竣工投用，建立镇级电商服务站1个，村级电商服务点6个。

【精准扶贫】 围绕脱贫攻坚计划，落实扶贫特惠政策，确保实现“两不愁三保障”，助力脱贫致富。加大脱贫攻坚宣传力度，开展扶贫政策宣传、文艺扶贫、志愿服务工作，组织惠民文艺演出14场次，提振贫困群众的精神气，同步推动精神脱贫与物质脱贫，巩固脱贫成效。严格按照省、州、市要求，认真开展精准识别工作，确保精准识别“不漏一户，不落一人”；按照程序，紧扣人均纯收入3200元贫困线和“两不愁三保障”识贫标准，通过“一进二看三算四比五公示”，对符合条件的农村贫困人口进行了精准识别，真正做到户有卡、村有册、乡有簿，底数清、情况明；通过“找问题、补短板、促攻坚”专项行动及贫困对象动态管理工作，摸清贫困人口底数，全镇建档立卡贫困户共1126户4397人。抓产业扶贫，实施“211211”贫困户专项扶持项目，激发贫困户的内生动力，采取“各村集体公司+龙头企业+种养殖专业合作社+示范基地+建档立卡贫困户”的模式，结合各村发展基础条件，因地制宜发展果蔬种植、畜牧养殖产业，实施了丙奉村和蛮英村依托怒江民荣冷链物流有限公司发展蔬菜种植，丙贡村和付坝村依托怒江瑞佳农林发展有限公司发展种植火龙果，新建村和大练地村依托泸水嘉谷农业发展有限公司发展生猪养殖的产业规划。认真做好四类重点人员危房信息采集和录入工作，完成2016年下达的农村危房改造任务指标447户，确保建档立卡户都能住上安全稳固的住房。完成蛮英村义路桥13户45人（全部为建档立卡户）和丙奉村小坪子组22户96人的易地扶贫搬迁安置工作；动员并签订易地扶贫搬迁城镇化集中安置“三项协议”316户1308人。实施“雨露计划”和“三个一批”全覆盖工程，转移输出农村劳动力2560人次，安排生态护林员152名。全镇贫困发生率由2014年的18.60%下降到10.92%，减贫人口456户1795人。

【基础设施】 抓设施、抓项目，夯实发展基础，完成6个村9个点村级卫生计生服务室标准化建设并投入使用；推进6个村公路水泥路硬化和改建工程，新建、改建29.9千米，投资1600余万元，人民群众出行条件得到改善；完成中央财政重点县水利项目付坝村、蛮英村、大练地村、新建村等灌区水利项目，丙奉村小坪子组、蛮英村蛮召38户的易地扶贫搬迁，七棵树饮水工程建设，受益54个村民小组3024户10584人，改善灌溉面积6100亩，投资560万元；完成保泸高速公路征地2588.3324亩，兑付补偿金2.12亿元，签订协议912份，涉及862户农户；上江半山经济环线公路征地2606.38亩，兑付补偿金1.18亿元，涉及农户1647户。怒江州级社会事业项目建设土地征地拆迁工作有序推进，完成职教中心以南片区征迁工作，征地310.89亩，兑付补偿金3564.49万元，州残疾人康复中心和州中心血站已开工，大南茂片区2个州级事业单位征地42.5亩，涉及农户20户；完成美丽公路沿途风貌打造村庄现状调查工作，调查总户数408户（其中建档立卡贫困户32户），建筑面积66203.5平方米。

【改善环境】“两违”整治和提升城乡人居环境工作顺利推进。年内，投入200多万元，新修建镇民族综合文化服务中心；投入60多万元市政环卫经费，推进环境卫生整治和市场管理，完成了自来水厂、污水处理厂、垃圾处理厂等市政基础设施建设项目的规划选址和可行性研究报告编制工作；申报上江少数民族特色小镇项目建设，完成百花岭旅游特色村一期项目建设。

【生态文明建设】 推进“怒江大峡谷国家公园”“怒江花谷”上江段生态建设和镇、村两级示范样板林建设工作，完成“怒江花谷”生态建设项目面积1198.4亩，完成新一轮退耕还林还草任务2.45万亩；生态修复、陡坡地治理成效明显，完成陡坡地治理未到期1000亩的补植补种工作，发放节能灶120套，安装太阳能57套，完成天保二期管护面积15.53万亩，健全森林火灾联防机制；加强农产品质量安全监管，实现主要农药使用量零增长；开展环境保护大检查大练兵活动，生态文明创建申报工作扎实开展。

【社会事业】 2017年，落实惠民政策，发放农村4550户8200人低保补助金1630.422万元、城镇52户88人低保补助金36.341万元；发放临时救济金9.56万元、优抚救济金42.3243万元、特困人员救助金12.915万元；发放散居孤儿、事实无人抚养儿童、特困家庭儿童基本生活保障金

23.1039万元；发放高龄补贴18.468万元、边民补助金824.6万元；发放退耕还林补助金、公益林生态补助金、农业支持保护补贴资金等各项惠农资金587.41万元；"阳光家园计划"共资助残疾人家庭24户，共计1.92万元。改善民生，城镇居民医疗保险参保率100%；新型农村社会养老保险参保13660人，新型农村合作医疗参合29656人，参合率100%。整合教育资源，推进义务教育均衡发展，完成旧乃山、平安寨、丙贡、龙塘等4所完小的学生宿舍建设项目；新建百花岭、丙贡、丙奉、龙塘、旧乃山、平安寨6所幼儿园，实施"一村一幼"项目建设。继续推进村级卫生服务室建设，提供优质计生服务，稳定低生育水平，提高出生人口素质；继续开展健康扶贫工作，做好因病致贫、因病返贫的复核、核查工作，推进家庭医生签约服务工作，建档立卡贫困人口家庭医生签约率100%。发掘旅游资源促进农旅融合，发展乡村旅游，百花岭旅游特色村一期建成投用，悬崖小镇、怒江傈僳风情小镇、百花岭旅游特色村二期等重点旅游项目加快推进。年内，开展惠农惠民文艺演出5场次，放映免费电影72场次。

【社会管理】 加强社会治安综合治理，加大防范处置力度，维护社会稳定，年内，完成"七五"普法工作任务，健全"谁执法谁普法"责任制，结合"普法宣传月""科技三下乡""6·25全国土地日""6·26国际禁毒日"等活动，在村镇和集市开展宣传，共举办宣传活动9次，印发宣传资料2000余份，悬挂宣传标语3幅，受教育人数达15000余人；严格落实安全生产"党政同责、一岗双责、失职追责"责任制，抓好道路企业安全生产、交通安全、森林防火安全、食品安全、校园安全和农业生产生活安全等重点行业的安全监管，安全生产形势稳中向好；抓矛盾调处工作体系建设，共排查调处矛盾纠纷12起，调处成功12起，调解成功率100%。

【社区组建】 3月21日，市人民政府批准成立上江镇大墩子社区。在市委、市人民政府、市委组织部、市民政局和上江镇党委政府部署、组织下，从9月24日至12月25日，历时3个多月，完成大墩子社区组织建设、制度建设和确定临时办公地点等组建任务。大墩子社区辖区范围：东至怒江，南至蛮英村，西至丙奉村，北至新建村，处于金六公路两侧800—1000米范围，面积104.5平方千米；辖圆梦、凤凰、南门、南坊、北营、东升、和谐、齐奔8个居民小组，个体企业125户，驻社区行政事业单位19家；社区总人口有783户1098人，其中，常驻人口493户741人、流动人口290户357人，社区党员15人。

【自身建设】 按照建设"高效、廉洁、务实、为民、法治"政府的目标要求，加强政府自身建设，强化"四个意识"，加大对重点工作、重大项目的推进落实力度。按照市委市人民政府的工作部署，推动"两学一做"学习教育制度化常态化，严厉查处"四风"和腐败问题，整治"慵、懒、散"等机关病，全镇各级干部作风明显好转；自觉接受人大监督，认真办理人大代表提出的议案，办复率均达100%；深化财政、教育、卫生等改革，加强政务服务、镇为民服务中心、村级便民服务站工作，推进政务公开，政府工作公开透明；坚持依法行政，把科学民主、依法决策，公众参与、集体讨论决定作为重大行政决策法定程序，让权力始终在阳光下运行；坚持廉洁从政，落实党风廉政建设责任制，修订完善《干部日常管理制度》《公务用车管理制度》《公务接待管理制度》《会议培训及差旅报销管理制度》等相关配套制度，严控"三公经费"支出，加大对政府采购、工程建设等重点领域行政监察和财政监管力度；深化政府信息公开，畅通政民互动渠道，积极回应群众呼声，切实解决群众反映强烈的热点、难点和重点问题，全面提高政府的公信力和执行力；提升村级规范化管理，完善代管批准把关、财务管理、阳光议事等多项规章制度，党政主要领导带头、包村挂钩领导列席各村阳光议事会，公开群众关心事项，规范村级事务决策程序。

2017 年上江镇各村基本情况表

表 3

村名	村民小组数（组）	总人口数（人）	耕地面积（公顷）	粮食产量（吨）	人均产量（千克）	农村经济总收入（万元）	人均纯收入（元）
蛮英村	25	5579	550.53	3089	554	4815	8227
丙奉村	24	4722	373.87	2802	593	4053	7687
丙贡村	23	6035	569.53	3618	600	5326	8444
付坝村	18	4313	331.93	2329	540	3615	8243
大练地村	33	5094	326.67	1989	390	3847	7570
新建村	25	5198	283.33	1774	341	3572	7170
合计	148	30941	2435.86	15601	504.22	25228	7903

（密玉林）

老窝镇

【概　况】 老窝镇位于泸水市东南部，镇域地处北纬 25° 44′—26° 05′，东经 98° 56′ —99° 09′，东接云龙县功果镇、苗尾乡，南与云龙县漕涧镇接壤，西连六库镇，北接大兴地镇，南北最大纵距 13.58 千米，东西最大横距 23 千米，全镇总面积 350.22 平方千米。地形起伏明显、盆岭相间，地势东北偏高，西南略低，境内最高峰是荣华村的红海梁子，海拔 3606 米，最低点是银坡村的茅草坪，海拔 1080 米。镇境属温带季风气候，温暖湿润、四季分明，年平均气温 19℃，年平均降水量 1117 毫米，无霜期 294 天。居住着白族、傈僳族、彝族等 7 个少数民族，白族占总人口的 63%。全镇耕地面积 22110 亩，人均耕地面积 1.59 亩。辖荣华、中元、崇仁、老窝、银坡、云西 6 个村民委员会，67 个自然村，95 个村民小组。镇政府驻老窝村箐门口，海拔 1540 米，距六库 24 千米，是怒江通往内地的重要交通枢纽之一。2017 年，全镇总人口 4724 户 15320 人，其中农业人口 4272 户 14430 人。

【综合经济】 农村经济总收入 12320 万元，比 2016 年增加 1211 万元，同比增长 10.90%；人均纯收入 7709 元，同比增长 10%；外出劳务收入 4108 万元，同比增长 11.24%。

【脱贫攻坚】 坚持把脱贫攻坚作为“首要政治任务”和“头号民生工程”来抓，围绕“两不愁、三保障”目标，着力“安居、增收、强基、育才、社保”五大工程，重点实施“六个一”扶贫产业工程。

2016 年启动建设 1 个安置点，项目总投资 3005.09 万元，按照傈僳族、彝族、白族 3 种民族风格，分别设计 80 平方米、95 平方米、135 平方米三种户型，涉及农户 154 户 577 人，总建筑面积 12860 平方米，户均 83.5 平方米。2017 年全部建成并入住，其中安居工程投资 2235.09 万元，户均投入 12.5 万元，共建设 54 套安居房，受益农户 54 户 139 人，其中建档立卡贫困户 39 户 104 人；建成易地扶贫搬迁安置房 100 套，受益 100 户 438 人，其中建档立卡户 84 户 368 人；基础设施建设工程投资 710.86 万元。2017 年，实施 281 户建档立卡贫困户 C、D 类房屋改造，已全部完工并入住，其中，C 级危房改造 175 户、D 级房屋改造 106 户；以建设美丽乡村、民族团结特色村寨为目标，种植花椒、木瓜、刺笼苞、樱桃、马铃薯等，发展庭院经济，将搬迁点打造成六库市民“春观花、夏避暑、秋摘果、冬赏雪”的假日出游地，建成特色美丽宜居村寨，确保

“搬得出、稳得住、能致富”。

组织州、市、镇十一个挂联单位372名干部职工开展“找问题、补短板”、动态管理工作。通过核实清理，全镇无建档立卡漏评户、错评户、错退户，动态管理没有建档立卡新增户、剔除户、返贫户，全镇2017年有建档立卡贫困户和贫困人口549户1992人。通过产业扶持、基础设施建设等项目帮扶，根据贫困户退出6项指标、贫困村退出10项标准，年末，全镇退出3个贫困村、498户建档立卡贫困户和贫困人口1845人，全镇有建档立卡贫困户和贫困人口51户144人。

【农业生产】 调整优化农业产业结构，提高农产品质量，发展“名特优”新产品，年末完成魔芋、羊肚菌、中药材、香椽等产业示范种植面积950亩，完成农业产业结构调整2.1万亩。全镇完成大春农作物播种面积4.03万亩、良种推广27000亩、大春科技项目推广39455亩，完成科技试验示范3005亩，建立国家级农户施肥情况观测点3个，共就位大春物资1177.5吨，举办农业科技培训29场次，受训2650人次；全镇完成晚秋作物播种面积4500亩、小春播种8480亩，完成农用拖拉机正常检验116辆，推广农业机械微耕机19台；完成六个村土地承包经营权确权准备阶段和调查摸底阶段的工作，正在开展清查勘测阶段工作；完成省级基点调查60户的统计和数据录入工作，调解农户土地纠纷4起，兑现农业综合补贴4152户47810亩共计289.2万元，其中，中央补贴282.9万元、省级补贴6.3万元；建立健全农村集体财务长效机制管理工作，建立农村集体财务代理中心，严格按照三项资金的审批程序及办理流程开展日常工作，6个村已全部建立健全了总账。

【林业工作】 年内，完成荒山造林500亩。完成新一轮退耕还林还草11700亩，其中，退耕还林8700亩、退耕还草3000亩。实施中幼林抚育2000亩，发放安装太阳能120座，发放节柴灶80个，办理农民自用材采伐100立方米。兑现生态公益林补偿资金185万元、历年退耕还林资金318万元、陡坡地治理项目补助资金7.28万元，发放护林员195人（其中生态护林员166名）工资163.8万元。调查、赔付野生动物肇事4起，查处破坏森林资源案件8起，协助森林公安查处案件3起，协调解决林政纠纷4起。加强护林防火宣传、加大野外火源管理力度，强化护林员技能培训，共计召开护林员培训会8次，年内无森林火灾。推动“怒江花谷”建设，栽种三角梅2.1万株，抓好生态保护，动员群众在公路沿线栽花种树，发展庭园绿化，着力打造“花谷后花园”。

【畜牧业】 加强动物疫病强制免疫和常规免疫工作，春秋防疫工作根据分片包干、集中免疫、整村推进的要求，做到村不漏组、组不漏户、户不漏畜、畜不漏针，年内共注射猪W疫苗39651头份、猪蓝耳病疫苗39651头份、细胞二联脾淋39651头份，注射牛W疫苗6043头份，注射羊W疫苗注射50029只份、羊小反刍兽疫疫苗14362只份，注射禽流感疫苗43122羽，注射鸡新城疫疫苗90598羽。加强动物疫病检测及疾病防治工作，全年发放了生石灰粉3000千克、消毒粉20件，全镇生猪发病数为865头，治愈746头，治愈率86.24%；公路动物防疫临时监督检查站共检查运输动物车辆390辆（次），检疫生猪1275头、羊3120只、禽类1940只，消毒过往运输车辆390辆（次）。加强市场检疫工作，全年共检疫猪1584头、牛57头、羊55只。加快黄牛生猪品种改良步伐，推广优良品种，促进了群众增收，黄牛品种改良共配种40头，产31头；生猪品种改良1500窝，产仔1400窝，共计产仔1.1万头。年末，全镇有1600头以上生猪规模养殖户1户，300—400头有3户，100—300头有6户，50—100头有25户；土鸡山地林下养殖万只以上规模户有3户，1000—5000只有5户；

黄牛养殖50—100头有6户。

【水利建设】 年内，制定《老窝镇河长制工作实施方案》，成立镇、村两级河长，做到职责分明、责任到人、各司其责，同时加大宣传引导力度，做到家喻户晓，开展岸边违章搭建清理、沿河卫生整治、河道清淤整治等工作，形成了河道、河水环境治理的长效管理机制。完成荣华村分水岭易地扶贫搬迁点饮水工程建设，完成银坡村荒田自然村、政府街道和学校片区、崇仁村苗嘎、老窝村指甲拉、中元村喇哈大寨子的饮水水毁修复工程，巩固提升崇仁村比西，老窝村老街子，中元村上下赶马山，荣华村上下白嘎，分水岭十七组，云西村王家寨、棕树坪、凹子寨饮水工程。投入53万元建成荣崇大沟和花桥水沟及其他水利抢修工程；中元丹公地蔬菜大棚管灌工程和春林重楼种植基地喷灌工程正在施工；完成云西村下鲁表水沟、银坡村栗子林水沟、崇仁村张文胜水沟和老窝村车厘子项目滴灌喷灌的测量规划工作；协助完成老窝河河堤修复规划工作，对镇域内大小水沟进行全面清淤。

【防汛减灾】 完善《老窝镇防汛应急预案》，组建防灾减灾巡查工作组，年内，对镇内山体滑坡、山洪泥石流和地质下沉等地质灾害隐患点和怒江昆钢水泥厂、响水河电站和华能风力发电站等工矿企业及各大小河流沿岸住户、沙场、电站、学校等各隐患点进行排查12次，严格执行24小时值班制度和领导带班制度，密切监视汛情、雨情、险情，加强镇境内的各大小采砂采石点巡查力度，对存在隐患的采砂采石点提出了整改意见。进入汛期，严格遵守值班制度，并做好灾情记录、上报和抢险救灾工作。

【教育事业】 贯彻落实14年免费教育政策，全镇有在校生1756人（中学生462人、小学生941人、幼儿生353人），均享受到了14年免费教育，共享受国家政策性补贴405.26万元（初中在校生补贴103.95万元，小学、幼儿在校生补贴301.31万元）。强化落实控辍保学工作，成立以镇长为组长、挂钩领导为副组长、各校校长、村委会主任为成员的“控辍保学”领导小组，形成了镇保入学率、村保巩固率、校保合格率的工作格局，层层签订“控辍保学”目标责任书，全镇适龄儿童入学率100%、残疾儿童入学率100%，辍学率0；初中毛入学率99.2%，辍学率0。年内，完成银坡村幼儿园、老窝中学女生院卫生间建设工程，投入资金102.22万元（银坡村幼儿园建设资金34.22万元、中学女生院卫生间建设资金68万元）；完成教育均衡发展十大项、二十小项考核指标的自查自纠和整改工作，已初步达标，喷写永久性宣传标语25条。2016—2017学年全镇小学各年级全科总评、中考成绩均名列全市前茅。年内老窝镇被评为泸水市2016—2017学年控辍保学先进集体。

【文体广电事业】 年内，全镇共放映农村免费电影72场次，发放广播电视“村村通”设备210套，确保广播电视长期通、时时通、户户通；完善文化共享资源服务工作，完成了中元、银坡、老窝村农家书屋10574册图书登记造册工作；加强各村文化活动室建设及文艺队辅导培训工作，年末，全镇有5支农村文艺队伍、2支舞龙队；组织拍摄了美丽老窝、生态火腿之乡、老窝味道等宣传短片，编制宣传手册，在州、市新闻媒体进行宣传报道；成功举办“大美老窝　毅路同行”徒步活动及“品老窝火腿，赏田园风光”首届怒江大峡谷老窝火腿文化旅游节系列活动。

【公共卫生服务体系】 不断完善新型农村合作医疗制度，做好医疗保险工作，结合全镇脱贫攻坚，有效解决农民看病就医、因病致贫、因病返贫的问题；继续巩固完善基本药物制度，实行零差率销售，推进基层医疗卫生机构综合改革；统筹推进基本公共卫生服务，加强居民健康档案管理，不断做好计划免疫、基础免疫、强化免疫工作；国家免费孕前优生健康检查项目工作和妇幼健康计划全面启动，“二孩政策”全面落实；不断加强医德医风建设，稳步推进“平安医院”创建；完成老窝、云西、银坡三个村的卫生室标准化建设，正在加快推进荣华村卫生室标准化建设；广泛深入开展防艾知识宣传，加强特殊人群艾滋病预防管理。全镇居民健康档案建档率达75.8%，孕产妇住院分娩率达95%以上，全镇新生儿基础免疫建证、建卡、接种率达95%以上，“二查”“四查”随访率达98%，全年开展婚前检查66对，孕前优生健康检查161人；全镇出生133人，死亡99人，人口自然增长率为2.25‰；积极推广中医药新技术、新项目，共服务群众1100余人次；全年全镇医疗保险门诊就诊43284人次（村卫生室就诊16118人次），住院105人次，共计减免补偿金额92.25万元，卫生院住院补偿12.53万元，卫生院门诊补偿50.05万元，村卫生室补偿29.66万元。

【残联工作】 年内，完成镇第一届残疾人联合会换届工作，选举产生了第一届残联主席团、理事会；完成480户493人的残疾人家庭情况、就业需求等基本状况的调查登记工作，为残疾人开展各类培训，搭建就业平台提供科学依据；完成残疾人“两项补贴”即护理补贴、困难生活补贴发放工作，全镇有一级残疾人105人，发放补贴资金10.605万元，二级残疾人126人，发放补贴资金9.70万元，三级残疾人215人，发放补贴资金10.75万元；完成14户残疾人无障碍改造，兑现帮扶补贴资金8.4万元。

【民政工作】 完成留守儿童18人，困境儿童64人的核实上报工作；完成农村低保、城市低保、优抚对象等民政对象的年审工作，共兑现民政对象政策性财政补助713.42万元，其中，农村低保保障3000人保障金598.84万元，城市低保保障59户113人保障金45.2万元，孤儿补贴9.45万元，五保户40人保障金20.16万元，老乡干部33人政策性补贴3.492万元，优抚对象84人政策性补贴35.78万元。开展防灾减灾、特困群众生活物资救助工作，年内救助困难群众308户，救助金额15.5万元；发放救灾大米9吨、棉被70张、塑料布8卷400米。推进老龄委和婚姻工作，全年发放60岁以上2250人229.5万元基本养老金，80岁以上434人36.46万元（每人年标准840元）高龄补贴。完成婚姻登记77对。2017年，全镇城乡居民医疗保险筹资总额198.83万元，参合率93.43%，其中建档立卡贫困户参保率为100%；新型农村养老保险筹资总额59.19万元，续保率98%，其中建档立卡贫困户参保率为100%；劳动力转移就业3700人，其中，本地务工2500人，州外务工1200人，动员劳务输出珠海4批次，输出人员60人。

【安全生产】 严格按照安全生产“五级五覆盖”“一岗双责”和“党政同责”的要求，加强对消防安全和生产安全工作的责任落实，多渠道加大安全生产宣传、监管和巡查力度，组织开展“安全生产月”“职业病防治咨询讲座”“八月联合大检查”3次安全综合宣传检查活动，共计发放宣传材料3000余份，受益8000人次；在春节、国庆、中秋、党的十九大等重要节假日和时间段，重点排查安全隐患，共发现安全隐患6起，下达《责令限期整改指令书》6份，并完成了追溯整改工作，遏制重特大事故的发生；年内，六库至老窝段道路一直处于修缮状态，为防止交通事故的发生，镇党委政府严格执行周末值班领导带班执勤制度，镇安委办、交警中队、农机站联合开展交通集中整治20余次，累计出动20车次、80人次，发放机动车安全宣传材料1200余份，改善老窝的交通秩序，方便群众出行，遏制道路交通安全事故的发生；按照市人民政府2017年食品安全工作要求，以食品安全专项整治工作为重点，主要以平时检查和专项检查相结合，面上检查和突击抽查相结合，明察暗访相结合的工作模式，对镇卫生院、村卫生室、学校食堂、工业园区食堂及各餐馆旅社开展食品药品安全检查，全年，主要领导参加的检查4次，分管领导参加的检查15次，市镇专项整治和联合检查10次，共出动执法人员85人次，检查食品药品经营户30户次，发现安全隐患20处，现场整改12处，限期整改8处，未发现食品药品重大安全隐患。年内老窝镇代表泸水市接收州人民政府的安全生产工作考核，获得了良好评价。

【民族宗教】 贯彻落实党的民族宗教政策，开展民族团结进步宣传教育，推进社会管理创新，提升社会管理能力，维护群众合法权益、保持社会和谐稳定；加强民族宗教引导工作，完善制度，促进宗教活动场所的规范化、制度化建设。年内，完成宗教基本情况调查工作，全镇有已登记的佛教活动场所，开展民族宗教政策培训4场次，参训1813人次。

2017年老窝镇行政村基本情况表

表4

村委会名称	村民小组数（个）	总人口（人）	耕地面积（亩）	粮食产量（吨）	人均有粮（千克）	农村经济总收入（万元）	人均纯收入（元）
崇仁村委会	14	3402	4744.5	1377.5	405	2490	7754
老窝村委会	19	2419	2625	937	387	1990	7673
云西村委会	16	1165	3700.5	610.5	524	1650	7622
银坡村委会	11	1567	2470.5	791	505	1800	7671
中元村委会	14	2736	3027	1062	388	2000	7690
荣华村委会	21	3179	5550	1898	597	2390	7754

（陈杨亮）

大兴地镇

【概　况】 大兴地镇位于泸水市中部的怒江两岸，东接云龙县苗尾乡，南连六库镇和鲁掌镇，西与缅甸接壤，北与称杆乡毗邻，国界线长2.96千米，南北最大纵距24千米，东西最大横距30千米，全镇总面积387.21平方千米。地处横断山脉纵谷区，以高黎贡山和碧罗雪山为主体，山高、坡陡、谷深，地势两边高中间低。最高峰是鲁奎地村的亚说洛山，海拔3888米，最低点是鲁奎地村的王登，海拔1307米，山区、半山区占总面积的90%，坝区占总面积的10%。气候垂直变化明显，高山寒冷、半山温和、江边河谷炎热，年平均气温19℃，无霜期294天，年平均降水量1118毫米。全镇耕地面积28811亩，人均耕地面积1.7亩。辖自扁王基、卯照、鲁奎地、团结、自基、木楠、四排拉多7个村民委员会，75个自然村，136个村民小组。228省道（瓦贡公路）沿怒江自南向北贯穿全境。镇政府驻自扁王基村灯笼坝，距六库23千米，

2017年，全镇总人口5544户16630人，其中农业人口5148户15890人；建档立卡贫困户2063户6238人，镇内居住着傈僳族、白族、汉族等8个民族，主体民族是傈僳族，占全镇总人口的93%。大部分群众居住在海拔1000—2300米的半山高山地带，村落相对分散。境内有听命河、自基河、维拉坝河、芭蕉河、木楠河等6条主要入江大河，已开发3条河流，总装机37.2万千瓦。森林面积45.8万亩，覆盖率67%，林地面积26.58万亩。

【农村经济】 农村经济总收入14235.5万元，较2016年末的13475万元增加760.5万元，增长5.6%。农村常住居民人均可支配收入5915元，较2016年末的5660元增加255元。全镇粮食播

种面积2759公顷，粮食总产量6956吨，较2016年末的7723吨减少767吨。

【种植业】 全镇总翻耕面积1.8万亩，调运肥料630吨，调运良种10.4吨。大春总播种面积2.97万亩，粮食作物播种面积2.6万亩，经济作物播种面积0.37万亩。完成杂交玉米地膜覆盖0.2万亩，粮食作物间套作0.8万亩，无公害蔬菜栽培0.13万亩，病虫害综合防治0.35万亩。完成中央和省耕地地力保护资金补贴面积10.68万亩，共补贴资金323.28万元，惠及农户4917户。晚秋作物完成5000亩，冬农开发完成6000亩。完成产业结构调整面积2006亩，投入资金228.44万元。

【畜牧业】 全镇生猪存栏18280头，其中能繁母猪存栏1119头；牛存栏5145头；山羊存栏11871只。实施春秋两季动物常规免疫和病、禽流感、猪蓝耳病强制免疫工作，共免疫注射猪（口蹄疫）2.49万头。全镇动物耳标佩戴6582头，对养殖场免疫监管达100%。

【林　业】 全镇完成退耕还林2.58万亩任务，建设8个样板林共450亩，历年退耕还林工程面积保存率达到90%，义务植树4万株，四旁植树2万株，苗木保存率达到90%以上。农村新能源建设工作，发放太阳能热水器100套，节柴生态炉100口；落实森林防火责任。

【脱贫攻坚】 通过采取政府投入产业发展资金，由村集体经济组织、公司及当地农民专业合作社负责实施，贫困户参与项目建设运作模式，带动贫困户脱贫致富。实施2017年产业结构调整项目，覆盖建档立卡贫困户1808户5403人次，项目资金达650万元。发展大蒜、羊肚菌、工业辣椒、楤木、火龙果、天门冬、重楼、黄精、白芨、魔芋和高黎贡山猪、肉牛、黑山羊、蜜蜂、鹅等特色种养殖项目。

维拉坝特色旅游小镇计划安置800户3200人，已上报需求621户2073人，其中贫困户502户1663人；搬迁至上江镇叶子花村的贫困户2户6人；搬迁至六库镇丙舍坝的贫困户17户56人。选聘护林员、看山员、森管员共209人，其中贫困户173人；享受草原生态补助的贫困户60户。贫困户子女享受国家义务教育阶段免费政策1372人；大兴地镇寒门学子助学协会资助贫困户50户。完成劳动力转移666人，建档立卡贫困人口170人，其中输送至珠海市就业的贫困户40人。完成劳动力培训505人，其中建档立卡户125人。享受低保政策的贫困户2263户6460人。年内，全镇共脱贫270户965人。

【交通建设】 完成自扁王基村公路、维拉坝至四排拉多村公路路面加宽修复工程、卯照村依地罗通组公路硬化工程（6.5千米）以及卯照村李家组、四排拉多村托咪组、自基村向木组的村间道路硬化工程；架设了2座四排拉多那咪组的生产用桥。正在实施幸福桥至团结村委会约8.3千米的道路硬化，共计投入资金680万元。完成了怒江美丽公路泸水段大兴地镇境内土地协调、房屋征迁和沿途村镇民族特色风貌打造现状调查工作，全镇涉及怒江美丽公路建设用地红线范围内土地279亩，林地8亩，青苗物106亩。

【饮水工程】 全镇安全饮水建设总投资329.38万元，其中，自扁王基村灯笼坝片区供水工程建设投资183.77万元；市水务局投资91万元补助四排拉多村大蒜种植基地和团结村王玛地供水管线建设；正在建设的四排拉多村资坝王登组、阿里王地组、四排拉多组以及自基村栏木坪组等7个饮水安全巩固提升工程，预计投资54.61万元。

【基础设施】 投资39万元完成自扁王基村灯笼坝人行道绿化；投资56.78万元完成自扁王基村灯笼坝人行道改造3200平方米；投资72万元完成12座公厕、12个垃圾池建设；投资14万元安装卯照村四排拉丁太阳能路灯20盏；投资80万元安装自基村太阳能路灯122盏。通过项目建设，使道路亮化、环境卫生得到改善，村容环境更加整洁，全面提升人居环境。投资237万元完成13

个村民小组活动室建设；投资145万元完成鲁奎地村和木楠村村级活动场所建设；配备2016年村民小组党员活动室配套设施设备22套。

【危房改造】 开展农村四类对象住房信息调查评定工作，共排查出C、D危房3200户。年内市级下达大兴地镇C、D危房改造项目建设164户，已全部开工建设，其中修缮加固120户，重建42户，竣工118户。

【教育工作】 推进素质教育健康发展，确保适龄儿童少年完成九年义务教育。把控辍保学纳入《村规民约》，成立由镇党委书记和镇长为双组长，分管教育副镇长和中、小学校校长为副组长的控辍保学领导小组；由镇主要领导及各站所办挂钩联系帮扶学校，建立“控辍保学”责任制，做到责任到人，及时对查摆出来的问题进行梳理、分析、归类，制定整改措施，明确时限完成整改；深入走访辍学学生家庭，了解其流失原因、家庭情况、返校意愿，召开辍学生家长动员座谈会，有针对性的进行劝返工作；签订义务教育均衡发展责任书，把控辍目标分解量化到每一位挂钩领导，各村委会书记、主任及镇各站所办负责人，做到“思想认识到位、组织领导到位、工作力度到位”。2017年秋季入学时全镇有辍学学生78名，小学阶段10名，初中阶段68名。通过劝返工作，已有68名辍学学生返校就读，仍有辍学学生10名。

【文化事业】 巩固民族文化的传承，推进文化体育事业蓬勃发展。元旦、三八、七一、重阳等节日组织开展文艺晚会，举办“扶贫攻坚晚会”，不断丰富职工业余文化生活。利用“农家书屋”、不间断滚动播放电子宣传等平台，让群众充分了解党和国家惠民政策以及日常生活小常识，年内，“农家书屋”借书看书的群众达到5000人次。成立“自扁王基村民间艺术团”，在传承民族文化的同时不断拓展与创新，年内组织艺术团成员参加市民宗局组织的“红灯笼艺术团傈僳民歌传承培训”，提高了艺术团成员的整体素质和文化素养。

【社会保障】 年内，发放自然灾害补助款3.2万元，临时救助款7.16万元，开具“一门受理、协同办理”城镇困难群众临时救助审批表30套，发放救灾、救济粮1.12万千克。全镇特困供养对象115人，发放救济金49.5万元、棉被350余床、多功能大衣210件。社会散居孤儿25人，发放生活补助金275986.8元，80周岁以上的高龄老人有321位，发放高龄补贴26.9万元。拥军优抚全年发放优待金38.5万元。全镇享受农村低保4867户6400人，共发放农村低保资金1253.7万元；享受城镇低保41户60人，共发放城镇低保金24.8万元。建立医疗救助制度解决人民群众最关心的看病难、看病贵的问题，全镇新型农村合作医疗参合人数达15476人5430户、参合费105.3万元，参合率达98%；全镇参合农民就诊累计3.5万人次，门诊累计3.6万人次，住院累计20人次，总医药费累计1.34亿元，总补偿累计79.8万元。全镇养老保险参保人数11964人，参保率69.25%。年内，完成参保人员系统里错误信息数据清理2600余名，完成贫困户参保情况筛查2000余户，经复核符合参保条件的146人已全部纳入。共办理结婚登记106对，办理离婚手续52对，设立婚姻登记档案，归档率100%。

【计划生育】 全镇新生人口178人，一孩46人、二孩119人、三孩13人，无多胎生育；符合政策生育率为100%，人口出生率为1.06‰；由于办证时间长、管理不善遗失或老鼠撕咬等情况，补换证13人，一孩证11人、二孩证2人。出生人口漏报率严格控制在3%以内。加强信息化建设，完成了全镇全员信息录入，共录入信息256条。

【禁毒防艾】 按照市委、市人民政府的要求和禁毒委的整体部署，做到早预防、早部署、早行动，积极落实好组织领导、禁毒宣传教育、禁吸戒毒、禁种铲毒以及易制毒化学品管控等禁毒相关工作。制定《大兴地镇2017年禁毒工作责任书》和《大兴地镇2017年禁毒工作实施方案》，并依托村委会，充分发挥派出所民警、治安信息员和广大群众在禁毒工作中的积极作用，禁毒工作有条不紊开展。通过进校园、进课堂、进教堂以及利用赶集日向广大群众宣传禁毒防艾、法律常识。

【安全生产】 完成“五级全覆盖”“五落实五到位”的工作任务，全面压实安全生产责任。在党的十九大会议期间以及各节假日，镇安监、派出所、镇民兵等对两个市场、人口密集场所、烟花爆竹零售店、中小学校、企业等开展“一日一检”“一日一报”工作。按照“全面落实企业安全生产主体责任”活动主题的工作要求，悬挂标语、张贴宣传画、图片展览，开展安全咨询，发放宣传资料，对道路交通、建筑施工安全、特种设备、易燃易爆物品、学校、公众聚集场所等重点领域、重要行业进行安全生产大检查和安全隐患大排查。年内，全镇发生道路交通事故25起，受伤8人，经济损失2.5万元。

【环境改善】 认真开展环境卫生综合整治工作，共出动人员1200多人次，整治占道经营34家商户，拆除违规彩钢瓦棚、雨棚48个，违规建筑5起，共计900多平方米，取缔非法占道用地2家50平方米，清理228省道公路沿线乱堆沙石料300立方米，清理垃圾死角200多处，焚烧垃圾160多吨。可服务周边集镇范围内4.2万人日处理垃圾10吨的垃圾无害化处理厂已投入使用。加强整治灯笼坝和维拉坝两个集贸市场以及辖区内的228省道环境卫生。将环境卫生整治写入《村规民约》，各村认真落实大扫除日和村庄保洁员制度，7个村委会共聘用25名保洁员，负责日常监督及农村公共卫生清洁工作。累计向灯笼坝及公路沿线农户发放环保垃圾桶200个，省道附近农户集中居住区安放垃圾箱30个，并安排专人定期清运到垃圾处理厂集中处理。在维拉坝面山种植凤凰木、攀枝花500余棵，组织各村党员沿通村公路种植叶子花1000余棵，成活率达90%以上。组织机关支部党员沿228省道种植向日葵1000余株，集中种植50亩，美化了省道两旁环境。全面推进“河长制”工作，成立河长制工作领导机构，制定两级“河长制”实施方案。明确镇级“河长制”工作职责，以及各村委会主任为河长的管理制度，督促各村按照实施方案的要求，加强大兴地镇境内河流的巡查、管控、保护力度。实施城镇供水主管线的建设，集镇供水系统投入使用。

【法制建设】 坚持依法行政，转变职能，民主法制建设不断加强，自觉接受人大监督，认真办理人大代表建议、批评，办复率均达100%；加强对重大项目和重点工作的督查；深化政务公开，加强政务服务，加强镇为民服务中心、村级便民服务站的建设，政府工作更加公开透明。建立了大兴地镇干部职工普法群，建立周四学习日，设立“法宣在线”管理员。利用周四学习日，定期开展法制宣传课，管理员不定时督促全体干部利用网络平台学法，通过微信平台、学习日、“法宣在线”三个方面有效推进“法律进机关”的深入开展，受教育人数达120人次。开展法治宣传进校园、进课堂、发放宣传材料受教育面达2400人次以上。

【矛盾纠纷排查调处】 扎实开展矛盾纠纷排查调处工作，将各种矛盾纠纷化解在萌芽阶段。全年共受理土地纠纷14起，调解14起，成功13起，调解成功率达93%；来电来访咨询44人次，已答复44人次，群众满意率达100%。

【自身建设】 深化廉政风险防控机制建设，推行风险警示制度，建立健全权利运行监控机制，从源头上预防和减少干部腐败行为的发生；做好镇、村两级党务政务公开的规范工作，推行“目录化”管理机制和“公开日”制度；深化村级财务“双代理”制度，切实提升农村集体“三资”

管理水平。明确班子成员的职责分工，划定联系片区，由班子成员统筹协调、负总责；对分管领导职责和联系片区的事务，要求限期办理，期满后对办理结果进行检查，提升镇干部服务能力，促使干部真正深入农村、深入农户、掌握实情。主抓作风效能建设以转变作风，提高工作效能为目标，提升党员干部工作的执行力和落实力；继续强化为民服务全程代理工作，加大对违反作风效能行为的查处力度；加大对“八项规定”“十个严禁”“五个绝不”执行情况的监督检查，坚决整治机关干部中存在的“散、漠、慢、庸、懒”现象，对违反作风效能的行为，坚决查处，绝不手软。认真做好督办工作，每个督办事项明确有班子成员牵头，有专门人员具体经办，注重问题导向，并及时解决督查督办中发现的问题，按要求报送督办单。为深入贯彻落实党风廉政建设责任制，建立健全惩治和预防腐败体系，确保党风廉政建设和反腐败工作任务完成。始终坚持党政齐抓共管，纪委组织协调，部门各负其责，依靠群众主持和参与的反腐败领导机制和工作机制，集体领导和个人分工负责的有机结合，按照谁主管谁负责，一岗双责，一级抓一级，层层落实的原则。对党风廉政建设工作目标进行责任分解，制定任务分解表，落实具体责任人。

2017 年大兴地镇各村基本情况表

表 5

村名	村民小组数（组）	总人口数（人）	耕地面积（亩）	粮食产量（千克）	人均产量（千克）	农村经济总收入（万元）	人均纯收入（元）
木楠	20	2061	4023	943500	457	1678.8	5104
团结	18	2496	3685	892300	357	1875	5784
鲁奎地	26	3038	4720	1064830	350	2945.9	6151
自基	15	1783	4252	871850	488	1360.5	5427
自扁王基	14	1945	2808	985700	506	1915.8	6371
卯照	25	2631	4343	1273760	484	2598.9	6217
四排拉多	18	1936	4524	924980	477	1860.6	6156
合计	136	15890	28355	6956920	437	14235.5	5915

（罗杨智）

称杆乡

【概　况】 称杆乡位于泸水县中北部，东与兰坪、云龙两县相邻，西与缅甸接壤，南接大兴地乡，北连古登乡，边境线长 34.54 千米，全乡总面积 587.76 平方千米。境内山高谷深、沟壑纵横，山势总体呈“凹”字形，东西高，中间低，最高峰丫扁山，海拔 4161.6 米，最低点是旺果洛，海拔 919 米。气候垂直变化明显，年均气温 17℃，年均降水量 1119 毫米。境内居住着傈僳族、白族、汉族等 7 个民族，傈僳族占总人口的 97.07%。全乡耕地面积 26293 亩，人均耕地 1.47 亩。辖双奎地、称杆、排把、阿赤依堵、堵堵洛、自把、玛普拉地、前进、王玛基、赤耐乃、勒墨 11 个村民委员会，下设 208 个村民小组。乡政府驻地双纳瓦底，距六库 53 千米。8 月，启动称杆乡总体规划编制工作。

【乡镇经济】 农村经济总收入 8274 万元，年增长 17.55%，畜牧业经济收入 2922 万元，外出劳务收入 824 万元，年增长 30.79%；农民人均纯收入 4188 元，年增长 18.08%，脱贫出列 376 户、1239 人。个体工商户数 213 户，比 2016 年增加 9 户，从业人员 342 人。年末全镇有 4 家电力企业，8 家矿业责任有限公司，其中，3 家具有探矿和采矿权，5 家具有探矿权。

【农业生产】 认真贯彻落实中央粮食直补等惠农

政策，累计发放各类农业补贴近1亿元，保证粮食作物总面积稳中有增。全乡累计完成农业科技培训2334场次，受训人数48000人次，农村经纪人培训30期，劳务输出5267人次。进一步完善农田水利设施建设，重点抓好山区、人畜饮水等“五小”水利建设，全乡拥有大小水利沟渠72条、人畜饮水工程91个，有效提高了抗灾能力，保障农业生产。完成城农电网改造输电线路484千米，保证了乡域项目建设和居民生活的需要，基本实现了户户通。完成行政村公路硬化58千米，通村通组公路里程从146千米提高到259千米，实现11个行政村公路全硬化。累计完成人畜饮水46件，解决12672人、38460余头大小牲畜的饮水困难。完成农田水利设施整修工程15个，修复水毁工程累计达56件次，清淤渠道累计121千米，投入应急水泥累计195吨。

【林　业】 实现核桃种植面积8.9万亩、油桐1.2万亩、草果1.5万亩、漆树1.1万亩，林地确权面积28.96万亩，完成太阳能565套，森林生态补偿面积达10万多亩，退耕还林还草达3.1万亩；全面完成集体林权制度改革，公益林生态补偿和草原生态补助机制全面实施。

【畜牧业】 以牛、羊、猪、禽为依托的林畜经济，发放生猪1400头、种羊1265只、种牛116头、山地鸡鸡苗4万羽。扶持当地腺鸡、林下山地放养山地鸡62400羽。发展中蜂2350箱。大小牲畜存栏63672头（匹），同比增长468头，出栏19752头，同比增长268头。

【社会治理】 采取部门联动机制，积极整合司法、综治办、派出所等部门，直接接待群众上访达15人次，现场解决群众反映的问题42个，信访总体形势稳定并有所好转。重视安全生产，进行矿山整治8次。集中整治交通安全，对超载、超员等违规车辆进行严肃处理，交通安全事故大幅度下降。全年实现防汛零伤亡、安全生产工作零事故、森林防火无火灾、交通安全事故大幅下降，社会大局和谐稳定。接待群众上访达500余人次，现场解决群众反映的问题45个，进行矿山整治15次、法制宣传11期、排查出矛盾纠纷176起，调处各种矛盾纠纷170起。推进“六五”普法工作，进行法制宣传11期，受教育人数3785人，共排查出矛盾纠纷176起，调处各种矛盾纠纷170起，接收社区矫正对象10人，发生刑事案件8起，发生治安案件10起。

【劳务输出】 全年农村贫困青壮年劳动力转移培训6301人次，向珠海市劳务输出143人，与上年相比，呈现出外出务工人数多，务工时间长，从事农业和同时务工相协调的良好局面，有力地拓宽了农民增收渠道。

【文化事业】 认真实施广播电视村村通工程和发放户户通电视设备共4125套，广播电视接收覆盖面达81%。加强农村文化阵地建设，积极开展群众性文体活动和农村节日活动，建成11个村“农家书屋”、组建了11个农村业余文艺队，播放数字电影482场（次）。社会矛盾化解、社会管理创新、公正廉洁执法三项重点工作深入推进，四年来共排查调处各类矛盾纠纷1296件，成功调处1145件，调处率达88.3%，受理治安案件35起，查处率为85.93%。加强乡中心完小标准化建设，稳定教师队伍，提升小学教育质量，规范学前教育，新建乡幼儿园2所。同时，乡教育促进会资助考取并就读的贫困家庭大学生69名，其中一本录取每人补助1300元，二本录取每人补助1200元，三本录取每人补助1100元，专科录取每人补助1000元；继续实施农村贫困青壮年劳动力转移就业培训、农业实用技术培训，强力推进农村贫困劳动力素质提升。继续加强信息平台，共发放“户户通”电视设备126套，广播电视接收覆盖面达93.2%，实现11个行政村电信网络全盖。积极开展群众性文体活动和农村节日活动，组建一支65人的农村文艺队，参加“泸水撤县建市”。村级文艺演出23场（次），播放数字电影102场

（次）。注重对弱势群体、老人的关爱，免费实施残疾人白内障复明手术6人，实施彩票公益金老人活动室2个。年内实施人畜饮水工程4个，解决了764人饮水困难的问题。

【社会保障】 提升民政救助水平，关爱贫困家庭等困难群体，发放边民补助402.8万元、大米29.4吨。新型农村合作医疗参合人数16103人，参合率93.46%。进一步加大合作医疗的收缴力度，确保建档立卡贫困户家庭成员100%参保，实现“医疗救助脱贫一批”。广泛宣传、动员，提高全民参保意识，确保国家各项惠民政策在农村得到全面落实，民政救灾救济工作扎实推进，全乡贫困户、残疾人、孤儿、孤寡老人生活困难逐步得到解决。新型农村养老保险参保率均达89.4%，新型农村合作医疗参合达92.3%。乡村两级门诊累计报销90939人次，报销金额217万多元，乡级住院报销864人次，累计报销67万多元。

【基础设施建设】 实施称杆乡农贸市场环线公路及活畜交易市场二三期工程、政府办公大楼、廉租房、街道路灯节能改造等项目建设。实施易地扶贫搬迁房屋建设769户、整乡推进1个、整村推进28个、易地安置2个，地震安全、危房改造3244户，财政“一事一议”项目公厕建设60座，美丽乡村项目建设1件等惠民工程。建设完成1幢住院楼，4个村级卫生室。强化国土资源管理，规范农房建设，对违章建筑进行逐户清理。新建垃圾场1个，环境卫生综合整治有序推进。

【脱贫攻坚】 精准识别贫困对象，深入开展“五查五看、三评四定”，对建档立卡贫困户的家庭状况、家庭收入、脱贫措施进行全面清查梳理，先后3次入户调查，对扶贫对象信息数据进行核准、清洗、纠错，确保扶贫对象精准，盘清“明细账”。全面推进易地扶贫搬迁和危房改造工程，实施769户2452人易地搬迁房屋建设，实施扶贫安居、危房改造1695户，为实现“搬得出、稳得住、能致富”奠定了坚实基础。加强基础设施建设，实现行政村公路全硬化，完成新建饮水安全工程4个、受益人口764人，双纳瓦底集镇给水工程建设，实施完成村民小组活动室25个，全面推进地质灾害隐患点堵堵洛村哎玛子和玛普拉地村打左地两个点建设安置房屋70户308人。统筹做好生态补偿脱贫，选聘了建档立卡户人口生态护林员170人，正在推进新一轮退耕还林2.68万亩。强力推进贫困户产业发展，扎实推进“八林经济”，坚决落实“211211”农民增收措施，完成核桃种植5.3万株。发放太阳能158台、节柴灶120眼。完成商品林纳入森林保险16.8万亩。加快发展养殖业，实现大小牲畜出栏1.1万头（匹），发展中蜂2250箱，投放能繁母猪1300头、种牛166头、种羊975只、山地鸡3.9万羽，受益贫困户586户。完成种植草果870亩、续断900亩、魔芋300亩、白皮大蒜500亩，覆盖贫困户85%。

【自身建设】 乡人民政府按照行政绩效管理、行政成本控制、行政行为监督、行政能力提高四项制度的要求，结合法制政府、责任政府、阳光政府建设，推进效能政府建设，自觉接受乡人大、纪委的监督，重视人民团体和社会各界的意见和建议，坚持科学执政、依法执政、民主执政；提高政府工作人员的综合素质和服务水平，加强廉政建设，推进财务、政务、村务公开，引入现代绩效评价方式，控制行政成本，加强基层民主建设。加强基层组织建设，配优配强村级组织领导班子；落实“三会一课”和“四议一审两公开”制度，加强村支部规范化建设，开发和完善村支部功能，全方位服务党员群众；健全充满活力的村级工作运行机制，推进村级工作的制度化、规范化和科学化，实行村两委会、村民会议、村民代表大会等机构“民主议事”，党务村务公开监督小组、民主理财小组等机构“跟踪督查”。

古登乡

【概　况】古登乡位于泸水市东北部，东与兰坪县相邻，西和南连称杆乡，北接洛本卓白族乡，南连称杆乡，南北最大纵距22千米，东西最大横距15千米，全乡总面积329.3平方千米。地处横断山脉纵谷区，地形崎岖，东高西低，境内最高海拔4379米，最低海拔907米。气候为亚热带季风气候，垂直分布明显，年平均气温17℃，无霜期288天，年均日照时数2478.9小时，年均降水量1322毫米。居住着汉族、白族、傈僳族等12个民族，傈僳族占总人口的92%，白族支系勒墨人占总人口的7%。辖腊斯底、佑雅、亚碧罗、尼普罗、俄夺罗、干本、马垮底、加夺玛、季加、色仲、念坪11个村委会，109个自然村，147个村民小组。全乡耕地总面积16235亩，人均耕地面积1.1亩。乡政府驻地古登，海拔953米，距六库72千米。

2017年，全乡农业人口3966户14925人，有26个党支部（2个党总支），92个党小组，613名党员（女党员87名）。全乡粮食及经济作物主要有水稻、玉米、荞麦、豆类、马铃薯、核桃、漆树、草果、花椒、天麻等。主要养殖牛、羊、土鸡、高黎贡山猪、中蜂等。

【党建工作】自十九大召开后，多措并举，层层带动，迅速掀起学习贯彻党的十九大精神的热潮，将学习贯彻好党的十九大精神作为重要政治任务。扎实推进“两学一做”学习教育常态化制度化，以“两学一做”学习教育为基本内容，以“三会一课”为基本制度，以党支部为基本单位，以解决问题、发挥作用为基本目标，充分调动党支部的积极性主动性创造性，使“两学一做”学习教育学得深入、做得到位。年内，开展党委中心组学习18场次，领导班子成员以普通党员身份参加支部学习48人次，讲党课33次，集中学习22次，宣讲十九大报告22场次。

【农村经济】全乡农村经济总收入5706.3万元，同比增长6.36%。第一产业完成4063.7万元，同比增长2.28%；第二产业完成252.5万元，同比增长39.1%；第三产业完成960.3万元，增长17.6%。农民人均纯收入3868元，同比增长3.2%。畜牧业和劳动力转移成为农民收入的重要来源。

【脱贫攻坚】把脱贫攻坚作为第一民生工程，坚持精准方略，落实脱贫主体责任，全面实行乡党政班子包村挂联制度。认真开展贫困对象动态管理工作，做到“应纳尽纳、应扶尽扶、应退尽退”，全乡共识别建档立卡贫困户3017户12110人，2017年内正常退出168户680人；识别不精准退出2户4人，脱贫返贫45户188人。完成全乡所有农户房屋等级鉴定工作，顺利推进农危房改造和抗震安居工程建设，启动实施干本马俄河易地安置点建设，完成佑雅双苦底易地安置点竣工验收工作，开展易地扶贫搬迁宣传动员工作，完成发改易地系统录入工作。全面落实健康扶贫工作，大力宣传健康扶贫30条措施，提高群众知晓率，完成家庭医生签约工作实现群众基本医疗保障。组织实施开展控辍保学工作，年内劝返辍学生49人，落实国家、省、州、市各项惠民教育政策，基本实现全乡教育均衡发展，保障学生不因贫困而失学。完成全乡产业结构调整规划编制，优化产业发展布局，培育优惠产业，实现稳步增收。

【产业发展】完成农业种植业结构调整面积3700亩，其中，刺龙苞2500亩，蔬菜100亩，密本瓜100亩。完成新增花椒种植10400亩。扎实开展农村承包地确权登记工作，全乡需要完成农村承包地确权3054户，前期工作已经全部完成，第三方正在进行确权工作。以“短平快”的产业发展思路为指导，把有限的产业发展资金发挥最大效益为目标，来满足建档立卡贫困人口的脱贫需要。全年，古登乡共投入脱贫攻坚产业发展资金345万元，其中，天麻种植75亩，投入195万元；

续断种植3000亩，投入资金150万元。水电十四局扶持竹鼠养殖78对，投入3.7万元；投入1.6万元扶持一家名族服饰加工点。珠海对口东西部协助帮扶种植羊肚菌40亩，投入资金44万元。项目覆盖建档立卡人口1288人。

【林业工作】 完成2.56万亩退耕还林任务，其中，种植核桃6600亩、花椒10400亩、刺龙苞2500亩，完成乡级100亩、村级550亩样板林建设任务；聘用生态护林员331人；开展森林防火工作，及时召开专题会议并与各村签订目标责任状，做到防患于未然；发放太阳能20套、节柴灶100眼，种植叶子花7500株、龙竹7500株；兑现退耕还林资金43.536万元。

【环境建设】 认真落实“河长制”，提升防汛意识，加强“河长制”工作落实、宣传引导力度，开展岸边违章搭建清理、沿河卫生整治、河道清淤整治等工作，建立健全了河道水环境治理的长效管理机制。加强村庄环境卫生整治，不断提升宜居条件。严格执行“两违”零报告制度，全年共排查出“两违”案件19宗4742平方米，“两违”增量得到有效遏制，存量逐步下降。主街道车辆停放无序现象得到明显改善，出行更为畅通、安全。建立“门前三包”责任制度，加强集贸市场环境卫生整治，“一水两污”得到有效处理，建成无害化垃圾处理厂1个。建立村庄保洁制度，投入1辆垃圾清运车，投放垃圾桶10个，建制村实现生活垃圾有效治理率100%。11个村共有公厕47座，建制村公厕覆盖率100%。开展11个建制村全部配备村庄土地规划建设专管员工作，农村土地规划建设更为合理、合法、有序。

【社会事业】 教育事业均衡发展，完成中心完小扩建及5所村级小学薄弱学校改造计划任务，改善办学条件。配备完善二类完小、开办城镇中心幼儿园和自然村学前教育。提升中学教育质量，强化宣传和劝返工作，提高入学率和巩固率。认真落实“两免一补”政策，继续监督学生营养改善计划和在校学生实名制工作，采取严厉的措施抓好控辍保学工作，巩固两基成果。全乡有6所小学和1所中学。

医疗卫计事业健康发展，卫生与计生医疗卫生服务水平、公共卫生突发事件应急能力不断提高，各村标准化卫生室建设列入计划。完成了家庭医生签约工作。严格执行计划生育基本国策，认真落实依法行政和诚信计生工作，全面落实计划生育奖扶政策。

民政扶贫工作有序开展，完成农村最低生活保障制度和扶贫开发政策的有效衔接，建立健全全乡扶贫工作电子台账及纸质档案建档工作，积极配合上级相关单位做好低保户等贫困群众的统计工作。全年，全乡享受农村低保2487户6800人，年发放金额1338.24万元，城镇低保101户142人，年发放金额40.0992万元。

不断健全社会保障体系，完成2017年度新型城乡居民养老保险工作，实际参保7459人，共缴费参保资金7.63万元。认真开展城镇居民医疗保险工作，城镇居民新参保22人；续保184人。完成新农合的报销和上报工作，全乡应参加新农合15029人，实际参合13309人。

【宣传文化】 弘扬和实践社会主义核心价值观，广泛开展各种形式的精神文明创建活动，年内，巩固一个省级文明单位、一个市级文明单位，申报两个州级文明村，深入开展“创星增星”评选活动。继续巩固开展“四学四有一创建”活动，扫除青壮年文盲，全年共组织培训农村青壮年学政策、学法律和适用技术1335场（次），受训人数达3.5万人（次）以上，扫除文盲率为99.26%。全年在“泸水新闻”上刊播古登乡新闻消息15条，在《怒江报》、“摆时之乡·中国泸水”。网站及各种媒体报刊上刊登简报信息100条以上，积极开展全民健身娱乐活动，组织全乡干部职工踊跃参加“全民健身周”“全民健身日”活动。

【社会治安】 围绕创建“平安古登”这一主题，

狠抓社会治安综合治理工作，把综治和平安创建工作做为维护社会稳定，保障全乡经济发展的政治任务来抓好、抓实。立足本乡实际情况，深入宣传禁毒防艾知识，严厉打击清除吸毒贩毒人员，全面宣传反恐知识。成立“防邪反邪”专项整治工作领导小组，积极开展“无邪教村示范工程创建”活动，向广大基层群众宣传反邪教知识。加大安全生产监管力度，开展“安全生产月活动”。严抓矛盾纠纷排查，共受理调解纠纷73起，调解成功73起，接待群众来信来访80人次，排查矛盾纠纷40次，排查出案件23件。由乡派出所牵头，开展校园安全防范整治工作，到中小学进行两次法制讲座，受教育学生1400余人次。在学生上学、放学、晚自习、中考、小升初等重点时段进行夜间巡逻，做到保障师生的人身安全。

洛本卓白族乡

【概　况】 洛本卓白族乡位于泸水县北端，北连福贡县匹河怒族乡，南接古登、称杆两乡，东连兰坪县营盘镇，西邻缅甸，国境线长14.5千米，南北最大纵距14.5千米，东西最大横距27.8千米，全乡总面积262.14平方千米。地处怒江大峡谷腹地，山高谷深，地形崎岖，地势东西高中间低，呈“V”字形，最高峰是金满、俄嘎两村与缅甸交界处的水模拾，海拔4140.7米，最低点是与古登两乡交界处的“一五九江滩”，海拔1040米。气候垂直变化明显，年均气温23℃，无霜期286天，年日照时数2478.4小时，年均降水量1023毫米。全乡总耕地面积13255.268亩，水田809.16亩。居住着白族、傈僳族、怒族、纳西族4个少数民族，主体民族为白族支系勒墨人，占全乡总人口的67.62%（主要居住在怒江西岸的金满、格甲、俄嘎、保登、托拖5个行政村），傈僳族占总人口的32%。辖色德、子竹、刮然、金满、格甲、保登、托拖、俄嘎8个村民委员会，73个自然村，89个村民小组。每年3月的第一个属猪日为洛本卓白族尚旺旅游文化节，勒墨民族文化独具特色。俄嘎村委会西面的俄嘎通道连接中缅边境。乡政府驻托拖村，距六库80千米。

2017年，按户籍统计，全乡总人口3511户9092人。其中，农业人口12951人，建档立卡2091户9202人，贫困发生率73.2%。

【党建工作】 年内，落实从严管党治党责任，落实管理倒逼和目标倒逼工作机制，推动干部作风大转变、素质大提升。制定实施《洛本卓白族乡“基层党建提升年”实施方案》《关于加强和改进机关党的建设的实施意见》《关于深入开展“听党话、跟党走、感党恩”主题教育实践活动的实施方案》等党建工作方案，召开乡党委班子会议27次，其中专题研究党建和党风廉政建设工作12次，精心部署党建工作，明确并及时解决基层党建工作中的重点和难点问题，制定《村党组织书记抓基层党建工作责任清单》，明确抓党建的责任，细化到人、量化到岗。建立乡党政领导班子成员农村基层党建联系点制度，党委委员组织关系转到挂钩村，明确党委委员抓基层党建目标责任，齐抓共管形成工作合力。提升组织建设规范化水平，严格分类定级，整顿提升软弱涣散村党组织5个，撤销（更名）7个党组织，新成立3个党组织（巴尼小镇党支部、卫生院党支部、老干企业党支部），开展党小组设置优化提升工程，全乡有党小组84个，实现了党小组的全覆盖。坚持全覆盖、抓典型、重处置的原则，认真排查，严肃处理，严格防控，全面完成“村霸”及庸懒滑贪“四类村官”整治工作。选派第一书记8名，严格标准和程序发展党员22名，缴纳党费51093.5元。给予党纪处分1人。完成3个村民小组活动场所建设，覆盖了14个村民小组。认真落实“互联网+党建”行动计划，全乡111名党员实名登录“云岭先锋”App。实施基层党建与脱贫攻坚“双推进”工程，实现建档立卡贫困户中的党员户率先脱贫，实施党员带头脱贫致富、带领群众脱贫致富“双带”工程，党员带头外出务工57人，党总支组织劳务输出到珠海务工21人，全乡有农村党员致富能手33人，带动党员群众375人。成立1个乡级新时代农民讲习所、8个村级新时代农民讲习所，把讲习所作为宣讲党的基本理论、基本路线、基本方略的重要载体，培养新时代农民的主要平台，提升基层农民综合素质的主要渠道。深入学习宣传贯彻党的十九大精神，以习近平新时代中国特色社会主义思想为引领，坚持用党的十九大精神凝聚人心、汇集力量，坚持用习近平新时代中国特色社会主义思想武装头脑、指导实践、推动工作，年末，全乡党委下设8个党总支、39个党支部，其中，农村党组织41个（含8个党总支，33个党支部），机关党支部2个，企事业单位党支部3个，社会组织党支部3个（2个支部隶属于农村党总支）。全乡有党员652名，其中，女性党员84名，占总数的12.88%；大专以上党员121名，占总数的18.56%；35岁以下党员151名，占总数的23.16%；60岁以上党员128名，占总数的19.63%；少数民族党员643名，占总数的98.62%；流动党员共17名，占总数的2.6%；入党积极分子43人，发展对象10人。

【“两学一做”学习教育】 全乡共652名党员参加“两学一做”学习教育，参学率100%。严格执行“三会一课”制度，利用每周五的集中学习、每月22日的“党员活动日”，乡党政班子成员到联系点和所在支部讲党课13次，以普通党员身份参加所在支部集中学习6次，全乡共集中学习8次。党委班子专题研讨6次。举办党员培训班3期，培训200人次。全乡各级党组织开展1轮年度民主生活会，1轮“两学一做”学习教育专题生活会，1轮“党员不准信仰任何宗教”专题生活会，并签订《共产党员不信仰宗教承诺书》，坚定党员理想信念，增强党员意识。7月召开了1轮巡视整改专题民主生活会，坚决拥护党中央决定。

【宣传工作】 重视理想信念教育，加强社会主义核心价值观教育，深化中国特色社会主义道路和中国梦的宣传教育。落实文明创建责任，开展好文明单位、文明行业、文明村镇等群众性精神文明创建活动，通过开展“文明村”“文明单位”评选活动，扎实推进政策法规宣传，发放政策法规宣传手册、“傈汉”双语《党章》等。把意识形态工作落到实处，各级党组织带头抓好意识形态安全工作，切实做到守土有责、守土负责、守土尽责，牢牢掌握意识形态工作领导权、管理权和话语权，坚决维护全乡意识形态安全。党员领导干部自觉带头走网上群众路线，不断提高领导和驾驭网络新媒体的能力，主动关注各级主流媒体所办的客户端、公众号，及时了解群众所思所想，与网民开展互动，主动解疑释惑。积极开展“峡谷红旗飘”活动，8个村共粘贴宣传画1900张，悬挂国旗1500面，党旗29面，灯杆国旗48面。利用媒体开展宣传工作，注册名为“巴尼之乡”的微信公众号，有605人关注微信公众号。全年共上传“摆时之乡　中国泸水”网站“乡镇导航”栏目新闻报道146篇。广泛开展社会公德、职业道德、家庭美德、个人品德教育，以“两学一做”学习教育以及“社会治安综合治理专项整治活动”为契机，深入开展“弘扬民族精神、建设文明家乡”，“讲文明树新风”，树立社会主义荣辱观等和谐创建活动，不断提高广大干部群众的思想道德素质。开展“最美乡村”和“十星级文明户”评选活动，社会主义新农村试点村和各级文明村参与“十星级”文明户评选农户达总农户数的95.6%。开展党的十九大精神集中宣讲12场次，汉白双语宣讲2场次，汉傈双语宣讲1场次，支部宣讲39场次，深入村民小组宣讲90场次，直接参学人员5000余人，并通过各种渠道向全乡6000多名群众传达党的十九大精神相关信息。

【农村经济】 全乡农村经济总收入3474万元，

比2016年同期增长10.22%；农民人均收入4015元，比2016年同期增长12.53%；外出劳务输入1001万元，比2016年同期增长20.02%。粮食总量375.6万千克，比2016年同期增长1.19%，人均有粮375.6千克。全乡经济作物总播种面积911公顷，比2016年增加0.77%，其中，中草药材405公顷，同比增加0.49%，蔬菜211公顷，同比增加1.93%，其他农作物295公顷，同比增加0.34%。

【农业生产】 全年，全乡共就位复合肥382吨，已销售360吨；就位尿素375吨，已销售320吨；就位磷肥6吨，已销售5吨；就位玉米良种10.2吨，已销售10.2吨；就位水稻良种1吨，已销售1吨；就位马铃薯种75吨，已销售65吨；就位农药3.2吨，已销售2.1吨；就位秧膜0.6吨，已销售0.5吨。农作物总播种面积49755亩（粮食作物播种面积36090亩，经济作物播种面积13665亩），良种推广面积21600亩，完成重点科技项目1000亩，完成农业科技培训106场次，受训人员5100人次，病虫害综合防治面积完成4000亩。实施“211211”增收计划和农业产业发展，共种植洋丝瓜2410棚，每棚补助25元，共补助60250元；生姜种植推广310亩，大蒜种植推广43亩，刺龙苞种植面积305亩，波扣种植面积600亩。做好惠农一折通工作，完成中央农业耕地地力保护补贴面积24686亩，补贴资金1493255.91元；做好农产品安全监测工作，共进行农产品安全监测80次，监测样本400个，确保农产品的安全食用；做好农机安全生产工作，按相关要求做好安全生产月活动和年检工作，年检托拉机32辆，清理整顿无牌、无证驾驶12次；安排部署农业机械普查和渔政执法宣传工作；按期完成农情调查各项任务，做到上报及时、不误登误报、不拖时瞒报、切实保证了数据的统计质量。

【畜牧兽医】 猪、牛、羊口蹄疫疫苗注射分别为17662头、4158头、15165只，占应防牲畜的90.99%、59.44%、89.55%；猪瘟和高致病性蓝耳病各注射17662，占应防牲畜的90.27%；禽流感疫苗注射12978羽，鸡新城疫疫苗注射7801羽。猪、牛、羊口蹄疫疫苗注射分别为118280头、3892头、14901只，占应防牲畜的89.14%、86.47%、89.60%；猪瘟和猪高致病性蓝耳病疫苗注射两种疫苗合二为一，各分别注18261头，占应防牲畜的89.04%；禽流感疫苗注射11663羽，鸡新城疫疫苗注射6363羽。市场检疫和日常诊疗全年共出诊626次，诊治病猪606头、牛10头、羊20只，阉割大小牲畜856头只；检疫活猪1056头次、活牛19头、活羊2980只，检出病猪肉7头，病羊肉8只，都作了无害化处理。收缴能繁母猪保险2956户，3291头，收缴投保金39492元，为老百姓办理理赔手续668头次，理赔金额66.8万元。

【基础设施】 完成托拖一至五组通组公路硬化8千米；完成妹初邓通组公路开挖4千米；完成托拖村高贺邓组组内道路硬化1500米，格甲村甲邓波组组内道路硬化1100米；色德村通村公路硬化13千米；刮然村通村公路硬化27.5千米。去冬今春水利水毁修复工程建设完成俄嘎村卓旺水沟、托拖村新村水沟的清理工作，清理水沟3.5千米，确保农田灌溉用水；完成保登、俄嘎、色德3条水沟的水毁加固修复工作；完成俄嘎村子坝、保登村尤邓搬迁点、子竹村庆王子和巴尼小镇易地扶贫搬迁安置点4个易地搬迁点的饮水工程建设。认真贯彻落实陈豪省委主要领导调研怒江的会议精神，积极提升全乡人居环境，积极整治乡公路沿线的“两违”建筑，做到全线范围内全部拆除；践行赶集日农贸市场规范整治制度化，大幅提升人居环境；全面推进河长制工作，成立“河长制”工作领导机构，制定乡村两级河长制实施方案。

【教育工作】 全乡有8所寄宿制学校，其中，完小4所、初小4所。2017年秋季学期有46个教学班，在校生1774人。有8所幼儿园共11个班，在班幼儿202人。全乡初中阶段在校生706人。全乡共有教职工112人，其中专任教师107人，学历合格率100%。实行“一把手”负责制，搞好依法控辍，全面提高义务教育工作总体水平；落实控辍保学“双线包保”责任制，实行控辍保学排位制和末位约谈制度，坚持“依法治教、以防为主、防治结合、综合治理”的方针和“依法控辍、行政控辍、安全控辍、质量控辍、情感控辍”总体思路，确保实现控辍目标；积极应对边民回流问题，做好边民子女的控辍保学工作，年内接收了8—9周岁边民子女入学185人。

【文体广电】 2017年“尚旺节”在俄嘎村举办，开展了巴尼人民间祭祀表演（兴尚旺）、赛陀螺、射弩、拔河、爬竹竿等民族体育技竞活动和丰富多彩的文艺汇演。10月举行了“巴尼小镇”入住庆祝仪式，组织开展了丰富多彩的民族歌舞表演和民族特色饮食展示，云南电视台现场直播入住仪式全过程。乡文化站电子阅览室、图书阅览室每天对外开放，保证阅览人员按时、按质共享文化惠民工程；对各村“农家书屋”进行监督管理，切实解决老百姓看书难问题。协同怒江州民族干部宣讲团·文艺轻骑兵多次开展党的十九大精神进边寨活动；放映免费数字电影48场（次）。完成俄嘎村165户集中易地安置农户用户信息采集、录入、广播电视户户通置换、安装培训等工作；为广播电视用户送修户户通机顶盒4台，排除用户广播电视村村通收视故障10起（次）。年内，选派1人参加云南省“百县万村示范工程”（第二批）广播器材配置建设项目培训，2人参加怒江州文化馆（站）2017年初级音响调音员培训班（第二期）培训，参加州级体育指导员培训2级1人、市级体育指导员培训3级3人。对街道网吧、茶室、音像制品进行管理，认真维护文化市场秩序，使文化市场向积极健康有序的方向发展。积极挖掘、抢救和整理民族民间优秀传统文化资源工作，并及时将相关情况上报州市相关部门。

【人口与计划生育】 利用图展、板报、标语等多种形式，对育龄人群开展经常性、规范化培训，全面倡导新型生育文化。把人口和计划生育工作放在与经济社会发展同等重要的位置抓落实，层层落实责任，细化考核、兑现奖惩，把考核结果与各类报酬和评先相结合。各行政村严格实行“一票否决制”，把有关资金的划拨、分配，项目的分配安排等与计划生育工作直接挂钩。坚持以技术服务为重点，做好生殖保健系列化服务，不断提高育龄群众的生殖健康水平。建立药具发放管理台账，由过去分配到村模式改为自主领取。年内，对计生宣传员进行业务知识培训2次，开例会6次，发放宣传材料900余份。

【社会保障】 全乡有农村低保户2186户6717人，占总人口的47.65%，发放农村低保金1329.648万元，城镇低保金86.2278万元，城乡低保金均采取“一折通”形式发放到群众手中。认真落实优抚政策，及时将优抚对象、特困人员、孤儿享受的各项抚恤、补助、优待政策落到实处，走访特困对象，为他们答疑解难。发放优抚金34.4584万元，五保金15.252万元，困境儿童补助资金38.17848万元，高龄补贴22.176万元。全乡共有残疾人285人，5月集中组织为期2天的残疾人实用技术培训班，参加人数45人，助推全乡残疾人事业健康发展；协助市残联组织开展好残疾人等级认定工作，积极做好残疾人护理补贴和生活补贴的发放工作，共发放残疾人护理补贴和生活补贴19.12万元。加大对城乡居民养老保险和医疗保险及民政三项保险（农房保险、公众自然灾害险、小额团体险）的宣传力度，扎实做好参保工作，全乡共有6755人参加城乡居民养老保险，60岁以上领取养老金人数为1372人；共有13494人参加城乡居民医疗保险，参合率达96.3%，其中建档立卡贫困人口参合率达100%；共收缴民政三项保险18.578万元，其中，农房保险1480户2.96万元，公众自然灾害险5206人5.206万元，小额团体保险5206人10.412万元。完善救灾救济预案，加强灾害监测评估和救灾信息网络建设，提高灾害紧急救助能力，开展对农村特困家庭的排查摸底工作，合理制定保障标准，妥善安排好春荒、冬令农村困难群众的生产生活问题，按月解决好困难群众的大病救助和临时救济，临时救济与定期救助互相补充，切实加强边民的核对及资金补助工作。对困难群众救助粮食3.4575万千克，棉被769张，毛毯138床，大衣350件；对2277户边民发放边民补助资金227.7万元。深入推进农村劳动力转移就业，助推全乡脱贫攻坚工作，狠抓农村劳动力转移工作的宣传动员及培训工作，全乡农村劳动力4964人，男性2902人，占58.5%，女性2062人。共有171人参加劳动技能培训（中式烹饪），转移就业545人，其中建档立卡477人，占87.5%，外出劳务输入1001万元，比2016年同期增长20.02%。2017年内开展了4场农村劳动力转移引导性培训，组织金满村巴尼小镇开展了为期15天的厨师培训和为期7天的家政服务培训，深入金满、格甲、子竹等村开展外出务工招聘3场次，积极组织乡内农村富余劳动力参加珠海、浙江等地的招聘活动3场次，动员色德村10名农村劳动力参加市人社局举办的外出务工技能培训一期，建立村级、乡级农村劳动力转移就业信息台账。

【安全工作】 加强对消防安全工作的督查，对消防安全工作制定了详细的实施方案和总体规划，形成了一套切实可行的制度，各单位各村每月一次消防安全检查，并书面报告乡人民政府；在春节、中秋、国庆、阔时等节日期间重点排查，通过检查发现问题及时整改，有效遏制重特大火灾事故的发生。严格标准，扎实推进各项森林防火工作，全乡无森林火灾发生，连续2年实现森林火灾“零发生”。对乡内机动车驾驶员开展宣传培训，对存在安全隐患路段给予及时修复、设立警示牌，签订目标责任书24份，全乡共出动宣传车2次，巡展挂图、展板2场次，播放宣传片6场次，通过广播站宣读道路交通法律法规手册3余次，给学校、企事业单位职工上交通安全课3节次，悬挂宣传横幅22条，印发各类宣传资料1000余份，受教育人数达1000余人次。联合交警、派出所针对“三无车辆”、摩托车进行两次大检查，查处违规驾驶46起，处理46起，对违规驾驶“零容忍”，年内无重特大道路交通安全事故发生。为确保人民群众的生命财产安全，对全乡安全生产进行10次安全大检查，开展烟花爆竹安全检查9次，涉及辖区内3家烟花爆竹专卖店，并报送烟花爆竹审批表；组织乡内执法人员进行食品、药品大检查4次，主要对象为学校、街面小食店、小卖部、药店。成立防汛抗旱工作领导小组，制定和完善防汛抗旱应急预案，制定防汛抗旱值班制度，加强24小时值班；完成了全乡山洪灾害规划治理的前期工作，加强对重点隐患点的排查力度，切实做好隐患点的监控工作，指定专人负责，明确群众转移路线，确保安全度汛；完成托拖村新村泥石流灾害点江水开挖疏浚工程，确保保登村、托拖村沿江群众住户的生命财产安全；在防汛抗旱中积极组织村组干部群众完成水利设施抢修、枪通，最大限度的减少灾害损失，确保人民群众生命财产安全和生产生活有序开展。

【脱贫攻坚】 始终把脱贫攻坚作为核心工作来抓，稳步推进落实洛本卓白族乡脱贫攻坚三年行动计划，实现人居环境大改善、基础设施大夯实、特色产业大发展、社会事业大改观、素质能力大提升。把握“六个精准”，全乡建档立卡贫困户2091户9202人，贫困发生率73.20%，做到扶贫对象精准；完善2014年以来建档立卡户的档案资料和户帮扶措施百分之百全覆盖，做到措施到户精准；各村坚持“因户施策”建好每个建档立卡贫困户的年度帮扶计划，做到项目安排精准；根据脱贫出列村十项指标，认真研究部署安排脱贫攻坚项目资金，确保资金使用精准，做到资金使用精准；14个州市部门挂联洛本卓乡8个行政村，共8名第一书记94名驻村扶贫工作队员，严格遵守“四派四不派”要求，做到因村派人精准；完成“三年行动计划”安居房工程90%，年内贫困退出141户632人，交通基础设施明显改善，做到脱贫成效精准。狠抓“两不愁三保障”，2017年，洛本卓乡农村危房改造项目建设工作任务为450户，已完成270户，未完成180户，全乡有C、D级危房1587户，无房户98户；10个易地扶贫搬迁项目点已经全整改完成，易地扶贫搬迁项目建设主体工程已完成80%，美丽乡村项目建设主体工程已完成75%；易地搬迁申报完成六库镇丙腮坝安置点46户257人，上江镇叶子花村安置点309户1519人，片马镇5户25人。通过组织村三委、乡村医生培训以及进村入户宣讲等多种形式广泛宣传健康扶贫政策措施，提升群众健康扶贫相关政策知晓率，营造良好氛围，增强群众获得感；通过主动服务、上门服务的方式，为洛本卓乡建档立卡贫困户、残疾人、慢性病人、65岁以上老年人、孕产妇、儿童等重点人群提供基本医疗服务、公共卫生服务和个性化健康教育，全乡家庭医生签约率为79%，其中建档立卡贫困人口及重点人群签约率达100%。

【综合治理】 全年，全乡共排查出各类矛盾纠纷25起，调处率达100%。以党的十九大安保工作为契机，深入农村中小学校进行法制教育9场次，发放宣传资料1200余份，接待群众法律咨询128余人次，制作宣传栏3期，粘贴宣传标语8幅。建立平安村寨微信群，打击违法嫌疑人6人，每天加强巡逻工作，党的十九大召开期间共出动警力89组267人次，检查涉爆单位23家次，收缴各类民用枪支2支（全是射钉枪及火药枪）。发生刑事案件1起，已告破1起，治安案件2起，查处2起。共有安置帮教7名，累计解除矫正对象8名（其中年内解除1名）。大力开展了禁毒防艾、综合治理、普法等宣传活动，共发放宣传材料1900余份；配合市公安局开展禁毒演习2次。开展反邪教警示教育活动，同时对业务骨干作培训，深入机关单位和村寨，做到进村入户横到边、纵到底的面对面的教育，创建一个邪教示范基地并深入到学校和企业进行广泛宣传，与全乡3216户签订了抵制邪教承诺书，共发放各种宣传资料3000余份，播放光碟9场次，出宣传栏3期，粘贴大小幅标语26幅，受教育人数达7000余人次。

【生态建设】 全乡列入退耕还林的面积是13100亩，项目总投资1965万元。地块丈量结束之后，开展整地挖塘、定苗栽植等造林工作，已种植核桃5583.4亩，发放苗木44670株；花椒9388亩，发放苗木306453株；枇杷2390.2亩，发放苗木100800株；楤木2083.6亩，发放苗木87509株。最终的种植模式为花椒纯林915.8亩，楤木纯林63亩；“核桃 + 花椒”混交7647.4亩；“核桃 + 楤木”混交1822亩；“楤木 + 花椒”混交261.6亩；“核桃 + 枇杷”混交1827亩；“枇杷 + 花椒”混交563.2亩。实施天保工程公益林人工造林640亩，涉及刮然村那米组27户，涉及地块全部种植泡核桃。通过层层把关、严格程序、严格审核，公开选聘了158名建档立卡贫困人口生态护林员，加入到生态保护和林业建设队伍当中，工资收入增加132.72万元，加上原先聘用的36名，全乡所有管护人员的工资每年达到162.96万元，实现了山上就业，家门口脱贫。如期兑现2017年度退耕还林管护补助资金38.4425万元，森林生态效益补偿资金118.839万元，2015年度陡坡地生态治理项目第二批资金30万元。

2017 年各村委会基本情况表

表 6

村名	村民小组数（个）	总人口（人）	耕地面积（亩）	粮食产量（万千克）	人均有粮（千克）	农村经济总收入（万元）	人均纯收入（元）
俄嘎村	7	2275	2098.58	52.37	306.11	444.42	3012
保登村	6	1765	1544.19	48.55	34.61	448.57	3877.68
托拖村	17	2391	2719.8	44.19	327.6	473.81	3246.09
格甲村	11	1124	930.478	44.92	351.77	427.37	4396.53
金满村	11	1427	1070.05	42.86	430.2	392.16	4045.41
色德村	11	1449	2138.85	45.49	431.82	395.20	4118.56
刮然村	9	912	1200.5	49.37	446.72	375.93	5224.6
子竹村	17	1608	1579.07	47.85	363.18	415.54	4358.45

（丘桂梅）

附　录

荣　誉

2017 年度泸水市获市级以上表彰人员一览表

表 7

姓名	工作单位	获奖名称	授奖单位	授奖时间
杨俊伟	巡特警大队	个人三等功	州公安局	2017 年 2 月
张志宏	指挥中心	个人三等功	泸水市委办	2017 年 3 月
李　坚	警务保障室	个人三等功	泸水市委办	2017 年 3 月
和耀武	刑侦大队	个人三等功	泸水市委办	2017 年 3 月
褚志雄	刑侦大队	个人三等功	泸水市委办	2017 年 3 月
余　聪	泸水市供电局	优秀共产党员	怒江供电局	2017 年 6 月
周　峰	泸水市供电局	2016—2017 年度员工个人通报表扬	怒江供电局	2017 年 12 月
苏武鑫	泸水市供电局	2016—2017 年度员工个人通报表扬	怒江供电局	2017 年 12 月
胡连钧	泸水市人民法院	优秀法官	怒江州中级人民法院	2017 年 12 月
陈中朝	泸水市人民法院	办案标兵	怒江州中级人民法院	2017 年 12 月
张晓雁	泸水市人民法院	优秀干警	怒江州中级人民法院	2017 年 12 月
杨志杰	泸水市人民法院	司法警察	怒江州中级人民法院	2017 年 12 月
杨学莲	泸水市人民法院	优秀法官助理	怒江州中级人民法院	2017 年 12 月
吕胜菊	市文体广电和新闻出版	《家书》荣获三等奖	云南省总工会女职工委员会	2017 年 2 月
吕胜菊	市文体广电和新闻出版	《在无为寺听风赏花的清幽时光》荣获千字美文抒写千年大理——风花雪月・乡愁大理大型网络征文活动二等奖	大理州委宣传部、新华网	2017 年 8 月
吕胜菊	市文体广电和新闻出版	摄影作品《路上的午餐》获怒江州贯彻落实党的十九大精神，决战脱贫攻坚纪实” 主题摄影展 “优秀奖”	怒江州文体广电和新闻出版局	2017 年 12 月
猎人组合	市文体广电和新闻出版	星光大道深圳赛区冠军	星光大道组委会	2017 年 6 月
猎人组合	市文体广电和新闻出版	深圳卫视、搜狐、腾讯、爱奇艺联合举办的深圳地区星光大道十强和新歌声十强 pk 交流比赛荣获冠军	星光大道组委会	2017 年 9 月
阿才妞	市文体广电和新闻出版	2017 年云南省公共图书馆业务技能竞赛活动中取得优异成绩被评为 “2017 年云南省数字图书馆业务技能菁英三等奖”	云南省图书馆协会、网方知网（北京）技术有限公司云南分公司	2017 年 10 月
祝美仙	市文体广电和新闻出版	2017 年云南省公共图书馆业务技能竞赛活动中取得优异成绩被评为 “2017 年云南省数字图书馆业务技能菁英三等奖”	云南省图书馆协会网方知网（北京）技术有限公司云南分公司	2017 年 10 月

续表 7

姓名	工作单位	获奖名称	授奖单位	授奖时间
蔡玉美	市文体广电和新闻出版	七彩云南全民健身运动会健身气功交流比赛暨云南省第六届健身气功交流比赛（站点联赛）荣获“优秀运动员”	云南省第六节届健身气功比赛组委会	2017 年 7 月
恰叶莎	市文体广电和新闻出版	七彩云南全民健身运动会健身气功交流比赛暨云南省第六届健身气功交流比赛（站点联赛）中荣获“优秀运动员”	云南省第六节届健身气功比赛组委会	2017 年 7 月
吕胜菊	市文体广电和新闻出版	在 2017 年“发现丽江、体验丽江”之“美文、美景、美人”评选中，荣获美文组优秀奖	中共丽江市委宣传部、丽江市旅游发展委员会、丽江市旅游协会	2017 年 12 月
吕胜菊	市文体广电和新闻出版	您的作品《诚信之花，让世界永远圣洁芬芳》在“诚信怒江，从我做起”征文活动中荣获“”优秀奖	怒江州精神文明建设指导委员会、怒江州文学艺术届联合会、中国人民银行怒江州中心支行	2017 年 12 月
杨光兰	市政协	2017 年度市管干部优秀等次		
麻二青	市政协	2017 年度市管干部优秀等次		
林　红	市政协	2017 年度泸水市推进惩治和预防腐败体系建设暨党风廉政建设责任制考核优秀个人		
杜　柏	市政协	2017 年泸水市驻村扶贫工作优秀队员		
段志彬	市政协	2017 年度“优秀通讯员三等奖”	省政协报社	
廖何成	大兴地镇扶贫中心	怒江州扶贫先进工作者	怒江州扶贫开发领导小组	2017 年 10 月
叶鹤平	泸水市地震局	2017 年度市管干部年度考核优秀个人		
王　斌	高黎贡山泸水管理分局	斯巴鲁生态保护奖	中国野生动物保护协会	
李学标	泸水市总工会	全市“推进惩防体系建设暨落实党风廉政建设责任制考核”中荣获“优秀个人”	中共泸水市委党风廉政建设责任制领导小组	2017 年 3 月
何冬艳	泸水市红十字会	怒江州脱贫攻坚先进个人	怒江州扶贫办	2017 年 9 月
何冬艳	泸水市红十字会	怒江首届最美群众贴心人	怒江州精神文明建设指挥委员会办公室	2017 年 10 月
欧　明	泸水市教育局	云南省勤工俭学先进个人	云南省教育厅	2017 年 11 月
杨　萍	泸水市教育局	关心重视少先队工作先进工作者	共青团云南省委、云南省教育厅、云南省关工委	2017 年 11 月
和德海		彩云杯传统文化怒江复赛优秀指导教师	怒江州教育局	2017 年 10 月
施　艳	泸水市教育局	怒江州消防宣传教育工作先进个人	怒江州消防安全委员会	2017 年 11 月
华建宝	泸水市洛本卓中心学校	云南省科技兴乡贡献奖	云南省人民政府	2017 年 12 月
和巧碧	泸水市洛本卓中心学校	怒江州先进工作者	怒江州人民政府	2017 年 5 月
余杨军	泸水市民族中学	云南省绿色学校创建优秀教师	云南省环境保护厅、云南省教育厅	2017 年 3 月
和学诚	泸水市民族中学	校园足球先进个人	云南省教育厅	2017 年 4 月
和学诚	泸水市民族中学	优秀体育教师	怒江州教育局	2017 年 8 月
斯龙燕	泸水市林业局	全国林业系统先进工作者	人力资源社会保障部、国家林业局	2017 年 12 月
曾志芬	六库镇项目建设服务中心副主任	扶贫先进工作者	怒江州扶贫开发领导小组	2017 年 10 月
何新梅	六库镇社会保障服务中心	农业工作先进个人	怒江州农业局	2017 年 3 月
欧海山	洛本卓白族乡人民政府	扶贫先进工作者	怒江州扶贫开发领导小组办公室	2017 年 10 月
陈洪春	片马镇人民政府	市扶贫开发领导小组	市扶贫开发领导小组	
胡伍军	片马镇人民政府	市扶贫开发领导小组	市扶贫开发领导小组	
刘靖国	泸水市全媒体中心	2017 年怒江州消防宣传教育工作先进个人	怒江州消防安全委员会	2017 年 11 月
杨　权	泸水市全媒体中心	三等奖	云南新闻奖	2017 年 5 月

续表 7

姓名	工作单位	获奖名称	授奖单位	授奖时间
段国春 祝会英	泸水市全媒体中心	三等奖	云南新闻奖	2017 年 5 月
吴健平 何青梅	泸水市全媒体中心	三等奖	云南新闻奖	2017 年 5 月
李翠元	泸水市全媒体中心	2017 年网信宣传工作先进个人	州委宣部州委网信办	2017 年 12 月
张　翔	泸水市全媒体中心	2017 年网信宣传工作先进个人	州委宣部州委网信办	2017 年 12 月
杨学正	泸水市人武部	嘉奖（团职干部）	怒江军分区	2017 年 12 月
五二文	泸水市地税局	云南省第三批“岗位学雷锋标兵”、第六届云南省助人为乐道德模范、云南省地税系统首届“最美地税人”、首届“怒江好人”荣誉称号		
车显辉	泸水市人武部	优秀基层干部	怒江军分区	2017 年 12 月
段雪凌	泸水市统计局	统计宣传工作先进个人	中国信息报社	2017 年 8 月
段雪凌	泸水市统计局	优秀公务员	泸水市人民政府	2017 年 12 月
张利珍	泸水市统计局	优秀公务员	泸水市人民政府	2017 年 12 月
期淳楷	泸水市公安消防大队	三等功	怒江州消防支队	2017 年 11 月
胡智芳	上江镇扶贫中心	全州扶贫先进工作者	怒江州扶贫开发领导小组	2017 年 10 月
洪四学	上江镇扶贫中心	全州扶贫先进工作者	怒江州扶贫开发领导小组	2017 年 10 月
张　蕊	上江镇扶贫中心	全市扶贫先进工作者	泸水市扶贫开发领导小组	2017 年 10 月
邹　祥	泸水市公安消防大队	嘉奖	云南省消防总队	2017 年 11 月
杨勇平	泸水市公安消防大队	嘉奖	云南省消防总队	2017 年 11 月
期淳楷	泸水市公安消防大队	嘉奖	云南省消防总队	2017 年 11 月
张加巍	泸水市公安消防大队	嘉奖	云南省消防总队	2017 年 11 月
张继光	泸水市公安消防大队	嘉奖	云南省消防总队	2017 年 11 月
张加巍	泸水市公安消防大队	优秀士兵	怒江州消防支队	2017 年 11 月
和禹希	泸水市公安消防大队	优秀基层带兵干部和三等功	云南省消防总队	2017 年 11 月
杨勇平	泸水市公安消防大队	优秀基层干部	云南省消防总队	2017 年 11 月
何泽跃	泸水边防大队	个人三等功	怒江州公安边防支队	2017 年 12 月
黄　戊	蛮云边境检查站	个人三等功	怒江州公安边防支队	2017 年 12 月
曹　琳	花桥坝边境检查站	个人三等功	怒江州公安边防支队	2017 年 12 月
伍　林	洛本卓边防派出所	个人三等功	怒江州公安边防支队	2017 年 12 月
田松伟	古登边防派出所	个人三等功	云南省公安边防总队	2017 年 12 月
谭新武	机动一中队	个人三等功	云南省公安边防总队	2017 年 12 月
熊其园	上江边防派出所	个人三等功	云南省公安边防总队	2017 年 12 月
谭新武	机动一中队	岗位练兵先进个人	怒江州公安边防支队	2017 年 12 月
刘　坤	花桥坝边境检查站	岗位练兵先进个人	怒江州公安边防支队	2017 年 12 月
张　会	古登边防派出所	群众工作先进个人	怒江州公安边防支队	2017 年 12 月
左建华	秤杆边防派出所	群众工作先进个人	怒江州公安边防支队	2017 年 12 月
刘建国	鲁掌边防派出所	优秀警官标兵	怒江州公安边防支队	2017 年 12 月
杨　光	称杆边防派出所	优秀警官标兵	怒江州公安边防支队	2017 年 12 月
凡应华	上江边防派出所	优秀警官标兵	怒江州公安边防支队	2017 年 12 月
张维民	上江边防派出所	优秀警官标兵	怒江州公安边防支队	2017 年 12 月
赵中圣	蛮云边境检查站	优秀士官标兵	怒江州公安边防支队	2017 年 12 月
杨云峰	泸水边防大队	团职嘉奖	云南省公安边防总队	2017 年 12 月
周　强	泸水边防大队	营职嘉奖	怒江州公安边防支队	2017 年 12 月
陈家文	泸水边防大队	营职嘉奖	怒江州公安边防支队	2017 年 12 月
陈德营	泸水边防大队	营职嘉奖	怒江州公安边防支队	2017 年 12 月
唐兴龙	泸水边防大队	营职嘉奖	怒江州公安边防支队	2017 年 12 月
和志华	泸水边防大队	营职嘉奖	怒江州公安边防支队	2017 年 12 月

续表 7

姓名	工作单位	获奖名称	授奖单位	授奖时间
杨永平	泸水边防大队	营职嘉奖	怒江州公安边防支队	2017 年 12 月
徐　领	泸水边防大队	营职嘉奖	怒江州公安边防支队	2017 年 12 月
崔艳烽	泸水边防大队	营职嘉奖	怒江州公安边防支队	2017 年 12 月
蔡永华	泸水边防大队	营职嘉奖	怒江州公安边防支队	2017 年 12 月
张玉龙	泸水边防大队	营职嘉奖	怒江州公安边防支队	2017 年 12 月
徐　鹏	泸水边防大队	营职嘉奖	怒江州公安边防支队	2017 年 12 月
陈　昱	泸水边防大队	营职嘉奖	怒江州公安边防支队	2017 年 12 月
缪　江	泸水边防大队	营职嘉奖	怒江州公安边防支队	2017 年 12 月
汪映红	泸水边防大队	营职嘉奖	怒江州公安边防支队	2017 年 12 月
杨雄峰	泸水边防大队	营职嘉奖	怒江州公安边防支队	2017 年 12 月
王建明	泸水边防大队	营职嘉奖	怒江州公安边防支队	2017 年 12 月
左建华	泸水边防大队	营职嘉奖	怒江州公安边防支队	2017 年 12 月
马玉晖	泸水边防大队	营职嘉奖	怒江州公安边防支队	2017 年 12 月
赵飞乾	泸水边防大队	营职嘉奖	怒江州公安边防支队	2017 年 12 月
蒋建勇	泸水边防大队	营职嘉奖	怒江州公安边防支队	2017 年 12 月
吴志昌	泸水边防大队	营职嘉奖	怒江州公安边防支队	2017 年 12 月
马　龙	泸水边防大队	营职嘉奖	怒江州公安边防支队	2017 年 12 月
薛　桃	泸水边防大队	营职嘉奖	怒江州公安边防支队	2017 年 12 月
吴代金	泸水边防大队	营职嘉奖	怒江州公安边防支队	2017 年 12 月
邓成华	泸水边防大队	营职嘉奖	怒江州公安边防支队	2017 年 12 月
杨静波	泸水边防大队	营职嘉奖	怒江州公安边防支队	2017 年 12 月
马浩凌	泸水边防大队	连排职干部及战士嘉奖	怒江州公安边防支队	2017 年 12 月
和　明	泸水边防大队	连排职干部及战士嘉奖	怒江州公安边防支队	2017 年 12 月
赵兴斌	泸水边防大队	连排职干部及战士嘉奖	怒江州公安边防支队	2017 年 12 月
陈显昆	泸水边防大队	连排职干部及战士嘉奖	怒江州公安边防支队	2017 年 12 月
吴振昌	泸水边防大队	连排职干部及战士嘉奖	怒江州公安边防支队	2017 年 12 月
李兴良	泸水边防大队	连排职干部及战士嘉奖	怒江州公安边防支队	2017 年 12 月
韩　巍	泸水边防大队	连排职干部及战士嘉奖	怒江州公安边防支队	2017 年 12 月
刘　磊	泸水边防大队	连排职干部及战士嘉奖	怒江州公安边防支队	2017 年 12 月
杨钰平	泸水边防大队	连排职干部及战士嘉奖	怒江州公安边防支队	2017 年 12 月
李志鸿	泸水边防大队	连排职干部及战士嘉奖	怒江州公安边防支队	2017 年 12 月
张海燕	泸水边防大队	连排职干部及战士嘉奖	怒江州公安边防支队	2017 年 12 月
刘　坤	泸水边防大队	连排职干部及战士嘉奖	怒江州公安边防支队	2017 年 12 月
高　浩	泸水边防大队	连排职干部及战士嘉奖	怒江州公安边防支队	2017 年 12 月
张崇魁	泸水边防大队	连排职干部及战士嘉奖	怒江州公安边防支队	2017 年 12 月
李德超	泸水边防大队	连排职干部及战士嘉奖	怒江州公安边防支队	2017 年 12 月
高耀旺	泸水边防大队	连排职干部及战士嘉奖	怒江州公安边防支队	2017 年 12 月
余　冬	泸水边防大队	连排职干部及战士嘉奖	怒江州公安边防支队	2017 年 12 月
谭柳兰	泸水边防大队	连排职干部及战士嘉奖	怒江州公安边防支队	2017 年 12 月
张文阳	泸水边防大队	连排职干部及战士嘉奖	怒江州公安边防支队	2017 年 12 月
周雨燃	泸水边防大队	连排职干部及战士嘉奖	怒江州公安边防支队	2017 年 12 月
廖小磊	泸水边防大队	连排职干部及战士嘉奖	怒江州公安边防支队	2017 年 12 月
钟永海	泸水边防大队	连排职干部及战士嘉奖	怒江州公安边防支队	2017 年 12 月
王洪伟	泸水边防大队	连排职干部及战士嘉奖	怒江州公安边防支队	2017 年 12 月
李　志	泸水边防大队	连排职干部及战士嘉奖	怒江州公安边防支队	2017 年 12 月
宋健宝	泸水边防大队	连排职干部及战士嘉奖	怒江州公安边防支队	2017 年 12 月
孙家鑫	泸水边防大队	连排职干部及战士嘉奖	怒江州公安边防支队	2017 年 12 月

续表7

姓名	工作单位	获奖名称	授奖单位	授奖时间
邓松莲	泸水边防大队	连排职干部及战士嘉奖	怒江州公安边防支队	2017年12月
周　威	泸水边防大队	连排职干部及战士嘉奖	怒江州公安边防支队	2017年12月
李　旭	泸水边防大队	连排职干部及战士嘉奖	怒江州公安边防支队	2017年12月
卢　丁	泸水边防大队	连排职干部及战士嘉奖	怒江州公安边防支队	2017年12月
陈思远	泸水边防大队	连排职干部及战士嘉奖	怒江州公安边防支队	2017年12月
陈　创	泸水边防大队	连排职干部及战士嘉奖	怒江州公安边防支队	2017年12月
赵　鹏	泸水边防大队	连排职干部及战士嘉奖	怒江州公安边防支队	2017年12月
高俊峰	泸水边防大队	连排职干部及战士嘉奖	怒江州公安边防支队	2017年12月
刘　通	泸水边防大队	连排职干部及战士嘉奖	怒江州公安边防支队	2017年12月
杨　露	泸水边防大队	连排职干部及战士嘉奖	怒江州公安边防支队	2017年12月
彭　杰	泸水边防大队	连排职干部及战士嘉奖	怒江州公安边防支队	2017年12月
王　涛	泸水边防大队	连排职干部及战士嘉奖	怒江州公安边防支队	2017年12月
张紫麒	泸水边防大队	连排职干部及战士嘉奖	怒江州公安边防支队	2017年12月
李英明	泸水边防大队	连排职干部及战士嘉奖	怒江州公安边防支队	2017年12月
普　耀	泸水边防大队	连排职干部及战士嘉奖	怒江州公安边防支队	2017年12月
卢宇航	泸水边防大队	连排职干部及战士嘉奖	怒江州公安边防支队	2017年12月
李维浩	泸水边防大队	连排职干部及战士嘉奖	怒江州公安边防支队	2017年12月
程培云	泸水边防大队	连排职干部及战士嘉奖	怒江州公安边防支队	2017年12月
鲁昆阳	泸水边防大队	连排职干部及战士嘉奖	怒江州公安边防支队	2017年12月
王　振	泸水边防大队	连排职干部及战士嘉奖	怒江州公安边防支队	2017年12月
潘佳慧	泸水边防大队	连排职干部及战士嘉奖	怒江州公安边防支队	2017年12月
马豪骏	泸水边防大队	连排职干部及战士嘉奖	怒江州公安边防支队	2017年12月
苏昱榕	泸水边防大队	连排职干部及战士嘉奖	怒江州公安边防支队	2017年12月
胡鹏俊	泸水边防大队	连排职干部及战士嘉奖	怒江州公安边防支队	2017年12月
李　睿	泸水边防大队	连排职干部及战士嘉奖	怒江州公安边防支队	2017年12月
单师帅	泸水边防大队	连排职干部及战士嘉奖	怒江州公安边防支队	2017年12月
张衍斌	泸水边防大队	连排职干部及战士嘉奖	怒江州公安边防支队	2017年12月
张金华	泸水边防大队	连排职干部及战士嘉奖	怒江州公安边防支队	2017年12月
马则豪	泸水边防大队	连排职干部及战士嘉奖	怒江州公安边防支队	2017年12月
段向虹	泸水边防大队	连排职干部及战士嘉奖	怒江州公安边防支队	2017年12月
杨庆为	泸水边防大队	连排职干部及战士嘉奖	怒江州公安边防支队	2017年12月
李明哲	泸水边防大队	连排职干部及战士嘉奖	怒江州公安边防支队	2017年12月
李德福	泸水边防大队	连排职干部及战士嘉奖	怒江州公安边防支队	2017年12月
盛志宝	泸水边防大队	连排职干部及战士嘉奖	怒江州公安边防支队	2017年12月
石祥龙	泸水边防大队	连排职干部及战士嘉奖	怒江州公安边防支队	2017年12月
普　健	泸水边防大队	连排职干部及战士嘉奖	怒江州公安边防支队	2017年12月
和雪松	泸水边防大队	连排职干部及战士嘉奖	怒江州公安边防支队	2017年12月
平鸿泽	泸水边防大队	连排职干部及战士嘉奖	怒江州公安边防支队	2017年12月
冯　敏	泸水边防大队	连排职干部及战士嘉奖	怒江州公安边防支队	2017年12月
任润龙	泸水边防大队	连排职干部及战士嘉奖	怒江州公安边防支队	2017年12月
张　威	泸水边防大队	连排职干部及战士嘉奖	怒江州公安边防支队	2017年12月
邱学宇	泸水边防大队	连排职干部及战士嘉奖	怒江州公安边防支队	2017年12月
胡再德	泸水边防大队	连排职干部及战士嘉奖	怒江州公安边防支队	2017年12月
陈小君	泸水边防大队	优秀基层警官	怒江州公安边防支队	2017年12月
张佩阳	泸水边防大队	优秀基层警官	怒江州公安边防支队	2017年12月
张　会	泸水边防大队	优秀基层警官	怒江州公安边防支队	2017年12月
蒙文禄	泸水边防大队	优秀基层警官	怒江州公安边防支队	2017年12月

续表7

姓名	工作单位	获奖名称	授奖单位	授奖时间
黄加学	泸水边防大队	优秀基层警官	怒江州公安边防支队	2017年12月
周雨燃	泸水边防大队	优秀基层警官	怒江州公安边防支队	2017年12月
廖　东	泸水边防大队	优秀基层警官	怒江州公安边防支队	2017年12月
李鸿银	泸水边防大队	优秀基层警官	怒江州公安边防支队	2017年12月
凡应华	泸水边防大队	优秀基层警官	怒江州公安边防支队	2017年12月
沈丽霞	泸水边防大队	优秀基层警官	怒江州公安边防支队	2017年12月
吴振昌	泸水边防大队	优秀基层警官	怒江州公安边防支队	2017年12月
张维民	泸水边防大队	优秀基层警官	怒江州公安边防支队	2017年12月
孔垂统	泸水边防大队	优秀基层警官	怒江州公安边防支队	2017年12月
周定洪	泸水边防大队	优秀基层警官	怒江州公安边防支队	2017年12月
龙泉波	泸水边防大队	优秀基层警官	怒江州公安边防支队	2017年12月
张启雷	泸水边防大队	优秀基层警官	怒江州公安边防支队	2017年12月
何晓智	泸水边防大队	优秀基层警官	怒江州公安边防支队	2017年12月
王　康	泸水边防大队	优秀基层警官	怒江州公安边防支队	2017年12月
刘　坤	泸水边防大队	优秀基层警官	怒江州公安边防支队	2017年12月
蔡永华	泸水边防大队	优秀基层警官	怒江州公安边防支队	2017年12月
李志鸿	泸水边防大队	优秀基层警官	怒江州公安边防支队	2017年12月
安兴元	泸水边防大队	优秀基层警官	怒江州公安边防支队	2017年12月
江　伟	泸水边防大队	优秀基层警官	怒江州公安边防支队	2017年12月
刘建国	泸水边防大队	优秀基层警官	怒江州公安边防支队	2017年12月
张艳和	泸水边防大队	优秀基层警官	怒江州公安边防支队	2017年12月
缪　江	泸水边防大队	优秀基层警官	怒江州公安边防支队	2017年12月
姚　娇	泸水边防大队	优秀基层警官	怒江州公安边防支队	2017年12月
马富学	泸水边防大队	优秀基层警官	怒江州公安边防支队	2017年12月
杨钰平	泸水边防大队	优秀基层警官	怒江州公安边防支队	2017年12月
赵飞乾	泸水边防大队	优秀基层警官	怒江州公安边防支队	2017年12月
余　冬	泸水边防大队	优秀基层警官	怒江州公安边防支队	2017年12月
耿成龙	泸水边防大队	优秀基层警官	怒江州公安边防支队	2017年12月
王浩瑜	泸水边防大队	优秀基层警官	怒江州公安边防支队	2017年12月
徐广利	泸水边防大队	优秀基层警官	怒江州公安边防支队	2017年12月
左建华	泸水边防大队	优秀基层警官	怒江州公安边防支队	2017年12月
杨　光	泸水边防大队	优秀基层警官	怒江州公安边防支队	2017年12月
和　明	泸水边防大队	优秀基层警官	怒江州公安边防支队	2017年12月
赵中圣	泸水边防大队	优秀士官	怒江州公安边防支队	2017年12月
李自村	泸水边防大队	优秀士官	怒江州公安边防支队	2017年12月
崔　铁	泸水边防大队	优秀士官	怒江州公安边防支队	2017年12月
杨　波	泸水边防大队	优秀士官	怒江州公安边防支队	2017年12月
孙　洁	泸水边防大队	优秀士官	怒江州公安边防支队	2017年12月
王华秋	泸水边防大队	优秀士官	怒江州公安边防支队	2017年12月
罗淞佑	泸水边防大队	优秀士官	怒江州公安边防支队	2017年12月
陈　雪	泸水边防大队	优秀士官	怒江州公安边防支队	2017年12月
张建武	泸水边防大队	优秀士官	怒江州公安边防支队	2017年12月
林　庆	泸水边防大队	优秀士官	怒江州公安边防支队	2017年12月
周俊杰	泸水边防大队	优秀士官	怒江州公安边防支队	2017年12月
和习强	泸水边防大队	优秀士官	怒江州公安边防支队	2017年12月
何发达	泸水边防大队	优秀士官	怒江州公安边防支队	2017年12月
牟斌杰	泸水边防大队	优秀士官	怒江州公安边防支队	2017年12月

续表 7

姓名	工作单位	获奖名称	授奖单位	授奖时间
牟元星	泸水边防大队	优秀士官	怒江州公安边防支队	2017 年 12 月
胡鹏俊	泸水边防大队	优秀士官	怒江州公安边防支队	2017 年 12 月
刘大山	泸水边防大队	优秀士官	怒江州公安边防支队	2017 年 12 月
岩　平	泸水边防大队	优秀士官	怒江州公安边防支队	2017 年 12 月
钟　洋	泸水边防大队	优秀士官	怒江州公安边防支队	2017 年 12 月
杜奔奔	泸水边防大队	优秀士官	怒江州公安边防支队	2017 年 12 月
周志杰	泸水边防大队	优秀士官	怒江州公安边防支队	2017 年 12 月
范明均	泸水边防大队	优秀士官	怒江州公安边防支队	2017 年 12 月
陈达伟	泸水边防大队	优秀士官	怒江州公安边防支队	2017 年 12 月
靳　祥	泸水边防大队	优秀义务兵	怒江州公安边防支队	2017 年 12 月
陈桦良	泸水边防大队	优秀义务兵	怒江州公安边防支队	2017 年 12 月
张　衡	泸水边防大队	优秀义务兵	怒江州公安边防支队	2017 年 12 月
陈　政	泸水边防大队	优秀义务兵	怒江州公安边防支队	2017 年 12 月
岩　况	泸水边防大队	优秀义务兵	怒江州公安边防支队	2017 年 12 月
徐红夜	泸水边防大队	优秀义务兵	怒江州公安边防支队	2017 年 12 月
杨　鑫	泸水边防大队	优秀义务兵	怒江州公安边防支队	2017 年 12 月
张晋嘉	泸水边防大队	优秀义务兵	怒江州公安边防支队	2017 年 12 月
何　广	泸水边防大队	优秀义务兵	怒江州公安边防支队	2017 年 12 月
雷　欢	泸水边防大队	优秀义务兵	怒江州公安边防支队	2017 年 12 月

2017 年度泸水市获得中级以上职称人员一览表

表 8

姓名	工作单位	职称名称	评定时间
黄胜军	泸水市小沙坝完小	高级教师	2017 年 10 月
兰庆玲	泸水市小沙坝完小	高级教师	2017 年 10 月
李君华	泸水市小沙坝完小	高级教师	2017 年 10 月
乔　林	泸水市小沙坝完小	高级教师	2017 年 10 月
文秀英	泸水市小沙坝完小	高级教师	2017 年 10 月
杨何军	泸水市小沙坝完小	高级教师	2017 年 10 月
余安仁	泸水市小沙坝完小	高级教师	2017 年 10 月
何丽香	泸水市第一完全小学	高级教师	2017 年 10 月
杨红芳	泸水市第一完全小学	高级教师	2017 年 10 月
廖蒋菊	泸水市第一完全小学	高级教师	2017 年 10 月
范丽芬	泸水市第一完全小学	高级教师	2017 年 10 月
墨波益	泸水市第一完全小学	高级教师	2017 年 10 月
刘汉民	泸水市鲁掌镇中心学校	高级教师	2017 年 10 月
李云涛	泸水市鲁掌镇中心学校	高级教师	2017 年 10 月
邬跃芝	泸水市鲁掌镇中心学校	高级教师	2017 年 10 月
杨春芬	泸水市鲁掌镇中心学校	高级教师	2017 年 10 月
李盛杨	泸水市鲁掌镇中心学校	高级教师	2017 年 10 月
张　林	泸水市鲁掌镇中心学校	高级教师	2017 年 10 月
邬毅全	泸水市鲁掌镇中心学校	高级教师	2017 年 10 月
玖门光	泸水市洛本卓白族乡中心学校	高级教师	2017 年 10 月
哈中南	泸水市洛本卓白族乡中心学校	高级教师	2017 年 10 月
肖大付	泸水市洛本卓白族乡中心学校	高级教师	2017 年 10 月
楠冬芷	泸水市洛本卓白族乡中心学校	高级教师	2017 年 10 月
张子科	泸水市洛本卓白族乡中心学校	高级教师	2017 年 10 月

续表 8

姓名	工作单位	职称名称	评定时间
张义光	泸水市洛本卓白族乡中心学校	高级教师	2017 年 10 月
杨志香	泸水市洛本卓白族乡中心学校	高级教师	2017 年 10 月
王夏光	泸水市洛本卓白族乡中心学校	高级教师	2017 年 10 月
李祥芳	泸水市洛本卓白族乡中心学校	高级教师	2017 年 10 月
尹忠彪	泸水市片马镇中心学校	高级教师	2017 年 10 月
胡世友	泸水市大兴地镇中心学校	高级教师	2017 年 10 月
陆金银	泸水市大兴地镇中心学校	高级教师	2017 年 10 月
欧学荣	泸水市称杆乡中心学校	高级教师	2017 年 10 月
余　波	泸水市称杆乡中心学校	高级教师	2017 年 10 月
李　忠	泸水市称杆乡中心学校	高级教师	2017 年 10 月
密荣庭	泸水市称杆乡中心学校	高级教师	2017 年 10 月
乔金文	泸水市称杆乡中心学校	高级教师	2017 年 10 月
李华生	泸水市称杆乡中心学校	高级教师	2017 年 10 月
玉范妞	泸水市古登乡中心学校	高级教师	2017 年 10 月
玖前妞	泸水市古登乡中心学校	高级教师	2017 年 10 月
大玖才	泸水市古登乡中心学校	高级教师	2017 年 10 月
利生华	泸水市古登乡中心学校	高级教师	2017 年 10 月
和夏娜	泸水市古登乡中心学校	高级教师	2017 年 10 月
杨凤明	泸水市老窝镇中心学校	高级教师	2017 年 10 月
胡顺琴	泸水市老窝镇中心学校	高级教师	2017 年 10 月
杨丽全	泸水市老窝镇中心学校	高级教师	2017 年 10 月
何　伟	泸水市老窝镇中心学校	高级教师	2017 年 10 月
杨学润	泸水市老窝镇中心学校	高级教师	2017 年 10 月
秦春华	泸水市老窝镇中心学校	高级教师	2017 年 10 月
杨晓英	泸水市老窝镇中心学校	高级教师	2017 年 10 月
何胡芝	泸水市老窝镇中心学校	高级教师	2017 年 10 月
何学荣	泸水市老窝镇中心学校	高级教师	2017 年 10 月
李桂珍	泸水市职业技术学院	高级教师	2017 年 10 月
胡武玲	泸水市六库镇中心学校	高级教师	2017 年 10 月
李学香	泸水市六库镇中心学校	高级教师	2017 年 10 月
杨德美	泸水市六库镇中心学校	高级教师	2017 年 10 月
杨何香	泸水市六库镇中心学校	高级教师	2017 年 10 月
李成美	泸水市上江镇中心学校	高级教师	2017 年 10 月
左文荣	泸水市六库镇中心学校	高级教师	2017 年 10 月
阿中新	泸水市上江镇中心学校	高级教师	2017 年 10 月
杨书梅	泸水市上江镇中心学校	高级教师	2017 年 10 月
褚遥明	泸水市上江镇中心学校	高级教师	2017 年 10 月
杨　娟	泸水市上江镇中心学校	高级教师	2017 年 10 月
李金花	泸水市上江镇中心学校	高级教师	2017 年 10 月
尹菊轩	泸水市幼儿园	高级教师	2017 年 10 月
兰国芬	泸水市幼儿园	高级教师	2017 年 10 月
左金良	泸水市幼儿园	高级教师	2017 年 10 月
段承娥	泸水市幼儿园	高级教师	2017 年 10 月
何开芝	泸水市幼儿园	高级教师	2017 年 10 月
张建珍	泸水市幼儿园	高级教师	2017 年 10 月
张　刚	泸水市老窝镇中学	高级教师	2017 年 10 月
李云东	泸水市老窝镇中学	高级教师	2017 年 10 月

续表 8

姓名	工作单位	职称名称	评定时间
钟明镜	泸水市老窝镇中学	高级教师	2017 年 10 月
李海玉	泸水市六库镇中学	高级教师	2017 年 10 月
李植松	泸水市六库镇中学	高级教师	2017 年 10 月
张赵明	泸水市六库镇中学	高级教师	2017 年 10 月
张海燕	泸水市六库镇中学	高级教师	2017 年 10 月
郭晓媚	泸水市六库镇中学	高级教师	2017 年 10 月
杨秋莲	泸水市六库镇中学	高级教师	2017 年 10 月
和翠兰	泸水市鲁掌中学	高级教师	2017 年 10 月
查海江	泸水市民族中学	高级教师	2017 年 10 月
和学诚	泸水市民族中学	高级教师	2017 年 10 月
杨建蓉	泸水市民族中学	高级教师	2017 年 10 月
邬利平	泸水市民族中学	高级教师	2017 年 10 月
黎霞斓	泸水市古登乡中学	高级教师	2017 年 10 月
茶　根	泸水市古登乡中学	高级教师	2017 年 10 月
杨静萍	泸水市古登乡中学	高级教师	2017 年 10 月
李福堂	泸水市上江镇中学	高级教师	2017 年 10 月
姬仁香	泸水市上江镇中学	高级教师	2017 年 10 月
杨李彪	泸水市第一中学	高级教师	2017 年 10 月
杨何雄	泸水市第一中学	高级教师	2017 年 10 月
潘文萍	泸水市第一中学	高级教师	2017 年 10 月
打　必	泸水市称杆乡中心学校	一级教师	2017 年 10 月
欧秀华	泸水市称杆乡中心学校	一级教师	2017 年 10 月
胡玉梅	泸水市称杆乡中心学校	一级教师	2017 年 10 月
乔凤英	泸水市大兴地镇中心学校	一级教师	2017 年 10 月
雀银文	泸水市大兴地镇中心学校	一级教师	2017 年 10 月
木成梅	泸水市大兴地镇中心学校	一级教师	2017 年 10 月
段文花	泸水市大兴地镇中心学校	一级教师	2017 年 10 月
杨敏芬	泸水市大兴地镇中心学校	一级教师	2017 年 10 月
李文光	泸水市大兴地镇中心学校	一级教师	2017 年 10 月
马举军	泸水市第一中学	一级教师	2017 年 10 月
张成明	泸水市第一中学	一级教师	2017 年 10 月
邓永能	泸水市第一中学	一级教师	2017 年 10 月
张立宗	泸水市第一中学	一级教师	2017 年 10 月
左春花	泸水市第一中学	一级教师	2017 年 10 月
林一平	泸水市第一中学	一级教师	2017 年 10 月
何开翠	泸水市第一中学	一级教师	2017 年 10 月
查莉舒	泸水市第一中学	一级教师	2017 年 10 月
张志富	泸水市古登乡中心学校	一级教师	2017 年 10 月
义三波	泸水市古登乡中心学校	一级教师	2017 年 10 月
伟仁杰	泸水市古登乡中心学校	一级教师	2017 年 10 月
义生波	泸水市古登乡中心学校	一级教师	2017 年 10 月
和二华	泸水市古登乡中心学校	一级教师	2017 年 10 月
张树莉	泸水市古登乡中心学校	一级教师	2017 年 10 月
波罗益	泸水市古登乡中心学校	一级教师	2017 年 10 月
姬义花	泸水市古登乡中心学校	一级教师	2017 年 10 月
和春林	泸水市古登乡中心学校	一级教师	2017 年 10 月
李晓霞	泸水市古登乡中心学校	一级教师	2017 年 10 月

续表 8

姓名	工作单位	职称名称	评定时间
王清芬	泸水市古登乡中学	一级教师	2017 年 10 月
杨忠华	泸水市古登乡中学	一级教师	2017 年 10 月
胡二花	泸水市古登乡中学	一级教师	2017 年 10 月
赵　森	泸水市古登乡中学	一级教师	2017 年 10 月
景宏林	泸水市古登乡中学	一级教师	2017 年 10 月
杨丽鹏	泸水市老窝镇中心学校	一级教师	2017 年 10 月
杨张李	泸水市老窝镇中心学校	一级教师	2017 年 10 月
张志文	泸水市老窝镇中心学校	一级教师	2017 年 10 月
何李忠	泸水市老窝镇中心学校	一级教师	2017 年 10 月
黄杨绍	泸水市老窝镇中心学校	一级教师	2017 年 10 月
刘丽彪	泸水市老窝镇中心学校	一级教师	2017 年 10 月
何雪梅	泸水市老窝镇中心学校	一级教师	2017 年 10 月
杨云霞	泸水市老窝镇中心学校	一级教师	2017 年 10 月
刘张杨	泸水市老窝镇中学	一级教师	2017 年 10 月
代翠先	泸水市老窝镇中学	一级教师	2017 年 10 月
李云梅	泸水市老窝镇中学	一级教师	2017 年 10 月
何绘春	泸水市六库镇中心学校	一级教师	2017 年 10 月
何伟才	泸水市六库镇中心学校	一级教师	2017 年 10 月
汉礼康	泸水市六库镇中心学校	一级教师	2017 年 10 月
尹何彪	泸水市六库镇中心学校	一级教师	2017 年 10 月
王宏宝	泸水市六库镇中心学校	一级教师	2017 年 10 月
何雪敏	泸水市六库镇中心学校	一级教师	2017 年 10 月
李　达	泸水市六库镇中心学校	一级教师	2017 年 10 月
张　平	泸水市六库镇中心学校	一级教师	2017 年 10 月
李　义	泸水市六库镇中心学校	一级教师	2017 年 10 月
何金永	泸水市六库镇中心学校	一级教师	2017 年 10 月
李学琴	泸水市六库镇中心学校	一级教师	2017 年 10 月
李美莲	泸水市六库镇中学	一级教师	2017 年 10 月
李燕飞	泸水市六库镇中学	一级教师	2017 年 10 月
杨俊圣	泸水市六库镇中学	一级教师	2017 年 10 月
金　福	泸水市六库镇中学	一级教师	2017 年 10 月
蒋　云	泸水市六库镇中学	一级教师	2017 年 10 月
李永忠	泸水市六库镇中学	一级教师	2017 年 10 月
祝翠莲	泸水市六库镇中学	一级教师	2017 年 10 月
尹国飞	泸水市鲁掌镇中心学校	一级教师	2017 年 10 月
茶嘉宇	泸水市鲁掌镇中心学校	一级教师	2017 年 10 月
左建梅	泸水市鲁掌镇中心学校	一级教师	2017 年 10 月
胡德清	泸水市鲁掌镇中心学校	一级教师	2017 年 10 月
杨才付	泸水市鲁掌镇中心学校	一级教师	2017 年 10 月
胡生兰	泸水市鲁掌镇中心学校	一级教师	2017 年 10 月
吴剑文	泸水市鲁掌中学	一级教师	2017 年 10 月
王桂娟	泸水市鲁掌中学	一级教师	2017 年 10 月
杨晓彦	泸水市鲁掌中学	一级教师	2017 年 10 月
李相红	泸水市鲁掌中学	一级教师	2017 年 10 月
王　薇	泸水市鲁掌中学	一级教师	2017 年 10 月
雄伟生	泸水市洛本卓白族乡中心学校	一级教师	2017 年 10 月
福艳娟	泸水市洛本卓白族乡中心学校	一级教师	2017 年 10 月

续表 8

姓名	工作单位	职称名称	评定时间
黄起梅	泸水市洛本卓白族乡中心学校	一级教师	2017 年 10 月
波毅春	泸水市洛本卓白族乡中心学校	一级教师	2017 年 10 月
周秀花	泸水市洛本卓白族乡中心学校	一级教师	2017 年 10 月
桑益才	泸水市洛本卓白族乡中心学校	一级教师	2017 年 10 月
和丽妃	泸水市洛本卓白族乡中心学校	一级教师	2017 年 10 月
李　婕	泸水市民族中学	一级教师	2017 年 10 月
杨永杰	泸水市民族中学	一级教师	2017 年 10 月
冯　武	泸水市民族中学	一级教师	2017 年 10 月
杨光亮	泸水市片马镇中心学校	一级教师	2017 年 10 月
张倪平	泸水市片马镇中心学校	一级教师	2017 年 10 月
普罗益	泸水市上江镇中心学校	一级教师	2017 年 10 月
吴永平	泸水市上江镇中心学校	一级教师	2017 年 10 月
胡玉芳	泸水市上江镇中心学校	一级教师	2017 年 10 月
李祖艳	泸水市上江镇中心学校	一级教师	2017 年 10 月
茶计文	泸水市上江镇中心学校	一级教师	2017 年 10 月
李　斌	泸水市上江镇中心学校	一级教师	2017 年 10 月
戴天光	泸水市上江镇中心学校	一级教师	2017 年 10 月
李新明	泸水市上江镇中心学校	一级教师	2017 年 10 月
左建国	泸水市上江镇中心学校	一级教师	2017 年 10 月
陈天美	泸水市上江镇中心学校	一级教师	2017 年 10 月
福玉金	泸水市上江镇中心学校	一级教师	2017 年 10 月
胡义成	泸水市上江镇中心学校	一级教师	2017 年 10 月
李　杰	泸水市上江镇中心学校	一级教师	2017 年 10 月
杨　梅	泸水市上江镇中心学校	一级教师	2017 年 10 月
李红雨	泸水市上江镇中学	一级教师	2017 年 10 月
李向繁	泸水市上江镇中学	一级教师	2017 年 10 月
杨子铭	泸水市上江镇中学	一级教师	2017 年 10 月
何汝菊	泸水市上江镇中学	一级教师	2017 年 10 月
褚明乔	泸水市上江镇中学	一级教师	2017 年 10 月
刘艺芝	泸水市小沙坝完小	一级教师	2017 年 10 月
王玉磊	泸水市小沙坝完小	一级教师	2017 年 10 月
祝晓英	泸水市小沙坝完小	一级教师	2017 年 10 月
何仙智	泸水市文化馆	副研究馆员	2017 年 10 月
何伟菊	泸水市图书馆	副研究馆员	2017 年 10 月
阿才妞	泸水市图书馆	馆员	2017 年 7 月
何丽桃	泸水市图书馆	馆员	2017 年 7 月
杨润珍	泸水市住房和城乡建设局	工程师 10 级	2017 年 8 月
何青海	泸水市住房和城乡建设局	工程师 10 级	2017 年 8 月
何李元	泸水市住房和城乡建设局	工程师 10 级	2017 年 8 月
胡碧花	泸水市住房和城乡建设局	工程师 10 级	2017 年 8 月
晏棋强	泸水市交通运输局	公路工程高级工程师	2017 年 9 月
段志兰	泸水市交通运输局	公路桥梁高级工程师	2017 年 9 月
欧丽花	泸水市交通运输局	公路工程管理工程师	2017 年 11 月
杨荣军	泸水市交通运输局	公路工程管理工程师	2017 年 11 月
欧学军	大兴地镇人民政府农业综合服务中心	兽医师	2017 年 9 月
郝秀成	大兴地镇人民政府农业综合服务中心	畜牧师	2017 年 9 月
田锦芬	六库镇农业综合服务中心	高级农艺师	2017 年 12 月

续表 8

姓名	工作单位	职称名称	评定时间
梁丽芳	六库镇农业综合服务中心	高级兽医师	2017 年 12 月
麻继兰	六库镇农业综合服务中心	高级兽医师	2017 年 12 月
兰玖妞	六库镇农业综合服务中心	高级林业工程师	2017 年 12 月
何兆仙	六库镇农业综合服务中心	高级林业工程师	2017 年 12 月
何晓芸	六库镇农业综合服务中心	高级林业工程师	2017 年 12 月
和贵鹏	上江镇农业综合服务中心	农艺师	2017 年 9 月
董文杰	鲁掌镇人民政府农业综合服务中心	工程师	2017 年 12 月
浩丽琴	泸水市林业局	林业工程师九级	2017 年 8 月
何正松	泸水市林业局	林业工程师九级	2017 年 8 月
密朝辉	泸水市林业局	林业工程师九级	2017 年 8 月
李翠元	泸水市全媒体中心	编辑	2017 年 10 月
刘德丽	泸水市第一人民医院	副主任医师	2017 年 9 月
李世伟	泸水市第一人民医院	副主任医师	2017 年 9 月
冯贵忠	泸水市第一人民医院	副主任医师	2017 年 9 月
杨顺凤	泸水市第一人民医院	副主任医师	2017 年 9 月
邬跃海	泸水市第一人民医院	主管药剂师	2017 年 9 月
文亚娟	泸水市第一人民医院	主治医师	2017 年 10 月

领导干部名录

中国共产党泸水市委员会

书记：普记颜（傈僳族）

副书记：和桂莲（女　白族）

杨绍红（傈僳族　—2017.1）

李迎雨（白族　2017.12—　）

副书记、市驻村扶贫工作队总队长：

李光洪（挂职）

副书记、工业园区管理委员会主任：

茶　冲（彝族　挂职）

常务委员：王慧奇（挂职）　段丽仙

张忠军　罗增贤　姬林二

施卫东　杨秀兴　茶跃辉

赵亮明　文凤鸣　祝培荣

办公室

主任：贝阿纳（　—2017.3）

李扬海（2017.3—　）

副主任：段松田　罗振均

郝春荣（2017.9—　）

市委巡察工作领导小组

组长：施卫东

副组长：罗增贤

成员：李杨东　唐道林　金黄叶

办公室

主任：金黄叶

副主任：郑晓艳

泸水市人民代表大会常务委员会

主任：黄绍荣（傈僳族　—2017.12）

副主任：何忠宝（白族）

密大华（傈僳族）

周大子（白族）

田玉芝（女　白族）

委员：余碧祥　杨李兴　杨顺菊（女）

周娜泉（女）　张春生　李　云（女）

李文明　白乾益　唐道林　茶茂生

石玉灵　张瑞荣　茶莲英（女）

李剑华　碧南光　董绍才　李祖华

密振华　李跃东　麻荣春　唐郑邓

欧南桑　何息文　茶　选　李向华

姬小芝（女） 肖如芳 祝正明
何 军

办公室
主任：余碧祥（2017.1— ）
副主任：杨 涛（白族 2017.1— ）

法制工委
主任：白乾益（傈僳族 2017.1— ）

财经工委
主任：李文明（傈僳族 2017.1— ）

选联工委
主任：杨李兴（白族 2017.1—2017.3）
张春生（傈僳族 2017.3— ）
副主任：
兰 进（傈僳族 2017.1—2017.11）

教科文卫工委
主任：张春生（傈僳族 2017.1—2017.3）
李武毅（白族 2017.3—2017.9）

民侨工委
主任：周娜泉（女 白族 2017.1—2017.3）

农工委
主任：杨顺菊（女 2017.1— ）

环资工委
主任：李 云（女 2017.1— ）

泸水市人民政府

市长：和桂莲（女，白族）
常务副市长：杨秀兴（ —2017.12）
罗增贤（2017.12— ）
副市长：徐 越（ —2017.06） 杨仕林
杨 智 李海珍
祝文明（ —2017.12） 何贵军
郝石君 高荣会
李续亮（2017.09— ）
刘仕全（2017.12— ）
党组成员：肯四才

办公室
主任：唐才凤（女）
副主任：李健杰 王绍文 和晓斌

政协泸水市委员会

主席：和卫忠（傈僳族 —2017.9）
副主席：波四合（傈僳族） 尹橙王（白族）
谢玉兰（女 傈僳族）
陈胡荣（傈僳族）
秘书长：杨光兰（女 白族）
常委：和卫忠（傈僳族 —2017.9）
波四合（傈僳族） 尹橙王（白族）
谢玉兰（女 傈僳族）
陈胡荣（傈僳族）
杨光兰（女 白族） 张畅军（白族）
钱桂凤（女 彝族）
哈思益（傈僳族） 王志兴（白族）
麻二青（傈僳族） 张丽琴（女）
林 红（哈尼族） 范段春（傈僳族）
余杨花（女 白族）
李明辉（女 傈僳族）
李摩西（傈僳族） 胡秀梅（女）
杨湖军（白族） 何仕伟（白族）
何臣相（白族）
麻凤兰（女 傈僳族）
段文军（白族）

办公室
主任：杨光兰（女 白族）

提案法制委员会

主任：王志兴（白族）

经济委员会

主任：麻二青（傈僳族）

民族宗教联络委员会

主任：张畅军（白族）

教文卫体委员会

主任：哈思益（傈僳族）

文史资料委员会

主任：林　红（哈尼族）

人口资源环境委员会

主任：钱桂凤（女　彝族　—2017.3）

委员联络委员会

主任：张丽琴（女）

泸水市纪委、监察局

书记：施卫东（白族）

副书记：李杨东（白族）　尹文兴（傈僳族）

　　　　张文何（白族）

监察局局长：李杨东（白族）

泸水市委组织部

部长：张忠军（怒族　2017.12—　）

常务副部长：唐道林

副部长：杨李兴（白族　2017.3—　）

干监室主任：杨晓涵（女　白族）

非公经济组织和社会组织工作委员会副书记：

　祝艳苹（女　白族）

人才领导小组办公室专职副主任：

　褚永成（傈僳族　2017.8—　）

泸水市委宣传部

部长：祝培荣（景颇族）

常务副部长、市文明办主任：茶永清（傈僳族）

副部长：程晓玲（女　白族）　李云何（白族）

市委外宣办、市人民政府新闻办主任：

　姬明忠（女　彝族）

文明办专职副主任：王琳芳（女　白族）

泸水市委统战部

部长：姬林二（傈僳族）

常务副部长：周娜泉（女　傈僳族）

副部长：桑娜妞（女　傈僳族）

六库镇

市委常委、镇党委书记：赵亮明

镇人大主席：茶莲英（女　傈僳族）

镇长：乔玉华（傈僳族）

纪委书记：黄余忠（傈僳族）

副书记：杨继纲（傈僳族）

组织委员：杨李金（白族）

宣传委员：杨国栋（白族）

副镇长：赵丽荣（白族）　陈茶荣（傈僳族）

　　　　密晓春（傈僳族）

　　　　高兆辉（挂职　2017.5—　）

财政所所长：李勤芳（女　傈僳族）

片马镇

书记：胡建荣（傈僳族）

人大主席：董绍才（景颇族　2017.4—　）

镇长：茶继良（彝族　—2017.3）

代镇长：

　何新文（傈僳族　2017.4—2017.11）

副书记：杨春华（傈僳族）

纪委书记：刘会祥

宣传委员：何东凯（白族）

组织委员：杨淑梅（白族）

副镇长：张艺缤（白族）　董亚辉（白族）

　　　　何长江（白族　2017.1—　）

鲁掌镇

书记：褚芳兰

人大主席：李祖华
镇长：肖胡南
纪委书记：刘礼平
副书记：岳应鑫
副镇长：和继生　杨家柱
组织委员：何新兰
宣传委员：李权辉

上江镇

书记：石玉灵（傈僳族）
镇长：李刘生（白族）
人大主席：李剑华（白族）
副书记：何富军（白族）
　　　　杨　飞（挂职　2017.3—　）
副书记、边防派出所所长：
　廖　东（2017.9—　）
纪委书记：唐才军（傈僳族）
副镇长：于艳松（白族）　李军民
　　　　魏如兵（　—2017.8）
　　　　虎贵波（傈僳族　2017.8—　）
　　　　冯志强（傈僳族　挂职）
　　　　普孟韬（挂职　2017.3—　）
　　　　杨少君（傈僳族　挂职　2017.5—　）
组织委员：冯　梅（女　傈僳族）
宣传委员：杨寻春（白族）

老窝镇

书记：张瑞荣（白族）
人大主席：碧南光（白族）
镇长：杨紫军（白族）
副书记：普春林（傈僳族）
纪委书记：和军生（傈僳族）
组织委员：张　蕾（女　白族）
宣传委员：郭荣华（女）
副镇长：施建君（白族）　李学忠（怒族）
　　　　何胜权（白族　2017.1—　）

大兴地镇

书记：赵冬至
人大主席：密振华（傈僳族）
镇长：李雪花（女　怒族）
副书记：张家渊（白族）
纪委书记：杨顺文（白族）
组织委员：波振福（白族　—2017.9）
　　　　　褚松涛（傈僳族　2017.9—　）
宣传委员：李权辉（傈僳族　—2017.9）
　　　　　廖成宏（2017.9—　）
副镇长：何　坤（白族）
　　　　程俊梅（女　傈僳族）
　　　　祝新海（傈僳族）
　　　　王中伟（挂职　怒族　2017.5—　）

称杆乡

书记：杨仕华
人大主席：刘　运
乡长：杨永胜
副书记：李　江
纪委书记：杨德华
副乡长：和文春　杨宗江　和熊峰
组织委员：张红琴

古登乡

书记：曹云童
人大主席：麻荣春
乡长：李跃东
副书记：和二波
纪委书记：祝新文
组织委员：张雪瑛
宣传委员：赵何东
副乡长：李应龙　麻春荣　李燕红

洛本卓乡

书记：张旭勇
人大主席：唐郑邓（白族）
乡长：黄胜伟（白族）
副书记：周爱华（傈僳族）
纪委书记：郝春荣（白族　—2017.8）

李世嵩（白族　2017.8—　）

副乡长：欧海山（白族）

周梅芳（女　白族）

纪斯妞（女　白族　—2017.8）

茶绍东（彝族　2017.8—　）

财政所长：曼碧龙（傈僳族）

组织委员：刘桑燕（女　彝族　2017.8—　）

宣传委员：茶绍东（彝族　—2017.8）

麻继成（傈僳族　2017.8—　）

泸水市委政研室

主任：周娜泉（女　白族　2017.4—2017.8）

段松田（白族　2017.9—　）

泸水市委老干部局

局长：李树华（傈僳族）

泸水市直机关工委

书记：茶茂生（彝族）

副书记：余　莲（女）

李顺兰（女　白族　2017.1—　）

泸水市关心下一代工作委员会

主任：杨绍红（市委副书记）

常务副主任：

张馥珍（市人大常委会享受正处级待遇干部）

副主任：田玉芝（市人大常委会副主任）

李海珍（市人民政府副市长）

尹橙王（市政协副主席）

熊光杨（原市政协享受正处级待遇干部）

何忠盛（原市委市人民政府督查员享受正处级待遇干部）

李扬海（市委办公室主任）

泸水市委机构编制办公室

主任：杨承相（2017.3—　）

副主任：徐晓萍（女　白族）

泸水市法制局

局长：高军芳（女　傈僳族）

副局长：吴华付（傈僳族）

泸水市信访局

局长：茶　祥

副局长：欧怀英　李晓美

泸水市总工会

主席：密大华（傈僳族）

常务副主席：李学标（白族）

副主席：杨惠祥（白族　—2017.9）

胡慧仙（女　—2017.12）

共青团泸水市委

书记：陈　宇

副书记：杨　帆　段佳敏（女）　蔡立权

妇联

主席：李勤英（女　傈僳族）

副主席：何继敏（女　白族）

科协

主席：普　波（傈僳族）

侨联

主席：祝阿惠（女　傈僳族　2017.8—　）

副主席（兼秘书长）：

胡莉萍（女　傈僳族　2017.8—　）

第一届委员会常务委员：兰记三　阿波华　祝阿惠　胡莉萍　高红才　桑娜妞　德　科

第一届委员会委员：丁　宁　兰记三　永华叶　代荣芬　乔宇翔　那　扁　阿波华　波三计　罗保二　祝卫珍　祝阿惠　赵学兰　胡莉萍　高红才　晓　梅　姬政莲　桑娜妞　密波华　德　科

工商联

主席：谢玉兰（女　傈僳族　2017.3—　）

党组书记：周娜泉（女　白族　2017.9—　）
常务副主席：杨文辉（白族）
副主席：何远志（女　白族）
兼职企业家副主席：胡国翰　赵文张
段文军　何　军
陈聪胜　胡　忠

文学艺术界联合会

主席：易核生（傈僳族）
副主席：何希予（女　傈僳族）

残联

理事长：李明辉（女　傈僳族）
副理事长：李自兰（女　傈僳族）
普次娜（女　傈僳族）

红十字会

会长：祝文明（傈僳族　2017.3—　）
专职副会长：包卫花（女　白族）

边防大队

大队长：杨云峰（怒族）
政委：祁银全（　—2017.6）
李亚华（纳西族　2017.6—　）

消防大队

大队长：陈来昌
教导员：涂　虎

公安局

党委书记、局长：杨　智（白族）
党委副书记、政委：段　杰（白族）
党委委员、副局长：杨文庆（白族）
张七斤
杨　勇（白族）
杨衡山（白族）
党委委员、副政委：高忠宝（白族）
党委委员、政工监督室主任：李卫江
党委委员、纪委书记：李晓云（傈僳族）
党委委员、国保大队大队长：孙胜品（白族）
党委委员、副局长兼六库派出所所长：
余忠杨（白族）
党委委员、副局长兼交警大队大队长：
段承良（白族）

检察院

检察长：丁金龙（汉族）
副检察长：秦连程（白族）　杨朝昆（白族）
何仕伟（白族）
纪检监察室主任：刘银汉（白族）
政治处主任：尹　会（白族）

法院

院长：周亮宽（白族　2017.1—　）
副院长：乔宇翔（傈僳族）
常　琳（女　傈僳族）
江丽飞（女　傈僳族　—2017.3）
陈胡荣（傈僳族　—2017.4）
政治处主任：李全永（白族）
纪检监察室主任：继波光（白族）

司法局

局长：何龙锋（白族）
副局长：李　波（白族）

保密局

局长：李雪梅（女）
副局长：李　兰（女）

档案局

局长：吴春元
副局长：孙盛美（女）

地方志办

主任：贾莉斯（女　傈僳族）
副主任：祝林何（白族）

地震局

局长：叶鹤平（普米族）

发展和改革局

局长：桑才何（傈僳族）
常务副局长：李锦艳（白族）
副局长：余建荣　周晓丹（女　傈僳族）
黎霞才（白族）

统计局
局长：段雪凌（白族）
副局长：李四宽（白族）
　　　　茶丽芳（女　傈僳族）

国家统计局泸水调查队
队长：杨支君（白族）
副队长：杨忠华（傈僳族）

财政局
局长：杨　萍（女）
副局长：包貌新　白洪君（白族）
　　　　欧丽琴（女　傈僳族）
农开办主任：胡秀梅（女）

市场监督管理局
局长：唐义光（白族）
副局长：杨世优（白族）　杨虹涛（白族）
　　　　施淑英（女　白族）
　　　　和素兰（女　傈僳族）

安全生产监督管理局
局长：韩映刚
副局长：何龙飞　查利刚　徐玉华

国税局
局长：张玉华
副局长：和跃兰（女　傈僳族）
　　　　徐盛美（女　白族）
　　　　杨田彦（白族　—2017.3）
纪检组长：李中华（傈僳族）

地税局
局长：潘伟平
副局长：张劲梅（白族）　张德宏（白族）
纪检组长：何　梅（白族）

审计局
局长：何荣中
副局长：和树标　胡荣梅（女）

供销社
主任：密陆才（傈僳族）
副主任：四付合（傈僳族）

国土资源管理局
局长：杨穆王（白族）
副局长：张德忠（白族）　密武忠（傈僳族）
　　　　董碧光（白族）
　　　　欧岭君（傈僳族　2017.8—　）

工业园区管委会
主任：茶　冲（彝族）
专职副主任：海栗克肆（彝族）

工业信息化和商务局
局长：谢大华（2017.9—　）
副局长：谢大华（　—2017.8）
　　　　段绍辉（白族）
　　　　麻凤兰（女　傈僳族）　吴春林
招商合作局局长：何胡珍（女　傈僳族）

机关事务管理局
局长：龚梅花（女　傈僳族）

政务服务管理局
局长：杨发忠
副局长：廖成军　李　淳

住房和城乡建设局
局长：白杰云
副局长：卢　荣　冯李芳（傈僳族）
　　　　余树成（白族）　李寿挺（白族）

环境保护局
局长：郑付邓（白族　2017.2—　）
副局长：郑付邓（白族　—2017.1）
　　　　董永泉（女　白族）
　　　　和　炜（傈僳族　2017.2—　）
　　　　李玉琼（女　挂职　白族）

城市管理综合行政执法
局长：李武毅（白族　—2017.3）
　　　杨宗霖（白族　2017.4—　）
副局长：和云江（怒族）　韦承民（壮族）
　　　　宇建平（傈僳族）

农业局
局长：何泽杨

副局长：施积元　包貌军　杨湖军

　　　　尹春祥（女　2017.9—　）

林业局

局长：普求根（普米族）

副局长：杜应甲（白族）　和生华（傈僳族）

　　　　何臣相（白族）

高黎贡山自然保护局

局长：胡国华（傈僳族）

副局长：李光松（白族）

　　　　丁胜业（女　白族）

　　　　王新文（傈僳族　2017.3—　）

水务局

局长：李明昌

副局长：和文丽　郭海东

供电局

局长：李双红

党总支书记、工会主席、副局长：刘美兰

副局长：周　峰　许丽东　褚利东

气象局

局长：王春宏（白族　2017.2—　）

副局长：李　春（傈僳族）

交通运输局

局长：杨　鹏（白族）

副局长：任安贵　李学明（白族）

　　　　何继禹（白族　2017.1—　）

地方公路管理段段长：肖登高（白族）

交通运政管理所

所长：杨权信（女　白族）

泸水公路分局

党总支书记：施银生（白族　—2017.3）

　　　　　　李忠龙（傈僳族　2017.3—　）

党总支副书记、纪检组长：

　田冬梅（女　白族）

局长：张宝相（白族）

副局长：冯志龙（白族）

工会主席：董艳琴（女）

科学技术局

局长：科玉宝（白族　2017.3—　）

教育局

局长：姬雄林（傈僳族）

副局长：杨碧康（白族）

　　　　杨　萍（女　白族）

　　　　尹　智（白族）

　　　　余杨花（女　白族）

市政府教育督导室主任：

　钱桂凤（女　彝族　2017.3—　）

文体广电和新闻出版局

局长：潘文芝（女　2017.3—　）

副局长：张鸿新（傈僳族）

　　　　何竖琴（女　白族）

　　　　李成武（傈僳族）

全媒体中心

副主任：刘靖国（纳西族）

　　　　和愿明（傈僳族）

　　　　胡　俵（傈僳族）

卫计局

党组书记：王李君（白族）

局长：中北京（白族）

副局长：李碧秀（女　傈僳族）　李泰周

　　　　石　波（傈僳族）　周　宇（白族）

泸水市第一人民医院

党支部书记：欧南桑（傈僳族）

院长：波中甘（白族）

预防保健副院长：李世伟（白族）

业务副院长：冯贵忠（傈僳族）

民政局

局长：唐义光（白族　—2017.3）

　　　贝阿纳（傈僳族　2017.3—　）

副局长：周晓鸿（傈僳族）

　　　　杨永裕（女　白族）

人力资源和社会保障局

局长：徐金彪

副局长：夏小琴（女 傈僳族）
施何军（白族）
赵巾华（白族 2017.9— ）
和树兴（白族 2017.9— ）

扶贫办

主任：波四合（傈僳族 —2017.3）
刘德华（2017.3— ）
副主任：杨学忠 何丽荣（白族）
那正程（傈僳族） 魏汝兵

民族宗教局

局长：炜生付（傈僳族）
副局长：胡二才（傈僳族）
普洁芳（女 傈僳族）

外事侨务局

局长：李扬海（傈僳族 2017.3— ）
副局长：张鸿新（傈僳族 2017.3— ）
李成武（白族 2017.3— ）
何竖琴（女 2017.3— ）
外事侨务办公室主任：
茶继良（彝族 2017.3— ）

移民开发局

局长：李忠益（傈僳族）
副局长：左建彬（傈僳族） 李兴成（白族）
南四光（白族）

接待处

副主任：夭江明（白族）

旅游发展局

局长：杨春何（白族）
副局长：和 继（白族） 唐才珍（女）
木卫春（纳西族）

重要报告

泸水市人大常委会工作报告

——在泸水市第一届人民代表大会第二次会议上

（2018年1月18日）

泸水市人民代表大会常务委员会副主任 何忠宝

各位代表：

我受泸水市第一届人民代表大会常务委员会委托，向大会报告常委会2017年主要工作和2018年工作意见，请予审议，并请列席会议的同志提出意见。

2017年主要工作

2017年是扎实推进脱贫摘帽的重要一年，也是市第一届人大常委会履职的第一年，更是市人大常委会承前启后、加强和创新人大工作的重要一年。一年来，市人大常委会在市委的坚强领导下，全面贯彻落实党的十八大及十八届历次全会，省委十届二次、三次全会，州委八届二次、三次全会，市委一届三次全会精神，认真学习宣传贯彻党的十九大精神和习近平新时代中国特色社会主义思想。紧紧围绕全市工作大局，认真履行宪法和法律赋予的职权，积极开展工作，充分发挥了地方国家权力机关的作用。一年来，共召开主任会议12次，常委会会议7次，听取和审议“一府两院”专项报告23项，作出决议、决定6项；组织人大代表开展专项调研9次、视察1次、执法检查2次，工作评议4次，专题询问1次，先后任免国家机关工作人员137人次，对105名国家机关工作人员开展了述职评议。圆满完成市一届人大一次会议确定的各项任务，为促进全市经济社会发展，推动地方民主政治建设做出了积极贡献！

一、着眼大局，加强监督更加有力

市人大常委会始终把坚持党的领导贯穿于人大依法履职的全过程，坚持“在监督中支持，在支持中监督”的工作理念，主动适应发展新常态，紧紧围绕“赶超跨越”主题，充分发挥地方国家权力机关的职能作用，积极探索常委会履职行权的新途径，改进监督方式，强化监督实效，健全服务机制，推动全市人大工作与时俱进。

（一）加强计划财政审查，促进经济平稳运行

坚持把国民经济和社会发展计划、财政预算执行作为经济工作监督的重点，听取全市经济社会发展情况报告，掌握了解全市社会经济发展形势和动态，及时提出意见和建议。听取和审议年度市级财政决算草案和预算执行情况报告，审查和批准年度市级财政预算调整方案，听取和审议审计工作报告，根据经济发展新常态和全市经济运行实际情况，对执行过程中存在的问题进行深入剖析，就加大财源建设力度，加强税收征管和预算管理，优化支出结构，加大审计力度，提高资金效益等方面提出了有针对性和可行性的对策建议，促进了全市经济总体平稳健康发展。

（二）加强法律监督，促进法律法规有效实施

一是积极围绕事关经济社会发展大局和人民群众切身利益的法律法规开展执法检查，保障法律法规在我市的贯彻实施，先后对《中华人民共和国公路法》《中华人民共和国环境保护法》在我市的贯彻实施情况开展了执法检查，受到社会各界广泛关注，有力推动了依法行政，取得了良好的监督实效；二是严格执行《泸水市实行宪法宣誓制度组织办法》，组织任命的国家机关工作人员举行宣誓仪式，换届以来共组织5场次151人向宪法宣誓，并要求“一府两院”组织好新任命的国家机关工作人员向宪法宣誓，提高了全市领导干部法治观念，营造学习宪法、尊重宪法、敬畏宪法的浓厚氛围。

（三）加强司法监督，不断提升司法公信力

围绕维护公平正义、提高司法透明度开展监督，听取和审议《市人民法院司法体制改革及进展情况的报告》《市人民检察院司法体制改革及进展情况的报告》，充分肯定了市“两院”司法体制改革工作取得的实质性进展和成效，并就增加司法透明度、加强队伍建设、完善内设机构设置等提出工作建议，有力的推动了“两院”司法体制改革各项工作落地见效，为我市经济社会发展提供更加有力的司法保障。

（四）加大“评议”力度，着力促进依法行政

2017年，常委会先后对市民族宗教事务局、市国土资源局、市卫生和计划生育局、市安全生产监督管理局进行了工作评议。在评议过程中既实事求是总结成绩，也客观公正地指出问题和不足，既注重评议整体工作情况，也突出评议工作中的重点，既注重创新评议方法，也强调评议效果，针对评议中发现的问题，及时向市人民政府提出意见和建议，推动了相关工作的有效开展。

（五）完善“询问”办法，积极回应社会关切

常委会把工作询问作为加强和改进监督工作的重要抓手，坚持完善专题询问方式方法，一是抓住全市经济社会发展、围绕专题调研中发现的突出问题和人民群众反映强烈的热点难点问题作为选题，对市人民政府城市综合管理工作开展专题询问。通过询问，促进了市人民政府进一步树立现代城市管理理念，推动城市管理多元共治，健全城市管理长效机制，提升城市管理综合水平；二是针对专题询问的问题梳理和归纳，提出具体的办理意见，交市人民政府研究办理；三是跟踪督办，切实增强询问实效。专题听取了市人民政府关于2016年县人大常委会对农业、林业、水务和扶贫工作询问事项落实情况的报告，针对市人民政府在落实询问事项工作中存在的不足提出改进意见，通过跟踪问效，切实增强了询问实效，达到了专题询问解决问题，推进工作的目的。

（六）突出重点开展“视察”，助推重大项目推进

常委会高度重视“视察”在人大监督工作中的重要作用，结合市委、市人民政府重点工作，组织州、市、乡（镇）三级人大代表专题视察我市“五网建设”项目实施情况，进一步促进市人民政府坚定不移地推进“五网建设”步伐，推动我市基础设施建设持续改善，为全市经济社会发展和脱贫攻坚奠定坚实的基础。

（七）创新监督方式，促进任命干部依法履职

常委会坚持与时俱进，创新监督方式。研究制定了《泸水市人民代表大会常务委员会国家机关工作人员述职评议办法》，进一步加大对任命的国家机关工作人员的履职监督。一年来，102名常委会任命的国家机关工作人员进行了书面述职，3名在市人大常委会上进行了会议述职，并组织常委会委员对述职人员履职情况进行满意度测评，满意率均在92%以上。通过述职评议，进一步提高了常委会任命的国家机关工作人员依法履职、为民负责的意识。

（八）高度重视脱贫攻坚，促进农村工作全面发展

坚定不移地把脱贫攻坚作为首要任务和头等大事，加大对脱贫攻坚工作的监督力度，一是认真贯彻落实中央、省委、州委和市委关于脱贫攻坚工作的各项安排部署，班子成员经常深入挂点乡镇、村，开展调查研究、政策宣讲、走访慰问、结对帮扶等，帮助协调解决困难和问题；二是听取和审议市人民政府关于泸水市劳务输出工作情况的报告、市人民政府关于我市2016年易地搬迁点建设情况及2017年规划情况的报告，对我市产业结构调整情况及脱贫攻坚产业发展情况进行专题调研，通过调研、视察等方式，针对存在的问题提出改进建议，推动了全市脱贫攻坚各项工作有效落实，彰显了脱贫攻坚工作的人大担当。

（九）积极维护民利，认真做好信访工作

把受理和接待群众来信来访作为解决民忧、维护民利的有效途径，切实加大信访案件督办力度，积极协调和督促“一府两院”及相关部门，对群众反映的合理问题及时予以解决，化解社会矛盾。全年共受理群众来信6件，接待群众来访3批次6人次，受理州人大转办信访件1件，为维护社会和谐稳定发挥了积极作用。

二、严格程序，决定事项更加科学

常委会注重把握好人大决定权与党委决策权的关系，依法决定本行政区域内事关全局的、根本的、长远的和改革发展稳定的重大事项，做到重大事项的决定与经济社会发展合拍，与人民群众合心，与“一府两院”合力，确保市委的主张通过法定程序变为全市人民的意志，切实增强决定重大事项的针对性和实效性。一年来，审查和批准了市人民政府提交的省道S232线六库段改建工程等两个项目结余资金用途调整情况的报告、2017年棚户区改造项目政府购买服务资金分年度列入财政预算的报告、调整六库镇机场征地拆迁及项目前期经费用途的报告、将泸水市农村人居环境治理项目政府购买服务资金分年度列入财政预算的报告，并作出决议，要求市人民政府切实加强对资金使用全过程的监管，严格按照《地方政府一般债务预算管理办法》《云南省人民政府一般债务预算管理办法》的有关规定项目支出经费。通过依法行使重大事项决定权，切实做到围绕中心、服务大局，保障了我市重大项目顺利实施。

三、坚持原则，人事任免更加规范

常委会坚持把党管干部原则与人大依法行使任免权有机结合起来，按照党组专题研究、主任会议初审、常委会民主表决、颁发任命书、表态发言、向宪法宣誓等法定程序，严格依法任命，规范任用行为，确保市委人事安排意图的实现。先后任免国家机关工作人员137人次，其中免职

19人，任职118人；接受辞职3人，从组织上保障了我市国家机关正常运转。

四、激发活力，代表履职更加有为

常委会始终把尊重代表主体地位、保障服务代表履职作为基础性工作，不断完善代表工作机制，加强与代表沟通联系，积极为代表履职做好服务。一是注重代表活动阵地建设。在省人大常委会的关心支持下，今年在上江镇、老窝镇等4个乡镇分别建设了代表活动室，为代表履行职务提供便利；二是把代表参与监督作为一项重要的代表服务工作来抓。一年来，先后邀请人大代表列席常委会会议12人次，参加调研、视察和执法检查等活动22人次，列席市人民政府常务会议和参加"两院"阳光司法活动63人次；三是进一步保障代表知情知政权。常委会建立人大代表履职服务短信平台，以短信形式传递履职信息、通报工作动态，切实将代表履职服务短信平台建设成代表知情知政的重要载体；四是充分发挥代表作用，营造同心协力贯彻市委工作的良好氛围。充分发挥代表联系群众优势，精心组织闭会期间代表活动，支持代表在反映人民意愿的同时，及时在群众中准确地宣传市委的决策部署，将最广泛的社会力量凝聚到市委的决策上来；五是切实提高代表建议、批评和意见办理质量。市一届人大一次会议上代表共提出139条建议、批评和意见，办理情况为A类（建议所提问题已经解决或基本解决）的有37件，占承办总数的26.62%；B类（建议所提问题已制定解决措施或者已列入改进计划，能在3年之内基本解决）的有64件，占承办总数的46.04%；C类（由于条件限制或不符合政策无法解决）的有38件，占承办总数的27.34%。面商率为56.83%，代表满意率为96.4%。

五、提升效能，自身建设更加扎实

常委会始终把自身建设摆在突出位置，确保各项工作进一步规范，履职水平进一步提高。

（一）强化理论武装，坚定政治方向

扎实推进"两学一做"学习教育常态化制度化，进一步加强政治理论学习，强化理论武装。坚持把学习党的十九大精神与深入学习习近平总书记系列重要讲话精神、学习中央和省委、州委、市委各项决策部署结合起来，与学习人大依法履职所需的相关知识结合起来，与有针对性地解决人大机关干部思想、工作及生活中存在的突出问题结合起来。通过学习，不断深化对党的领导、人民当家作主、依法治国有机统一的认识，始终在思想上、政治上、行动上与以习近平同志为核心的党中央保持高度一致。

（二）加强制度建设，规范工作程序

修订完善了《泸水市人民代表大会常务委员会行使监督职权办法》《泸水市人民代表大会常务委员会国家机关工作评议办法》《泸水市人民代表大会常务委员会议事规则》和机关工作规则等11项制度、规定，完善各项议事制度和管理制度，使常委会及机关各项工作的开展更加依法有序、规范运作，机关管理水平和工作效率进一步提高。

（三）加强作风建设，提高工作实效

一是按照《市人大常委会2017年监督工作计划和工作要点》的安排，围绕常委会审议议题和全市重点工作，认真开展调研、视察、执法检查和代表建议督办，撰写26篇调研报告，不断增强调研工作的针对性和实效性；二是以"两学一做"学习教育为契机，切实增强"四个意识"，严格遵守中央"八项规定"精神和省、州实施办法，进一步加强党风廉政建设；三是全面落实管党治党责任，严格执行市人大常委会党组学习、议事、决策等制度机制，共召开12次党组会议，进一步统一思想，凝聚力量，充分发挥了党员领导干部的示范表率作用。

（四）加大宣传力度，扩大工作影响力

常委会坚持把宣传工作纳入重点工作，一是设立泸水人大微信公众号，在人大代表、国家机关工作人员、社会各界群众中广泛宣传人大工作、代表履职、法律法规，使干部群众及时了解常委会工作动态；二是年内印发《常委会公报》3期，在各级报刊、网站媒体发表人大工作信息45篇，持续加大宣传报道力度。通过多渠道多方式广泛宣传，提升了人大工作的知晓率、影响力，进一步树立了国家机关依法履职、为民务实的形象。

（五）积极参与重点项目建设，服务全市中心工作

市人大常委会在围绕市委、市人民政府中心工作履行职权的同时，进一步增强主人翁意识，积极主动地投身到各项重点工作中，常委会班子成员在做好分管工作的同时，分别挂点联系重大项目，参与棚户区改造、保泸高速公路建设、怒江民用机场土地征迁项目、社会事业征地拆迁组、丙腮坝征地拆迁工作组等工作，全力助推我市基础设施建设进程。

（六）落实脱贫攻坚任务，助推挂联村脱贫摘帽

一是市人大常委会全体干部职工以饱满的政治热情、务实的工作作风，每人帮扶2—4户贫困户，定期入户开展工作，与群众一起分析致贫原因，制定发展计划，切实做好帮扶工作；二是及时组织动态管理工作队、脱贫攻坚和基层党建实战队驻村开展工作，与挂联村三委班子一起共谋发展思路，研究脱贫办法，协助做好脱贫攻坚相关工作；三是针对老窝村基础设施建设方面存在的困难，主动与相关部门沟通协调，为老窝村争取到了饮水工程改造项目、通村公路挡墙项目、通组公路硬化试验段等项目；四是为老窝村建设了村级电子商务平台，拓宽农产品销售市场。通过努力，老窝村2017年预计脱贫64户199人，实现整村脱贫摘帽。

各位代表，过去的一年，市人大常委会依法履职，有效作为，各项工作取得了新的成效。这些成绩的取得，是市委坚强领导、高度重视的结果，是全市各级人大代表、常委会组成人员、人大工作者团结奋斗、扎实工作的结果，也是“一府两院”及社会各界积极协同、大力支持的结果。在此，我代表市人大常委会，向所有关心、支持人大工作的各位领导、各级代表、社会各界人士表示衷心的感谢和崇高的敬意！

回顾一年来的工作，我们深深地体会到：只有始终坚持党的领导、人民当家作主和依法治国的有机统一，人大工作才能保持正确的政治方向；只有始终坚持以习近平新时代中国特色社会主义思想为统领，围绕中心、服务大局，人大工作才能找准依法履职的最佳切入点；只有始终坚持以人民利益为重，把维护人民群众利益作为履职的出发点，人大工作才拥有广泛的群众基础；只有始终坚持代表的主体地位，不断加强和改进代表工作，人大工作才能在推进民主政治中发挥积极作用；只有始终坚持搞好自身建设，努力提高履职能力和水平，人大工作才能不断开创崭新局面。

我们也清醒地认识到，常委会工作与市委和人民群众、各位代表的期望相比，与新时期人大工作的要求相比，还存在着一定的差距。主要表现在：监督力度不够，监督实效仍需进一步增强；代表培训、代表建议督办工作仍需进一步加强；常委会自身建设和乡镇人大工作有待进一步提升。这些问题，我们将在今后的工作中认真研究并加以改进。

各位代表、同志们，州委八届四次全会确定了“怒江2020”奋斗目标，全面描绘了建设新怒江的发展蓝图，向全州上下发出了走进新时代、抢抓新机遇，以习近平新时代中国特色社会主义思想为指导，奋力开启“怒江2020”新征程的总动员。市委一届四次全会就全面学习领会、认真深入贯彻“怒江2020”奋斗目标作了具体安排部署，要求全市各级各部门和广大党员干部从思想上、行动上做到“五个必须”，坚持用“怒江2020”谋划工作、推动发展，抢抓机遇，真抓实干，全力打好“十大攻坚战”，全面打好泸

水深度贫困精准脱贫攻坚战，奋力谱写好“怒江2020”新征程泸水篇章。我们号召全市各级人大代表要以饱满的政治热情和高昂向上的斗志，带头执行市委重大决策部署，把“怒江2020”奋斗目标和市委的安排部署宣传到群众中去，动员和带领全市各族干部群众积极投身于“十大攻坚战”，全面打好深度贫困精准脱贫攻坚战，与全国、全省、全州同步全面建设小康社会。

2018年工作意见

2018年，是全面贯彻落实党的十九大精神的开局之年，是改革开放40周年，是“怒江2020”新征程的开启之年，是打好深度贫困精准脱贫攻坚战的作风建设年，是决胜全面小康、实施“十三五”规划承上启下的关键一年。做好2018年的工作，对推进我市脱贫摘帽，全面建成小康社会意义十分重大。做好今年工作的指导思想是：始终高举中国特色社会主义伟大旗帜，以习近平新时代中国特色社会主义思想为指导，深入学习贯彻党的十九大精神，按照中央经济工作会议、中央农村工作会议、全国扶贫开发工作会议的部署要求，全面贯彻落实省委十届四次全会和州委八届四次全会精神，认真贯彻落实市委一届四次全会工作部署，牢牢把握“稳中求进”工作总基调，以脱贫攻坚为统领，以“调整结构、转变方式、提升质量、加快发展”为主线，以改革创新为动力，以改善民生为目标，以生态建设为前提，以党的建设为保障，全面贯彻新发展理念，推动实施“六大战略”，打好“十大攻坚战”，依法履行宪法和法律赋予的各项职权，充分发扬民主，严格依法办事，创造性地开展法律监督和工作监督，不断提升人大工作整体水平，为纵深推进泸水深度贫困精准脱贫攻坚战作出积极贡献。

一、聚焦新思想，全面贯彻党的十九大精神

坚持党的全面领导，牢固树立“四个意识”，把学习贯彻党的十九大精神作为当前和今后一个时期的首要政治任务，进一步深化对十九大精神的理解和把握，自觉以习近平新时代中国特色社会主义思想为行动指南，做到思想上深刻认同、行动上坚定遵循。深刻领会党的十九大提出的“健全人民当家作主制度体系、发展社会主义民主政治”的新部署、新要求，牢牢把握人大工作正确的政治方向，认真贯彻落实市委一届四次全会工作部署，紧紧围绕市委中心工作来把握和谋划人大工作，主动把市委的主张和意图通过法定程序变为全市人民的共同行动，从制度上和法律上保证市委决策的贯彻落实。始终以改革、发展、稳定为己任，与市委工作同心、同向、同力，全面加强常委会党的建设，全力完成市委交办的各项工作任务。

二、聚焦新部署，依法行使好各项职权

（一）依法行使监督权

坚持以人民利益为中心，以促进经济社会发展为根本，以维护公平正义为出发点，综合运用听取专项工作报告和调研、视察、执法检查等多种监督方式，增强监督的针对性和实效性，促进“一府一委两院”依法行政、公正司法；围绕脱贫攻坚、环境保护、生态建设、人民健康、教育发展等民生领域的议题依法加强监督；从事后监督、事后审议，变为事前介入、及时审议、跟踪监督，逐步形成事前多提建议、事中跟踪问效、事后督办落实的监督工作机制；进一步提高各项工作报告和常委会审议意见质量，进一步增强审议意见的针对性和可操作性，充分体现人大常委会审议意见具有的法律效力和权威性。

（二）依法行使重大事项决定权

坚持把认真讨论、决定重大事项与全市经济社会发展紧密结合起来，围绕民主法治建设的重大措施以及我市发展总体规划、城乡建设、重大民生工程、重点建设项目等依法行使重大事项决定权，加强对决议、决定执行的跟踪监督，进一步提高市人大常委会决策的民主性、

科学性、权威性。

（三）依法行使人事任免权

坚持把推进民主法治建设与监督任命干部依法履职有机结合起来，把党管干部和人大依法任免有机结合起来，不断加强对任命干部的监督，严格执行任前法律考试、宪法宣誓和任职表态发言等制度，持续开展任命干部述职评议工作，做到对任命干部任前知情、任中知人、任后知行。

三、深入新实践，提升代表履职水平

一是健全和落实保障代表知情知政的各项措施，及时向代表通报全市经济社会发展情况和常委会各项工作情况，协调“一府一委两院”定期向代表通报有关工作情况；二是提高代表议案建议提出质量和办理质量，把办理代表建议与督办工作有机结合起来，有效提高代表建议办理质量；三是扩大代表对常委会活动的参与面，邀请更多的基层人大代表参加常委会组织的调研、视察、执法检查等活动和列席常委会会议；四是强化代表培训工作，进一步提高代表素质和履职能力；五是常抓代表联系服务，进一步完善“双联”制度，实现常委会组成人员联系代表、代表联系选民经常化，充分发挥人大代表来自人民、植根人民的特点和优势，广泛宣传党和国家方针、政策，为群众做好事、办实事、解难事，带领群众共同富裕、奔向小康。

四、落实新要求，切实加强自身建设

全面加强市人大常委会思想、组织、作风、制度、纪律建设，以创建学习型、法治型、服务型、创新型的地方国家权力机关为目标，不断提升常委会组成人员及机关干部的依法履职能力。一是着眼新形势新任务新要求，坚持把常委会机关的自身建设摆上突出位置，坚定“四个自信”，强化“四个意识”，扎实推进“两学一做”学习教育常态化制度化，深入开展“不忘初心、牢记使命”主题教育，驰而不息抓好作风建设，切实担当起落实市委重大决策部署的政治责任；二是大力弘扬开拓创新精神，切实以更高的标准、更严的要求、更实的举措履职行权，推动人大工作更加高效、更富活力；三是落实全面从严治党新要求，深入推进常委会及机关的党风廉政建设和反腐败工作，强化党组班子的集体责任、党组书记的第一责任、班子成员的“一岗双责”，促进常委会组成人员和机关干部在思想作风、工作作风等方面的改进提升；四是进一步加强对乡镇人大工作的联系和规范化建设的指导，总结推广典型经验，帮助乡镇人大解决实际问题，增强工作合力，推动全市人大工作不断迈上新台阶。

各位代表，再创辉煌，自当扬帆破浪；任重道远，更须奋鞭策马。新的一年里，我们要更加紧密地团结在以习近平同志为核心的党中央周围，在市委的坚强领导下，在“一府一委两院”的支持配合下，凝心聚力、真抓实干，为新时代发展社会主义民主政治，全面打好泸水深度贫困精准脱贫攻坚战，奋力谱写好“怒江 2020”新征程泸水篇章作出新的更大的贡献！

中国人民政治协商会议泸水市第一届委员会常务委员会工作报告

——在政协泸水市第一届委员会第二次会议上

（2018年1月16日）

泸水市政协党组副书记、副主席　波四合

2017年工作回顾

2017年是泸水撤县设市后站在新的历史起点上的第一年，是泸水市决胜脱贫攻坚战的关键之年，也是政协泸水市第一届委员会全面履职的开局之年。在中共泸水市委的坚强领导和省、州政协的精心指导下，在市人大常委会、市人民政府和全市各族各界人士的关心支持下，市政协高举中国特色社会主义伟大旗帜，以习近平新时代中国特色社会主义思想为指导，深入学习贯彻党的十九大精神，坚持团结和民主两大主题，紧紧围绕中共泸水市委、市人民政府的中心工作，认真履行政治协商、民主监督、参政议政职能，充分发挥协调关系、汇聚力量、建言献策、服务大局作用，圆满完成市政协一届一次会议确定的各项目标任务，为助推泸水各项事业赶超跨越发展作出了积极的贡献。

一、维护核心，强化学习，始终保持人民政协事业发展的正确政治方向

坚持党的领导是人民政协事业发展进步的根本保证。一届市政协常委会一直着力于思想理论建设，通过市政协党组会议、主席会议、常委会议、委员集中培训、专题讲座和专题报告会、在线学习等不同形式，强化理论学习，不断巩固团结合作的思想政治基础，确保人民政协事业发展的正确政治方向。一是认真组织学习十八届历次会议精神、党的十九大精神和习近平新时代中国特色社会主义思想，学习贯彻中央经济工作会议、中央农村工作会议、省委十届二、三次全会、州委八届二、三次全会、市委一届三次全会精神，引领广大委员紧密团结在以习近平同志为核心的党中央周围，牢固树立政治意识、大局意识、核心意识、看齐意识，自觉服从服务于“五位一体”总体布局和“四个全面”战略布局，切实做到坚持理想信念不动摇，坚持党的路线方针政策不偏离，坚持弘扬清风正气不松劲，坚持使命担当不懈怠，在政治立场、政治方向、政治原则、政治道路上同党中央保持高度一致。二是注重政协知识学习，准确把握工作主题。常委会认真学习《中国人民政治协商会议章程》和政协理论知识，特别是党的十八大以来习近平总书记关于政协工作的新思想、新要求，以及《党的十九大报告》和中央、省委、州委、市委关于加强和改进人民政协工作的一系列文件精神，准确把握新形势下政协工作主题、性质地位和职能作用，切实增强履职的自觉性和主动性，着力提高“政治把握能力、调查研究能力、联系群众能力、合作共事能力”，努力把握政协工作规律，引导社会各界切实把思想和行动统一到中央、省委、州委和市委重大决策部署上来，把智慧和力量凝聚到市委一届三次全会确定的各项目标任务上来。三是号召政协各参加单位和广大委员认真贯彻落实中共中央以及省委、州委、市委关于支持人民政协履行职能发挥作用的各项措施，重点学习把握关于统一战线和人民政协的新思想新要求，明确了政协履行职能、开展工作的着力点，并贯彻到协商议政中去。

二、围绕中心，凝聚共识，充分发挥政协的独特优势，全面完成各项工作任务

一年来，市政协常委会以及各界委员始终围绕促进泸水经济社会持续发展，泸水脱贫摘帽、全面建成小康的主题，按照中共泸水市委、市人民政府的总体部署和市政协2017年工作要点，坚持谋大局、抓大事，紧扣我市经济社会发展中的综合性、战略性、前瞻性课题，认真履行职能，共召开全委会1次、常委会议5次、主席会议14次，组织开展各类调研视察活动12次，提交各类调研视察报告12份，提出各类意见建议110条，为市委、市人民政府加强和改进各项工作提供了有益参考。

（一）精心组织，成功召开市政协一届一次会议。泸水撤县设市后，政协泸水市第十一届委员会任期届满，根据政协章程和有关规定，在中共泸水市委的高度重视和坚强领导下，2017年1月成功召开了政协泸水市第一届委员会第一次会议，顺利完成了换届选举任务，认真审议上一届市政协常委会工作报告和提案工作情况报告，认真讨论协商了政府工作报告以及其他有关报告，并通过大会协商发言、分组讨论、政协提案等方式，就我市“十三五”期间如何做好经济、政治、文化、社会、教育卫生、生态建设、脱贫攻坚、旅游发展等方面工作进行了充分酝酿和广泛协商，建管用之言、立有据之论、献务实之策、谋创新之举。经过梳理，提出“农村环境脏乱差现象普遍，白色污染不容忽视，要继续提升城乡人居环境治理工作力度”“加大对农村种植产业的技术扶持，打造‘一乡一镇一村一品牌’，实现产业化扶贫”等意见建议，委员参政议政职能得到了切实的发挥。

（二）出谋划策，集中力量抓好调研视察工作。年内，组织各界别政协委员，对全市退耕还林工程建设情况、草果产业发展情况、宗教队伍建设情况、惠农“一折通”使用情况、农村专业合作社发展情况、泸水市境内自发搬迁户现状等6个课题进行了专题调研；对六库城市供水问题、社区矫正工作开展情况、全市农业产业结构调整工作情况、泸水市2016年至2017年易地扶贫搬迁安置点建设情况、农村学前教育工作情况、廉租房（公租房）建设情况等6项内容进行了专项视察，提出了对策和建议，形成书面报告报送市委、市人民政府，以供决策参考。

同时，配合省、州政协调研组在我市开展了伊洛瓦底江水系河长制工作、深化农业供给侧结构性改革、六库城镇棚户区改造情况、新《环境保护法》执行情况和农村环境整治情况、全州财政专项扶贫资金滞留情况、易地扶贫搬迁建设情况、如何发挥委员主体作用、怒江州提案办理工作情况、滇西抗战历史文化工作情况的考察等9项专题调研视察。

除开展专题调研视察外，常委会还就中共泸水市委一届4次常委会议上交办的关于州内、市内自发搬迁群众的土地权属与户籍管理情况及边民回流问题进行了深入调研，并形成意见建议6条。

（三）参政议政，做好提案交办督办工作。常委会将政协一届一次会议上提出的《对泸水市核桃产业发展的思考建议的提案》《全面加强宣传整治农村赌博风气的提案》《尽快成立泸水市蔬菜公司形成产、销一条龙的建议的提案》等73件提案，及时转送市委办公室、市人民政府办公室，并协助开好提案交办会。截至2017年9月，73件提案已全部办理答复完毕，完成率为100%。通过对提案的梳理，经主席会议研究决定，常委会选定了事关全市经济、政治、文化、社会和生态文明建设中的8件提案作为2017年的重点提案，分别由主席班子牵头，对《关于要求政协对泸水市上江镇农业产业结构调整进行专题调研的建议的提案》《关于农村公路建成后对生态植被恢复的建议的提案》《关于对“上江镇石岭岗古遗址”加强前期保护工作经费支援的提案》《关于加强农村专业合作经济组织的规范管理的提案》《关于请求解决上江镇七棵树自然村饮水难的提案》《关于禁止市场销售农药除草剂的建议的提案》《关于增加城市周边公交车发行班次，解决“出行难”的提案》《关于尽快取消、制止汽车驾驶培训在六库新城区道路上进行的提案》进行了重点督办。利用专委会对口督办的方式加强提案督办，促进了8件重点提案成果的转化落实。

（四）履职尽责，多途径开展民主监督。一是加强协商议政工作。市政协各委室充分履行职责，加强与对口部门的联络联系，先后就全市如何推动和鼓励广场文体活动、推进农村卫生室标准化建设情况、“211211”推动情况、重视解决易地扶贫搬迁点建设中的环境保护问题、在精准扶贫中做好农业保险工作的问题、在农村文化场所增设体育锻炼器材等6个提升群众幸福指数的课题进行了对口协商、专题协商、界别协商、提案办理协商。二是开展民主评议工作。经报请中共泸水市委批准，开展了对市林业局、地方税务局、环保局、交通运输局的民主评议工作，有力推动了部门相关工作的有序开展和存在问题的解决。三是支持并委派政协委员作为政府行风评议员和相关执法部门特约监督员，参与专项监督工作，选派2名政协委员分别担任市检察院人民监督员和市法院人民陪审员。派出法院特邀监督员、人民陪审员、政协委员观摩检察机关公诉、法院庭审、公安局警务公开等阳光司法活动累计15场50人次；政协委员参加各类听证会3场6人次；列席市人民政府常务会议16场48人次。通过多渠道的民主监督形式，对市级有关部门的工作提出意见建议，提升了民主监督工作效率。

（五）畅通渠道，抓好社情民意反映和信息宣传工作。一是注重走访政协委员和各界人士，及时宣传党和政府的决策主张及工作部署，进一步收集掌握政协委员、各界人士和人民群众对我市各方面工作进展情况的反映和要求，充分发挥“社情民意”直通车作用，把群众的呼声、委员的建议直接报送中共泸水市委、市人民政府主要领导，增进了良性互动，促进了有关问题的协调解决，取得了较好的社会效果。二是加强政协信息宣传工作。年内，共编写各类信息90余条，向省、州、市等各类报刊媒体网站投报信息40余条。其中，被云南省政协报社采用14条，怒江州党建网站采用10条，泸水市摆时之乡网站采用15条，有效扩大了政协工作的社会影响面。

（六）联系联谊，为对外学习搭建了桥梁纽带作用。一是组织州、市、乡（镇）三级委员100余人次，就老窝镇万亩马铃薯基地和易地扶贫搬迁建设情况、称杆乡王玛基核桃产业的提质增效情况进行考察。委员活动既充分发挥了政协政治参与、利益表达、社会融合、民主监督的功能，又积极协助市委、市人民政府做好凝心聚力的工作，加强了党同各族各界人士的合作共事，为促进党群关系、民族关系、宗教关系、阶层关系、海内外同胞关系的和谐，发挥了积极作用。二是积极参与市内各民族重大喜庆活动、各类合法宗教活动和各界别的座谈会等，加强与各民族、各宗教、各界别的沟通联系，促进了民族团结、宗教和睦、社会稳定。三是充分发挥政协联谊交友的优势，接待中美考察团、珠海市、四川盐边、玉溪、迪庆、景谷兄弟州（市）市政协来泸水考察交流6次；组织委员赴丽江地区（玉龙县）、迪庆（香格拉市）、维西县和兰坪县考察学习，大力宣传推介泸水良好的生态环境和投资项目，为促进地方经济文化的横向联系和区域性交流合作做出了积极努力。

三、主动作为，服务民生，竭力做好脱贫攻坚工作

常委会围绕全市中心工作，为促进泸水脱贫攻坚出实力、干实事。

（一）主席班子率先垂范，全力助推脱贫攻坚工作。主席班子和其他处级领导按照市委、市人民政府脱贫攻坚工作任务分解表，以上率下，靠前协调，先后深入到古登乡马垮底村、加夺玛村、季加村、俄夺罗村、念坪村等村组，蹲点调查150多次，全力以赴助推脱贫攻坚进程。同时，其他处级领导积极围绕退耕还林、棚户区改造、征地拆迁、易地扶贫搬迁、美丽公路建设、保泸高速公路建设等社会高度关注的6个方面的焦点、热点、难点问题，深入调研，形成意见建议报市委、市人民政府决策，以实际行动助推全市重大项目建设。

（二）部门联动，委员履职参与脱贫攻坚战。围绕全市脱贫攻坚工作任务，政协组织该怎么办、政协委员该怎么建言献策的问题，市一届政协常委会倡导全市153名政协委员主动投身到脱贫攻坚战中，并结合部门实际，在不同的岗位参与产业扶贫、教育扶贫、科技扶贫、医疗扶贫、文化扶贫、生态扶贫等各项帮扶活动。充分发挥政协委员界别优势，用各种方式帮助贫困户解燃眉之急，谋长远之计，在实现全面脱贫摘帽与全面小康社会的奋斗过程中，施展才华、展示形象、作出贡献。

（三）挂联帮扶，确保脱贫攻坚纵深推进。市政协机关定点帮扶古登乡马垮底村，脱贫攻坚工作中派驻驻村工作队员2名，实战队员5名，进村入户200多人次。通过开展“建档立卡回头看”、“贫困对象动态管理”、“找问题、补短板、促攻坚”、“全年扶贫目标任务百日行动”等工作，全面梳理了526户建档立卡户的扶贫纸质档案和电子系统信息，动员易地扶贫搬迁231户。充分利用公司＋基地＋建档立卡户模式，帮助协调100头能繁母猪的投放和后续养殖工作，发动建档立卡户种植花椒6000亩，发放花椒肥32吨。年内，为挂联点多方协调争取项目资金，发动群众种植叶子花和竹苗5000余株，发放红薯藤4吨，大米8吨，全面推动挂联村脱贫攻坚各项工作的顺利开展。

四、创新机制，狠抓管理，政协自身建设迈出新步伐

常委会坚持把抓制度建设作为加强委员队伍建设的重要工作来抓，以明确委员职责，保护委员权利，规范委员行为，发挥委员作用，提高参政水平为目标，积极探索推动委员参政议政，在协商中见肝胆，在监督中进睿智之言，不断完善机构与制度建设。一是及时配齐了9个乡镇政协联络工委主任，完善相关工作制度，进一步规范了乡镇委员联络工作。二是开展“两学一做”学习教育常态化制度化，结合创建“三型”机关、整风精神等，制定出台了《政协泸水市委员会委员履职工作规则》《政协泸水市委员会议事规则》等制度，使政协履行职能有章可循、运作有序，克服工作中的随意性。三是创新年度目标责任机制，强化班子成员对专委会的目标责任考核。各专委会按要求年初制订工作计划，经主席班子研究决定后，专委会对照工作目标任务，每季度向常委会议通报工作情况，年终书面向主席班子总结本年度履职情况并进行述职报告，办公室每半年通报一次各专委会组织委员开展活动情况和政协委员履行职能情况。

各位委员，过去一年市政协工作取得的成绩和良好开局，是中共泸水市委坚强领导、州政协有力指导、市人民政府关心支持以及与市人大常委会密切联系的结果，是社会各界热情帮助、大力配合的结果，是市政协各参加单位和广大政协委员团结协作、共同奋斗的结果。在这里，我代表市政协常委会，向为政协事业发展付出智慧心血、做出无私奉献的政协委员，向所有关心、支持市政协工作的各级领导和各界人士，表示衷心的感谢和崇高的敬意！

在总结成绩的同时，我们也清醒地看到，与新形势下市政协承担的任务和使命、与人民群众对政协工作的期望相比，我们的工作还存在很多不足之处：一是政治协商、民主监督和参政议政的水平需进一步提高；二是界别的特点和优势，在市政协工作中发挥还不够充分；三是委员的业务培训不够，委员主体作用发挥得还不够充分。这些问题都需要我们在今后的工作中高度重视，采取有效措施逐步加以解决。

各位委员，同志们，州委八届四次全会确定了“怒江 2020”奋斗目标，全面描绘了建设新怒江的发展蓝图，向全州上下发出了走进新时代、抢抓新机遇，以习近平新时代中国特色社会主义思想为指导，奋力开启“怒江 2020”新征程的总动员。市委一届四次全会就全面学习领会、认真深入贯彻“怒江 2020”奋斗目标作了具体安排部署，要求全市各级各部门和广大党员干部从思想上、行动上做到“五个必须”，坚持用“怒江 2020”谋划工作、推动发展，抢抓机遇，真抓实干，全力打好“十大攻坚战”，坚决打好泸水深度贫困精准脱贫攻坚战，奋力谱写好“怒江 2020”新征程泸水篇章。蓝图绘就，目标明确，关键在做，我们号召全市各级政协委员要以饱满的政治热情和高昂向上的斗志，带头贯彻落实“五个必须”，带头执行市委重大决策部署，把“怒江 2020”奋斗目标和市委的安排部署宣传到群众中去，动员和带领全市各族干部群众积极投身于打好“十大攻坚战”，打好深度贫困精准脱贫攻坚战中，同心协力谱写好“怒江 2020”新征程泸水篇章。

2018 年工作意见

2018 年是全面贯彻落实党的十九大会议精神的开局之年，是改革开放 40 周年，是“怒江 2020 年”新征程的开启之年，是打好深度贫困精准脱贫攻坚战的作风建设年，是决胜全面小康、实施“十三五”规划承上启下的关键一年。市政协将在中共泸水市委的坚强领导下，始终高举中国特色社会主义伟大旗帜，以习近平新时代中国特色社会主义思想为指导，深入学习贯彻党的十九大精神，按照中央经济工作会议、中央农村工作会议、全国扶贫开发工作会议的部署要求，全面贯彻落实省委十届四次全会和州委八届四次全会精神，认真落实市委一届四次全会工作部署，牢牢把握“稳中求进”工作总基调，以脱贫攻坚为统领，以“调整结构、转变方式、提高质量、加快发展”为主线，切实抓好学习贯彻党的十九大精神、助推跨越发展、促进民生改善、加强自身建设等方面充分发挥政协协商在社会主义协商民主中的重要作用，坚决打好泸水深度贫困精准脱贫攻坚战，奋力谱写好“怒江 2020”新征程泸水篇章！

一、不忘初心，坚定信念，深入学习贯彻十九大精神

认真学习贯彻党的十九大精神、习近平新时代中国特色社会主义思想和省委十届四次、州委八届四次、市委一届四次全会精神。全市广大政协委员和政协机关干部，要将学习贯彻党的十九大精神作为当前和今后一个时期的重大政治任务，紧紧围绕习近平新时代中国特色社会主义思想，这个灵魂和主线，坚持用党的十九大的重要思想，重要观点、重大判断，重大部署来武装头脑，指导实践。准确把握“新时代”的政治论断、“新思想”的丰富内涵、“新征程”的战略安排、“新部署”的重大任务、“新要求”的使命担当，切实把思想和行动统一到党的十九大精神和习近平新时代中国特色社会主义思想上来，把智慧和力量凝聚到党的十九大提出的各项要求部署上来，凝聚推动跨越发展的强大合力，结合对党的十九大精神的学习，进一步准确把握人民政协的性质定位，把党的十九大精神贯穿落实到市政协工作各个方面。

二、围绕中心，服务大局，为泸水“打好深度贫困精准脱贫攻坚战”献计出力

紧紧围绕推动科学发展、全面深化改革、促进社会和谐，为泸水“打好深度贫困精准脱贫攻坚战”献计出力。一要围绕我市“十三五”规划、县第十二次党代会、市委一届四次全会提出的奋斗目标，围绕党委、政府的中心工作，针对社会主义经济建设、政治建设、文化建设、社会

建设、生态文明建设、全面深化改革和脱贫攻坚工作中的重大问题，深入开展视察调研、建言献策和民主监督活动，提高对策建议的质量。二要发挥专委会基础作用，选择农业产业园功能配套建设、义务教育均衡发展、特色小镇建设、易地扶贫搬迁等重点工作，进行视察评议，主动协商议政、建言献策，积极为市委市人民政府决策的科学化、民主化提供依据和参考。三要切实加强提案工作。准确把握提案工作的严肃性、规范性、灵活性、反馈性，引导委员提高提案质量，督促“一府两院”和相关部门改进和增强提案面商工作，不断提高群众满意度，促进提案工作规范性。四要加强委员视察和调研工作。紧紧围绕市委、市人民政府的中心工作，立足关乎全市经济社会发展的重大问题、涉及群众切身利益的实际问题和社会普遍关注的热点难点问题，在配合省、州政协视察调研的基础上，根据市委、市人民政府年度工作重点计划，合理安排好年度视察和调研课题，强化对脱贫攻坚领域、重点项目建设和重大民生保障问题的民主监督，积极建言献策，为市委、市人民政府科学民主决策提供有效参考。五要发挥好人民政协作为协商民主重要渠道作用。认真落实中共中央以及省、州、市各级地方党委关于把政治协商纳入决策程序，坚持协商于决策之前和决策之中的规定，协助党和政府搞好人民政协同政协各参加单位和委员以及各族各界人士的民主协商，重点推进政治协商、民主监督、参政议政制度化、规范化、程序化，规范协商内容、协商程序，拓展协商民主形式，更加有序地组织专题协商、对口协商、界别协商、提案办理协商，增加协商密度，提高协商成效。

三、注重团结，务实担当，为社会和谐稳定积极作为

坚持把团结与民主两大主题贯穿于政协工作的全过程，最大限度地凝聚各方面的智慧和力量，促进我市总体奋斗目标的实现。充分发挥人民政协协调关系、维护稳定、汇聚力量的优势，广泛宣传政策，真情反映社情民意，主动协助党委和政府做好理顺情绪、化解矛盾、凝聚人心的工作，全力维护发展稳定大局。一是进一步加大为民服务力度。人民政协来自人民，一切工作都是为了人民。要树立人民政协为人民的理念，常想一想群众需要政协做什么，政协能够为群众做什么，政协为群众做了什么，自觉做到政为民所议，言为民所建，策为民所献，力为民所出。要增强政协事业靠人民的意识，经常深入到群众中了解真实情况，从群众中汲取智慧营养，通过深入基层、深入实际、深入群众不断提高议政建言的质量。真正做到“为政协人、说政协话、做政协事”的政协干事氛围；二是加强反映社情民意信息工作。要密切联系人民群众，进一步加强同社会各族各界人士的联系与合作，扩大联系渠道，经常通报市政协有关工作情况，扩大知情范围。积极收集和反映社情民意，掌握社会各界思想动态，积极协助党委和政府做好群众诉求表达、利益协调、权益保障等工作，促进党群关系、民族关系、宗教关系、阶层关系和海内外同胞关系的和谐。三是加强联系联谊，活跃政协工作。继续加大委员协商议政活动力度，积极争取省、州政协的指导和帮助，加强与兄弟县市区政协的联络联谊，学习借鉴外地政协工作成功经验。

四、务实创新，顺应发展，大力加强人民政协自身建设

要按照习近平总书记提出的“懂政协、会协商、善议政”的要求，切实加强政协委员和政协干部的培训工作，着力提高“四种能力”，进一步发挥市政协党组的领导核心作用、常委会的表率作用、专委会的基础作用、政协委员的主体作用和市政协机关的参谋助手作用。一要着力提高政治把握能力，把坚持党的领导作为政协工作的根本指向，把高举爱国主义和社会主义旗帜作为政协工作的重要原则，把坚持团结民主作为政协工作的两大主题，确保政协事业始终沿着正确的方向前进。二要着力提高调查研究能力，坚持问题导向，精选课题，深入调研，努力使对策建议更加有的放矢、切中要害。三要着力提高联系群众能力，深入开展“走基层”活动，畅通各界群众利益诉求表达渠道，发挥好桥梁纽带作用。四要着力提高合作共事能力，发扬求同存异、体谅包容的优良传统，坚持民主协商、平等议事的工作原则，以民主的作风团结人，以共同的事业激励人，加强合作，共谋发展。五要着力提升自身建设，发挥政协机关服务功能。市政协机关要以建设学习型、服务型、效能型机关为目标，加强组织、协调、联络、服务工作，主动为基层服务，为委员服务，努力把政协机关建成温馨的“委员之家”，为市政协履行职能提供有力保障。六要着力加强政协党组的领导核心作用，扎实推进“两学一做”学习教育常态化制度化，深入推进“不忘初心、牢记使命”的主题教育，切实提高政治站位，牢固树立政治意识、大局意识、核心意识、看齐意识，始终坚定道路自信、理论自信、制度自信、文化自信。

各位委员，同志们！当前深度贫困精准脱贫攻坚战进入关键时期，新时期对政协工作也提出了更高的要求，人民政协是国家治理体系的重要组成部分，在社会主义协商民主建设中责任重大、使命光荣。让我们更加紧密地团结在以习近平同志为核心的党中央周围，深入学习贯彻党的十九大精神，以习近平新时代中国特色社会主义思想为指引，团结一切积极力量，调动一切积极因素，携手同心，攻坚克难，扎实工作，为坚决打好泸水深度贫困精准脱贫攻坚战而努力奋斗！

泸水市 2017 年地方财政预算执行情况和 2018 年地方财政预算草案报告（书面）

——在泸水市第一届人民代表大会第二次会议上

（2018 年 1 月 18 日）

泸水市财政局

各位代表：

受市人民政府委托，向大会报告泸水市 2017 年财政预算执行情况和泸水市 2018 年财政预算（草案），请予审议，并请市人大代表和各位列席人员提出意见。

一、2017 年地方财政预算执行情况

2017 年，面对复杂严峻的宏观经济形势，在市委的坚强领导下，在市人大及其常委会的法律监督和工作监督下，在市政协的民主监督下，财政部门围绕保工资、保运转、保民生的思路，强化征管组织收入，依法理财严格管理，突出重点改善民生，深化各项财政改革，落实各项财政政策，财政预算执行情况良好，全市经济社会持续健康发展。

（一）全市一般公共预算收支执行情况

2017 年，一般公共预算收入 25777 万元，为预算的 100%，比上年增收 300 万元，增长 1.18%。其中，税收收入完成 19285 万元，为预算的 96.43%，较上年完成数 15597 万元增长 23.65%；非税收入完成 6492 万元，为预算的 112.38%，较上年同期完成数 9880 万元下降 34.29%。一般公共预算支出 235727 万元，为预算的 96.14%，比上年减支 2265 万元，下降 0.95%。

一般公共预算收支执行平衡情况：一般公

共预算收入25777万元，地方政府一般债务转贷收入33600万元，税收返还收入2714万元，一般性转移支付收入97538万元，专项转移支付收入87743万元，上年结余收入1610万元，调入资金1500万元，收入总计250482万元；一般公共预算支出235727万元，地方政府一般债务还本支出7600万元，上解支出5677万元，支出总计249004万元，收支相抵，年终滚存结余1478万元。

（二）政府性基金预算收支执行情况

2017年，政府性基金预算收入1495万元，为预算数15034万元的9.94%，与上年713万元的增长109.68%。政府性基金预算支出2233万元，为预算数2327万元的95.96%，与上年3080万元的下降27.5%。

政府性基金预算收支执行平衡情况：政府性基金预算收入1495万元，上级补助收入2213万元，上年结余收入131万元，收入总计3839万元。政府性基金预算支出2233万元，调出资金1500万元，支出总计3733万元。收支相抵，年终滚存结余106万元。

（三）社会保险基金预算收支执行情况

2017年，社会保险基金预算收入56555万元（本年收入48651万元、转移收入243万元、上级补助7661万元），为预算数22672万元的149.44%，比上年18768万元的增长201.34%。其主要原困是当年机关事业单位养老保险改革准备期清算资金列收17332万元；城乡居民基本医疗保险实施全州统筹后上级补助收入增加6583万元；社会保险基金预算支出54065万元（本年支出35530万元、转移支出13万元、上解上级支出18522万元），为预算数19886万元的271.87%，比上年13728万元的增长293.83%。其主要原困是当年机关事业单位养老保险改革准备期清算资金列支17332万元；城乡居民基本医疗保险实施全州统筹后上解上级支出10147万元。

社会保险基金预算收支执行平衡情况：社会保险基金预算收入48651万元，转移收入243万元，上级补助收入7661万元，上年结余收入18032万元，收入总计74587万元。社会保险基金预算支出35530万元，转移支出13万元，上解上级支出18522万元，支出总计54065万元。收支相抵，年终滚存结余20522万元。

（四）国有资本经营预算收支执行情况

2017年，我市没有国有资本经营预算收支。

（五）财政转移支付安排和执行情况

2017年州财政下达各种转移支付185281万元，其中：专项转移支付87743万元，一般性转移支付97538万元。专项转移支付严格按照指定用途专款专用，当年支出86953万元，专项结转790万元。一般性转移支付中，除边境地区、基层公检法司、义务教育、生态功能区等转移支付按照上级指定用途支出14189万元外，其他一般性转移支付主要用于“保工资、保运转、保基本民生”方面支出。

（六）债务情况

按照《云南省财政厅关于做好2017地方政府债券置换存量债务有关工作的通知》要求，市财政积极创新工作举措，合理处理偿还债务与经济发展、财政安排、机制减债之间的关系。2017年，上级下达债券资金33600万元，化解债务7600万元，全市人民政府性债务余额为95108万元，其中：一般债务余额为79474万元；政府或有债务余额为15634万元。

（七）八项支出完成情况

全市八项支出共完成174194万元，比上年完成数131797万元增支42397万元，增长32.17%。其中：一般公共服务支出28943万元，公共安全支出7939万元，教育支出完成39762万元，科学技术支出完成2180万元，社会保障和就业支出完成32117万元，医疗卫生与计划生育支出完成24588万元，节能环保支出–7605万元，城乡社区事务支出46270万元。

（八）部门预算工作推进情况

我市2017年部门预算编制严格按照新《预算法》要求，继续推进部门预算编制改革，加强部门精细化管理。市级预算单位基础信息库、项目库建设进一步完善，部门预算编制科学性进一步提高。政府预算经市人代会批准后，财政部门依法及时将部门预算批复到各预算单位，强化预算执行监管，确保了预算执行均衡性。

（九）市人大审查决议的执行情况

市人代会和市人大常委会审查财政预算、预算执行及财政决算报告时，就完善预算编制、加强预算管理、深化财政改革、强化财政监督等相关工作提出了很好的建议意见。针对存在的问题与相关部门认真查找原因，研究制定措施，切实推进了整改。

上述全市财政预算执行情况均为今年发生数据，在完成决算审查汇总并与上级财政办理结算后还将会有一定的变化，届时将按照有关法律规定向市人大常委会报告。

二、盘活存量资金情况

认真贯彻落实《财政部关于推进地方盘活存量资金有关事项的通知》的要求，建立盘活财政存量资金与预算编制、执行等挂钩机制，统筹收回2016年及以前年度度财政存量资金结余27399万元、统筹用于2017年度全市重点领域支出，安排情况如下：

1. 一般公共服务支出，632万元；
2. 国防支出64万元；
3. 公共安全支出1798万元；
4. 教育支出5548万元；
5. 科学技术支出58万元；
6. 文化体育与传媒支出74万元；
7. 社会保障和就业支出1317万元；
8. 医疗卫生支出1113万元；
9. 节能环保支出95万元；
10. 城乡社区支出3312万元；
11. 农林水支出3391万元；
12. 交通运输支出181万元；
13. 商业服务业等支出6万元；
14. 国土海洋气象等支出761万元；
15. 住房保障支出46万元；
16. 粮油物资储备支出3万元。

三、2017年财政工作情况

（一）狠抓收入，切实增强财政保障能力

面对严峻的收入形势和突出的收支矛盾，财税部门统筹协作，密切关注财政经济运行情况，坚持依法征收，提升收入质量，切实增强财政保障能力。

组织协调抓好收入。主动适应经济新常态，加强与相关部门沟通、协作，动态分析监测收入执行情况，加强重点税源管理，深挖税收增长潜力，深入分析收入征管中存在的问题，掌握税源结构分布、增减变动情况。切实加强非税收入收缴管理，相关部门之间建立起信息相互沟通、情况相互通报的工作机制，有序组织非税收入入库，促进财政增收。

积极争取上级补助。准确把握国家政策导向，结合我市经济发展特点，主动与部门加强工作配合，积极争取上级资金和政策支持。2017年共争取上级补助资金97538万元，极大增强了全市财政保障能力。

加强存量资金清理。严格预算约束，加强执行管理，建立财政存量资金定期清理制度，对部门结转结余资金清理收回财政统筹安排，盘活存量资金，全年清理存量资金27399万元，有效缓解市财政资金支出压力。

（二）优化支出，着力推动社会事业发展

以保障民生为重点，调整优化支出结构，增加财政对社会事业的投入，全力打造“民生财政”，促进社会事业均衡发展。

大力支持教育事业优先发展。积极落实教育

补助政策，拨付各项教育资金39762万元，支持改善学校办学条件，保障学校基本建设及运行维护等经费，促进教育优先发展。

大力支持科技文体事业发展。拨付科技、文化体育与传媒事业资金4091万元，积极支持科学技术事业发展，保障城乡文化体育服务建设。

大力支持社保医疗事业发展。拨付社会保障、医疗卫生与计划生育支出资金56705万元，支持完善社会保障体系，鼓励创业促进就业，支持医药卫生体制改革，提高医疗保障水平。

（三）强化统筹，有力推进脱贫攻坚工作

为切实提高我市涉农资金使用效益，确保涉农项目资金真正发挥扶贫作用，通过优化财政涉农资金供给机制，2017年统筹整合财政涉农资金43072万元。用于实施贫困村基础设施建设，扶持贫困村村集体经济建设，建档立卡贫困户安居房建设和产业发展等项目实施。很大程度解决了农村运输、生产生活用水、出行难等问题，改善了农村住房居住条件，增加了贫困村村集体和贫困户的收入。

（四）深化改革，稳步提升财政管理水平

以财政改革为抓手，着力推进财政科学化、精细化管理，进一步完善与全市经济结构相适应的财政运行机制。

继续推进预算绩效管理。积极做好2017年度市级财政支出绩效评价工作，全面推进绩效管理，提高财政资金使用效益。2017年共计开展市级财政支出绩效评价项目29个，涉及财政项目资金总额9018万元。

积极推行预算信息公开。及时在“泸水市人民政府信息公开”门户网站公开经本级人大批准的政府预、决算报告及本级“三公”经费财政拨款预、决算总额。同时督促指导除涉密单位外的46个市级预算单位在规定的时间内公开部门预、决算信息及部门“三公”经费预、决算信息，公开内容全部细化到支出项级科目，实现了公开内容和公开范围全覆盖。

继续深化国库管理改革。紧紧围绕贯彻新《预算法》和深化预算管理改革等要求，在全市继续开展权责发生制政府综合财务报告试编工作，推进现代国库制度建设。

切实完善政府采购改革。切实完善政府采购改革。推进电子化采购平台建设，进一步完善监督制约机制。完成各类资金采购项1026次，各单位申报采购预算金额12141万元，实际采购金额12031万元，其中：采购中标金额8196万元；自行采购3535万元。资金节约率为1.86%。

加强政府债务规范管理。按照《云南省财政厅关于做好2017地方政府债券置换存量债务有关工作的通知》要求，市财政积极创新工作举措，合理处理偿还债务与经济发展、财政安排、机制减债之间的关系。2017年，上级下达债券资金33600万元，化解债务7600万元，全市人民政府性债务余额为95108万元，其中：一般债务余额为79474万元；政府或有债务余额为15634万元。

圆满完成政府资产报告试点工作。2017年，通过资产报告工作，对我市森林资源、土地资源、水资源实物量、价值量进行清理，为我市提高各种资源利用价值提供了基础数据，有利于我市下一步有针对性的措施，进一步发挥各种资源产生的生态经济效益，使各种资源生态价值得到保值。

（五）加强监督，确保财政资金安全

根据《中华人民共和国会计法》开展2017年会计监督检查（会计信息质量检查）工作，为切实履行财政部门法定会计监督职责，充分发挥会计监督服务宏观调控和财政管理、保障财税执行、提升会计信息质量的重要作用，综合治理会计信息失真问题，提高资金使用效益，确保财政资金安全。

（六）固本强基，财政软实力有效增强

以提高财政干部队伍的整体素质为目标，切实强化干部队伍和机关自身建设，努力把财政部门建设成为领导放心、部门认可、乡镇满意、群众称赞的服务型机关。

抓好干部队伍建设。扎实开展“两学一做”学习教育，更新财政干部职工思想观念，树立财政干部挑重担、当大任、强素质、显作用的工作理念。

加强培训提升技能。完善全市财务人员培训制度和机关例行学习制度，增强学习的针对性和有效性，提升财政干部的政治意识和奋进意识，提高依法理财、理财为民的能力。

四、2018年地方财政预算（草案）

根据州财政局关于编制2018年部门预算的要求和全市经济发展预期，深入贯彻落实市三次党代会精神，按照“保工资、保运转、保民生、促发展”的预算原则，围绕“建设世界级旅游目的地、民族团结进步示范区、国家生态安全屏障带、绿色发展样板区、沿边开放辐射中心”总体思路，妥善安排各类支出，优先保障基本支出和民生支出，加大对农业、教育、科技、文化、医疗卫生、社会保障和就业的支持力度。围绕全面深化改革的总体部署，紧密结合财政经济形势，坚持依法理财、统筹兼顾，优化财政支出结构，盘活财政存量，用好财政增量，从严控制“三公”经费等一般性支出。进一步强化预算执行监督，严肃财经纪律，硬化预算约束，切实提高依法理财的水平。

（一）2018年地方公共财政收支预算情况

2018年地方公共财政收入预算数为26808万元（其中税收收入预算23608万元，非税收入预算3200万元），比上年完成数25777万元的增长4%；地方政府债券收入26000万元；转移性补助收入192328万元（返还性收入2714万元，一般性转移支付收入99356万元，专项转移支付收入88780万元，上年结余收入1478万元），扣除上解上级支出5677万元、地方政府债务还本支出2550万元后，2018年全年可安排收入总额为236909万元。按照收支平衡的预算编制原则，全市地方公共财政支出相应安排为236909万元。具体安排支出情况为：

1. 一般公共服务支出29000万元，同比增加57万元、增长0.2%；

2. 国防支出288万元，与上年持平；

3. 公共安全支出6740万元，同比减少1199万元、下降15%；

4. 教育支出39763万元，同比增加1万元、增长0.003%；

5. 科学技术支出2181万元，同比增加1万元、增长0.05%；

6. 文化体育与传媒支出1919万元，同比增加8万元、增长0.42%；

7. 社会保障和就业支出32277万元，同比增加160万元、增长0.5%；

8. 医疗卫生支出24712万元，同比增加124万元、增长0.5%；

9. 节能环保支出7642万元，同比增加37万元、增长0.49%；

10. 城乡社区事务支出34082万元，同比减少12188万元、下降26.34%；

11. 农林水事务支出39896万元，同比增加199万元、增长0.5%；

12. 交通运输支出2602万元，同比增长12万元、增长0.46%；

13. 资源勘探电力信息等支出715万元，同比增加3万元、增长0.42%；

14. 商业服务业等支出884万元，同比增加4万元、增长0.5%；

15. 国土海洋气象等支出2600万元，同比减少323万元、下降11.05%；

16. 住房保障支出11304万元，同比减少1468万元、下降11.49%；

17. 粮油物资储备支出304万元，同比增加31万元、增长11.36%。

（二）2018年全市人民政府性基金收支预算情况

2018年全市人民政府性基金收入预算数为3897万元，其中：国有土地收益基金收入9万元；农业土地开发资金收入19万元；国有土地使用权出让收入1550万元，政府性基金上级补助收入2213万元，上年结余收入106万元。按照收支平衡的原则，相应安排政府性基金支出预算数为2319万元，调出资金1578万元。

（三）2018年全市社保基金收支预算情况

2018年全市社保基金收入预算数为63363万元，其中：本年收入32892万元，转移收入262万元，上级补助收入9687万元，上年结余收入20522万元。按照收支平衡的原则，相应安排政府性基金支出预算数为63363万元（社保基金支出预算数为22669万元，转移性支出26万元，上解上级支出15963万元，年终结余15514万元）。

（四）国有资本经营收支预算情况

2018年，我市没有国有资本经营收支预算。

五、2018年财政工作安排

（一）强化收入征管措施，确保完成全年目标任务

加强经济和财政形势研判，积极主动发掘新的税收增长点，在加强对税收收入征管的同时，重视组织非税收入及时足额入库，确保完成全年收入目标任务。继续加大向省、州争取政策和资金的力度，促进市域经济和社会事业发展。

（二）统筹兼顾突出重点，保障重点工作顺利实施

围绕全市战略部署和安排，加大支出结构调整力度，坚决贯彻厉行节约各项规定，严格控制"三公"经费支出，继续按照省委关于"保工资、保运转、保民生、转变财政支持产业发展方式"的财政工作方针和支出安排序列，合理安排各项支出，统筹预算内外财力，加大资金调度，全力保障各项重点支出资金需求，确保财政收支平衡。

（三）继续深化财政改革，提高科学依法理财水平

继续深化部门预算改革，提高预算编制的完整性、规范性，深入推行预算支出绩效考评工作，强化评价结果运用，探索评价结果公开，提高财政资金使用效益。继续完善国库集中支付改革，加强制度体系建设，规范内部操作程序。推广政府与社会资本市场合作模式，加大政府购买力度，通过政策支持增加公共产品和公共服务供给。

（四）积极筹措资金，推进民生工程顺利实施

认真落实各项民生政策，着力推进民生工程，切实保障财政对民生工程的投入。加强对民生工程资金使用的监督检查，确保民生资金的使用落到实处，提高资金的使用效益，切实解决人民群众迫切需要解决的问题，真正把好事办实，把实事办好。

（五）全面统筹整合财政涉农资金，精准助力脱贫攻坚

切实提高我市涉农资金使用效益，确保涉农项目资金真正发挥扶贫作用，优化财政涉农资金供给机制，完善资金安排使用机制，精准有效使用资金，为我市集中优势资源打赢脱贫攻坚战。

（六）加强财政监督检查，规范财政资金运行秩序

进一步完善财政监督体系，健全财政监督机制，建立财政部门、主管部门、资金使用单位、审计部门相互联动的预算执行监督体系。加强监督检查结果的追踪问效和反馈机制，加强财政内部监督，从制度上保证监督检查的经常化、规范化，提高财政管理水平，确保财政资金安全。

各位代表，2018年财政工作任务艰巨、责任重大。为全面完成2018年财政收支预算任务和各项财政工作，我们将在市委的坚强领导下，在市人大及其常委会和市政协的监督支持下，进一步抢抓机遇，坚定信心，奋力拼搏，扎实工作，为实现泸水全面脱贫摘帽和全面建成小康社会"两大目标"而努力奋斗！

泸水市2017年国民经济和社会发展计划执行情况与2018年国民经济和社会发展计划（草案）的报告（书面）

——在泸水市第一届人民代表大会第二次会议上

（2018年1月17日）

各位代表：

受市人民政府的委托，现将泸水市2017年国民经济和社会发展计划执行情况与泸水市2018年国民经济和社会发展计划草案提请会议审查，并请市人大代表和列席的同志提出意见。

一、2017年国民经济社会发展执行情况

2017年，面对复杂变化的国内外形势，全市认真学习党的十九大和习近平系列重要讲话精神，贯彻落实国家、省、州各项决策部署，加强领导，压实责任，强化监督，全面落实稳增长若干政策措施，坚持稳中求进的工作总基调，以供给侧结构性改革、补短板为主线，以决胜扶贫、全面建成小康为目标，以扶贫攻坚、城镇建设、五大基础网络建设、产业开发为重点，全力做好稳增长、促改革、调结构、惠民生、防风险各项工作，总体经济运行保持了平稳较快增长。预计全年可实现地区生产总值51.45亿元，同比增长7%；全市规模以上固定资产投资预计完成57.5亿元，增长11.8%；地方财政一般公共预算收入预计完成2.58亿元，同比增长1.2%；工业总产值预计完成27.5亿元，同比下降2.8%，规模以上工业增加值预计完成4.55亿元，同比增长12%；农业总产值完成12.18亿元，同比增长5.4%，社会消费品零售总额预计完成16.97亿元，同比增长12%；城镇常住居民人均可支配收入预计完成23389元，同比增长11.2%；农村常住居民人均可支配收入预计完成6055元，同比增长12.4%；外贸进出口总额预计完成950万美元，同比下降46.7%，差全年目标任务790万美元，未能完成任务47个百分点。物价总涨幅控制在1.8%以内；城镇登记失业率控制在4.12%；减贫人数0.8627万人；单位生产总值能耗下降1.4%，控制在上级下达目标内。总体上，除工业总产值、外贸进出口总额难以完成任务目标外，其他主要经济指标都能实现市人代会确定的目标任务。

（一）精准施策、合力攻坚，加大了脱贫攻坚推进力度

规划方案不断完善。按照到2020年全面脱贫的既定时间节点，围绕摘帽、出列、脱贫三个最主要的目标，针对贫困人口、贫困村、贫困乡（镇）脱贫退出的“6104”指标，科学编制专项规划和方案，重点完成了《泸水市脱贫攻坚全面建设小康2017年度建设项目实施方案》《中国大唐集团对口帮扶怒江泸水直过民族精准脱贫过桥贷款建设项目实施方案》《泸水市2017年脱贫攻坚方案》《泸水市2017年贫困退出实施方案》《2017年度统筹整合使用财政涉农资金方案》等相关规划方案；完善了易地搬迁扶贫、产业扶贫、教育扶贫、健康扶贫、人才扶贫、金融扶贫等系列行动计划；明确了“211211”“三树一草一花”“五大工程”“‘六个一’扶贫产业工程”等脱贫攻坚增收措施，助推脱贫攻坚。

挂包帮扶措施有力。选优派强队伍，组建贫困对象动态管理工作队71支1029人，全市第一批561名脱贫攻坚和基层党建实战队员深入基层一线助力脱贫攻坚，精准锁定全市建档立卡贫困人口13375户48869人，扶贫力量不断充实。开展了“扶贫目标任务百日行动”“找问题、补短板、促攻坚”专项行动、“挂包帮、转走访”定点扶贫行动，机制措施不断健全。珠海香洲、万山区与泸水东西部扶贫协作力度不断加大，落实帮扶协作资金1.09亿元。社会帮扶更加有力，争

取到大唐国际集团等 6 家央企、省级单位帮扶 50 个项目 1.43 亿元。

精准脱贫成效明显。通过实施各项扶贫措施，2017 年全市共推广种植蔬菜 71060 亩，建设上江镇蔬菜核心示范 4500 亩，称杆乡优质高档蔬菜、饲草、杂粮杂豆、油料作物核心示范 800 亩，培育 96.6 万羽土鸡、5 万头高黎贡山猪养殖，4.5 万亩花椒种植，1.6 万亩楤木种植，460 多亩食用菌种植；完成“农危改”95 套，2016 年保留的 7 个安置点全部建成入住，完成易地扶贫搬迁 405 户 1618 人，宣传动员 6130 户 21092 人“进城入镇”安置；全市农村公路里程达 1236.65 千米、硬化率为 50.9%，人畜饮水安全工程覆盖率达 90%，农田水利化程度达 42%，生产生活用电已实现“村村通、户户通”；适龄儿童入学率保持在 99% 以上，初中阶段辍学率降低 1.78 个百分点，高中阶段毛入学率达 47.37%，培训农村劳动力 17252 人次，输出转移就业农村劳动力 22286 人次，安排了生态护林员岗位 1474 名，行政村村卫生室建有率达 100%，全市建档立卡贫困人口基本医疗保险参保率为 100%，建档立卡户城乡居民养老保险参保率为 100%；落实扶贫目标、任务、资金、权责“四到县”机制，整合投入专项、行业、社会扶贫资金 4.31 亿元，贫困退出人口 8627 人。

（二）迎难而上、应对有力，保持了经济平稳发展态势

农村经济增效加速。农业总产值完成 12.18 亿元，农作物播种面积达 51.096 万亩，粮食总产量达 6.32 万吨。峡谷特色生态农业加快发展，大力实施“八林经济”建设，新增核桃、漆树等特色经济林果 17.67 万亩，新增草果、重楼、云黄连、云木香等中药材 2.49 万亩。农业供给侧结构性改革进一步落实，种植面积进一步调优，粮经饲比例为 72∶23∶5。畜牧业和渔业健康稳步发展，高黎贡山猪、生态土鸡、黑山羊等特色畜禽养殖加快推进，全市大小牲畜存栏 25.2 万头（只），同比增长 1.03%，肉类总产量达 1.61 万吨，实现畜牧业收入 28942 万元。蔬菜产业建设开展良好，核心示范 1 万亩，实现总产值 5600 万元。强农惠农政策全面落实，农业支持保护补贴 2450 万元，补贴面积 40.497 万亩。

工业基础逐步完善。工业园区基础设施不断完善，园区规划修编工作有序推进，云南怒江云计算中心项目前期顺利推进，重点工业项目加快建设，水电清洁能源发电量逐年增加，太阳能分布式光伏发电陆续实施，农网改造工程稳步开展，大南茂、称杆变电站开工建设，电力输送调配能力、对外输送能力逐步加强，全市完成发电量 19.7 亿千瓦时，工业总产值完成 27.5 亿元，规上工业增加值完成 4.55 亿元。生物加工产业逐渐成长，民营经济不断壮大，民营企业实现增加值 19.1 亿元。

第三产业发展迅速。非公经济从业规模不断扩大，市场竞争能力逐步提升，全市中小微企业达 1669 户，从业人员 3.3 万人。旅游业发展势头良好，怒江傈僳风情小镇、登埂温泉小镇等重点旅游项目加快推进，预计实现旅游人数 146.15 万人，旅游收入达到 18.73 亿元。消费需求持续增长，全社会消费品零售总额实现 16.97 亿元，同比增长 12%。30 家企业 55 个项目得到国家、省贷款贴息和无偿补助 3780 万元。实施微型企业后续服务申领工作，发放服务券 115 万元。餐饮、商贸等传统服务业持续发展，金融、保险、信贷等现代服务业加快发展。

（三）备受考验、逆势前行，打牢了跨越发展坚实基础

五网建设有力推进。积极配合做好怒江六库机场建设，开工建设保泸高速公路、怒江美丽公路，加快推进跃片红色旅游公路、上江半山经济环线、机场公路试验段，全市公路里程达 2650 千米，行政村公路通达率达 100%、通畅率达 95.7%、硬化率达 93%。怒江一级客运站有序推进，建成5个农村客运站55个农村客运招呼站，乡镇通班率100%，群众出行条件进一步改善。板瓦水库改扩建工程稳步实施，志本河水库、怒江干流大南茂至冷水沟段治理、水系连通、界河治理、维拉坝易地扶贫搬迁生态江堤建设等工程前期工作加快推进，山区五小水利、乡镇“一水两污”等项目稳步推进。全市水利化普及率达32.5%，城市供水普及率达98%以上。信息网络基础建设全面加强，全市71个村委会、5个社区实现宽带“全覆盖”。

投资领域协调发展。紧紧围绕国家产业政策和投资重点，坚持近期计划和长远规划相结合，按照“建设一批、争取一批、储备一批”的要求，抓紧做好重大项目的建设、争取、策划工作，积极促成项目尽快实施。年初确定的154个重点建设项目中，动工建设101个，已完工项目68个。3批15个项目集中开工建设，完成投资1.59亿元，10个州长项目，10个市长项目稳步推进。安排重点项目前期工作经费1900万元，重点推进61个前期项目。交通、市政、能源、社会事业、农业农村、工业产业、房地产开发等各行业各领域项目全面推进，以项目稳投资、以项目促发展，有力支撑全市经济社会快速发展。

（四）突出重点、统筹推进，加快了城乡建设发展步伐

城乡环境逐步提升。积极开展《泸水市城乡总体规划修改》《六库城区控制性详细规划》《泸水市绿地系统专项规划》等各类规划编制。大力实施城乡人居环境五年行动计划，狠抓城乡“四治三改一拆两增”工作，强势推进“两违”整治，依法拆除“两违”183宗10.41万平方米，稳步推进棚户区改造，完成棚改征收1699户。市政交通网络、地下综合管廊、乡镇“一水两污”顺利推进，市容市貌有效整治，城市管理得到强化，城乡环境面貌持续改善。

生态文明加快建设。有序推进村庄“七改三清”，全面推动落实“河长制”，强力开展矿山环境专项整治，完成矿山升级改造22家。持续抓好“怒江花谷”生态建设，实施了400亩11000叶子花市级样板林，在各乡镇、村、组、校园、公路发放叶子花67000多株，在百花岭片区景点种植15亩叶子花，六库城市公共绿化率增加到15.3%，各乡镇建成区绿化面积达12.44平方千米。加强生态环境治理和保护，荒山造林、天然林保护、陡坡地生态治理等工程稳步实施，完成退耕还林还草17.6万亩、营造林17.97万亩，全市森林覆盖率达74.06%。

（五）深化改革、扩大开放，增强了发展的动力和活力

改革创新继续深化。全面实施供给侧结构性改革，全面落实“三去一降一补”重点任务，贯彻落实省、州稳增长各项措施，出台了进一步促进全市经济持续平稳发展的实施细则，确保各项政策措施落实到位。深入推进“多证合一”、“证照分离”、行政审批、商事制度等“放管服”改革，稳步推进机构改革，市级公立医院综合改革稳步推进，全面推进不动产登记制度改革，农村、教育、旅游、供销、金融、殡葬等综合改革有序推进。

对外开放力度加大。口岸基础设施及功能不断完善，岗房、湾草坪边民互市点加快推进，口岸通关便利化程度不断提高。与缅甸的交流合作不断加强，落实替代发展管理制度，做好境外罂粟替代种植项目的管理。支持怒江宏盛锦盟矿业公司扩大境外硅矿开发，优化资源配置，创新模式发展对外贸易，完成对外贸易进出口总额950万美元。招商引资势头强劲，对外推介项目28个，完成签约项目12个，实际到位资金18亿元、增长6%。

（六）强化保障、民生优先，实现了社会事业和谐发展

保障体系不断加强。社会保障覆盖面不断扩大，新农合参合率达99.8%，城乡居民养老保险参保人数达87177人。努力促进就业再就业，全市城镇新增就业2100人，实现农村劳动力转移就业22286人。新建城镇保障性安居房599套。广播电视覆盖率达96.4%。深入开展“打非治违”专项整治活动，安全生产形势明显好转。强化社会治安综合治理，严厉打击各类违法犯罪活动，社会保持和谐稳定。

社会事业均衡发展。全年争取到社会事业中央预算内投资项目6个2239万元。完成“薄改”工程1.68万平方米，教育教学条件不断改善。市乡村三级医疗卫生服务网络不断健全，71个行政村全部配备卫生室，市医院二期工程加快推进，完成了15个村卫生室标准化建设。医药卫生体制改革稳步推进，城乡居民就医条件明显改善，公共卫生服务能力不断提升。成功举办首届怒江大峡谷老窝火腿文化旅游节、2017年中国怒江皮划艇野水国际公开赛、2017年“中华一家亲”海峡两岸欢度怒江傈僳“阔时”等活动。

各位代表，2017年全市经济社会发展成效显著，但工业总产值完成27.5亿元，同比下降2.8%，外贸进出口总额预计完成950万美元，同比下降46.7%，两项主要经济指标未能完成年初人代会确定的目标任务。主要原因：一是市域内规模以上工业企业数量较少，企业规模小，结构单一，难以形成支撑作用，起到支撑作用的工业硅产业规上工业企业受电价、硅市场价格波动影响，企业生产积极性降低，工业产值持续增长动力不足，工业总产值完成27.5亿元，未能完成任务12个百分点。二是由于受国际市场对工业硅产品的需求疲软，加之国内环保整治关停一些硅矿企业，国内工业硅价格上涨，导致国内价格高于国际市场，我市外贸出口骨干企业宏盛锦盟硅业有限公司工业硅产品出口锐减，外贸进出口总额预计完成950万美元，差全年目标任务790万美元，未能完成任务47个百分点。

二、2018年发展形势分析

2018年是泸水发展重要的战略机遇期，我们面临着诸多的机遇：一是从国内看，中国经济由高速增长转向高质量发展阶段，未来经济工作重点将集中到提高经济发展质量上来，2018年国家将坚持以供给侧结构性改革为主线，打好防范化解重大风险、精准脱贫、污染防治的攻坚战，引导和稳定预期，加强和改善民生，促进经济社会持续健康发展。二是从全省看，我省加快推动“五网”基础设施建设，加快发展“八大”重点产业，大力推动民营经济、县域经济、园区经济“三大”战役，着力推进特色小镇、不断提升开放水平，主动服务和融入国家“一带一路”倡议、“孟中印缅经济走廊”建设，2018年全省经济持续向好的基本面没有改变，多项国家战略交汇、多项政策叠加的战略机遇没有改变。三是从州、市看，怒江州作为“三区三州”深度贫困地区的典型，受到了党中央国务院的高度关注，国家和省级层面直接针对怒江发展顶层设计了《关于支持深度贫困地区脱贫攻坚的实施意见》《关于加大边民支持力度促进守边固边的指导意见》《关于支持四川凉山云南怒江甘肃临夏加快建设小康社会进程的若干意见》《怒江州扶贫攻坚总体方案》《怒江州脱贫攻坚旅游建设发展规划》等方案意见，为泸水的脱贫攻坚全面小康提供了千载难逢的历史机遇；省委省人民政府启动实施“五网”基础设施建设和八大重点产业建设，大力推进民族团结进步示范区、生态文明建设排头兵、面向南亚东南亚辐射中心的战略，积极推进怒江世界级旅游目的地、滇西北大香格里拉生态旅游圈、六库—林芝—拉萨经济带建设，为泸水基础建设、产业发展、对外开放指明了新方向，为泸水跨越发展提供强大动力。

当前和今后一段较长时期，泸水市总体上仍然处在一个破解基础瓶颈，加快产业培育，决战脱贫攻坚阶段，一些制约我市经济社会发展的深层次矛盾和问题仍然存在。一是经济新常态与保持较快发展难度较大。当前，经济下行压力较大，结构调整阵痛显现，宏观经济进入到以高速到中高速区间运行、结构优化调整不断深化、资源环境约束突出、增长动力结构转换、要素成本优势下降等为特征的经济新常态，对我市在新时期实现保持经济平稳较快发展带来了一定困难。二是脱贫攻坚的任务十分艰巨。大多数群众生活水平低，普遍收入来源少，贫困人口多、贫困程度深、贫困面广，全市建档立卡贫困人口4.77万人，贫困发生率35.3%，虽然贫困人口在逐年下降，但致贫因素较多且复杂，返贫压力大，持续稳定解决贫困问题难度极大。三是基础设施仍然薄弱。全市境内多数公路等级低，城镇化水平低，乡镇垃圾处理、污水处理等市政基础设施建设后，农田水利、地质灾害防治等基础设施十分薄弱，瓶颈制约极其突出。

三、2018年经济社会发展的预期目标和主要任务

2018年是中国特色社会主义新时代的开局之年，是实施“十三五”规划承上启下的关键之年，也是泸水深度贫困脱贫攻坚战的机遇之年，国民经济和社会发展的总体要求是：以习近平新时代中国特色社会主义思想为精神引领，以党的十九大确定的方针政策路线为根本遵循，以省、州、市党委的重要决策部署为指导，坚持稳中求进的工作总基调，紧盯全面脱贫摘帽和全面建成小康社会两大目标任务，坚持增投资、打基础、调结构、壮产业、促增收、惠民生、稳和谐，全力以赴抓好泸水经济社会全面发展，奋力拼搏推进“怒江2020”泸水新征程。

在综合分析经济社会发展形势、“十三五”规划目标任务、资源环境条件支撑等各方面因素的基础上，2018年全市经济社会发展的主要预期目标建议为：全市地区生产总值增长10%以上；规模以上固定资产投资增长21%以上；地方公共财政预算收入增长4%以上；规模以上工业增加值10%以上；社会消费品零售总额增长12%以上；城镇常住居民人均可支配收入增长10%以上；农村常住居民人均可支配收入增长11%以上；城镇登记失业率控制在4.5%以内；农村贫困人口脱贫1.4万人以上；城镇新增就业人数1700人以上；居民消费价格指数涨幅控制在2.5%以内；单位GDP能耗和污染减排指标控制在上级下达任务以内。

围绕实现上述目标任务，我们将全力做好以下10个方面的工作：

（一）以加快易地搬迁为重点，因地制宜、精准扶贫，迈开深度脱贫攻坚新步伐

全面开展易地搬迁城镇化集中安置。始终把易地扶贫搬迁工作作为头等大事和第一民生工程来抓，坚持易地扶贫搬迁与打造世界旅游目的地、怒江花谷、美丽公路、怒江新城、边境民族风情小镇建设相结合，瞄准“一方水土养不起一方人”的建档立卡贫困人口，对集中居住30户以下、贫困发生率在30%以上、基础设施和公共服务尚未达到脱贫出列条件的自然村组、地质灾害隐患区、边民回流人员实施整村整组搬迁，务必做到应搬尽搬。以就业和增收为核心，以州府六库城镇化集中安置为主，片马镇抵边集中安置为辅，千方百计宣传动员符合易地扶贫搬迁政策要求的群众进城抵边安置。严格执行国家和省关于易地扶贫搬迁的相关政策要求，严格控制施工质量与施工安全，按照全市易地扶贫搬迁城镇化集中安置方案进度时间表、线路图，挂图作战，严格按时间节点完成建设任务，确保到2018年12月底前，搬迁完成809户3234人，所有建档立卡贫困人口和同步搬迁人口全部搬迁入住。

多措并举坚决打赢深度贫困攻坚战。紧紧围绕“两不愁三保障”目标，锁定建档立卡贫困人口全部脱贫的目标，坚持规划引领，强化方案先行，加快制定好2018年脱贫攻坚全面小康项目

建设方案、贫困退出方案、脱贫攻坚方案，认真贯彻落实大唐集团、珠海市香洲区对口帮扶助实施方案，助推泸水脱贫攻坚。按照“六个精准”、“六个一批”要求，狠抓“五大工程”，加快增收步伐，确保稳步脱贫。强化“挂包帮”、“实战队”责任，确保生力军作用有效发挥。积极宣传发动，充分激发和调动贫困户内生动力。加强扶贫项目资金管理，确保项目高效资金安全，强化监督检查，确保各项工作部署要求落到实处。全面贯彻执行国家和省州关于深度贫困地区脱贫攻坚的决策部署，进一步落实城乡建设用地增减挂钩政策。在易地扶贫搬迁、教育扶贫、健康扶贫、产业扶贫、网络扶贫、干部群众能力提升、人才支持培养、劳动力转移、基层设施建设等方面下足功夫，坚决打赢深度贫困攻坚这场硬战。

（二）以加速五网工程为重点，抢抓机遇、超前谋划，确保投资增长取得新成效

全力以赴抓好项目争取。紧紧围绕“十三五”规划和“五网工程”规划，结合国家产业政策、投资导向和扶贫重点，谋划并启动一批 PPP 和 EPC 项目，启动一批项目前期工作，开工一批重点项目。进一步深化市情认识，扎实做好项目编制、储备和申报工作，努力争取更多大项目、好项目纳入国家和省、州计划。努力破解融资难问题，加快推动银政、银企合作，引导和鼓励金融机构积极支持地方经济发展。多渠道、多层次、多方式筹措落实项目前期工作经费，确保重大项目前期工作加快推进，让更多重点项目、重大项目落地泸水，力争开展前期工作项目 76 个，续建项目 14 个，新开工项目 58 个。

加快推进重点项目建设。继续实行市级领导联系重点项目制度，采取更加有力的工作措施，确保全州“六个一百”、“州、市长项目”和全市重大项目建设的顺利推进。全力推进保泸高速、怒江六库机场、怒江美丽公路泸水段、上江半山经济环线公路等重点公路航空项目，加快推进板瓦水库、志奔河水库、水系连通、界河治理、瓦姑水库输水干管等重点水利工程建设，扎实推进乡（镇）供水工程和农村饮水安全巩固提升工程建设。力争开工建设泸腾二级公路、六兰二级公路、怒江渡口大桥、小沙坝至大南茂航道、大南茂至冷水沟段防洪堤等重大项目建设。继续实施好农网改造项目，加快 110 千伏大南茂变电站、称杆变电站改扩建建设。加快信息化、网络化基础设施建设，实施好光网建设，扩大 4G 网络的覆盖范围，不断提升通信行业基础设施网络能力。力争完成规模以上固定资产投资 69.58 亿元。

（三）以发展五大产业为重点，注重生态、突出特色、培育市域经济增长新支撑

着力推进重点特色产业。大力发展旅游文化产业，坚持把旅游文化产业发展和脱贫攻坚有机结合起来，积极推进“互联网 + 旅游”“农旅 +”项目，抓好维拉坝特色旅游小镇、怒江傈僳风情小镇建设，争创登埂温泉小镇、悬崖小镇为全省一流特色小镇，推进百花岭、金满等旅游特色村建设，加快推进怒江大河运动公园、大南茂旅游综合服务区、怒江国家公园景前区、大南茂旅游创客园区、片马边境红色生态旅游区建设，启动一批重大旅游项目前期工作，依托本地傈僳族风情特色，强化民族文化旅游资源的转化与利用，构建“中心城市 + 特色旅游小镇 + 民族特色旅游村”的民族文化旅游资源开发大格局。力争年内接待国内外游客 157.84 万人次，实现旅游综合收入 19.96 亿元。大力培育生物医药和大健康产业。以打造中药材品牌、构建基地为目标，重点推进优质原料产业，积极发展云黄连、云木香、重楼等优质中草药种植加工，重点抓好生物产业园区建设。大力培育发展生态食品及消费品制造业，加快推进大兴地铁核桃加工片区、称杆活畜交易片区、古登和洛本卓中药材种植加工片区建设，积极发展本地茶、酒、油、核桃、咖啡、草果、老窝火腿、食用菌等特色食品及特色林产品、旅游商品加工。

强力助推招商引资工作。坚持产业强市战略，围绕我市“十三五”发展规划与产业布局开展招商引资工作。高举“生态”和“产业”两面大旗，重点依托特色资源，积极对接中国百强企业以及全省战略性龙头企业，重点引进产业链、价值链上档次的高端项目，提高产业关联度，促进产业集群加速形成。不断创新招商方式，在积极参加各种大型推介会展的同时，巧借互联网和大数据平台，构建QQ、微信、APP等立体式招商信息平台，实现网络化、高效化招商。力争全年招商引资实际到位资金达13.2亿元以上。

（四）以提升人居环境为重点，统筹协调、提升品位，促进城乡建设迈上新台阶

持续推动城乡人居环境提升。按照我市“一计划三方案”措施，以推进最美公路沿线、城镇规划区内和大南茂片区的“两违”拆除为重点，全面压实乡镇“两违”整治的主体责任，全力推进乡镇“拆违”工作。重点整治非法交易土地工作，加快推进农村危房改工程，狠抓村庄“七改三清”工作，全面推进乡镇“一水两污”工程，把美丽宜居乡村建设与新农村建设、特色民居建设、易地搬迁和生态建设结合起来，加快推进新农村建设省级重点村、美丽乡村示范点、民族团结进步示范村和民族特色村寨建设。不断完善政策措施，以推进怒江新城和片马新城为重点，努力推进我市以人为核心的新型城镇化建设步伐。

逐步提高城市建设管理水平。加快推进六库镇片区、傈都半岛二期的拆除及回迁安置建设迁安置点建设，积极做好商品房价格的调控，进一步加大宣传力度，强力推进棚改工作。继续推进泸水地下综合管廊工程、新区6号、8号、9号、11号路建设，加快怒江大道延长线的项目前期工作。继续深入推进六库城区10个专业市场整治。加快推进“四城”同创，实施“四化”工程，重点抓好“四治三改一拆两增”整治工作。抓好赖茂河以北片区、大南茂片区、丙腮坝片区开发，加快推进傈都半岛、山水新城二期、怒江明珠三期、世纪佳苑等房地产开发项目建设。进一步强化城市环境卫生、绿化美化、市政基础设施管护，积极推进城市执法体制改革，改进城市管理工作。

（五）以推进民生事业为重点，注重民生、增加福祉，保障幸福指数又有新提升

加快社会事业发展。全面实施十四年免费教育，推进义务教育均衡发展。加快办学条件改善，重点抓好新城区小学、市幼儿园建设，重点实施“全面改薄”“义务教育标准化”“学前教育”工程建设，进一步加强“控辍保学”，提高义务教育巩固水平。加快普通高中特色发展，推进中职教育“三个一批全覆盖”工程，加快教育信息化基础设施建设，全面实施“互联网+教育”行动计划，建成覆盖城乡各级各类学校的教育信息化体系。协调服务好州中医院、州中心血站、州疾控中心、州残联等项目，实施好乡镇卫生院和村卫生所标准化建设，全力推进市医院二期、市疾控中心项目建设，推进公共卫生、农村卫生、医疗卫生三项工作，提高基本公共卫生服务均等化水平。严格执行计生国策，认真做好妇女儿童、残疾人工作。加快公共文化设施建设，积极举办群众性文体活动，做好非物质文化和民族文化传承和保护。

增强社会保障能力。全力促进创业带动就业政策措施，重点关注易地搬迁进城安置人员、零就业家庭、残疾人、低保对象、被征地拆迁户、失地农民、大学生、下岗失业人员等重点群体就业工作，新增就业再就业1700人。进一步完善城乡低保、养老和医疗保险等社会保障体系，力争城乡居民养老和医疗保险覆盖率达99.2%和95%以上，建档立卡人口参保率达100%。加大劳动监察执法力度，进一步维护和谐的劳动关系。不断健全社会救灾救助体系机制，抓好福利机构的管理，全面推行城镇低保听证制度。加快推进殡葬改革工作，认真做好双拥、优抚安置工作。积极推进泸水老年养护院综合楼、社会福利中心儿童部等项目建设。

（六）以建设生态文明为重点，重视保护、强化治理，实现持续发展再上新水平

加强生态保护和环境治理。继续抓好天然林保护、荒山造林、陡坡地生态治理、封山育林等重点工程，完成营造林1.5万亩。重点抓好怒江沿岸、城乡周边、公路沿线、水源涵养区的生态建设。加快“怒江花谷”生态建设，继续巩固新一轮退耕还林还草任务，落实好怒江两岸种植业结构调整工作。加大生物多样性保护，建设木本植物“标本库”，加强湿地、森林公园、自然保护区管护。加大矿山、地质、生态环境恢复治理，加强地质灾害群测群防、小流域综合治理和重点水源地保护。建立和完善主要危险废物环境风险防范与应急管理工作机制。积极配合完成怒江大峡谷国家公园建设，深入实施生态文明建设排头兵规划，培育生态文明理念，构建民族生态文化体系，大力推进绿色城镇化发展，持续实施泸水生态文明村创建，推进美丽乡村建设。

强化从严监管和节能减排。全面落实河长制，继续强力推进三江并流世界自然遗产违法违规行为和环保督察专项治理工作，进一步健全完善节能降耗工作目标责任考核体系，落实单位GDP能耗和能源消费总量“双控”管理。积极应对气候变化，严格控制各行业二氧化碳排放。积极推进林区治安防控体系和“平安林区”创建工作，加强森林防火和森林有害生物及外来物种防控，严厉打击各种涉林违法犯罪行为。全面推动工业、交通、建筑等重点领域资源能源综合利用，扎实推进节约型机关建设。推行资源集约利用，落实最严格水资源管理制度，推广高效节水技术和产品。加强土地利用的空间管理和指标控制，优化新增建设用地管理。全面禁止新的高污染项目，强化节能降耗措施，推进全民节能行动。继续削减主要污染物排放总量，力争单位GDP能耗控制在上级下达的指标以内。

（七）以深化改革开放为重点，创新发展、增强动力，激活跨越发展驱动新引擎

持续深化重点领域改革。深入推进供给侧结构性改革，持续推进“放管服”改革，深化投融资体制改革，盘活国有资产，做强做实城投、城乡投、交投等国有公司，完善投融资管理机制。依托政策性银行，通过PPP、企业债、项目收益债等方式，全方位加大融资力度，切实增强财政资金撬动功能。深化财税体制改革，优化财政支出结构，建立完善PPP项目库，巩固政府部门权力清单、责任清单成果。加快建立项目投资负面清单，最大限度缩短审批时间，提高行政效率。

继续扩大对外开放水平。充分发挥泸水区位优势，主动服务和融入国家“一带一路”倡议、“孟中印缅经济走廊”建设。加强与缅方的沟通协调，进一步完善工作机制，协商建立口岸对等开放机制，深化对缅经贸、教育卫生、旅游文化、基础设施建设、森林管控、江河治理等事务合作，拓展区域合作空间，推动进出口贸易发展。以建设片马新城为契机，加快片马口岸基础设施建设，认真做好“一关两检”服务和通关便利化工作，提高口岸综合服务功能，搞活口岸经济，不断提升口岸管理服务水平。紧紧抓住外贸形势回稳有利时机，积极引导口岸外贸企业转型升级，转变对外贸易方式。不断加大企业“走出去”的推动力度，推进国际合作。力争完成对外贸易进出口总额1070万美元以上。

（八）以提升传统产业为重点，调优结构、加快转型，开辟经济提质增效新路子

优化农业布局结构。抓好峡谷特色生态农业建设，在确保粮食生产总量稳定增长的基础上，谋划和引导群众种植业结构调整。大力发展优质中药材、特色畜禽、特色经作、木本油料、高山杂粮等产业，努力建设一批优质高效的生产基

地。统筹整合涉农资金，确保农业投入只增不减。巩固农业发展基础，加大农田水利和农村道路设施建设。建设生态绿色农业，做好重大动物疫病防控和检测，加大农业面源污染管控工作力度。发展壮大经营主体，发展一批种养大户、样板户、示范户和农民专业合作社，着力引进、培育、扶持产业化龙头企业。加快发展电子商务，扩大农产品市场销路。

推动工业转型升级。调整优化我市工业硅矿产业，依托中小水电清洁能源优势进一步延伸硅产业链，推动水电硅材加工一体化产业发展。着力提高工业经济发展水平，坚持硅电联动工业用电政策，继续帮助昆钢水泥等企业就地消纳产能，鼓励和引导项目建设单位优先使用本土建材。充分发挥工业园区聚集效应，鼓励和支持各类投资主体参与园区开发建设，引导企业通过参股入股、民间资金入注等形式为园区建设注入资金活力，重点抓好中电电气云计算项目的建设。力争完成规模以上工业增加值4.9亿元以上。

逐步壮大第三产业。加快发展壮大非公经济，做好限额以上企业的培育工作，树立“互联网+”思维，进一步开展好电子商务兴边富农工作，大力开拓农村电子商务市场。大力培育现代物流产业，形成以六库为中心的商流、物流、信息流、资金流整合为一体化的现代物流体系。加快建设餐饮住宿、娱乐休闲、信息服务等各具特色商业街区，构建多点支撑消费格局。积极推进金融、保险、社会服务等现代服务业体系建设。积极推进万村千乡市场工程，统筹规划专业市场及农贸市场，增强农村市场流通能力。优化城乡居民消费结构，积极培育新的消费增长点，力争实现社会消费品零售总额19.01亿元以上。

（九）以围绕开源节流为重点，强化征管、严控支出，构筑加快发展运行新保障

加大财源培植，强化财税征管。坚持依法治税，挖掘潜力税源，强化税收征管，确保应征尽征、应收尽收，不断壮大地方财力。大力开展社会综合治税，加强非税收入征管，提高非税收入收缴效率积极盘活国有资产和财政存量资金，夯实财政征收基础。深入推进财政管理制度改革，推进一体化财政管理信息建设。加强地方政府性债务管理，进一步强化财政资金监管。积极挖掘新增税源促增收，在努力提高收入质量方面下大功夫。力争地方公共财政预算收入完成2.68亿元。

优化支出结构，提升金融支撑。继续严控“三公经费”和一般性支出，努力降低行政成本。科学编制预算，严格预算执行，积极争取上级财政资金倾斜支持，不断加大对“三农”、社会民生和重点项目领域的财政投入。深入推进财税管理各项改革，严格实行政府采购和“收支两条线”制度。不断拓宽融资渠道，积极开展多种形式的银政、银企合作，建立信贷投放激励机制，保持信贷融资总量持续增长。充分把握金融扶贫政策机遇，切实解决贫困农户发展产业融资难问题。

（十）以强化社会治理为重点，落实责任、促进和谐、开创团结稳定发展新局面

加强社会综合治理，增进民族团结进步。全面推进依法治市工作，强化法制宣传教育，做好消防、国防动员、民兵预备役和人民防空工作，巩固双拥共建成果。加强社会治安防控体系建设，严厉打击暴力恐怖活动专项行动。抓好边境地区社会治安重点整治工作，严厉打击偷越国边境违法犯罪活动。加强社会风险防范，认真做好重大项目建设社会稳定风险评估工作。加大消费维权力度，营造安全放心的消费环境，强化市场监管，确保物价总水平基本稳定。加强对宗教事务的管理，着力解决少数民族和民族地区发展的特殊困难和问题，为构建和谐社会创造良好环境。

落实安全生产责任，增强突发应对能力。深入推进中共中央国务院关于安全生产领域改革发展的意见，突出抓好建筑、交通、消防、矿山、危险化学品、烟花爆竹等重点领域行业的安全生产工作。严防发生暴恐案事件，坚决抵御境外利用宗教进行的渗透，有效防范和及时处置涉及宗教因素的突发性事件。建立健全应急管理机制，完善防灾减灾体系，不断增强公共突发事件应对处置能力，重点抓好地质灾害、森林防火、防洪度汛、食品安全、公共卫生、疫病防治等重点领域的应急预案完善和修编工作，抓好应急队伍建设及物资储备，不断提高应急管理工作能力。

各位代表，全面落实好今年的经济社会发展工作，任务艰巨，意义深远。让我们在市委、市人民政府的坚强领导下，以更加昂扬的斗志、更加振奋的精神、更加饱满的工作热情、更加扎实的工作作风，适应新常态，谋求新突破，为圆满完成年初确定的各项目标任务作出新的贡献！

重要文件

1 月 5 日，市委办印发《市委重大决策部署督办落实工作制度》《市委领导批示交办事项办理工作制度》。

1 月 20 日，市委印发《关于加强和改进机关党的建设的实施意见》。

1 月 23 日，市委印发《关于认真学习贯彻省第十次党代会精神的通知》。

2 月 14 日，市委办、市人民政府办印发《全面推进全市政务公开工作实施方案》《关于建立规章和规范性文件备案审查衔接联动机制的实施意见》。

3 月 20 日，市委印发《中共泸水市第一届委员会巡察工作五年规划（2016—2020 年）》《中共泸水市委 2017 年度巡察工作计划》。

3 月 20 日，市委办印发《中共泸水市委听取巡察情况汇报制度（试行）》《中共泸水市委巡察工作联席会议制度》。

3 月 20 日，市委办、市人民政府办印发《泸水市城乡环境综合整治长效管理机制》《泸水市深入开展“河长制”工作实施方案》。

4 月 1 日，市委办、市人民政府办印发《关于成立泸水市环境保护委员会的通知》《泸水市贯彻落实环境保护工作责任实施意见（试行）》。

4 月 7 日，市委印发《关于市委书记、副书记及市委常委工作分工的通知》。

4 月 20 日，市委办、市人民政府办印发《泸水市进一步做好市域经济发展工作方案》。

4 月 24 日，市委办、市人民政府办印发《关于完善矛盾纠纷多元化解机制的实施意见》。

5 月 5 日，市委办印发《关于进一步做好市委文件审核工作的意见》《市委文件合法合规性审查办法（试行）》。

5 月 15 日，市委办、市人民政府办印发《泸水市法治创建活动实施方案》。

5 月 23 日，市委办印发《泸水市“基层党建提升年”实施方案》。

6 月 8 日，市委办、市人民政府办印发《泸水市关于推进“两学一做”学习教育常态化制度化的实施方案》。

6 月 30 日，市委印发《持续落实省委巡视反馈意见整改工作方案》。

7 月 17 日，市委办、市人民政府办印发《泸水市全面推行河长制实施方案》。

7 月 21 日，市委办印发《泸水市人才扶贫行动计划》《关于切实加强党委信息工作的意见》。

7 月 21 日，市委办、市人民政府办印发《泸水市信访工作责任制实施细则》。

7 月 24 日，市委办、市人民政府办印发《泸水市食品药品安全党政同责的实施意见》。

7 月 28 日，市委印发《泸水市深化人才发展体制机制改革实施方案》。

8月25日，市委办、市人民政府办印发市委全面深化改革领导小组2017年工作要点》。

9月6日，市委办、市人民政府办印发《关于进一步加强对形势报告会、论坛和哲学社会科学报告会、研讨会、讲座管理的实施意见》。

9月7日，市委办印发《关于成立泸水市归国华侨联合会第一次归侨侨眷代表大会筹备工作领导小组的通知》。

9月14日，市委转发《中共怒江州委关于大力加强基层党组织建设带领群众坚决打赢度贫困脱贫攻坚战的决定》。

10月11日，市委印发《关于进一步深入学习贯彻习近平总书记系列重要讲话精神和治国理政新理念新思想新战略的实施意见》。

10月18日，市委办、市人民政府办印发《人民网网民给各级党政主要领导留言办理工作细则（试行）》。

10月24日，市委办、市人民政府办转发《中共怒江州办公室　怒江州人民政府办公室关于怒江州公务活动全面禁酒的通知》。

11月2日，市委办、市人民政府办印发《泸水市关于深入开展“听党话、跟党走、感党恩”主题教育实践活动的实施方案》《关于在脱贫攻坚中深入开展“自强、诚信、感恩”主题实践活动的实施方案》。

11月8日，市委办、市人民政府办印发《泸水市贯彻落实党委（党组）意识形态工作责任制考核办法》。

11月10日，市委印发《关于加强和改进保密工作的实施意见》。

11月10日，市委办、市人民政府办印发《泸水市新闻发言人制度》《泸水市新闻发布工作管理办法》。

11月22日，市委印发《关于认真学习宣传贯彻党的十九大精神的实施意见》。

11月24日，市委办印发《关于成立市委深化国家监察体制改革试点工作小组的通知》。

11月27日，市委办、市人民政府办印发《泸水市依法督促监护人送适龄儿童少年接受义务教育试行办法》。

12月1日，市委办、市人民政府办印发《泸水市重点事项督查督办工作制度（试行）》。

12月1日，市委办印发《乡镇纪委书记、副书记提名考察办法（试行）》《市纪委派驻纪检组组长、副组长提名考察办法（试行）》。

12月8日，市委印发《关于成立新时代农民讲习所的实施意见》。

12月8日，市委办、市人民政府办印发《泸水市领导班子和领导干部年度述法实施办法（试行）》。

12月29日，市委印发《关于泸水市深化供销合作社综合改革的实施意见》。

重要发文

1月19日，《泸水市人民政府关于印发泸水市全民健身实施计划（2016—2020年）的通知》

3月1日，《泸水市人民政府第二轮教育工作督导评估自查自评报告》

3月2日，《泸水市人民政府关于成立2016年度新一轮退耕还林工程种苗采购领导小组的通知》

3月16日，《泸水市人民政府关于将泸水市土地收储中心缴入的暂存款拨付至六库镇人民政府的通知》

3月28日，《泸水市人民政府关于印发2016年泸水市统筹整合使用财政涉农资金方案的通知》

5月5日，《泸水市人民政府关于请求转报省人民政府帮助解决高黎贡山猪产业发展建设资金的请示》

5月25日,《泸水市人民政府关于请求转报省人民政府帮助解决花椒产业发展资金的请示》

6月23日,《泸水市人民政府关于拨付州直医疗卫生事业单位整体迁建项目征地拆迁工作经费的通知》

6月26日,《泸水市人民政府关于拨付110KV大南茂输变电工程变电站征地拆迁工作经费的通知》

6月26日,《泸水市人民政府关于拨付州残疾人康复中心建设项目征地拆迁工作经费的通知》

6月26日,《泸水市人民政府关于拨付州直医疗卫生事业单位整体迁建项目征地拆迁工作经费的通知》

6月28日,《泸水市人民政府关于拨付贫困对象动态管理工作经费的通知》

6月29日,《泸水市人民政府关于请求给予审查泸水市土地利用总体规划(2010—2020年)调整完善方案的请示》

6月30日,《泸水市人民政府关于拨付2017年新增地方政府债券项目资金的通知》

6月30日,《泸水市人民政府关于2017年泸水市地方政府债务限额调整和地方一般公共预算调整情况的报告》

8月20日,《泸水市人民政府关于请求将泸水市纳入省科技成果转换示范市建设的请示》

9月12日,《泸水市人民政府关于申报2018年村级“四位一体”试点建设项目的请示》

9月12日,《泸水市人民政府关于申报2018年村级集体经济试点县的请示》

9月15日,《泸水市人民政府关于请求给予解决六库城南加油站至三界桥路域环境整治经费的请示》

9月25日,《泸水市人民政府关于印发〈泸水市2017年棚户区改造实物安置管理办法(暂行)〉的通知》

9月29日,《泸水市人民政府关于请求将傈僳部落西浪民族文化示范村建设项目作为泸水市农村综合改革示范试点项目进行申报的请示》

9月30日,《泸水市人民政府关于调整边民互市点建设等4个项目结余资金建设用途方案的报告》

11月6日,《泸水市人民政府关于给予审核并转报2017年泸水市国家级公益林区划界定成果报告的请示》

11月7日,《泸水市人民政府关于请求帮助解决称杆乡恩感思落易地扶贫搬迁安置点缺口资金的请示》

11月7日,《泸水市人民政府关于调整上江半山经济环线征地及建设等2个项目结余资金用途方案的报告》

11月17日,《泸水市人民政府关于印发市人民政府领导成员分工的通知》

11月29日,《泸水市人民政府关于调整悬崖小镇项目等9个项目结余资金用途方案的报告》

12月5日,《泸水市人民政府关于将泸水市地下综合管廊工程(一期)PPP项目政府可行性缺口补助资金分年度列入市级财政预算的报告》

12月10日,《泸水市人民政府关于请求调整优化怒江美丽公路泸水古登和称杆集镇区域过境段施工设计方案的请示》

12月15日,《泸水市人民政府关于调整城市交通枢纽及大河运动公园项目等5个项目结余资金用途方案的报告》

12月20日,《泸水市人民政府关于2017年泸水市地方财政收支预算调整方案的报告》

12月21日,《泸水市人民政府关于保泸高速公路城墙坝弃土场停止弃土的通知》

12月27日,《泸水市人民政府关于成立泸水市粮食安全责任制工作领导小组的通知》

〈泸政办发〉

1月4日,《泸水县人民政府办公室关于开展2016年农村公路管理养护考核工作的通知》

1月5日，《泸水县人民政府办公室关于印发2016年省级农业支持保护补贴（耕地地力保护资金）项目实施方案的通知》

1月5日，《泸水县人民政府办公室关于印发泸水县2017年禁渔期制度实施方案的通知》

1月20日，《泸水市人民政府办公室关于请求解决聘请2016年度市人民政府法律顾问聘金的请示》

1月20日，《泸水市人民政府办公室关于印发泸水市2017年政府工作报告和十件为民实事任务分解方案的通知》

1月21日，《泸水市人民政府办公室关于请求解决泸水市第一届人民政府第一次全体（扩大）会议及2017年度固定资产投资和重大项目招商引资工作会议筹备及表彰经费的请示》

1月25日，《泸水市人民政府办公室关于印发2017年怒江大峡谷澡塘会活动方案的通知》

2月4日，《泸水市人民政府办公室关于建立六库城区周边“三无”人员脱贫解困工作联席会议制度的通知》

2月8日，《泸水市人民政府办公室关于调整充实电子商务发展工作领导小组的通知》

2月8日，《泸水市人民政府办公室关于成立泸水市整治公路货车违法超限超载行为专项行动领导小组的通知》

2月10日，《泸水市人民政府办公室关于市人民政府办公室领导分工的通知》

3月5日，《泸水市人民政府办公室关于成立泸水市粮食安全行政首长责任制考核问题整改工作领导小组的通知》

3月18日，《泸水市人民政府办公室关于成立关心下一代工作委员会领导小组的通知》

3月20日，《泸水市人民政府办公室关于机关公务员职务与职级并行制度实施情况的报告》

4月7日，《泸水市人民政府办公室关于印发泸水市农村宅基地管理工作实施方案的通知》

5月9日，《泸水市人民政府办公室关于加快建设村级电子商务服务点的通知》

5月20日，《泸水市人民政府办公室关于印发泸水市农业水权水价综合改革实施意见的通知》

6月20日，《泸水市人民政府办公室关于成立泸水市农村住房等级认定核查工作领导小组的通知》

6月20日，《泸水市人民政府办公室关于印发2017年泸水市农村妇女宫颈癌检查项目实施方案的通知》

6月30日，《泸水市人民政府办公室关于印发泸水市消除麻风病危害达标考核验收方案的通知》

7月6日，《泸水市人民政府办公室关于成立泸水市地下综合管廊工程（一期）PPP项目合同谈判工作组的通知》

8月8日，《泸水市人民政府办公室关于成立泸水市科技成果转化工作领导小组的通知》

8月17日，《泸水市人民政府关于下达2017年市级单位接收安置退役士兵计划的通知》

9月30日，《泸水市人民政府办公室关于成立泸水市人民政府性债务管理领导小组的通知》

10月25日，《泸水市人民政府办公室关于印发泸水市健康扶贫行动计划（2016—2020年）的通知》

10月30日，《泸水市人民政府办公室关于印发〈泸水市贯彻落实云南省健康扶贫30条措施的实施方案〉的通知》

12月7日，《泸水市人民政府办公室关于成立泸水市城乡建设用地增减挂钩工作领导小组的通知》

12月7日，《泸水市人民政府办公室关于印发泸水市城乡建设用地增减挂钩工作实施方案的通知》

12月30日，《泸水市人民政府办公室关于调整印发〈中国大唐集团对口帮扶怒江州泸水市直过民族傈僳族精准脱贫实施方案〉通知》